冶金工业规划研究院党委书记、总工程师，俄罗斯自然科学院外籍院士　李新创

高质量发展是一个完整的体系、复杂的工程、长期的实践，需要企业艰苦努力，也需要政府引导金融支持、科研机构和上下游产业的共同参与，形成合力、积极推进。

李吉创

2022.4.6

钢铁工业
高质量发展研究

Research on High Quality Development
of the Steel Industry

■ 李新创 著 ■

北 京
冶金工业出版社
2022

内 容 简 介

本书汇聚了作者近十年来在中国钢铁工业高质量发展关键时期对于重大课题和热点问题广泛深入的研究文章共 71 篇,分为高质量发展、政策解读、绿色低碳研究、技术与经济、行业述评 5 章。重点关注了中国钢铁工业产业布局、兼并重组、机制创新、差别化管控、优化资源配置等行业重大课题;深入解读与钢铁密切相关的产业政策等;特别是详细探讨了绿色低碳发展,包括低碳技术路径、全生命周期评价、卓越绩效环保管理、碳市场等难点问题;同时也就智能制造、标准化、国际化等热点话题展开研究和述评。

作者多年来深入钢铁企业一线进行实践和研究,分析客观科学,见解颇具前瞻性和指导性,可以为冶金行业企事业单位从事战略发展、规划咨询、绿色低碳、智能制造、标准化研究、技术经济等科研技术人员以及高校冶金相关专业师生提供参考。

图书在版编目(CIP)数据

钢铁工业高质量发展研究/李新创著 . —北京:冶金工业出版社,2022.4

ISBN 978-7-5024-9089-8

Ⅰ.①钢… Ⅱ.①李… Ⅲ.①钢铁工业—工业发展—研究—中国 Ⅳ.①F426.31

中国版本图书馆 CIP 数据核字(2022)第 044584 号

钢铁工业高质量发展研究

出版发行	冶金工业出版社	电　话	(010)64027926
地　址	北京市东城区嵩祝院北巷 39 号	邮　编	100009
网　址	www.mip1953.com	电子信箱	service@ mip1953.com

责任编辑　李培禄　卢　蕊　美术编辑　彭子赫　版式设计　孙跃红
责任校对　郑　娟　责任印制　李玉山
三河市双峰印刷装订有限公司印刷
2022 年 4 月第 1 版,2022 年 4 月第 1 次印刷
710mm×1000mm 1/16;30.25 印张;1 彩页;588 千字;467 页
定价 150.00 元

投稿电话　(010)64027932　投稿信箱　tougao@cnmip.com.cn
营销中心电话　(010)64044283
冶金工业出版社天猫旗舰店　yjgycbs.tmall.com
(本书如有印装质量问题,本社营销中心负责退换)

序　言

钢铁作为基础原材料产业，是工业发展的重要根基，是基础建设的重要支撑，是经济稳定的重要保障，也是国际竞争优势的重要体现。2017年10月，党的十九大做出了"我国经济已由高速增长阶段转向高质量发展阶段"的科学判断，钢铁行业如何完整把握、准确理解、全面落实高质量发展理念，对中国经济发展质量至关重要。钢铁行业高质量发展是一个完整的体系、复杂的工程、长期的实践，这其中的关键环节就是要理解高质量发展的深刻内涵、弄清钢铁行业现阶段的主要矛盾、探明高质量发展的发展路径。冶金工业规划研究院李新创同志就是始终以行业发展为己任，深入调查研究，不断总结提升，通过数千个咨询项目、数百场采访报告以及上百篇专业文章持续发声，为行业高质量发展不遗余力地奔波，现将其多年实践积累进行沉淀，再著《钢铁工业高质量发展研究》文集，汇聚了近十年来有关钢铁工业政策解读、规划咨询、绿色低碳智能国际化等高质量发展各方面广泛深入的研究成果。我曾参加过新创同志的多场报告，他的很多观点对于行业发展有"真见识"、对于企业发展有"真本事"。明史鉴今，见微知著，即使现在读起来，依然感触颇多。

产业政策是钢铁行业高质量发展重要推动力。"十三五"时期谱写了中国钢铁发展史上最不平凡的篇章：《关于钢铁行业化解过剩产能实现脱困发展的意见》开启了钢铁行业轰轰烈烈的供给侧结构性改革去产能工作；2017年，《关于支持打击"地条钢"、界定工频和中频感应炉使用范围的意见》成为依法取缔"地条钢"的有力依据；2018年，

《钢铁行业产能置换实施办法》正式实施；2019年，《关于推进实施钢铁行业超低排放的意见》及配套政策、《产业结构调整指导目录（2019年本）》等相继发布；2020年年初，《关于完善钢铁产能置换和项目备案工作的通知》暂停了钢铁项目产能置换和备案工作，年末产能产量双控的政策正式出台。在产业政策引导支持和倒逼退出的双重作用下，中国钢铁行业涅槃重生，快速走出"寒冬"，大步进入"暖春"，偶遇"盛夏"，并得以怀抱长期"硕秋"。能否研究透现行产业政策、分析准未来产业政策，关乎企业生存发展之大计。新创同志长期致力于对产业发展政策研究、发展规律判断和产业逻辑分析，立足于企业发展实际，站位于国家战略高度，一方面为行业企业客观解读产业政策，指导行业企业规范发展；另一方面又为政府建言献策，推进行业企业高质量发展政策体系的不断完善。科学客观的分析、始终如一的初心，积极致力于全行业进步，实属难能可贵。

十九大五中全会明确指出：推动传统产业高端化、智能化、绿色化。就是深入推进全产线的高端化、全工序的智能化以及全产业链的绿色化，特别是全行业的低碳化，以点带面，进而实现行业发展质量和效益的整体提升，这也是钢铁行业高质量发展的内在要求。本文集系统研究、全面分析了中国钢铁工业高质量发展背景、政策导向、发展路径、重点任务和未来建议，对于钢铁企业精准把握国家发展战略、紧跟行业发展趋势具有重要意义。同时，对于钢铁行业兼并重组、钢材消费、差别化管控等热点、重点、难点问题，新创同志能够紧扣时代主题，客观陈述，助推钢铁行业健康发展，不仅值得点赞，更值得深思，这是每一位钢铁同仁的责任和担当。

一说"书在纸上，存于世间"，又说"纸上得来终觉浅，绝知此事要躬行"。知行合一，实践出真知，这也是我研习本文集的初心。钢铁行业高质量发展，不是一两个企业的高质量，也不是一两个方面的高质量，而是一大批企业全方位的高质量。实现钢铁强国梦、践行制造强国梦，不仅仅需要钢铁企业的努力提升，还需要政府平台、政策引导、金融支持，以及科研院所、咨询机构的共同参与，凝聚共识、形成合力，积极推进钢铁行业在高质量发展道路上行稳致远。

当此钢铁行业高质量发展的关键期，希望新创同志及其团队继续发挥"政府决策参谋部、行业发展引领者和企业规划智囊团"作用，保持初心、砥砺前行，为行业高质量发展做出更大贡献！

中国工程院院士　中国金属学会理事长

2022 年 3 月 16 日

前　言

经历几代钢铁人的拼搏奋斗，今天的中国已然成为世界钢铁的制造中心和消费中心，今天的中国钢铁已然成为世界钢铁发展的坚强引领、世界经济发展的重要支撑，更是中国经济平稳运行的"稳定器"和"压舱石"，也是中国最具国际竞争力的产业之一。同时，长期以规模为中心的粗放式发展，节能环保、智能制造等基础建设欠账较多，市场调节、市场自律等呈现明显短板，钢铁行业抗市场波动风险能力偏弱，基于钢铁行业资金密集型的特点，系统性的金融风险不断积累，加之全球钢铁产能过剩的影响，中国钢铁也未能幸免"十二五"的寒冬。如果没有供给侧结构性改革，加上世纪疫情的影响，钢铁行业的寒冬或许仍将持续。但要看到，政策都是一把双刃剑，在享受政策红利的同时，也要看到政策背后的艰辛——刮骨疗毒的勇气、壮士断腕的决心、舍我其谁的魄力。"十二五"时期淘汰落后钢铁产能9000多万吨、"十三五"去产能1.5亿吨以上，并依法出清1.4亿吨以上的"地条钢"产能，损失直接投资以万亿元计，才换来了钢铁行业重新起航的机会。

习近平总书记强调"规划科学是最大的效益，规划失误是最大的浪费，规划折腾是最大的忌讳"，党的十九届五中全会明确"防止低水平重复建设"。当前，中国经济转向高质量发展阶段，中国钢铁正处于由"老大"向"强大"蜕变的关键期，由数量发展向高质量发展转型的攻坚期，如何完整理解高质量发展的内涵、如何准确提出高质量发展的任务、如何全面贯彻高质量发展的举措，关乎每一家钢铁企业的生存发展，是摆在钢铁同仁和关心钢铁发展的地方政府面前的头等大事。基于复杂多变的发展环境，为了更好地凝聚行业同仁智慧，特整理此文集，将近年在工作和实践中思考的问题进行梳理，与业内同仁共同探讨研究行业发展大计，争取"少折腾""少失误""少走弯路"，以期助力行业早日实现高质量发展。本文集分为高质量发展、政策解读、绿色低碳研究、技术与经济、行业述评5章，既有对行业发展的总结，对产业政策的深入思考，也有对绿色低碳发展路径的探索与实践；有对智能制造应用、标准化、关键技术和装备的研究，也有对消费、市场、国际化的具体分析，同时对未来行业的发展方向和路径进行研究和探讨。

风雨同舟五十载，春华秋实满庭芳。今年4月，冶金工业规划研究院将迎来成立50周年的重要时刻。50年来，冶金规划院始终以行业发展为己任，立足于"政府机构参谋部、行业发展引领者、企业规划智囊团"，做实政策制修订与政府管理的深度支撑，持续提升服务能力、增强服务本领，不断学习总结、研究创新，做好行业发展的积极引导，做优企业规划的全面落实。

50年来，冶金规划院始终和钢铁行业风雨同程，一起见证了钢铁行业从无到有的壮大。接下来，我们仍将携手并肩，一起见证钢铁行业从有到优的强大。

真诚感谢所有为本书提供帮助的各位领导、同事和朋友们，你们的关爱和支持是我继续探索、不断前行的动力源泉。长期以来，中国工程院干勇院士对我的工作和研究给予了悉心关怀、指导和鼓励，他严谨的治学态度、渊博的专业学识以及执着的敬业精神令我受益匪浅，现又拨冗为拙著作序，指点迷津，在此深表感谢；非常感谢以范铁军院长为代表的冶金规划院领导和各部门同事们在本书策划组织过程中给予的倾力帮助，感谢姜晓东、赵峰、郜学、李冰、施灿涛、霍咚梅、熊超、李晋岩、冯帆、王超、栾治伟、吴秀婷、周勋等同事在部分文章撰写中提供的内容支持，感谢曲京涛、孙光、陈妍涵、缪妍等同事为本书彩图等提供的帮助，也要感谢周翔、李闯、高升、王轶凡、张明、李梅等同事在本书编辑出版过程中付出的努力。

　　本人学浅，书稿尚有需完善之处，恳请广大业内同行和读者给予批评指正，我将努力学习提高，以期为钢铁行业高质量发展贡献绵薄之力！

李新创

冶金工业规划研究院党委书记、总工程师
俄罗斯自然科学院外籍院士

2022 年 3 月 18 日

目　　录

第一章　高质量发展

第二章　政策解读

第三章　绿色低碳研究

第四章　技术与经济

第五章　行业述评

第一章

高质量发展

优化产业布局　提高钢铁竞争力●

李新创

中国钢铁产业布局是在新中国成立后逐步形成的。20 世纪 50 年代奠定了"三大、五中、十八小"的产业布局基础；"三线"建设期间，又建设了攀钢、水钢、酒钢、长城特钢等钢铁企业；到改革开放前，依托资源的内陆钢铁产业布局基本形成。改革开放以来，中国钢铁产业实现了跨越式的增长，满足了工业化、城镇化、现代化等对钢材的旺盛需求，有力地支撑了国民经济的快速发展。产业技术装备水平不断提高，钢材品种不断扩大，产品实物质量逐步提高，产品结构不断优化，国产钢材的市场竞争力和市场占有率不断提高。在下游钢材需求快速增长的带动下，一些地方和企业投资热情不减，钢铁产能过快增长，产业布局不合理问题突出。即便如此，由于钢材市场需求旺盛，钢铁企业普遍是达产即盈利。但是从 2011 年四季度开始，中国钢材下游需求放缓，钢铁产能严重过剩矛盾突出，行业盈利水平进入微利或亏损状态。未来 5 年甚至 10 年都将是中国钢铁行业化解产能严重过剩矛盾的转型阶段，也必将是通过搬迁调整、兼并重组、"走出去"等方式逐步实现产业布局与资源支撑、市场需求、运输条件相协调的发展阶段。

一、中国钢铁产业布局现状与问题

(一) 中国钢铁产业布局现状

根据工业和信息化部分三批公布的符合《钢铁行业规范条件（2012 年修订）》的共 304 家钢铁企业名单，合计炼钢产能 11.5 亿吨。而中国的钢铁企业约 611 家，实际的钢铁产能超过 12.5 亿吨。现仅就最具代表性的 304 家钢铁企业的情况进行分析。中国钢铁产业在空间布局上主要呈以下特点：

一是产业布局"东多西少""北重南轻"。从东西方向来看，中国钢铁产能集中在东部沿海地区，西部地区较少。公布的 304 家企业中，东部地区 184 家，粗钢产能 71232 万吨，占公告粗钢产能的 62.0%；中部地区 81 家，粗钢产能

● 本文发表于《中国冶金》2015 年第 25 卷第 6 期。作者为冶金工业规划研究院党委书记、总工程师、俄罗斯自然科学院外籍院士。

27636 万吨, 占 24.1%; 西部地区 39 家, 粗钢产能 15954 万吨, 占 13.9%, 如图 1 所示。东部地区仅河北、辽宁、山东三省产能合计 44665 万吨, 占公告产能的 38.9%, 与中部地区和西部地区合计产能大致相当。以长江为界统计分析, 中国钢铁产能大部分位于长江以北地区。长江干流流经的青海、西藏、四川、云南、重庆、湖北、湖南、江西、安徽、江苏、上海 11 省市炼钢产能合计 34271 万吨, 占公告产能的 29.8%; 以长江流域流经的省份为界, 长江流域以北地区炼钢产能 69514 万吨, 比重达到 60.5%, 明显大于长江以南地区的 9.7%, 呈现出"北重南轻"的特点。

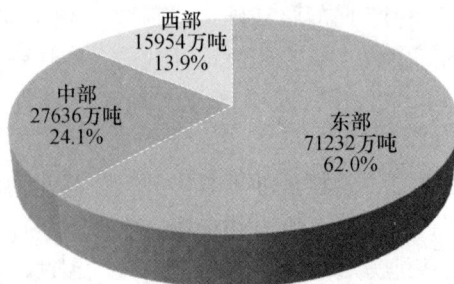

图 1　东部、中部和西部地区粗钢产能分布

二是钢铁企业内陆多, 临海临江布局少。改革开放以前, 中国计划经济模式下, 钢铁产业采取了资源依托型的分散布局方式, 在具有铁矿石和焦炭资源的地区建设了一大批地方中小型企业, 形成了明显的内陆型特点。改革开放以后, 随着东部沿海地区经济快速发展以及矿石进口增加, 中国钢铁产业沿海布局开始启动。宝钢就是这一时期中国打破传统思维, 实施沿海、沿江布局的一次重大举措。2005 年以后建成的首钢曹妃甸、鞍钢鲅鱼圈和宁波钢铁进一步推动了中国钢铁沿海布局的战略实施。但总体上看, 中国临海临江钢铁企业数量少, 钢铁产能仍是内陆型布局为主导的格局。当前, 中国公告的 304 家钢铁企业中真正充分发挥临海优势的仅有 26 家, 合计产能 6555 万吨, 仅占公告产能的 5.7%。

三是城市钢厂仍占有较大比重。中国钢铁企业中有很大一部分位于城市, 相当一部分钢铁企业位于省会城市或地区中心城市, "城市型"钢厂特点明显。据不完全统计, 重点大中型企业中, 除去已经完成搬迁或关停的首钢、重钢、广钢和大连特钢等之外, 还有 36 家, 合计产能 27809 万吨, 占公告总产能的 24.2%。上一轮发展周期, 城市钢厂规模快速增长, 城市规模也快速扩张, 城市钢厂在支撑当地经济社会发展的同时, 与城市扩大和功能定位的矛盾日益突出。同时, 中国城市钢厂大多以长流程生产工艺为主, 污染物排放源头多, 环保达标排放的压力大。环境容量限制已经成为这些城市钢厂进一步发展的"瓶颈"，如何破解发展问题已迫在眉睫。

(二) 产业布局存在的问题

钢铁产业布局不合理带来了诸多问题，主要体现在以下两个方面：

一是产能布局与环境承载力不协调。这个问题在东部地区和西部地区同样突出。东部地区，尤其是环渤海地区是中国钢铁产能最集中的区域。截至 2014 年年末，该地区的河北省、辽宁省、天津市、山东省粗钢产能合计 4.86 亿吨，占全国产能的 42.3%。产能过于在局部集中，污染物排放总量过大，加剧了环境压力。2014 年，石家庄市空气质量达到及好于二级的天数仅有 114 天，济南 123 天，北京和天津分别是 176 天和 145 天，均远低于全国平均的 241 天。即使在西部地区钢铁产能规模不大的省份也同样遭遇环境问题的约束。在西部地区省份中，由于社会经济发展水平相对落后，钢材需求量不大，钢铁企业的规模不大，但企业管理者环保意识不强，环保投入少，节能减排配套设施不完善，再加上西部地区生态环境脆弱，部分地区已经出现了严重的环境问题。

二是产能布局与消费市场不协调。改革开放加快了东部特别是沿海地区经济的快速发展，东西部差距和南北部差距逐渐明显。经济发展快的地区对钢材需求量持续较大幅度增加，而钢铁产能布局调整滞后于需求的变化。中国产钢量大的华北地区，每年要大量调出钢材，而中南、西南等地区需调入大量钢材（图2），特别是制造业发达的广东省，长期是钢材净流入地区。据测算，中国生产每吨钢的厂外运输量约为 5t，产能布局与消费市场的不协调，加大了物流运输的成本和压力，也增加了全社会的能源消耗。钢铁产业布局与消费不匹配的矛盾突出对国家经济平稳较快增长和钢铁产业健康发展带来一定冲击。

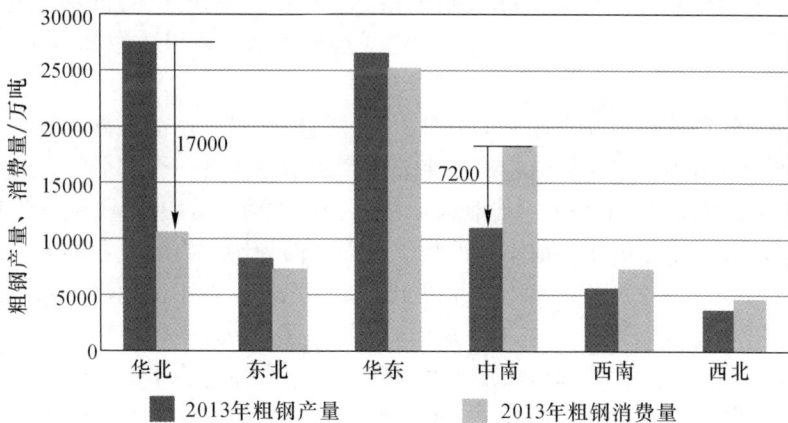

图 2　2013 年区域粗钢产量与消费量情况对比

二、钢铁产业布局调整面临的新形势

（一）环保约束力加大

近年来，随着中国工业化和城镇化的快速发展，环保问题得到社会各界广泛关注。为应对日益严重的环境问题，国家出台了一系列节能减排政策措施，大幅收严污染物排放标准，实施污染物总量控制，更为严厉的是国家首次认定环境污染行为将追究刑事责任。当前，中国大部分钢铁企业的环保指标还达不到新标准要求，严厉的环保政策必定会推动产能减量调整和转移，布局优化。在钢铁产能过度集中、污染扩散条件较差、环境容量较小的地区，必然会迫使钢铁产能向环境容量较大的地区转移；同时，短流程、非高炉炼铁等工艺流程与传统高炉长流程相比，在污染物排放上具有明显优势，在日益增大的环保压力面前，短流程产能比重必然会上升，并有较大的市场空间。

（二）进口铁矿石量升价跌，内地长流程钢铁企业竞争力下降

中国钢铁产能以传统高炉长流程工艺为主的特点在短期内不会有明显改变。根据工信部规范条件管理的企业统计结果，中国炼钢转炉产能合计 10.3 亿吨，占比 89%。巨大的炼钢产能对铁矿石的需求量逐年上升。而中国铁矿石资源条件不足，对进口铁矿石的依赖程度高。2014 年，中国进口铁矿石 9.33 亿吨，同比增长了 13.8%，对外依存度 78.5%。按照冶金工业规划研究院发布的预测结果，2015 年中国进口铁矿石 10 亿吨左右，进口铁矿石仍将保持平稳增长的态势。进口铁矿石量上升但进口铁矿石价格出现了大幅下滑。62%品位的进口铁矿石到岸价由 2014 年年初的 133.1 美元/吨跌至 2015 年 4 月 10 日的 46.84 美元/吨，降幅为 64.8%。基于当前四大外矿的供应能力和中国钢材需求增速放缓的背景下，进口铁矿石平均价格将在相当长的时间内保持在 55~65 美元/吨的价位。进口铁矿石价格下降进一步凸显沿海钢铁企业的物流运输优势，可以大幅降低生产成本，增强市场竞争力。

中国内陆长流程钢铁企业大部分是生产建筑用长材，产品差异化不大，主要依靠价格竞争占领市场。长流程钢铁企业生产成本主要有三个部分，矿石成本约占 50%，能源成本约占 30%，其他成本约占 20%。在当前进口铁矿石价格大幅回落，并明显低于国内矿石成本的形势下，以山西为例，内陆企业的矿石运输成本相比沿海钢铁企业每吨高出 150 元以上。除此之外，由于房地产市场低迷，建筑用钢材需求量增幅放缓，内陆钢铁产能过剩严重，企业不得不把钢材运输到沿海发达地区销售，运输成本再增加 150 元以上。综合往返成本的上升，内地长流程钢铁企业的成本比沿海企业高出 300 元以上。在目前钢材市场竞争主要以成本竞争为主的环境下，内地长流程钢铁企业竞争力明显下降，部分企业将不得不逐

步关停或转产，从而推动部分产能向沿海转移。

（三）"一带一路"国家战略的深入实施

以习近平同志为总书记的党中央主动应对全球形势深刻变化、统筹国内国际两个大局作出"一带一路"的重大战略决策，对推进中国新一轮对外开放和推进中国优势产业"走出去"意义重大。尤其是在当前中国钢铁行业产能过剩矛盾突出的形势下，"一带一路"将是中国钢铁产能"走出去"、实施全球布局的重大战略机遇。中国有产能、有技术、有资金，周边国家有资源、有市场、有需求，两者有很强的互补性。根据国内行业发展形势、中央政策导向和外部市场需求等因素分析，中国大型钢铁企业实施全球产能布局将取得新突破。

三、中国钢铁产业布局调整的发展趋势

十八届三中全会明确了市场在资源配置中起决定性作用。对于钢铁行业来讲，成本是企业市场竞争中关注的第一要求。降低成本、提高竞争力是布局调整中企业要实现的主要目标。原料成本的变化，尤其是进口铁矿石价格变化将对钢铁产业布局调整产生更大影响。如果说在此之前，中国钢铁产业布局主要是政府主导，那么未来中国钢铁产业布局的调整变化趋势将更多地体现市场意志。由市场在资源配置中起决定性作用，并将直接影响企业的选址和规模大小。在市场作用下，产业布局的调整方向将更多体现市场意志，体现在企业如何提高竞争力方面。即如何调整布局才能使企业的成本更低，能够让企业获得更强的市场竞争力，那就是未来布局调整的方向。

（一）布局调整的前提是做减量发展

当前，中国钢铁产业已经出现了产能严重过剩、同质化竞争激烈、钢材价格低迷、企业盈利水平低、资金链紧张、经营困难等问题。布局调整是通过淘汰落后、兼并重组、钢厂搬迁等方式实施优化，只有在推进布局调整的过程中，落实国务院压减过剩产能的政策要求，才能实现布局优化的预期目标，提高行业的市场竞争力，摆脱行业发展困境。

（二）产业布局与环境承载力更加协调

目前，中国钢铁产业布局不合理的主要表现，就是冶炼能力超过资源、能源、环境承载力，一方面制约了企业的可持续发展；另一方面给当地的人民生活和社会经济发展带来较大的影响。按照《国务院关于化解产能严重过剩矛盾的指导意见》（国发〔2013〕41号），要提高能源消耗、污染物排放标准，严格执行特别排放限值要求，加大执法处罚力度等。新环保法的开始实施加大企业环保违

法成本，促使企业在产能布局、结构调整中必须考虑环境承载力问题。同时，以资源环境承载力上限，倒逼超标产能退出、节能减排达标和自然环境改善。

（三）沿海地区长流程钢铁产能比重将上升

中国铁矿石资源储量大，但矿石品位普遍不高，综合成本与国外矿山相比存在较大差距，而且铁矿石过度开采对环境也有相当的破坏。目前中国铁矿石对外依存度已超过80%，从保护环境和可持续发展的角度出发，中国钢铁工业的发展在未来仍将主要依赖于从国外进口铁矿石，尤其是2014年进口铁矿石价格大幅下降，逐渐回归合理的市场价格，能够发挥临海优势的大型钢铁企业，特别是大量需求铁矿石的长流程钢铁企业有很大的物流运输成本优势。相比之下，内陆地区不具备技术优势、产品优势、管理优势的部分长流程钢铁企业由于运输成本高、钢材价格低、盈利空间小，在激烈的市场竞争中将逐渐转产、关停，或者向沿海地区转移。在中国钢铁产能总量下降的前提下，沿海地区长流程钢铁产能比重将逐步上升。

（四）电炉钢产能比重将有所上升，生产企业将更加靠近用户

由于中国地域辽阔，具有广阔的内地市场，沿海布局的钢铁企业产品辐射范围受到运输成本的限制，因此在具备电力优势的内陆地区布局电炉钢产能非常必要。一方面能够稳定供应区域市场，在一定范围内具有市场竞争力；另一方面电炉钢企业的环境污染问题相比长流程企业小，能够以更小投入更易于满足环保要求，实现与城市发展的和谐共存。在环保压力下，电炉钢企业有更多的发展空间。在中国钢材消费连续十年持续高速增长后，钢铁蓄积量约85亿吨，已经达到了较高水平，废钢资源供应市场更加完善，这为电炉钢产能增加提供了保障。2014年，中国电炉钢产量占粗钢总产量约8%，远低于全球电炉钢比例29%，可以预见中国电炉钢产能比重将有所上升。同时，为了降低物流成本，更好地为用户提供产品全生命周期的服务水平，电炉钢企业将更加靠近用户。

（五）产品深加工产能更加贴近市场

钢铁产品过剩的市场形势，正在倒逼钢铁企业开始主动贴近市场，延伸产业链条，进行深加工生产。产品深加工是连接最终用户的增值链，由于具有社会化、现代化服务所产生的效率高、成本低的优势，对冶金产品供需双方和社会都能产生巨大效益。但是以上优势是建立在产品深加工贴近市场，能够灵敏反馈市场变化并及时调整产品方向和服务水平的基础上。在当前从产品到服务全方位竞争的态势下，钢铁企业产品深加工产能将更加贴近市场、近身服务，积极建立新型钢材加工配送模式，努力扩大直销比例，与大客户（如汽车、造船等行业）建

立战略合作关系，科学合理建立分销网络，建设以加工配送为中心枢纽的网络形态。

四、中国钢铁产业布局调整中的重大转变

（一）印尼、印度、非洲和中东地区将成为中国钢铁产能全球布局的落点

印尼矿产资源、港口资源丰富，基础设施建设需求很大，经济发展前景看好。截至目前印尼仍是钢材净流入地区，2014 年印尼钢材产量 280 万吨，钢材进口总额累计 83.5 亿美元，大部分钢材需要进口。2014 年，中国向印尼出口钢材 340 万吨，同比增长 51.3%。印尼发展钢铁工业的条件相对较好，钢铁产能有望迎来快速增长期。印度新一届政府通过新建各种不同的项目和出台利好下游行业的政策，以此来拉动消费需求，扩大钢材需求，同时对进口产品进行一定的政策限制。印度丰富的资源、低成本的人力以及相当的产业基础、极具竞争力的融资成本等都是中国钢铁产业布局的上佳选择。2014 年，中国向印度出口钢材 380 万吨，同比增长 131%。中东地区钢材需求也保持快速增长势头。目前来看，中东地区是全球最大的钢材进口地区。2014 年，中国向中东地区出口钢材 1042 万吨，同比增长 71.4%。但是中东地区原燃料资源匮乏，市场需求受战争、经济制裁以及房地产投资泡沫的冲击呈现较大的波动性，布局重点放在与下游产品紧密结合的钢材深加工以及半成品制造等方面将更有利于实现与市场的结合。非洲铁矿石资源丰富，完全满足现代化钢铁企业的生产需求。此外，非洲钢材表观消费量将呈持续增长态势。2014 年，中国向非洲出口钢材 691 万吨，同比增长 46.4%。据国际钢铁协会预测，2015 年，非洲钢材表观消费量将达到 3300 万吨。非洲大部分国家是与中国建立了长期友好合作关系的友谊之邦，而且中非合作已经有成熟的运作机构，对非洲的政治环境、基础设施、人力资源等方面相对熟悉，为中国产能布局打好了基础。

（二）产钢大省的产业结构调整方案稳步推进

为了推进全国钢铁产能布局优化，国务院已经先后批复了《山东省钢铁产业结构调整试点方案》和《河北省钢铁产业结构调整方案》，重点推进产能压减任务的同时，积极实施兼并重组、调整搬迁项目。山东省青钢搬迁工程按照计划稳步实施，截至 2015 年 1 月，青钢已经关停了 3 座高炉、1 个炼钢厂、3 条轧材生产线，已关停 50%产能。根据整体搬迁计划，青钢需在 2015 年年底前完成老厂区关停，胶南新区全部建成投产。山钢集团日照精品钢基地已进入全面施工阶段，2016 年年底一期工程将建成投产。河北省到 2020 年年底，钢铁产能控制在 2 亿吨左右，优化产能布局，推进钢铁产能向沿海临港地区转移。唐山渤海钢铁

有限公司联合重组暨城市钢厂搬迁改造项目已进入前期准备阶段。按照河北、山东产能压减总量，沿海项目建成投产后，中国真正能够发挥临海优势的钢铁产能将由目前的 6555 万吨提升到 8605 万吨。

（三）电子商务对产业布局影响的逐步深入

电子商务改变了传统的交易方式，大大提高了流通效率，节约了流通费用。基于电子商务系统的钢铁电子交易已逐渐成为钢铁交易的一种重要交易方式。电子商务使得不同区域的钢铁企业都可以在网络平台宣传、推广产品和服务，不存在区域差异，最大限度地提高交易效率，降低交易成本。因而，电子商务的广泛应用，将使下游用钢企业充分掌握区域内的钢材供应信息，就近采购，避免出现大量的钢材跨地区调入调出，减少物流倒运。此外，电子商务与物流园逐步融合，把全国或者区域内的钢铁物流园区从分散的点，聚合在一个虚拟平台上形成相互连接的网络，实现钢材就近配送。每个物流园成为钢铁企业的产品销售前台，而不是仅仅在本地建设钢铁项目，这将更加助力优势企业抢占市场，充分体现优胜劣汰的市场法则，加速布局不合理企业从市场退出。

五、结语

当前，中国钢铁产业布局与市场、资源、能源、环境、运输等方面不合理、不协调、不适应的问题已经严重影响了整个行业的健康可持续发展。今后，以提高企业市场竞争力为战略出发点，促使钢铁产业生产力布局调整和优化，在市场机制充分发挥资源配置作用下，同时加强规划指引、事中事后监管等管理手段，加快淘汰落后、引导企业兼并重组、推进沿海重大项目落地，逐步形成转炉近海带状分布、电炉内地点状分布、产品深加工网络化的"一带、多点、网络化"产业布局，实现钢铁产业持续健康稳定发展。

强化宝武联合重组 打造世界钢铁旗舰[1]

李新创

2016 年是全面建成小康社会的开局之年，也是推进供给侧结构性改革的攻坚之年，钢铁产业作为国民经济的重要基础产业，正积极推进供给侧改革、落实制造强国战略。特别是在钢铁行业探索如何进一步化解过剩产能、脱困增效的背景下，宝钢、武钢两大钢铁集团启动战略重组，必将产生深远影响。

一、意义和发展前景

宝钢和武钢均为世界 500 强企业，是我国优秀钢铁企业的代表，为国家建设、国民经济发展做出过突出贡献，在我国钢铁产业发展中发挥着排头兵、引领者的作用，并具备了较强的国际竞争力，推进两者战略重组，具有划时代的历史意义和广阔的发展前景。

（一）具有划时代的历史意义

武钢是新中国成立后新建的第一个特大型钢铁联合企业，宝钢是中国改革开放后新建的第一个特大型现代化钢铁联合企业，武钢和宝钢的建设发展都凝聚了党和国家领导人的心血和全国人民的支持。武钢和宝钢建设发展的意义不仅仅是举全国之力建成钢铁基地，满足国民经济需要，更是中国共产党团结并带领中国人民不懈奋斗、开辟中国特色社会主义道路的真实写照，成为印刻在中国人脑海中不灭的时代印记。在全面建成小康社会决胜阶段和实现中华民族伟大复兴中国梦的新时期，在钢铁产能严重过剩、企业效益下降的严峻挑战下，推进宝钢、武钢战略重组比当年建设武钢和宝钢更具有划时代的历史意义，是国际视野更广、战略谋划更高的重大举措。

（二）拥有广阔的发展前景

宝钢和武钢发展基础良好、发展潜力较大，尽管国内外钢铁产业均面临着产能过剩等问题的困扰，但机遇与挑战并存，只要抓住创新这个发展的第一动力，

---

[1] 本文发表于《中国冶金报》2016 年 7 月 29 日 02 版。

宝钢和武钢重组的发展前景仍是十分广阔的：一是从国际形势看，全球钢材需求总量进入平台期，钢铁产能过剩已是全球性问题，国际钢材市场竞争将更加激烈，但钢铁国际产能合作方兴未艾，新一轮科技革命和产业变革蓄势待发，世界钢铁的产业形态、生产经营、发展方式正在经历前所未有的深刻变革。宝钢、武钢重组整合，可使其在崭新平台上参与更高水平的国际竞争。二是从国内形势看，新常态下经济增长处于中高速，钢材消费总量、消费强度趋于下降，钢铁产业已是供给侧结构性改革"去产能"的主战场，在由低水平供需失衡向高水平供需平衡跃升的过程中，依托绿色制造、服务制造和智能制造，提高钢材供给质量、优化钢材供给结构将是钢铁产业迈向中高端的新引擎。宝钢、武钢重组整合，强化中高端产品的竞争优势，可进一步巩固提高国内市场的领先地位。三是从自身条件看，宝钢、武钢都具有国际先进、国内领先的优势产品，创新体系建设、人才队伍建设达到了较高水准，双方在产品、技术、布局等方面具有较好的互补性和强强联合空间，同时，在资产、人事整合方面有同为央企的优势，加之两家企业都曾实施过同区域、跨区域兼并重组，可从之前发展经历中吸纳有益经验。

二、加强协同优化，提高国际竞争力

宝钢已成为中国现代化程度最高、最具竞争力的钢铁联合企业，经营业绩处于世界钢铁企业前列，钢铁主业极具国际竞争力，相关多元产业协同发展，三大信用评级机构给予宝钢全球综合类钢铁企业中最高信用评级。武钢是特大型现代化钢铁联合企业，也是全球最大、质量品种一流的硅钢生产基地，高性能工程结构用钢、精品长材等保持国内领先地位。宝钢、武钢重组在战略规划、布局优化、创新发展、产品服务和资源配置等方面的协同优化空间巨大。

（一）战略规划协同

宝钢的愿景是成为"全球钢铁业引领者"，战略定位于"一体两翼"，即打造以钢铁产业为主体，以绿色精品智慧制造和钢铁生态圈平台化服务为两翼的国有资本投资运营公司，实现"从钢铁到材料、从制造到服务、从中国到全球"的战略转型。武钢规划发展将以质量效益为中心，突出创新、质量、效益、效率，做强做优钢铁主业，聚焦向外做强做大多元产业，实现武钢转型发展，建成盈利能力强、职工满意度高、具有强大创新能力和国际竞争力的一流钢铁企业。宝钢、武钢重组后，新集团的现状基础、发展条件、竞争形势等都发生了巨大变化，规划涉及的定位、战略、目标、任务、分工等都需要根据新情况、新变化和新要求重新调整，在战略规划层面的协同空间巨大。

（二）布局优化协同

宝钢钢铁主业呈"两角一边"布局，即以上海宝钢为核心的"长江三角"，以广东湛江为核心的"珠江三角"和以新疆八一为核心的"西北沿边"。武钢钢铁主业呈"一江一边一海"布局，即以武汉青山、湖北鄂州、襄阳为基地的"中部沿江"，以云南昆明为基地的"西南沿边"和以广西防城港为基地的"南部沿海"。宝钢、武钢布局优化协同空间巨大：首先，防城港基地和湛江基地可一并考虑，避免重复建设；其次，压减产能、基地定位、产线调整等方面有较大优化空间；再次，宝钢、武钢国际产能合作处于探索阶段，可借重组机遇，响应"一带一路"倡议，统筹海外钢铁、原料基地布局。

（三）创新发展协同

宝钢是我国钢铁企业实践创新发展的典范，长期保持高水平研发投入，形成了研究开发、工程集成、持续改进三大技术创新子体系，积极探索机制和管理创新，一批重大创新成果获得国家科技进步奖一等奖、冶金科学技术奖特等奖等奖项。武钢在贯彻创新驱动中，确立了以研究院为原始创新主体，以工程技术集团为集成创新载体，以武钢股份为引进消化吸收再创新代表的"三大创新主体"，形成了研究开发、持续改进和技术创新固化与提升三大技术创新体系。据不完全统计，宝钢、武钢合计专利达 11000 多项，其中发明专利为 6000 多项，约占重点钢铁企业的 50%。宝钢、武钢创新协同应加快建立国家制造业创新中心，在有效驱动新集团发展的同时，显著增强我国钢铁产业创新发展动力。

（四）资源配置协同

据 2015 年公开资料显示：宝钢集团总资产 5407 亿元，资产负债率约 47.7%，员工总数 13.5 万人，销售收入 2264 亿元，世界 500 强排名第 218 位；武钢集团总资产 1975 亿元，资产负债率约 73.1%，员工总数 8.2 万人，销售收入 1018 亿元，世界 500 强排名第 500 位。宝钢、武钢战略重组后，销售收入将进一步提高，预计可进入世界 500 强的前 200 名。更重要的是，宝钢、武钢重组在资源整合方面的协同优化空间巨大，在资产整合、平台建设、融资渠道、原料采购、矿产资源、市场开拓、人力优化等领域，都有可深入协作提高的空间。

（五）产品服务协同

宝钢的优势产品有汽车板、取向硅钢、镀锡板等，武钢的优势产品有冷轧硅钢、汽车板、船体用结构钢、重轨、锅炉和压力容器用钢等。目前，宝钢、武钢合计冷轧汽车板、镀锌汽车板、取向硅钢国内市场占比分别超过 40%、50% 和

80%。重组整合到位将发挥协同效应，在上述产品市场领域的竞争力将进一步巩固提升，其中的高磁感取向硅钢、高强冷轧汽车板、高表面质量镀锌汽车板等将占有极高的细分市场份额。此外，宝钢、武钢都建有遍及国内外的营销网络、服务体系，贯彻以用户为中心的服务理念，宝钢、武钢重组后，在服务体系、服务能力、服务标准等方面的协同优化潜力巨大。

（六）规模效应协同

目前，宝钢已形成粗钢产能约 6000 万吨，2015 年粗钢产量 3494 万吨；武钢已形成粗钢产能约 3390 万吨，2015 年粗钢产量 2578 万吨。2015 年，宝钢、武钢合计粗钢产量 6072 万吨，超过河北钢铁集团的 4775 万吨、新日铁住金的 4637 万吨和浦项的 4198 万吨，仅低于安赛乐米塔尔的 9714 万吨，在全球位居第二。从产能来看，考虑到宝钢、武钢产能压减计划，两者重组后总产能约 8000 万吨，将创我国钢铁企业粗钢规模的历史之最。尽管规模与企业竞争力之间并不能简单划等号，但钢铁规模仍是打造具有世界级竞争力钢铁企业的重要基础，随着绿色化、智能化、高效化、国际化深入发展，提高了有效驾驭更大规模钢铁企业的能力，宝钢、武钢战略重组的规模效应协同也将逐步体现出来。

（七）企业文化协同

宝钢在改革发展 30 多年实践中，形成了以"严格苛求的精神、学习创新的道路、争创一流的目标"为主线，以"诚信、协同"为核心价值观的宝钢文化。武钢在 60 多年发展中，形成了"质量效益、诚信共赢、创新超越"的核心价值观，培育了"艰苦奋斗、团结协作、从严求实、改革创新"的武钢人精神。企业文化是企业发展之魂，传承着企业的价值取向和行为标准，凝聚着企业的共同信念和整体合力，激励着员工的事业追求和工作激情，推动着企业的日益兴盛和持续发展。宝钢和武钢的企业文化都有创新、严格、诚信、协同、争创一流的基因，应有效继承原有企业文化精髓，并融入创新、协调、绿色、开放、共享新理念的时代内涵，不断提升企业文化的向心力、凝聚力。

（八）多元业务协同

宝钢瞄准钢铁主业发展的同时，着力发展相关多元产业，重点围绕钢铁供应链、技术链、资源利用链，加大内外部资源整合力度，提高综合竞争力及行业地位，形成了资源开发及物流、钢材延伸加工、工程技术服务、煤化工、金融投资、生产服务、信息服务等相关产业板块，并与钢铁主业协同发展。武钢加大内部资源整合力度，初步形成了物流贸易与深加工、城市建设与环保、资源利用与新材料、城市服务、金融等多元业务板块。宝钢、武钢实施战略重组后，新组建的企业集团在钢材深加工、物流贸易、信息服务、金融投资等多元业务领域有极强的协同发展需求，优化提升空间巨大。

三、宝钢、武钢重组需处理好几个关系

宝钢、武钢实施战略重组的决策是正确的，符合钢铁产业发展客观规律和大趋势。然而，从历史上我国钢铁企业兼并重组的推进情况来看，虽不乏成功案例，但消化不良者有之、貌合神离者有之、不欢而散者亦有之，宝钢、武钢战略重组的道路也绝不会一帆风顺，需高度重视处理好以下几种关系：

（1）处理好改革与发展的关系。做好宝钢、武钢战略重组，不仅是如何协同、更好发展的问题，同时也对实践国有资本、国有企业改革，以及推动钢铁产业供给侧结构性改革，都有积极促进和引领示范作用。处理好发展和改革的关系，核心就是以改革的办法突破制约宝钢、武钢发展的瓶颈，建设符合市场规律的竞争机制和勇于担当的干群团队，为更高水平的发展清障搭台、架桥铺路，真正实现创新引领发展。

（2）处理好协同与竞争的关系。推进宝钢、武钢战略重组，须发挥新集团各公司、各基地的协同效应，但更要尊重优胜劣汰的竞争规律。处理好协同与竞争的关系，核心就是坚决退出缺乏市场竞争力、没有发展前景的无效资产、低效资产，不能依靠集团的优势成员企业搞"输血挂氧"式的救济，而要在重组整合中扶优扶强，把优质资源配置给优势企业，确保有效、有序发展。

（3）处理好合并与整合的关系。新集团的合并只是拉开了重组的序幕，整合才是关键，诸多重组失败的案例就在于整合不到位。特别是宝钢、武钢各自都拥有庞大体系，既有轨迹运行惯性很强的企业更是如此。处理好合并和整合的关系，核心就是以何种方式形成新集团，如何构建其产权结构、战略定位、资产组合、管控模式、经营运行等体系，全面做好顶层设计、强化执行到位，切实提高效率和竞争力。

（4）处理好当前与长远的关系。推进宝钢、武钢战略重组是一项复杂的系统工程，要抓住全面深化改革和钢铁产业结构调整的有利时机坚决推进，但不能一味求快、急于见效。重组是长期的、艰苦的过程，这是发展规律。处理好当前与长远的关系，核心就是整体规划、分步实施，加快实施看得准、做得成的新业务、新平台、新制度，有序整合具备条件、协同空间大的现有资产和已有业务，平稳推动问题多、难度高的整合事项，实现可持续发展。

优化资源配置　开拓新增长点

——新常态下我国钢铁企业多元产业发展的战略思考[1]

李新创

2014 年，中国钢铁工业协会重点统计的大中型钢铁企业主业销售利润率仅为 0.85%，而其钢铁相关多元产业的平均利润率为 3.5%~6%。虽然没有达到全国工业行业 6% 的平均利润水平，但也为那些多元产业占一定比重的钢铁企业作出了巨大贡献，填补了因钢铁主业亏损造成的效益损失。

随着中国经济发展进入新常态，国内钢材需求已呈下降趋势，国内钢铁产能过剩矛盾更加突出，钢铁行业低盈利时代将会持续较长时间。多数完全依靠钢铁业务的企业集团会遇到前所未有的压力，在努力提高钢铁主业效益的前提下，这些企业需要寻找新的利润增长点，来推动其发展。

一、发展多元产业的必要性

我国钢铁企业发展多元产业，不仅和我国钢铁发展的国情有关，而且也是钢铁企业客观发展的必然。钢铁企业在维持一定钢铁经营规模的基础上，围绕主业发展多元产业或涉足新兴产业、开拓新的经济增长点已是大势所趋。

钢铁企业发展多元产业，应当从战略高度去谋划。国内外先进钢铁企业的发展经验表明，发展多元产业已经成为钢铁企业由生产型制造向服务型制造转型、由产品竞争力向产业链竞争力迈进的必然趋势。钢铁企业要积极转变观念，从削减钢铁主业附加成本、还原钢铁主业专业性的战略高度去重新认识发展多元产业的重要意义，以延伸钢铁产业链、提升价值链为主线，高起点、高水平谋划好下一步多元产业的发展方向，实现多元产业与钢铁主业的协同耦合发展。

发展多元产业有利于提升集团整体服务水平和盈利能力。在经济完全市场化的今天，多元产业已不再是传统意义上为钢铁主业保产服务的辅业，更不存在传统意义上辅业改制时的职工身份改变。今天的多元产业与钢铁主业，已经由原来

---

[1] 本文发表于《中国冶金报》2015 年 10 月 20 日 03 版。

的主辅关系转变为纯粹的市场化交易关系，这样既有利于倒逼多元产业提升服务水平与盈利能力，又有利于促进钢铁主业培育核心竞争优势。

发展多元产业有利于优化资源配置。发展多元产业，不是简单的主辅分离，更不是钢铁主业甩包袱。发展多元产业是为了盘活存量资源资产、优化资源配置，创造更多的就业岗位，实现包括人力资源在内的各种资源的优化配置，更好地解决钢铁主业的附加成本问题，使钢铁主业的先进性充分还原。从这个意义上说，多元产业也可以解读为钢铁的相关产业，多元岗位上的职工同样是工作在其产业的主业岗位，其收入不一定比某些钢铁主业的岗位收入低。

二、优秀钢企多元产业发展特点

目前，优秀钢铁企业的多元产业已不再只是"三产""服务公司""安置再就业"的概念，专业化、规模化、产业化的发展模式正在逐渐形成，多元产业所涉及的领域也越来越广泛。近年来，我国钢铁企业在多元产业发展和产业选择上呈现出以下几个特点：

（1）加快钢铁产业供应链建设的发展步伐。钢铁产业与上游的铁矿石、焦煤、废钢等行业密切相关，产业关联度高、影响力大。经过最近 10 年的发展，钢铁企业已越来越能体会到关注钢铁上游原燃料产业链对钢铁产业自身发展的重要性。近几年，钢铁企业为确保资源稳定供应，加强了对资源的战略性掌控。其主要措施体现在两个方面：一是增加海外权益矿资源量，二是提高国内自有矿供给比例。例如，河钢集团南非项目、山钢集团非洲项目、武钢集团海外矿山项目等。

（2）积极开展钢材下游深加工项目。钢铁企业通过延伸钢材深加工产业链，不仅可以创造更多的价值，还可以缩短用户采购供应链，产生双赢的效果。因此，近两三年，不少钢铁企业陆续开工建设了钢材深加工项目。例如，宝钢在全国设立 37 家加工配送中心，加工能力为 700 万吨/年，激光拼焊能力为 2000 万片/年；武钢金属制品生产能力为 100 万吨/年，钢结构 5 万吨/年，剪切加工配送能力为 146 万吨/年，同时，武钢还收购了蒂森克虏伯全球激光拼焊业务等。

（3）发展以钢铁配套服务为主体的产业。钢铁配套服务产业主要包括商贸物流、工程技术服务、机械维修制造、冶金辅料与煤化工、循环经济与环保以及金融等。例如，沙钢 2011 年开建的玖隆钢铁物流项目，总投资达 300 亿元，意在打造成为一个集现货和期货交易、剪切加工、运输配送、进出口保税、电子商务和金融担保质押为一体的现代化程度很高的钢铁物流园；河北钢铁集团与河北港口集团、沧州港务集团联合开发建设黄骅港综合港区，建成年吞吐量为 5000 万吨的矿石泊位和 2000 万吨的通用散杂泊位；在金融业方面，宝钢旗下有华宝投资公司、山钢集团莱钢旗下有齐鲁证券等。

（4）积极投入国家倡导的战略性新兴产业。节能环保产业、新一代信息技术产业、生物产业、高端装备制造业、新能源产业、新材料产业、新能源汽车产业等七大重点领域构成了战略性新兴产业的主体。新兴产业也是钢铁企业十分关注和重点开拓的领域。例如，马钢与设计、制造企业合资组建节能环保科技公司，从事烟尘治理（除尘、脱硫）、工业污水处理、资源综合利用等设计、研发、工程、运营托管、设备制造等全方位的环保业务；昆钢引进国内前沿技术，突破传统制浆造纸工艺，建成了一条以石灰石为原料的"石头纸"生产线等。

（5）发展地区特色的区位性优势产业。很多钢铁企业结合区域独特优势，创造性地开发有特色的多元产业。一些城市钢铁企业以依托城市、服务城市的理念，实现共赢发展。例如，首钢的工业遗址公园和中国动漫游戏城，代表着文化旅游产业的特色项目；酒钢结合所在地域的特殊自然环境，培育种植葡萄，其葡萄酒酿造产业已具有一定的品牌效应。

三、发展多元产业所遵循的原则

一是掌握企业发展规律。遵循微笑曲线的规律，紧抓设计、研发、服务等价值高地，以做优增量、调整存量为目标，横向耦合、纵向延伸产业链。按照专业化—多元化—产融结合的企业发展路径，有能力的企业，依托金融平台，不断提升企业价值创造能力。

二是紧跟时代步伐。响应国家机制体制改革的号召，有条不紊地推进机制体制创新，探索混合所有制改革，深化三项制度改革，激发员工活力；多渠道实施"走出去"战略，积极响应"一带一路"倡议，加强与亚欧非及世界各国的互利合作；积极拥抱互联网，运用"互联网+"理念，与传统行业进行深度融合，创造新的发展生态，鼓励新技术、新模式、新业态和新产业蓬勃发展，以提质增效为中心，培育有中国特色的制造文化，实现制造业由大变强的历史跨越。

三是聚焦发展重点。充分考虑各钢铁企业多元产业发展基础和区域特点，发展具有产业、资源优势和区域特点的多元产业，按照核心产业、战略新兴产业、维持（退出）产业设计发展路径，不断优化产业结构，并聚焦各产业发展重点。

四、钢企多元产业的发展方向

新常态是钢铁企业加快结构调整、转型升级的战略机遇期。对钢铁企业而言，应遵循企业发展规律，紧跟区域发展机遇，积极争取各项国家政策，在转型升级过程中推进多元产业发展，其发展方向主要有以下几个：

一是国际化发展方向。随着国家"一带一路"倡议的稳步推进，将带动钢铁企业海外矿产资源开发、钢材贸易、国际物流、冶金装备和工程等产业"走出去"战略的实施。

　　二是城市服务产业。随着城镇化建设的深入推进，市政道路、桥梁等方面的建设日渐完善，城市污水处理、燃气管道的铺设、城市绿化、垃圾处理、公园建设等公共设施投资将成为未来基础设施投资的重点，成为钢铁企业城市服务产业的发展重点。

　　三是智能制造产业。工业4.0是德国《高技术战略2020》确定的十大未来项目之一，旨在支持工业领域新一代革命性技术的研发与创新，强调智能制造。中国制造2025（中国版工业4.0）规划重点实施的领域为新一代信息技术产业、高端装备制造产业、新能源产业等。工业4.0拉开了全球"智造时代"的大幕，新一轮高端制造业竞争已经开启，钢铁行业智能制造产业须提前谋划，挺身融入这一轮新的智能升级浪潮中，寻找自身转型升级的市场机遇。

　　四是电子商务产业。积极发展基于电子商务的钢铁物流产业。钢铁企业原有的电子销售系统已经不能满足低成本、高效率的需要，企业的物流、信息流和资金流需要进行专业化融合，升级为第三方冶金产品电商平台，以实现网上贸易、信息资讯、在线融资、资金管理、个性化增值服务等功能，促进并创新钢铁物流产业发展。

　　五是节能环保产业。新环保法和新的钢铁行业系列标准全面实施，在这一史上最严环保政策的压力下，以往钢铁行业粗放式发展积累的一些环保欠账，将在"十三五"时期集中进行整改和完善；按照"绿色采购、绿色物流、绿色制造、绿色产品、绿色产业"五位一体的理念，将推动冶金节能环保设备和工程产业的发展。

　　六是金融产业。在我国大力推行金融体制改革的背景下，钢铁行业化解过剩产能、城市钢厂搬迁、兼并重组和"走出去"战略的实施，都需要金融行业的支持。同时，为增加钢铁企业的利润、确保资金链安全，金融产业也应该积极开展期货、资本运营、保险、多元化、融资租赁、中小金融机构、海外融资等产融结合业务。

钢铁工业"十二五"回顾和未来发展思考[1]

李新创

一、钢铁工业"十二五"发展回顾

(一) 有效地支撑国民经济发展

李克强总理指出:"钢铁和煤炭是重要基础性产业,为国家工业化作出了重大贡献"。钢铁工业有效支撑了中国经济的快速发展,不论是基础设施建设,还是工业制造,都需要强大、高效、优质的钢铁做支撑。"十二五"期间,中国粗钢产量累计38.1亿吨,占1949年以来中国粗钢总产量95.7亿吨的39.8%,如图1所示。

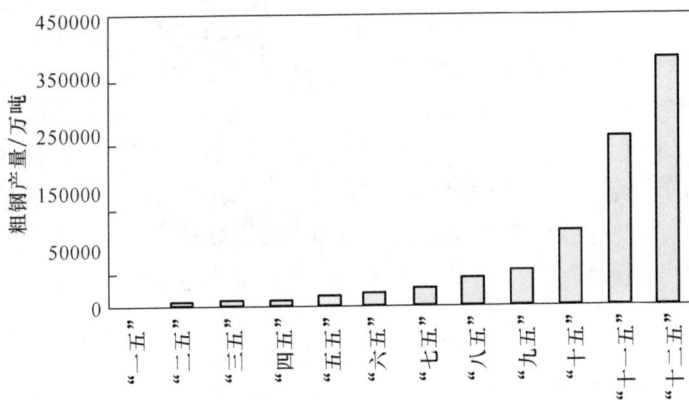

图1 中国各个五年规划期粗钢产量

(二) 钢材品种质量持续提升

1. 高精尖产品——汽车板和家电板

2015年,中国汽车年产量高达2450万辆,钢铁企业已具备高强汽车板研发

---

[1] 本文发表于《钢铁》2016年第51卷第11期,有删节。

生产能力，满足了中国汽车快速增长的需要，能够为国产以及韩系、日系、德系等合资品牌轿车供货高端冷轧汽车板。国内冷轧汽车板由普通 HSS 发展到 AHSS、UHSS，包括 DP980、TRIP780 冷轧及镀锌汽车板已经批量商业化生产；国内先进钢企开发 1180QP、1500MS、950TWIP 等新材料，以及先进的热冲压成型、液压成型、辊压成型、VRB 板成型和激光拼焊板成型等技术，不断推进车辆轻量化进程；宝钢、太钢批量生产第三代汽车钢后，中国第三代汽车钢研发生产和应用提速，钢铁企业、汽车企业、研究院所加快构建新一代汽车钢研发应用一体化的平台。

同时，中国家电在全球具有竞争力，钢铁企业家电板的加工性能、表面质量、力学性能和板形等实物质量达到了国际先进水平。国内一批冷轧企业已经能够批量稳定生产家电外板，对钢材要求最严格的家电产品部位，如冰箱面板、冰箱侧板、冰柜外板和洗衣机外板等，已全部采用国产钢板，完全替代进口。目前，国内美的、格力、海尔等龙头家电企业基本采用国产钢材。

2. 优特钢产品——轴承钢、齿轮钢

优特钢产品的开发和生产也取得了明显的进步，特别是轴承钢、齿轮钢实物质量已经接近世界水平。中信泰富特钢集团轴承钢的平均氧质量分数为 0.00055%，钢水洁净度高，成分偏析小，制造的轴承疲劳寿命高，质量达到国际先进水平，获得 SKF 等世界知名轴承制造企业的认证；东北特钢中低碳齿轮钢淬透带可稳定控制在 4HRC 之内，氧质量分数可控制在 0.0012% 以下，窄淬透齿轮钢 8620RH、8627RH、SCM420H 等产品荣获国家"实物质量达到国际先进水平金杯奖"称号。

3. 量大面广产品——钢筋、线材

高强钢筋的进步十分显著，高强、抗震钢筋生产比例大幅提高。精轧钢筋产品系列化，最高强度可达 1120MPa。2004 年，中国 400MPa 级钢筋产量只有 340 万吨，占全国钢筋产量的 5.8%；2015 年，400MPa 级钢筋产量达到 13500 万吨，500MPa 级以上钢筋产量达到 3380 万吨，高强度钢筋占比达到 82.6%。但由于下游的设计标准，限制了高强钢更广泛的应用。

精轧钢筋 PSB830、PSB930、PSB1080、PSB1230 已可批量生产，并应用于大型水利工程、工业和民用建筑以及公路、铁路大中跨度桥梁等工程。低温、耐腐蚀、耐火钢筋等功能钢筋也逐步得到生产应用。

线材方面，除工程及建筑结构用线材外，PC 制品用线材和冷镦用线材产量最大，2015 年产量分别达到 1694 万吨和 823 万吨，对夹杂物、组织形态和均匀性控制水平增强，产品质量稳定性不断提高。

（三）服务水平提高，用户满意度增强

"十二五"期间，市场竞争加剧促使钢铁企业提高服务意识，谋求通过服务差异化占领市场。钢铁企业服务意识普遍增强，服务能力和服务水平有所提升，用户满意度大幅提高。钢铁企业不仅仅关注售前服务（如先期介入、电子商务、联合研发、加工配送等），也更关注和不断提升售中服务（如缩短交货周期、物流运输服务等）和售后服务（技术支持、质量异议处理、客户需求信息反馈、快速响应机制等），钢铁行业服务意识已普遍增强。在我国产业政策不鼓励出口、全球商业竞争十分残酷和贸易保护环境下，2015年我国钢材出口量同比增长19.9%，达到了1.12亿吨的历史新高。这不仅表明我国钢材价格有优势，更多的是产品质量和服务水平大幅提升的体现。

（四）技术装备水平提高

（1）原燃料工序。"十二五"期间，烧结机装备大型化进步明显，130m^{2}以上烧结机产能占比由2011年的74.2%提高至2015年的80.1%。炼焦装备水平进一步提升，先进焦炉产能占比2011年的44.4%提高至2015年的49.7%；2015年，代表国际领先水平的7.63m顶装焦炉和6.25m捣固焦炉合计产能占比达5%。

（2）冶炼工序。"十二五"期间，中国冶炼工艺装备水平明显提升。重点统计钢铁企业1000m^{3}及以上高炉先进产能占比由64.2%提高至73.3%。重点统计钢铁企业120t及以上转炉和70t及以上电炉炼钢先进产能占比由54.6%提高到66.2%。同时，双渣少渣冶炼、滑板挡渣出钢、铁水预处理和炉外精炼、恒拉速/高拉速连铸等洁净钢生产技术研发与推广应用步伐加快；转炉负能炼钢、电炉烟气余热回收、机械真空泵、钢渣处理与高效利用等节能减排技术应用取得良好效果；计算机动态控制炼钢集成技术取得重大进展。

（3）轧钢工序。"十二五"期间，中国新建轧钢生产线及经过技术改造的轧钢生产线绝大多数为国际先进水平或国内先进水平，连续化、自动化水平进一步提升。国际先进水平和国内先进水平轧钢装备占比70%，较"十一五"末期提高10个百分点。轧钢生产系统普遍采用自动化控制二级及三级水平。在线热处理技术、产品尺寸控制技术、控轧控冷技术等先进技术推广加快。

（4）智能化。"十二五"期间，中国钢铁业信息化水平明显提升，智能化步伐加快，努力实现从部门信息化（孤岛）到企业信息化（集成），再到深度信息化（数据挖掘、智能计算）。"十二五"期间，信息化技术在生产制造、企业管理、物流配送、产品销售等方面应用不断深化。从总体指标来看，关键工艺流程数控化率超过65%；ERP装备率超过70%。一些优势企业步入集成创新阶段，以宝钢汽车板制造商先期研发介入（EVI）的智能创新模式、鞍钢冶金数字矿山为示范的智能制造工厂试点为代表，开展了个性化、柔性化产品定制新模式。宝钢1580mm热轧生产线成为"钢铁热轧智能车间试点示范"，智能车间改造完成后，能源利用率、全自动轧钢率、劳动效率将分别提升5%、6%和10%，成本下降20%；荣程集团与冶金工业规划研究院建立战略合作，搭建具备创新特色的产业互联网生态系统，共同打造"互联网+"智能制造示范项目；南钢携手北京科技大学，展开智能制造规划，建设全流程的钢铁智能制造系统，预期可实现新产品开发周期缩短50%、产品开发成本降低50%以上、产品不良率降低50%以上、吨钢能耗下降10%、生产成本下降15%。

在装备水平大幅提升过程中，高度重视淘汰落后产能工作，不断提高淘汰落后产能标准。2010年国家发布了《国务院关于进一步加强淘汰落后产能工作的通知》；2011年，工信部、发改委等18个部门联合发布《关于印发淘汰落后产能工作考核实施方案的通知》，明确了按照目标清晰、组织健全、责任到位、措施到位、监管到位、逐级考核的总体要求，建立健全淘汰落后产能工作目标责任评价、考核和奖惩制度。"十二五"期间，全国共淘汰落后炼铁产能8920万吨、炼钢产能8980万吨，淘汰落后产能工作取得阶段性实质成效。

（五）节能环保水平提高、标准升级

一大批先进减排技术得到全面应用，主要有：（1）烧结烟气脱硫技术。截至2015年年底，全国重点钢铁企业烧结机脱硫面积已增至13.8万平方米，安装率由"十二五"初期的19%增至88%。（2）"三干"技术得到普遍应用。干熄焦技术在重点大中型钢铁企业的普及率已达到95%以上，高炉煤气干法除尘在重点大中型钢铁企业的普及率已达到90%以上，转炉煤气干法除尘在重点大中型钢铁企业的普及率已达到20%。（3）综合污水处理技术。截至2015年，重点钢铁企业综合污水处理厂配套建设比例达到75%以上，水重复利用率超过97%。大部分钢铁企业的新水耗量在逐年降低，污水处理回用比例日益增加，实现污水"近零排放"的企业数量也在逐渐上升。

污染物排放大幅下降。通过全面实施烧结脱硫及回收富余煤气，推进煤改气、油改气，吨钢二氧化硫排放量由2010年的1.70kg降至2015年的0.85kg左右；经过持续不断实施除尘改造，采用布袋除尘等先进工艺，增加除尘能力，吨钢烟粉尘排放量由2010年的1.19kg降至2015年的0.81kg左右；钢铁行业通过实施"三干"等节水型清洁生产工艺，实施串接用水、分质用水，废水排放总量由2010年的7.2亿立方米降至2015年的4.3亿立方米；吨钢废水排放量由2010年的近1.6立方米降至2015年的0.8立方米。

排放标准大幅度从严，主要有：（1）新标准注重系列化，覆盖采矿、选矿、焦化、烧结、炼铁、炼钢、轧钢、铁合金等钢铁生产每个工序。（2）新标准设置过渡期，采取分步实施方案。以2015年1月1日为节点，充分考虑企业整改周期，为现有企业环保设施改造升级提供时间保障。（3）新标准查缺补漏，

增补多项新指标。废气排放标准增加了二噁英、氮氧化物、H_2S、油雾等污染物指标，废水增加了总氮、总磷、总铅、多环芳烃、硫化物等 14 项污染物指标。

新排放标准从编制到正式施行历经 10 年，既增加了诸如烧结机机头烟气氮氧化物与二噁英，水污染物总氮、多环芳烃和苯并芘等新的污染物指标，又将原有工序的颗粒物、二氧化硫与化学需氧量等指标大幅收严。其中，烧结机机头烟气二氧化硫排放指标仅为老标准的十分之一，已严于国外发达国家的钢铁行业排放标准。因此，新标准的全面实施将大幅削减钢铁行业主要污染物排放总量，为区域环境承载量的舒缓与生态环境的改善提供标准引领，促进行业绿色发展。

（六）技术创新不断进步

中国钢铁行业基本建立了以企业为主体、市场为导向、产学研用相结合的技术创新体系，形成了以合作研究、战略技术联盟等为载体的开放式创新模式，以集成创新为特色的自主创新能力逐步提升；在冶金工艺技术创新、重大技术装备国产化，冶金新材料、新产品研发创新，节能减排和资源利用等方面取得了突出成就，有力推动了中国钢铁行业转型升级和可持续发展；促进了钢铁行业技术创新平台的建设，据不完全统计，中国重点大中型钢铁企业建立的企业技术中心共计 230 余家，其中国家级技术中心 50 余家；通过管理及商业模式创新，宝钢等企业开启了 EVI、B2B 电子商务等服务模式，实现由钢铁制造商向以用户为中心的材料服务商的转变。

二、中国钢铁业存在问题

（一）产能过剩

从 2011 年第 4 季度开始，中国粗钢产能利用率出现明显下降，近年持续处于合理水平线以下，特别是 2015 年中国粗钢产能利用率仅约 71.5%（以国家统计局数据为分母），较 2014 年进一步下降，钢铁行业亏损严重，企业普遍经营十分困难，中国钢铁产业已处于产能全面过剩状态。

对于中国钢铁产业去产能问题，要全面客观看待。一是要看到钢铁产能过剩的全球性，钢铁产能过剩不是中国独有，也绝非中国特色，且已成为全球共同面对的问题，这是世界经济大环境和钢铁工业内在发展规律所形成的，责怪中国造成产能过剩毫无道理；二是要看到钢铁产能过剩的长期性，尽管可能某个时段钢铁行业生产经营出现了所谓的回暖，但必须清醒地认识到产能过剩问题并未从根本上得以解决，我们只不过是深陷泥潭之中稍微缓了口气，解决过剩问题仍需时日；三是要看到化解钢铁产能过剩的艰巨性，从国际历史经验看，去产能充满困难和挑战，我国钢铁去产能的难度是史无前例的，党中央、国务院对此高度重视，出台了系统的市场化、法治化措施，但部分地方对此缺乏深刻认识，或在执行中走了样，亟须调整；四是要看到化解产能过剩并不是钢铁行业的全部，去产能是钢铁行业未来一个时期的第一要务，但绝不能忽视了产业竞争力，去产能并不会自然而然地提高产业竞争力，必须加快培育具有国际竞争力的优势钢铁企业，"强化去产能"和"提高竞争力"两手都要硬。

（二）债务危机

（1）融资难。2012 年开始，银行对钢铁行业信贷政策整体收紧，即使有充足的信贷额度，也不愿将资金投向产能过剩及严重亏损的钢铁行业，银行抽贷在钢铁行业中是普遍现象。高负债率钢铁企业数量及产量见表 1。

表 1　高负债率钢铁企业数量及产量

序号	负债率/%	企业数量 /个	2015 年产量/万吨
1	>100	5	426.87
2	>90	13	2704.87
3	>80	27	8802.62
4	>70	48	33320.42

（2）融资贵。2015 年钢铁行业贷款利息达 7.33%，为一年期贷款利率的 1.7 倍。2015 年钢铁行业财务费用为 974 亿元，较 2010 年上涨 114%，较 2005 年上涨 544%。钢铁行业虽然资金规模大幅下滑，但银行借款总额仍比较高。

（三）自主创新能力不强

在创新驱动的时代背景下，钢铁业自主创新能力不强的问题尤为突出，主要表现在以下几个方面：（1）原创性技术不足。中国钢铁业的工艺技术装备和关键品种自主创新成果不多。（2）自主创新能力难以支撑转型升级。中国钢铁产业创新更多体现在引进新日铁、浦项、奥钢联、JFE、西门子、西马克等现代化技术装备基础上的新产品及生产工艺的开发，导致产品同质化竞争激烈、重大关键突破性技术供给不足、没有形成具有国际竞争力的产业主导技术等问题。（3）创新投入水分多，体制机制有待继续优化。尽管近年来中国重点统计钢铁企业科技活动经费增加较快，但 R&D 投入占主营业务收入的比例仅在 1.0% 左右。新产品开发多为模仿创新，难以形成在世界钢铁界具有影响力的重大专有技术和产品优势。（4）企业创新型研发人才不足，特别是缺乏高水平领军人才。

（四）无序竞争

钢铁行业无序竞争严重，公平竞争的市场环境尚未形成。除了企业数量多、产业集中度低，还突出表现为行业自律性差，为抢占市场份额，大打价格战；为了谋取暴利，大量生产、销售和使用"地条钢"等现象屡禁不绝，质量问题频发；同时，部分地方政府的越位也严重影响到企业的正常经营，不利于产业健康发展。

三、中国钢铁工业中长期发展战略取向

（一）进出口战略

总体战略为：发挥产业优势，积极参与国际竞争，稳步推进由"大进大出"向"优进优出"的战略性转变。具体路径为：（1）推进优质产品、优势产品、优特产品出口。"优出"战略具体到钢铁行业，应是扩大"优质产品、优势产品、优特产品"出口量和出口占比，这要求从产品质量、服务水平、市场口碑和品牌建设等方面提升整体竞争力。（2）积极应对贸易摩擦。正视国际贸易摩擦，依法依规积极应对，在保护自身合法利益的同时，与国际用户、竞争对手一起致力于维护良好的国际市场竞争秩序。（3）出口多元化。出口多元化包括出口产品多元化和出口地区多元化，应拓宽出口钢铁产品的品种规格，避免因国外对某一钢铁产品采取贸易保护主义而带来的出口受阻风险；开发新兴市场，如非洲、中东、南美、东盟等地区的发展中国家。（4）自主创新，优化进口。"优进"战略具体到钢铁行业，应是通过加强自主创新、扩大市场，倒逼进口产品优化服务、优化价格、优化质量。

（二）布局战略

总体战略为：国内以减量为主优化布局，国际"合作共赢，布局优质产能"，推进由"国内布局"向"国内国际协调布局"的战略性转变。

国内以减量为主优化布局，形成"一带多点网络化"，即完善沿江沿海一带，多点优化内地的资源市场（包括废钢）布局，为用户提供网络化服务体系。具体路径为：（1）长江流域以北沿海省市（含苏北）：深度减量调整布局，坚决大幅压减区域内环保能耗不达标的低效钢铁产能，不再布局新建沿海钢铁基地。（2）西南、西北、中部地区（含内蒙古）：减量调整布局，以区域市场容量和铁矿成本支撑力定产，压减缺少市场竞争力的钢铁产能，不再布局建设新点。（3）长江流域以南沿海省市（含苏南）：适度减量调整布局，在先完成减量任务的基础上，结合内陆钢厂转移，优化完善沿海钢铁基地布局。（4）东北地区：适度减量微调布局，稳步压减无独有、领先优势产品，无矿产资源支撑的内陆钢铁产能，在减量基础上，完善已有沿海钢铁基地建设。

国际产能合作路径为：重点在市场潜力大、投资环境好、互补作用强的一带一路沿线国家和地区，布局开展国际产能合作，带动钢铁产业的装备、技术和标准等"走出去"，提供工程规划设计咨询、施工建设、装备供应、运营维护等全方位服务。

（三）重组战略

总体战略为：以打造具有中国特色的世界级钢铁强企为核心，以形成集中度高、分工细化、协作高效的产业组织形态为导向，支持、引导、鼓励企业并购。具体路径为：（1）围绕优势产品推进强强联合。以形成汽车板、电工钢、家电板、造船板、管线钢、油井管等产品的国际一流竞争力和创新能力为目标，支持相关钢铁企业剥离无效、低效产能，以优质资产参与兼并重组，打造中国特色世界级钢铁强企。（2）引导区域钢铁企业重组压减。在新疆、四川、河北等产能过剩严重、同质化无序竞争过度的区域，引导钢铁企业加快以资产为纽带的重组压减，构建良性有序竞争的市场环境，退出产能涉及的资产、债务、人员等由留存的企业主体协商共同补偿或接管。

（四）资源战略

总体战略为：内控外拓、总量区间、期现并举、废钢替代。具体路径为：（1）内控外拓战略。中国钢铁产业铁矿资源供给将在较长时期内保持以外矿为主、内矿为辅的格局，加之中国铁矿资源禀赋差、成本高，以及顺应保护生态环境、经济结构调整要求，应按照绿色、效益、可持续的原则，有效调控国内矿开发利用，按照成本、风险可控的原则，积极开拓国外铁矿资源。（2）总量区间战略。国内铁矿是中国钢铁产业发展资源安全保障的压舱石和调节器，必须保证一定的底线供应能力，这是总量区间战略的下限；鉴于成本、生态、环保、调结构等多方面考虑，中国铁矿供应能力不宜过高，缺少竞争力、生态环保滞后、开采条件差、资源利用率低的铁矿应坚决关闭，假使将来矿价上涨也不再开，这是总量区间战略的上限。（3）期现并举战略。充分利用期货、掉期等金融工具规避铁矿石现货贸易风险。强化中国铁矿石价格指数、铁矿石交易平台等的价格发现功能，推动铁矿石定价机制科学化、合理化、公开化，助力铁矿实体产业健康发展。（4）废钢替代战略。中国废钢资源产出量已达到相当规模，未来5~15年，中国废钢资源产出将逐步进入快车道，加之粗钢产量进入下行通道，未来废钢资源将越来越成为铁矿资源的重要补充，应采取措施培育、扶持、引导废钢产业规范发展、加快发展，即废钢替代。

（五）创新战略

战略定位目标为：将创新作为产业结构调整、企业转型升级的第一驱动力。通过产品创新、技术创新、体制创新、管理创新和商业模式创新，不断增强企业的核心竞争能力和差异化竞争优势。具体路径如图2所示。

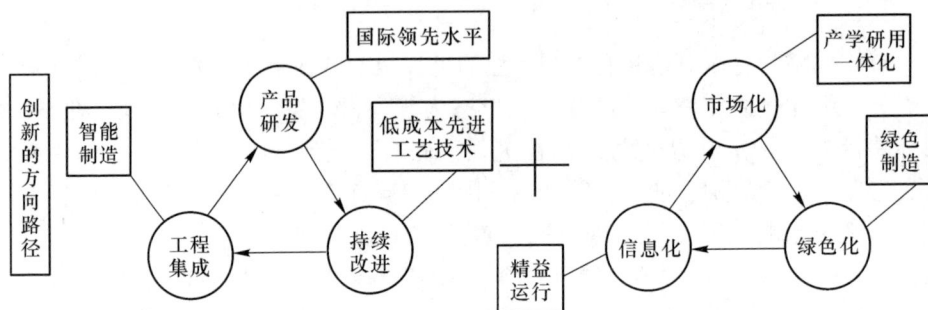

图2　创新的方向路径

创新的要点如下：（1）注重提升自主创新能力。注重体制机制创新，推进钢铁企业成为技术创新主体，加快创新人才队伍建设。（2）力争在一批核心关键技术上创新突破，处于世界先进或领先水平。（3）发挥好行业科技智库作用，为企业技术创新提供支持。

（六）智能化战略

战略目标为：以"中国制造2025"为契机，国家将促进工业互联网、云计算、大数据在企业研发设计、生产制造、经营管理、销售服务等全流程和全产业链的综合集成应用，推进制造过程智能化，建设重点领域智能工厂/数字化车间。钢铁企业应紧抓新一代信息技术发展应用的历史机遇，培育市场竞争新优势。实施的三个维度为：（1）智能工厂。重点研究智能化生产系统及过程，数字化、网络化分布式生产设施的实现。（2）智能生产。主要涉及整个企业的生产物流管理、人机互动以及3D技术在工业生产过程中的应用等。（3）产业协同。主要通过互联网、物联网、务（服务）联网，整合产业链资源，快速提供服务匹配。

智能制造是工业化与信息化的深度融合，实现产品制造流程的标准化、柔性化、智能化。实施智能制造后，经济效益评价指标包括：新产品开发周期缩短50%，产品开发成本降低50%以上，产品不良率降低50%以上，吨钢能耗下降10%，生产成本下降15%。

钢铁业智能制造战略的实施路径是：生产过程智能化—业务经营智能化—企

业决策智能化。应建立智慧钢铁，以信息技术创新支持管理创新和商业模式创新，具体如图 3 所示。

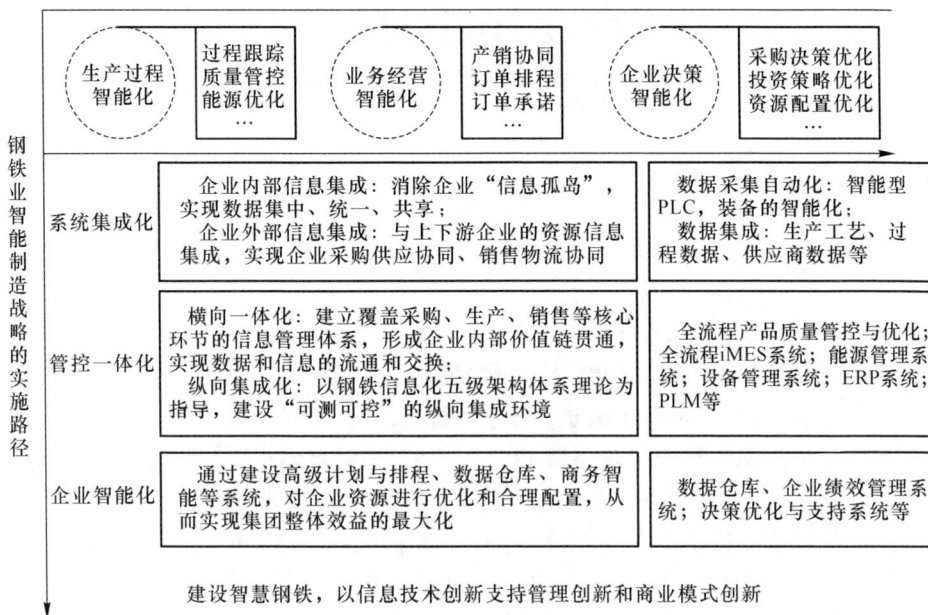

图 3 钢铁业智能制造战略的实施路径

（七）绿色发展战略

钢铁行业要实现绿色发展，应当站在从源头到产品再到相关产业链的角度进行考虑，实施"绿色矿山、绿色采购、绿色物流、绿色制造、绿色产品、绿色产业"六位一体的总体战略。根据当前国内钢铁企业绿色发展水平，可以优先在一批基础条件良好的钢铁企业进行"六位一体"试点建设，形成示范效应，取得一定的成果与经验后再在全行业实施推广，最终实现整个钢铁行业的绿色发展。

新常态下中国铁矿行业
发展战略及对策建议[1]

李新创

铁矿石是钢铁工业的基础原材料，中国国内铁矿为钢铁工业可持续发展起着重要的"压舱石"作用。伴随着中国经济从高速增长向中高速增长的转变，以及供给侧结构性改革的逐步推进，中国钢铁工业已进入"减量化"发展阶段，对铁矿石的需求也将呈现稳步下降趋势。特别是在全球铁矿石供应过剩背景下，铁矿石价格大幅下降并将长期低位运行，而在低成本进口铁矿石的冲击下，受资源禀赋制约的国内铁矿产业举步维艰，企业利润大幅下滑、固定资产投资快速减少、矿山关停并转现象突出。新常态下，中国铁矿行业如何破局、保生存，将成为未来一段时期内铁矿企业重点思考的命题，铁矿产业的发展应有新的发展理念和宏观战略引领。

一、中国铁矿行业现状

（一）查明资源储量稳步增长，但储量逐年下降

地质找矿突破战略行动取得重大进展，中国国内查明铁矿资源储量由 2005 年的 593.85 亿吨上升至 2015 年的 850.8 亿吨。但储量升级工作滞后，储量由 2005 年的 110 亿吨逐年下降至 2014 年的 50.95 亿吨。

（二）矿石产量快速增长，但资源安全保障问题依然突出

近十年，中国铁矿产业规模逐步扩大，铁矿石原矿产量由 2005 年的 4.21 亿吨增加到 2014 年的 15.1 亿吨，年均增长 15.3%。2015 年原矿产量 13.81 亿吨，仍保持在高位。但受中国铁矿资源禀赋制约以及下游钢铁产业快速发展影响，中国铁矿石自给率由 2005 年的 50%逐年下降至 2015 年的不足 20%；海外权益矿方面，受多种因素影响，收效甚微，有效权益矿占进口矿总量比重不足 10%。铁矿石定价短期化、指数化、金融化趋势愈发显现，铁矿石价格大幅波动，使得钢铁

---

[1] 本文发表于《中国钢铁业》2016 年第 12 期。

行业铁矿石安全保障面临严峻挑战。

（三）工艺指标稳定向好，但产业整体竞争能力较弱

中国国内研发和推广应用了一批高效开发利用新技术、新工艺、新设备，数字矿山建设持续推进。"三率"指标稳定向好，采选效率提高130%以上，废水循环利用率达到90%以上，固体废弃物资源化利用率、安全处置和贮存率稳步提升，吨钢综合能耗（标煤）由2005年的10.25kg下降至7.95kg，从业人员劳动生产率不断提升。但中国铁矿生产成本高出世界平均水平约20%，销售税费负担率平均达到20%以上，加之创新能力、装备水平、管理效率、资本运作能力等差距，综合导致中国铁矿完全成本高，市场竞争力较差。

（四）资源环境保护水平稳步提高，但开发利用方式依然粗放

大中型矿山地质环境同步治理，毁损土地复垦利用，建成国家级绿色矿山试点单位92家，其中29家通过评估，正式成为国家级绿色矿山，绿色矿山格局和矿区土地利用模式正在形成。但仍有一些铁矿山不重视资源基础、环境承载能力和钢铁产业布局等因素，发展方式粗放，导致部分区域矿山建设占用空间偏多，生态恶化、水土流失，固体废弃物堆存占压大量土地。部分地区仍存在"一矿多开、大矿小开"的现象，全国4000余个铁矿生产矿区中，大型矿区仅占4%左右，集约化程度低，稳定和调节市场能力差，综合利用水平不高，深加工能力不强，单位面积产出较低，资源浪费现象仍然存在。

（五）行业体制机制改革不断推进，但仍不适应发展要求

铁矿企业体制机制改革不断推进，但铁矿资源资产管理体制机制尚未建立，矿产与土地市场化高效配置和流转机制、废弃物资源化利用的激励机制、绿色发展和生态补偿的鼓励和约束机制、差别化财税金融和产业政策配套调节机制、中小企业的退出机制等不健全、不完善，监管机制缺失，事前行政低效、事中事后监管不力。国有矿山企业改革严重滞后，尤其是钢铁联合企业矿山，市场主体地位尚未真正确立，现代企业制度、法人治理结构尚未建立，经营机制存在内部缺陷，运行效率低下，企业办社会和历史遗留问题还未完全解决。

二、中国铁矿行业面临形势

（一）全球铁矿供大于求在一定时期内长期存在

全球铁矿石贸易高度集中，出口向澳大利亚、巴西两国进一步集中，两国出口量占全球比重从2005年的62%攀升至2015年的79.6%，其中四大矿发运量占据全球铁矿贸易市场的67.3%。进口则集中于中国、日本、韩国和德国，其中中

国进口占全球总进口量 67.1%。短期内，澳、巴两国，特别是四大矿产量优势仍将占据主导地位，并且随着扩产计划的不断实施，产能继续释放，市场份额还将上升。未来随着 Roy Hill、淡水河谷 Carajas S11D 项目等新增产能投产，加剧市场过剩。而作为铁矿石需求量最大的中国，钢铁产业已进入减量化发展时期，铁矿石需求步入下降通道是不争的趋势，而短期内其他国家或地区尚无法弥补中国需求的减缓。因此，从全球范围看，铁矿石供大于求的格局将长期存在。

(二) 中国高度依赖进口铁矿石的格局将长期存在

中国国内重点统计铁矿石平均生产成本在 80 美元/吨左右，是国际铁矿巨头生产成本的 2~3 倍，市场竞争力较弱，逐渐形成了"无效低效产能严重过剩、优势优质产能严重不足"的困局，中国铁矿石对外依存度从 2005 年的 50.2% 增至 2015 年的 83.1%。同时，尽管中国钢铁步入减量发展，但仍将保持在高位运行，对铁矿石的需求量仍然巨大。预计 2030 年，对外依存度仍将保持在 85% 以上。海外铁矿石已是并将长期是中国钢铁工业最重要的战略保障，国产矿只能作为进口矿的有效补充和战略储备，中国高度依赖进口矿的格局短期难以破解。

(三) 铁矿石价格低位波动运行将长期存在

在铁矿石供应过剩和中国钢铁生产进入减量发展的背景下，铁矿石价格必将维持在合理范围，低位震荡运行。短期来看，供应过剩局面难有实质改变，矿价将在 50~70 美元/吨波动；中长期来看，矿价有上升可能，但难以重回往年高位水平。

(四) 资源环境约束突出将长期存在

随着国家经济发展进入"新常态"，特别是"十三五"期间，统筹推进"五位一体"总体布局和协调推进"四个全面"战略布局的实施，以及新环保法和能源政策更加趋严，铁矿企业发展环境将日益严苛，资源开发与环境约束的矛盾将日益突出并长期存在。

(五) 废钢逐步开始替代铁矿石的趋势将长期存在

中国废钢资源产出量已达到相当规模，未来 5~15 年，中国废钢资源产出将逐步进入快车道，随着粗钢产量进入下行通道，未来废钢资源将逐步成为铁矿石资源的重要补充，废钢替代铁矿石份额总体上将呈现增长的趋势。

三、中国铁矿行业发展战略思考

面对"五大长期存在"的内外部环境，未来 5~10 年，中国铁矿行业将进入一个新的发展阶段，由规模扩张向减量调整转变，由粗放发展向集约发展转变，由保障供应向基础保障转变，由高利润向保生存转变。基于此分析，未来中国铁矿行业发展应以"创新、协调、绿色、开放、共享"五大发展理念为引领，深入推进供给侧改革，坚持"内控外拓、总量区间、期现并举、废钢替代"的总体发展战略，提高竞争力，充分发挥国内矿的"压舱石"作用。

（一）内控外拓战略

中国铁矿行业将在较长时期内保持以外矿为主、内矿为辅的格局，加之中国铁矿资源禀赋差、成本高，以及顺应生态环境保护、经济结构调整要求，应按照绿色、效益、可持续的原则，有效调控国内矿开发利用，按照成本、风险可控原则，积极开拓国外铁矿资源，以有效改善中国资源约束的瓶颈问题。

（二）总量区间战略

国内铁矿是中国钢铁产业发展资源安全保障的压舱石和调节器，必须保证一定的底线供应能力，这是总量区间战略的下限；鉴于成本、生态、环保、调结构等多方面考虑，中国铁矿供应能力不宜过高，缺少竞争力、生态环保滞后、开采条件差、资源利用率低的铁矿应坚决关闭，假使将来矿价上涨也不再开，这是总量区间战略的上限。

（三）期现并举战略

充分利用期货、掉期等金融工具规避铁矿石现货贸易风险。强化中国铁矿石价格指数、铁矿石交易平台、铁矿石期货等的价格发现功能，推动铁矿石价格定价机制科学化、合理化、公开化，助力铁矿实体产业健康发展。

（四）废钢替代战略

培育、扶持、引导废钢产业规范发展、有序发展，加快废钢加工配送体系建设，规范管理废钢资源流向。支持报废汽车、报废船只等废旧拆解产业规范化、集聚化发展。以产业化、产品化、区域化为方向，围绕废钢加工示范基地建设和布局优化，扩大规范化、标准化废钢加工配送企业的加工规模和配送能力。

四、中国铁矿行业发展对策建议

（一）创新发展，增强矿业发展新动力

（1）发展模式创新。加大中小矿山整合力度，科学规划基地建设、培育大型企业（集团），鼓励有实力的大型企业通过兼并重组、托管等形式，因地制宜发展区域矿山，组建跨地区、跨行业甚至跨国的矿业集团。

（2）科技创新。强化资源勘探、采选、资源综合利用等新技术、新工艺、新装备的研发制造，实现铁矿山技术和装备的整体进步和升级换代。积极推进两化深度融合，实施"铁矿+互联网"行动，加快建设数字化、智能化、智慧矿山，助推矿业转型升级。

（3）管理创新。推进企业管理观念、经营思路、管理组织、管理模式和管理制度的变革，增强企业在战略管控、投资决策、财务管理、资本运作、人才管理等方面的控制力，实现对生产经营各个环节的精细化、规范化管理。

（4）机制创新。统筹开展利益机制、激励机制、约束机制、竞争机制、发展机制等方面协同创新，最大限度调动员工积极性、主动性、创造性，正确引导、激励和规范员工行为，激发员工不断进取，积累企业发展后劲。

（二）协调发展，优化矿产开发新格局

（1）铁矿企业和钢铁企业上下游的协调发展。搭建平台，整合资源，实现钢铁行业上下游产业融合发展，解决上下游企业间信息不对称、沟通不顺畅、资源不共享等问题，实现铁矿、钢铁上下游企业协调配套，共赢发展。

（2）铁矿行业内部各要素的协调发展。深化铁矿企业改革力度，建立铁矿企业"白名单"，制定《铁矿行业规范条件》和《铁矿行业规范企业管理办法》，开展规范化管理，形成一批具有较强市场适应力和竞争力的重点铁矿企业。正确处理铁矿资源、资本和资产的协调发展，地采选及配套工序间的协调发展，以及矿山企业与设计院、咨询服务机构等第三方市场的协调发展，促进铁矿行业可持续发展。

（3）资源开发与生态环境的协调发展。提高资源开发准入条件，做好规划环评工作，强化矿产开发源头管控。做好矿山生产过程环境监管，严格进行各类保护区矿产开发管理。建设绿色矿山，集中地区建设绿色矿业示范区。

（4）资源开发与社区关系的协调发展。做好矿产资源规划编制与城镇建设规划、土地利用总体规划的相互衔接。重视社区居民的利益诉求，协调和平衡资源开发与社区居民及其他相关方利益。

（三）绿色发展，强化资源节约集约循环利用

贯彻落实《工业绿色发展规划（2016—2020）》精神，加快发展绿色矿业，建设绿色矿山。以资源合理利用、节能减排、保护生态环境和社区和谐为主要目标，以开采方式科学化、资源利用高效化、企业管理规范化、生产工艺环保化、矿山环境生态化为要求，追求循环经济发展模式，注重资源效益、生态效益、经济效益和社会效益相互统一，将绿色矿业的理念与实践贯穿于矿产资源开发利用的全过程。

（1）提升资源综合利用水平。提高共（伴）生资源综合利用水平，加强矿山固体废弃物、尾矿资源以及废水等资源化利用，提高资源开采回采率、选矿回收率和综合利用率，减少储量消耗、资源浪费、矿山废弃物排放和固体废弃物堆存占地。

（2）推进土地复垦和地质环境恢复治理。实施重大工程，解决矿山地质环境突出问题，加强土地复垦研究和先进技术推广应用，建立土地复垦监测和后评价制度，强化监管。

（3）发展矿业领域循环经济。推进矿业领域循环经济发展，加强工序能耗管理，提升矿业企业节能减排水平。

（四）开放发展，促进全球矿业合作共赢

（1）实施国家资源战略，全方位服务企业参与全球资源开发。资源的开发战略应是"开发一代、储备一代、勘探一代"，保障资源的接续性。应从国家战略高度研究政策措施，着眼于10~20年，乃至更长远时期，实施全球资源战略，培育世界级矿业投资平台，积极参与全球资源开发。

（2）借助"一带一路"倡议，以产业链模式实施"走出去"。在"一带一路"框架下，支持以资源开发、钢铁产能布局、基础设施建设一条龙的产业链捆绑模式"走出去"，从国家层面统一协调，为"走出去"企业引入战略合作者。

（3）加快矿业"走出去"步伐。创新海外矿业投资模式，健全矿产"走出去"服务保障机制，加强经贸、财税、外汇、海关、外交等政策协调和支持，积极培养复合型高级管理人才和矿业技术人才，加强境外矿产资源勘查开发风险监测预警机制，多方面、多维度保障海外矿业积极、健康、有序发展。

（4）积极参与全球矿业治理。积极参与重要国际组织关于矿业倡议的研究制定。主动参与多边、双边矿产资源合作规则制定，加强各国矿业市场、政策、标准等领域对接。引导行业协会、科研机构积极介入矿产贸易谈判和规则修订。加快实施自由贸易区战略，推进资源合作进程，形成面向全球的高标准矿业自由贸易区网络，协调推进跨区域合作。

（五）共享发展，实现矿业惠民利民

（1）企业反哺社会，实现属地人民生活水平提高。改善矿区所在地基础设施和矿区周边群众生产生活条件，优先吸纳本地劳动力，做到一方资源惠一方百姓，促一方发展。

（2）推进企业社会责任战略。履行矿山企业社会责任，履行对用户、员工、社区以及环境等多方面的责任，最终实现矿业与社会和谐共赢、可持续发展。

以高质量发展开创钢铁强国新时代

——致敬改革开放 40 周年[1]

李新创

穿越时光回到 40 年前的中国钢铁工业：1978 年生产粗钢 3178 万吨，生产钢材 2208 万吨（扣除重复材），钢材净进口为 831 万吨，钢材自给率为 72.7%，产钢效率为 13.85t/（人·年），连铸比为 3.5%，吨钢综合能耗为 2.52t 标准煤，高炉利用系数为 1.43t/（m³·天），这是当时中国钢铁工业发展水平的真实写照。

党的十一届三中全会拉开了改革开放的大幕，经过 40 年波澜壮阔的发展，中国钢铁工业有效满足了国民经济发展需要，不仅常规产品极具竞争力，而且中高端钢铁产品也具备了较强的国际竞争力，钢铁工业已成为我国最具国际竞争力的大产业之一，具有了举足轻重的全球影响力，钢铁强国之路展现出前所未有的光明前景。

一、五大规律——成就钢铁 40 年大发展

就总量规模而言，中国已连续 22 年保持世界第一产钢大国地位，2018 年产钢量将超过 9 亿吨，约为 40 年前的 29 倍。

就发展质量而言，国内钢材市场占有率显著提升，品种质量、装备水平、节能环保、技术创新、企业管理等取得全面巨大进步，产钢效率提高了 43 倍，钢铁工业整体素质大幅提升，竞争力明显增强。特别是党的十八大以来，钢铁行业不断适应新常态，贯彻落实供给侧结构性改革政策，产业调整升级取得了本质性的进展，为世界钢铁工业化解过剩、实现脱困发展贡献了中国智慧、做出了突出贡献，彰显了大国责任和国际领导力，也为今后中国钢铁工业高质量发展打下了坚实的基础。

回顾中国钢铁工业改革开放 40 年的发展历程，有几点基本规律值得深入思考：

---

[1] 本文发表于《中国冶金报》2019 年 1 月 3 日 01 版。

一是加强创新驱动。创新是引领发展的第一动力，包括理念创新、技术创新、机制创新等。如连铸、转炉、热连轧等一批关键共性技术的创新，大大加快了我国钢铁工业现代化进程；首钢承包制、邯钢经验等机制创新，在不同时期提高了钢铁工业发展的质量、效益。如今，中国钢铁已由追赶、跟跑进入到并跑乃至领跑阶段，创新是别无选择的必由之路。

二是深化开放合作。改革开放时期，中国钢铁工业的发展之路是一条不断扩大开放的道路。从改革开放的代表——宝钢，树立了现代化钢铁企业的样板，到一批技术的引进、消化、再创新，以及一批合资企业的兴建，再到"一带一路"倡议下，钢铁企业走出去开展国际产能合作，无数事实证明，只有开放合作才能更好地发展，产业保护、技术封锁等开倒车的理念、行为没有出路。

三是坚持自主道路。中国钢铁工业发展必须自信地立足于中国实际，不能盲目照搬国外技术、国外模式，如不充分吃透中国市场、环境、资源、能源和政策条件，所谓先进的技术、经验也必将水土不服。比如，钢铁业推进供给侧结构性改革，大力去产能，就是我国自主探索出的一条成功的新路子。

四是实施产业政策。产业政策介于宏观经济、微观企业层面之间，是一种中观的调控手段，非常适用于钢铁产业这类规模大、带动作用强的基础产业。产业政策在引导、规范钢铁产业健康发展方面起到了巨大作用，尽管也有不尽如人意的地方，但实践证明是总体有效的，能够较好地弥补市场失灵和无序竞争导致的低效率。作为国民经济的重要基础产业，未来钢铁工业仍有必要全国一盘棋实施政策引导，不能一放了之、各自为政。

五是育才选才用才。人是生产力中最活跃、最有能动性的因素，优秀的产品、优秀的技术、优秀的企业，归根到底是由优秀的人才所驾驭的，我国钢铁工业竞争力的快速提升，得益于改革开放进程中培育的一大批企业家领袖、科技领军人才和技师工匠队伍。

二、"九化"协同——着力解决"好不好"的问题

党的十九大做出了历史性论断，"我国经济已由高速增长阶段转向高质量发展阶段"。钢铁工业改革开放 40 年的高速发展，成功解决了"有没有""够不够"的数量问题；进入新时代，社会主要矛盾产生了变化，关键要解决"好不好"的质量问题。

在高质量发展阶段，中国钢铁工业面临着复杂多变的国际国内形势。

从国际上看，世界经济在深度调整中曲折复苏，全球钢材需求总量进入平台期，呈稳定波动发展态势。国际钢材市场贸易保护主义蔓延，竞争将更加激烈，国际投资贸易规则体系加快重构，钢铁国际产能合作、国际贸易的机遇和挑战并存。新一轮科技革命和产业变革方兴未艾，世界钢铁的产业形态、生产经营、发

展方式正在经历前所未有的深刻变革，钢铁材料与其他材料之间呈现既互相竞争又协同融合的大趋势。铁矿、焦煤等大宗商品的金融属性增强，特别是废钢资源的快速增长，资源价格形成的复杂性、不确定性明显加大。钢铁强国依托再工业化战略，加强科技创新和前沿领域战略布局，在中高端钢材市场抢占制高点，一些新兴经济体凭借劳动力等低成本要素的优势，对普通钢材市场形成分流，我国钢铁产业面临的风险挑战增加。

从国内看，我国经济增长从高速转为中高速，伴随着发展方式转变、经济结构调整和增长动力转换，我国单位 GDP（国内生产总值）钢材消费强度明显下降，钢材消费总量进入峰值弧顶阶段，中长期总体趋于下降。但我国经济长期向好的基本面没有改变，经济结构调整优化的前进态势没有变。我国钢铁产业拥有世界最大最活跃的内需市场、最全最完整的产业体系、最多最丰富的人力资源、最新最先进的技术装备、最快最及时的服务体系，仍将长期保持强大的竞争力。在实现由低水平供需平衡向高水平供需平衡跃升的过程中，提高钢材供给质量、改善钢材供给结构将是推进中国钢铁产业迈向中高端的新引擎。

站在改革开放 40 年的历史节点上进行总体判断，钢铁工业未来发展将呈现质量提升、技术升级、绿色发展、布局优化、产业延伸、流程演变、兼并重组等特点。钢铁工业高质量发展的路径则是深入推进"九化"协同，重塑产业价值链：一是绿色化，从全方位、制造全流程、产品全周期等角度，强化绿色低碳发展，建立有效益、可持续的现代化绿色工厂、绿色产业链和产品体系；二是有序化，以提升竞争力为核心，推进钢铁企业重组，打造一批具有国际竞争力的世界级钢铁企业集团；三是品质化，全面提升产品质量和服务质量，构建集质量、服务、创新和文化于一体的品牌体系；四是标准化，从国家、行业、地方、团体等 4 个层面协同发力，引领企业建立适应市场竞争和技术进步需要的企业标准体系；五是差异化，加强对市场需求和竞争对手的研究，找准企业定位，明确发展战略和实施路径，同时做好产品差异化、产线差异化；六是服务化，钢铁企业应由单纯的制造增值向制造、服务协同增值转变，进而推动商业模式变革；七是智能化，促进工业互联网、云计算、大数据在钢铁企业研发设计、生产制造、经营管理、销售服务等全流程和全产业链的综合集成应用；八是多元化，强化钢铁与多元的战略协同、业务协同、渠道协同和管理协同，形成沿钢铁产业链纵向延伸、横向耦合或属地结合的多元化经营体系；九是国际化，整合利用全球资源和网络体系，开展产能、工程、产业链上下游、研发、贸易等全方位合作。

回首过往，40 年风雨兼程，我们获得并牢牢巩固了具有全球竞争力的世界第一钢铁大国的地位；展望未来，改革开放的洪流奔涌不息，中国钢铁工业必将不忘初心、继往开来，以高质量发展开创钢铁强国新时代！

新时代钢铁工业高质量发展之路[1]

李新创

当前，中国特色社会主义进入新时代，中国社会主要矛盾已经转化为人民日益增长的美好生活需要和不平衡不充分的发展之间的矛盾。随之，经济发展由高速增长阶段转向高质量发展阶段，与过去强调数量、速度不同，高质量阶段要通过质量、效率、动力"3个变革"来解决不平衡不充分的发展问题。

一、如何定位钢铁工业高质量发展

基于过去几十年的快速增长，中国钢铁工业成功解决了"有没有""够不够"的问题，在高质量发展阶段的根本在于解决"好不好"的问题。钢铁素有"工业粮食"之称，钢铁材料是应用广泛的结构材料和重要的功能材料之一，钢铁工业高质量发展对整个制造业的高质量发展具有极其重要的基础作用。细分来看，钢铁工业高质量发展，应打造高质量的供给体系，满足高质量的需求，达到高质量的资源配置，推动高质量的循环经济，实现高质量的综合效益，具体包括以下几个方面：（1）提高钢铁产业供给体系质量，满足高质量的需求。钢铁产业要深化供给侧结构性改革，促进供需在更高水平实现再平衡。目前，中国钢铁产业仍有一些未能完全充分满足用户需求的领域，产品质量稳定性仍有待继续提高，供给体系在更高水平上再平衡，不仅是数量上的供需平衡，更是质量上的供需平衡。（2）达到高质量的资源配置。充分发挥市场配置资源的决定性作用，提高资源配置效率。重点在于两方面：一是布局合理。既能满足区域经济发展需求，又能实现与区域环境和谐发展。二是持续转型。吸引和利用最先进的技术、最优秀的人才等，实现全要素生产率的提升。（3）推动高质量的循环经济。进一步拓展钢铁生产、能源转换和消纳处理社会废弃物功能。提高钢铁生产过程中铁素资源等有价组分的利用效率；优化能源结构和水资源梯级利用，实现能源高效利用和水资源节约使用；开展资源综合利用和构建钢铁产业链，建设循环经济生态园；充分消纳处理废钢铁、废塑料、废轮胎、废催化剂（含合金元素）等社会废弃物。（4）实现高质量的综合效益。高质量发展必须有良好、合理的效

---

[1] 本文发表于《钢铁》2019 年第 52 卷第 1 期。

益水平，这是钢铁产业可持续的保证。合理可持续的钢铁企业销售利润率应略高于工业行业平均水平，资产负债率降到 60% 以下（2017 年中国钢铁工业协会统计大中型钢铁企业资产负债率为 68.09%）。

二、钢铁工业高质量发展存在的障碍

（一）产品质量

一是量大面广的钢材质量稳定性和部分产品质量亟须提高。量大面广的钢材质量稳定性存在较大差距，不同企业间不均衡，同一企业不同批次的产品质量稳定性也有差异。此外，在一些高技术、高附加值产品领域，中国部分产品还不能完全满足客户使用要求，例如，高级别冷轧汽车板在板面质量和产品性能稳定性方面仍有一定差距；在时速 350km 以上高铁等国家高端重大专项，对关键材料的需求还不能达到完全自给，每年有 300 万~400 万吨的关键高端钢材还需依赖进口。二是产品同质化竞争严重。在中国钢铁工业产能过剩的背景下，同质化竞争已无法避免，且目前同质化竞争现象已开始从低端产品向高端产品蔓延，造成极大浪费。

（二）绿色发展

钢铁行业在绿色发展取得成绩的同时，仍然面临一些困境：一是绿色发展两极分化问题需逐步解决。尽管有宝钢、太钢、唐钢、邯钢等达到国际先进水平的标杆企业，十分重视绿色发展，同时由于地区差异、技术装备水平差异、环保理念差异等，仍有企业认识深度不够，中国钢铁企业间环保水平仍存在不同程度的差距，环保成本投入上更是参差不齐。二是精益化环境管理体系处于起步阶段。国务院办公厅发布的《关于印发控制污染物排放许可制实施方案的通知》（国办发〔2016〕81 号）中明确要求，排污许可制为依法规范企事业单位排污行为的基础性环境管理制度。2017 年 7 月 27 日，环保部正式发布《排污许可证申请与核发技术规范 钢铁工业》（HJ 846—2017），标志着钢铁行业固定污染源环境管理的核心制度已初步建立，并作为今后国家环保部门精益化环境管理体系中的一项核心内容，旨在将全国范围内符合政策法规要求的所有钢铁企业纳入统一监管范畴。三是污染物预防与治理可行技术标准体系尚需建立。《控制污染物排放许可制实施方案》（国办发〔2016〕81 号）中明确要求建立健全基于排放标准的可行技术体系，推动企事业单位污染防治措施升级改造和技术进步。除了常规有组织废气的治理技术，针对焦炉烟道气脱硫脱硝、烧结（球团）烟气脱硫脱硝、焦化废水深度处理、密闭废水处理以及原料场全封闭、高炉出铁场平坦化等无组织废气治理技术的应用，也将作为企业配套污染防治可行技术的重要标准依据。

（三）技术装备

一是个别地区落后产能依然存在。通过近几年国家相关部委淘汰落后产能、化解过剩产能工作的开展，一批隐藏多年的小烧结、小竖炉、小高炉、小转炉、小电炉、中频炉等落后工艺装备被拆除淘汰，但在个别地区仍存在落后产能死灰复燃、顶风生产的情况。二是技术装备水平仍有提升空间。中国钢铁企业主体装备总体达到国际先进水平，已拥有一批 $3000m^3$ 以上高炉、200t 以上转炉等世界最先进的现代化冶金装备，但结构合理的装备大型化发展仍有空间。重点大中型钢铁企业 $1000m^3$ 及以上高炉占炼铁总产能 72%，100t 及以上转炉（电炉）占炼钢总产能 65%。

（四）智能制造

中国钢铁工业智能制造之路依然任重而道远。一是行业智能制造标准缺失。钢铁行业智能制造由于缺失统一标准，导致国内外的系统实施企业由于对智能制造理解的差异及构建产品竞争壁垒的需要，在产品兼容性及集成度方面较差，给互联互通带来巨大挑战。二是存在"示范性强，推广性弱"的现象。在推进智能制造的过程中，有些重视智能制造的企业投入资金较高，仅有少数钢铁企业获得了国家政策资金支持。三是重硬件、轻软件问题突出。例如，钢铁行业的机器人如果单纯移植其他行业的机器人，很难满足钢铁生产流程的需要，一些低端且钢铁行业属性差的机器人，将很快面临市场饱和及产能过剩。

（五）服务意识

一是欠缺与下游用户的协调融合力。大部分企业的关注点集中在产量、质量、能耗等指标，比较忽视培育客户满意度。随着市场需求格局和需求结构变化，企业应当由一般产销对接，向个性化定制对接转变。然而，部分钢铁企业习惯于当"坐商"，订货程序复杂，合同结算效率低，没有开展代加工、代配送业务，基本不掌握用户使用方式、成本、竞争力及行业质量标准等情况，不能有效开展用户现场技术服务，因此，无法为用户提供更便利的个性化、多样化服务。二是缺乏业务增值。作为典型的资本密集型产业，庞大的资产规模使得钢铁企业服务转型比较困难。从现状来看，大多数企业原燃料成本占据主要制造成本，而销售费用、研发费用、人力成本占总支出的比重较低。由于在研发费用上投入较低，导致企业无法与用户共建联合实验室、共同搭建应用研究平台，介入下游用户的早期研发阶段的可能性降低，难以充分了解用户对原材料性能的要求，依然将传统制造环节停留在微笑曲线底端，产品附加值不高。

（六）行业秩序

虽然中国已成为钢铁大国，但是国内钢铁行业集中度较低、规模分散，且存在数量众多、规模相对较小、技术相对落后、不规范的钢铁企业，规范、健康的市场竞争秩序没有完全建立。主要体现在以下 3 个方面：一是违法违规。近年来，中国对钢铁市场加大了整治力度，取得了明显成效，但依然存在违法违规现象。违法现象没有被杜绝，一些不具备资格的企业未批先建、手续不全、私自违法生产；税收、用工监管存在漏洞，少数钢企为降低生产成本而采取偷漏税、降低用工标准等手段；有的钢铁企业环保设施投入不足，环保偷排漏排、将工业固体污染转为气体污染，违反环保、质量、安全、土地法规的违法违规产能仍有小部分存在，严重扰乱市场秩序。二是假冒伪劣。中国钢铁企业良莠不齐，市场上多年存在"地条钢"与假冒伪劣产品，它们以更便宜的价格满足了市场存在的低品质或不合规需求，从而对正规钢铁企业合格产品的销售造成了严重冲击。以价格为主要手段的无序竞争是不利于行业健康发展的，劣币驱逐良币现象时有存在。三是缺乏自律。由于市场秩序不规范，导致生产违规、质量违规、纳税违规的"三违产品"无证生产，争抢市场，破坏了市场的公平原则，挤占了正规企业合格产品的生存和发展空间。同时，监管处罚及落后产能退出机制不健全，低效产能和僵尸企业难以市场化退出，行业自律性有待提高，产业内部恶意竞争等不利于产业整体发展的行为仍有发生。

（七）国际化

中国拥有全球约一半的钢产量，铁矿石对外依存度高达 90%，但钢铁企业的国际化程度却很低，差距明显。主要表现为以下 3 个方面：一是资源安全保障体系尚未建立。中国以仅占全球 12.4% 的铁矿石资源，支撑约占世界一半的钢铁生产，资源保障能力严重不足，铁矿石对外依存度过高，且海外铁矿石已建成投产形成权益矿量不足中国进口总量的 10%。此外，中国是世界最大的铁矿石消费市场，铁矿石定价体系的建立始终受制于人，损失惨重。二是"一带一路"钢铁国际产能合作困难重重。目前，中国钢铁产能"走出去"主要以输出东南亚、非洲和西亚国家为重点，在政策助推下，未来中国钢铁产能"走出去"的步伐会不断提速。相对出口来说，借助外资企业平台或到国外建厂更容易避免贸易摩擦，但同时政治因素、境外法规、当地风俗、基础建设、环评、征地、用工制度等，都有可能成为国内钢企"走出去"的绊脚石。三是钢材出口贸易摩擦加大。中国钢材出口销售对象依然以国外钢材贸易商为主，出口模式单一。相对于韩国浦项、日本新日铁等国际知名钢铁生产企业建立的钢材海外贸易模式，中国钢铁企业由于缺少与国外用户建立的垂直销售系统，在优化服务、提高产品附加值方面进展不明显，影响了中国钢材海外市场竞争力。

三、钢铁工业高质量发展实施路径和实践

针对上述阐述的深层次问题，拟从两个维度解决：宏观层面，继续推动供给侧结构性改革，打造高质量的供给体系，促进中国钢铁高质量发展；微观层面，建议从工艺技术进步、产品结构升级、绿色发展、标准引领等满足高质量的需求，达到高质量的资源配置，推动高质量的循环经济，最终实现高质量的综合效益。

（一）供给侧结构性改革为中国钢铁高质量发展打下坚实基础

首先，供给侧结构性改革统一了思想认识，明确了对钢铁产能严重过剩的判断，坚定了壮士断腕去产能的决心。其次，供给侧结构性改革切实解决了困扰钢铁行业多年的"地条钢"问题。"地条钢"产品差、质量不稳定，存在极大的使用安全、生产安全隐患，"地条钢"企业经营不规范，严重扰乱正常的市场竞争秩序。2017年，随着"去产能"的推进实施，以雷霆万钧的力量查处了700多家涉及"地条钢"的企业，约1.4亿吨的产能已全部拆除、查封，有效净化了市场竞争环境。再次，供给侧结构性改革"去产能"实实在在压减了中国过剩的钢铁产能。钢铁行业在"十二五"期间淘汰落后炼钢产能9480万吨的基础上，2016年继续化解了6500万吨以上的粗钢产能，2017年也顺利完成了年度5000万吨去产能目标任务。自《关于钢铁行业化解过剩产能实现脱困发展的意见》（国发〔2016〕6号）发布以来，中国共压减粗钢产能1.2亿吨（不含"地条钢"）。与此同时，粗钢产能利用率大幅上升，积极地朝着合理区间逐步回归。最后，随着钢铁供给侧结构性改革实施，钢铁行业效益大幅回升，市场信心显著增强。2016年，重点统计钢铁企业实现盈利304亿元，同比扭亏增盈1083亿元，钢材综合价格指数由年初的56.37点上涨到99.51点。2017年，中钢协会员企业实现工业总产值3.04万亿元，同比增长32.76%；实现销售收入3.69万亿元，同比增长34.05%；累计盈利1773.36亿元，2016年同期盈利248.52亿元，同比大幅增长613.57%。2018年上半年，中钢协会员企业实现销售收入1.97万亿元，同比增长15.33%，盈利1392.73亿元，同比大幅增长151.15%。

（二）工艺技术进步推动高质量发展

一是要坚持创新驱动技术进步。钢铁企业、科研院所等单位要坚持把基础和前沿工艺技术与装备、关键共性技术作为重点，加快研发力度，尽快取得突破，切实增强钢铁行业技术水平的国际竞争力。二是要依法依规淘汰落后装备。对于

《产业结构调整指导目录（2011年本）》（修正）等政策规定的落后装备，要坚决淘汰，并严防死灰复燃。三是要加强工艺装备大型化改造。鼓励钢铁企业按照《钢铁行业规范条件（2015年修订）》要求，积极开展装备大型化技改，并采用先进工艺技术与装备，有效提升生产效率和产品质量。四是要推动工艺结构调整优化。鼓励钢铁企业综合考虑市场需求、原燃料供应、交通运输、环境容量和资源能源支撑条件，在严格落实产能置换的前提下，将部分高炉—转炉工艺转变为电炉炼钢工艺，促进行业整体节能环保水平提升、品种结构优化升级，提高竞争力。

（三）需求倒逼产品结构升级

目前，中国钢铁行业产能过剩，全行业存在同质化竞争局面。钢铁企业已由要素驱动、规模扩张阶段过渡到中低端产品需求量不断减少、中高端产品市场多样化需求的钢材消费模式。下游行业的消费变化将倒逼产业结构调整和转型升级。通过下游行业的需求升级导向，可培育出新的消费增长点，优化产品结构，促进转型升级。为适应减量化用钢趋势，可考虑在以下方面进行调整：

一是建筑用材方面。未来建筑行业将重点推广500 MPa及以上高强钢筋以及高强度、抗震、耐火耐候钢板和H型钢的应用，且随着钢结构建筑的不断推广，建筑用钢材已由螺纹钢为主，逐步转向以结构钢为主。

二是机械装备用钢方面。中国机械行业将以绿色低碳、智能制造和服务化发展为重点方向，重点发展领域包括关键基础零部件、重大智能制造装备、轨道交通、新能源汽车等，主要用钢品种将以高档模具钢、高档轴承用钢能源装备用钢等为主。以马钢高铁轮轴为例，马钢1994年开始引进德国当时世界上最大的车轮数控加工线并建成投产，2014年成功收购世界著名高铁轮轴生产企业法国瓦顿公司，2017年1月，马钢高速车轮顺利通过60万千米装车运用，获得国内轮轴制造企业首张CRCC（中铁检验认证中心）颁发的正式证书。马钢始终以提升创新竞争力为核心，以"产品升级、产业链延伸和国际化经营"为方向，努力把马钢打造成为全球规模最大、最具竞争力的轮轴系列产品生产供应商和服务商，世界一流轨道交通零部件制造商和技术集成商。

三是造船用钢部分，虽然中国已经能够满足大部分船舶的用钢需求，但是还有部分特殊性能或特殊规格的产品如高强度钢、海洋平台用钢等需要进口。以鞍钢集团航母甲板钢为例，2018年5月13日清晨，中国第一艘国产001A型航空母舰离开码头，开始海试。因性能要求极高，全世界仅有少数几个国家可以生产真正用于航母建造的甲板用钢。甲板是航母舰体结构的关键部位，功能和作用十分特殊。飞行甲板不但要承受重达二三十吨的舰载机在起飞和降落过程中产生的强烈冲击和高摩擦力，还要承受喷气式飞机高达几千摄氏度的火焰灼烧。舰船用特殊钢的力学性能要求特别严格，头尾强度偏差不会超过 10 MPa，所有的-84 ℃ 冲击韧性都在 250 J 以上。鞍钢集团接受了完成国产航母专用钢的研制任务，凭借先进的技术装备和强大的科研团队，仅仅花了 2 年时间就实现了建造首艘国产航母所需的甲板钢、球扁钢等关键型号钢材的生产，为国产航母建造提供了 70% 的航母专用钢材。

四是汽车行业用钢。未来汽车行业产品结构中新能源汽车市场份额将迅速扩大，汽车用钢中高强钢使用比例预计在 2020 年将提高到 60%，适合电动汽车的汽车电工钢、电池用钢将进入快速发展阶段。

五是家电行业用钢。家电行业的转型升级将从节能减排、新能源和低碳等方面，对电工钢板带、冷轧板带、镀层板带等板带产品提出更高要求。

六是电力行业用钢。中国电力行业将由煤电逐步向高清洁能源发电转型，电力行业用钢将以"高强高韧、耐蚀耐压"为主要特征，将对高端硅钢市场提出较大需求。以宝武集团取向硅钢自主研发的技术创新之路为例，1994 年，宝钢确定取向硅钢的整体发展战略，开始研究取向硅钢技术；1997 年，宝钢成立取向硅钢实验室，开始取向硅钢自主研发项目；2003 年，在实验室成功开发取向硅钢基础上，自主集成建设取向硅钢生产线；2008 年，代表着世界钢铁业最高工艺技术水平的低温高磁感取向硅钢、激光刻痕取向硅钢在宝钢成功下线；2013 年，宝钢硅钢三期工程建成投产，具备了年产 30 万吨高磁感取向硅钢生产能力。在 2016 第二届宝武集团取向硅钢 EVI 论坛上，其自主研制的 B27R080 和 B30R090 两个牌号高端取向硅钢新产品全球首发，代表了当前世界同规格取向硅钢制造技术的最高水平，这是中国取向硅钢研制实现从赶超向引领的重要里程碑。

（四）绿色发展促进行业可持续发展

1. 节能环保

生态环境部将继续建立以排污许可为基础的新型环境管理制度体系，并与 2018 年 1 月 1 日正式施行的《环境保护税法》有机结合。排污许可制是固定污染源环境管理的核心制度，实现对固定污染源的"一证式"管理。排污许可证将作为钢铁企业排污行为的唯一行政许可，也是环境执法检查的重要依据。钢铁企业必须持证按证排污，对于无证排污或违证排污的钢铁企业，将受到按日计罚、停产等严厉的处罚，特别是将作为钢铁行业化解过剩产能的重要依据。在接下来的环保标准制定过程中，一是将尽可能完善排污许可新管理制度中需要制修订的标准；二是排污许可证本身的一些管理规定，要以出台相关行业可行技术指南要求作为支撑，以保证将来环保标准和排污许可证尽可能地无缝衔接；三是通过《环境保护税法》，保证环保"费改税"后整体税费较排污费不明显增加的前提下，做到奖优罚劣，鼓励企业实施提标改造，实施超低排放，降低污染物排放总量。国家环保部门还将继续为钢铁、煤炭等产能过剩行业配套相关环保监管、标准等政策文件，确保企业环保提标改造按照国内先进水平，推进绿色转型升级，促进钢铁行业向追求高质量、生态绿色发展的新模式转变。

为促进绿色发展，邢台德龙、宝钢湛江等众多钢铁企业开始从自身环保改造开始，树立绿色发展理念，建立生态绿色钢厂。以邢台德龙钢铁为例，一是企业加大环保投入。自 2014 年起，累计投入环保专项资金 12.8 亿元，对内外环境进行了深度治理，全面实施了达标排放，并且达到了优于钢铁系列排放标准中的特别排放限值的水平。二是资源充分再利用。德龙钢铁自发电率达到 60% 以上，年发电量达 6 亿千瓦·小时，相当于 3 亿元的经济收入，冬季还可将余热用于供暖。德龙钢铁还投资 2.1 亿元建成水渣微粉生产线，年生产水渣微粉 100 万吨，创效 2.2 亿元，实现了减污增收的双赢目标。三是以工业旅游促进产业融合。德龙钢铁依据自身产业特点和邢台市打造文化休闲名城的定位，大力发展工业旅游业，将企业打造成美丽的工业创意园。2017 年，德龙钢铁文化园被评为国家 AAA 级旅游景区。宝钢湛江钢铁有限公司建厂之初就确定了超前的环保理念，节能环保投入累计近 60 亿元，通过 116 项节能环保技术打造了一个排放少、资源利用率高的绿色钢铁企业。其次确保资源充分利用。宝钢湛江利用海水直流冷却技术，海水淡化采用低温多效蒸馏法，加热热源来自发电乏汽，从而更节能、更高效地生产淡水，减轻用水压力；充分利用降水资源，修建 120 万立方米集雨水收集、排洪、安全储水、区域隔离等功能为一体的收集装置；生产废水 100% 处理，同时采用串联供水，并实现 98% 以上的废水在厂内进行回用。最后是打造生态绿色钢厂。湛江钢铁采用超前的规划思路、现代化的工业工艺与设备、先进的景观处理手段，通过人工湿地公园、自然蓄水池塘、厂区内部的功能性植被，以及"三轴多点"的景观体系、复层绿化植被体系，打造厂区四季有花的美丽景观，实现厂区与景观刚柔并济、厂区与社会和谐共融的发展目标。

2. 低碳发展

低碳发展是世界经济发展的潮流和趋势，应对中国环境目前出现的问题，建设生态文明是中华民族永续发展的千年大计。加大低碳发展研究，储备先进低碳技术，必将是未来钢铁工业发展的新趋势。2017 年，欧盟钢铁企业实施钢铁生产二氧化碳减排三大全新的研究计划，分别是生产绿色氢气的"H2Future"项目，欧盟燃料电池与氢联合行动计划项目，"Carbon2Chem"研究项目。2017 年，"宝钢股份碳资产管理模式研究"正式启动，建立完整的碳资产管理体系。宝钢积极参与上海市政府的碳排放交易试点工作，出台了《宝钢股份碳资产管理办法》，启动了碳成本核算数据系统项目，加强碳排放的数据管理。宝钢开展全生命周期评价，提出了从 CCS（碳捕获与储存）到 CCU（碳捕获与利用）宝钢版技术路线图，具有可持续性和经济价值。从宝钢 2017 年可持续发展报告来看，2017 年其吨钢 CO_2 排放较 2013 年实现下降 5%。

（五）标准引领高质量发展

习近平总书记指出："标准决定质量，有什么样的标准就有什么样的质量，只有高标准才有高质量"。标准化是质量提升的"牛鼻子"，只有有效发挥标准化对质量提升的基础性、引领性、战略性作用，质量才能提得起来，升得上去。持续多年产能严重过剩的钢铁行业，正在通过供给侧结构性改革，不断提高发展质量和效益，满足不同消费者不同层级的需求。先进标准体系建设能够促进产品质量提升、产业升级和主要领域技术进步，通过先进标准引领产业整体技术水平和质量水平提升，对加快实现中国钢铁产业供给侧改革迈向中高端具有重大意义。

目前，钢铁行业标准数量约 2416 项，其中国家标准 1353 项、行业标准 1063 项；标准样品 549 项，其中国家标准样品 163 项、行业标准样品 386 项。这些标准涵盖了钢铁、铁矿石、铁合金、设备、耐火材料、焦化、标准样品、工程建设等专业领域，涉及基础、方法、安全、环保、产品、管理等方面。后续围绕产业发展和下游用钢领域需求，需要进一步加强以产品升级换代、技术创新、用户需求为导向的标准工作。

一是建立健全标准体系。强化标准意识，积极响应国家有关产业政策进行标准化建设，通过建立健全标准体系，配合推动研制国内一流、国际领先的团体标准、行业标准、国家标准，更好地体现钢铁技术、装备、产品质量、服务、安全、节能环保等方面的先进性，推进建立标准动态管理机制，形成支撑钢铁产业转型升级的多层次标准体系。

二是增加高水平标准有效供应。更加强化标准"引领"作用，逐步提高钢铁工业生产环节和市场准入的环保、节能、节水、节材、安全指标及相关标准；全面围绕行业技术进步和品种开发，加强新产品和方法标准的有效供给；进一步通过标准细化，响应下游用户对差异化产品和差异化服务的需求，形成一批特色化、专业化、差异化程度较高的标准。

四、结语

中国特色社会主义进入新时代，满足人民日益增长的美好生活需求离不开钢铁行业。回顾过去，中华民族站起来时需要钢铁；中华民族富起来时需要更多的钢铁；进入新时代，中华民族强起来是需要更高质量的钢铁。推动高质量发展，深化供给侧结构性改革仍是未来一段时间中国钢铁行业的重点工作。中国钢铁工业将继续努力，重点通过工艺技术创新、产品结构升级、绿色发展、标准引领等方面提高竞争力，加快建成结构优化、技术先进、服务配套、环境友好、更具竞争力的现代钢铁工业体系，为打造钢铁强国、引领世界钢铁发展 100 年的"钢铁梦"不懈奋斗。

新时期钢铁产业机制创新发展思考❶

李新创

一、钢铁产业近十年发展历程及新形势

（一）宏观经济方面

近十年来，我国经济总体保持中高速增长，国内生产总值从 2007 年的 27 万亿元增长到 2017 年的 82 万亿元，GDP 总量稳居世界第二，但 2008 年以来由于受国际金融危机和国内城镇化发展不平衡等因素影响，我国外贸出口和投资增速均出现大幅下降，GDP 增速放缓，从 2007 年的 14.2% 降至 2017 年的 6.9%。

2018 年我国经济受部分短期因素影响，出现流动性偏紧、地方政府建设资金不足等问题，加之美国单方面挑起了贸易争端，给国内市场信心带来较大压力。但同时国内航空航天、人工智能、生物医药等领域涌现一大批科技成果，新动能明显增强；CPI、PPI 等市场价格运行平稳，供给在总量和结构方面动态跟进、适应市场需求的能力明显提高。总体来说，宏观经济形势正向高质量、高效率、公平、可持续方向发展。

（二）产业规模方面

2007 年以来的十年间，钢铁工业处于加速和减量发展阶段。2016~2017 年，全国共化解钢铁过剩产能 1.15 亿吨。2007~2014 年，全国粗钢产量从 4.9 亿吨逐步上升至 8.2 亿吨；2015~2016 年，受经济下行压力等因素影响，粗钢产量有所下降，经历了减量发展阶段；2016 年粗钢产量降至 8.08 亿吨，虽然 2017 年国内经济企稳回升，市场需求回暖，粗钢产量回升至 8.3 亿吨，但行业减量创新发展的大趋势并未改变。

（三）产业政策方面

"九五"计划后期，国家开始加快钢铁行业工艺装备技改升级步伐，以不断提升高炉、转炉和电炉的淘汰落后标准为特点，推动了行业装备大型化发展，为

---

❶ 本文发表于《中国钢铁业》2019 年第 1 期。

提升节能减排水平、增强产品质量、优化品种结构等奠定了坚实基础。《钢铁产业结构调整政策》《钢铁工业调整升级规划（2016—2020 年）》等产业政策规划明确要求全面关停并拆除 400m³ 及以下炼铁高炉，30t 及以下炼钢转炉、电炉（高合金钢电炉除外）等落后生产设备。

我国钢铁行业装备大型化发展趋势明显，2017 年炼铁、炼钢、焦化先进装备产能占比分别比 2007 年提高 31.4、12.4、34.4 个百分点。

（四）电炉钢发展方面

2007~2015 年，我国电炉钢产能总体呈下降趋势，且电炉钢占比远低于世界平均水平。2016 年以来，随着国家化解钢铁过剩产能工作持续推进，特别是"地条钢"依法取缔后，电炉钢产量出现明显增长，2017 年电炉钢比提高到 9.3%，同比增长 2 个百分点，我国钢铁产业冶炼流程结构进入动态调整期。随着中国废钢资源持续增长、环保标准和考评的不断严格、国家产业政策的引导，未来电炉钢的发展将成为产业趋势。

（五）行业效益方面

钢铁行业效益的近十年可谓一波三折。2007 年行业效益处于周期性高点，随之出现逐年波动下滑，直至 2015 年钢材价格历史最低、全行业亏损。随着供给侧结构性改革的不断推进，2016 年、2017 年钢铁行业经营效益持续提升，但由于多年来的行业低迷，短期的利好仍然难以彻底扭转多年来的沉重包袱，销售利润率较 2007 年仍有 34% 的降幅，资产负债率与十年前相比上升 10.36 个百分点。

从行业经营质量看，钢铁产业在去产能、去杠杆、去库存、降成本、补短板方面有了大幅提升。去产能方面，已提前 2 年完成 1.5 亿吨去产能上限目标，截至 2018 年前 3 季度，钢铁行业产能利用率达到 78.1%，高于全国工业平均水平（76.6%）；去杠杆方面，资产负债率由 2015 年的 70.1% 持续下降，截至 2018 年 9 月为 66.42%；去库存方面，主要钢铁企业库存下降，钢材价格合理回升；降成本方面，2018 年 1~9 月销售利润率 7.50%，同比上升 2.88 个百分点，高于同期全国规模以上工业企业主营业务收入利润率；补短板方面，钢铁并购重组加速推进，行业集中度提升。

（六）绿色发展方面

随着经济结构的不断转型，绿色发展已经成为工业企业转型升级的必由之路。十年间，从《新环境保护法》的正式实施到《排污许可制度和环境税》的确定，钢铁产业的绿色发展之路不断深化。通过环保改造项目和持续技术升级，取得了吨钢二氧化硫排放削减84%和有组织烟粉尘排放量下降78%、废水排放量降幅87%的成绩，整个行业的环保绩效明显改善。环保质量的提升背后是经营成本的上升，目前中国钢铁行业环保设施平均吨钢运行成本约90元，而宝钢、太钢等先进企业环保设施吨钢运行成本则高达约200元，由于环保成本与绩效水平仍存在较大差距，市场公平性方面依然亟需政策保障，避免劣币驱逐良币的现象产生。

（七）节能低碳方面

自2016年以来，国家把节能减排作为优化经济结构、推动绿色循环低碳发展、加快生态文明建设的重要抓手和突破口，陆续出台了多项政策，明确2020年、2030年绿色低碳发展目标，并从强度、总量两方面提出控制目标；强调通过法律法规、政策标准，依法依规淘汰落后产能；指出提高能源利用效率是实现绿色低碳发展的重要途径。截至2017年9月，7省市试点碳市场［其中，湖北、天津、上海、广东、重庆5个省（市）有钢铁企业参与交易］累计成交量为1.97亿吨二氧化碳当量，累计成交额近45亿元人民币，试点范围内碳排放交易和强度呈现双降趋势。目前，全国碳交易试点启动在即，钢铁行业也正在按照部署积极准备，包括数据上报、碳核查、配额分配研究等工作正在开展。

（八）科技创新方面

科技创新在企业转型升级中发挥重要作用，近年来政府已从制度层面不断加强科技创新对产业的引领作用。《钢铁产业结构调整政策》和《钢铁工业调整升级规划（2016—2020年）》，均明确提出：支持技术创新，健全技术创新激励机制；提高自主创新能力，支持现有科技资源充分整合。

在产业趋势和政策引导的双重驱动下，我国钢铁技术已实现了自改革开放以来的第二次飞跃，通过消化引进技术、自主集成和自主创新，中国已经跻身于轧制技术发达国家之列，如国内钢铁企业采用的双辊薄带连铸技术、ESP生产技术、轧制退火酸洗等变革性轧钢工艺技术等。

（九）产品质量方面

经过多年的发展，我国钢材产品质量不断加强，已经能够满足机械、汽车、造船、家电、化工、电力等行业用钢数量、品种的普遍需要，支撑了国民经济建设和下游行业发展。

品种结构不断优化，高强度高性能钢材生产和应用比例提高，钢材品种结构不断改善，满足了下游用钢产业技术进步和产业升级换代的发展要求；高端产品研发能力加强，与国际先进水平差距不断缩小，研发能力不断增强，一批自主开发的关键钢材品种达到国际先进水平，一大批高质量钢铁产品成功研制和生产，这些高档钢铁产品的开发，有力保障国家重大工程和重点建设项目的顺利实施；品牌理念初步建立，品牌培育初见成效，企业逐步树立以质量和品牌为核心的发展理念，部分企业已经开始探索建立品牌培育管理体系。

（十）国际化发展方面

近年来，我国钢铁企业紧跟国家战略加快"走出去"步伐，积极参与"一带一路"建设，以开放包容的态度逐步主动融入全球经济发展。全球布局中，逐步从以资源获取为目的转变为形成资源、钢铁冶炼、加工配送三位一体的产业链整体布局；以直接投资为主要手段转变为形成产业链协同、工程建设、技术管理、资本输出的成熟投资和运营模式。如 2016 年河钢收购塞尔维亚斯梅代雷沃钢厂，不到半年即扭转连续 7 年亏损局面；青山集团开发的印尼中苏拉威西省青山工业园区项目，4 年的时间已将小渔村打造成 300 万吨不锈钢新工业基地。

（十一）标准化方面

随着钢铁产业的发展，标准化在规范行业秩序、促进市场竞争方面的作用不断凸显。标准为钢铁行业设置市场准入门槛，规范行业秩序、优化发展环境，在国家监管、社会监督过程中，以标准化为约束，更具有规范性和可操作性；标准已成为钢铁行业市场竞争中的重要手段，目前已由单个产品之间的差异化竞争逐步演变成所在范畴的标准竞争，通过在标准中制定先进技术指标，体现企业技术水平，掌握市场主导权，彰显行业龙头地位。如沙钢布局热轧薄规格钢带产品，填补利用无头轧制技术生产热轧薄规格产品的国内标准空白，通过标准快速跟进新技术，满足用户需求，快速抢占市场，引领行业发展。

（十二）智能制造方面

国家产业政策为钢铁产业智能制造的发展创造了良好环境，钢铁行业逐步以强化制造环节的智能化水平为着力点，打造集约高效实时优化的生产新体系；同时围绕提质增效，在生产全过程管控、质量全流程追溯、设备预防性管理、能源综合管理、供应链集成等方面不断提升智能化水平，不断探索基于数据的产业生态圈、产业链集成共享平台等新模式。截至 2017 年年末，大型钢铁企业平均智能制造就绪率已达到 18.3%，居于各行业前列。

（十三）劳效提升方面

工信部先后印发了《钢铁产业调整政策（2015 年修订）》和《钢铁工业调整升级规划（2016—2020 年）》，要求到 2020 年我国钢铁企业劳动生产率要达到 1000 吨/（人·年），先进企业超过 1500 吨/（人·年）。根据中钢协数据，我国钢铁产业劳动生产率在经历"快涨—小落—快涨"三步走后，整体保持震荡上涨态势，2017 年中钢协会员单位主业劳动生产率 593.3 吨/（人·年），与 2007 年相比增长了 1.59 倍，劳动生产率的提高动力已完成从扩产到优化人员结构的转变，实现了行业劳动生产率的实质性提高，对钢铁企业经济效益增长贡献巨大。

二、全球经济与我国钢铁产业发展趋势

（一）全球经济发展趋势

1. 全球经济充满不确定性

受美国货币政策回归正常化带来的溢出效应、特朗普政策不确定性、贸易保护主义、孤立主义和民粹主义，以及美国加息、美元升值和很多新兴经济体金融市场动荡，全球宏观经济政策同步收紧，以及恐怖袭击、中东、东北亚地缘政治风险等诸多因素影响，国际货币基金组织（IMF）最新预测 2018 年和 2019 年的全球经济增长率为 3.7%，较 4 月预测均下调了 0.2 个百分点，这也是 2016 年以来的首次下调。世界银行发布的最新一期《全球经济展望》报告预计，2018 年全球经济增长将保持 3.1% 的强劲势头。其中，新兴市场和发展中国家经济体今年经济增长或加快至 4.5%，2019 年升至 4.7%。发达国家今明两年的经济增速将分别放缓至 2.2% 和 2%。在世界主要经济体中，世行预计中国 2018 年的经济增长为 6.5%，美国是 2.5%，欧盟国家是 2.1%，日本则较 1 月的预测下降 0.3%~1.0%。

受到全球贸易冲突及新兴经济体面临的增长风险等因素影响，全球增长的下行风险已经上升，全球经济发展充满不确定性和诸多风险。

2. 经济下行风险上升

WTO 数据显示，2018 年前三季度全球贸易景气指数（WTOI）持续下滑，三季度受贸易摩擦升级影响，WTOI 下滑至 100.3，世贸组织预计，2019 年贸易增速将进一步放缓至 3.7%，贸易保护主义负面影响显现，全球贸易复苏受阻。

美国税改、加息、投资安全审查趋严以及其单方面挑起贸易战等宏观政策变化引发资金回流，全球直接投资地区分布重新调整。促使美国跨国公司将海外留存收益大量汇回国内，对欧洲及其他地区投资大幅下降，全球投资布局发生调整。

发达经济体复苏分化。美国经济良好，但受明年财政政策刺激作用减弱、贸易摩擦影响逐步显现影响，上行压力加大；受到汇率、贸易及外部市场波动等短期因素影响欧元区经济减速；日本经济温和复苏基调未变，但受贸易战影响外部需求疲软，出口增长陷入停滞。

受石油价格上涨、美元收益率上升、地缘政治不确定性上升影响，新兴市场和发展中经济体整体经济增速有所放缓，且货币面临贬值压力，部分国家货币危机和债务危机风险加大。

3. 制造业 PMI 指数下降趋势凸显

2018 年 8 月，摩根大通全球综合 PMI 指数为 53.4%，较上月回落 0.3 个百分点。摩根大通全球制造业 PMI 为 52.5%，较上月走低 0.3 个百分点；摩根大通全球服务业 PMI 为 53.5%，较上月走低 0.5 个百分点。制造业 PMI 自 2017 年 12 月以来呈下降趋势，8 月降至 2018 年来新低 52.5%，全球经济下行压力增加。

4. 贸易保护愈演愈烈

为减少对华贸易赤字，促使制造业回归；为美国中期及后续选举创造有利于特朗普与共和党的条件；以及为美国遏制中国新兴产业，进而遏制中国崛起的战略服务，美国单方面挑起贸易战，且贸易保护趋势呈现愈演愈烈趋势。

(二) 我国钢铁行业发展变化趋势

1. 建立防范钢铁行业产能过剩的长效机制

随着供给侧结构性改革去产能的推进，钢铁行业脱困发展取得巨大成绩，钢铁企业转型升级步伐加快，成效显著，但距离真正建成钢铁强国仍有差距，与高质量发展的要求相比，行业仍存在一些不可忽视的问题。

钢铁工业发展过程中曾多次出现过欣欣向荣的形势，但由于种种原因，往往好景不长，陷入周而复始的循环。与以往依靠固定投资拉动消费增长的周期性复苏不同，此次钢铁行业脱困主要依靠压减产能、环保倒逼的结构性供给升级；若不利用当前良好势头进行钢铁行业结构调整，及时巩固取得的成果，那么钢铁行业很可能将像以往一样再次陷入困局，未来再调整的难度也将更大。

2. 优化产业布局

过去钢铁发展"北重南轻"，特别是京津冀地区和一些密集地区，钢铁相对过剩，优化钢铁产业布局刻不容缓。钢铁产业布局要综合考虑市场分布、矿产资源、能源、水资源、交通运输条件、环境容量等问题，对于过于密集地区的钢铁发展条件要限制，向一些有较强发展期望、发展动力和优势的地区倾斜。

3. 提高产业集中度

国务院发布的《关于推进钢铁产业兼并重组处置僵尸企业的指导意见》（以下简称《指导意见》），是钢铁业去过剩产能、结构优化调整的顶层设计方案。《指导意见》设定的总目标是，到 2025 年中国钢铁产业 60%~70% 的产量将集中在 10 家左右的大集团内，其中包括 8000 万吨级的钢铁集团 3~4 家、4000 万吨级的钢铁集团 6~8 家和一些专业化的钢铁集团，例如无缝钢管、不锈钢等专业化钢铁集团。同时，《钢铁工业调整升级规划（2016—2020 年）》明确，到 2020 年钢铁行业的 CR10 产业集中度达到 60%。

在企业重组的过程中按照六种模式进行推进：优势企业强强重组、细分产品市场特色企业重组、区域市场龙头企业重组、海外并购重组、上下游产业链重组以及破产重组。在重组过程中按照市场主导，企业主体，政府服务的基本思路推进我国钢铁企业重组进程，优化产业结构，为我国全面建成小康社会打下坚实的经济基础。

4. 夯实绿色发展能力建设

"绿色制造工程"作为《中国制造 2025》提出的"五大工程"之一，明确了积极构建绿色制造体系，到 2020 年，建成千家绿色示范工厂和百家绿色示范园区；到 2025 年，绿色制造体系基本建立。我国钢铁行业全面树立绿色发展理念，实施"绿色矿山、绿色采购、绿色物流、绿色制造、绿色产品、绿色产业"六位一体的总体布局；钢铁企业应树立绿色发展战略思维，积极谋划制定绿色发展战略规划，主动创新，加强落实切实有效的绿色发展行动。

5. 提升产品质量

顺应发展趋势和政策要求，钢铁产品应不断提升质量，以满足下游用钢行业提质提标、升级换代的需要，通过产品升级、创新驱动、需求倒逼和标准引领四个方面全方位的推动我国钢铁产品高端化高质量发展。

谋求产品转型升级，增加高质量、高技术含量、高附加值产品的比重，如汽车板、硅钢、轴承钢、齿轮钢、海工用钢、核电用钢等重点高端产品；通过科技创新把握未来钢铁工业工艺、技术、产品发展方向；采用先进工艺技术与装备，有效提升生产效率和产品质量；钢材要不断提升质量，以满足下游用钢行业提质提标、升级换代对钢材质量的要求；充分发挥标准在建立供需双方互信、方便用户使用、提升生产效率、保障产品（服务）品质等方面的作用。

6. 推动产品结构升级

从满足下游产业升级发展与战略新兴产业高端需求出发，推动品种结构升级。钢铁产品品种升级方向：支撑下游产业升级包括减量化、降成本、易成型、节能减排等方面的发展。

7. 推进服务型制造业转型

全面确立以用户为中心的产品理念和服务意识，推进钢铁企业由制造商向服务商转变。提供高水平的售前、售中、售后服务，围绕用户需求，结合先期研发介入、后期持续跟踪改进（EVI）模式，创新技术支持和售后服务；建立电子商务平台，及时有效的覆盖和服务大批量、跨地区、有实时供给需求的中小型客户，提高效率、节省成本，更能广开客源，挖掘原有钢厂营销系统无法覆盖的市场机会；发展仓储和加工配送体系，面向下游汽车、家电、建筑、造船、机械制造等行业，构筑能够向用户提供快速响应的钢材深加工及配送体系，拓展产品销售渠道，增强钢铁企业的服务功能。

8. 加快国际化发展步伐

"一带一路"沿线国家基础设施建设，尤其是各国之间互联互通的铁路、公路、港口等仍处于起步发展阶段，发展空间巨大。钢材需求增长将带动"一带一路"沿线钢铁产业的发展。钢铁企业可以通过海外投资建厂、直接出口、"协作式"走出去以及与国际承包商或建筑单位合作等多种形式积极参与"一带一路"建设，加快钢铁行业国际化步伐。

9. 持续推进智能制造升级

智能制造是一个不断演进发展的大概念，可归纳为三个阶段：数字化制造、数字化网络化制造、数字化网络化智能化制造——新一代智能制造。西方国家智能制造按照三阶段串联式顺序发展，我国采用并行推进、融合发展的模式推进智能制造。钢铁企业的智能制造是一个持续推进的过程，企业战略演进，管理理念、生产组织模式不断优化，经验积累促进知识转化，都需要对智能制造系统进行迭代更新。这就要求企业在智能转型过程中做好统一规划，深度参与，自建团队，持续推进。

10. 充分发挥标准引领作用

标准是发展质量的硬约束之一，健全钢铁行业标准体系，一方面发挥国家标准、行业标准"划底线"兜底作用；另一方面鼓励钢铁企业制定团体标准、企业标准满足下游客户需求，提高服务水平，树立企业品牌。同时，充分发挥标准"树标杆"的引领作用，通过标准创新引领钢铁行业结构调整转型升级。特别是，发挥"标准化+"的门槛效应，在推动"去产能、去库存、去杠杆、降成本、补短板"过程中展现技术支撑作用，淘汰落后产能，倒逼企业升级，服务"三去一降一补"。

11. 强化品牌建设

行业标准化工作的全面推进，利于塑造我国钢铁企业品牌工程。按照国务院发布的《关于发挥品牌引领作用推动供需结构升级的意见》，工业和信息化部发布《关于做好2018年工业质量品牌建设工作的通知》的相关精神，围绕研发创新、生产制造、质量管理和营销服务全过程，制定钢铁企业自身的品牌管理体系，提升钢铁企业产品品牌意识，提升品牌价值，实施品牌战略，树立品牌形象。

12. 稳步推进国有企业改革

国企改革持续推进，中央企业逐步全面推进，地方国企全国遍地开花。政府搭建国企改革的制度框架，组建改建国有资本投资运营公司、完善公司治理结构、推进高管人员契约化管理、经营性国有资产统一监管、实施财务等重大信息公开、建立防止利益冲突机制等改革举措，逐步从管生产经营完成向管资本转变。

三、钢铁产业机制体制创新路径探索

（一）决策机制创新案例——山钢

2016年8月24日，山钢集团改建国有资本投资公司获批，定位为：山东省钢铁产业结构调整转型升级的投资主体，以优质资源和多种平台为依托的融资主体，以钢铁为平台培植非钢主业的产业整合主体。按照国有资本投资公司的功能定位，集团总部着重定战略、管班子、核薪酬、控风险、创环境，各产业公司逐步向利润中心转变，自主经营、自负盈亏。以绿色低碳新材料新技术研发应用为重点的创业投资主体。

随着山钢集团《改建国有资本投资公司实施方案》的出台，山钢集团改建国有资本投资公司的大幕正式揭开。公司目标到2020年，将山钢打造成为钢铁产业竞争力强，非钢产业协同发展，治理规范、经营高效的具有产业经营与资本运营综合能力的国有资本投资公司。

近两年来，按照适应现代企业制度要求的公司治理结构，山钢集团开始建立与以管资本为主相适应的管理关系，探索产业经营与资本运营双轮驱动，推进产融结合。山钢集团以董事会年度授权事项为载体，创新权责划分方法，着手厘清经营层、总部部门、子公司与集团董事会之间的权责划分；聚焦解决母子公司权责问题，清晰界定总部、产业、市场的边界和相互关系；确定详细的管理权限清单，从战略规划、固定资产投资、股权投资、考核分配等方面向各子公司下放权力，从体制机制上给各类市场主体"松绑"。公司逐步健全完善公司治理结构及运行机制，推进契约化高管人员向职业经理人转变。

（二）管控模式创新案例——宝钢

宝钢在发展过程中进行了阶段性的管理变革：由单体公司到钢铁集团，再到多元化产业集团，宝钢的管控从操作型到战略型，再到集团化管控演变。

1978年，宝钢在创建之后的起步发展阶段，将企业的主要管理权力和管理业务集中于公司上层，企业生产经营中的各个环节都有专门的职能部门进行专业化管理，而下属工厂基本为成本中心，主要职责是做好生产运营，完成生产指标并进行技术创新，对下属企业形成了高度集中的全流程管理。此时期可以归结为宝钢的集中一贯式管理时期。

1998年，宝钢与上钢、梅钢进行合并重组，企业规模扩大，生产运营更为复杂，集团不再直接干预下属企业生产运营，而是对子公司的经营方向与发展目标进行指导，并协调各子公司的发展战略。此外，在这一时期，宝钢逐渐形成了钢铁主业和其他相关产业的多元化集团态势，宝钢对各业务板块的战略定位和行业特点分别选取不同的管理方式，此时期可以归结为战略设计型管理。

2003 年之后，宝钢在坚持做大做强钢铁主业的同时积极进行适度相关多元化，在产业链上分别进行纵向和横向扩张，先后形成了资源开发与物流业、钢铁延伸加工业等六大多元相关产业板块，集团业务架构更加成熟，管控由此将重点由对集团企业的管控提升到对整个产业链的管控，对集团各业务板块实施紧密一体化运作。

（三）混合所有制改革案例——南钢

在改革发展阶段，南钢先后实施了两轮"三包一挂"承包经营和厂长负责制改革，以及公司制改革和实施上市，并实行了整体改制和重组。2003 年 4 月，南钢推进完成以"调整资本结构，理顺劳动关系，降低企业负债"为核心内容的"三联动"改革，转变为非国有控股的混合所有制企业，南钢实现了从国有独资向混合所有制企业转变。改制的主要内容包括国企身份置换，所有制结构重设，与外部合作伙伴资产重组；企业内部二级单位机构再造和员工身份置换、机制转变和减人增效等。

通过建立健全混合所有制企业治理机制，稳妥推进，南钢显现突出的混改效果：抢抓机遇，企业效益再登历史新高；战略先行，南钢转型发展掀开新篇章；精益生产，高效率低成本智造精品钢屡破纪录；资本助力，金融运作做出新贡献；改革深化，组织内生动力全面释放；品牌铸就，南钢高端产品扬名海内外；共创共享，全员合伙人机制激发巨大创业热情；安全环保，树立绿色南钢新形象；两化融合，打造南钢 C2M 生态圈。

（四）战略整合案例——中信泰富特钢

中信泰富特钢于 2017 年收购青岛特钢，成为年度钢铁行业并购重组的重大事件之一。因城市钢厂搬迁，青岛特钢老厂区于 2016 年全部关停，新厂区同年部分建成投产，产能 300 万吨/年。由于搬迁新建投资巨大，资产负债率连年攀升，时值钢铁行业整体市场低迷，导致企业连年亏损，其控股方青岛市国资委基于企业状况与国有资产保值增值考虑，拟将其控股的青岛特钢进行重组转让。对中信泰富特钢而言，收购青岛特钢有益于完善中信泰富特钢板块产业布局，其产品结构与中信泰富特钢的产品线具有很强的协同效应，且青钢所在地青岛为中信集团各业务板块的重要市场，基于以上战略考虑，中信泰富特钢与青岛特钢达成重组协议。

中信泰富特钢根据先期制定的整合方案，首先提供资金和贷款，尽快降低其财务成本；其次通过集中采购、整合销售、文化渗透，使其降本增效；最后，在集团内部为青岛特钢提供技术、管理、人才等方面的资源支持。青岛特钢迅速改变其原有管理方式，融入了中信泰富特钢的管控模式，对产品重新进行市场定位，对原有产线实施产品升级改造；紧紧围绕品种、质量、效益开展工作，生产经营管理取得明显进步，品种结构调整取得明显进展；扭亏工作取得阶段性胜利，2017 年 9 月开始实现扭亏为盈，并持续盈利。

（五）激励机制创新案例——宝武集团欧冶云商

欧冶云商是宝武集团在"互联网+钢铁"领域探索的结果，自成立以来，虽然流量增长和能力建设取得了快速发展，但运营状况不理想，2016 年亏损 2.9 亿元，2017 年上半年亏损 1.11 亿元。重要原因之一是欧冶云商处于完全竞争的钢铁电商行业，需要灵活的市场化运营机制吸引和留住大批优秀人才，作为央企实质全资控股企业，体制机制缺乏足够灵活度。

在国资委发布《关于国有控股混合所有制企业开展员工持股试点的意见》后，经宝武集团申请欧冶云商作为唯一一家亏损但属于战略新兴行业背景的企业，成为 10 家首批员工持股试点企业之一。

2017 年 5 月，欧冶云商按照"增量引入"原则，采取增资扩股方式开展员工持股，并在上海联合产权交易所挂牌引进战略投资人的同时完成员工持股。因此，员工持股模式为"增资扩股+员工持股"。欧冶云商持股员工范围是 6 级以上核心岗位的技术、业务管理人员，共计 126 人，包括欧冶云商及其下属控股子公司的董事、高级管理人员、核心技术（业务）骨干，持股员工占欧冶云商职工总数的 20%。

欧冶云商已经成为股权多元化的混合所有制企业，引进的新股东既包括外资企业，也包括民营资本，还有公司员工，成功实现了国资、外资、民资与员工出资的融合，这对欧冶云商公司治理体系的转变突破将有巨大的推动作用，有利于企业建立市场化的运营机制。

欧冶云商通过建立股权层面的激励与约束机制，极大程度地激发员工的自主性和创造性，吸引和留住公司所需的各类优秀人才，为企业持续发展注入内生动力和发展活力。通过把员工与企业利益捆绑，激发员工奋斗热情。

（六）模式创新案例——山西立恒钢铁聚鑫物云

聚鑫物云为山西立恒全资子公司，平台业务包括销售、采购、库存、物流、大宗物料管控、智能结算支付系统等，将整个企业的采购、生产、销售，以及外部社会物流、财务资金结算管理等进行互联互通，实现现场撮合、车货匹配，成为区域性运行规模最大的汽车平台。平台不仅提高了效率，降低了企业生产成本，还使人均收入提升了 20%，2017 年人均产出由原来的 800t 钢提升到了 1300t

钢、500t 焦。

目前公司已注册车辆 13 万辆，平台承运量 7000 万吨，撮合产生交易金额约 27 亿元，注册车队、物流公司累计 435 个，日最高承运量 22 万吨、日均 10 万吨。

该公司申请成立聚鑫物云通过无车承运人资质，打通后市场消费抵扣链条，通过代个体运输户开具增值税发票后，增值税可以抵扣 3%，10% 减去 3% 还剩 7%。同时平台还打通油料、过路费过桥费等再抵扣一部分，从而降低企业运输增值税税负。依靠货源、车源的资源积累，规模效应，开展汽车后服务项目，实现油气、维修、零配件等多方面的服务，实现综合营收。

聚焦高质量发展　持续提升竞争力

——钢铁工业"十三五"中期回顾与"十四五"发展展望❶

李新创

"十三五"以来，在供给侧结构性改革战略部署的正确引导下，钢铁工业化解过剩产能、提高品种质量，实施绿色发展、推进智能制造，竞争力明显提升，成绩来之不易。随着 2018 年中国钢铁去产能目标任务的完成，钢铁工业进入"十三五"后期，正处于由数量发展时期向高质量发展时期转变的关键阶段，"十四五"末的 2025 年是中国制造强国"三步走"战略完成第一步的目标节点，中国将迈入制造强国行列。因此，从当前时点到"十四五"末的 7 年，对实现几代钢铁人的钢铁强国梦想是至关重要的。

面临新机遇、新挑战，钢铁企业必须认清新时代的形势变化，聚焦高质量发展这个核心目标，瞄准世界一流，持续提升竞争力。

一、供给侧结构性改革打下坚实基础

一是供给侧结构性改革统一了思想认识，明确了对钢铁产能严重过剩的判断，坚定了去产能的决心。钢铁产业是否产能过剩？产能过剩是全面过剩、绝对过剩，还是结构过剩、阶段性过剩？在推进供给侧结构性改革之前，对这些问题存在很多不同的认识，比如：有些人认为本地、本企业有优势有条件继续上项目做大产能，有些人认为"钢铁产能过剩只是一个传说"等。去产能的推进实施，给以上错误的认识、行为画上了休止符，使方方面面的思想、目标和行动统一到中央正确的决策部署上。

二是供给侧结构性改革切实解决了困扰钢铁行业多年的"地条钢"问题。"地条钢"产品差、质量不稳定，存在极大的使用安全、生产安全隐患；"地条钢"企业经营不规范，严重扰乱正常的市场竞争秩序。去产能的推进实施，以雷霆万钧的力量，查处了 700 多家涉及"地条钢"的企业，约 1.4 亿吨的产能已被

---

❶ 本文发表于《中国冶金报》2019 年 5 月 22 日 01 版。

全部拆除、查封，有效净化了市场竞争环境。

三是供给侧结构性改革实实在在压减了中国过剩的钢铁产能。自《国务院关于钢铁行业化解过剩产能实现脱困发展的意见》发布以来，中国压减粗钢产能超过 1.5 亿吨（不含"地条钢"），到 2018 年年底，已提前完成"十三五"确定的钢铁去产能 1 亿~1.5 亿吨的上限指标。与此同时，粗钢产能利用率大幅上升，积极地朝着合理区间逐步回归。

四是供给侧结构性改革为解决全球钢铁过剩问题做出了中国贡献、提供了中国智慧。中国推进供给侧结构性改革，实施钢铁去产能，彰显了世界第一钢铁大国的担当，树立了负责任大国的国际形象。2016 年，全球粗钢产量 16.285 亿吨，产能利用率 69.3%，中国压减过剩钢铁产能 6500 万吨以上，对提高全球钢铁产能利用率的贡献是 1.9 个百分点，而除中国外其他地区的贡献是-2.3 个百分点。2017 年，全球粗钢产量 16.912 亿吨，产能利用率 70.9%，中国压减过剩钢铁产能 5000 万吨以上，对提高全球钢铁产能利用率的贡献是 1.5 个百分点，而除中国外其他地区的贡献是-2.6 个百分点。

五是供给侧结构性改革推动钢铁企业树立了新发展理念，依靠创新驱动提升有效供给。河钢集团收购斯梅代雷沃钢厂，迈出了国际化的坚实步伐，习近平总书记亲临视察、寄予厚望。宝钢、武钢合并为中国宝武，实现了中国钢铁产业破局性的重组，将对中国乃至世界钢铁竞争格局产生深远影响。马钢、太钢研发的时速 350 公里高速动车组轮轴材料完成 60 万公里运行考核，奠定高铁轮轴国产化基础。鞍钢打破中国双相不锈钢板宽幅极限，实现中国核电关键设备与材料国产化、自主化。兴澄特钢 250mm 厚度 EH36 钢板，成功应用于中国"海洋石油162"首座移动式试采平台，打破国外垄断。"十三五"至今，中国共有 282 项产品的实物质量达到国际同类产品实物水平，为行业优质产品，被授予"金杯奖"称号；共有 20 项产品实物质量达到国际先进实物质量水平，为行业产品标杆，被授予"特优质量奖"称号。

六是供给侧结构性改革有力抑制了违法违规的新增钢铁产能项目。钢铁产业曾经几度陷入了项目越限越多、产能越关越大的"怪圈"，国家明文规定的钢铁产业政策、规划、标准和规范等，在一批又一批的违法违规钢铁项目面前没有太多约束力，反而成为了依法依规建设的钢铁项目的"紧箍咒"。两者的效率、效益孰优孰劣？高下立判，这是典型的"劣币驱逐良币"。去产能的推进实施，有效阻挡了新增产能等违法违规项目进入钢铁产业，真正管住了扩大产能的源头。

七是供给侧结构性改革促使钢铁行业效益大幅回升，市场信心显著增强。随着市场需求的企稳和钢铁产能的压减，钢铁行业经营状况持续改善，市场信心明显增强。2017 年，中国钢铁工业协会会员钢铁企业实现工业总产值 3.04 万亿元，同比增长 32.76%；实现销售收入 3.69 万亿元，同比增长 34.05%；累计盈利

1773.36 亿元，同比大幅增长 613.57%。2018 年，钢协会员钢铁企业主营业务收入 4.13 万亿元，同比增长 13.8%；实现利润 2863 亿元，同比增长 41.1%，利润率达到 6.93%。

与此同时，《钢铁产业调整升级规划（2016—2020 年）》（以下简称《规则》）提出的总体目标，即到 2020 年钢铁工业供给侧结构性改革取得重大进展，实现全行业根本性脱困，产能过剩矛盾得到有效缓解，粗钢产能净减少 1 亿～1.5 亿吨。如今，这一总体目标任务基本已经提前完成，全行业实现脱困发展。

从"十三五"时期钢铁工业调整升级的 17 项主要指标完成情况来看，钢铁行业已实现 5 项，可以完成 4 项，有望完成 3 项，难以完成 5 项，而且难以完成的指标对行业竞争力提升至关重要。预期总的目标任务完成率为 71%（详见表 1 和图 1）。

表 1　《规划》具体指标完成情况

序号	指　标	2015 年	2020 年目标	目 前 情 况	预期目标任务能否完成
1	工业增加值增速/%	5.4	6.0 左右（年均增速）	2016 年、2017 年增速分别为 -1.7%、0.3%，2018 年增速为 5.0%	难以完成
2	粗钢产能/亿吨	11.3	10 以下	根据国家官方口径，2015 年底数和近年去产能数，目前已经较为接近该数值	可以完成
3	产能利用率/%	70	80	从实际情况看，粗钢产能利用率已经实现了目标	可以完成
4	产业集中度（前 10 家）/%	34.2	60	2016~2018 年 CR10 分别是 35.87%、36.9% 和 35.2%	难以完成
5	钢铁智能制造示范试点/家	2	10	9 家，完成度 87.5%	可以完成
6	主业劳动生产率/吨·（人·年）⁻¹	514	1000 以上	2017 年主业劳动生产率：593.77 吨/（人·年），指标完成度 16.4%	难以完成
7	能源消耗总量	—	下降 10% 以上	2018 年粗钢产量 9.28 亿吨，重点企业吨钢综合能耗指标为 559kg 标煤，测算能耗总量超过 2015 年	难以完成
8	吨钢综合能耗（标煤）/kg	572	≤560	2018 年吨钢综合能耗指标：559kg 标煤	已实现
9	吨钢耗新水量/m³	3.25	≤3.2	2018 年吨钢取水量：2.75m³	已实现
10	污染物排放总量	—	下降 15% 以上	根据近年环保治理情况和超低排放改造启动实施可以实现	可以完成

续表1

序号	指标		2015年	2020年目标	目前情况	预期目标任务能否完成
11	吨钢二氧化硫排放量/kg		0.86	≤0.68	2018年为0.53kg，比2015年下降38%	已实现
12	钢铁冶炼渣综合利用率/%		79	90以上	2018年为98.1%	已实现
13	研发投入占主营业务收入比重/%		1.0	≥1.5	2017年黑色金属冶炼及压延行业为0.99%	难以完成
14	钢结构用钢占建筑用钢比例/%		≥25	2018年比重约为18.6	2018年比重约为18.6%	有望完成
15	两化融合关键指标	综合集成大型企业比例/%	≥44	45.4	根据国家工业信息安全发展研究中心报告，2018年此项指标为45.4%	已实现
		管控集成大型企业比例/%	≥42	30.7	根据国家工业信息安全发展研究中心报告，2018年此项指标为30.7%，尽管指标完成度仅13%，但从推进前景看仍有望完成	有望完成
		产供销集成大型企业比例/%	≥50	42.2	根据国家工业信息安全发展研究中心报告，2018年此项指标为42.2%，尽管前3年实施不理想，但从推进前景看仍有望完成	有望完成

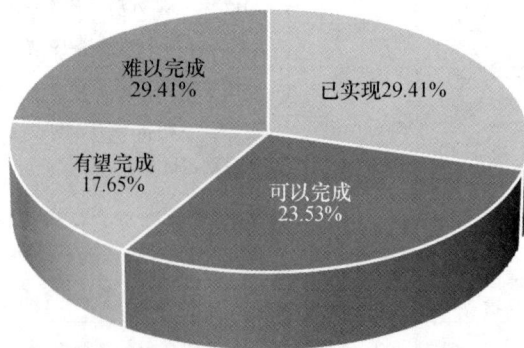

图1　《规划》具体指标完成情况统计

二、中国钢铁工业发展面临的挑战

随着中国社会主要矛盾的转变，对钢铁行业发展也提出了新的更高要求。长期困扰钢铁行业健康发展的深层次矛盾尚未有效解决，在防范新增产能、推进兼并重组、强化绿色发展、提升创新能力等方面，钢铁产业仍然任重道远。

一是新增产能和"地条钢"死灰复燃风险犹存。随着行业形势趋好，市场新上钢铁项目的动力强劲，部分地区防范"地条钢"死灰复燃的压力很大。能否控制新增产能和"地条钢"死灰复燃，事关供给侧结构性改革去产能的成败，必须高度重视，保持高压态势。同时，依法依规、实事求是科学界定"地条钢"，加强监管，积极引导合法规范产能有序释放，确保市场供需基本面稳定。

二是推重组促转型任务仍很艰巨。从 2005 年发布《钢铁产业发展政策》到 2016 年发布《关于钢铁行业化解过剩产能实现脱困发展的意见》和《关于推进钢铁产业兼并重组处置"僵尸企业"的指导意见》，一系列钢铁产业政策均提出了推动钢铁行业兼并重组，提高钢铁产业集中度的要求。尽管中国钢铁行业通过兼并重组，出现了中国宝武、河钢、鞍钢、首钢、山钢、沙钢等一大批钢铁企业集团，但前 10 名钢铁企业的集中度一直处于较低水平。2018 年 CR10（前 10 名企业占比）为 35.2%，又跌回"十三五"初期水平，距离国家提出的 60% 目标依然十分遥远，不利于钢铁行业有序发展。

三是钢铁企业环保问题尚未得到充分解决。当前，中国钢铁行业环境问题并未得到根本转变，氮氧化物排放量大、无组织排放严重、运输环节仍然以汽车为主、污染治理设施水平依然低下等问题仍很突出。受环境约束日趋强化，钢铁工业低碳绿色发展也面临着新的困难和挑战，京津冀及周边地区、长三角、汾渭平原等重点区域的环境容量和承载力制约越来越大。特别是长三角等地区钢产量仍在增加，环境质量恶化趋势明显。河钢、太钢、德龙等钢铁企业位居世界最清洁钢铁企业之列，但仍有部分钢铁企业的环境治理不容乐观。污染较为严重区域大都拥有钢铁企业，钢铁企业污染物控制水平参差不齐，重点区域企业的污染物减排仍难以满足国家新要求。

四是自主创新水平仍有待提高。近几年，中国钢铁企业创新意识不断增强，研发投入持续增加，以中国宝武、中信泰富特钢、南钢等为代表的钢铁企业研发投入占主营业务收入的比重普遍超过了 1.5%，但距国际领先钢铁企业近 3% 的比例仍有差距。2017 年，我国黑色金属冶炼及压延行业研发投入占比仅为 0.99%，与国际先进水平的差距更大。钢铁工业技术创新自主性、协同性、系统性、稳定性、持续性仍有不足，在技术供给上仍不能完全满足行业发展需求。部分核心工艺技术不掌握，尚未摆脱关键、核心技术追随者的角色，虽然目前大型冶金设备国产化率按重量可达 90% 以上，但关键、核心技术仍在依靠进口。因此，未来很长时间，中国钢铁企业仍须增强创新意识，强化创新体制机制，加大研发投入，提高创新能力。

三、钢铁高质量发展须过"五关"、斩"六降"

面临新形势、新挑战，未来中国钢铁工业要真正实现高质量发展，至少要过"五关"、斩"六降"。

"五关"即产能关、布局关、绿色关、质量关和效率关。

一是过"产能关"。要坚决巩固去产能成果，建立防范产能过剩长效机制。

二是过"布局关"。钢铁产业布局还应全国一盘棋，根据法律法规、产业发展条件和科学规律，从全局和长远考虑，从国家层面制定钢铁产业的生产力布局规划，一些地方为重点区，一些地方为优化区，一些地方为限制区，在产业边界条件、发展方向上设置标准，避免产业乱布局的情况继续发展下去。对于城市钢厂搬迁，不能以放代管、以搬代管，不能违背钢铁产业发展规律盲目调整布局；不宜"一刀切"推进钢企搬迁，对于达到超低排放标准要求的企业，要不停、不限、不搬。

三是过"绿色关"。大力推进钢铁企业超低排放改造，针对有组织排放，要制定企业自身的环保战略，明确未来的治理目标，确保新改造的治理设施至少10年不落后，避免环保设备的重复投资。针对无组织排放，应该对全场无组织产生环节进行全面逐一排查，查缺补漏，实现管控一体化。同时，还要在工艺阶段实施源头减排，减少污染物的生成量。此外，以市场化手段推动钢铁企业节能低碳发展的进程将进一步加快，碳市场等市场化机制的推动作用将日益凸显，必须构建好"以碳生产效率为核心的数据平台+目标体系+实施路径+评价机制"一体化全方位的低碳化发展体系，有效引导企业低碳转型、高质量发展。

四是过"质量关"。向国际领先水平看齐，大幅提升产品质量水平，尤其是高端产品的质量稳定性、一致性。首先，要建立质量分级体系。推动质量分级与产品标准、计量测试、检测、认证技术的有效衔接，鼓励围绕应用需求、重点产品质量分级等制定团体标准。其次，要发挥市场机制作用，推动质量检测和认证资源的整合优化，重点培育权威的从事质量分级评价的认证机构，推动建立主要原材料产品质量分级发布机制。最后，要加强评价结果应用，发挥行业协会、认证机构作用，定期发布原材料产品质量分级评价、认证结果，加强行业自律和社会监督。研究推动质量分级评价、认证结果的市场化采信机制，引导企业提升产品质量和品牌，培育"优质优价"的市场环境。

五是过"效率关"。首先，要紧抓"智能+"机遇，深入实施钢铁智能制造，推动有条件的钢铁企业完善基础自动化、生产过程控制、制造执行、企业管理、决策支持5级信息化系统建设，促进工业互联网、云计算、大数据在钢铁企业研发设计、生产制造、经营管理、销售服务等全流程和全产业链的综合集成应用。其次，要更加关注新工艺、新技术、新装备带来的生产效率变革，如量子电弧炉技术、ESP 无头轧制技术、超薄带技术以及氢冶炼技术等。

此外，要实现高质量发展，仅仅过"五关"还不够，更要斩"六降"，即降预期、降杠杆、降排放、降人员、降风险和降成本。一是降预期，摒弃暴利思维，扎实练好内功。二是降杠杆，降低负债率，优化债务结构。三是降排放，降低污染物排放和碳排放。四是降人员，通过智能化、加强培训，减少人员数量，大幅度提高效率，提高员工收入。五是降风险，降低战略风险、经营风险和管理风险。六是降成本，降低生产制造、销售等环节成本，使得成本效益最大化。

总之，当前，我国钢铁工业发展处于数量时期的减量阶段、高质量时期的重组阶段和中间过渡时期的强化环保阶段叠加时期，正是承上启下的重要节点，距离高质量发展的要求仍有一定的差距，未来应在以下方面继续努力：一是强化以用户为中心，提升产品质量，加强品牌建设，全方位满足乃至引领市场需求；二是推进钢铁企业绿色发展，从采购、制造、物流、产品生命周期等各个环节，协同打造绿色化产业，更好地融入社会发展；三是加强政策引导，以市场化方式提高产业集中度，促进市场有序竞争和良性发展；四是避免"一刀切"的城市钢厂搬迁，处理好国内和国际、市场和资源、城市和产业、人与环境等之间的关系，科学谋划钢铁产业布局；五是把握新一代技术革命历史机遇，推进钢铁智能制造，将钢铁企业生产经营融入智能产业生态圈。

中国钢铁工业 70 年发展历程与展望[1]

李新创

作为国民经济的重要基础产业，钢铁是支撑国家发展和经济建设的工业脊梁，也是反映一个国家综合实力的重要标志。工业革命以来，世界强国兴衰交替，钢铁作用巨大，英国、美国、德国、苏联和日本，都曾占据或一直保持世界钢铁强国地位。而中国钢铁快速发展相对较晚，抗日战争开始时，中国实际年粗钢产量（不含日占东北地区）只有不到 5 万吨，同期的日本则为 580 万吨，苏联、德国和美国更是分别高达 1769 万吨、1982 万吨和 5180 万吨，直到 1949 年，中国钢产量才仅有 15.8 万吨。中华人民共和国的成立和发展，改变了中国钢铁发展的历史轨迹，70 年来绘就了一幅波澜壮阔的钢铁画卷，在世界钢铁舞台的中心散发出璀璨耀眼的光芒。

一、70 年以来中国钢铁工业发展回顾

回顾中华人民共和国成立以来中国钢铁工业粗钢生产的发展，大体经历了四个过程：一是从 1949 年中华人民共和国成立伊始到"文化大革命"结束，处于"探索"过程，呈现波动发展态势；二是从改革开放之初到 20 世纪末期，处于"起步"过程，呈现稳定发展态势；三是从 21 世纪初到 2014 年，处于"加速"过程，呈现跨越发展态势；四是 2015 年起至今，处于"减能"过程，呈现创新发展态势。1949 年以来中国粗钢生产发展历程见图 1。

中华人民共和国的成立，拉开了中国发展现代钢铁工业的帷幕，70 年以来，钢铁工业发展取得了辉煌的成就。

一是生产规模和品种质量同步发展、双轮驱动，有效满足了国民经济发展需要。1949 年中国钢产量为 15.8 万吨，只占全球的 0.1%。中华人民共和国成立后钢铁工业开始恢复、发展，提高产量是重中之重，20 世纪 70 年代中期的"三打两千六"，连续三年都没破 2600 万吨目标，反映了那个年代提高钢产量的艰难程度。1978 年改革开放时，中国钢产量 3178 万吨，占世界比例 4.4%。改革开放为钢铁工业利用国外资金、技术和资源创造了条件，钢产量快速提升，1996

---

[1] 本文发表于中国钢铁新闻网，2019 年 11 月 7 日。

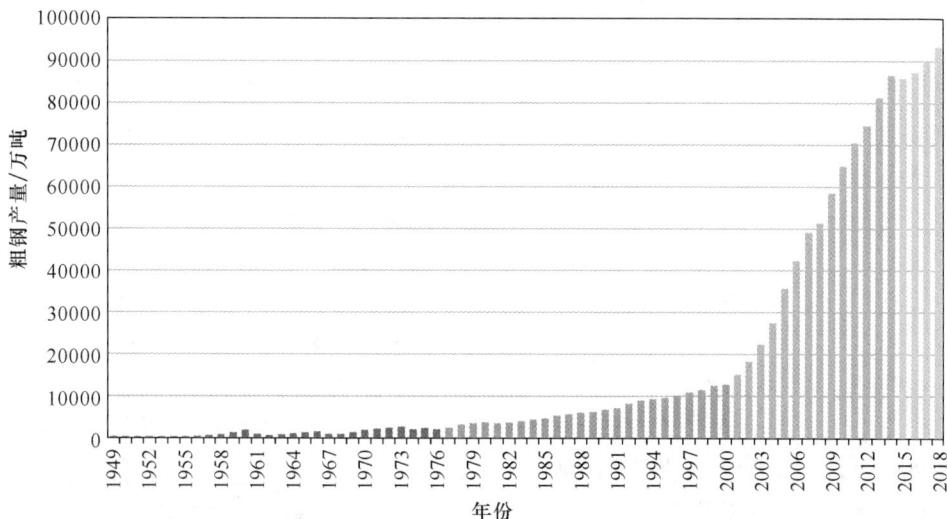

图 1　1949 年以来中国粗钢生产发展历程

年首次突破 1 亿吨大关，达 10124 万吨，占全球钢产量的 13.5%，成为世界第一产钢大国。2018 年粗钢产量 9.28 亿吨，占世界比例 51.3%，已连续 23 年位居粗钢产量世界第一。钢产量增长的同时，钢材品种质量大幅提高，钢材自给率不断提高。1949 年钢材供给严重不足，1950 年钢材自给率仅 50%，只能冶炼 100 多个钢种，轧制 400 多个规格的钢材。1978 年钢材自给率提高到 72.7%，1/3 的外汇都用来进口钢材。2006 年，中国实现净出口钢材 2450 万吨（材坯合计折合粗钢 3463 万吨），结束了 1949 年以后连续 57 年钢材净进口的历史。汽车板、家电板、管线钢、造船板、桥梁板、电工钢、不锈钢板、特钢棒线材以及航天军工用钢等产品实际生产水平达到较高水准。"十三五"规划以来，国产钢材共有 282 项品种的实物质量达到国际同类产品实物水平，20 项产品实物质量达到国际先进实物质量水平，2018 年钢材自给率达到 106.7%，国产钢材的国内市场占有率达到 98.7%，22 大类钢材产品中，有 17 类钢材产品自给率超过 100%。中国高端钢材国际竞争力和技术支撑力明显增强：自 2009 年起，单价高于 1000 美元的钢材出口量大于进口量；自 2010 年起，单价高于 2000 美元的钢材出口量大于进口量。

　　二是培育了以中国宝武为龙头的一批具有较强国际竞争力的钢铁企业集团。中华人民共和国成立后，钢铁基本建设始于对鞍钢的扩建改造，1953～1957 年，开展了苏联援建 156 个大项目中的 8 个钢铁项目建设，包括新建武钢、北满钢厂、包头钢厂、热河钒铁厂（承钢前身），改扩建鞍钢、本钢等。"一五"末，国家提出钢铁工业建设"三大、五中、十八小"的战略部署，"三大"是继续建设鞍钢、武钢和包钢三个超过 100 万吨钢的钢铁基地；"五中"是建成年产 30 万~100 万吨钢的中型钢铁厂，包括扩建太钢、重钢、马钢、石景山钢铁厂，新建湘潭钢铁厂；"十八小"是在 18 个省、自治区新建 18 个年产 10 万~30 万吨钢的小型钢厂，包括河北邯郸、江西新余、江苏南京、广西柳州、福建三明、新疆八一、湖南涟源、河南安阳、吉林通化等。1964 年，在毛泽东主席的指示下，以攀钢为标志性工程，建设长城钢厂、水钢、遵义金属制品厂等三线基地，恢复建设酒钢、兰钢、略钢，扩建成都无缝、重钢、昆钢，鞍钢援建宁夏石嘴山钢绳厂，本钢分迁建设西宁特钢等。这些钢厂中的多数，至今仍是中国钢铁的主力军，而且在产业布局中占有重要位置。改革开放后，中国政府从实现中国钢铁工业现代化、推动国民经济进一步发展的全局出发，决定建设宝钢，在中共十一届三中全会闭幕后的第一天，宝钢工程开工建设。进入 21 世纪，中国具备了自主集成建设现代化沿海钢铁基地的能力，鞍钢鲅鱼圈、首钢京唐、宝钢湛江、山钢日照等国家生产力重大布局项目建成投产。与建设钢铁基地交相辉映的是钢铁兼并重组，20 世纪 90 年代末期，湘钢、涟钢和衡钢合并组建华菱集团，宝钢重组上海冶金控股集团和梅山钢铁公司，"十五""十一五"期间，宝钢、鞍钢、武钢、首钢等实施跨区域重组，河钢、山钢等实施区域内重组。十八大以来，以中国宝武的组建为标志，中国钢铁又开启了新一轮重组，对全球钢铁工业竞争格局产生深远的影响。2018 年中国大陆粗钢产量超过 1000 万吨的钢铁企业集团达到 22 家，全球前 50 大钢铁企业中，中国占据了 28 席（含台湾中钢）。

三是钢铁工艺技术、装备水平大幅提高，生产效率显著提升。1949 年生产钢铁的企业只有 19 个，能够修复生产的高炉只有 7 座、平炉 12 座、电炉 22 座。1949~1952 年，经历了 3 年恢复时期，全国共恢复、扩建高炉 34 座、平炉 26 座，高炉利用系数仅有 1.02t/（m^3·日），焦比高达 976kg/t。至改革开放前夕，中国拥有炼铁高炉 982 座，总容积 87204m^3；炼钢平炉 98 座，公称容量总计 17188t；炼钢转炉 276 座，公称容量总计 3034t；炼钢电炉 1678 座，公称容量总计 4156t。20 世纪 90 年代，连铸、高炉长寿、高炉喷煤、转炉溅渣护炉、型线材连轧和综合节能等关键共性技术的推广应用，推动了钢铁工业技术快速进步。进入 21 世纪以来，中国钢铁装备大型化、高效化、智能化快速发展，大高炉、大转炉技术实现了对韩国、日本、美国等几十个国家的出口。全部淘汰 400m^3 以下炼铁高炉，256 家工信部规范企业范围内，已建成 425 座 1000m^3 以上高炉，其中 4000m^3 级 16 座，5000m^3 级 7 座，精料冶炼、高风温、高顶压、高富氧、大喷煤等高效炼铁技术普及推广，2018 年重点统计钢铁企业高炉平均利用系数 2.58t/（m^3·日），焦比 393kg/t，喷煤比 140kg/t。截至 2018 年年底，工信部规范企业范围，拥有 100t 及以上炼钢转炉 403 座，其中 300t 级 14 座。钢铁工业基本淘汰了横列式型钢轧机、复二重线材轧机、劳特式中厚板轧机、二辊叠轧薄板轧机、开坯初轧机、热轧硅钢等工艺及产品，建成了一大批现代化轧制工艺技术装备，如国际领先的攀钢百米钢轨全长余热淬火工艺技术、有世界轧机之王美誉的鞍钢鲅鱼圈5500mm宽厚板轧机等，都是立足于国产化的基础上建成投产的。随着工艺技术、管理水平、配套设施的提高完善，钢铁工业生产效率大幅提高，1949年中国钢铁全员劳动生产率2.38t/（人·年），而2018年重点统计钢企劳动生产率（按在岗人员计）已提高到741t/（人·年）。

四是建立健全了钢铁工业发展的产业体系，有力支撑了钢铁产业综合竞争力的提升。钢铁工业是中国"一五"计划发展的重中之重，156项苏联援建项目中，钢铁工业投资占了总投资的近一半。从地质勘探到开矿选矿、耐火、焦化、炭素、铁合金再到冶炼、轧制、品种开发，从咨询、勘察、设计到施工，再到机修、科研、高校配套，钢铁工业是中国最早建成的完整工业体系。经过1949年之后30年的起步发展，和改革开放40年的洗礼考验，钢铁冶金配套产业体系日益健全，产业整体素质全面提高，有力支撑了钢铁工业的发展和产业综合竞争力的提升。以科技教育领域为例，1949年后中国建成了东北工学院、北京钢铁学院、中南矿冶学院、昆明工学院、西安冶金建筑学院、鞍山钢铁学院、武汉钢铁学院、包头钢铁学院、马鞍山钢铁学院等冶金院校，组建了钢铁研究院、规划院、设计院、矿冶院、建筑院、冶建公司等科研建设单位，源源不断地满足了钢铁建设发展对人才、技术、信息的需求。截至2018年年底，钢铁工业累计建成国家重点实验室20个，国家工程研究中心14个，国家工程实验室5个，国家企业技术中心42家，上下游产学研用协同的国家产业技术创新战略试点联盟4个。有了这些实力雄厚的发展平台，未来中国必将成为世界冶金工业的创新中心、教育中心和研发设计中心。

五是钢铁工业绿色发展水平大幅提高。钢铁工业早期发展是比较粗放的，在节能环保方面重视程度不够，随着环境、能源外部条件的约束增强，钢铁工业开始加强能源节约和环境保护。特别是十八大以来，绿色发展提到了新的高度，中国钢铁持续推进清洁生产、特别排放限值、绿色工厂建设、错峰生产等重大事项，钢铁环保技术设施、排放绩效与管理水平大幅提升。重点钢企吨钢二氧化硫排放量由"十五"末期的2.83kg下降至2018年的0.53kg，吨钢烟粉尘排放量由2.18kg降至0.56kg，吨钢废水排放量由4.71m³降至0.74m³，部分特别排放限值地区与沿海钢铁企业实现废水"近零排放"。目前全行业正在全面推进超低排放改造，环保水平将进一步大幅提高。中华人民共和国成立伊始，钢铁工业吨钢综合能耗（标煤）曾高达3t，20世纪80年代起钢铁工业有步骤地推进节能工作，起初以扫浮财、杜绝跑冒滴漏等为主，吨钢综合能耗（标煤）从1978年的2.52t下降到1985年的1.746t；"七五"到"八五"，钢铁节能逐渐从单体设备、工序转向整体，节能管理方式从经验管理转向现代化管理，1995年吨钢综合能耗

（标煤）下降到 1.44t；"九五"至"十五"，一批重大钢铁工艺技术的推广应用推动了钢铁节能的重大进步，如连铸和喷煤技术的推广普及，TRT、烧结及高炉热风炉余热回收技术的应用等，2005 年吨钢综合能耗（标煤）进一步下降到 0.694t；"十一五"到"十二五"，节能工作纳入了经济社会发展的约束性指标，钢铁工业以调整结构、实施重点工程，推动技术进步和加强监督管理为主，吨钢综合能耗（标煤）下降到 2015 年的 0.572t。"十三五"以来，钢铁工业进入系统节能阶段，以提升企业整体能源利用效率为核心，完善健全能源管理组织架构，实现全流程能源精细化管理，加快工艺、装备、产品、原料的结构调整和技术进步，吨钢综合能耗（标煤）下降到 2018 年的 0.555t，相当于 1949 年的 18.5%。

六是钢铁工业对外开放国际化发展不断迈上新高度。中国钢铁起步阶段主要是学习借鉴苏联的发展经验和技术，20 世纪 70 年代中期引进建设了"三厂一车间"的武钢一米七工程，但实质性对外开放和现代化钢铁建设，则始于改革开放。改革开放 40 多年来，中国钢铁在技术引进、海外资源、国际产能合作等方面进行了大量探索与实践。技术引进方面，1978 年 12 月宝钢动工兴建，大大缩短了中国钢铁与世界先进水平的差距，并引领了中国钢铁迈向现代化的步伐。海外资源方面，20 世纪 80 年代末，中国钢铁企业开始在秘鲁、澳大利亚以参股、并购等形式建设铁矿石生产基地，中钢和澳大利亚力拓公司合营的恰那铁矿，从 1987 年正式签署协议至今，已经成功运营 32 年。1992 年，首钢斥资 1.2 亿美元收购了秘鲁铁矿公司，20 多年来为加强首钢集团资源保障和当地经济发展做出了重大贡献。国际产能合作方面，在"一带一路"倡议的推动下，中国钢铁企业将国际化向纵深推进，实现更高水平的开放。河钢成功收购塞尔维亚斯梅代雷沃钢铁厂，青山集团印尼镍铁项目，广西盛隆冶金马中关丹工业园 350 万吨联合钢铁项目，德龙镍业印尼镍铁不锈钢、德龙钢铁印尼钢厂，建龙东钢等海外钢铁项目进展顺利。技术服务方面，中国钢铁冶金设备技术出口逐步由单体设备及部件的出口，走向成套设备出口及工程总承包。中冶集团总承包的台塑越南河静 700 万吨钢厂项目投产，实现了国际千万吨级绿地钢铁项目总体设计和系统输出，带动 $4000m^3$ 级大型高炉技术、标准和装备整体成套出口；马来西亚关丹联合钢铁（大马）350 万吨综合钢厂如期建成，成为中国资本、中国技术、中国管理全面走出去开展国际产能合作的典型。中冶、中钢等企业以 EPC（总承包）模式赢得了一大批具有重要影响的国际钢铁成套工程项目，在国际上形成极大的影响力。

中华人民共和国成立 70 年以来，经过几代人的努力，中国钢铁工业在数量和质量两个方面均取得了巨大进步，满足了国家发展的需要，具备了较强的国际竞争力，钢铁强国之路展现出光明前景。总体比较，从产品服务能力、产业规模效应、技术装备水平、支撑配套体系、从业人员素质等方面，中国钢铁工业综合实力已处在世界一流方阵，是可率先进入制造强国先进行列的产业之一。

特别是十八大以来，钢铁工业不断适应新常态，贯彻落实供给侧结构性改革，产业调整升级取得了本质性的长足发展，为世界钢铁工业化解过剩脱困发展贡献了中国智慧，做出了突出贡献，彰显了大国责任和国际领导力，也为接下来中国钢铁工业的高质量发展打下了坚实的基础。

从历史维度、全球视角来看，中国钢铁工业的发展、崛起和调整是一种必然，是世界钢铁工业发展规律和中国钢铁实际、特点共同作用的结果。与欧美等发达国家钢铁工业不同，中国钢铁工业脱胎于计划经济，崛起于改革开放进程中，走了一条独特的、前所未有的发展道路，有力支撑了国民经济发展需要。实践证明这条路是成功的，没有别的道路能够满足中国快速发展对钢铁的需求。同时，中国钢铁工业在崛起发展、满足需求的过程中，也承接了世界钢铁工业转移的接力棒，扩大了钢铁材料的应用领域，采用了大批的新技术、新装备，将世界钢铁工业发展水平推向了新高。

二、中国钢铁工业发展历史经验

中华人民共和国成立70年来，中国钢铁工业在一穷二白的基础上实现了世人难以想象的跨越式发展，并步入了高质量发展的新阶段，积累了丰富的经验和教训。一是坚持市场化改革。市场配置资源是最有效率的形式，中国钢铁的发展就是得益于市场化改革：市场释放经济活力，极大拉动了钢铁需求，没有稳定壮大和不断升级的内需市场，就不可能有中国钢铁的发展；市场优化配置资源，引导各类生产要素进入钢铁行业，高效形成了供给能力；市场发挥价格机制、竞争机制作用，促进优胜劣汰，提高企业发展质量。二是坚持创新驱动。新中国钢铁工业发展的70年，是管理理念、方式方法和工艺技术不断创新的70年。"鞍钢宪法""首钢承包制""宝钢现代化管理""邯钢经验"等许多管理创新的举措，不仅为钢铁事业腾飞插上了翅膀，也为中国工业发展树立了榜样，一时引潮流之先。工艺技术从平炉到转炉、从模铸到连铸再到近终型铸轧，5000m^{3}级高炉、300t级转炉、200t级电弧炉的建成投产、稳定运行，大幅提升生产效率。未来，在迈向高质量发展的道路上，科技创新将发挥更加重要的作用。三是坚持协调发展。中国钢铁工业的发展，经历过"以钢为纲"的激情岁月，也经历了追求规模效应的粗放发展时期，钢铁孤军突进，导致产业结构比例甚至国民经济比例失调，不得不进行艰难的调整，因此，必须秉承协调发展的新理念，放眼全局、着眼长远，才能实现可持续发展。四是坚持自主道路。中国钢铁工业发展必须坚持道路自信，立足于中国国情的实际，不能盲目照搬国外技术、国外模式，如不充分吃透中国市场、环境、资源、能源和政策条件，所谓先进的技术、经验也必将水土不服，比如钢铁去产能，就没有受洋先生影响，自主探索出了一条成功的新路。五是坚持开放合作。从中华人民共和国成立初期学习苏联，到 20 世纪 70 年代的武钢一米七工程，再到改革开放的产物宝钢和一批技术的引进、消化、再吸收，以及一批合资企业的兴建，直到"一带一路"倡议下，钢铁企业"走出去"实施国际产能合作，造就了河钢集团塞尔维亚公司管理团队的"时代楷模"等。事实证明，只有开放合作才能更好发展，产业保护、技术封锁等开倒车的理念、行为是没有出路的。

钢铁是建设现代化经济体系的重要组成部分，需满足经济发展、员工就业、社会稳定等多目标要求，实现企业、员工、客户和社会的利益共享，但前提是必须有合理的效益，才能持续下去。要随着经济社会发展和产业发展，不断深化体制机制改革，调整优化政策，释放企业发展的活力和创造性。

三、当前中国钢铁工业所处历史阶段及面临形势

从产业规律来看中国钢铁工业发展，可抽象概括为"两个时期、五个阶段"：第一个时期是数量时期，包括增量阶段、减量阶段；第二个时期是高质量时期，包括重组阶段、低碳阶段；两个时期中间有个过渡阶段，即强化环保治理阶段。从这个大的发展规律来看，中国钢铁工业当前处于数量时期的减量阶段、高质量时期的重组阶段和中间过渡的强化环保阶段的三期叠加，正是承上启下的重要节点，减量、环保都取得了积极的进展，重组成为关键所在，将决定能否实现由数量时期向高质量时期的平稳过渡。中国钢铁工业发展所处历史阶段的研判见图 2。

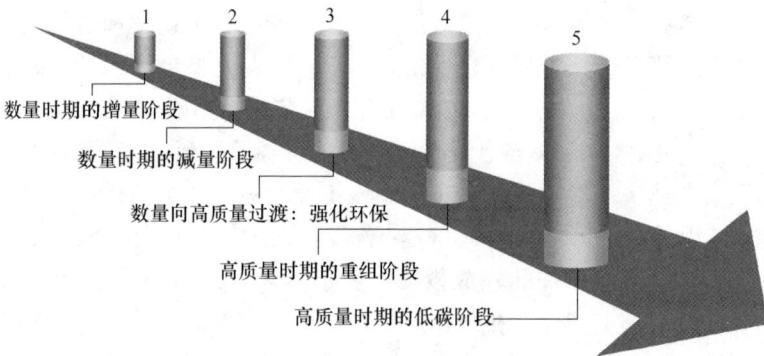

数量时期的增量阶段
数量时期的减量阶段
数量向高质量过渡：强化环保
高质量时期的重组阶段
高质量时期的低碳阶段

图 2　中国钢铁工业发展所处历史阶段的研判

中国钢铁工业的发展成功解决了"有没有""够不够"的数量问题，当前中国钢铁工业发展又面临着新的形势和更高的要求。十九大作出了新的历史性论断："中国经济已由高速增长阶段转向高质量发展阶段"。随着中国社会主要矛

盾转化为人民日益增长的美好生活需要和不平衡不充分的发展之间的矛盾，钢铁工业今后关键要解决"好不好"的质量问题，"高质量"已经成为了新时代钢铁工业发展的前进方向。

在高质量发展阶段，中国钢铁工业面临着复杂多变的国际国内形势：从国际看，世界经济在深度调整中曲折复苏，全球钢材需求总量进入平台期，呈稳定波动发展态势。国际钢材市场贸易保护主义蔓延，竞争将更加激烈，国际投资贸易规则体系加快重构，钢铁国际产能合作、国际贸易的机遇和挑战并存。新一轮科技革命和产业变革方兴未艾，世界钢铁的产业形态、生产经营、发展方式正在经历前所未有的深刻变革，钢铁材料与其他材料之间呈现既互相竞争又协同融合的大趋势。铁矿、焦煤等大宗商品的金融属性增强，对价格波动的影响明显加大，不确定因素显著增多。先进钢铁强国依托再工业化战略，加强科技创新和前沿领域战略布局，在中高端钢材市场把占制高点，一些新兴经济体凭借劳动力等低成本要素的优势，对普通钢材市场形成分流，中国钢铁工业面临的风险挑战增加。从中国国内看，中国经济增长从高速转为中高速，伴随着发展方式转变、经济结构调整和增长动力转换，中国单位 GDP 钢材消费强度明显下降，钢材消费总量进入峰值弧顶阶段，中长期总体趋于下降。同时，中国经济长期向好的基本面没有改变，经济结构调整优化的前进态势没有变，中国钢铁工业拥有世界最大最活跃的内需市场、世界最全最完整的产业体系、世界最多最丰富的人力资源、世界最新最先进的技术装备、世界最快最及时的服务体系，仍将长期保持强大的竞争力。在实现由低水平供需平衡向高水平供需平衡跃升的过程中，提高钢材供给质量、改善钢材供给结构将是推进中国钢铁工业迈向中高端的新引擎。

四、新时代中国钢铁工业高质量发展展望

站在 70 年发展的历史节点上，中国钢铁工业未来发展将呈现质量提升、技术升级、绿色发展、布局优化、产业延伸、流程演变、兼并重组等特点。钢铁工业高质量发展的路径则是深入推进"九化"协同，重塑产业价值链，进一步提高全球竞争力：一是绿色化，从制造全流程、管理全方位、产品全周期等角度，强化绿色发展，加快超低排放改造，建立有效益、可持续的现代化绿色工厂、绿色产业链和产品体系；二是有序化，以提升竞争力为核心，推进钢铁企业重组，打造具有国际竞争力的世界级钢铁企业集团；三是品质化，全面提升产品质量和服务质量，构建集质量、服务、创新和文化于一体的品牌体系；四是标准化，从国家、行业、地方、团体等四个层面协同发力，引领企业建立适应市场竞争和技术进步需要的企业标准体系；五是差异化，加强对市场需求和竞争对手的研究，找准企业定位，明确发展战略和实施路径，同时做好战略差异化、产品差异化和品牌差异化；六是服务化，钢铁企业应由单纯的制造增值向制造、服务协同增值

转变，进而推动商业模式变革；七是智能化，促进工业互联网、云计算、大数据、AI 在钢铁企业研发设计、生产制造、经营管理、销售服务等全流程和全产业链的综合集成应用；八是多元化，强化钢铁与多元的战略协同、业务协同、渠道协同和管理协同，形成沿钢铁工业纵向延伸、横向耦合或属地结合的多元化经营体系；九是国际化，整合利用全球资源和网络体系，开展产能、工程技术、产业链上下游、研发、贸易等国际合作。

新冠疫情下中国钢铁行业的机遇和挑战❶

李新创

目前，新冠肺炎疫情在中国逐步得到控制，但在全球呈现出暴发迹象，已经持续影响国际原油、大宗商品和金融市场，进而通过消费、投资和进出口等渠道导致世界经济渐渐失去增长动力。疫情叠加"逆全球化"浪潮、世界经济下行等多重因素，2020 年世界经济陷入衰退几成定局，且衰退程度或将超过 2008 年国际金融危机。

钢铁行业产业链条长、关联产业范围广，全球化程度高，与世界经济发展呈密切正相关趋势。在疫情席卷全球之际，行业整体必然受到波及。我国钢铁行业是最具国际竞争力的产业之一，具有完善的产业体系，同时又是全球钢铁供应链的枢纽。目前全球疫情形势仍在不断升级，我国面临境外输入型病例的压力，给我国钢铁行业带来诸多现实的外部挑战。但是，与此同时，由于我国的疫情防控已经取得阶段性成效，复工复产扎实有序推进，钢铁行业迎来新的发展机遇。

一、疫情对世界经济的影响

（一）疫情发展情况

截至北京时间 2020 年 3 月 27 日 7 时，全球新冠肺炎确诊病例累计突破 52 万例，中国以外累计确诊病例数超过 44 万例。海外疫情全面升级，日度新增确诊超过 3 万例，全球 199 个国家地区出现新冠肺炎病例，几乎殃及所有主要经济体。其中，美国、意大利、西班牙、德国和法国等，仍未出现放缓迹象。意大利 3 月 10 日启动全国性的"封锁"，目前每日新增确诊仍较多，防控措施的实际效果可能不太理想。美国确诊病例连日来迅速增长，已连续 4 天单日新增病例过万，据美国约翰斯·霍普金斯大学发布的数据，截至北京时间 3 月 27 日 7 时，美国累计确诊病例已超过 8.2 万例，成为确诊病例最多的国家。3 月 26 日美国公布上周初次申请失业金人数为 328 万人，是美国历史上首次出现百万级别的初请失业金数据（此前最高纪录为 1982 年经济危机时创下的 69.5 万人）。

---

❶ 本文发表于《中国钢铁业》2020 年第 4 期。

（二）对全球产业链的冲击

从产业的影响看，疫情对第一产业影响较小。对产业链全球化的制药、半导体、汽车制造等行业，以及强烈顺周期的能源行业造成较大影响，特斯拉、福特、通用等多家欧美车企掀起停工潮；对旅游、交通运输、餐饮等行业造成直接冲击，近 8 周来主要国家航班数量下降了 30%~40%。

从供应链的影响看，疫情短期影响了全球制造业和能源供应链的枢纽，如中国、日本、韩国、意大利、伊朗等，打乱了相关产业全球供应链，尤其是机电、半导体、运输设备、化工以及矿物燃料等方面的供应。疫情在美国和欧盟全面暴发，进一步从资本和最终消费市场方面，对全球供应链产生冲击。

（三）对全球经济的影响

为阻止疫情扩散，全球主要经济体纷纷进入"封国"状态，人员流动受限，跨国商品和服务流通几近停滞。截至北京时间 3 月 27 日 7 时，已有至少 58 个国家宣布进入全国紧急状态，占全球 GDP 比例超过 65%（包括中国）；140 个国家宣布全国或人口最为集中的地区停学，占全球 GDP 的比例达 95%；几乎所有主要国家对美国和欧盟等，实行了旅行禁令或隔离管控措施。

随着海外疫情全面升级和蔓延，各大国际机构纷纷下调全球经济预期。3 月 18 日标普全球预测，全球将陷入经济衰退，2020 年全球 GDP 增速仅为 1.0%~1.5%。3 月 23 日国际货币基金组织表示，2020 年经济将出现负增长，预计 2021 年经济会复苏。当天国际金融协会本月第三次下调全球经济增长预期，预计 2020 年全球经济将负增长 1.5%，其中发达经济体将萎缩 3.3%，新兴经济体将仅增长 1.1%。

二、疫情对世界钢铁及中国钢铁的影响

（一）铁矿

1. 供给能力影响不明显

澳大利亚、巴西、印度、中国和南非，是铁矿石的主要生产国，占全球铁矿生产总量的 78%。除中国外，其余 4 个国家还是铁矿石重要的出口国，占全球铁矿石出口总量的 83%。2019 年我国自澳大利亚和巴西进口铁矿石 8.93 亿吨，同比下降 2100 万吨；自南非、印度及其他国家进口铁矿石 1.76 亿吨，同比增加 1600 万吨，基本上填补了对我国的供应缺口。

疫情对澳大利亚和巴西铁矿生产尚未产生明显影响，同时巴西淡水河谷受溃坝影响的产能在陆续恢复。因此，澳大利亚和巴西铁矿供应能力将小幅增加。

中国及其他国家铁矿供应小幅下降。相关协会预计，2020 年中国铁精粉产量小幅下降至 2.6 亿吨。南非出口的铁矿主要来自英美资源集团的 Kumba 矿区，其中约 60% 出口到中国，3 月 23 日南非宣布为期 21 天的全国封锁，预计影响铁矿出口约 247 万吨。印度近年来国内需求不断增加，预测 2020 年印度出口全球及我国的铁矿石将有小幅回落。

2. 需求延续下降态势

中国是全球最大的铁矿石需求国，约占世界铁矿石消耗量的 60%；其次是日本、韩国、德国和美国，合计占 12.5%，其他国家对铁矿石市场影响很小。据世界钢铁协会统计，2020 年 1~2 月全球共计产铁 2.2 亿吨，同比增长 0.78%，其中海外生铁产量同比降低 2.4%。受疫情影响较严重国家的生铁生产情况详见表 1。

表 1　受疫情影响严重国家和地区的生铁生产情况

国家和地区	2019 年			2020 年 1~2 月	
	产量/万吨	同比涨跌幅/%	占全球比重/%	产量/万吨	同比涨跌幅/%
中国	80936.5	5.3	59.7	13233.5	3.1
日本	7490.7	-3.1	5.5	1241.8	6.5
韩国	4735.7	0.9	3.5	766.6	-0.1
欧盟	8716.3	-4.2	6.4	1368.4	-9.8
法国	987.8	-6.2	0.7	169.2	-0.4
德国	2549	-6.5	1.9	395.1	-11.2
意大利	460.7	-4.7	0.3	79.1	2.9
西班牙	388.1	-14.2	0.3	29	-59.8
英国	564.3	1.0	0.4	93.9	-4.3
美国	2223.5	-7.6	1.6	324.7	-12.8

2020 年前两个月，中国生铁产量同比增长 3.1%。随着全球疫情的恶化，3 月及以后下游市场需求减少的影响将逐步显现，冶金工业规划研究院预测，全年生铁产量 7.45 亿吨，同比下降 8%。

2019 年，日本生铁产量同比下降 3.1%。虽然之前日本对疫情控制得较好，但随着国内外市场需求降低，钢材出口将受到较大影响。日本制铁已关闭具有 500 万吨产能的吴钢厂，合并停产 4 座高炉。

韩国浦项制铁已开始对 1 座 4600m³ 高炉大修，预计 6 月初恢复生产，短期影响生铁产量约 7%，不排除中远期再实行减产计划。

2019 年，欧盟生铁产量同比下降 4.2%，2020 年 1～2 月，欧盟经济增长预期不佳，继续延续了下降趋势，同比下降 9.8%。疫情暴发后又导致多家汽车制造企业停产，未来生铁产量和铁矿石需求将进一步下降。

2019 年，美国生铁产量同比下降 7.6%，2020 年 1～2 月产量继续大幅下降 12.8%，美国疫情影响还在不断扩大，预计生铁产量和铁矿石需求量将延续下降态势。

（二）焦煤

1. 国内外供给有保障

国内疫情对炼焦煤生产影响已基本消失。国内煤矿的陆续复产，保障了市场主要供应，国内除湖北省，基本达到去年同期生产水平。澳大利亚、蒙古、俄罗斯等炼焦煤主要出口国受疫情影响较小，煤炭供货充足。

2. 国内外需求将下行

受疫情、环保及原料供应偏紧等因素制约，2020 年 1～2 月国内焦炭生产出现大幅下滑，焦炭产量 7064.1 万吨，同比减少 5.5%。预计全年焦炭产量约 4.7 亿吨，同比减少 6.6%，对应炼焦煤（精煤）需求约 5.8 亿吨。同时，炼焦煤进口国日本和韩国受疫情影响，后续炼焦煤需求也将减少。因此，炼焦煤需求整体会下滑，价格下滑压力也较大。

（三）粗钢

钢铁工业以长流程为主，全球平均电炉钢产量占比约 30%。在疫情影响下，长流程需要连续生产，停产的可能性较小，部分企业可能会由于原料供应不足和下游市场萎缩进行一定幅度减产。根据世界钢协数据，2020 年 1～2 月全球粗钢产量同比增加 1.0%，其中海外粗钢产量同比减少 1.8%，世界主要产钢国粗钢生产受疫情影响见表 2。

表 2　主要产钢国生产受疫情影响情况

序号	国家	2019 年粗钢产量/万吨	2018 年电炉钢比/%	影响程度	钢铁企业生产情况
1	中国	99634.2	11.6	中	原材料充足，职工出勤相对稳定，长流程企业在春节和疫情期间仍然正常生产，但以生产建筑钢材为主的电炉钢厂大部分都已停产
2	印度	11124.6	55.1	小	影响不大
3	日本	9928.4	25.0	小	影响不大
4	美国	8792.6	68.0	中	疫情升级，影响逐步显现

续表 2

序号	国家	2019 年粗钢产量/万吨	2018 年电炉钢比/%	影响程度	钢铁企业生产情况
5	俄罗斯	7157.2	30.6	小	影响不大
6	韩国	7142.0	33.4	中	随下游小幅减产
7	德国	3967.5	29.9	大	萨尔茨吉特公司削减带钢厂的产量，并将视疫情情况采取进一步措施；蒂森克虏伯考虑缩短工作时间。Bremen 钢厂的 3 号高炉目前处于停炉状态
8	土耳其	3374.3	69.1	小	影响不大
9	巴西	3223.6	22.1	中	影响逐步显现
10	伊朗	3189.8	90.8	小	影响不大
11	意大利	2324.5	81.6	大	几乎所有的长材生产商在疫情严重的地区都停止了生产。费拉尔皮集团已关闭在 Lonato 的工厂，其他四家钢铁生产商 Alfa Acciai 和 Ferriera Valsabbia 以及 Duferdofin-Nucor 和 Tenaris Dalmina 也相继宣布停止生产。塔兰托的 Ilva 钢厂于 13 日宣布主动减产
12	西班牙	1358.9	65.7	大	西班牙安赛乐采塔尔公司的减板材产量
13	法国	1538.7	31.6	小	疫情升级，影响尚未显现
14	英国	726.8	22.2	小	疫情升级，影响尚未显现

疫情对世界钢铁工业钢铁生产的影响有限，十大产钢国中仅德国钢铁生产受影响较大，其 2020 年 1~2 月粗钢产量同比下降 10.9%。此外，意大利和西班牙的钢铁生产受到较大冲击。日本、英国和印度等疫情尚处于增长阶段，短期影响尚未显现。美国、法国等疫情严重地区有可能随时采取严控措施，特别是短流程钢厂将面临停产的风险。

总体而言，疫情对世界钢铁生产的影响总体可控，粗钢供给能够保证。

（四）钢材

1. 国内钢材需求

疫情对钢铁下游行业及其钢材消费具有重要影响，不同行业影响程度也有所差异。

建筑行业短期影响较大，中长期将产生较大补偿性需求。疫情期间部分建设项目停工停建，尤其是市政基础设施建设项目多数停工，春节后开工复工有所推迟，全国各建设项目复工较往年明显延后，从短期来看，建筑行业需求下降较为明显。但考虑气候和节假日因素，历年春节前后，我国建筑行业整体需求较为疲软，北方工地普遍处于停工状态，一定程度上减弱了疫情对市场的影响。从中长期看，当前我国宏观调控政策空间充足，经济具有较强韧性，逆周期调节政策可有效刺激经济，如央行 2 月 3 日开展的 1.2 万亿元逆回购政策，市场反馈明显。疫情结束后，以公路、港口码头等为代表的公共交通基础设施建设，以及以 5G 基站、特高压、城际轨道、新能源汽车充电桩建设为代表的新型城镇化建设项目，将补偿性释放，有效带动钢材市场需求加速增加。机械行业短期影响较大，全年将呈小幅下降态势。

机械制造企业整体复工推迟，短期各产品产量下降明显，一季度钢材消费将受到较大影响。根据国家统计局数据，2020 年 1~2 月重要的机械设备，产量下降幅度较大的有：小型拖拉机、中型拖拉机和金属切削机床，分别同比下降 48.4%、44.1% 和 44.6%，产量同比去年接近腰斩；下降幅度最小的是水泥专用设备，同比也下降了 10%。从中长期来看，随着疫情得到逐步控制，复工复产达产进度逐日加快，机械行业旺季将顺势后延。同时，随着国家扩大终端消费、稳定制造业投资、提升产业基础能力等一系列政策措施的实施，将对行业的稳增长和产业升级起到推动作用。总体来看，疫情对机械行业全年影响较为有限，预计 2020 年机械行业钢材消费量将呈小幅下降态势。

汽车行业影响严重，全年钢材消费可能下滑。本次疫情对汽车行业的影响主要表现在生产端和消费端。短期来看，疫情导致主机厂、配套的零部件供应商均延迟复工，汽车产量下降。消费端 4S 店大都选择歇业，销量下滑不可避免。据中国汽车工业协会统计，1~2 月汽车产销分别完成 204.8 万辆和 223.8 万辆，产销量同比分别下降 45.8% 和 42%。长期来看，疫情解除后原有需求会逐步释放，还将引发部分无车家庭购买欲望。2 月 16 日《求是》杂志发表了习近平总书记的重要文章：要积极稳定汽车等传统大宗消费，鼓励汽车限购地区适当增加汽车号牌配额，带动汽车及相关产品消费。随即商务部及地方政府出台了一系列政策，为行业复工复产和激活市场创造条件。但由于湖北省是我国重要的汽车零部件和整车生产区域，周边广东、上海、重庆等汽车工业发达区域受疫情影响较重，汽车工业发展放缓，将直接影响全国甚至全球汽车行业的走势和产量。综合来看，全年汽车产量下滑态势不可逆转，钢材消费也将随之下降。

能源行业短期影响有限，全年钢材需求有望反弹。从电力工程建设来看，受疫情影响，电网建设工程、城乡配网工程推迟复工，电力设备采购及开标延期，疫情对电力行业短期有一定影响。从长期看，在疫情解除后，电网投资将加速释放，对全年投资影响相对有限，钢材消费变化也相对有限。在石油天然气方面，企业开工复工推迟，导致石油天然气消费需求短期面临较大的下行压力。随着国内疫情得到控制，工业、交通运输、终端需求正逐步恢复，石油天然气市场需求或将迎来恢复性反弹，带动钢材消费回升。

家电行业短期需求基本停滞，全年下降趋势较大。受疫情影响，我国家电企业节后复工推迟，家电线下销售基本处于停滞状态，线上销售也遭遇物流运输难、上门安装难等因素制约，订单有所减少。短期来看，疫情对我国一季度家电行业生产、销售产生较大影响。根据国家统计局数据，1~2月四大家电产量大幅下降，其中冰箱产量同比下降37.4%，空调下降40.2%，洗衣机下降20.2%，彩电下降26.6%。长期来看，疫情解除后，家电行业的生产经营将很快恢复正常。疫情主要是将家电购买需求发生的时间点推后，全年需求总量受影响有限。并且家电产品中主要是白色家电消费钢材较多，白色大家电中空调、洗衣机、冰箱等销售旺季主要在二三季度，总体来看，国内家电市场受疫情影响有限。但由于我国家电行业出口量较大，疫情在全球的快速蔓延，对家电出口必然产生影响。综合来看，全年家电产品产销下降趋势较大，钢材消费将有所下降。

造船行业处于下行周期，短期指标仍有亮点。近年来，全球航运市场总体处于低位徘徊，全球经济下行压力增大，航运市场仍处于运力严重过剩的不利局面。疫情导致全球贸易萎缩、需求减弱，进一步影响国际航运市场投资心理与预期。我国造船完工量和手持船舶订单量同比下降，据中国船舶工业行业协会统计，1~2月全国造船完工同比下降26.7%，2月底手持船舶订单同比下降5.7%。但由于日本、韩国、意大利受疫情影响，订单和产能均在下降，我国新承接船舶订单同比增长，1~2月我国承接新船订单同比增长41.4%。综合考虑，由于行业整体处于下行周期，国际新船需求持续处于较低水平，钢材消费量整体降低。

综上，受疫情影响，我国钢材消费量将下降，尤其是一季度建筑、机械、汽车、造船等行业消费将明显下降。随着疫情在国内得到有效控制，各行业复工复产稳步推进，钢材消费将快速释放，但随着新冠疫情在全球的逐步蔓延，对我国经济恢复发展也将产生一定影响。综合考虑，冶金工业规划研究院预计，2020年我国钢材消费量约为8.5亿吨，同比下降约5.0%。

2. 国外钢材需求

美国、意大利、德国、伊朗、韩国、日本等六国是钢材消费大国，从历年消费来看，六国钢材消费总量占全球除中国外的钢材消费总量的35%。

美国是世界上最大的经济体，拥有多元化的经济结构，重点产业包括汽车、飞机制造、电信、化工、电子和计算机。美国是全球最大的汽车市场之一，拥有通用、福特、克莱斯勒等13家企业巨头，汽车年产量1700多万辆，仅次于中国。随着疫情在美国的暴发，丰田、日产和本田在3月18日晚间宣布暂停在美国的生产；通用、福特、FCA美国三大巨头正式宣布3月20日起暂时关闭北美地区所有工厂，复工时间待定；特斯拉宣布3月24日起在美国的两家工厂停产；至此，美国境内绝大多数汽车工厂已经停产停工。此外，疫情对美国建筑业也产生了较大冲击。美国政府估计疫情在 7、8 月或更迟结束。综合来看，美国全年钢材消费下降已成定局。

意大利产业结构以服务业为主，2018 年工业占 GDP 比重仅为 24.1%。在工业产业中，航空、航天是其优势特色产业，多项技术处于世界领先地位；机械设备产业位居全球第 4 位（欧洲第 2 位），年产值约占 GDP 的 2.5%；汽车产业也是意大利制造业的重要组成部分。目前，意大利并未要求工业企业停工，但部分车企受零部件供应和终端销售影响，被迫停产。随着疫情的发展，不排除后续有大量机械、汽车制造企业停工停产的可能。

德国疫情正处于爆发期，疫情对国内生产经营活动的影响正日益凸显。德国作为制造业强国，汽车、机械设备、电气工业是德国三大支柱产业，三大产业销售额占 GDP 比重达到 25%。其中，汽车及零部件产业是德国第一大支柱产业，销售额占 GDP 比重约 12.5%。受疫情冲击，德国三大汽车制造商大众、戴姆勒、宝马均已宣布在欧洲停工，保时捷也宣布暂时关闭德国两工厂，福特汽车在德国科隆和萨尔路易的工厂即将停产。随着疫情的扩散，未来可能会有更多工厂被迫停工，德国制造业面临较大压力，预测全年钢材消费将呈现明显下降趋势。

伊朗是目前新冠肺炎疫情最严重的中东国家。油气产业是伊朗第一大支柱产业，石油工业对 GDP 的贡献约为 13.5%；汽车产业是伊朗第二大支柱产业，对 GDP 增长的贡献率超过 10%。受疫情影响，伊朗主要汽车制造商 Khodro 公司停止了所有工厂的生产活动。伊朗的许多邻国和贸易伙伴关闭边境后，该国非石油出口产生较大打击。同时，受美国经济制裁影响，限制了伊朗石油和天然气出口。在制裁和疫情双重叠加影响下，伊朗油气产业、制造业均将受到较大影响，预测全年钢材消费将大幅下降。

日本是世界第三大经济体，部分产业在世界上占有重要地位，如汽车、钢铁、机床、造船和机器人产业等。日本机床产业产值连续多年位居世界首位；日本还是世界最重要的造船强国之一，造船完工量仅次于中国。目前来看，由于日本受疫情影响相对较小，对制造业总体影响不大，并未出现大规模停工停产现象。但在奥运会被宣布推迟后，确诊病例增速加快，不排除随时采取工厂停产措施。

综合来看，此次疫情短期必定对全球钢铁需求造成较大影响，全球主要钢材消费国均将受疫情影响导致本国钢材消费下降，最终受疫情影响程度仍取决于疫情持续时间。疫情结束后，各国多会采取措施恢复经济发展，拉动钢材消费增长。初步判断，2020 年全球钢材消费将下降至 16.0 亿吨，同比下降约 9.1%；其中，除中国以外的其他国家和地区钢材消费量将降至 7.5 亿吨，同比下降 13.3%。如果海外疫情进一步失控，影响面继续扩大，全球钢材需求仍将会下滑。

（五）钢材贸易

钢材贸易多方交织缠绕，涉及直接贸易和间接贸易，疫情全球范围蔓延，重灾区贸易国难以独善其身。截至北京时间 3 月 27 日 7 时，全球新冠确诊人数前十位的国家是美国、中国、意大利、西班牙、德国、法国、伊朗、英国、瑞士和韩国（简称"十国"）。

根据世界钢协数据，十国粗钢产量约占全球粗钢产量70%。直接贸易方面，2018 年十国钢材直接贸易占全球37.2%，其中，出口 1.9 亿吨，占全球41.5%；进口 1.5 亿吨，占全球32.9%。中国主要出口东南亚、韩国、欧洲等地，出口贡献度15%。韩国、德国、意大利、法国也都是钢材出口大国。进口方面美国贡献度最大，为7.1%，对海外依存度较高。德国、意大利、韩国、法国和中国同样是进口大国。

间接贸易方面，2017 年十国钢材间接贸易量达到 3.29 亿吨，占全球间接贸易 48.9%。其中，出口 1.96 亿吨，占全球 58.5%；进口 1.32 亿吨，占全球 39.4%。中国、德国、韩国和美国是间接出口大国，家电、汽车、机电设备出口量大；美国、德国、法国和英国是间接进口大国。

三、中国钢铁产业面临多方面挑战

（一）铁矿价格波动剧烈

2019 年，受巴西尾矿库溃坝和澳大利亚飓风影响，铁矿石价格大幅波动，从年初的 70 美元/吨左右，最高涨至近 120 美元/吨。全年进口均价增长约 24 美元/吨，在进口总量保持稳定的同时，进口金额同比增长 33.6%，挤压钢铁行业利润空间，对我国钢铁行业的稳定运行产生了较大影响。2020 年春节以来，受疫情、主要供应国季节性天气因素及金融资本因素叠加影响，铁矿石价格再次出现较大幅度波动，并出现与钢材价格变化趋势背离的状况。在铁矿石供应整体呈宽松的趋势下，铁矿石价格维持高位，出现违背供需基本面的变化趋势，严重挤压钢铁行业利润空间，再次凸显目前的铁矿石定价机制的不完善，也反映了铁矿石贸易定价的过度金融属性。

（二）钢材出口异常严峻

2015 年，我国钢材直接出口达到 1.1 亿吨峰值，之后经历连续 4 年下降，2019 年钢材直接出口总量已降至 6429.3 万吨。疫情发生以来，海外对中国疫情担忧导致部分订单取消，同时我国钢材主要出口目的地——亚洲和欧洲疫情均较严重，钢材出口形势继续大幅下滑。据海关统计，2020 年 1～2 月我国累计出口钢材 781.1 万吨，同比下降 27.0%，出口总值同比下降 15.9%。

钢材间接出口方面，我国每年随着机电产品间接出口钢材接近 1 亿吨，疫情短期内对电气机械及器材制造业、通用设备制造业、汽车制造业等重点用钢领域均造成了较大影响，间接出口形势同样面临极大挑战，目前影响还难以评估。

四、中国钢铁产业迎来新发展机遇

（一）企业兼并重组进程加快

兼并重组是钢铁工业高质量发展的必经之路，产业结构分散、产业集中度低的弊端日益突出，尤其在行业秩序、原料保障、科技创新等方面无法真正形成合力。当前钢铁行业正处在兼并重组的窗口机遇期，特别是疫情影响下，行业经营效益大幅下滑，部分企业已经出现周转资金紧张。实践证明，周期性行业在低谷期往往会出现大面积的洗牌重组，行业低迷将重新唤起部分钢铁企业的重组意愿，国家倡导多年的兼并重组进程有望加快。

（二）原料保障体系亟待加强

疫情期间，铁矿石价格的异常波动促使钢铁行业的安全供应保障体系建设提上日程。钢铁行业要重视原料保障体系建设，包括原料供应来源、供应渠道、供应方式、运输方式等，力争多元化，分散供应风险。同时，要坚定不移实施国际化战略，在政策宏观引导下，考虑产业链"横向协同一体化"和"纵向协同国际化"，实现两种资源中全球资源供给的多元、安全和稳定，推动西非铁矿供应基地建设，分散供应风险。要抓住契机，积极推动铁矿石定价机制的改革和完善，保障铁矿石价格体系平稳、合理运行。

（三）国际产能合作积极推进

钢铁行业是建设"一带一路"倡议的先行者和重要实践者，国内优强企业优势产能不断展现国际产能合作的新高度，不完全统计，产能合作规模约 1600 万吨。特别是 2020 年 3 月敬业集团正式完成对百年英钢的收购，加上之前河钢成功收购塞尔维亚斯梅代雷沃钢铁厂，以及青山集团印尼镍铁项目、广西盛隆冶金马中关丹工业园 350 万吨联合钢铁项目、中国一重-德龙镍业印尼镍铁不锈钢项目等海外钢铁项目进展顺利，有效满足了项目所在国、所在区域的市场需求，提高了合作国家和地区的工业化水平，也实现了企业自身的转型升级，大幅提升了企业的国际化程度。我国钢铁要实现高质量发展，国际化是必然路径。疫情危机全球发酵，钢铁企业推进国际并购的机会将增加，冶金工程技术、成套装备、配套设施、标准规范等迎来国际化发展机遇期。在全球新一轮科技革命和产业深度变革的时代背景下，钢铁企业应抓住机遇，充分利用国内国外两个市场、两种资源，努力打造成具备管理示范性、技术引领性、产品稳定性、服务品牌性、人才吸引性等世界一流钢铁强企。

（四）行业技术创新务实提升

创新是引领发展的第一动力，是推动我国钢铁行业实现动力换挡，迈向高质量发展的强劲引擎。尤其是当前疫情全球蔓延，产品进口、技术引进、人员交流等受到巨大冲击，钢铁行业应以此为契机，主动打破"等、靠、买"的惯性思维，从完善创新体系、营造创新生态等方面入手切实提高我国钢铁行业的创新能力。一方面，坚持企业创新主体地位，不断完善企业创新体系建设，吸引社会资本参与钢铁行业创新发展。另一方面，应充分发挥基础原材料的支撑作用，充分调动产业链上下游创新资源，营造产学研用为一体的创新生态，协同创新推动高铁列车车轴、车轮、轴承、高磁感取向硅钢等关键产品实现技术突破与产业化应用，实现产业链协同创新。

（五）钢材出口多重比较优势

我国钢铁行业具有世界先进水平的工艺装备和生产技术，为产品出口提供了客观条件，高附加值产品出口的快速增加，为钢铁企业打造国际品牌，提升中国钢铁企业的影响力创造条件。同时，钢铁企业的服务意识已普遍增强，服务能力和服务水平也有所提升，钢铁企业已经与国外钢材贸易商建立稳固合作关系，中国宝武等优秀钢铁企业在海外建立钢材加工配送中心并可提供 EVI 服务，河钢集团通过控股瑞士德高，扩大河钢集团的国际客户群体。此外，我国钢铁企业重视打造好品牌，让品牌成为拓展国外市场的利器，在目标市场提升品牌的认知度、忠诚度和美誉度，扩大自主品牌出口。未来，以服务化、品牌化助力钢铁外贸出口，必将是中国钢铁企业重要立足点。

（六）行业智能发展阔步向前

疫情防控期间，智能化水平成为企业可否复工的一个关键因素，同时对企业在生产组织和管控方面也有重要影响。钢铁行业应以此为契机，抓紧做好数字化、网络化、智能化升级工作，紧随世界科技发展趋势，以 5G、大数据、人工智能等新技术为行业赋能，深度推进两化融合，补齐生产过程自动控制系统、钢铁定制化智能制造、智能化硬件等方面的短板，切实提高我国钢铁行业的集成创新能力，不断强化供应链协同，增强全链条抗风险能力。

中国钢铁行业高质量发展重大问题思考[1]

李新创

面对国内外风险挑战明显上升的复杂局面，党中央坚持稳中求进工作总基调，坚持新发展理念和推动高质量发展，坚持以供给侧结构性改革为主线，促进区域经济协调协同发展，着力深化改革扩大开放，确保中国经济实现了量的合理增长和质的稳步提升，全员劳动生产率和城市化率等主要经济发展指标的进度符合"十三五"规划预期。

"十三五"规划期末，突如其来的新冠肺炎疫情加大了经济下行压力，暴露了部分城市既有基础设施建设不足，补短板需求增强，同时也催生了新的产业需求，体现在产业链上和整个社会治理体系的科技能力升级（包括更全面的数据化、智能化，更大范围的系统平台甚至具备人工智能的灾备预测等），改变了生活方式（影响文化体育、医药保健等行业），加速了线上场景对线下场景的替代。

总体来讲，疫情不会改变中国经济中长期稳定向好的运行逻辑，经济发展的韧性、弹力和空间依然存在。新冠肺炎疫情冲击下，稳增长紧迫性突出，供给侧结构性改革进程加快。当前供给侧改革的关键在于股权结构、减税降费等体制性改革和5G技术革命等新型基础设施建设。传统产业有望借助这些新型基础设施，加快实现数字化、网络化、智能化转型。而疫情下互联网产业的爆发释放正迎合了"新基建"的窗口期。因此，推进"新基建"，有助于宏观经济整体效率的进步，成为推动经济转型升级、提质增效、行稳致远的重要力量。通过在积极进取中开拓新局，确保全面建成小康社会和"十三五"规划圆满收官，并为"十四五"规划开局打下良好基础。

一、中国钢铁产业生产现状

钢铁工业是国民经济的重要基础产业，在国家现代化进程中发挥着不可替代的重要作用。2016~2018年，中国钢铁工业的主营业务收入分别为6.20万亿元、6.46万亿元和6.73万亿元，占当年GDP的比重依次是8.4%、7.9%和7.5%。钢铁工业产业链长、影响面广，总体上与宏观经济周期保持同步，是反映国民经

---

[1] 本文发表于《钢铁规划研究》2020年第6期和第7期（连载）。

济特别是实体经济运行情况的"晴雨表"。

"十三五"以来，钢铁行业作为供给侧结构性改革的重要领域，开启了时间最早、决心最大、措施最实、代价最大、成效最显著的去产能工作，不仅提前两年超额完成了 1.5 亿吨的上限目标任务，并依法出清了 1.4 亿吨"地条钢"产能，有效净化了国内市场环境，扭转了"劣币驱逐良币"的现象，并为全球化解钢铁产能过剩产能提供了智慧，彰显了大国责任。随着钢铁去产能工作的不断深入推进，产能利用率回归合理区间，行业效益明显提升，2018 年钢铁行业效益更是达到历史最好水平。企业生产热情高涨，粗钢产量连创新高，2019 年粗钢产量达到 9.96 亿吨。同时，企业投资意愿明显增强，2019 年黑色金属冶炼及压延行业固定资产投资同比增长 26%，远高于制造业 3.1%的投资增速。

二、疫情对钢铁行业产业链的影响

疫情对整个宏观经济和微观经济都影响深远，具体对钢铁行业来看，主要体现在运输受阻和人员流动受限，从而导致原燃料供应库存短缺和成品库存积压，最终导致资金链紧张、负债率提高，企业经营效益下滑。

（一）下游市场

短期看，疫情对中国钢材市场影响较大。例如，建筑、铁道行业部分项目停工停建，钢材物流运输受限，房地产开发意愿下降，市政基础设施多数停工；机械、汽车行业复工、订单交付推迟，销量下滑明显；能源、家电行业需求端疲软；造船、集装箱行业受到世界疫情发酵，经济承压等因素影响，出口订单下行压力较大。

2020 年 3 月 10 日，习近平总书记飞赴武汉考察疫情防控工作时指出："经过艰苦努力，湖北和武汉疫情防控形势发生积极向好变化，取得阶段性重要成果，初步实现了稳定局势、扭转局面的目标"，预计疫情对中国钢材市场影响将集中在一季度，相关逆周期调节政策空间充足，疫情解除后，或产生较大补偿性需求，如以公路、港口码头等为代表的公共交通基础设施建设，以及以 5G 基站、特高压、城际轨道、新能源汽车充电桩建设为代表的新型城镇化建设项目，将补偿性释放，有效带动钢材市场需求快速增加。

（二）原材料方面

总体来看，疫情对以进口为主的铁矿石供应量影响较小，对以国内生产为主的焦炭和废钢供应量影响较大。铁矿石方面，目前中国供应由约 85%进口矿和15%国产矿构成，2020 年 1~5 月疫情时期，中国进口铁矿石 4.45 亿吨，同比增长 5.1%，此外，该时期属中国国内矿传统生产淡季，预计受疫情影响的减产量不大。焦炭方面，产量受疫情影响出现下滑，2020 年 1~5 月，焦炭产量 18784 万吨，同比减少 2.8%。废钢方面，据统计 5 月废钢加工配送企业复工率已达 90% 以上（2 月为 30%），钢厂自建废钢基地开工率接近 100%，随着新冠肺炎疫情影响减弱，废钢供应已基本恢复到正常水平。物流运输成为疫情期间制约钢铁企业原料供应保障的主要瓶颈。铁矿方面，虽然进口铁矿石可以到港，但受疫情影响，外部陆路运输不畅，疏港缓慢，影响钢企原料到厂。焦炭方面，运输既影响了焦化厂炼焦煤供应，导致焦炭产量减少，也影响独立焦化厂焦炭产品运往钢厂。废钢方面，由于供应源头极度分散、高度依赖人工回收，受物流运输不畅影响，许多废钢加工企业因原料供应不足延后开工。

（三）经营效益方面

纵观近十年，黑色金属冶炼和压延加工业利润率始终低于工业平均水平，2018 年钢铁行业效益达到历史最高水平，但是即使在盈利水平最高的 2018 年，中国钢铁工业协会会员企业的利润率也仅仅是略高于工业平均水平，钢铁行业利润始终处于较低水平。2019 年，钢协会员钢铁企业实现销售收入 4.27 万亿元，同比增长 10.1%；实现利润 1889.94 亿元，同比下降 30.9%；累计销售利润率 4.43%，同比下降 2.63 个百分点，年末资产负债率 63.16%，同比下降 0.94 个百分点。

钢铁产业属于资金密集、劳动密集型产业，受新冠肺炎疫情、钢铁企业运输受阻、需求下滑、工人难返回等影响，资金压力增大，资金链难以保障。其一，钢铁企业受运输、需求等影响，下游订单减少钢材销售困难，库存明显上升，资金占用大，资金回笼困难；其二，企业停工停产期间，职工工资、保险、利息等固定费用仍在支出，资金压力巨大；其三，多数企业短期贷款及应付账款占负债总额的 35% 以上，虽然金融机构加大了线上融资服务，但钢铁企业的融资审批效率及融资额、融资成本仍受到影响，资金的风险仍然比较高。

三、高质量发展的内涵及钢铁工业发展阶段分析

党的十九大作出了新的历史性论断："中国经济已由高速增长阶段转向高质量发展阶段"。随着中国社会主要矛盾转化为人民日益增长的美好生活需要和不平衡不充分的发展之间的矛盾，钢铁工业今后关键要解决"好不好"的质量问题，"高质量"已经成为了新时代钢铁工业发展的前进方向。

在高质量发展阶段，中国钢铁工业面临着复杂多变的国际国内形势：从国际看，世界经济在深度调整中曲折复苏，全球钢材需求总量进入平台期，呈稳定波动发展态势。国际钢材市场贸易保护主义蔓延，竞争将更加激烈，国际投资贸易规则体系加快重构，钢铁国际产能合作、国际贸易的机遇和挑战并存。新一轮科

技革命和产业变革方兴未艾，世界钢铁的产业形态、生产经营、发展方式正在经历前所未有的深刻变革，钢铁材料与其他材料之间呈现既互相竞争又协同融合的大趋势。铁矿、焦煤等大宗商品的金融属性增强，对价格波动的影响明显加大，不确定因素显著增多。先进钢铁强国依托再工业化战略，加强科技创新和前沿领域战略布局，在中高端钢材市场把占制高点，一些新兴经济体凭借劳动力等低成本要素的优势，对普通钢材市场形成分流，中国钢铁工业面临的风险挑战增加。从国内看，中国经济增长从高速转为中高速，伴随着发展方式转变、经济结构调整和增长动力转换，中国单位 GDP 钢材消费强度明显下降，钢材消费总量进入峰值弧顶阶段，中长期总体趋于下降。但中国经济长期向好的基本面没有改变，经济结构调整优化的前进态势没有变，中国钢铁工业拥有世界最大最活跃的内需市场、世界最全最完整的产业体系、世界最多最丰富的人力资源、世界最新最先进的技术装备、世界最快最及时的服务体系，仍将长期保持强大的竞争力。在实现由低水平供需平衡向高水平供需平衡跃升的过程中，提高钢材供给质量、改善钢材供给结构，将是推进中国钢铁工业迈向中高端的新引擎。

四、钢铁行业高质量发展重大问题思考

"十四五"时期是中国由全面建成小康社会向基本实现社会主义现代化迈进的关键时期，是中国经济由高速增长向高质量发展转型的攻坚期，也是中国钢铁工业高质量发展的关键阶段，分析和研判好钢铁行业面临的重大问题，对实现中国钢铁工业高质量发展、建成世界钢铁强国具有重要意义。

（一）继续深化巩固供给侧结构性改革

供给侧结构性改革是钢铁行业在"十三五"期间取得成功的重要经验，如何在"十四五"期间巩固和深化供给侧结构性改革将是钢铁行业面临的第一大问题。这主要涉及去产能、去杠杆等方面。

1. 去产能方面

2019 年钢铁行业呈现，粗钢产量创新高，价格大幅下降，效益大幅下滑。而同期投资意愿明显增强，全年黑色金属冶炼及压延行业固定资产投资额累计增长 26.0%，较上年增速大幅提高 12.2 个百分点，远高于制造业 3.1% 的投资增速。产能过剩的表现除了产能利用率较低外，就是产业效益极差，部分企业亏损。

未来将有一大批已公告的产能置换项目将于 2020 年及"十四五"初期集中投产，其中一些项目产能置换手续不完善，有的存在"打擦边球"借机扩大产能的问题，巩固去产能成果面临巨大压力；一些项目在布局、规模等方面缺乏统筹规划，影响了钢铁产业健康可持续发展。具体表现为：一是通过技改升级和产

能转移，做实了之前虚报的产能；二是部分僵尸产能重新加入市场竞争；三是实际建设和生产中，冶炼设备的真实容积和备案炉容可能存在一定差异；四是产能转移过度集中，部分地区在顶层规划缺失的情况下，呈现无序发展态势；五是投资主体不够重视新建基地的科学选址，对市场、能耗、环保和物流等支撑条件的论证不充分，"抢先布局"现象较多，其中，同城搬迁、画地为牢的"劳民伤财""顾此失彼"的转移屡见不鲜；六是地方产能置换公告中存在新建限制类设备和非标设备、尚未获得有效产能指标而先行公告、"一炉多分"、几十吨到几百吨的减量等不规范之处。

未来，一是钢铁行业要保持战略定力，建立长效机制，严控新增产能。建立防范"地条钢"死灰复燃和已化解过剩产能复产的长效机制，对于"地条钢"和违法违规新增钢铁产能行为，实施"零容忍"和"露头就打"的高压震慑与严厉打击。二是加强钢铁行业自律，实施有序控产。随着管理模式、生产组织等得到优化，加之工艺技术及冶炼装备的进步，使得企业生产效率大幅提升。要加强产能产量预警机制，按照区域市场需求情况、手持订单和自身安全环保资金状况，综合考虑安排生产，确保综合效益。三是完善产业政策。在未来的产业政策体系中，产能置换仍将作为巩固去产能成果的重要闸门，继续守护好钢铁产能关口，加强社会监督。四是要出清僵尸产能。畅通退出渠道，促使僵尸产能应退尽退，应退早退，彻底出清僵尸产能。

2. 去杠杆方面

作为资金密集型产业，钢铁行业一直受到资产负债率高、融资难融资贵等问题的困扰，企业成本增加的同时，资金链安全也深受影响。2016年国内重点大中型钢铁企业资产负债率69.60%，较规模以上工业企业平均水平高出13.8个百分点，为响应中央"去杠杆"号召和改善行业经济运行状况，钢铁行业通过债转股、兼并重组、破产重组、引入社会资金等一系列措施尝试探索去杠杆，经过近4年"去杠杆"工作的推进，截至2019年年末，重点大中型钢铁企业资产负债率降至63.16%，下降7.54个百分点，但仍高于规模以上工业企业平均水平6.56个百分点，在工业行业中仍处于较高水平。

钢铁行业属于重资产行业，具有投资金额大、生产经营占用资金多、资金回收周期长等特点；加之钢铁企业融资模式渠道较为单一，融资成本高，贷款结构中短期借款比例不合理，造成钢铁企业债务负担过重。2020年新冠肺炎疫情对各钢企的正常生产经营活动造成一定程度影响，一些需求端亦受到较大冲击。企业应收账款风险上升，资金回笼难度增大，从而影响其应付账款的及时清偿，进一步推高财务费用，企业面临资金链紧张的困局。

积极稳妥推进钢铁行业去杠杆，有效降低企业资产负债率，促进行业持续健康发展，可从以下几方面着手：一是积极推进金融机构参与钢铁行业去杠杆，提供并完善多样化融资渠道；二是加大信贷政策差别化力度，降低优质企业融资成本；三是协调优化企业贷款结构；四是支持社会资本参与钢铁企业并购重组；五是疫情期间出台相应产业扶持政策，通过减税降费缓解企业短期资金压力，各方面多措并举去杠杆。

（二）生产力合理优化布局

因历史原因，中国钢铁产业布局北重南轻、东多西少、北材南运问题依然严重。

一是北重南轻问题。从钢铁产能布局上，中国北方钢铁企业生产力布局较多，体量较大，南方由于缺煤少矿，钢铁企业相对较少，体量较小。以江苏以界限，2019 年粗钢产量前 20 家钢铁企业，南方钢厂仅有中国宝武、柳钢、三钢、华菱、方大特钢 5 家企业，其余 15 家钢铁企业均位于江苏或江苏以北。

为进一步分析钢铁生产力布局的不平衡问题，定义粗钢产量不平衡指数：以河北、辽宁、江苏、山东、山西 5 省粗钢年产量为分子，以广东、广西、福建、浙江、湖南 5 省区粗钢年产量为分母，通过 2010~2019 年这 10 年数据分析，得到中国粗钢产量不平衡指数在 4.65~5.90 之间，平均值为 5.19，10 年间没有明显改善，问题仍然较为严重。从产量分配上看，2019 年河北、江苏、辽宁、山东、山西 5 省的粗钢产量合计 5.59 亿吨，占全国总产量比例高达 56%；而同期广东等南方 5 省粗钢产量合计 1.20 亿吨，占全国总产量比例约为 12%。

二是区域集中度较高。中国钢铁行业布局不合理现象十分突出，其中"2+26"城市钢铁产能总量大、结构重，钢铁、焦化产能全国占比分别为 30.8%、29%。唐山地区和晋冀豫交界是"主战场"，唐山钢铁产能 1.36 亿吨、焦炭产能4788 万吨。晋冀鲁豫交界钢铁产能 9000 万吨、焦炭产能 7944 万吨。而上述区域普遍存在资源能源环境承载力不足、污染形势严峻的问题。其中，钢铁产能位于前 20 位的城市 PM2.5 平均浓度比全国高 28%。因此，目前中国钢铁行业加快布局调整任重道远且迫在眉睫，城市钢厂或将面临搬迁压力。

三是北钢南运问题严重。目前布局现状使得中国钢材的运出量和调入量十分巨大，物流量非常庞大，问题较为严重。以 2019 年为例，河北、辽宁、江苏、山东、山西 5 省钢材运出量占其产量平均值达 61.60%，特别是河北和山西，该数值分别高达 83.22% 和 69%。广东、广西、福建、浙江、湖南 5 省区粗材调入量比其产量平均值达 71.45%。其中，广东、湖南和浙江的数值分别高达 132.82%、107.99%、97.52%。

主要由三方面原因导致上述钢铁生产力布局不平衡问题。一是历史原因，"一五"末，国家提出钢铁工业建设"三大、五中、十八小"的战略部署，奠定了中国钢铁企业空间布局基础。二是地方政府发展经济的原因，本地钢铁企业一般很难"出县、出市、出省",存在同城搬迁、画地为牢的布局现象。三是资源属性原因,之前钢厂多是围绕当地矿山建设而成,多年来的发展,形成市场化聚集效应,产业基础好,成本最低,效益最大化特点明显。以河北唐山为例,唐山具有丰富的钢铁产业基础,庞大的产业工人,有铁矿、煤炭资源,毗邻渤海,有发展钢铁的先天优势。经过 70 多年的发展,唐山市已是中国钢铁产能最集中的区域,其产能占河北省产能的 55%。

针对布局目前存在的问题,应科学优化产业布局,从根本上解决"北钢南运"的历史问题,实现高质量发展。一是行业管理部门:建议结合供给侧结构性改革,推动兼并重组,打破地方壁垒,全国一盘棋,加大北钢南下步伐,努力将粗钢产量不平衡指数控制在 4 以下。综合考虑区域环保、土地、需求、运输等多方面,科学规划和引导钢铁产业布局,避免因区域过度集中而引发企业间的无序竞争。二是地方政府层面:建议各省市地区结合自身实际情况制定本地区《钢铁产业高质量发展规划》,为各省市的钢铁产业发展、布局调整指明方向,打破地域束缚,畅通要素流程,做好资源优化配置,更好地为企业转移或承接提供综合服务。严格禁止一刀切,对于达到超低排放要求的,不停不限不搬。三是钢铁企业层面:建议企业应站在自身发展层面进行顶层设计,结合全国钢铁产业布局调整优化,综合选址点所在地区政治环境、钢铁行业发展现状、产业政策、区域市场分析和环保政策分析情况;再通过对各选址点能源、环保、供水、供电、土地、物流、综合经济性、征地拆迁等方面进行比选确定。

(三)原料保障安全性问题

原料保障安全性问题主要是指中国铁矿石、焦炭、废钢等主要原燃料的稳定供应,保障钢铁行业安全运行。

1. 铁矿石

铁矿石方面最大的问题是对外依存度多年高企,海外权益矿进展缓慢。由于竞争力不强等原因,中国铁矿石原矿产量自 2015 年连续 4 年下降,其中 2018 年产量更是较 2017 年减少 4.66 亿吨,降幅 38%,仅为 7.6 亿吨,创近 10 年来最低水平;中国国内铁矿石产量下降,导致中国铁矿石对外依存度上升,自 2015 年以来,中国铁矿石对外依存度已连续 5 年高达 80% 以上,其中 2017 年高达88.7%。中国企业"走出去"进行海外铁矿开发已历时近 40 年,据不完全统计,截至 2019 年,中国获得规划权益矿年产能合计 2.77 亿吨左右,但海外权益矿年产量仅约 6000 万吨,不足全年进口量的 10%。

铁矿石方面问题主要是缺少国家层面的整体战略和统一规划;此外,有些项目前期研究工作和尽职调查不足,导致项目后续实施难以顺利进行;最后是缺乏具有管理、技术、语言等复合型的国际化高级人才。针对上述问题,提出如下建议：一是政策扶持、企业努力，提升国内矿山企业竞争力；二是加大政策引导，支持企业在海外建立长期有效的多元化、多渠道、多方式的稳定铁矿石基地；三是考虑以资源开发、国际产能合作、基础设施建设一条龙的产业链捆绑模式"走出去"；四是加强国家层面战略研究及相关支持；五是相关企业应加强前期尽调工作，并注重培养复合型人才。

除行业对外依存度高外，还存在铁矿石定价机制不完善和"卖强买弱"的问题，亟须构建铁矿石金融战略体系，进一步完善铁矿石金融产品机制，加强监管力度，抑制过度投机炒作，保障铁矿石价格体系平稳、合理运行，降低其对钢铁工业成本波动的影响。此外，钢铁企业要重视原料保障体系建设，包括原料供应来源、供应渠道、供应方式、运输方式（如增加铁路运输比例）等，力争多元化，分散供应风险；同时，有条件的企业要寻找投资机会，增加海外权益矿比例；此外，应加强研究，主动融合，充分利用期货及其金融衍生品等金融工具，对冲原料采购风险。

2. 焦化

焦化方面主要问题是上游原料自给率低，下游市场供大于求，盈利空间受上下游挤压变小，影响其生产积极性。目前，国内焦化企业多数没有自有矿山，炼焦原料需外部采购，价格波动较大；同时，焦化行业整体供应过剩，竞争激烈，焦炭价格将波动下行，焦化企业盈利受两头挤压，影响许多企业生产积极性，进而导致某一时期内，钢铁企业焦炭采购成本上升。此外，未来由于受环保、安全趋严等因素影响，预计会导致部分焦化企业退出市场，钢铁行业焦炭保障将受到影响。

针对上述问题，提出如下建议：（1）鼓励煤矿、焦化企业、钢铁企业加强合作，推动上下游产业链协同发展；（2）实施炼焦煤进口关税差异化政策，对主焦煤、肥煤和瘦煤实施零关税，降低焦化企业原料成本；（3）焦炭企业应积极推进转型升级、降本增效、提升焦煤保障能力、探索利用焦炭期货等金融衍生品等相关工作，增强企业竞争力。

3. 废钢

废钢原料供给不足，企业加工水平较低，行业盈利能力较差，导致废钢供应保障能力受限。2018 年 12 月，生态环境部等四部门联合印发调整进口废物管理目录公告（2018 年第 68 号），废钢铁由非限制类调入限制类，自 2019 年 7 月 1 日起执行；废钢在钢铁冶炼中属于低能耗、低污染的绿色原料，随着中国电炉钢的进一步发展和废钢比的增加，国内废钢年产出量将不能满足需求，废钢禁止进口不符合行业发展需求。废钢加工企业产业集中度低，以民营企业为主，从业人员素质相对较低，且行业整体装备水平有待提高，特别是高智能的废旧金属检测和分选装置匮乏，导致废钢供应质量难以保证。废钢销售的进项税发票很难开，影响生产和正常交易，部分钢铁企业利用废钢积极性受成本波动影响较大，财税〔2015〕78 号文件对废钢铁准入企业即征即退 30%增值税的优惠政策没有完全兑现，实施细则尚未出台。

针对上述问题，提出以下建议：一是生态环境部等相关部门研究出台允许优质废钢资源进口的政策措施，增加废钢供给渠道；二是地方相关部门设立废钢产业建设基金，重点支持废钢加工示范基地建设，促进废钢加工产业集聚化发展，加快提升废钢加工水平；三是废钢加工企业应加快提升装备水平和产品的标准化体系建设；四是钢铁企业应逐步构建稳定的废钢回收、采购、加工和供应网络，提升优质废钢资源，稳定供应保障能力；五是相关部门尽快研究出台废钢等资源再生利用企业的增值税减免政策实施细则，并严厉打击虚开、代开增值税发票的行为；六是期货交易所等尽快推动废钢期货上市，引导实体企业参与利用期货市场，提升对冲风险能力。

（四）绿色发展问题

绿色发展问题是钢铁行业未来发展的瓶颈，关系到钢铁企业最重要的生存问题。绿色发展涉及面广，此处重点阐述环保问题和低碳问题。

环保方面问题主要是：一是粗钢产量持续增加，仍属"排污大户"。中国钢铁行业产量大，2019 年粗钢产量同比增长 8.3%，占全球粗钢产量的 53.3%。在中国调查统计的 41 个工业行业中，钢铁行业颗粒物、二氧化硫、氮氧化物排放量占重点调查工业企业排放量的比例分别为 30.1%、13.7%、15.7%，分别位列第三、第三、第一，其中烟粉尘排放量占工业比例近三分之一，是目前中国主要的大气污染排放源之一。二是国内钢企环保水平差距巨大，仍存在薄弱环节。环保政策推行的差异化，导致重点区域尤其是唐山、邯郸等钢铁产能集中区域的钢铁企业环保水平相对较高。由于实现"超低排放"难度大、评估监测技术要求严格、企业管理水平未同步提升等原因，截至目前，全国实现全流程超低排放的只有首钢迁钢 1 家，重点统计企业平均排放水平是首钢迁钢的 2~3 倍，吨钢环保运行成本却不足先进企业的一半，而未纳入统计的钢铁企业，这部分产能很多处于灰色地带，其吨钢排放量更高，在装备及治理水平、现场环境方面与先进企业相差甚远。三是重点区域城市压力大、企业频繁停限产带来一系列问题。部分重点地区环保压力大，为了短时间内提高空气质量，往往在原本秋冬季错峰生产的基础上，频繁、临时要求企业短时间内执行停产命令。对于钢铁行业，这一政策要求只能减产，无法做到等比例减排，甚至可能出现得不偿失，出现不降反增的污染物排放趋势，还可能带来其他问题，例如，高炉频繁焖炉、煤气放散污染严重；频繁启停，污染物治理设施无法正产工作导致超标排放；装备启停阶段为安全事故高发期；联合企业焦炉煤气需要后续煤气使用用户，钢铁工序无法全部停产。

　　针对上述问题，提出以下建议：一是要严格超低排放评估工作、杜绝以次充好。树立行业超低排放标杆，指导其他企业高标准实施超低排放改造工作，同时发挥公众舆论的监督作用，由中国钢铁工业协会组织在网站及《中国冶金报》等媒体进行评估监测进展情况公示。二是差别化政策正向激励、倒逼行业转型升级。重点区域错峰生产管控政策的推广加快了钢铁行业超低排放改造的进度。其中，唐山、邯郸市超低排放改造进度较快，也与该项政策的推行密切相关。从环保水平提升情况来看，唐山、邯郸取得了突飞猛进的进展，领先其他钢铁产能密集城市，唐山培养出了唯一一家达到超低的企业，邯郸市率先开展了无组织排放一体化管控治理；从空气质量改善情况来看，2017～2018年秋冬季期间，唐山市 PM2.5 浓度同比下降 29.41%，超额完成 22% 目标，重污染以上天数同比下降 68.42%，超额完成下降 20% 目标，连续四个月退出了全国 74 个重点监控城市倒数后十位，秋冬季空气质量为五年来最好。2018～2019年秋冬季期间，邯郸市是完成 PM2.5 改善目标的 4 个城市其中之一，改善幅度位居 "2+26" 城市首位。因此，建议地方政府建立正向激励和反向倒逼机制，进一步优化环境绩效分级，对不同环保绩效水平的企业实施差别化政策，同时避免层层加码、级级提速，鼓励引导企业绿色高效发展，促进落后淘汰产能退出。

　　中国碳排放量位居世界第一，推动碳减排是落实《巴黎协定》的重大挑战。钢铁行业碳排放量占中国 15% 左右，是中国碳排放最高的制造业行业，是碳减排的重中之重，面临重大挑战。落实高质量发展，低碳领域应重点关注以下方面：一是建立系统性低碳发展评价及支撑体系。加快建立构建一套适合钢铁行业发展特点的系统性评价及支撑体系，包括目标体系、体制机制、数据管理、标准体系、保障措施等，有效支撑钢铁行业低碳转型。二是加强突破性低碳技术的研发及工业化应用力度。钢铁是减排目标的重要责任主体，而技术是推动实现低碳转型的核心。现阶段，成熟节能减排技术应用潜力空间已越来越小，而氢冶炼、CCS 等突破性低碳技术在成熟度、经济性、适用性等方面仍不同程度存在瓶颈，总体而言，技术对降碳目标支撑力明显不足。应进一步加强先进节能低碳技术，以及突破性低碳技术的研发及工业化应用力度。三是重视智能化、数字化转型的重要性。钢铁是拟首批纳入统一碳市场的重点排放行业。数据是碳交易的基础，碳市场稳定运行的重中之重也是 "数据质量"。目前，碳排放数据不确定性大已成为阻碍目前碳市场建设的重要问题，应进一步加快大数据、云计算等互联网技术与低碳发展的有效融合，特别是发挥在解决全国统一碳交易市场建设存在的数据质量不高、效率低等核心关键问题方面的重要作用。四是形成以钢铁产业为核心，原燃料、深加工等上下游及电力、有色、建材、化工、市政等相关产业协同减排的生态产业链发展模式，推动实现全社会生态效益的最大化。

（五）行业集中度过低问题

近年来，中国钢铁行业通过兼并重组，出现了中国宝武、河钢、鞍钢、首钢、山钢、沙钢等一大批钢铁企业集团，前十名钢铁企业、前四名钢铁企业规模明显扩大。但从行业集中度来看，中国钢铁行业一直处于较低水平。2011年中国CR10达到最高的49.07%（有当时河钢集团推进渐进式重组的因素），之后一路下跌，2015年CR10仅有34.18%，2016年中国宝武成立后CR10止跌回升，2017年CR10回升至36.9%，但2018年又回落至35.3%，2019年随着中国宝武重组马钢集团并实际控股重钢等事件，CR10回升至36.8%。

目前，中国排名前4位钢铁企业产业集中度只有22.1%，而美国、日本和欧盟排名前4位的钢铁企业钢产量在本国的占比均超过60%。国外钢铁企业产业集中度较高，可以通过限产压库、技术创新及市场话语权等维持较高的产品售价和利润。中国产业结构分散、产业集中度低，导致在资源掌控能力、市场有序竞争、淘汰落后产能、技术研发创新、节能降耗减排等产业协调发展的重大问题上，缺乏行业约束力和自律能力，资源配置不合理，企业间竞相压价，市场价格大起大落。虽然中国不应一味地追求国外的高集中度，但钢铁产业集中度过低，尤其是具有较高市场影响力的大企业集团缺失，对行业发展的负面影响越来越明显。

加快钢铁企业兼并重组步伐，提高产业集中度，已成为增强中国钢铁产业国际竞争力、节约社会成本、优化资源配置的重中之重。建议行业管理部门应统筹规划，科学布局，分步实施推进钢铁企业兼并政策，并研究具体的支持政策，提高地方政府、钢铁企业参与重组的积极性。

地方政府层面要结合本地钢铁去产能、布局调整、环境保护等统筹考虑，切实推进钢铁企业兼并重组。充分发挥市场调配资源的作用，积极引导企业间重组，杜绝"拉郎配"。结合新时代国有企业混合所有制改革，促进民营企业与国有企业的重组。研究落实推进地方促进重组的配套政策措施，在债务处理、人员安置等方面为重组扫清障碍。企业层面则结合企业自身发展情况，有实力的企业应积极关注行业形势变化带来的重组机遇，加强与意向重组企业的研究磋商。竞争力较弱的企业，通过参与企业间重组、各地布局优化调整战略，形成利益共同体，提升竞争力。国有企业通过引入战略投资者或混合所有制改革，减轻企业负担，轻装上阵争效益。

（六）技术创新（关键/共性）问题

在基础性前沿性研究方面，中国钢铁企业仍显滞后。例如，安赛乐米塔尔牵头欧洲7大钢铁企业共同建立了欧洲钢铁技术平台，推进实施超低二氧化碳炼钢项目（ULCOS）。中国国内近期掀起的无头轧制热潮，建设投产的 ESP、Castrip 等生产线装备技术均由国外引进。中国大多数钢铁企业研发投入较低，根据国家统计局数据，2018 年中国黑色金属冶炼及压延行业研究与试验发展（R&D）经费投入强度仅为 1.05%，低于制造业 1.35% 的 R&D 经费投资强度。中国生产装备整体设计能力还仍显不足，如自动化硬件系统、高性能控制系统等方面，西门子、ABB、三菱等国外公司仍处于垄断地位。

技术创新存在问题的原因主要有：一是企业重视程度不足、主动性不强。过去很长一段时间内，中国钢铁工业一直处于增量发展阶段，规模效益明显，企业重生产经营、轻技术创新现象由来已久。企业对技术创新带来的经济效益认识不够、重视不够，缺乏自主创新意识，导致核心技术和前沿技术研究乏力。二是投入力度不够、基础薄弱。技术创新是一个长期的积累过程，且需要投入大量的资源，无形中增加了成本，而企业往往重眼前利益轻长远发展，抱有"拼规模、抢效益、赚快钱"的传统思维。在技术创新方面投入较少，设备、资金及人才等方面缺乏，导致科研基础薄弱，不足以支撑持续的研发创新工作。三是陷入惯性思维、缺乏原创。中国钢铁行业充分发挥后发优势，通过对国外先进技术的"引进、消化、吸收"，迅速提升了行业装备技术水平，但是也形成了"跟随式"发展的惯性思维，对于先进技术更多的是"等、靠、买"，导致原始创新能力偏弱，部分核心技术仍不掌握。四是创新机制不完善，缺乏协同。行业技术创新资源分散，行业协同创新尚未形成合力，难以在重大基础性、前沿性技术方面取得突破。加之中国知识产权保护意识有待提高，创新成果保护难度大，技术创新收益难保障，协同创新面临巨大挑战。

技术创新一直是钢铁产业发展进步的第一生产力，如何更好地推动技术进步，建议考虑如下措施。一是着力营造技术创新生态圈。建议有关部门加快完善研发体系建设，强化基础前沿、关键共性、产业化开发、示范应用、成果转化等全链条的任务部署和衔接，围绕创新链部署资金链及人才链，形成有针对性的政策设计，提高研发效率及成果转化率，进一步完善知识产权保护制度，提高企业创新意识，激发创新活力。二是深度推动创新体系融合。建议地方政府加大对企业技术创新的扶持力度，支持和鼓励基础研究，建立以企业为主体、市场为导向、产学研深度融合的技术创新体系，搭建"产学研用"技术创新与交流平台、"科研投入"资金平台，促进产业链各环节协同创新。三是扎实提升技术创新能力。建议钢铁企业提高对技术创新认识，打破惯性思维，加大研发投入，以大数据、智能制造等新技术推动钢铁行业两化融合，补齐生产过程自动控制系统、自动化硬件系统等在引进、消化、再创新方面的短板；联合产业链上下游企业、科研院所等机构，通过国家重点研发计划等形式，强化协同创新，提高基础前沿技术的供给水平。

（七）国际化合作

1. 贸易渠道

海外贸易渠道建设是中国钢铁产品更好服务全球消费者的通道，是中国钢铁面向世界、走向世界、拓展海外市场的主要途径。良好的海外贸易渠道，有利于掌握全球市场最新动态、推销产品、与用户沟通、匹配市场需求、产品储运、成本控制以及风险控制等。国际化钢铁企业均拥有强大通畅的海外贸易渠道。例如，韩国浦项钢铁公司的国际贸易渠道有几大主要销售商，包括大宇国际（欧洲、中东区）、SK（东南亚、中国区）、晓星公司（中国台湾）、三星（中东区）、Posteel（其他区域）、Posco Japan（日本区）等；中国宝武拥有宝钢欧洲有限公司、宝钢美洲贸易有限公司、宝钢新加坡贸易有限公司、宝钢巴西贸易有限公司等全球区域贸易服务公司；鞍钢集团在亚洲、欧洲、北美、非洲、大洋洲等13个国家或地区布局了海外营销公司等。

近年来，我国钢材出口贸易量总体呈下降态势，除与国际国内市场供求关系、贸易壁垒等外部因影响有关外，与我国钢铁企业自身的外贸渠道不稳定、渠道单一、渠道建设投入不足、新兴市场渠道建设重视不够等问题密切相关。

从长远看，我国钢铁企业要积极布局建设海外贸易渠道，拓展国际市场。对初入国际市场的钢铁企业，一是自设区域营销公司时，不采取全线出击的战略，而是选中某个地区先打入市场，立足后再逐步扩大市场份额；二是与海外贸易商合作，注重维护双方合作关系，借力开拓海外市场；三是加大资金投入，开展广告促销，提高产品海外市场知名度；四是逐步树立品牌形象，搭建自有营销渠道。

对已具备一定营销渠道基础的钢铁企业，一是加强渠道管理，为客户提供有针对性地增值服务，比如建设钢材加工中心，扩大高附加值钢材深加工能力，提供更贴近用户的服务，从而提高用客户满意度和忠诚度；二是调动第三方贸易渠道的积极性和优势，利用双方的管理经验、市场开拓能力、技术服务能力等营销资源优势，相互配合，共同开发市场。

2. 产能合作

当前，钢铁国际产能合作作为推进"一带一路"倡议的重要途径，契合沿线国家实际需要，充分发挥我方在产能、装备、技术、资金等方面的综合优势，共同发展实体经济和完善基础设施，从而实现优势互补、互利共赢。近年来，"一带一路"倡议下的国际产能合作硕果累累。既有马中关丹产业园联合钢铁（大马）项目、印尼东南苏拉威西省Konawe工业园不锈钢项目等钢铁绿地投资项目，也有河钢兼并塞尔维亚斯梅代雷沃钢厂，也有敬业集团整体收购英国钢铁公司，还有大量的冶金成套设备走出去。据不完全统计，中国钢铁国际产能合作规模已达到2000万吨以上。

展望钢铁行业国际产能合作，未来要做好几个方面：一是要做好顶层设计。结合产能合作东道国的国情，研究其资源禀赋、市场容量，确定产能合作规模、产品结构。产能合作企业之间要建立合作机制，避免各自为战，尤其是在一些资源集中地区，出现一哄而上建设产品雷同的项目，造成投资、项目建设和产品销售的恶性竞争，甚至产品返销国内造成国内市场竞争加剧。特别是国际产能合作项目较多的国家，建议要深化带路国家钢铁产能布局优化研究。二是投资方式多元化。建议由"绿地投资"到独资、合资、合作、并购等多种形式广泛发展。鼓励更多民间资本参与"一带一路"国家产能合作，由企业组成财团或联合体共同开发境外项目。三是尝试上下游"走出去"。改变中国经济对外合作的传统模式，由"一般贸易向中高端领域合作"迈进的全方位深度融合发展新模式。四是加强钢铁产业生态链建设。按照产品→标准→技术→资本→服务"走出去"的实施路径，推行"低碳、绿色、环保、智能"模式，构建"以我为主"的产业生态链。

此外，"一带一路"沿线国家在经济发展水平、社会体制、法律体系、社会文化、宗教信仰、民风民俗、对外贸易政策、劳工政策、政府办事效率、债务等方面存在着巨大差距，需认真研究"一带一路"沿线国家的国情，规避潜在的上述风险。

五、结语

"十四五"期间，钢铁行业要坚持新发展理念，深化供给侧结构性改革，勇于突破，率先实现高质量发展。钢铁行业和企业都要结合自身发展特点高度重视规划，提前谋划，统一思想，重点关注环保超低排放、智能制造、产品升级、布局调整、物流优化、原料保障、标准体系、政策符合性、绿色低碳发展、降本增效、多元发展、技术创新、国际产能合作等。全行业努力形成高质量的供给体系，满足高质量的需求，达到高质量的资源配置，推动高质量的循环经济，实现高质量的综合效益，从而更好地满足人民日益增长的美好生活需要。

宝武系列重组引领中国钢铁高质量发展[1]

李新创

2016 年，宝钢与武钢重组成立中国宝武，近两年先后成功重组马钢、重钢和太钢，一跃成为全球第一大钢铁集团。2020 年 12 月 23 日，中国宝武粗钢产量突破 1 亿吨，标志着超亿吨"钢铁航母"成功启航，铸就了中国钢铁乃至世界钢铁发展史上又一里程碑。在世界面临百年未有之大变局、国际政治经济格局变革动荡、国内经济进入高质量发展重要战略机遇期的复杂时代背景下，中国宝武一系列的成功重组，对于推动世界钢铁工业格局变革、引领中国钢铁高质量发展、加速钢铁工业由"制造"向"创造"转变具有重大意义。

一、推进钢铁工业战略性重组的必要性

经过几代人的努力，中国钢铁工业在数量和质量两个方面均取得了巨大进步，支撑了国民经济的快速发展，成为我国工业门类中最具国际竞争力的产业。目前，中国粗钢产量占世界一半以上，拥有全球最大最活跃的内需市场、最全最完整的产业体系、最多最丰富的人才资源、最新最先进的技术装备、最快最及时的客户服务。

但也要看到，我国钢铁工业距离高质量发展的要求仍有一定差距。

从钢铁产业安全的角度看，我国具有冶炼能力的钢铁企业数量高达 500 多家。2019 年，排名前 10 的钢铁企业合计粗钢产量只占总产量的 36.8%，无论是与欧美日韩等地区和国家相比，还是与国内汽车、水泥等行业相比，均有很大差距。2020 年年初以来，新冠肺炎疫情导致我国钢铁产品出口受阻，加之铁矿石价格不断上涨，行业效益面临下滑风险，甚至可能再次陷入亏损的困境。

从产业链安全的角度看，我国每年仍有 200 万吨左右的关键钢铁材料依赖进口。长期以来，关键材料、核心零部件作为制约我国制造业发展的瓶颈，严重影响了我国建设制造强国的进程，危及钢铁产业链上高端制造业的安全。

从资源安全的角度看，我国连续 4 年进口铁矿石突破 10 亿吨，对外依存度保持在 80% 以上，锰矿、镍矿对外依存度超过 80%，铬矿几乎全部依赖进口。因

---

[1] 本文发表于《中国冶金报》2020 年 12 月 25 日 01 版。

此，企业数量多导致资源投入分散，在技术创新、原料保障、行业秩序维护等方面难以达成共识或实现新的突破，产业安全隐患犹存。从全球并购周期、国家政策导向、钢铁产业规律和企业发展需求的角度看，推进钢铁企业战略性重组已势在必行且意义重大。

二、宝武系列重组对世界钢铁发展具有划时代意义

第一，这是世界钢铁格局变化的重要标志。

19世纪以来，世界钢铁生产格局历经多次变迁，英国、美国、苏联和日本先后占据世界钢铁工业中心地位，在规模和质量上均引领世界钢铁发展长达数年。我国粗钢产量自1996年突破1亿吨以来，连续24年位列世界第一，长期占据世界钢铁半壁江山，成为世界钢铁生产消费的中心。世界钢铁发展的经验表明，规模是打造具有世界级竞争力钢铁企业的重要基础。从2019年全球排名前10的钢铁企业看，虽然国内企业在数量上占了一半以上，但单个企业的生产规模尚未处于绝对领先地位。中国宝武系列重组形成超亿吨"钢铁航母"，成为世界最大钢铁集团，创造了新的历史，实现了中国钢铁企业生产规模的世界引领，必将在未来深刻影响世界钢铁竞争格局的变化。

第二，这是中国引领世界钢铁发展的重要体现。

钢铁行业是我国最具全球竞争力的产业之一，已经具备了由大到强历史性转变的坚实基础。但钢铁企业发展水平参差不齐，与韩国浦项、日本制铁等世界先进钢铁企业相比，我们只有个别企业处于并跑位置，少数企业处于跟跑位置，多数企业的竞争力仍与先进企业有很大差距，难以在世界钢铁发展中做到引领。中国宝武系列重组奠定了中国钢铁高质量发展的基础，随着重组后协同效应的逐步发挥，中国钢铁在规模实现世界领先的基础上，必将在品质化、绿色化、智能化、高效化、国际化等方面进一步起到标杆作用，实现中国钢铁在世界钢铁发展中的全方位引领。

第三，这是中国钢铁有序发展的重要举措。

研究表明，一个国家某个行业前4家企业的集中度若低于40%，市场就会出现过度竞争，供需关系和价格也会随之大幅度波动。美国、日本和欧盟前4家钢铁企业的粗钢产量占比分别达到65%、75%和73%左右；韩国前2家钢企的粗钢产量占比达90%左右，其中韩国浦项1家的占比就高达65%。当钢铁供大于求时，可以通过有效限产达到供需基本平衡，稳定行业利润水平。我国钢铁行业前10家企业的粗钢产量占比不足40%，前4家仅占22%。产业集中度低正是导致行业无序竞争、价格大起大落、利润率低的根本原因。中国宝武在目前1亿吨规模基础上，规划进一步通过联合重组实现粗钢生产规模超过2亿吨，将占据国内市场的20%，同时也会引领更多的钢铁企业加快重组步伐，大幅提高我国钢铁产

业集中度，从根本上改变"小散乱"格局，实现行业的稳定有序发展。

第四，这是中国钢铁高质量发展的重要代表。

宝钢自建设以来，便一直是中国钢铁行业的引领企业，是行业在产品、技术、装备、管理、人才等方面的标杆企业，输出了大量先进的管理理念、技术装备、优质产品和技术管理人才，为钢铁行业乃至国民经济发展做出了重大贡献。当前，中国钢铁正处于高质量发展的起步阶段，作为中国钢铁行业最先进生产力和高质量发展先导企业的代表，中国宝武在产业规模、技术创新、管理水平、产品质量档次、绿色低碳和智能制造等方面仍保持着行业标杆地位，肩负着引领钢铁行业高质量发展的国家使命和历史担当。

第五，这是维护国家经济安全和壮大实体经济根基的重要保障。

习近平总书记指出，从大国到强国，实体经济发展至关重要，制造业是实体经济的重要基础，并在考察太钢时提出钢铁企业要在支撑先进制造业发展方面迈出新的更大步伐。钢铁行业作为我国最硬核制造业、最先进实体经济的代表，肩负着推动经济高质量发展、实现制造强国的伟大使命。金属制品、通用设备制造、专用设备制造、汽车制造等8个典型用钢产业的营业收入占工业行业的40%以上，"两新一重"建设（新型基础设施建设、新型城镇化建设，交通、水利等重大工程建设）也同样离不开钢铁的支撑。作为基础原材料产业，钢铁产业链的安全尤为重要，中国宝武系列重组大幅提升了其汽车用钢、电工钢、家电用钢、不锈钢、海洋工程用钢等装备制造用钢的市场占有率，如冷轧汽车板、取向硅钢的市场占有率可分别达到60%、90%左右，这对于保障中国制造业材料安全乃至国家经济安全至关重要。

第六，这是对增强创新和开放发展信心的重要支撑。

中国宝武系列重组可以进一步促使技术力量、研发投入向优势企业集中。作为中国钢铁行业领军企业，其创新能力和创新协同效果的提升，对于集中力量解决中国钢铁材料"短板"和重大装备关键技术受制于人的问题意义重大。中国宝武系列重组增强了中国钢铁在国际市场的话语权和竞争力，更加坚定了中国钢铁对外开放的信心，将带动中国钢铁行业加大国际产能合作力度，输出更多先进的管理、技术、装备、产品、人才等，在全球经济体系中达成更高水平的开放合作。同时，中国宝武进行系列重组后国际化发展的基础更加坚实，这对于集中力量实施国家战略、在海外铁矿石资源掌控上实现突破或提高铁矿石定价话语权、缓解我国铁矿石资源高度对外依赖矛盾，将起到至关重要的作用。

三、对宝武系列重组的建议

中国宝武牵头实施战略重组的决策是正确的，符合世界钢铁产业发展客观规律和大趋势。然而，从世界钢铁产业兼并重组的历史经验看，要真正实现重组后对国家有功、对行业有益、对企业有利、对员工有福，还需高度重视以下几项工作。

一是持续不断推进体制机制改革。中国宝武系列重组是否能够形成迭代效应，核心是如何以改革的办法突破制约企业发展的瓶颈，建设符合市场规律的竞争机制和勇于担当的干群团队，为更高水平的发展清障搭台、架桥铺路，真正实现创新引领发展。同时，重组后应大幅提高企业的决策效率和执行力，及时捕捉市场机遇，确保决策与部署自上而下准确迅速地贯彻和落实，完善各个层面的主体议事规则，特别是确保中国宝武集团作为国有资本投资公司，如何与子公司在决策层面实现有效衔接。

二是持续不断地优化资源配置。推进中国宝武系列重组后的整合，须发挥中国宝武集团各公司、各基地的协同效应，但更要尊重优胜劣汰的竞争规律。优化资源配置核心是坚决退出缺乏市场竞争力、没有发展前景的无效资产、低效资产，不能依靠集团的优势成员企业搞"输血挂氧"式的救济，而要在重组整合中扶优扶强，把优质资源配置给优势企业，确保有效、有序发展，从而提高企业的资源配置效率，破解国有企业投资成本高、效率低的痛点。

三是持续不断地挖掘、整合协同潜力。重组只是拉开了序幕，整合才是关键。部分重组失败的案例就在于整合不到位，特别是重组对象各自都拥有庞大体系，且既有运行惯性很强。处理好合并和整合的关系，核心就是以何种方式形成新集团，如何构建其产权结构、战略定位、资产组合、管控模式、经营运行等体系，全面做好顶层设计、强化执行到位，切实提高效率和竞争力。

四是做到持续不断有序推进重组。推进系列性战略重组是一项复杂的系统工程，应抓住全面深化改革和钢铁产业结构调整的有利时机坚决推进，但不能一味求快、急于见效。重组是长期、艰苦的过程，这是发展规律。处理好当前与长远的关系，核心就是整体规划、分步实施，加快实施看得准、做得成的新业务、新平台、新制度，有序整合具备条件、协同空间大的现有资产和已有业务，平稳推动问题多、难度高的整合事项，实现可持续发展。

回顾与展望：加快中国钢铁高质量发展[1]

李新创　高升

钢铁工业是国民经济重要产业，是建设社会主义现代化强国的重要基石，是绿色低碳发展和生态文明建设的重点领域，钢铁材料是人类文明发展不可或缺的基础性材料。"十三五"期间，中国钢铁工业调整升级成效明显，有力支撑了相关产业发展，推动了中国工业化、现代化进程，促进了民生改善和社会发展。"十四五"时期是中国全面开启社会主义现代化强国建设新征程的重要机遇期、"两个一百年"奋斗目标的历史交汇期，也是中国钢铁工业从数量向高质量发展转变的关键时期，全面总结发展经验、明确发展方向对于钢铁强国建设至关重要。

一、中国钢铁工业"十三五"发展开创新局面

"十三五"时期是中国钢铁工业落实供给侧结构性改革的重要时期，钢铁行业去产能、去杠杆取得明显成效，供给质量、绿色制造、兼并重组、国际产能合作取得新进展，有效满足了经济社会发展需要。但与此同时，钢铁行业也存在创新能力不强、产业集中度不高、资源环境约束等问题，结构性矛盾依然存在。

（一）"十三五"发展成就

1. 供给质量明显提升

"十三五"期间，钢铁行业坚持以供给侧结构性改革为主线，深入推进去产能、去杠杆工作，不仅提前两年完成了"十三五"确定的1.5亿吨钢铁去产能目标上限，还依法取缔了1.4亿吨以上"地条钢"产能，优质、绿色产能占比显著提高，企业经营效益明显提升。2020年年末，重点大中型钢铁企业资产负债率降至62.3%，较"十二五"末下降7.8个百分点。2020年国内钢材市场占有率达到97.9%，有效满足了国内需求，支撑了国民经济各行各业的发展。钢材品种质量进一步提升，中国宝武的取向硅钢、河钢的特厚板、鞍钢的高强钢轨、中信泰富特钢的轴承钢等达到国际领先水平；太钢依靠800多项核心技术在世界高端不锈钢领域占据重要地位。中国宝武QP1500冷轧淬火延性钢、鞍钢轻质双相

---

❶　作者单位均为冶金工业规划研究院；本文发表于《钢铁规划研究》2021年第4期。

钢、本钢2000MPa级超高强韧性热冲压成型钢、兴澄特钢R6级极限性能系泊链钢等新产品实现全球首发。企业发展质量进一步提高，中国宝武、中信泰富特钢等一批钢铁企业在不同领域迈入世界一流行列。

2. 工艺装备显著提高

"十三五"期间，中国钢铁工业工艺装备总体保持国际先进水平，主要工序生产装备大型化、智能化取得新进展，一批先进工艺技术得以推广应用。重点大中型钢铁企业1000m³及以上高炉生产能力所占比例由74.0%提高到80%以上，代表世界领先水平的5000m³以上高炉由4座增加至8座；重点大中型钢铁企业100t及以上转炉和电炉产能占炼钢总产能的比例74%以上，比"十二五"末提高7个百分点。首钢京唐5500m³高炉高比例球团冶炼工艺技术，中国宝武一体化智能管控平台技术、300t转炉"一键炼钢+全自动出钢"智慧炼钢技术，绿色洁净电炉炼钢技术、连铸凝固末端重压下技术、电渣重熔关键技术、热轧板在线热处理技术、无头轧制技术、棒线材免加热直接轧制技术、无酸酸洗技术等代表世界先进水平的工艺技术得到推广应用。

3. 绿色制造大幅提升

"十三五"期间，随着全球最严格的超低排放改造、新排污许可制度、重点区域错峰管控等政策的执行，以及钢铁行业副产煤气高效发电等节能技术的广泛应用，中国钢铁工业绿色发展水平进一步提升。2020年重点大中型企业吨钢综合能耗（标煤）由2015年的572kg下降到545kg，圆满完成"十三五"节能目标任务。2020年，重点大中型企业吨钢颗粒物排放量由"十二五"末的0.85kg下降到0.39kg，吨钢二氧化硫由0.85kg下降到0.37kg。钢铁企业通过多式联运、信息化平台建设实践绿色物流，部分先进企业清洁运输比例达到80%。特别是首钢迁钢率先实现全流程超低排放，吨钢颗粒物、二氧化硫、氮氧化物排放绩效分别为0.17kg、0.21kg、0.4kg，达到国际领先水平，在行业内具有重大示范意义，开创了中国钢铁业绿色革命。德龙钢铁打造4A级工业旅游钢厂、普阳钢铁开展卓越环保绩效管理等为钢铁企业绿色转型提供了借鉴意义。此外，唐山、邯郸等重点区域差别化错峰停限产及"一企一策"治理工作为打赢"蓝天保卫战"作出了重要贡献。

4. 兼并重组步伐加快

"十三五"期间，钢铁行业兼并重组持续推进，国有企业战略性重组和民营企业跨区域重组步伐加快。2016年宝钢与武钢重组成立中国宝武，2019年成功重组马钢并实现对重钢的实际控制，2020年重组太钢，跻身世界一流钢铁企业，成为世界第一大钢铁企业集团；中信泰富特钢重组青钢、锡钢、天津钢管等，沙钢重组大连特钢和抚顺特钢，进一步提高了特钢产业集中度；德龙钢铁重组渤海钢铁成立新天钢集团；建龙重工在黑龙江、吉林、宁夏、内蒙古等地加快重组步伐。

5. 国际产能合作稳步推进

"十三五"期间，在"一带一路"倡议指引下，钢铁行业国际产能合作硕果累累，方式多样。德龙钢铁印尼德信钢铁项目、马中关丹产业园联合钢铁项目建成投产，中国一重－德龙镍业不锈钢项目、青山集团不锈钢项目等绿地投资项目落地生根，迸发新动能；河钢收购塞钢，敬业集团收购英钢，建龙重工收购马来西亚东钢。

（二）主要问题

1. 原料保障问题严重

铁矿石进口量逐年增加，2020年铁矿石进口量高达11.7亿吨，连续5年突破10亿吨，对外依存度保持在80%以上；锰矿对外依存度超过80%，铬矿几乎全部依赖进口，镍矿超过80%。钢铁原料对外依存度高，供应渠道过于集中，而需求端较分散，市场话语权不足。海外供应基地建设进展缓慢，海外权益铁矿年产量仅占进口量的6%左右。废钢供应量仍然不足，曾一度被"地条钢"企业挤占，废钢加工以小散民营企业为主，供给质量有待提高。资源掌控和供应能力不足导致铁矿石、废钢价格快速上涨并长期保持高位。

2. 自主创新能力不足

钢铁工业创新投入不足，研发投入占比长期未达到1.5%以上的目标，2019年仅为1.26%，远低于发达国家的水平，与制造业1.45%的平均水平也有差距，创新引领发展能力亟待提升。一批"卡脖子"关键材料，如高端轴承钢、高性能模具钢、超高强度不锈钢、航空发动机及燃气轮机用高温合金等仍需要进口解决。产品质量稳定性、可靠性和一致性与国际先进水平相比仍存在差距。新一代电弧炉冶炼、无头轧制技术等先进技术的核心装备，智能化硬件、生产过程自动控制系统等仍有差距，成套装备集成创新能力不足。

3. 产业集中度不高

"十三五"期间，钢铁企业粗钢产量前十位集中度有所提升，2020年占比38.8%，比"十二五"末提高了5个百分点；但已连续8年未达到40%，与欧美日韩等国家与地区，以及国内汽车、水泥等行业均有很大差距。产业结构分散、集中度低，导致钢铁工业在资源掌控能力、市场有序竞争、淘汰落后产能、技术研发创新、节能降耗减排等重大问题上，缺乏行业约束力和自律能力，已成为制约行业健康发展的关键问题。

4. 绿色发展不平衡

虽然中国钢铁工业吨钢综合能耗指标、吨钢污染物排放指标呈逐年下降趋势，但钢铁产量大幅增长导致能源消费总量、污染物排放总量没有明显下降，节能环保压力加重。钢铁企业环保水平差距大，全国实现全流程超低排放并通过验收的企业还不多，普遍仍存在无组织排放治理问题突出、清洁运输比例低、管理管控水平低等问题；京津冀、长三角、汾渭平原等钢铁产能集聚区，环境改善压力依然较大，全流程全方位完成超低排放改造已刻不容缓。大宗固体废弃物高附加值应用尚存在技术瓶颈，尤其缺乏规模化、具有带动效应的重大技术和装备。

5. 智能制造体系不完善

"十三五"期间，钢铁行业在数字矿山、智能车间、智能工厂等领域，打造了9家智能制造试点示范和5个智能制造新模式。但钢铁行业智能制造体系建设仍存在诸多问题，如智能化设备、高精度过程控制模型、生产过程自动控制系统等关键技术创新亟须突破，对智能设备、智能系统的核心知识产权掌控仍不足；智能制造统一标准缺失，示范推广难度大；中小企业的智能制造落地路径仍不清晰；随着大数据、人工智能、物联网、5G等技术迅猛发展，钢铁行业智能制造发展还没有完全跟上节奏。

二、钢铁行业"十四五"发展展望

"十四五"期间，中国经济社会发展将进入高质量发展阶段，随着增长方式的逐步转变，投资拉动钢材消费的力度将会有所减弱，但从全国基础设施建设进度、城镇化进程以及装备制造业发展趋势来看，未来5年中国钢铁生产消费总体仍将维持在高位，粗钢产量大概率将维持在10亿吨以上的生产水平。"十四五"期间，钢铁工业发展将从数量阶段全面转向高质量发展阶段，要形成产业布局合理、技术装备先进、质量品牌突出、智能化水平高、全球竞争力强、绿色低碳可持续的发展格局，重点应做好以下几方面工作。

（一）把绿色低碳作为高质量发展的重要前提和目标

绿色低碳是钢铁行业高质量发展的重要内容，同时也是推动全行业发展质量提升的重要前提。有必要按照国家对钢铁行业低碳发展的新要求，遵循强化源头治理、严格过程控制、优化末端治理的原则，以低碳发展为统领，促进钢铁产业原料结构、用能结构、流程结构的优化调整，以及先进节能技术、末端治理技术、低碳冶金技术的变革创新，实现钢铁行业在更高水平供需平衡层面的全方位提升。加强钢铁与石化化工、建材等领域的循环绿色耦合发展，促进行业间协同降碳，实现低碳要求与产业发展的协调。按照超低排放改造要求，推动重点区域内企业全部完成超低排放改造，其他区域钢铁企业全面实施超低排放改造，使污染物排放量在现有基础上再实现20%的下降。同时，结合国家钢铁产能产量"双控"政策导向，应更多地利用环保、低碳、能耗等手段控制钢铁产量的盲目增长。

（二）把稳定原材料供应作为高质量发展的重要保障

"十四五"期间，有必要把推进铁矿石资源战略保障体系建设提升到国家发展安全的战略高度，建立国家层面的对外协调机构，加大现有企业海外权益矿的高效多元化、多渠道供应能力，给予资金和政策支持，提升开发水平，多管齐下，标本兼治，突破资源瓶颈，支撑国家铁矿资源战略保障。同时，加快废钢加工配送体系建设，提高国内外废钢资源保障能力，增加废钢供应，减少铁矿石需求。力争铁金属国内自给率达到45%以上，国内年产废钢资源量达到3亿吨，打造1~2个具有全球影响力和市场竞争力的海外权益铁矿山，海外权益铁矿占进口矿比重超过20%。若这一目标能够实现，中国铁矿石保障能力将显著增强。

（三）把创新能力建设作为高质量发展的重要动力

钢铁工业作为基础原材料产业，对于中国制造强国建设意义重大，其发展水平直接影响着制造业发展的质量和效益，目前，中国仍有约70项"短板"钢铁材料，年需求量200万吨左右；要实现钢铁工业的高质量发展，就必须发挥好创新驱动和引领作用；通过创新寻求技术突破，解决好卡脖子钢铁材料和关键核心设备进口问题；通过创新引领市场需求，形成供给创造需求的更高水平动态平衡，始终保持市场中的主动地位；通过改革创新促进管理提升，促进行业及企业生产运行效率、资源利用效率的提高。应加快推进产学研用协同创新，加快科技创新成果转化应用，促进研发投入、技术人才向优势企业集中，支持行业领军企业以及专精特新"小巨人"企业技术创新，逐步突破关键短板钢铁材料制约，实现自主保障；同时，应提高钢铁行业核心设备的设计制造水平，在低碳冶金、非高炉炼铁、洁净钢冶炼、无头轧制等前沿技术自主创新上取得突破进展。

（四）把优化产业结构作为高质量发展的重要基础

优化产业结构就是要优化布局结构、企业结构和流程结构，合理的产业结构是钢铁工业实现高质量发展的基石。布局结构优化方面，需要全国"一盘棋"统筹考虑，处理好地方发展与行业发展之间的关系，促进产业布局更加集聚化、生态化和区域个性化。企业结构优化方面，亿吨宝武已经启航，中信泰富特钢成为全球最大的特钢企业，未来将继续打造若干家世界超大型钢铁企业集团以及专业化一流企业，进一步提高产业集中度，力争前10位钢铁企业产业集中度达到60%；流程结构优化方面，应把电炉钢发展与相关政策的制定相结合，在差别电价、碳排放、环保、产能置换等方面给予支持，实实在在降低电炉钢的生产成本，才能有效推进电炉钢稳步持续发展。

（五）把数字化智能化作为高质量发展的重要手段

高质量发展时期，钢铁工业要提高生产效率、降低生产成本、实现现代化管理，数字化智能化发展是必由之路。应加快推进工业互联网、人工智能和大数据中心建设，发挥行业骨干企业的带头作用，打造一批智能化示范工厂，突破一批智能制造关键共性技术研发应用。同时，应推动行业管理的数字化转型，利用工业互联网、区块链等技术，建设钢铁行业数字化管理平台，实现企业生产监测、行业运行情况跟踪等功能，建立钢铁行业预警机制，实现全行业安全运行监测的制度化。

（六）把提升质量效益作为高质量发展的落脚点

产品质量、生产效率和行业效益是衡量行业、企业是否实现高质量发展的重要指标。企业发展离不开效益的支撑，没有效益其他无从谈起，必须把产品质量和经济效益作为所有工作的落脚点。2020年黑色金属冶炼和压延加工业实现利润总额2465亿元，利润率只有3.9%，仍低于工业行业6.1%的平均利润水平。"十四五"要加快产品质量性能和稳定性进一步提升，钢材实物质量总体达到国际先进水平，产量达到供需动态平衡，行业平均劳动生产率达到1200吨/（人·年），新建普钢企业达到2000吨/（人·年），行业利润率达到制造业平均水平，为行业、企业高质量发展提供了靶向目标。

三、措施建议

一是开展好地方及企业规划的衔接。为使得国家相关规划能够自上而下、一以贯之，建议各地尤其是钢铁生产重点地区，依据《中共中央关于制定国民经济和社会发展第十四个五年规划和二〇三五年远景目标的建议》以及相关产业规划，制定或修订完善符合自身实际的冶金产业"十四五"发展规划，引导企业按照国家相关政策文件要求高质量发展。钢铁企业应深刻把握高质量发展的内涵，结合发展实际，制定好企业发展的"十四五"规划，明确未来高质量发展的具体目标、重点任务和实施路径，作为指导企业未来发展的重要文件。

二是做好发展质量评估工作。"十四五"期间，钢铁行业将构建钢铁企业高质量发展评价体系，开展高质量钢铁企业创建活动。为顺应行业发展要求及自身发展需要，钢铁企业应持续深入开展对标挖潜工作，积极参与冶金工业规划研究院组织开展的"MPI钢铁企业发展质量暨综合竞争力评价"工作，与国际国内领先企业开展全方位竞争力对标研究，准确定位核心优势和存在短板，固根强基、扬长补短，全面提升企业综合竞争能力。

三是加强政策研究与应用。2021年是"十四五"发展开局之年，也将是

"十四五"期间政策变化相对较大的一年。《钢铁行业产能置换实施办法》《钢铁项目备案指导意见》《关于推动钢铁工业高质量发展的指导意见》《钢铁行业碳达峰实施方案》等多项政策文件已经或即将陆续出台，这对于指导钢铁行业"十四五"发展将起到重要作用；同时，行业发展也将面临更多政策变化的硬约束，钢铁企业必须加强对相关政策的研究，或者借力第三方咨询机构对政策的研究，提高政策红线底线意识，研究在特定政策环境下如何实现高质量发展的措施和路径。

四是努力维护行业发展秩序。钢铁企业应理性看待钢材市场变化、理性投资，避免因未来行业利润下滑，导致经济负担过重；同时，协调好生产端与需求端的关系，坚持按订单组织生产，综合考虑自身资源掌控、原燃料供应、生产安全等情况主动调控生产节奏，合理控制钢材库存水平，共同促进钢材市场供需平衡、维护钢材市场经营稳定，确保行业健康可持续发展。

我国铁矿石市场如何平稳发展❶

李新创

21世纪以来，铁矿石作为钢铁工业的关键原材料，每年消费量巨大，在钢铁产品成本中占比高，但20年来铁矿石价格呈"N"形大幅波动，严重影响钢铁行业稳定安全运行。铁矿石供应结构性问题严重，定价权缺失，始终成为我国钢铁行业挥之不去的"魔咒"。2020年新冠肺炎疫情以来，铁矿石价格再次非理性大幅上涨，尤其是2021年5月，价格突破历史新高，达到233美元/吨，钢铁行业铁矿石供应链脆弱不稳定问题更加凸显，再次引起行业的高度关注。

一、铁矿石市场现状评述

（一）钢铁生产消费维持高位

2020年，我国是全球主要经济体中唯一保持正增长的国家，促使了我国钢铁生产消费均创历史新高。2020年我国粗钢产量10.65亿吨，生铁产量8.87亿吨，分别同比增长7.0%和9.8%。2021年1~5月，我国粗钢产量4.73亿吨，生铁产量3.8亿吨，同比分别增长13.9%和5.4%，钢铁生产继续保持高位。此外，2021年前4个月，全球经济加快恢复，除中国外，全球粗钢产量同比增长11%，高炉生铁同比增长7.5%，全球铁矿石消费也呈上涨趋势。

（二）铁矿价格突破历史新高

2020年以来，铁矿石价格持续上涨，尤其是2021年5月，进口铁矿石62%品位现货价格突破230美元/吨，国产矿65%品位铁矿石价格突破1500元/吨，均突破历史新高；铁矿石期货主力合约最高达1358元/吨，创上市以来新高。

（三）铁矿生产供应持续恢复

2019年以来，由于溃坝、疫情等突发因素影响导致的铁矿石供应问题正在持续恢复，2021年一季度淡水河谷铁矿石产量6804.5万吨，同比增长14.2%；

---

❶　本文发表于《中国矿业报》2021年6月29日A1版。

四大矿产量合计 2.36 亿吨，同比增长 3.1%。此外，受价格上涨刺激，2021 年前 4 个月国内铁矿石原矿产量 3.23 亿吨，同比增长 18.6%。

（四）钢铁产业金融属性趋强

目前钢铁产业链主要原材料和产品均已实现期货上市交易，金融属性明显增强，受宏观经济、市场预期以及投机影响愈发明显，尤其是铁矿石期货，成交量大，已实现对现货市场的联动影响，易放大市场投机等非合理因素影响，助涨杀跌，影响产业链稳定运行。

二、铁矿石市场面临的机遇与挑战

（一）机遇

1. 双循环格局政策将促进国内矿开发

十九届五中全会指出，"十四五"时期要加快构建以国内大循环为主体、国内国际双循环相互促进的新发展格局，以及习总书记在《国家中长期经济社会发展战略若干重大问题》一文中指出，为保障我国产业安全和国家安全，要着力打造自主可控、安全可靠的产业链、供应链，力争重要产品和供应渠道都至少有一个替代来源，形成必要的产业备份系统。产业链供应链安全将成为我国"十四五"时期重要主题之一，必将促进国内矿产资源的开发。

2. 双碳目标将有利于高品位矿使用开发

钢铁行业作为我国第二大碳排放工业行业，占我国碳排放量约 15%，是我国全面实现碳达峰碳中和的主要行业之一。短期来看，优化炉料结构、提高能源利用效率仍将是我国钢铁行业降碳的重要途径，尤其是"十四五"期间，减污降碳的协同实施，必然促进高品位矿和球团矿的使用，带动铁矿产业铁矿产品供应结构的变化。

3. 中国因素或将改变全球铁矿石供需格局

工信部发布《关于推动钢铁工业高质量发展的指导意见（征求意见稿）》提出，"十四五"期间，我国钢铁行业铁金属国内自给率达到 45% 以上，国内年产废钢资源量达到 3 亿吨，打造 1~2 个具有全球影响力和市场竞争力的海外权益铁矿山，海外权益铁矿占进口矿比重超过 20%。中国提高铁矿石资源保障能力的迫切愿望将促进全球新的铁矿项目投资开发，有望逐步改变全球铁矿石供需过于集中的格局。

（二）挑战

1. 钢铁产业链上下游利润分配严重失衡

2012~2020 年，重点大中型钢铁企业利润总额累计 8806.8 亿元，四大矿铁矿石业务 EBITDA 合计 21494.3 亿元，是我国重点钢铁企业利润总额的 2.4 倍；四大矿净利润 11130.4 亿元，是我国重点钢铁企业利润总额的 1.3 倍，其中 2012 年四大矿净利润是我国重点钢铁企业利润总额的 92 倍，钢铁产业链上下游利润分配失衡问题仍然严重。

2. 铁矿石供应存在结构性问题，亟须改变

我国铁矿石自 2000 年以来，共进口铁矿石 128.4 亿吨，近五年进口量连续超过 10 亿吨，花费外汇额 11817 亿美元，其中 2011 年、2013 年、2019 年和 2020 年共花费外汇额超过 1000 亿美元，仅次于集成电路和原油，位居第三。我国作为全球最大的铁矿石消费国，年铁矿石消费量占全球消费量比例超过 60%（2020 年高达 67%），但我国铁矿石供应中，进口矿占比超过 80%，其中自澳大利亚和巴西两国进口量占总进口量比例超过 80%（2020 年为 81%）。随着国际贸易环境恶化，尤其是新冠肺炎疫情以来，钢铁行业产业链供应链安全供应风险呈上升趋势。

3. 国内铁矿投入持续下降，供应后劲不足

2016 年，我国黑色金属采选业固定资产投资额 978 亿元，同比 2015 年下降 28.4%，2017～2020 年，固定资产投资分别同比前一年增长 -22.8%、5.1%、2.5% 和 -10.3%，按此计算，2020 年我国黑色金属采选业固定资产投资额仅为 725.9 亿元，与 2014 年最高值 1690 亿元比，下降了 57%。此外，"十三五"期间，黑色金属地质勘察投入也呈下降趋势，2019 年，铁矿勘察资金投入 2.24 亿元，同比下降 21.1%。国内勘察资金和固定资产投资的持续下降，将导致黑色金属采选业持续发展后劲不足，国内矿供应形势严峻。

4. 定价机制受制于人，价格剧烈波动

全球钢铁产业链上游资源供应呈寡头垄断态势，我国钢铁企业数量多，集中度低，2020 年前十位钢铁企业集中度也仅为 38.8%，上下游市场地位不对等，导致在铁矿石定价权方面始终呈弱势地位，只能被动接受。全球铁矿石供应中，四大矿产量占全球产量超 50%，出口量占全球铁矿石贸易量超过 60%，处于绝对主导地位，掌握着定价话语权。目前，全球采用的以普氏指数等为基准的铁矿石定价机制存在采样样本比例小、方法不科学等问题，但却决定了全球 80% 以上长协供应价格，并且依托溃坝、事故、疫情等事件，通过金融投机等因素，导致铁矿石价格巨幅波动，"十三五"期间，铁矿石现货价格最低仅 40 美元/吨左右，而目前已突破 230 美元/吨，给钢铁行业稳定安全运行带来巨大风险。

三、我国铁矿石供应保障建议

中国钢铁生产消费未来仍将处于高位，对铁矿石需求量巨大，因此必须解决好中国铁矿石供应的安全保障问题，长期稳定供应是目标，高效是前提，多元

化、多渠道是根本途径。要实现上述目标，需进一步明确铁矿石等重要资源的重要性，将其作为国家长期战略统筹考虑，加强顶层设计，统一规划，全面布局，统筹部署，加快整合，必须在加快国内铁矿石开发基础上，加快推进国外其他国家铁矿石开发，加快废钢体系建设，强化和完善中国钢铁行业铁矿石保障体系建设，充分利用"两个市场、两种资源"，促进铁矿石价格合理稳定，实现高质量发展。

（一）加大国内资源开发，强化国内资源的基础保障能力

一是开展铁矿企业的规范管理。建议坚决关闭安全无保障、环保不达标、资源利用水平低的"散小乱污"矿山，彻底退出各类自然保护区内的矿山；建立白名单，避免地方"一刀切"政策，促进国内铁矿产业健康发展。二是重点建设一批重大项目。选择一批资源储量可靠、生产规模大、比较优势明显的，对稳定产能、产业升级、效益增长具有重大影响的大型铁矿新建、改扩建项目，高起点规划，高标准设计，高水平建设，高质量经营，稳定基地产能，壮大大型企业实力，提高国产矿的整体竞争能力。三是建立调整铁矿石资源税的长效机制，切实降低国内铁矿企业的税负水平。四是建议在推进简政放权基础上，加大对地方政府矿业项目和国家政策落实的指导，为矿业项目推进提供更加良好的政策环境。

（二）稳步推进境外资源开发，尽快形成有效供给能力

加大引导和支持企业在海外建立长期有效的多元化、多渠道、多方式的稳定铁矿石基地，提升我国海外权益矿比例，并考虑以资源开发、钢铁产能布局、基础设施建设一条龙的产业链捆绑模式"走出去"，促进矿业国内外及上下游合作共赢。鼓励有条件的钢铁企业，通过合资、参股、控股等模式，加大权益矿开发，提升资源自主权，为矿石资源长期稳定供应提供保障，确保我国钢铁原材料供应安全。

（三）有序推进再生钢铁原料综合回收和使用

1. 有序引导电炉短流程炼钢工艺

在严格落实产能置换和履行相关备案审批手续前提下，鼓励有环境容量、市场需求、废钢保障的地区积极承接转移产能，合理布局短流程炼钢。支持环境敏感地区长流程钢铁企业转型短流程，推动长短流程融合发展。力争到"十四五"末，全国钢铁工业废钢比达到30%以上，电炉钢比例提升至15%以上，力争达到20%。

2. 继续完善废钢加工配送体系建设

继续开展废钢加工企业准入管理工作；鼓励钢铁企业建立废钢回收加工基

地，提高对社会废钢资源的回收、拆解、加工、利用一体化水平；支持废钢加工企业从工艺、技术、装备、产品、管理等方面加强创新研究和标准化体系建设；鼓励企业开展联合重组，努力实现从废钢供应商到加工配送综合服务商的转变；尽快推动废钢期货上市，提升对冲风险能力。

3. 有序推进再生钢铁原料和铁素原料进口

《再生钢铁原料》（GB/T 39733—2020）和生铁、还原铁等原料进口零关税政策，将促进我国充分利用全球再生钢铁原料、直接还原铁等钢铁料，减少铁矿石需求。

（四）建设公开、公正、透明的铁矿石定价体系

1. 加大兼并重组力度，提升市场地位

建议钢铁行业优化产业布局，加大兼并重组力度，规范行业发展秩序，提高行业集中度。在此基础上，以区域或利益共同体为依托，整合供应渠道，组建采购联盟，形成1~2家采购量超2亿吨、3~5家年采购量超1亿吨的采购联盟，力争实现量价挂钩，以量换价，增强市场话语权。

2. 加强监管，建设公开、公正、透明的铁矿石定价体系

构建铁矿石金融战略体系，进一步完善铁矿石金融产品机制，加强监管力度，抑制过度投机炒作，保障铁矿石价格体系平稳、合理运行，充分发挥铁矿石期货价格发现作用，逐步建设更加科学公正的铁矿石定价机制。

在党的旗帜下砥砺奋进实现钢铁强国梦❶

李新创

今年是中国共产党百年华诞，也是中国钢铁工业在党的坚强领导下披荆斩棘、砥砺奋进的 100 年，没有中国共产党的领导就没有中国钢铁的发展。在党波澜壮阔的百年发展历程中，钢铁工业始终与党同心同行，为党的事业挺起钢铁脊梁，中国钢铁的辉煌成就印证了中国特色社会主义道路的正确性。

毛泽东同志在新中国成立初期指出："一个粮食，一个钢铁，有了这两样东西就什么都好办了。"钢铁工业经过中华人民共和国成立之初的起步发展，改革开放的洗礼考验，加入世贸组织后的快速发展，以及供给侧结构性改革的调整升级，产业体系日益健全，产业整体素质全面提高，我们用几十年时间走完了发达国家几百年走过的发展历程。当今，中国钢铁工业已经达到了"5G水平"，即"好产品、好规模、好价格、好服务、好品牌"；拥有最大最活跃的内需市场、最全最完整的产业体系、最多最丰富的人才资源、最新最先进的技术装备、最快最及时的客户服务等明显优势，是中国制造业门类之中最具全球竞争力的行业。

一、为国民经济发展提供坚强后盾

钢铁工业是国计民生的重要基础原材料产业，是国之基石，在国家现代化进程中发挥着不可替代的作用。1949 年，中国钢产量仅为 15.8 万吨，占全球的0.1%。1974~1976 年，钢产量"三打 2600"均以失败告终；1978 年终于突破了3000 万吨，1996 年突破 1 亿吨。进入 21 世纪后，受国民经济高速发展的强劲拉动，中国钢产量接连迈上新台阶，2020 年突破 10 亿吨，达到 10.65 亿吨，占世界钢产量的 56.7%，连续 25 年稳居全球钢铁生产第一位。钢铁工业挺起了中国经济的脊梁，缺钢短铁时代一去不复返。

新中国成立初期，我国只能冶炼 100 多个钢种，轧制 400 多个规格的钢材，无缝管、厚板钢、大型型钢、镀层钢板等都不能生产；1978 年，我国三分之一的外汇都用来进口钢材。随着我国钢铁工业技术进步，如今中国能冶炼包括高温

---

❶ 本文发表于《中国工业报》2021 年 7 月 1 日。

合金、精密合金在内的 1000 多个钢种，轧制和加工 4 万多个品种规格的钢材，22 大类钢铁产品中有 19 类自给率超过 100%，其他 3 类超过 98.8%。中国生产的汽车用钢、高牌号电工钢、高性能长输管线用钢、高速钢轨、建筑桥梁用钢等产品已稳步进入国际第一梯队。从港珠澳大桥到"中国空间站"，从"地壳一号"钻机到"蛟龙号"载人潜水器，上天、入地、进海的大国重器，处处都有钢铁"保驾"。

二、技术装备及管理革新创中国新速度

1949 年全国能修复生产的高炉只有 7 座、平炉 12 座、电炉 22 座。1949 ~ 1952 年，全国共恢复、扩建高炉 34 座、平炉 26 座。当前，重点大中型钢铁企业 1000m³ 及以上高炉生产能力所占比例提高到 80% 以上，代表世界领先水平的 5000m³ 以上高炉增加至 8 座；全国 100t 以上转炉数量达到了 440 余座，300t 以上转炉数量达到了 14 座，重点大中型钢铁企业 100t 及以上转炉和电炉产能占炼钢总产能的比例达 74% 以上。从引进、吸收、创新，到集成创新、自主创新，我国钢铁工业技术装备已总体达到国际先进水平，跻身世界钢铁工业设计和设备制造、施工建设综合能力最强国家行列，创造了世界钢铁工业发展新速度。

20 世纪 90 年代，连铸、高炉长寿、高炉喷煤、转炉溅渣护炉、型线材连轧和综合节能等关键共性技术的推广应用，推动了钢铁工业技术快速进步。进入 21 世纪以来，一批先进工艺技术得到快速应用，首钢京唐高炉高比例球团冶炼工艺技术、中国宝武一体化智能管控平台技术、300t 转炉"一键炼钢＋全自动出钢"智慧炼钢技术、绿色洁净电炉炼钢技术、连铸凝固末端重压下技术、电渣重熔关键技术、热轧板在线热处理技术、无头轧制技术、棒线材免加热直接轧制技术、无酸酸洗技术等代表世界先进水平的工艺技术得到推广应用。

中国共产党是中国工人阶级的先锋队，代表中国先进文化的前进方向。在党领导钢铁工业实现大跨步前进的征程中，涌现出一大批令人肃然起敬的钢铁工业先进代表：从孟泰、王崇伦、雷锋、马万水到刘汉章、陈钰珊、李双良、曾乐，再到新时代的郭明义、李超、宋嗣海等，一代代钢铁人永守钢铁报国的初心、钢铁强国的使命，用奋斗传承着钢铁的血脉和工人阶级主人翁的精神。"孟泰精神""马万水精神""攀枝花精神""铁山精神""李双良精神""曾乐精神"——六大钢铁行业精神，已经成为超越行业的精神财富。改革开放后，中国钢铁工业始终勇立潮头，成为解放思想、探索变革的先锋。鞍钢宪法、邯钢经验、首钢经济责任承包制、马钢股份制改革、武钢质量效益型道路、宝钢现代化管理经验……这些已经成为中国钢铁成长中的文化瑰宝。

三、绿色低碳发展让世界更美好

"绿水青山就是金山银山""绝不能以牺牲生态环境为代价换取经济的一时发展",习近平总书记的科学论断为中国钢铁工业绿色发展指明了方向。党的十八大以来,中国钢铁积极主动强化环境治理,绿色发展取得了跨越式长足进步。2018 年,钢铁工业实施了历史上、世界上最严格的环保政策。截至目前,全国超过 230 家钢铁企业约 6.5 亿吨粗钢产能正在实施超低排放改造,已有 17 家企业通过评估监测认定,并在中国钢铁工业协会网站公示,接受全社会监督。其中,首钢迁钢等 12 家企业约 8400 万吨粗钢产能全面实现了超低排放。

1949 年,钢铁工业吨钢综合能耗为 3t 标煤,2020 年重点大中型企业吨钢综合能耗已下降到 545kg 标煤。2020 年,重点大中型企业吨钢颗粒物排放量由"十五"末的 2.18kg 下降到 0.39kg,吨钢二氧化硫排放量由 2.83kg 下降到 0.37kg。钢铁企业通过多式联运、信息化平台建设实践绿色物流,部分先进企业清洁运输比例达到 80%。特别是德龙钢铁打造 4A 级工业旅游钢厂、普阳钢铁开展卓越环保绩效管理等为钢铁企业绿色转型提供了借鉴;首钢迁钢率先实现全流程超低排放,吨钢颗粒物、二氧化硫、氮氧化物排放绩效分别为 0.17kg、0.21kg、0.4kg,在行业内树立了示范标杆,开创了中国钢铁业绿色革命。

低碳生态发展是钢铁工业高质量发展的重要内涵,更是关键所在。当前,中国钢铁低碳发展已经阔然起步,中国宝武、河钢、建龙、酒钢等一大批钢铁企业建立了包括氢冶金在内的低碳冶金示范项目;北京科技大学组建了二氧化碳科学研究中心,东北大学组建了低碳钢铁前沿技术研究院;中国宝武提出低碳冶金路线图,河钢集团发布低碳绿色发展行动计划,鞍钢集团发布碳达峰碳中和宣言等。钢铁工业已经形成共识,将肩负起国家"双碳"目标践行者和贡献者的历史使命。

当前,中国钢铁工业绿色低碳发展已经走在世界前列,为世界钢铁工业发展树立了方向,在为人民生活质量改善提供基础材料和重要功能材料的同时,正在通过自身努力促进全社会实现绿色低碳发展,让世界变得更加美好。

四、成为中国对外合作"金名片"

新中国钢铁起步阶段主要是学习借鉴苏联经验,在苏联援助新中国的 156 个项目中,钢铁投资占到一半。20 世纪 70 年代中期引进建设了"三厂一车间"的武钢一米七工程。改革开放后以引进日本技术建设宝钢为标志,大大加快了中国钢铁现代化进程。"历史将证明,建设宝钢是正确的。"邓小平同志的话早已为实践所证明。

在 20 世纪 80 年代末,中国企业开始在澳大利亚、秘鲁以参股、并购等形式建设铁矿基地，恰那铁矿、首钢秘铁等成功运营至今。随着"一带一路"倡议实施，钢铁工业坚持国际视野，国际产能合作硕果累累，方式多样。马中关丹产业园联合钢铁（大马）项目、印尼东南苏拉威西省 Konawe 工业园不锈钢项目、印尼中苏拉威西省 Morowali 青山园区不锈钢项目、印尼德信钢铁项目、建龙集团马来西亚东钢项目、新兴际华印尼 OBI 岛镍铁项目等绿地投资项目进展顺利。河钢塞尔维亚斯梅代雷沃钢厂、敬业集团英国钢铁公司、马钢法国瓦顿公司等整体收购项目重新激发企业发展活力。河钢塞钢成为中东欧国际产能合作的标志性项目，被誉为代表中国钢铁企业"走出去"并活跃于世界钢铁舞台的一张金名片，受到中塞两国政府高度赞誉，管理团队获得中宣部"时代楷模"称号。技术服务方面，中国钢铁冶金设备技术出口逐步由单体设备及部件的出口，走向成套设备出口及工程总承包，极具国际影响力。

　　回首过去，中国钢铁在党的领导下风雨兼程，创造了永载史册的辉煌成就。展望未来，中国钢铁将坚决拥护党的领导，贯彻新发展理念，融入新发展格局，将钢铁强国梦主动融入实现中华民族伟大复兴的强国梦，促进全行业技术装备更先进、质量品牌更优越、智能化水平更高、绿色低碳可持续，真正实现高质量发展。我们坚信，中国钢铁必将继续引领世界钢铁发展新潮流！

鞍本重组重塑钢铁格局
促进钢铁工业高质量发展❶

李新创

一、鞍钢重组本钢背景

鞍钢、本钢是中华人民共和国成立后最早一批恢复生产的钢铁企业，是我国钢铁工业的摇篮，鞍钢被誉为"共和国钢铁工业的长子"，本钢是"共和国功勋企业"。2020 年，鞍钢生产铁精矿 4017 万吨、粗钢 3819 万吨（位居全国第 4位）；本钢生产铁精粉 840 万吨、粗钢 1736 万吨（位居全国第 11 位）。两者总部均位于辽宁省，直线距离不足百公里，铁矿资源毗邻。在钢铁行业加速兼并重组的背景下，鞍钢、本钢重组一直是行业关注的焦点。两企业重组之路坎坷而漫长，成果来之不易。

（一）初次尝试

早在 2003 年，辽宁省政府就开始积极推动鞍钢和本钢联合重组。2005 年，辽宁省启动了联合重组工作；当年 8 月，鞍本钢铁集团成立了董事会推进委员会并挂牌。由于诸多方面原因，两者未能实现实质性重组。2010 年，鞍钢重组了同为央企的攀钢，本钢也在辽宁省的推动下对北营钢铁实施了兼并重组。

（二）多次探索

随着 2016 年宝钢与武钢重组成立中国宝武后，我国钢铁行业迎来了新一轮兼并重组的浪潮。国家发展改革委、工业和信息化部、国资委等部门多次组织调研、召开专题会议，并印发了一系列文件推动兼并重组，其中，鞍钢与本钢的联合重组是重点讨论的内容之一。由于两企业均存在较为沉重的历史包袱，且刚从 2015 年的行业低谷中走出，虽经多次探讨研究，但始终未能取得实质性进展。

---

❶ 本文发表于中国钢铁新闻网，2021 年 8 月 23 日。

（三）终成定局

"十三五"末期，随着钢铁企业生产经营状况大幅好转，加之在国企改革三年行动方案的推动下，鞍钢、本钢体制机制改革取得新进展，历史遗留问题得以有效缓解，鞍钢重组本钢迎来了新的历史机遇。在 2021 年政府工作报告中，辽宁省将推进本钢等国有企业战略性重组和混合所有制改革，作为深化国资国企改革的重要任务之一。2021 年 4 月 15 日，本钢板材发布公告称，鞍钢集团正在筹划重组本钢事项。2021 年 8 月 18 日，本钢板材发布公告称，辽宁省国资委收到国务院国资委、辽宁省人民政府联合下发的通知，同意鞍钢集团对本钢集团实施重组，由辽宁省国资委向鞍钢集团无偿划转本钢集团 51% 股权，标志着本钢正式加入鞍钢大家庭。

二、鞍钢重组本钢的战略意义

（一）保障钢铁产业链供应链安全

铁矿资源保障是我国钢铁行业发展的长期之痛，由于缺乏定价权，钢铁行业利润长期被国外铁矿石企业"吞噬"。鞍本地区铁矿资源丰富，鞍钢重组本钢后铁精矿产量可达 5000 万吨级，将成为世界前五大铁矿石生产商，未来两者在资源勘探、矿山建设等方面统一筹划，还将进一步提高铁矿石产量和国内自给率，让国内铁矿资源真正发挥"压舱石"作用，能够更好地应对突发事件、维护产业安全。另外，鞍钢、本钢同为我国制造业用钢的重要生产基地，重组后可与中国宝武形成"南北"两个超大型钢铁央企，保障我国国防军工、制造业用钢的供应安全。

（二）重塑中国钢铁产业发展格局

我国具有冶炼能力的钢铁企业数量高达 500 多家，产业集中度不高已成为钢铁行业实现高质量发展的重要障碍。中国宝武的系列重组开启了国有企业战略性重组的新篇章，鞍钢重组本钢后将成为我国第二大、世界第三大钢铁企业集团，2020 年粗钢产量合计达到 5555 万吨，将促进前十位钢铁企业集中度提高近 2 个百分点，这对于进一步优化我国钢铁产业结构、重塑钢铁行业发展格局、打造又一钢铁行业世界一流企业具有重要意义。

（三）引领传统国有企业改革创新

鞍钢和本钢同为传统国有企业，历史悠久、文化底蕴深厚，鞍钢是中央企业，本钢是辽宁省属国有企业；按照国企改革三年行动方案要求，鞍钢在体制机制创新、现代化管理体系创新等方面走在国有企业的前列，重组本钢后将打造

"央地"国有企业重组和改革样板，这对于传统国有企业改革具有重要的借鉴意义。

（四）促进东北老工业基地振兴

国家高度关注东北老工业基地振兴，鞍钢重组本钢可以有效整合东北地区钢铁及产业链资源，实现铁矿资源开发、生产经营、技术创新、客户资源共享等多方面协同，有利于提升东北地区钢铁及产业链的竞争力，促进东北老工业基地振兴。

（五）规范钢铁行业市场秩序

鞍钢、本钢均以板材产品为主，在汽车用钢、家电用钢、电工钢、管线钢和特殊钢等产品方面有很强的协同效应。重组后国内部分产品的市场集中度将进一步得到提升，中国宝武与鞍钢两家超大型钢铁企业的高档冷轧汽车板市场占有率可达到80%以上，家电板市场占有率60%以上，电工钢市场占有率60%以上，对于规范钢铁行业市场秩序，尤其是对东北地区市场秩序将起到重要作用。

三、重组后鞍钢集团发展建议

（一）加快推进生产经营协同发展

一是实现产品产线协同分工。鞍钢、本钢生产线存在很强的互补性，可结合生产特点，对产线进行合理分工，实现产线协同和专业化生产，提高生产效率，降低生产成本。

二是实现矿山资源协同开发。重组后通过话语权提高，更加有利于整合鞍本地区铁矿资源，可以发挥双方在矿山开发方面的资源、技术和人力优势，在矿权获取和项目建设上统一规划，进一步做大、做优、做强矿业板块。

三是实现采购销售协同开拓。一方面，可以更好地发挥双方的批量采购优势，共享优质采购资源、共建采购和招标平台，提升大宗原燃料市场上的议价能力，降低采购成本；另一方面，双方在汽车用钢、家电用钢、电工钢、管线用钢等钢材产品上有很强的协同效应，可以通过整合市场销售渠道、客户资源以及用户服务能力，提高产品市场占有率和定价话语权。此外，还可以实现技术创新、资金、管理等多方面的协同，主要看重组后双方的整合融合程度，是否能实现1+1>2的重组效果。

（二）加快推进企业间融合发展

一是发展战略的融合。重组后，集团层面需要根据实际情况，从"新鞍钢"的角度重新审视发展目标和发展路径，充分考虑协同发展所带来的新变化，优化鞍钢发展战略，并深入研究进一步通过兼并重组扩大规模的可行性。

二是体制机制的融合。重组后，要进一步加大体制机制的融合，积极推进改革工作，破除限制性环节，让企业间发生"化学反应"而不是简单的物理堆砌，着力避免"并而不合""大而不强"等问题。

三是企业文化的融合。鞍钢、本钢作为老牌国有企业，在漫长的企业发展过程中均形成了各自独特的企业文化，潜移默化地影响着企业的每一个员工。重组后应高度重视企业文化融合和重塑，在求同存异的基础上，寻求文化共识，促进企业文化融合发展。

（三）加快推进地企融合发展

鞍钢、本钢在所处的鞍山市、本溪市经济发展中均占有重要地位，是地方经济的支柱企业。此次重组的成功，也是得益于地方政府的大力支持，解决了一系列历史遗留问题。在推进重组融合发展的过程中，建议充分发挥中央企业的资源整合、协调能力，结合地方资源优势和产业结构特点，以钢铁产业为核心打造地方特色产业生态圈，促进地方经济良性发展。

（四）加快推进体制机制改革

鞍钢重组本钢后，除了快速推进协同、融合发展，更重要的是如何以改革的办法突破制约企业发展的瓶颈，建设符合市场规律的竞争机制和勇于担当的干群团队，为更高水平的发展清障搭台、架桥铺路，真正实现创新引领发展，既大又强。同时，重组后将面临更多协同管理压力，需大幅提高企业的决策效率和高效的执行力，确保决策与部署自上而下准确迅速地贯彻和落实。

（五）加快优化资源配置

重组后，在强化各子公司、各基地协同发展的同时，也要注重资源的优化配置，尊重优胜劣汰的竞争规律。坚决退出缺乏市场竞争力、没有发展前景的无效资产、低效资产，不能依靠集团的优势成员企业对这些劣质资产搞"输血挂氧"式的救济。通过借助竞争力评价体系或制定科学合理的评价机制，在重组协同的过程中扶优扶强，把优质资源配置给优势企业，确保有效、有序发展，从而提高企业的资源配置效率，破解国有企业投资成本高、效率低的痛点。

四、"十四五"是钢铁行业高质量发展的关键期

"十四五"期间，我国钢铁工业将全面步入高质量发展阶段，也是实现由大到强历史转变的关键期。为扎实推进钢铁行业高质量发展，应做好以下六方面工作：

一是把绿色低碳作为高质量发展的重要内容和前提。绿色低碳是钢铁行业高质量发展的重要内容，同时也是推动全行业发展质量提升的重要前提。按照国家对钢铁行业低碳发展的新要求，遵循强化源头治理、严格过程控制、优化末端治理的原则，以低碳发展为"牛鼻子"，促进钢铁产业原料结构、用能结构、流程结构的优化调整，以及先进节能技术、环保治理技术、低碳冶金技术的变革创新，实现钢铁行业在更高水平供需平衡层面的全方位提升。加强钢铁与石化化工、建材等领域的循环绿色耦合发展，促进行业间协同降碳，实现低碳要求与产业发展的协调。按照超低排放改造要求，推动重点区域内企业全部完成超低排放改造，其他区域钢铁企业全面实施超低排放改造，使污染物排放量在现有基础上再实现20%的下降。同时，结合国家钢铁产能产量"双控"政策导向，应更多地利用环保、低碳、能耗等手段控制钢铁产量的盲目增长。

二是把稳定原材料供应作为高质量发展的重要保障。"十四五"期间，有必要把推进铁矿石资源战略保障体系建设提升到国家发展安全的战略高度，建立国家层面的对外协调机构，加大现有企业海外权益矿的高效多元化、多渠道供应能力，给予资金和政策支持，提升开发水平，多管齐下，标本兼治，突破资源瓶颈，支撑国家铁矿资源战略保障。同时，加快废钢加工配送体系建设，提高国内外废钢资源保障能力，增加废钢供应，减少铁矿石需求。

三是把创新能力建设作为高质量发展的重要动力。要实现钢铁工业的高质量发展，就必须发挥好创新驱动和引领作用，通过创新寻求技术突破，引领市场需求，促进管理提升，提高资源利用效率。加快推进产学研用协同创新，加快科技创新成果转化应用，促进研发投入、技术人才向优势企业集中，逐步突破关键短板钢铁材料制约，实现自主保障；同时，应提高钢铁行业核心设备的设计制造水平，在低碳冶金、洁净钢冶炼、无头轧制等前沿技术自主创新上取得突破进展。

四是把优化产业结构作为高质量发展的重要基础。优化产业结构就是要优化布局结构、企业结构和流程结构，合理的产业结构是钢铁工业实现高质量发展的基石。布局结构优化方面，要促进产业布局更加集聚化、生态化和区域个性化。企业结构优化方面，未来还需要继续打造若干家世界超大型钢铁企业集团以及专业化一流企业，进一步提高产业集中度。流程结构优化方面，应把电炉钢发展与相关政策的制定相结合，在电价、碳排放、环保、产能置换等方面给予支持，有效推进电炉钢稳步持续发展。

五是把数字化智能化作为高质量发展的重要手段。高质量发展时期，钢铁工业要提高生产效率、降低生产成本、实现现代化管理，数字化智能化发展是必由之路。应加快推进工业互联网、人工智能和大数据中心建设，打造一批智能化示范工厂，突破一批智能制造关键共性技术。同时，应推动行业管理的数字化转型，利用工业互联网、区块链等技术，建设钢铁行业数字化管理平台，建立钢铁行业预警机制，实现全行业安全运行监测的制度化。

六是把提升质量效益作为高质量发展的落脚点。产品质量、生产效率和经营效益是衡量行业、企业是否实现高质量发展的重要指标，必须把产品质量和经济效益作为所有工作的落脚点。"十四五"要加快产品质量性能和稳定性进一步提升，钢材实物质量总体达到国际先进水平，产量达到供需动态平衡，行业平均劳动生产率达到1200吨/（人·年），行业利润率达到制造业平均水平。

差别化管控促进中国钢铁工业高质量发展[1]

李新创

"十三五"规划期间，中国钢铁行业率先开启了供给侧结构性改革伟大实践，市场信心得到大幅提振，行业秩序得到有效净化，企业效益得到全面增长，特别是建筑、机械和能源等用钢行业市场需求拉动，比如，2020年建筑行业钢材消费量达5.75亿吨，同比增加6900万吨，粗钢产量实现五年连增，年均增速5.55%，2019年接近10亿吨，2020达到创世界历史的10.65亿吨，占世界比重由2015年的49.6%提高至约57%，中国引领世界钢铁发展已有25年，充分展现了中国钢铁强大的竞争力。

在双循环发展新格局下，中国国内钢材消费基本稳定、长期呈现下降的趋势，与粗钢产量高位持续增长形成鲜明对比，不仅容易引发新一轮严重的供需失衡，还将深刻影响产业链供应链安全、碳排放的增加，进而迟缓行业高质量发展进程。2020年12月28日，工业和信息化部部长肖亚庆在2021年全国工业和信息化工作会议上做出重要指示："钢铁行业作为能源消耗高密集型行业，要坚决压缩粗钢产量，确保粗钢产量同比下降。"如何实现粗钢产量的科学管控，核心就要明确粗钢产量增在哪里、为什么增，然后结合政策实践、行业趋势、企业实际，因地分区、因势分时、因业分类精准施策，有序推动产量管控，有力巩固公平机制，有效促进高质量发展。

一、粗钢产量增长方向

（一）分企业所有制

2020年中国钢铁工业协会会员企业中，中央和国有钢铁企业18家，粗钢产量42071.2万吨，较2015年增长23.1%，比同期全国粗钢产量31.0%的增幅低7.9个百分点，占全国粗钢产量40.0%。从增幅上看，华菱集团、陕钢集团增幅分别超过80%、70%，中信特钢、广西柳钢增幅超过50%；从增量上看，中国宝武增量超过2000万吨，华菱钢铁、山钢集团增量1000万吨左右，三家企业增量占比超过50%（见表1）。

---

[1] 本文发表于《钢铁》2021年第56卷第11期。

表1　中央和国有钢铁企业 2020 年与 2015 年粗钢产量对比

序号	企业名称	2020 年粗钢产量/t	2015 年粗钢产量/t	粗钢增量/t	增幅/%
1	中国宝武	115288067	93382756	21905311	23.5
2	河钢集团	42376524	47745380	−5368856	−11.2
3	鞍钢集团	38193716	31581844	6611872	20.9
4	首钢集团	34003447	28552541	5450906	19.1
5	山钢集团	31114244	21692110	9422134	43.4
6	华菱集团	26777426	14873925	11903501	80.0
7	本钢集团	17358293	14990921	2367372	15.8
8	广西柳钢	16906279	10826595	6079684	56.2
9	包头钢铁	15610567	11862732	3747835	31.6
10	中信特钢	14090616	9157498	4933118	53.9
11	陕钢集团	13179533	7465778	5713755	76.5
12	福建三钢	11371483	9575205	1796278	18.8
13	安阳钢铁	11199268	10740271	458997	4.3
14	新余钢铁	9886006	8644170	1241836	14.4
15	酒泉钢铁	8753278	7684523	1068755	13.9
16	凌源钢铁	5851008	4638229	1212779	26.1
17	宁波钢铁	4503567	4395560	108007	2.5
18	新兴铸管	4248993	3833073	415920	10.9
合　计		420712315	341643111	79069204	23.1

注：2015 年粗钢产量包含 2020 年重组后钢铁企业的粗钢产量。

　　2020 年中国钢铁工业协会会员企业中，300 万吨及以上的民营钢铁企业 42 家，粗钢产量 36267.6 万吨，较 2015 年增长 43.3%，较全国粗钢总量增幅高出 12.3 个百分点，占全国粗钢产量的 34.4%。这不仅得益于民营钢企灵活的经营机制，更受益于发展理念的跃升，更加注重技术进步、更好推进智能改造、更优提升组织管理、更高质量实施绿色发展，比如截至目前，已公示超低排放改造钢企 16 家，民营钢企已达到 8 家。从增幅上看，鑫达钢铁、东海特钢增幅分别超过 300%、200%，裕华钢铁、河北天柱、九江线材、贵港钢铁、荣信钢铁、建龙重工等增幅超过 100%。另有盛隆冶金、普阳钢铁等 20 家钢铁企业增幅超过全国粗钢产量增长。从增量上看，建龙重工和德龙集团增量超过 1000 万吨，东海特钢、陕西钢铁、盛隆冶金、沙钢集团等增量超过 500 万吨（见表 2）。

表 2　中国民营钢铁企业 2020 年与 2015 年粗钢产量对比

序号	企业名称	2020 年粗钢产量/t	2015 年粗钢产量/t	增长量/t	同比增幅/%
1	沙钢集团	41589242	36359421	5229821	14.4
2	建龙重工	35716991	17844449	17872542	100.2
3	德龙集团	28258143	17787969	10470174	58.9
4	方大钢铁	19604320	16316208	3288112	20.2
5	日照钢铁	14403962	13999379	404583	2.9
6	新华联合	14179890	10379962	3799928	36.6
7	敬业集团	14122879	11316576	2806303	24.8
8	中天钢铁	12761404	9081486	3679918	40.5
9	盛隆冶金	12064059	6409100	5654959	88.2
10	南京钢铁	11583066	8590379	2992687	34.8
11	东海特钢	10883977	3300671	7583306	229.8
12	津西钢铁	8012696	9768416	-1755720	-18.0
13	五矿营口	7775539	5680195	2095344	36.9
14	九江线材	7324028	2857400	4466628	156.3
15	瑞丰钢铁	6598814	6291300	307514	4.9
16	普阳钢铁	6297424	3553984	2743440	77.2
17	镔鑫钢铁	5728532	4482994	1245538	27.8
18	晋南钢铁	5447853	3949501	1498352	37.9
19	晋城福盛	5286765	3060000	2226765	72.8
20	衢州元立	5199983	4386907	813076	18.5
21	唐山港陆	5164213	3067461	2096752	68.4
22	山西高义	5092288	2980000	2112288	70.9
23	河北天柱	5016982	1839026	3177956	172.8
24	鑫达钢铁	4962855	1227000	3735855	304.5
25	辛集澳森	4928522	3540700	1387822	39.2
26	东华钢铁	4683691	3269090	1414601	43.3
27	荣程钢铁	4601900	3552457	1049443	29.5
28	济源钢铁	4344247	3404749	939498	27.6
29	石横特钢	4217038	3137794	1079244	34.4

续表 2

序号	企业名称	2020年粗钢产量/t	2015年粗钢产量/t	增长量/t	同比增幅/%
30	玉昆钢铁	4160747	2359280	1801467	76.4
31	联鑫钢铁	4072845	2582169	1490676	57.7
32	宏兴钢铁	4010875	3816700	194175	5.1
33	三宝集团	3807683	3300000	507683	15.4
34	裕华钢铁	3791859	1298000	2493859	192.1
35	山西建邦	3687722	2171408	1516314	69.8
36	山西中阳	3560173	2797190	762983	27.3
37	泰山钢铁	3446768	3260302	186466	5.7
38	龙腾特钢	3361106	2519161	841945	33.4
39	贵港钢铁	3354928	1398158	1956770	140.0
40	新金钢铁	3239156	1938373	1300783	67.1
41	荣信钢铁	3199542	1507458	1692084	112.2
42	西王金属	3131200	2677200	454000	17.0
	合计	362675907	253059973	109615934	43.3

注：2015年粗钢产量包含2020年重组后钢铁企业的粗钢产量。

（二）分省市

从增幅上看，"十三五"规划期间，宁夏增幅超过150%，黑龙江增幅超过130%，广东增幅超过90%，山西、内蒙古、新疆增幅超过70%。从增量上看，粗钢产量增长超过1000万吨的有河北、山西、广东、辽宁、内蒙古、山东、安徽、江苏8个省（自治区）。其中，河北省粗钢产量24976.95万吨，占全国粗钢产量的23.7%，较2015年增长6144.95万吨，高居首位，占全国粗钢产量增量的24.7%；山西省增长2790.78万吨，占全国增量的11.2%；广东省增长1620.64万吨，占全国增量的6.5%（见表3）。

表3　2020年与2015年中国分省（市、自治区）粗钢产量对比

省（市、自治区）	2020年粗钢产量/万吨	2015年粗钢产量/万吨	产量增长/万吨	增幅/%	增量占比/%
天津	2171.82	2068.9	102.92	5.0	0.4
河北	24976.95	18832	6144.95	32.6	24.7
山西	6637.78	3847	2790.78	72.5	11.2
内蒙古	3119.87	1735.1	1384.77	79.8	5.6

续表3

省(市、自治区)	2020年粗钢产量/万吨	2015年粗钢产量/万吨	产量增长/万吨	增幅/%	增量占比/%
辽宁	7609.4	6071.3	1538.1	25.3	6.2
吉林	1525.61	1066.8	458.81	43.0	1.8
黑龙江	986.55	418.5	568.05	135.7	2.3
上海	1575.6	1783.8	-208.2	-11.7	-0.8
江苏	12108.2	10995.2	1113	10.1	4.5
浙江	1457.03	1594.9	-137.87	-8.6	-0.6
安徽	3696.69	2506	1190.69	47.5	4.8
福建	2466.5	1586.5	880	55.5	3.5
江西	2682.07	2211	471.07	21.3	1.9
山东	7993.51	6619.3	1374.21	20.8	5.5
河南	3530.16	2897.4	632.76	21.8	2.5
湖北	3557.23	2919.8	637.43	21.8	2.6
湖南	2612.9	1852.8	760.1	41.0	3.1
广东	3382.34	1761.7	1620.64	92.0	6.5
广西	2275.48	2146	129.48	6.0	0.5
重庆	899.95	689.5	210.45	30.5	0.8
四川	2792.63	1947.7	844.93	43.4	3.4
贵州	461.94	466.4	-4.46	-1.0	0.0
云南	2233.02	1418.1	814.92	57.5	3.3
陕西	1521.53	1027.3	494.23	48.1	2.0
甘肃	1059.17	852.1	207.07	24.3	0.8
青海	193.24	120.6	72.64	60.2	0.3
宁夏	466.62	181.8	284.82	156.7	1.1
新疆	1306.13	739.6	566.53	76.6	2.3
合计	105299.92	80382.5	24917.42	31.0	100.0

(三) 分企业规模

2020年粗钢产量超过1000万吨的钢铁企业有24家,产量合计60263.7万吨,较2015年粗钢产量增长30.4%,与全国粗钢产量增速处于同一水平。粗钢产量前十位粗钢产量41292.2万吨,占全国粗钢产量39.2%,较2015年提高5个百分点(见表4)。

表4 2020年与2015年中国分企业规模粗钢产量对比

序号	企业名称	2020年粗钢产量/t	2015年粗钢产量/t	增幅/%
1	中国宝武	115288067	93382756	23.5
2	河钢集团	42376524	47745380	-11.2
3	沙钢集团	41589242	36359421	14.4
4	鞍钢集团	38193716	31581844	20.9
5	建龙重工	35716991	17844449	100.2
6	首钢集团	34003447	28552541	19.1
7	山钢集团	31114244	21692110	43.4
8	德龙集团	28258143	17787969	58.9
9	华菱集团	26777426	14873925	80.0
10	方大钢铁	19604320	16316208	20.2
11	本钢集团	17358293	14990921	15.8
12	柳州钢铁	16906279	10826595	56.2
13	包头钢铁	15610567	11862732	31.6
14	日照钢铁	14403962	13999379	2.9
15	新华联合	14179890	10379962	36.6
16	敬业集团	14122879	11316576	24.8
17	中信特钢	14090616	7611885	85.1
18	陕西钢铁	13179533	7465778	76.5
19	中天钢铁	12761404	9081486	40.5
20	盛隆冶金	12064059	6409100	88.2
21	南京钢铁	11583066	8590379	34.8
22	福建三钢	11371483	9575205	18.8
23	安钢集团	11199268	10740271	4.3
24	东海特钢	10883977	3300671	229.8
合　计		602637396	462287543	30.4

注：2015年粗钢产量包含2020年重组后钢铁企业的粗钢产量。

（四）分企业竞争力

2020年12月，冶金工业规划研究院发布了《钢铁企业发展质量暨综合竞争力评估（2020）》，其中，中国宝武、首钢集团、中信特钢、沙钢集团等被评为竞争力极强的A+级钢铁企业，粗钢产量合计45455.1万吨，较2015年增长28.2%，略低于全国粗钢产量31.0%的增速；占全国粗钢产量的43.2%，较2015年的44.1%略有降低（见表5）。

表5 2020年中国竞争力A+级钢铁集团粗钢产量变化

序号	企业名称	2020年粗钢产量/t	2015年粗钢产量/t	产量增长/t	增幅/%
1	中国宝武	115288067	93382756	21905311	23.5
2	首钢集团	34003447	28552541	5450906	19.1
3	中信特钢	14090616	7611885	6478731	85.1
4	沙钢集团	41589242	36359421	5229821	14.4
5	河钢集团	42376524	47745380	−5368856	−11.2
6	鞍钢集团	38193716	31581844	6611872	20.9
7	山钢集团	31114244	21692110	9422134	43.4
8	华菱集团	26777426	14873925	11903501	80.0
9	南京钢铁	11583066	8590379	2992687	34.8
10	柳州钢铁	16906279	10826595	6079684	56.2
11	建龙重工	35716991	17844449	17872542	100.2
12	德龙钢铁	28258143	17787969	10470174	58.9
13	日照钢铁	14403962	13999379	404583	2.9
14	新兴铸管	4248993	3833073	415920	10.9
合 计		454550716	354681706	99869010	28.2

注：2015年粗钢产量包含2020年重组后钢铁企业的粗钢产量。

（五）粗钢产量增幅比较

从企业看，中国300万吨以上民营钢铁企业粗钢产量增长最快，"十三五"规划期间增幅高达43.3%；央企和国企增幅最小，仅23.1%；千万吨级以上钢铁企业和竞争力极强的A+级钢铁企业增幅基本与全国增速保持一致。

从区域看，河北、江苏、山东、辽宁和山西等省份位居2020年粗钢产量前五，其中河北、山西超过全国平均增速，分别达到32.6%、72.5%，其增量占全国增量比例分别为24.7%、11.2%（见表6）。

表6 "十三五"规划期间中国粗钢增幅比较

分类	分所有制		分规模	分竞争力	分省市		
	央企/国企	民企	千万吨级以上	A+极强	全国	河北	山西
占比/%	40.0	34.4	57.2	43.2	100	23.7	6.3
增幅/%	23.1	43.3	30.4	28.2	31.0	32.6	72.5

二、粗钢产量增长原因

(一) 市场需求拉动

下游钢材消费市场的需求拉动是粗钢产量增长的第一动力。"十三五"规划期间，中国经济稳步增长，钢材消费持续增长，由 2015 年的 6.68 亿吨增长至 2020 年的 9.95 亿吨，增长幅度 49.0%，年均复合增速达到 8.3%，均高于粗钢产量的增长水平。未来，在以国内大循环为主的发展格局下，钢材消费仍将较长时期保持高位波动，从而形成对粗钢产量高位波动的重要支撑。

(二) 行业整合提升

"十三五"规划时期，中国宝武、沙钢集团、建龙重工、德龙集团等实施了一系列重大兼并重组，对钢铁行业发展格局产生了深刻而长远的影响。其中，最重要的是有利于推动集团化统一管控、专业化高效作业，从而大幅提高资源配置和使用效率，实现高效益发展。例如，中国宝武以极致的"简单、高效、低成本"为目标，打造了"碳钢、特钢、不锈钢"三大专业化平台。2020 年，马钢集团粗钢产量突破 2000 万吨，重钢粗钢产量较 2015 年实现翻番，八一钢铁、中南钢铁、鄂城钢铁较 2015 年分别大幅增长 40.5%、54.2%、59.4%。

与此同时，重组整合后，通过龙头企业先进技术、管理、渠道和优秀人才的输出、升级和优化，使得被重组企业浴火重生。德龙集团重组新天钢后，新天钢不仅彻底扭亏为盈，而且粗钢产量也连创新高，2020 年达到 1994.5 万吨，较 2015 年大幅提升 37.7%；建龙重工在重组山西海鑫钢铁之后，相继收购了黑龙江、吉林两省的全部钢铁企业，并重组包钢万腾、宁夏建龙等钢铁企业，产能利用率大幅提升，粗钢产量较 2015 年增长 100.2%，其中，西林钢铁粗钢产量由 2015 年的 145.6 万吨增长至 2020 年的 410.5 万吨，增幅高达 181.9%。同样依靠管理输出实现粗钢产量大幅增长的还有五矿营口中板，较 2015 年增长 36.9%。

(三) 企业技术进步

一方面，工艺装备技术的进步促进了钢铁企业生产效率的大幅提升。薄板坯连铸连轧（ESP）、薄带铸轧（Castrip）、棒线连铸连轧等近终形制造技术逐步成熟并广泛应用，Consteel 电炉、Quantum 电炉等先进冶炼装备快速发展，促进冶炼周期一再缩短。当前，生产普碳钢转炉冶炼周期可以稳定控制在 30min 左右，更快的可以达到 25min 以内，先进的全废钢电炉冶炼周期也可稳定控制在 40min 以内，从而实现产能利用率的大幅提升。

另一方面，智能制造、智慧管控一体化的逐渐普及，开启了钢铁工业的第四次技术革命。随着互联网、大数据、人工智能、5G 等技术的迅猛发展，钢铁行业智能制造步伐不断加快，智能装备在劳动强度大、安全风险高、作业环境恶劣的多个生产环节得到广泛应用，打造了 9 家智能制造试点示范和 10 家工业互联网试点示范。宝钢冷轧建成"黑灯工厂"，鞍钢"5G+机器视觉"实现钢板的实时缺陷检测，首钢、宁钢、荣钢等企业充分利用大数据与人工智能等技术，积极探索动态排产、能耗预测、决策优化等创新应用，推动了生产效率的极致提升。

三、中国粗钢产量管控的重要意义

（一）更高质量发展的需要

当前，中国钢铁产业竞争力虽已跻身世界一流水平，但在市场定价能力、高附加值产品、技术创新等方面与国外先进企业还有一定差距，中国国内粗钢低合金钢和合金钢占比仅为 50% 左右，每年进口 200 余万吨用于国内重点工程、重大装备、国防军工等关键领域的钢材尚未实现自主可控，钢铁行业国家级企业技术中心仅为 30 家，全部或部分达到超低排放改造的仅为 16 家。钢铁行业高质量发展，即由"老大"向"强大"转变，由数量时代向质量时代转变，重点是推动钢铁产业高端化、智能化、绿色化。这既需要中国宝武、中信特钢等一大批优秀钢铁企业的引领，更需要所有钢铁企业的共同参与和建设，摈弃粗放发展模式，立足于产品质量的提升，致力于创新能力的提升，深耕于服务水平的提升，共建行业高质量发展新格局。

（二）更有效率发展的需要

钢铁行业供给侧结构性改革的重要目标就是减少无效低效供给，提升有效高效供给。持续深化供给侧结构性改革，首要的就是避免低水平重复建设。而据国家统计局数据，2020 年，黑色金属冶炼及压延加工业投资累计增长 26.5%，较制造业投资增速高出 28.7 个百分点，处于工业行业领先地位。粗钢产量的高位增长，将在很大程度上刺激钢铁企业发展着眼于规模化的扩张，而不是高质量产品的供给，个别企业为了追求短期效益最大化，甚至大幅降低优特钢产品的比例，将生产重心转向普通建筑用钢，这与高端化发展理念背道而驰。同时，投资过热也将导致钢企忽视高科技支撑、先进理念引领、优秀模式输出等。

（三）更加公平发展的需要

《国务院关于钢铁行业化解过剩产能实现脱困发展的意见》（国发〔2016〕6号）、《关于推动钢铁工业高质量发展的指导意见（征求意见稿）》的基本原则明确提出"健全公平开放透明的市场规则""构建公平有序的市场竞争秩序"。中国钢铁企业数量巨大，发展水平参差不齐，市场竞争更多聚焦于价格和服务，同时对于节能减排、产品升级、税收缴纳等供给背后的付出与贡献，尚未形成有效的公平竞争体系。钢铁企业以产量为纲，推动粗钢产量持续高位增长，有可能导致市场调节失灵，劣币驱逐良币，进而严重影响行业发展水平的提升。

（四）进一步可持续发展的需要

2020年中国进口铁矿石量11.7亿吨，再创历史新高，占全球铁矿石贸易市场70%以上，但进口量中83%集中来源于澳大利亚和巴西两个国家，存在较大的供应风险。此外，在上游供应高度集中和频繁"黑天鹅"事件影响下，铁矿石价格大幅波动，导致中国钢铁行业利润同比下降或亏损，不利于行业稳定可持续发展。同时，在矿价高企情况下，钢铁生产成本向下游转移，导致下游行业"用不起"，以内循环为主的发展格局受到很大挑战。科学控制粗钢产量，可从源头减少铁矿石需求，降温和缓解铁矿石市场高涨行情，有益于降低钢铁行业原料供应"卡脖子"风险，同时有力支撑内循环为主的战略格局，促进中国钢铁行业健康可持续发展。

（五）更为安全发展的需要

1967~2020年的54年间，美国、日本、印度、韩国分别生产粗钢51.68亿吨、55.32亿吨、18.24亿吨、17.44亿吨，中国粗钢产量为140.81亿吨，仅仅"十三五"规划期间，中国就生产粗钢46.18亿吨，如果不实施科学管控，"十四五"规划期间或将再生产粗钢50亿吨。而经济高质量发展阶段的重要体现，就是增长动力从要素驱动转向创新驱动，从投资拉动转向消费投资双驱动。长期来看，中国单位GDP钢材消费强度进一步下降，钢材实际消费总量尽管仍将保持高位，但总体趋于波动缓降态势。在粗钢供给能力持续增长的情况下，极易引发新一轮更为严重的供需失衡，进而引起系统性重大风险。

四、差别化管控，科学推动中国粗钢产量同比下降

在以中国国内大循环为主体，国内国际双循环相互促进的新发展格局下，坚持全国一盘棋思维，凝聚共识、形成合力，巩固公平竞争的市场环境，构建科学管控长效机制，推动有效市场和有为政府更好结合，即要素资源向优势地区、优

强企业流动与集中，促进优势更优强处更强，推动供需更高水平动态平衡，促进钢铁行业高质量发展。

（1）大力推动兼并重组，因企施策实施差别化管控。"十三五"规划期间，竞争力极强的和千万吨级以上的优强钢企牵头实施了一系列兼并重组，成为行业发展新格局的重要转折点：中低速增长与高质量供给的完美结合。两者占全国粗钢产量比例分别为 43.2%、57.2%，起到了支持行业稳定发展的基础作用；其增速分别为 28.2%、30.4%，与全国 31.0% 的增速基本处于同一水平，远低于竞争力较弱和产量规模较小的钢铁企业增速（300 万~1000 万吨级钢铁企业同期增幅接近 40%）。国家"十四五"规划建议提出"鼓励企业兼并重组，防止低水平重复建设"，对于钢铁行业高质量发展，重中之重就是立足规模优势，加强政策配套，通过兼并重组推动集群发展，不断提升供给质量，持续增强国际竞争力的同时，结合产能置换、备案管理等产业政策，实现产能确实减量和产量有效管控的双重目的。

（2）深入推动布局优化，因地分区实施差别化管控。北重南轻、北钢南运一直是影响钢铁行业高质量发展的突出问题。2020 年，河北、山东、山西、河南、天津等省市粗钢产量 45310.2 万吨，占全国比例 43.0%，比 2015 年占比提高 0.4 个百分点；河北、辽宁、江苏、山东、山西等省钢材运出量占其产量的平均比例达 60% 以上，其中山西接近 70%、河北超过 80%，同期广东、湖南、浙江等省钢材调入量占其产量的平均比例却在 100% 左右。因此，应因地分区实施差别化粗钢产量管控，加大钢材净运出量比例较大地区粗钢产量管控力度，实现钢铁产业布局优化的重要目标。

（3）积极推动绿色发展，因势分时实施差别化管控。绿色低碳发展是解决环境、能源制约瓶颈，推动行业高质量发展的必由之路，也是高质量发展的关键体现。16 家超低排放改造检测评估公示企业合计粗钢产量约为 1.4 亿吨，仅占全国粗钢产量比例的 13%。钢铁企业超低排放改造过程中，投入大量资金和人力进行改造升级，并大幅增加了运营成本，但在钢材售价和经营效益上并未得到体现，如果在产能和产量控制中同样得不到差别化对待，将严重阻碍行业绿色发展进程。因此，应通过政策鼓励先进和倒逼落后，推动绿色发展和产量管控的同步实现：对于实现超低排放改造的优势企业、优势产能，各级政府不宜将其纳入产能压减、产量管控名单；与此同时，对于达不到超低排放标准的企业和地区，应加大限产力度、延长限产周期。

（4）着力推动工艺流程结构调整，因业分类实施差别化管控。不管是产业链供应链的安全建设，还是行业低碳发展的推动，工艺流程结构的优化都是重要环节。中国是世界钢铁工业生产中心，但电炉钢比例仅占 10%，远低于世界 30% 的平均水平，而铁矿消耗、能源消耗和污染物排放的重点均在铁前环节。当前，受限于电炉生产成本较高、产品结构调整较难、冶炼周期较慢，以及废钢资源保障较弱等诸多影响因素，电炉开工率和产能利用率仅在 70% 左右，平均较高炉—转炉长流程产能利用率低 30 个百分点以上。因此，粗钢产量的管控要根据不同工艺实施差别化管控，一方面加快落实电炉特别是全废钢电炉企业差别化电价政策，另一方面在产能和产量双控方面，力争做到"不减、不搬、不停、不限"，引导和鼓励电炉钢发展。需要注意的是，电炉钢的发展不可能一蹴而就，更不能抛弃已有长流程产能而"一窝蜂"上马短流程，应该在着力推进转炉废钢比提升的基础上，完善相关电炉钢支持政策，稳步推进电炉钢发展。

（5）逐步推动产品升级，促进用钢减量化。用钢减量化是减少钢材用量、实施粗钢产量管控的重要举措，一方面，加大政策引导支持力度，切实做好高强钢结构用钢和高强钢筋的应用推广，切实推进装配式钢结构等新型建筑工业化发展，为钢材产品升级换代提供良好的政策环境；另一方面，加强钢铁冶炼企业与钢材应用产业深度融合，加大对高强高韧、耐蚀耐磨、耐疲劳、长寿命等钢材的研发和生产，共同制定行业标准，通过下游结构轻量化设计、轻量化材料、轻量化制造技术集成应用实现用钢需求降低。例如，浦项钢铁将韩国 17 家公司的 23 个产品正式纳入高端钢材品牌"INNOVILT"认证产品，共同推进建筑用钢市场升级换代；与金刚工业、辰方钢铁、韩进铁管等韩国钢管企业共同开发了超轻钢管脚手架用产品，并与仪曹产业和大韩建设产业等韩国用钢企业全面推广，脚手架用钢强度提升 40% 以上，质量减少 25%，在混合千斤顶支吊架产品强度相同情况下，质量减量 50% 以上。

（6）适时推动进出口政策调整，促进中国国内大循环。中国钢铁生产始终以满足国内经济发展需求为主，据世界钢铁协会统计，2019 年中国钢材出口比例折合粗钢产量占比仅为 6.6%，是粗钢产量 2000 万吨以上国家中最低的。2020 年钢材出口 5367 万吨，同比下降 16.5%，出口比例进一步下降至 5.4%。当前，国际钢铁产能合作蓬勃发展，东南亚、中东等地区粗钢产量快速增长，为中国钢材钢坯进口提供了前提条件，在保持国内钢铁高质量发展的同时，还可以保障钢材消费需求高位波动甚至小幅增长的需要。因此，通过进出口政策调整，取消或降低部分中低端钢材产品出口退税率，增补或上调部分高端钢材产品出口退税率，同时取消或降低中高端钢材钢坯产品进口税率，不仅能够有效支撑粗钢产量管控，还将赢得国际社会的高度认可和更加有利的发展空间。

五、结论

基于冶金工业规划研究院对钢铁行业发展规律、发展逻辑和钢铁企业发展规划的持续研究，中国粗钢产量管控应坚持行业平稳运行的底线思维和全行业高质量发展的全局思维，即一方面要充分考虑政策的连续、市场的稳定，处理好需求、产量、资源、低碳的关系，确保钢铁行业平稳运行和高质量发展；另一方面，要着眼于全钢铁行业的高质量发展，着眼于全行业公平竞争秩序的构建，而不是局限于某个地区、某个企业的得失，避免"一刀切"和"切一刀"的简单操作。同时，聚焦于重组、布局、绿色、流程、产品和进出口等"六大举措"，以科学的顶层设计为指导，以夯实的政策措施为支撑，促进粗钢产量管控工作取得实效，推动中国钢铁工业高质量发展。

第二章

政策解读

关于推进钢铁过剩产能依法依规
退出的思考与建议❶

李新创

按照《国务院关于钢铁行业化解过剩产能实现脱困发展的意见》（以下简称《意见》）的相关要求，依法依规退出是化解过剩产能的重要方式，具体依据何种法律、法规？《意见》明确提出了要严格执行环保、能耗、质量、安全、技术等法律法规和产业政策，达不到标准要求的钢铁产能要依法依规退出，这彰显了全面依法治国时代的行政新思路。但要引起注意的是，依法依规化解过剩产能仍然存在不可回避的难点，化解钢铁过剩产能要"有法可依"，更要"有章可循"，同时"执法必严"应借助第三方专业机构的力量，而"安全死结"需要政府协调解决。

一、化解过剩产能要"有法可依"更要"有章可循"

从目前来看，化解过剩产能是"有法可依"的。比如在环保方面有《环境保护法》以及《钢铁工业水污染物排放标准》《钢铁烧结、球团工业大气污染物排放标准》《炼铁工业大气污染物排放标准》《炼钢工业大气污染物排放标准》《轧钢工业大气污染物排放标准》等，在能耗方面有《节约能源法》以及《粗钢生产主要工序单位产品能源消耗限额》等。

但是要看到，仅有法律条文和标准规范仍然是不够的，在法律标准和落实执行之间还需构建一套有效、简便、实用的实施章程，这是法律标准能否落地取得实效的重要前提，当前在实施章程上还不完善，各地也存在差别，特别是与法律标准、实施章程衔接的基础设施也存在缺陷。比如能耗方面，有些企业的能源计量体系就不完善，能源计量器具配备不齐全，能耗数据统计不准确，此外，现有能耗标准体系还不够完善，仅有限额标准，缺乏相关配套的能耗指标先进性评估标准等。比如环保方面，环保监测是否覆盖全面？排放数据是否准确？不少都是说不清楚的。再比如，关于地条钢的问题，《意见》并没有给出明确的界定，什么是生产地条钢的企业？有哪些判断标准？谁来判断？

---

❶　本文发表于《中国钢铁业》2016年第4期。

二、"执法必严"应借助第三方专业机构力量

法律标准的生命力在于执行，"有法可依"的问题解决后就是"有法必依""执法必严"和"违法必究"，核心是"执法必严"，如果能够做到，一定能够促进一批产能的退出。当然，根据《意见》内容，对不达标的钢铁产能，可以获得不同期限的整改时间窗口，对于选择继续参与钢铁市场竞争的企业来讲，必须达到相关法律标准的要求，相应的投入也是必不可少的。

从环保、能耗、质量、安全、技术这几个方面来看，技术要求是比较容易达到的。因为随着近些年淘汰落后、规范条件等各项工作的推进，400m³ 及以下炼铁高炉、30t 及以下炼钢转炉、30t 及以下炼钢电炉等落后生产设备已经基本淘汰完成了，目前大多数企业不存在这个问题，但确实存在一批所谓的"地条钢"企业并没有浮出水面，如前文所述需要政策层面给予界定。

除技术方面外，能耗、质量与企业市场竞争力和成本控制密切相关，应该讲企业的自身动力是很强的，在这些方面达标的问题也不大，当然一些专门生产假冒伪劣、扰乱市场秩序的"游击"产能除外，这需要质监部门、工商部门加大查处力度，也需要同行、舆论、社会各界的监督，需要同心协力共同净化。从执行角度看，能耗指标达标监管力量远不如环保，也缺乏依托专业化机构来判断某企业是否达标的机制，这极大影响了对"达不到《粗钢生产主要工序单位产品能源消耗限额》强制性标准要求的钢铁产能"的界定，更使得能耗方面的执法无从下手，因此应着力完善能耗指标先进性相关评估标准的建立，并引入第三方专业化机构参与能耗指标先进性评估和检查执法等工作。

环保应该是这几个方面中能够发挥核心作用的，因为有关环保的法律法规、标准规范比较齐全，环保工作也是最能够得到社会共识、最有群众基础的，而且确实有一些钢铁企业做得不够好，应作为化解过剩产能的重要抓手。但实事求是地分析，钢铁企业环保执法在操作层面的难度依然很大，钢铁企业流程长、污染源数量多，少则几十个，多则上百个，企业实现重点污染源、重点污染物达标难度不大，但要实现所有污染源、污染物达标难度非常大，如除烧结机头外的大多数污染源还未配备烟气自动在线监测装置，难以实现连续监控。特别是对于目前还缺乏成熟技术的污染源、污染物，比如焦炉烟气二氧化硫、氮氧化物。在环保执法力量上也存在不足，钢铁企业体量大、专业程度高、污染源多，环保监管难度远高于一般企业，要实现"执法必严"，需要极大的环保监管力量，监管执法人员也需要必要的专业技能培训，而目前我国各级环保监管部门还难以满足监管要求。尤其是，当前环保工作更多的是作为法律标准制定及环保监管方的环保部门和被监管企业之间的"二人转"，这种架构模式的公开性、公正性和公平性不足，存在较大的漏洞，应引入第三方的专业化机构参与环境监测、环保纠纷和污

染事故处理，同时加强钢铁企业环境信息公开，发挥公众和社会团体的监督作用。

三、"安全死结"需政府协调解决

安全标准应该引起大家的高度重视，企业内部的安全不达标可以通过技改来解决，但应引起注意的是，当前不少钢铁企业存在一个很难突破的安全难点，即随着企业发展带动社区形成，很多钢铁企业周围建设了不少的居民楼，或者是一些企业原本就在村镇旁边发展，导致企业生产设施与居民建筑的安全距离不足。此类安全问题是企业自身很难解决的、甚至是无解的，需要政府等予以协调解决。

从"增量发展"到"调整升级"

——钢铁工业"十三五"发展脉络研究[1]

李新创

2016 年 11 月 14 日，工业和信息化部发布了《钢铁工业调整升级规划（2016—2020 年）》（以下简称《规划》）。"十三五"是我国全面建成小康社会的决胜阶段，"创新、协调、绿色、开放、共享"新理念给"十三五"时期钢铁工业调整升级注入了灵魂，从《规划》相对于"十二五"规划的变化，可以探究出我国钢铁工业的发展脉络。

一、存在的问题出现了重大变化

"十二五"初期，我国钢铁工业存在的问题主要还是品种质量亟待升级，布局调整进展缓慢，能源、环境、原料约束增强，自主创新能力不强等。如今，我国钢铁工业面临的主要问题发生了重大变化，产能过剩矛盾加剧成为焦点。与此同时，自主创新水平不高、资源环境约束增强这两个老问题依然没有解决，企业无序竞争的问题也十分严重。

从问题导向的思路出发，未来 5 年，我国钢铁工业必须聚焦于解决产能过剩矛盾，这是当前钢铁工业的主要矛盾。与此同时，在化解过剩、减量发展的过程中，我国钢铁企业不应过分追求速度和规模，而应追求质量和效益，并高度重视提高自主创新能力、减轻资源环境约束，促进企业有序竞争。

二、面临的形势发生了根本变化

"十二五"初期，我国钢铁工业面临的形势是需求增速趋缓、资源价格高涨，产品同质化竞争加剧和环境压力增大，钢铁需求量进入峰值弧顶区，行业呈现低增速、低盈利的运行态势。当前，我国经济发展处于新常态，进入了全面推进供给侧结构性改革的攻坚阶段，钢铁工业面临需求下降、产能过剩和有效供给不足以及出口下降等方面的严峻挑战，钢材消费强度和消费总量呈双降走势，生

---

[1] 本文发表于《中国冶金报》2017 年 1 月 6 日 02 版。

产消费步入峰值弧顶下行期，呈波动缓降趋势。

钢材生产消费从"增速放缓"到"需求下降"，从"峰值弧顶"到"峰值弧顶下行期"，钢铁行业进入"减量发展"新时期的态势十分明显，着力化解过剩产能、提高有效供给，实现钢铁行业脱困发展已是当务之急。

三、提出的目标反映了思路变化

"十二五"初期，我国钢铁工业提出了"初步实现钢铁工业由大到强的转变"的目标。"十三五"时期则提出，到 2020 年钢铁工业实现全行业根本性脱困，力争到 2025 年"实现我国钢铁工业由大到强的历史性跨越"。这是既立足于当前实际，又着眼于长远发展的目标，彰显了中国钢铁人的务实和自信。

《规划》提出了 15 项（17 个）发展指标，其中新增 9 项指标，继续沿用 5 项指标，调整变化 1 项指标，具体见表 1。

表 1　"十三五"时期钢铁工业调整升级主要指标

序号	指　标		2015 年	2020 年	备　注
1	工业增加值增速/%		5.4	6.0 左右	—
2	粗钢产能/亿吨		11.3	10 以下	减少 1~1.5
3	产能利用率/%		70	80	增加 10 个百分点
4	产业集中度（前 10 家）/%		34.2	60	增加 25 个百分点以上
5	钢铁智能制造示范试点/家		2	10	增加 8
6	主业劳动生产率/吨·（人·年）$^{-1}$		514	≥1000	增加 486 以上
7	能源消耗总量		—	—	下降 10% 以上
8	吨钢综合能耗/千克标煤		572	≤560	降低 12 以上
9	吨钢耗新水量/m³		3.25	≤3.2	降低 0.05 以上
10	污染物排放总量		—	—	下降 15% 以上
11	吨钢二氧化硫排放量/kg		0.85	≤0.68	降低 0.17 以上
12	钢铁冶炼渣综合利用率/%		79	90 以上	增加 11 个百分点以上
13	研发投入占主营业务收入比重/%		1.0	≥1.5	增加 0.5 个百分点以上
14	钢结构用钢占建筑用钢比例/%		10	≥25	增加 15 个百分点以上
15	两化融合关键指标	综合集成大型企业比例/%	33	≥44	增加 11 个百分点以上
		管控集成大型企业比例/%	29	≥42	增加 13 个百分点以上
		产供销集成大型企业比例/%	43	≥50	增加 7 个百分点以上

新增 9 项指标中，有 2 项与去产能直接相关，即产能总量、产能利用率，延续了国务院政策文件对化解 1 亿~1.5 亿吨粗钢产能的要求，并细化提出产能压减到 10 亿吨以下，产能利用率提高到 80%；有 2 项指标与智能制造相关，即钢铁智能制造示范试点家数、两化融合关键指标，反映了钢铁实施智能制造的重要性；有 2 项与节能减排相关，即能源消耗总量、污染物排放总量，表明随着钢铁工业进入减量发展时期，将在降低能耗总量、污染排放总量方面作出积极重大贡献；其余 3 项分别是主业劳动生产率、钢结构用钢占建筑用钢比例和工业增加值增速，分别反映在效率、产品和价值等方面的要求，表明我国钢铁工业在减量发展的同时，要提高效率、优化产品、提升创造价值能力。

继续沿用的 5 项指标中，产业集中度目标值仍和"十二五"一样要求达到 60%（CR10），但由于起点下降，任务量翻了一番还多，可见兼并重组是未来钢铁行业的一项重点任务，也是难点所在；吨钢综合能耗、吨钢耗新水量、吨钢二氧化硫排放量则要求在"十二五"基础上继续下降，尽管目标下降值减小，但考虑下降空间缩小的因素，实现起来难度不小；钢铁工业研发投入占主营业务收入比重指标在"十二五"期间不但没有实现增长 0.5% 的目标，反而下降了 0.1%，此次仍然和"十二五"一样提出了 1.5% 的目标，是一项巨大挑战。

调整变化的 1 项指标由"十二五"的"固体废弃物综合利用率"调整为"钢铁冶炼渣综合利用率"，不再是简单粗放地回收渣铁渣钢，而是更加强调冶炼渣高效高附加值绿色化利用。

四、发展的重点体现了任务变化

《规划》提出了积极稳妥去产能去杠杆、完善钢铁布局调整格局等 10 项重点任务，与"十二五"时期提出的 9 项重点任务相比，有了非常大的变化，见表 2。

表 2 "十三五"时期钢铁工业调整升级重点任务与"十二五"规划对比

序号	调整升级规划	"十二五"规划
1	积极稳妥去产能去杠杆	加快产品升级
2	完善钢铁布局调整格局	深入推进节能减排
3	提高自主创新能力	强化技术创新和技术改造
4	提升钢铁有效供给水平	淘汰落后生产能力
5	发展智能制造	优化产业布局
6	推进绿色制造	增强资源保障能力
7	促进兼并重组	加快兼并重组
8	深化对外开放	加强钢铁产业链延伸和协同
9	增强铁矿资源保障能力	进一步提高国际化水平
10	营造公平竞争环境	

　　"十三五"时期，去产能、去杠杆是行业调整升级的十大任务之首。《规划》提出综合运用市场机制、经济手段和法治办法，严禁新增钢铁产能，依法依规去产能，处置僵尸企业，降低企业资产负债率。较"十二五""淘汰落后生产能力"有了全面加强、扩展和提高，政策刚性十足，如"各地一律不得净增钢铁冶炼能力""全面取缔生产'地条钢'的中频炉、工频炉产能"等。

　　十大任务中，布局调整位居第二，重视程度较"十二五"明显提高，具体要求也发生了重大转变，比如，以前只是对河北、山东、江苏、辽宁、山西等部分钢铁规模较大地区提出减量调整，而西部地区部分市场相对独立区域和新疆、云南、黑龙江等沿边地区可适度发展钢铁工业，东南沿海钢铁基地建设更是得到鼓励。"十三五"布局调整则高度强调"减量调整"，京津冀、长三角、中西部、东北老工业基地等都需要压减，沿海地区也"不再布局新的沿海基地"，而是"立足现有沿海基地实施组团发展、提质增效"，内陆地区更是要"以区域市场容量和资源能源支撑为双底限，坚决退出缺乏竞争力的企业"。对于城市钢厂，则给出了"关停转产、搬迁转移、提高环保"等更加多样化的政策导向。

　　"十三五"时期，我国在调整升级过程中，高度重视自主创新，提出"在钢铁领域建设国家级行业创新平台""推动建设国家技术创新示范钢铁企业，支持以钢铁为主导产业的国家新型工业化产业示范基地建设"。在关键技术方面，分生产工艺关键技术、产品质量关键技术、智能制造关键技术提出了若干重点发展的技术，如关键工艺装备智能控制专家系统、高效低成本洁净钢冶炼技术等。

　　供给侧结构性改革要求提高有效供给，"十三五"时期，围绕提高"钢铁有效供给水平"，提出了推动服务型制造、提升质量水平、加强品牌建设等，即全面确立以用户为中心的产品理念和服务意识，创造和引领高端需求，在高技术船舶、先进轨道交通等领域突破关键品种，持续增加有效供给。同时，高度强调提高以稳定为核心的产品质量，并建立以质量为中心的品牌体系。

　　制造强国建设要求发展智能制造、绿色制造。根据《规划》，"十三五"时期，我国将夯实智能制造基础，全面推进智能制造，同时大力推进绿色改造升级改造，加快发展循环经济，引导绿色消费等。比如，我国将支持钢铁企业完善四级信息化系统建设，鼓励优势企业探索搭建钢铁工业互联网平台，以互联网订单为基础，满足客户多品种、小批量的个性化需求；建设绿色工业园区，推进钢铁与建材、电力、化工等产业及城市间的耦合发展；加快钢结构建筑推广应用，提出力争钢结构用钢量由目前的 5000 万吨增加到 1 亿吨以上，鼓励钢企主动加强与下游产业协同，研发生产高强度、耐腐蚀、长寿命等高品质钢材。

　　兼并重组是钢铁工业调整升级的重要内容。与"十二五"时期点名企业引导跨地区、跨所有制企业重组和区域优势企业重组的方式不同，"十三五"时期，我国提出要推动行业龙头企业实施跨行业、跨地区、跨所有制兼并重组，形成若干家世界级一流超大型钢铁企业集团，在某些细分市场形成若干家世界级专业化骨干企业，并在区域内形成若干家特大型钢铁企业集团，力争彻底改变"小散乱"局面，同时强调兼并重组要"减量化"。

在深化对外开放、提高国际化水平方面，"十三五"时期，我国将力推国际产能合作，提出"有力有序推动优势产能走出去""鼓励优势钢铁企业到海外建设钢铁生产基地和加工配送中心，带动先进装备、技术、管理对外输出""支持国内企业通过境外并购、股权投资等方式，建立全球营销研发服务体系"。与"十二五"提出的"在境外投资建设钢铁厂""参与国外钢铁企业的兼并重组"相比，"十三五"在国际化发展的层次、水平上又迈上了新台阶。

关于增强铁矿资源保障能力，"十三五"时期，我国在海外矿、国内矿方面分别强调"稳步推进优质、低成本的矿产资源境外生产基地建设和海外优质矿山资源股权投资""支持一批竞争力强的现有国内铁矿企业，强化国内矿产资源的基础保障作用。鼓励不具竞争力的国内铁矿企业，停产退出"。这较之"十二五"提出的"有序建立稳定、可靠的铁矿石、铬矿、锰矿、焦煤等原燃料供应基地和运输保障体系""加大国内铁矿资源的勘探力度，鼓励国内现有矿山资源的整合"等有明显转变。在全球铁矿供求转变背景下，"十三五"时期对加强铁矿资源保障更加务实理性，强调市场竞争力，特别是要重视海外铁矿石的高效供给。

五、配套的政策彰显了措施变化

"十三五"时期，我国对配套政策进行了精简，更强调落实已有政策。比如，落实好去产能重大政策，发挥好工业企业结构调整专项奖补资金的引导作用，落实去产能的职工安置、债务和不良资产处置等配套政策，对不符合行业规范要求和改造未达标的企业，引导金融机构严格信贷审查、严控新增授信。推进铁矿山税费改革，推动取消加工贸易项下进口钢材保税政策，适时调整重大技术装备所需钢材进口税收减免政策。实施钢铁行业规范经营动态管理，在已有工作基础上，逐步探索规范企业分级分类管理等。

六、中国钢铁工业拥有光明的未来

中国钢铁工业的发展、崛起、调整是一种必然，是世界钢铁工业发展规律和中国钢铁实际、特点共同作用的结果。

经过多年努力，中国钢铁工业已经具备了较强竞争力，形成了独特的发展优势：一是中国钢铁工业拥有全球最大的内需市场，这在相当长时间内不会改变，这是中国钢铁工业继续保有、提高竞争力的最强基础；二是中国钢铁工业拥有包括生产运营、规划设计、营销服务、技术研发、装备制造、施工建设、物资供应、配套支撑产业等在内完整的产业体系，整体竞争力强；三是中国钢铁工业拥有全球最丰富、最具潜力的人才资源，众多冶金类及相关的高校、院所、机构、企业等在发展过程中培育、集聚了基数庞大的人才资源，这是难得的宝贵财富。

中国钢铁工业 5 年规划不断引领中国钢铁向更高水平迈进。中国钢铁工业具备良好的基础、独特的优势，只要按照供给侧结构性改革的要求，沿着减量化"调整升级"道路走下去，一定将拥有更加光明的未来！

扎实推进超低排放改造
夯实钢铁高质量发展基础[❶]

李新创

蓝天保卫战进入攻坚阶段，钢铁行业成为大气污染治理的主战场，近两年的政府工作报告中均提出推动钢铁等行业超低排放改造。2019年《钢铁行业超低排放改造实施方案》（以下简称《方案》）的正式出台，将推动中国钢铁行业掀起一场绿色革命，从而夯实钢铁高质量发展的基础。

一、深刻领会钢铁行业实施超低排放改造的重要意义

"十一五"以来，钢铁行业全面开展烧结机烟气脱硫、原料场封闭、除尘器改造等工作，吨钢有组织颗粒物、吨钢二氧化硫排放量分别下降了60%和70%以上，大气污染治理取得了积极进展。但氮氧化物未采取措施、治理水平低、无组织排放严重、重点区域排放总量大等问题未得到根本解决，严重制约了我国钢铁行业的健康发展。

党的十九大提出了"中国特色社会主义进入新时代，我国社会主要矛盾已经转化为人民日益增长的美好生活需要和不平衡不充分的发展之间的矛盾"的新论断。随着社会主要矛盾的转变，中国钢铁产业也从数量发展时期向高质量发展时期迈进。虽然近年来，中国钢铁产业取得了巨大进步，已成为中国最具全球竞争力的产业之一，但是与高质量发展的要求相比仍存在一定的差距。

第一，"劣币驱逐良币"问题突出。虽然通过持续不断开展化解过剩产能、打击"地条钢"等工作，我国钢铁产能严重过剩问题得到明显缓解，但在需求活跃的背景下，技术进步带来的增产效应、僵尸企业产能盘活等因素客观上增加了产量。进入工业化中后期，中国钢材消费将呈现数量下降和品质提升的双重趋势，防范化解钢铁产能过剩的压力依然很大。中国钢铁企业发展参差不齐，环保不过关的产能仍然为数不少。部分企业环保理念导向存在偏差，使用低质低价治理技术设施，企业环保管理存在不足，一些钢铁企业环保投入和运行成本不到先进钢铁企业的一半，不利于建设公平竞争的市场环境，将给中国钢铁产业高质量

---

❶ 本文发表于《中国环境报》2019年5月8日003版。

发展带来巨大的风险。

第二，我国钢铁产能布局与区域环境承载力的矛盾突出。京津冀及周边地区是我国钢铁产能最密集的区域，粗钢、焦炭产能分别占全国的45%和56%，其中河北省粗钢、焦炭产能分别约占全国的24%和18%，2018年河北省钢产量高达2.37亿吨，是世界第二产钢大国的2倍以上；同时，京津冀及周边地区也是我国大气污染最严重的地区，多个城市空气质量长期排名倒数，区域环境承载力和钢铁产能布局的矛盾十分突出。华东地区的江苏省是我国钢铁第二大省，2018年江苏省钢产量高达1.04亿吨，也相当于世界第二产钢大国的钢产量，徐州、常州等市也多次出现在空气质量排名倒数名单里。

第三，工艺结构性问题严重。目前我国钢铁产能巨大，且长流程比重过大，电炉钢占比不足10%；部分长流程钢铁企业工序不完整、不协调，独立焦化企业数量过多，"2+26"城市独立焦化企业焦炉数量超过85%；独立轧钢企业数量较多，在"2+26"城市分布着数百家独立轧钢企业，无法达到钢铁制造物质流、能量流统筹优化的最佳效果。同时，大量钢铁企业运输结构不合理，主要依靠公路运输，汽车尾气和扬尘对钢厂周边影响很大。

全面深化改革将发挥市场在资源配置中的决定性作用，单纯行政命令解决高质量发展短板问题的路必将越来越窄。优美的生态环境是宝贵的稀缺资源，通过全面实施超低排放改造建立公平的市场化环保调节机制，倒逼钢铁企业强化绿色发展，倒逼钢铁产能向环境承载力更强的区域布局，倒逼资源结构、能源结构、产业结构、运输结构向更清洁、更高效的方向调整，将是一条必由之路。

二、正确理解钢铁行业实施超低排放改造的本质要求

《方案》公开征求意见以来，各种报道、讨论层出不穷，一些地方提前出台相关文件，部分企业先行先试，启动超低排放改造。客观而言，有关钢铁行业超低排放的认识还不够全面，需要进一步厘清钢铁行业超低排放的本质要求。总的来讲，超低改造的本质要求是"四全"：全方位、全周期、全过程、全覆盖。

（一）全流程全方位满足要求才是钢铁行业的超低排放

相当多的钢铁企业以及地方环境管理部门认为钢铁行业的超低排放和燃煤电厂一样，就是实施脱硫脱硝，就是烧结机头烟气中颗粒物、二氧化硫、氮氧化物浓度达到$10mg/m^3$，$35mg/m^3$，$50mg/m^3$。钢铁工业是流程工业，生产工艺环节众多，因此钢铁行业超低排放与燃煤电厂超低排放最本质的区别，就是钢铁生产全流程所有生产环节必须全方位满足超低排放的要求。

钢铁行业对环境的影响主要包括 3 个部分：有组织排放、无组织排放和运输环节排放。受关注度最高的烧结机头排放的污染物仅占有组织排放的 60%，也就是说烧结机头达到了超低排放限值要求，不但不能代表有组织排放实现超低排放，更不能代表全面超低排放。特别是钢铁企业无组织排放的颗粒物占排放总量的 50% 以上，汽车运输过程的排放也达到钢铁企业自身排放的 20% 以上。因此，钢铁企业实施超低排放改造，既要实施有组织排放改造，更要注重无组织排放治理和运输方式的清洁化改造。

（二）《方案》不是限期达标的强制排放标准，必须从全周期角度综合考量减排效益

许多人把《方案》看作是国家出台的限期治理的强制排放标准，这会形成一种只要达标就好的应付情绪和"终点"思维，这种思维也是导致近年来钢铁行业环保设施"年年改、年年拆"的重要原因。《方案》作为促进钢铁行业高质量发展的重要文件，体现的是鼓励企业创先争优的导向，《方案》不强制要求企业必须限期达到超低排放要求，而是通过差别化的政策进行引导，不排不限、少排少限、多排多限，"到 2025 年重点区域钢铁企业超低排放改造基本完成"的目标充分体现了时间服从质量的核心思想。

《方案》中提出的超低排放具体指标要求，可以看作是钢铁企业高质量发展的"起点"，在此基础上，企业还可以根据自身条件采用方案中鼓励实施的技术，以及《方案》中没有提到的先进技术实施改造，以实现更高质量的超低排放。

（三）超低排放必须重视全过程高水平实施

一些企业认为实施超低排放改造，只要排放数据满足要求，中间过程是如何实施的不需要过多考虑。这种想法往往会导致最后超低排放改造不能取得预期的效果。因此，《方案》中不但提出了具体的限值要求，还对超低排放改造的技术路径进行了明确；不但提出了脱硫脱硝除尘等末端治理技术，还提出了烧结机头烟气循环、煤气精脱硫等源头控制措施，避免企业再走弯路。

当前，钢铁企业超低排放正处于风口，市场上又出现了五花八门的治理技术和良莠不齐的环保公司，让人眼花缭乱。有了明确的技术路径，钢铁企业就可以将更多的精力放在确保工程质量上，而不是另辟蹊径去使用一些所谓物美价廉的"独门秘技"。回顾燃煤电厂超低排放的历程，最初市场上的环保公司也是百花齐放，但经过一轮推倒重来后，最终为燃煤电厂提供超低排放改造的环保公司不超过 5 家。钢铁企业超低排放的难度更甚于燃煤电厂，真正具有实力和业绩的环保公司也屈指可数。钢铁企业必须要吸取当年实施烧结烟气脱硫时的教训，加大

环保投入，在招标时一定要选择有实力、有业绩、有口碑的环保公司，坚决摒弃低价中标，杜绝豆腐渣工程，确保工程质量经得起历史考验。

（四）超低排放要求钢铁企业环境管理做到全覆盖

许多钢铁企业认为超低排放就是建设改造工程并通过管理部门的验收，对日常的环境管理重视程度不够，但环境管理能力建设恰恰是钢铁企业实施超低排放改造面临的重大挑战。

《方案》中明确钢铁企业超低排放改造工程由企业自主验收，但是管理部门对超低排放的企业要建立管理台账，实施动态管理，开展"双随机"检查，对不能稳定达到超低排放指标要求的，将视情节取消相关优惠政策，加大错峰生产力度。这就对钢铁企业的环保管理水平提出了更高要求，要求企业在高质量完成超低排放改造的基础上，补充环保管理人员，加强专业技能培训，规范日常运行管理台账，确保稳定达到超低排放指标要求。

三、超低排放推动钢铁行业治理技术全新变革

超低排放推动了全球钢铁行业大气污染治理技术的全新变革。近年来，在钢铁企业、科研院所、环保公司的共同努力下，攻克了一个又一个钢铁行业烟气治理的难题，超低排放技术及工程应用取得了重大突破。

活性炭工艺在多污染物协同去除方面具有独特的优势，但脱硝效率不高的问题一直无法有效解决。邯钢在引进国外活性炭治理技术的基础上，消化吸收开发的逆流活性炭烧结烟气净化关键技术及装备，NO_x 脱除率 $\geqslant 85\%$，SO_2 脱除率 $\geqslant 99.5\%$，达到国际领先水平。我国钢铁设计院自主开发的活性炭法烟气多污染物协同高效净化关键技术与装备也在宝钢、安钢等企业得以应用。

SCR 脱硝工艺在燃煤电厂超低排放改造中发挥了巨大作用，但烧结机烟气温度低，制约了该工艺在钢铁行业的应用。国内设计院和环保公司将旋转式 GGH 换热器和 SCR 工艺相结合，成功实现了 SCR 工艺在烧结烟气脱硝中的工程化应用，NO_x 脱除率 $\geqslant 90\%$。

无组织排放是钢铁行业超低排放的难点。在大气攻关总理基金的支持下，冶金规划院、清华大学以及环保公司开发了基于排放源清单的钢铁企业无组织排放智能集中管控系统，开创性地实现了数百个 15m 以下低空无组织排放源的"有组织"管控。

除此之外，高炉煤气精脱硫、焦炉炉体加罩等开创性环保技术的攻关和应用也正在稳步推进。随着钢铁超低排放的全面实施，我国必将引领全球钢铁工业大气污染治理方向，在建成世界上最清洁的钢铁产品供应体系的同时，还为其他非电行业大气污染治理起到示范作用。

四、钢铁企业实施超低排放改造的重点

(一) 有组织排放

《方案》中明确了除尘、脱硫、脱硝等有组织排放技术路线，其中最关键的是烧结机头烟气的除尘、脱硫和脱硝治理。从目前已投运设施的运行情况来看，邯郸钢铁、首钢迁钢等以活性炭工艺为主的治理设施，以及日照钢铁、裕华钢铁、中天钢铁等以 SCR 工艺为主的治理设施均能稳定达到超低排放限值要求。

但需要引起重视的是，有的企业认为在湿法脱硫设施后有湿式静电除尘器，半干法脱硫设施后有袋式除尘器，就忽视了前端电除尘。首先烧结机头烟气颗粒物中含有大量重金属、二噁英等有毒有害成分，前端电除尘运行效果差，将导致这些有毒有害成分进入后端的脱硫副产物中；其次除尘效果不好，会影响后续脱硫脱硝设施的稳定运行。因此，钢铁烧结机头超低排放还必须采用高效四电场、高频电源以及其他措施，以提高除尘效果。

(二) 无组织排放

钢铁企业装卸、堆取料、筛分、混匀配料、转运、生产、道路运输等环节均会产生大量无组织排放，通常钢铁企业内部会有数百个无组织尘源点；且无组织排放强度受生产工艺和原料成分影响波动较大，不同的排放源之间还互相影响；治理设施缺乏有效运维，基本成了摆设；再加上管理部门缺乏对无组织排放有效的监管手段，导致无组织排放治理成为钢铁企业超低排放改造的难点。

《方案》中对物料储存、物料运输和生产工艺过程中的无组织排放治理作出了明确要求，并要求在厂区内主要产尘点周边和道路附近建设空气质量微站，对无组织粉尘进行监控。武安的普阳钢铁、裕华钢铁等更是率先建设了无组织排放智能管控治系统，通过大数据、机器视觉、源解析、扩散模拟、污染源清单、智能反馈等技术，开展全厂无组织尘源点的清单化管理，将治理设施与生产设施、监测数据联动，对无组织治理设施工作状态和运行效果进行实时跟踪，实现无组织治理向有组织治理转变。

(三) 运输方式

《方案》提出了钢铁企业大宗物料运输方式清洁化改造，采用铁路、水路、管道或管状带式输送机等清洁运输方式，不具备条件的企业，可全部采用新能源汽车或达到国六排放标准的汽车（2021 年年底前可采用国五排放标准的汽车）。对于沿海、沿江等具备水路条件的企业，水路运输必然是第一选择；其他企业应尽量加快铁路专用线的建设，提高铁路运输比例；距离水运码头或铁路站台较远

的企业，可以利用管状带式输送机转运大宗物料，如太原钢铁运输东山的石灰矿，常熟龙腾特钢铁精矿从码头运至厂区，柳州钢铁运输水渣等。

五、对钢铁企业扎实做好超低排放改造的建议

（一）企业实施超低排放改造要充分评估、科学规划，稳步推进

首先，作为实施主体，钢铁企业应根据自身的基础条件，分析本企业与超低排放改造要求的差距，测算资金投入，评估实施超低排放改造的必要性。初步测算，一个国内先进环保水平的 500 万吨钢铁企业完成超低排放改造的一次性建设投资约 20 亿元，环保运行成本将达到 250 元/吨钢以上；环保水平低的钢铁企业相应的投资将大幅增加。同时，位于重点区域的钢铁企业，还有必要对照本区域内其他钢铁企业的环保水平，评估自身的环保竞争力和改造保留的可行性，综合决策是实施改造还是就地关停、域外搬迁。

其次，应科学制定超低排放改造实施规划，因地制宜选择技术路线，加强技术交流和案例考察，特别是要充分学习标杆企业的改造经验，不盲目上马，稳步推进，做到成熟一个实施一个。在实施过程中，要加大环保投入，加强工程的过程管控，坚决杜绝豆腐渣工程。

最后，要强化企业环境管理能力建设，补充具有专业知识的环保技术人才，运用现代化、信息化、智能化的手段实施环境管理。专业人才缺乏的企业，可以通过聘请环保管家和经验丰富实力雄厚的第三方独立机构，进行专业化的运营管理，来确保超低排放工程的稳定运行。

（二）地方管理部门要科学引导

首先，地方管理部门要结合当地实际，制定本地钢铁行业超低排放改造计划；制定有利于有序推动本地钢铁企业实施超低排放改造的差异化政策，鼓励企业高质量实施改造。

其次，地方管理部门要强化对超低排放企业的监督管理，严肃查处不能稳定达到超低排放指标要求的情况，并向社会通报，营造公平竞争、健康有序的发展环境。

最后，地方管理部门要树立当地超低排放标杆示范企业，组织辖区内的企业向标杆企业学习，鼓励企业创先争优。

持续推动钢铁业健康高质量发展

——落实中央经济工作会议精神❶

李新创

"稳"是中国经济发展的主基调。今年中央经济工作会议再度将"稳"字放在首要位置，这与近期召开的中央政治局会议一脉相承，体现出中国经济稳增长的重要性。

当前，我国正处在转变发展方式、优化经济结构、转换增长动力的攻关期，结构性、体制性、周期性问题相互交织，"三期叠加"影响持续深化，经济下行压力加大。钢铁行业作为供给侧结构性改革的重要领域，已进入到高质量发展的关键阶段。钢铁行业不仅要做中国经济"稳"的受益者，而且要做中国经济"稳"的维护者和推动者，为确保国民经济在合理区间运行作出贡献。

2020年，钢铁行业要继续贯彻落实党的十九大提出的高质量发展要求，以深化供给侧结构性改革为主线，严控新增产能，加强行业自律，构建市场化、法治化、常态化的去产能工作长效机制，维护供给侧结构性改革成果；实施环保分类管控，避免"一刀切"，保护先进生产力，防止"劣币驱逐良币"的现象发生；加快结构布局优化、转型升级步伐，推动资源要素向优势地区、优势企业和优势产能，特别是绿色产能的集约配置，持续推进行业高质量发展。

一、推动制造业高质量发展

中国已成为世界第一制造大国，拥有全球第二大消费市场，不仅要加强战略性、网络型基础设施建设，而且要优化升级传统制造业。目前，政府和钢铁行业正致力于推动工业互联网与钢铁深度融合，实施节能环保等技术改造，促进企业实现超低排放和行业绿色低碳发展，依托新材料生产应用示范平台、测试评价平台，不断推进钢铁行业新材料补短板工作。同时，我国应进一步释放和引领国内市场内需。2019年1~11月，我国钢材市场产销两旺，粗钢产量同比增长7.0%；钢材表观消费量8.1亿吨，同比增长6.2%。由此可见，2019年年初以来，我国

---

❶ 本文发表于《中国冶金报》2019年12月18日01版。

粗钢产量的增长是有较强的消费基础支撑的。现阶段，我国城乡投资需求依然很大，同时国家还将实施一系列战略性基础建设工程和通信网络建设，这些都需要我国钢铁行业提供大量绿色优质的基础原材料，这既有利于补短板和改善民生，也有利于增强发展后劲，扩大需求和稳增长。

2019 年中央经济工作会议延续"房住不炒"的定位，强调要加大城市困难群众住房保障工作力度，加强城市更新和存量住房改造提升，做好城镇老旧小区改造，大力发展租赁住房。据此预测，2020 年随着国家调控政策的持续推进，房屋建筑领域投机属性将持续减弱，全国房地产土地购置面积将延续下降趋势。城镇老旧小区改造，棚改、旧改等城市更新将成为 2020 年建筑领域热点。

中国钢铁一半以上消费在建筑行业，而房屋建筑和城市基础设施两个领域用钢量占到建筑行业钢材消费量的 80% 左右。结合此次中央经济工作会议对建筑行业钢材消费影响分析，预计 2020 年中国钢材消费总体保持稳定，消费总量比 2019 年略有下降。

二、加快钢铁行业绿色有序发展

（一）坚持供给侧结构性改革

2016 年以来，钢铁行业在推动供给侧结构性改革方面取得了明显成效。国家累计压减了 1.5 亿吨粗钢产能，并依法取缔了 1.4 亿吨"地条钢"，有效地净化了市场环境，扭转了"劣币驱逐良币"的现象，使行业秩序得到了规范，企业效益明显好转。新发展理念得到钢企的普遍认可和高度重视，为行业高质量发展提供了有力保障。

2020 年是"十三五"收官之年，也是推动高质量发展关键之年。在这个关键时期，钢铁行业将继续坚持以供给侧结构性改革为主线，重点从两个方面入手，推动行业高质量发展。一方面继续巩固去产能成果。随着"去产能"工作逐步收尾，持续巩固去产能成果将会成为常态。对违法违规新增产能的"零容忍"高压态势不会放松，行业经营秩序将进一步规范。另一方面鼓励企业优化工艺流程，通过提高电炉炼钢比例，降低生产工艺能耗及污染物排放水平。同时，推进企业实施超低排放等污染治理升级改造，加快推进行业绿色发展。

（二）打好污染防治攻坚战

中央经济会议指出要打好污染防治攻坚战，坚持方向不变、力度不减，突出全面治污、科学治污、依法治污，推动生态环境质量持续好转。

2019 年 4 月发布的《关于推进实施钢铁行业超低排放的意见》提出，到 2020 年年底前，重点区域钢铁企业力争 60% 左右产能完成超低排放改造。目前，河北、江苏等钢铁大省已经陆续发布当地超低排放改造实施意见，将于 2020

之前全面实现超低排放改造。

面对 2020 年年底前必须完成的任务，钢铁行业具体将重点做好三方面工作：一是全面治污。钢铁行业超低排放是全流程、全方位、全环节的控制，而无组织排放源改造是钢企目前超低排放工作的薄弱环节。只有对全厂无组织排放源进行梳理，找准方向及问题，才能有针对性地提出解决方案，实现全面治污。二是科学治污。超低排放改造是一项科学性、系统性极强的工程。企业只有在全面分析自身条件的基础上，选择科学的、适宜的技术路线，同时确保工程质量，才能高质量完成超低排放改造工作；在污染天气预警、响应期间，进行差别化管控。对已完成超低排放改造的企业（工序）少限产或不限产，切实体现"多排多限、少排少限"的原则，方可避免"一刀切"以及"鞭打快牛"带来的不良后果。三是依法治污。环境保护法规定企业对其污染物排放负主体责任，面对日益严峻、科学、精细的环保管理形势，绝大多数钢企没有能力说清楚自身的排污情况，须通过超低排放改造强化连续在线监测系统（CEMS）及分布式控制系统（DCS）建设，全面提升对污染物排放的监测监管能力，才能自证清白，依法依规排污。

我国生态文明建设正处于压力叠加、负重前行的关键期，钢铁行业超低排放改造也进入了攻坚克难的阶段，只有坚定"绿水青山就是金山银山"的新理念，严抓各项改造工程的质量，扎实做好评估监测工作，切实做到全面治污、科学治污、依法治污，才能真正实现污染物减排，打好污染防治攻坚战。

（三）做好新时代的兼并重组

我国钢企数量众多，集中度一直处于较低水平，这严重制约了我国钢铁行业的高质量发展。但随着去产能工作的持续推进，钢企经营效益和市场信心逐渐回升，为新一轮兼并重组奠定了基础。

中国宝武重组马钢就具有典型的示范意义。首先，有利于促进行业有序发展。重组后，中国宝武将进一步提高长江流域市场掌控力，塑造有序的区域市场秩序，有利于引领全行业有序发展。其次，有利于促进专业化发展，对于协调相关钢铁产品的市场策略、产线分工和专业化生产作用巨大。再次，有利于集中力量创新发展。通过研发、人才资源整合，中国宝武将进一步提升创新能力，显著增强我国钢铁产业创新发展动力。最后，也有利于增强国际竞争力。中国宝武重组马钢后，将促进形成钢铁行业世界级技术创新、产业投资和资本运营平台。

此外，德龙钢铁重组渤海钢铁、沙钢重组东北特钢等民营企业重组国企，不仅为其注入了民营企业管理理念，以灵活的机制和自身资源等对管理、技术、采购、经营等方面进行全面整合；而且通过完善体制机制，开展实质性整合，可以提高重组效率，释放积极示范效应，在达到规模效益的同时，实现重组企业协同发展、资源共享。

值得注意的是，钢企重组依然存在"规模情结""重重组、轻整合"等问题。因此，钢企重组应在规模扩张的基础上，尊重钢铁产业发展规律，从单一化地扩大规模变成"扩大规模+提高质量"，从一般性地兼并重组变成"兼并重组+整合提升"。钢企重组在做好"整合、协同、创新"的基础上，还要考虑改革体制、优化商业模式、创新管理方式、激励干部员工的主观能动性等因素，这对于是否能够实现高质量重组意义重大。

三、以标准和智能促进行业高质量发展

坚持新发展理念，推动高质量发展，深化供给侧结构性改革仍是未来一段时间中国钢铁行业的重点工作。钢铁行业和企业都要结合自身发展特点做好顶层设计、科学规划，特别是当前要谋划好"十四五"高质量发展规划，通过技术创新、产品升级、绿色低碳、布局优化等工作，促进整个钢铁行业平稳健康发展，从而更好地满足人民日益增长的美好生活需要。

（一）标准化赋能高质量发展

标准化是质量提升的"牛鼻子"，只有有效发挥标准化对质量提升的基础性、引领性、战略性作用，质量才能提得起来、升得上去。一是目前我国钢铁行业存在企业服务意识淡薄，钢材产品质量稳定性差等问题。通过制订高水平产品标准和开展质量分等分级评价，可帮助和引导企业提升产品质量，塑造品牌形象。二是钢铁行业持续多年出现的产能过剩问题，通过发挥"标准化+"的门槛作用，为行业转型升级提供了必要的技术支撑。如利用环保、质量、安全、技术等综合标准淘汰落后产能装备，明确"地条钢"界定标准，坚决取缔"地条钢"。三是标准能够高度提炼科研创新成果，可作为创新发展的引领和推动力，并加速产品的市场推广和产业化发展。如沙钢超薄带技术通过4年引进、消化、吸收，已成功应用于工业化生产。四是钢铁工业是典型的资源能源密集型行业，节能减排和绿色标准化工作潜力巨大。

钢铁行业要做好以下工作：一是建立健全标准体系。应强化标准意识，积极响应国家有关产业政策要求进行标准化建设，通过建立健全标准体系，配合推动研制国内一流、国际领先的团体标准、行业标准、国家标准，推进建立标准动态管理机制，形成支撑钢铁产业转型升级的多层次标准体系。二是增加高水平标准有效供应。应更加强化标准的"引领"作用，逐步提高钢铁工业生产环节和市场准入的环保、节能、节水、节材、安全指标及相关标准；全面围绕行业技术进步和品种开发，加强新产品和方法标准的有效供给；进一步通过标准细化，响应

下游用户对差异化产品和差异化服务的需求，形成一批特色化、专业化、差异化程度较高的标准。

（二）智能制造插上腾飞翅膀

近年来，我国钢铁行业数字化网络化水平显著提升，智能化应用逐步普及，信息技术在钢铁生产制造、企业管理、物流配送、产品销售等方面应用不断深化。截至目前，钢铁智能制造示范试点达到 9 家，2018 年大型钢铁企业的智能制造就绪率达到 19.9%，天津荣程、邢台德龙、四川德胜、河北鑫达、石横特钢、东海特钢等民营钢企纷纷布局智能制造并取得明显进步。

然而，我国钢铁行业智能化水平距离国外先进钢企还有一定差距，一是"拿来主义"较为普遍，缺乏创新积累；二是缺乏顶层规划，系统集成性有待加强；三是各部门人员两化融合素养有待提高；四是数字化网络化还未普及，智能制造就绪率不高。

未来，钢铁智能制造必然是以工业互联网为载体，形成新的产业生态，制造资源实现数字化汇聚、网络化共享、平台化协同，产业链资源配置效率得到大幅提升。钢企可从四个方面着手：一是开展基于数字化—网络化—智能化的强基—固本—提智工程，用 3~5 年时间在行业内实现全面的数字化、网络化，并在计划、质量、成本关键环节实现智能决策支持。二是突破数字化关键技术。采用产学研用模式，推进大数据、人工智能、5G、边缘计算、区块链、虚拟现实等前沿技术在钢铁领域的应用。三是培育专业机构，搭建行业性的智能制造技术服务平台，扶持更多专业型服务机构，配合科技人员创业政策，重点支持自主创新创业型机构稳步发展壮大。四是推动专业人员智能转型，在全行业开展智能制造培训工作，联合高校科研院所等机构，为岗位素质提升储备人力资源。

以新发展格局为引领　开启绿色发展新征程

——对钢铁行业绿色发展的思考与"十四五"建议[1]

李新创

在"两个一百年"奋斗目标的历史交汇点上，中共第十九届中央委员会第五次全体会议审议通过了《中共中央关于制定国民经济和社会发展第十四个五年规划和二〇三五年远景目标的建议》，描绘了我国进入新阶段的发展蓝图。建议提出，推动绿色发展，促进人与自然和谐共生，坚持"绿水青山就是金山银山"理念，坚持尊重自然、顺应自然、保护自然，坚持节约优先、保护优先、自然恢复为主，守住自然生态安全边界。深入实施可持续发展战略，完善生态文明领域统筹协调机制，构建生态文明体系，促进经济社会发展全面绿色转型，建设人与自然和谐共生的现代化。

工信部对"十四五"工业节能与绿色发展提出新要求——深入学习贯彻党的十九届五中全会精神，推动"十四五"工业节能与绿色发展，准确把握面临的新形势、新问题，按照制造强国建设战略部署，深化供给侧结构性改革，大力培育绿色新动能，推进绿色技术创新，将绿色变为我国工业发展的底色。

钢铁行业作为国民经济的基础产业，是最迫切、最具潜力也最有条件进行绿色发展的行业，在政府主管部门的指导和推动下，"十三五"期间全行业的绿色发展水平显著提升。在取得丰硕成果的同时，钢铁行业也遇到了一些新问题，尤其是在当前的新形势下，"十四五"期间，钢铁行业应当全面树立绿色发展理念，提前谋划绿色发展实施路径，与国家政策和市场紧密结合，使全行业的绿色发展水平再上一个新台阶。

一、"十三五"绿色发展水平大幅提升，但仍面临三大显著问题

"十三五"期间，在行业主管部门的指导和支持下，钢铁行业从生产结构、

---

[1]　本文发表于《中国冶金报》2020 年 11 月 26 日 01 版。

装备技术、创新机制等方面多措并举，大力推进绿色发展，全行业的绿色发展水平得到大幅提升。

一是生产结构调整打基础。"十三五"期间，钢铁工业不仅提前两年完成了1.5亿吨钢铁去产能上限目标任务，还依法取缔了1.4亿吨"地条钢"产能。低效、无效产能出清，从源头上夯实了行业绿色发展的基础。

二是装备技术提升显成效。与"十二五"末相比，5.5m及以上捣固装置和6m及以上顶装焦炉产能提高了6.7个百分点，1000m³及以上高炉产能提高了6.5个百分点，100t及以上转炉和电炉产能占比提高了10个百分点；"一键炼钢+全自动出钢"智慧炼钢技术、绿色洁净电炉炼钢技术、热轧带钢无头轧制技术、棒线材免加热直接轧制技术等代表世界先进水平的工艺技术得到推广应用；中国宝武、河钢集团等示范基地多项低碳冶金工艺得到实质性推进，光电、氢能等新能源在行业应用提速，低碳冶金发展迅速；能源管控中心、全流程碳排放管控系统、无组织排放智能管控系统等信息化绿色管控能力不断提升。

三是绿色创新机制激活力。绿色制造体系、"能效领跑者""水效领跑者"等政策的实施为行业打造了一批绿色转型标杆，宝钢湛江、首钢京唐、太钢等69家钢铁企业获得了国家级"绿色工厂"称号，沙钢、南钢等企业入选了"能效领跑者"，德龙钢铁、天津荣程钢铁、首钢迁钢等企业入选"水效领跑者"，极大地鼓舞了全行业参与绿色制造工作的积极性。错峰限制与超低排放改造工作结合形成的倒逼机制，使行业超低排放改造进展超预期，截至2020年9月底，全国共有228家钢铁企业、6.1亿吨粗钢产能正在实施超低排放改造，首钢迁钢率先建成全国首家全流程超低排放企业。全行业绿色发展主要指标也得到了大幅优化，吨钢综合能耗（折标准煤）由572kg下降到554kg，提前一年实现国家给行业下达的节能目标，重点统计钢铁企业平均吨钢二氧化硫、氮氧化物、颗粒物排放量分别下降48%，18%，39%，排放强度下降明显。

不过，尽管绿色发展取得了可喜的成绩，但还须清醒地认识到全行业仍然面临着一些问题。

一是能源消费和环境排放总量压力依然巨大。钢铁行业5.5亿吨标准煤的能源消费总量占全国的11%左右，碳排放量占据了全球钢铁碳排放总量的60%以上；黑色金属冶炼和压延加工业二氧化硫、氮氧化物、颗粒物排放量分别为82万吨、143万吨、131万吨，在全部工业行业中分别排第三、第三、第一。"十四五"期间，我国粗钢产量总体仍将处于高位，所面临的消耗与排放总量压力依然巨大。

二是工艺流程结构不合理。目前，我国钢铁生产工艺仍以长流程为主，以废钢为原料的电弧炉短流程能耗与碳排放量仅为长流程的1/3，废气、废水、废渣产生量与长流程相比降低了95%，33%，65%。而我国的电弧炉短流程炼钢工艺生产的粗钢仅占总产量的 10% 左右，远低于美国 68%、欧盟 40%、日本 24% 的水平，仍有较大的提升空间。

三是绿色发展水平不平衡。企业绿色化水平两极分化现象仍然明显，既存在宝钢股份等能源利用效率高、能源管理优秀的企业，又存在能效水平低、能源管理粗放的企业；既存在环保投入巨大、达到全流程超低排放的优秀企业，又存在环保投入严重不足、管理混乱的企业；既存在一批国家级绿色工厂和 4A 级旅游景区优秀企业，又存在绿色发展能力严重不足的企业。同时，在国家提出 2030 年前碳排放达峰的大背景下，钢铁业作为碳排放重点行业，大部分钢铁企业对低碳发展的认识仍处于朦胧期，缺乏低碳发展意识和理念。

二、抓好五大重点，助力"十四五"末基本实现绿色化

结合党的十九届五中全会精神与行业主管部门的要求，到"十四五"末，钢铁行业应基本实现绿色化，让绿色成为钢铁工业发展的底色。钢铁行业应以严控源头排放、强化过程控制、优化末端治理为原则，全面系统高水平地开展好钢铁工业绿色低碳发展。具体应该从以下几方面开展工作：生产结构上，推动存量调整、增量优化；技术创新上，快速推广成熟技术，加速研发前沿技术；创新机制上，建立绿色发展的长效机制。

一是严控新增产能，加快优化产业结构。持续深入推进钢铁行业供给侧结构性改革，巩固去产能成果，严禁新增钢铁产能，依法依规淘汰落后产能，坚决清退"僵尸产能"，健全防范产能过剩长效机制。科学优化生产力布局，继续压减京津冀等环境敏感地区钢铁产能，引导其退出或向域外转移。严禁"一刀切"搬迁城市建成区钢铁企业，部分通过绿色化改造转型、具备与城市共融共生条件的，鼓励就地改造升级；达到超低排放要求的钢铁企业，不停不限，不关不搬。加快推进兼并重组，推动行业龙头企业实施跨行业、跨地区、跨所有制兼并重组，提高产业集中度和市场影响力，彻底改变"小散乱"局面，以优势企业带动行业整体绿色发展。

二是推进原料结构及工艺流程转换。在严格执行钢铁产能置换、严禁新增产能的基础上，鼓励有环境容量、有市场需求、有废钢保障、钢铁产能相对不足的地区积极承接转移产能，合理布局发展短流程炼钢。重点在京津冀及周边、长三角等长流程工艺集中且环境敏感地区，推动一批高炉—转炉长流程企业转型为电弧炉短流程企业。力争到"十四五"末，全国钢铁工业废钢比达到 30%，电炉钢比例提升至 20%。完善废钢标准体系建设，研究制定优质废钢有条件进口政策；完善废钢加工配送体系建设，提高废钢铁资源供给质量和水平。

三是全面推进钢铁企业绿色升级改造。全面推进钢铁企业超低排放改造，尤其是环境影响敏感、环境承载力薄弱地区要加快实施进度，鼓励企业全面开展卓

越环保绩效管理，全面普及烧结机头烟气脱硫脱硝、高炉炉顶均压煤气回收等先进适用、成熟可靠的技术、装备。加快推广应用先进适用、成熟可靠的节能工艺技术，重点推广高参数高效发电机组提升改造、焦炉上升管余热回收利用等技术改造。建设节水示范企业，打造产城融合、废水零排放、智慧用水等示范试点，创新节水新模式。加快资源综合利用产业高值化、集聚化发展，壮大产业规模，鼓励钢铁企业建设具有引领作用的废弃物资源化综合产业基地，加速推动钢铁与建材、电力和化工等行业耦合发展。

四是高质量推进钢铁行业绿色制造建设。对现有的绿色制造名单实行动态监管调整，实现有进有出。发挥专业机构的支撑作用，分行业对绿色制造体系名单进行细化管理。对进入名单内的企业，试行分级评价和管理，促进绿色企业创先争优，实现优胜劣汰。深入推进绿色工厂、绿色低碳工业园区、绿色供应链企业、绿色设计产品，持续提升绿色制造水平。进一步完善绿色制造标准体系，建立钢铁行业全面的节能、节水、资源综合利用标准体系。强化节水监管，在重点区域钢铁企业开展节水核查、用水审计等工作，对兼并重组、环保搬迁和产业集聚区域钢铁企业开展节水评估和水资源论证。

五是加快建立低碳发展机制。强化大数据、云计算等互联网技术与低碳发展的有效融合，构建钢铁生产全过程碳管控监测与评估集成创新体系，夯实对钢铁全国统一碳市场建设的支撑能力。加大对氢能冶炼，碳捕获、利用与封存等低碳冶炼技术的研发应用力度，并适时组织开展示范试点。支持以钢铁企业为核心的低碳产业园区示范建设，构建完善生态产业链。加强钢铁气候变化领域国际对话交流，积极参与国际气候和环境治理，充分利用国际机构优惠资金和先进技术，支撑国内钢铁工业低碳转型。

深化供给侧结构性改革
加快行业高质量发展

——《关于钢铁冶炼项目备案管理的意见》解读之一[1]

李新创

供给侧结构性改革是钢铁行业实现高质量发展必须要牢牢把握的主线。在碳达峰、碳中和的大背景下，钢铁行业需要深入贯彻新发展理念，通过深化供给侧结构性改革，构建发展新格局。近日，国家发展改革委印发《关于钢铁冶炼项目备案管理的意见》（以下简称《意见》），强调了《关于钢铁行业化解过剩产能实现脱困发展的意见》的重要性，明确了现有"中央+地方"的两级组织管理模式，突出了"不得以任何名义、任何方式备案新增钢铁产能的钢铁项目"的要求。《意见》进一步规范了钢铁项目备案管理工作，为我国钢铁行业更好地适应高质量发展新要求、持续推进供给侧结构性改革提供了方向指引，将有力促进钢铁行业的低碳转型和提质升级，为钢铁行业实现由大到强历史转变再添新动力。

一、《意见》出台的背景

（一）供给侧结构性改革已经取得阶段性成果

"十三五"时期，在钢铁行业化解过剩产能实现脱困发展工作部际联席会议的组织部署下，提前两年超额完成了"十三五"去产能1.5亿吨的上限目标任务，还取缔了1亿多吨"地条钢"，钢铁行业实现脱困发展，基本建立了健康、有序、公平的市场竞争环境。

（二）重大钢铁基地布局基本完成

为更好地利用海外铁矿资源，以及根据海运便捷、低廉的运输优势，逐步形

---

[1] 本文转载自2021年5月8日国家发展和改革委员会网站。

成了鲅鱼圈、曹妃甸、日照、湛江、防城港等沿海钢铁基地。非沿海地区则依托当地资源、市场、交通等优势,逐步形成了一批区域龙头企业。"十三五"时期,经过化解钢铁过剩产能和兼并重组的深度整合和调整,我国重大钢铁产业基地布局已基本完成。

(三) 深层次结构性问题亟待解决

钢铁行业产业集中度仍需提高,长期存在的同质化竞争严重、资源配置不合理、研发创新协同能力不强等结构性问题与产业集中度不高均有密切关系。绿色化发展水平参差不齐,一些企业超低排放改造、节能改造进展相对滞后。同时,转型升级仍存在差距,钢铁企业智能化、数字化水平仍有较大发展空间;产品质量稳定性需进一步增强;一些关键核心材料生产工艺技术不过关。

二、《意见》出台的必要性

(一) 钢铁行业进入新发展阶段的必然要求

在国民经济发展进入到新阶段的同时,钢铁行业的发展环境也发生了显著的变化,钢材需求总量逐步见顶,污染物排放、能源消耗、碳排放等约束显著增强,下游市场对产品质量、品种结构的要求进一步提高,原有的粗放发展模式已无法满足新发展要求。因此,必须要从项目建设抓起,着眼于未来我国高质量发展需要,对钢铁项目提出高标准、高水平的要求,提高项目建设门槛,推动行业整体转型升级。

(二) 钢铁行业贯彻落实新发展理念的必然选择

"创新、协调、绿色、开放、共享"的新发展理念是钢铁行业高质量发展的重要指引,为钢铁行业适应新发展阶段、融入新发展格局指明了发展方向。《意见》将新发展理念落实到具体要求之中,引导钢铁企业在制定发展战略时以新发展理念为指导思想,彻底改变长期以来的"大干快上项目"的传统惯性思维模式,以先进的发展理念规划项目建设。

(三) 钢铁行业构建新发展格局的重要基础

钢铁行业构建新发展格局不是简单地重建发展格局,而是在现有格局下进一步完善和提高,是钢铁行业供给侧结构性改革的升级版。钢铁项目备案工作作为钢铁项目管理的重要手段之一,是钢铁项目建设的起点。《意见》提出了更为全面的项目备案管理要求和建设标准,为构建新发展格局奠定了坚实的产业政策基础。

（四）推动钢铁行业高质量发展的重要手段

《意见》中对产能、规模、装备、环保等多个方面提出了具体的要求，也明确了钢铁行业绿色化、智能化的发展方向，还提出了事中事后监管的要求，是综合管理钢铁项目的主要抓手，更是促进钢铁行业高质量发展的重要推手。

三、《意见》出台的作用

（一）巩固提升钢铁去产能成果

《意见》强化了钢铁项目事中事后监管工作，要求各地方建立钢铁项目备案动态管理台账，将项目备案管理制度化、常态化、规范化。《意见》还强调了对举报线索的核查工作，要求各有关地方牢固树立红线意识，对违法违规新增钢铁产能早发现、严查处，始终保持零容忍高压态势。

（二）推动钢铁产业集中集聚发展

《意见》明确指出"鼓励钢铁冶炼项目建设依托具备条件的现有钢铁冶炼生产厂区集聚发展"，并强调"在现有厂区建设钢铁冶炼项目没有粗钢产能建设规模限制"，积极引导钢铁产能向优势企业和优势地区集中，进一步提高产业集中度。同时，限制了新选址建设钢铁冶炼项目，要求"沿海地区不低于2000万吨/年""非沿海地区，采用高炉—转炉长流程工艺不低于1000万吨/年"，并规定"需一次性履行产能置换手续"。有效遏制了一些地方盲目新上钢铁项目的冲动，从项目建设上解决了钢铁行业"小、散、乱"的竞争格局。通过钢铁产能的集中集聚，推动钢铁行业实现资源集约化、产业规模化发展，打造具有高水平竞争力和高质量发展的产业集群。

（三）推动钢铁产业低碳转型

《意见》充分考虑了我国钢铁行业碳减排、碳达峰工作，引导钢铁企业走绿色低碳发展道路，并对符合要求的工艺路线给予政策支持。规定"建设钢铁项目须满足钢铁行业先进工艺装备水平和领先指标要求，实现绿色化、智能化发展"，提高了建设项目指标要求。同时，大力鼓励电炉钢发展，规定"采用电弧炉短流程工艺的产能规模不低于200万吨"，其规模限制远小于采用高炉—转炉长流程生产工艺的项目，逐步引导钢铁企业，特别是一些城市钢厂转向短流程工艺。

（四）强化了政策的衔接

项目备案和产能置换是钢铁冶炼项目管理的两项重要抓手，《意见》进一步衔接了两项产业政策，强化了两项政策的联系，形成了产业政策的"组合拳"，重点体现在两个方面。一方面，明确了项目备案与产能置换政策的衔接。明确了项目备案前必须要进行产能置换，且需严格执行产能置换办法的有关要求，并在项目备案时需提供相应证明材料。另一方面，项目备案产能以产能置换公告方案所载明的产能数据为准，解决了个别钢铁项目存在"一炉多能"的问题，进一步规范了钢铁冶炼项目产能管理。

四、对贯彻落实《意见》的建议

（一）要严格落实新政策相关要求

钢铁行业、地方主管部门、钢铁企业应认真学习《意见》要求，对于新建钢铁项目，按照规定的程序和内容严格执行，避免出现不符合规定而受到处理或造成投资浪费的现象。

（二）要按照新政策及时调整发展战略

《意见》对新选址建设钢铁项目生产规模提出了更高要求，这将对一些地方正在谋划的钢铁产业布局产生影响，建议适时调整发展战略，在新政策要求下制定更加科学合理的发展方案。

（三）要处理好钢铁产业发展与低碳的关系

钢铁行业应积极推进产业绿色布局和转型升级，不断优化工艺结构和能源消费结构，大力推动循环经济产业链建设，着力提高绿色低碳发展水平，在新发展阶段为构建我国国民经济发展新格局和实现"碳达峰、碳中和"目标贡献钢铁力量。

构建钢铁新格局　开启低碳新征程

——关于国家发展改革委、工业和信息化部 2021 年钢铁去产能"回头看"、粗钢产量压减等 工作部署解读之一❶

李新创

2021 年 4 月 1 日，国家发展改革委、工业和信息化部联合发布新闻通稿，研究部署 2021 年钢铁去产能"回头看"检查以及粗钢产量压减工作两项重点任务。这两项任务是钢铁行业立足新发展阶段，深入贯彻新发展理念，努力构建新发展格局的重要举措，为钢铁行业更好地把握新机遇、迎接新挑战指明了方向，也标志着我国"十四五"钢铁行业深化供给侧结构性改革开启新征程。

一、开启绿色低碳发展新篇章

2016 年，国务院印发《关于钢铁行业化解过剩产能实现脱困发展的意见》，拉开了钢铁行业去产能的序幕。"十三五"以来，钢铁行业扎实推进供给侧结构性改革相关工作，钢铁企业实现脱困发展，为全球化解钢铁过剩产能提供了中国方案。但钢铁行业距离实现高质量发展的目标依然还有很长的路要走，一些深层次的结构性问题仍然没有得到完全解决。2021 年的政府工作报告就明确提出要深化供给侧结构性改革，继续完成"三去一降一补"重要任务。

在碳达峰、碳中和的背景下，"十四五"时期，钢铁行业深化供给侧结构性改革进入新阶段，节能降碳将成为新的重要工作内容。各有关部门正在抓紧研究钢铁行业碳达峰行动计划，在统筹考虑碳达峰工作与产业发展的基础上，制定碳达峰碳中和路径和具体实施方案。通过推动绿色产业布局、实施节能升级改造、优化用能及流程结构、构建循环经济产业链、推广突破性低碳技术等一系列措施，提升钢铁行业绿色低碳发展水平，赋予高质量发展更为丰富的内涵。

---

❶ 本文发表于《中国产经》2021 年第 7 期。

二、提出供给侧结构性改革新举措

2021 年的去产能"回头看"检查共提出了六项重点内容，既有过往工作的延续，也有新任务，包含控产能、控产量"双控制"。总体来看可以分为三个层面。

一是持续巩固"十三五"去产能成果，包括退出产能情况核查、历次督导检查整改以及举报核查情况三方面内容。通过检查有效地提高地方政府、企业对巩固去产能成果的重视程度，进一步强化严禁新增钢铁产能的政策红线，始终保持对违法违规新增钢铁产能行为的零容忍高压态势，为"十四五"绿色低碳发展奠定坚实基础。

二是进一步健全长效机制，重点检查各省级化解钢铁过剩产能工作领导小组工作情况和各地方新建项目情况。一方面，强化了国发 6 号文件中关于省级人民政府负总责的要求，从组织机构设置的角度保障钢铁行业供给侧结构性改革的可持续推进。另一方面，通过历次督导检查，形成了新建钢铁冶炼项目台账式管理制度，加强了对新建项目的调度和管控，将监管工作的时间节点由事后向事中、事前推进，逐步建立了全过程管理的长效机制。

三是坚决落实新发展任务。本次检查增加了"2021 年开展粗钢产量压减工作情况"的检查内容，并更加注重对工作部署和任务落实的检查，更加精细全面地指导、监督压减工作，坚决将党中央、国务院决策部署落实到位。

此外，值得注意的是，2021 年的去产能"回头看"检查工作力度将全面加严，在自查阶段"部际联席会议有关成员单位及时组织赴实地指导"，表明了国家对此次督导检查的高度重视，以及将相关工作要求落到实处的坚定决心。

三、以控减排促进新发展

一直以来，我国钢铁产品主要用于满足国内经济建设需要，少量产品出口参与国际市场竞争。因此，我国粗钢产量主要取决于国内钢材消费量，下游市场需求的牵引是粗钢产量快速增长的主要原因。进入新发展阶段以来，环境容量、能耗总量、土地、原燃料等制约明显增强，特别是在碳达峰、碳中和的大背景下，我国钢铁行业无法进一步扩大生产规模，提升粗钢产量，钢铁企业逐步进入在诸多约束条件中寻找生存空间和发展机遇的新发展格局中。

两部委新闻中首次对粗钢压减产量工作提出了具体要求和工作部署，要统筹考虑"六稳""六保"要求、碳达峰碳中和长远目标以及行业平稳运行等因素，在保持政策连续性和稳定性的同时，坚持市场化、法治化原则，并明确提出要重点压减环保绩效水平差、耗能高、工艺装备水平相对落后的粗钢产量，避免"一刀切"。

　　未来，钢铁行业逐步进入新发展阶段，需要坚持市场在资源配置中的决定性作用，更好地发挥政府引导作用，持续深入推进供给侧结构性改革，以绿色低碳发展为抓手，推动生产要素向优势企业集中，加快推进减量化、绿色化发展，促进高质量发展再上新台阶，再创新辉煌。

准确把握低碳发展理念
全面推进钢铁行业碳达峰碳中和

——《中共中央 国务院关于完整准确全面贯彻新发展理念 做好碳达峰碳中和工作的意见》系列解读之一[❶]

李新创

　　《中共中央 国务院关于完整准确全面贯彻新发展理念 做好碳达峰碳中和工作的意见》（以下简称《意见》）的印发，是继 2020 年 9 月 22 日习近平总书记在第七十五届联合国大会一般性辩论上提出碳达峰碳中和目标（以下简称"双碳目标"）后，我国低碳发展新征程的又一重要历史性时间节点。《意见》的印发，标志着我国低碳发展由前期谋划阶段全面转入了实质性推进阶段。钢铁行业作为我国碳排放的重点行业之一，更需要完整、准确、全面贯彻新发展理念，扎实做好碳达峰碳中和工作，努力争取率先实现碳达峰。

一、低碳目标开启新征程

（一）高瞻远瞩，慎重决策

　　绿色经济是人类发展的潮流，也是促进复苏的关键。实现碳达峰碳中和，是党中央经过深思熟虑作出的重大战略决策，事关中华民族永续发展和构建人类命运共同体。一年多以来，习近平总书记三十多次就碳达峰碳中和作出重要论述、发言。我国将以新发展理念为引领，建立健全绿色低碳循环发展的经济体系，在推动高质量发展中促进经济社会全面绿色低碳转型，成为绿色工业革命的发动者、创新者。

（二）坚定不移，主动谋划

　　在过去一年里，我国将双碳目标纳入生态文明建设体系，展开了积极应对气

---

❶ 本文发表于《钢铁规划研究》2021 年第 10 期。

候变化的大国行动。中央经济工作会议、中央财经委第九次会议、中央深改委第十八次会议、中央深改委第十九次会议等中央会议均对碳达峰碳中和工作作出了重要部署，今年的政府工作报告更是将"扎实做好碳达峰碳中和各项工作"列为八项重点工作之一。党中央、国务院成立了碳达峰碳中和工作领导小组，并召开专题会议，提出要全面贯彻落实习近平生态文明思想，立足新发展阶段、贯彻新发展理念、构建新发展格局，扎实推进生态文明建设，确保如期实现双碳目标。各有关部委积极开展低碳工作调研，研究低碳发展相关政策措施，为高质量实现双碳目标奠定坚实基础。

（三）勇于尝试，不断探索

为了推动我国制造业向低碳方向转型，提高产品附加值及竞争力，从2011年起我国就开始碳交易试点布局工作，经过七省市十年的试点，2021年7月16日，生态环境部宣布全国碳市场上线交易，电力行业的2225家企业成为首批进入全国碳交易市场的主体参与市场交易。同日，碳中和行动联盟正式成立。此外，工业和信息化部发出倡议，推动相关行业成立工业低碳发展联盟，组织评选低碳先进工艺技术，促进工业领域低碳发展。

（四）高度重视，快速响应

钢铁行业高度重视、积极响应，并迅速做出反应，组织成立了"中国钢铁工业协会低碳工作推进委员会"，集合各方优势力量，共同为钢铁行业双碳目标的实现，为钢铁企业碳竞争环境下争取有利先机发挥应有的作用。中国宝武、鞍钢集团、首钢集团等15家钢铁企业联合签署并发表《中国钢铁企业绿色发展宣言》，以此作为新时代我国钢铁行业践行绿色发展理念的新起点。各钢铁企业积极行动，中国宝武、鞍钢集团、河钢集团、包钢集团等先后发布碳减排宣言，沙钢集团、建龙钢铁、敬业集团等民营钢铁企业加快编制低碳发展行动方案。

二、低碳意见贯彻新理念

（一）提纲挈领，总揽全局

《意见》坚持系统观念，要求处理好发展和减排、整体和局部、短期和中长期的关系，强调落实双碳目标要坚持五项工作原则。一是全国统筹。提出要坚持全国一盘棋统筹兼顾，根据各地实际分类施策，同时支持有条件的地方和重点行业、重点企业率先实现碳达峰。二是节约优先。提出要把节约能源资源放在首位，把节能贯穿于经济社会发展全过程和各领域，持续降低单位产出能源资源消耗和碳排放，提高投入产出效率。三是双轮驱动。提出要充分发挥政府和市场的作用，既要强化各级政府部门的集中统一领导、统筹协调及监督考核，同时要发挥市场在资源优化配置的基础性作用。四是内外畅通。提出要充分认识实现碳达峰碳中和是统筹国内国际两个大局作出的重大战略决策，既要坚定不移走生态优先、绿色低碳的高质量发展道路，同时要加强国际交流与合作，坚决维护我国发展权益。五是防范风险。提出要强化风险管控意识，构建清洁低碳安全高效能源体系，确保能源、产业链供应链、粮食安全。

（二）统筹兼顾，分步实施

《意见》明确，我国落实碳达峰碳中和工作将分三个阶段有序实施。第一阶段：到2025年，绿色低碳循环发展的经济体系初步形成，为实现碳达峰、碳中和奠定坚实基础。第二阶段：到2030年，经济社会发展全面绿色转型取得显著成效，二氧化碳排放量达到峰值并实现稳中有降。第三阶段：到2060年，绿色低碳循环发展的经济体系和清洁低碳安全高效的能源体系全面建立，碳中和目标顺利实现。同时，为确保双碳目标扎实有效推进，在各阶段总目标下进一步明确了具体指标，包括重点行业能源利用效率、单位国内生产总值能耗及二氧化碳排放下降率、非化石能源消费比重、森林覆盖率及森林蓄积量等。

（三）细致全面，科学指导

实现碳达峰碳中和，是我国实现可持续发展、高质量发展的内在要求，也是推动构建人类命运共同体的必然选择。要全面贯彻落实习近平生态文明思想，立足新发展阶段、贯彻新发展理念、构建新发展格局，扎实推进生态文明建设，确保如期实现双碳目标。《意见》从全面绿色转型、产业结构调整、清洁低碳安全高效能源体系构建、科技攻关和推广应用、碳汇能力提升等方面提出一系列具体举措，具有较强的针对性和可操作性，有利于完整、准确、全面贯彻新发展理念，做好碳达峰碳中和工作，推动落实钢铁行业碳达峰碳中和。一是强化绿色低碳发展规划引领，发挥规划支撑保障作用。二是推动产业结构优化升级。制定钢铁等行业和领域碳达峰实施方案，巩固去产能成果。三是强化能源消费强度和总量双控。实行能源消费强度和总量双控是党中央、国务院加强生态文明建设、推动高质量发展的重要制度性安排，是推动实现双碳目标的重要抓手。四是着眼于提升系统能效。节能和提高能效是钢铁行业在落实碳达峰目标阶段最有效也是最经济的降碳途径。

（四）党政同责，强化落实

《意见》指出要切实加强组织实施，要狠抓工作落实，确保党中央决策部署落地见效。一是要充分发挥碳达峰碳中和工作领导小组统筹协调作用，各成员单位要按职责分工全力推进相关工作，形成强大合力。二是要压实地方主体责任，坚持分类施策、因地制宜、上下联动,推进各地区有序达峰。三是要支持有条件的地方和重点行业、重点企业根据自身情况制定碳达峰实施方案,率先实现碳达峰,发挥先行示范作用。四是严格监督考核。结合双碳目标,强化任务落实情况考核,促进双碳工作落实。

三、低碳纲领引领新阶段

(一) 纲举目张,全面推进

中央财经委第九次会议明确指出"实现碳达峰碳中和是一场广泛而深刻的经济社会系统性变革"。《意见》是这场变革的纲领性文件,既提出了低碳发展的路线图,又明确了相关工作的时间表。《意见》具体提出了 2025 年、2030 年和 2060 年三个节点目标,其指导作用将贯穿整个碳达峰碳中和工作全过程,并且覆盖了第二个百年目标奋斗历程,是我国实现伟大民族复兴和构建人类命运共同体的重要支撑。同时,《意见》从经济社会发展、产业结构调整、清洁能源体系建设、低碳交通运输体系构建、城乡建设质量提升、绿色低碳科技攻关、碳汇能力提高、对外开放水平提升、规范和统计监测体系健全以及政策机制完善等十个方面作出部署,全面指导我国碳达峰碳中和工作,促进各领域的深度减碳发展,降低经济增长对碳排放的依赖。

(二) 政策体系,相继出台

一年多来,中央各部门、各级地方政府等均在认真研究低碳发展的时间表、路线图和施工图。随着《意见》的印发,我国低碳发展的顶层设计正式确立,作为"1+N"政策体系中的"1",要管整体、管长远,在低碳政策体系中发挥统领作用。在中央碳达峰碳中和工作领导小组的领导下,国家发展改革委、生态环境部、工业和信息化部等其他各部委的配套政策措施也将陆续发布,一系列文件将构建起目标明确、分工合理、措施有力、衔接有序的碳达峰碳中和政策体系。同时,各地方也将结合自身发展现状,制定和出台本地区低碳发展工作方案,将《意见》的有关要求落实到位。

(三) 低碳统领,日益显现

《意见》印发后,低碳发展将成为国民经济高质量发展的重要方向之一,低碳经济将成为未来中长期经济社会发展的核心词和关键词,统领各行业转型升级。一是统领规划布局制定,未来将从发展规划、区域布局、国计民生等方面全面推进低碳发展。二是统领国民经济发展,产业结构将以低碳为目标进行深度调整,能源体系建设将兼顾清洁低碳与安全高效,交通体系将更加突出节能低碳导向,城乡建设将更多采用绿色建筑。三是统领社会发展新方向,科技上低碳技术将成为攻关的重点，生态建设方面将以提高碳汇能力为主要方向，对外开放过程中将更加注重在低碳领域的沟通与合作。四是统领管理机制体制改革，法律法规和标准规范将更多以低碳为落脚点，财税和金融将更多支持绿色发展，政府行政管理也将会把低碳发展纳入考核范围。

（四）转型升级，迫在眉睫

我国是世界上最大的发展中国家、世界人口第一大国，更是目前世界上碳排放量最大的国家。美欧等发达经济体从"碳达峰"到"碳中和"经历了 50~70 年过渡期，而我国双碳目标的郑重承诺，意味着我国将完成全球最高的碳排放强度降幅，用全球历史上最短的时间实现从碳达峰到碳中和，而且碳达峰时人均碳排放量将低于美、欧等发达国家和地区碳达峰时的水平。我国经济低碳转型发展时间紧、任务重。特别是当前我国经济发展仍然高度依赖碳排放，产业结构不尽合理，中低端产业占比仍然较高。《意见》印发后，我国经济发展将转入"低碳经济"的快车道，各行业转型升级迫在眉睫。

四、低碳重构钢铁发展新格局

钢铁行业既是我国国民经济发展的重要基础原材料行业，也是我国碳排放量最大的制造业，对于我国实现双碳目标有重要影响。希望各有关方面在推动低碳发展相关工作时充分考虑到钢铁行业的重要作用，完整、准确、全面地贯彻新发展理念，共同构建钢铁行业发展新格局。

（一）细化措施，分类施策

钢铁行业是我国最具国际竞争力的行业之一，一直以来稳定支撑国民经济发展。建议中央部委在制定相关政策时，深入了解钢铁行业情况，注重差异化和特殊性，科学制定管控措施，支持钢铁产业转型升级。一是对于符合国家产业布局导向、能耗水平达到国际领先水平、具有前沿性冶金技术示范作用的项目，在能耗双控时适当给予照顾。二是适当给予短流程工艺优惠政策，有序推动电炉钢发展。三是支持国内资源的综合利用，充分考虑多金属伴生矿冶炼过程中的特殊性，碳排放标准应根据实际生产情况制定。四是支持特钢产品发展，充分考虑特钢生产工艺的复杂性，区别对待特钢与普钢产品。

（二）规划先行，有序推进

钢铁行业产业链长、规模大、涉及面广，对地方经济发展有重要影响；同时，钢铁行业还是能源密集型产业，对地方能源消耗总量和碳排放总量同样具有重要影响。建议地方政府统筹考虑钢铁行业在经济和碳排放两个方面的作用，以碳减排为抓手，推动企业转型升级。一是规划先行，全面梳理本地区钢铁行业发展现状及碳排放现状，明确钢铁行业目标任务，制定具体可行的时间表、路线图和施工图，有序推进各项任务落实。二是扶优汰劣，通过严格执行产业政策、实施差异化电价等措施，全面淘汰高耗低效生产工艺装备，将有限资源向优势企业集中。三是集中集聚，注重产业间耦合发展，通过推动钢化联产、资源综合利用等方式，推动建设碳达峰试点园区，促进地方产业高效协同。

（三）创新引领，协同发展

当前，我国钢铁行业正处于低碳发展的起步阶段，各项低碳冶炼新技术尚在摸索之中，各项降碳减排措施有待进一步完善。这些工艺技术既是企业的发明创造，更是行业的共同财富。要充分认识技术创新在促进低碳发展和转型升级过程中的重要性，加快探索不同低碳技术工艺路线，百花齐放，共同打造钢铁行业绿色低碳的产业新特征。一是推动搭建全球性低碳冶金技术联盟，构建绿色低碳冶金技术创新交流平台，参与国际公约、规则制定，促进国际技术交流与合作。二是组织遴选先进适用钢铁低碳技术，开展试点示范，推动重大钢铁低碳技术列入国家重大技术装备研发计划。三是开展钢材全生命周期碳足迹研究，建设钢铁产品全生命周期数据库。

（四）锚定目标，立足发展

企业是落实低碳发展的主体，是实现碳达峰碳中和的关键，钢铁企业更是责任重大。一是建议企业用好"C+4E"目标体系框架，以提高碳生产率为核心，摸清存量，明确增量，用好潜量，制定科学合理的低碳发展规划，以积极的态度迎接低碳发展新阶段。二是要高度重视新理念、新技术、新工艺、新标准，勇于尝试、大胆创新，打造具有企业特色的技术工艺路线，在低碳竞争新格局中确立领先地位。三是运用数字化手段，建设数字化低碳平台，做好碳交易和碳资产管理，同时结合超低排放改造，创建数字化协同减污降碳的试点。

以国家标准化发展纲要为指引
践行高标准促进钢铁高质量发展
——《国家标准化发展纲要》解读❶

李新创

一、《国家标准化发展纲要》内容简述

近日，中共中央、国务院印发了《国家标准化发展纲要》（以下简称《纲要》），明确了标准化工作新方位，提出了标准化改革新路径，确立了标准化开放新格局，为构建推动高质量发展标准体系作出了全面部署。《纲要》提出，到2025年，我国标准化发展要实现"四个转变"，即标准供给由政府主导向政府与市场并重转变；标准运用由产业与贸易为主向经济社会全域转变；标准化工作由国内驱动向国内国际相互促进转变；标准化发展由数量规模型向质量效益型转变。到2035年，结构优化、先进合理、国际兼容的标准体系更加健全，具有中国特色的标准化管理体制更加完善，市场驱动、政府引导、企业为主、社会参与、开放融合的标准化工作格局全面形成。

标准是经济活动和社会发展的技术支撑，是国家基础性制度的重要方面，为此《纲要》明确七个方面重点任务，这些是标准化发展的重要环节，包括推动标准化与科技创新互动发展、提升产业标准化水平、完善绿色发展标准化保障、加快城乡建设和社会建设标准化进程、提升标准化对外开放水平、推动标准化改革创新和夯实标准化发展基础。可见，我国将进一步全面实施标准化战略，不断推进标准化建设，以标准加速科技创新成果产业化，用标准构建新技术向新产业转化的桥梁。以标准支撑高效能治理，在保障经济发展的同时守护绿水青山。以标准促进高水平开放，为优化全球标准治理提出"中国方案"、贡献"中国智慧"。

二、《纲要》对钢铁工业标准化工作的指导意义及影响分析

新时代推动高质量发展、全面建设社会主义现代化国家，迫切需要进一步加

---

❶ 本文发表于《钢铁规划研究》2021年第11期。

强标准化工作。钢铁行业应根据《纲要》布局做好标准化工作向全局性、系统性和向国内、国际协同发展转变的准备，同时要紧密把握标准化工作面向创新引领、指导产业变革，以及应对市场化和定制化需求的发展趋势。

（一）钢铁行业标准化工作向全局性、系统性转变

《纲要》明确提出将标准化工作纳入政府绩效评价和政绩考核，要求把文件主要任务与国民经济和社会发展规划有效衔接、同步推进。这标志着地方政府部门将全面推进标准化融入规划制定和实施全过程，可见，行业主管部门及地方各级人民政府将瞄准全域标准化深度发展、标准化水平大幅提升等目标，从标准化与科技创新融合、产业标准化水平提升、绿色低碳标准化建设等方面统筹布局，共同推动钢铁行业高质量发展，钢铁行业标准化工作开启向全局性转变的进程。同时，《纲要》提出形成标准、计量、认证认可、检验检测一体化运行的国家质量基础设施体系，强化标准在计量量子化、检验检测智能化、认证市场化、认可全球化中的作用。由此可见，钢铁行业要尽快形成"大标准"意识，更加重视标准实施应用并积极发挥标准化在行业智能制造转型中的积极作用，做好标准化工作向系统化转变的准备，切实提升质量基础设施能力水平。

（二）钢铁行业标准化工作向国内、国际协同发展转变

《纲要》明确提出实现标准化工作由国内驱动向国内国际相互促进转变的发展目标，指出要提升标准化对外开放水平，深化标准化交流合作，强化贸易便利化标准支撑，推动国内国际标准化协同发展。强调要建立政府引导、企业主体、产学研联动的国际标准化工作机制，实施标准国际化跃升工程，推进中国标准与国际标准体系兼容，支持企业、社会团体、科研机构等积极参与各类国际性专业标准组织。由此，作为中国制造业门类中最具全球竞争力的产业，钢铁行业在实现了好规模、好价格、好产品、好品牌和好服务之后，应当重视并进一步强化国际标准化工作水平，尽快解决全行业整体标准化工作滞后于产品及服务发展的实际问题，切实满足下游客户越来越高的生产应用需求，处理好国内、国际协同发展的关系，力争在技术标准软实力水平上引领国际，力争率先实现标准化发展由数量规模型向质量效益型转变。

（三）钢铁行业标准化工作应面向创新引领及推动产业变革

推动标准化与科技创新互动发展，研制关键领域技术标准，推动产业变革是《纲要》明确部署的七项重点任务之一。当前，我国钢铁进入高质量发展关键时期，进一步推进钢铁行业低碳发展、创新发展、高质量发展，标准化工作必将发挥战略性、基础性、引领性作用。面对新任务，坚持以创新推动钢铁行业标准化

发展，推进钢铁领域关键技术与标准研制同步布局；减少无效和低端标准供给，瞄准中高端持续提升标准供给的质量和水平，将是钢铁行业标准化工作的重要发展方向。

（四）钢铁行业标准化工作应快速响应市场化及定制化需求

推动标准化改革创新，优化标准供给结构，充分释放市场主体标准化活力，优化政府颁布标准与市场自主制定标准二元结构，大幅提升市场自主制定标准的比重，是《纲要》的主攻任务之一。面对新时代新形势，钢铁行业标准化工作要增强责任感和使命感，进一步推进标准化工作的改革与创新。特别是针对技术变化快的领域，可通过大力发展团体标准，发挥团体标准响应市场创新需求快、灵活满足下游用钢产业定制化需求的特点，增加标准有效供给，加速完善钢铁行业国家标准与行业标准、团体标准等各层级标准相结合、相适应的二元标准体系。

三、以《纲要》为指引，践行高标准，促进钢铁高质量发展的建议

《纲要》对未来 15 年我国标准化发展作出整体部署，明确了我国标准化发展的指导思想和目标，是新时代推动高质量发展、全面建设社会主义现代化国家的重要举措。钢铁工业作为国民经济和社会发展的重要支撑产业，要深入学习、准确把握《纲要》精神，认真贯彻落实有关要求，重点做好以下工作，以高标准促进钢铁高质量发展。

（一）提升高质量标准有效供给

围绕高端装备制造标准化强基工程、智能制造、绿色制造、服务型制造等领域，提升钢铁行业标准化水平，强化钢铁行业高质量标准的有效供给。加强钢铁行业先进基础工艺、关键基础材料以及产业技术基础标准建设，进一步夯实基础通用标准。加快钢铁行业智能制造领域标准建设，加快钢铁生产流程、钢铁物流贸易、钢材加工应用等领域的标准研制应用，促进钢铁行业与采矿、原燃料、冶金装备、物流仓储、建筑、汽车、船舶、能源、装备制造等上下游行业标准的有效衔接，增强钢铁产业链供应链的稳定性和综合竞争力。

（二）大力推进团体标准发展

钢铁行业标准化基础较好，具备推动标准化改革创新、大力发展团体标准的有利条件。在《纲要》优化标准供给结构的指导下，充分释放钢铁行业社会团体和钢铁企业的标准化活力，大幅提升钢铁行业团体标准的研制和应用占比。充

分发挥大型龙头企业和"专精特新"企业的各自优势，引导制定高质量、原创性的团体标准，推动钢铁行业建立健全政府颁布标准采信市场自主制定标准的机制。以国家团体标准培优计划、团体标准应用示范等工作为指引，培育钢铁行业制定发布团体标准的先进社会团体。强化市场对团体标准的优胜劣汰作用，力争在行业内培育形成具有国内外权威性和影响力的社会团体。

（三）强化标准的实施应用

建立法规引用标准制度、政策实施配套标准制度，推动钢铁行业环保、节能、节水、资源综合利用、安全、质量、低碳等领域政策更多地引用标准，以标准作为产业政策落地实施的科学保障和有力支撑。在钢铁行业营造"人人讲标准、人人用标准"的氛围，推动政府采购、下游行业招投标等活动中应用先进标准的机制，逐渐形成基于标准的行业自律。以国家质量基础设施（NQI）建设为指引，加强钢铁行业标准化与计量校准、认证认可、检验检测的深度融合，以标准的深度应用提升钢铁产业价值链。

（四）加强标准与科技创新互动

紧紧围绕钢铁行业的科技创新，加强关键技术领域标准研究，建立重大科技项目与标准化工作联动机制，健全科技成果转化为标准的机制，以标准促进创新成果产业化应用。在关键基础钢铁材料、钢铁新材料的开发过程中，同步开展标准化工作，及时将先进适用的科技创新成果融入标准，同时以适度超前的标准引领相关技术和产品的进步。

（五）完善绿色低碳发展标准化保障

在我国经济高质量发展的新阶段，钢铁行业应以低碳发展为引领，建立健全钢铁行业低碳标准体系，重点围绕基础通用、核算核查、技术装备、监测、评价、管理服务等方向开展标准的研制、宣贯和实施。节能方面应加快能源消耗限额标准的更新升级和能耗限额标准的全覆盖，为推动钢铁行业节能降耗提供技术保障。绿色领域还应强化系统节能管理、环保运维评价和固废利用管理等标准研制。

（六）培育发展标准化服务业

对标 ASTM 和 BSI 等国际一流标准化组织，丰富我国钢铁行业标准化服务内容，提升专业化服务水平，培育钢铁行业的标准化服务机构。加强新型标准化人才队伍建设，变传统的标准化专业人才为国家质量基础设施综合人才。坚持质量基础设施理念，以标准化基础，建立完善计量、认证认可、检验检测等全方面的质量基础服务能力，创新标准化服务工具和模式，为钢铁企业、钢铁产业集聚区提供标准化整体解决方案。

（七）扩大我国标准的国际认可

深化钢铁行业的国际化标准合作，积极参与国际标准化工作，强化钢铁行业中外标准的对比分析和宣贯，提升全行业对中外标准的认识水平。深入推进全球钢铁标准引领行动，以钢材产品的进出口贸易、钢材产品的海外应用、钢铁企业的海外投资等为抓手，分享我国钢铁行业标准化经验，强化中国标准在国际贸易便利化、国内国际协同发展方面的支撑作用，提升我国标准的国际认可度。

大力推行清洁生产　促进钢铁行业绿色转型

——解读《"十四五"全国清洁生产推行方案》❶

李新创

　　清洁生产理念自 20 世纪 90 年代引入我国，推动了钢铁工业节能减排和技术进步。"十三五"期间，钢铁工业重点围绕"调结构、优布局、控能耗、减排放"大力推进清洁生产，从源头大幅降低行业污染物排放，取得了积极成效。"十四五"时期，钢铁行业致力于通过清洁生产管控要求，实现区域产能优化、能源结构与生产工艺结构调整、超低减污与节能降碳协同发展、绿色设计产品评价体系完善等系统化实施路径，基本建立清洁生产制度体系，促进行业清洁生产整体水平大幅提升，能源资源利用效率显著提高，全行业主要污染物和二氧化碳排放强度实现大幅压减，促进钢铁行业高质量绿色转型发展。

一、钢铁行业清洁生产发展回顾

（一）助力去产能调结构成效显著

　　"十三五"期间，国家发展改革委、工业和信息化部等部门依法依规扎实推进钢铁行业淘汰落后和化解过剩产能工作，依靠清洁生产环保达标与安全生产提质增效等"无形的手"倒逼行业低质落后产能有序退出 1.5 亿吨以上，全面出清"地条钢"产能 1.4 亿吨，有效抑制了钢铁行业产能过剩。经历了清洁生产稳步推行的五年，钢铁行业"十三五"去产能所实现的主要污染物源头减排量也相当可观，初步测算共减少颗粒物排放 19.7 万吨、二氧化硫排放 21.2 万吨和氮氧化物排放 30.5 万吨。

（二）推动产业结构调整与布局优化

　　钢铁行业在"十三五"期间推行能源消费总量和强度"双控"，加快行业绿色发展升级，提高能源效率，确保能效持续提升，据统计粗钢单位产品综合能耗下降 4.9%。钢铁工业流程结构与布局进一步改善，重点区域钢铁产业结构调整

---

❶　本文转载自 2021 年 12 月 4 日国家发展改革委网站。

逐步深化，促进钢铁产能优化布局，缓解京津冀及周边、长三角、汾渭平原等地区大气污染防治和交通运输压力。同时，通过对京津冀及周边地区大气传输通道"2+26"城市钢铁企业实施重污染天气停限产，减排颗粒物、二氧化硫、氮氧化物和挥发性有机污染物分别约10万吨、11万吨、25万吨和7万吨，有效抵消了冬季采暖产生的污染物排放刚性增量。据统计，2019年京津冀及周边、长三角、汾渭平原地区环境空气质量优良天数平均比例比2017年分别上升3.8，4.9，9.6个百分点。

（三）大幅提升行业环境绩效与治理水平

2018年正式发布的钢铁行业清洁生产评价指标体系涵盖生产工艺与装备要求、资源能源利用指标、产品指标、污染物产生指标、废物回收利用指标和环境管理要求等关键因素，"十三五"期间涌现的烧结烟气循环、高炉煤气精脱硫、无组织管控治一体化协同控制、高炉均压放散煤气回收、烧结机头烟气脱硫脱硝、"一键炼钢+全自动出钢"智慧炼钢、绿色洁净电炉炼钢、热轧带钢无头轧制等清洁生产技术，从源头减量、过程控制与末端治理等全流程促进减污降碳，提升能源利用水平，为下一阶段贯彻减污降碳、提质增效的核心要求提供了有力的基础保障。相较2015年，2020年颗粒物、二氧化硫、氮氧化物等主要废气污染物排放强度分别下降48%、56%、27%。

（四）构建全面绿色设计评价标准体系

以绿色设计产品评价体系为核心的全生命周期绿色产品管理体系逐步建立。大力推行绿色设计，创建数十家绿色设计钢铁示范企业，制修订多项钢材产品绿色设计评价标准，推广千余种绿色产品。通过标准体系的建立，大幅提升原辅燃料有毒有害成分管理，实现全流程制造生命周期中污染物排放减量化、能源与资源综合利用高效化的新时期钢铁行业绿色发展要求。

二、深入推行钢铁行业清洁生产

（一）加强钢铁行业改扩建项目清洁生产评价

全行业需对标超低减污和碳达峰碳中和目标要求，严格行业改扩建项目准入，新建（含改建、扩建）项目应采取先进适用的生产工艺技术装备与超低排放环保设施、节能低碳技术装备，确保项目建成时单位产品能耗、物耗和水耗等达到国际清洁生产领先水平，同时严格落实实施钢铁产能置换，继续通过清洁生产评价体系推动落后产能依法依规退出，积极稳妥处置"僵尸企业"。对不符合建设区域能耗强度和总量双控要求，以及不符合煤炭消费减量替代或污染物排放区域削减等要求的高耗能高排放项目坚决停批停建，坚决遏制高耗能高排放钢铁冶炼项目盲目发展，防止低质低效过剩产能死灰复燃，引导清洁生产要求下的钢铁行业高质量绿色发展。

（二）加快行业能源结构与工艺流程优化

在持续研发氢能与非化石燃料等清洁能源冶炼的同时，同步推进非高炉炼铁技术示范与全废钢电炉冶炼工艺比例，全面降低当前长流程冶炼工艺中铁前系统的高污染物排放与高能耗碳排放的现状问题壁垒。推进钢铁行业全流程优化升级，加大力度支持钢铁产业利用 5G、工业互联网等新型基础设施进行智能化绿色化改造升级，通过智能化与绿色化技术提升企业清洁生产水平。应差别化管控钢铁生产，大力推动企业兼并重组，提高产业集中度，深入推动布局优化，全面贯彻绿色发展理念。

（三）加强减污降碳协同增效创新技术的推广应用

"十四五"期间，完成全国 80% 钢铁产能超低排放改造工作，同时实现 4.6 亿吨焦化产能清洁生产改造工作全面落地。在行业清洁生产全面推行的历史要求下，加强减污降碳协同增效创新技术与绿色低碳工艺技术的示范应用，通过技术革新，全面提升行业绿色发展、高质量转型能力。

一是进一步挖掘超低排放减污与节能降碳协同潜力。强化炉料结构优化、余热利用降碳的源头减量技术应用，同时研发高炉煤气精脱硫源头治理技术更快的高效稳定投入工业应用；严格烧结烟气循环、高炉煤气均压放散煤气全回收、加热炉换向煤气回收等过程控制技术配套应用，实现污染物减排；末端治理环节更加注重节能低碳化潜力挖掘，开展低温 SCR 脱硝技术、SCR 高效精准喷氨技术、除尘设施节能高效化等治理技术研发投运。推广钢铁工业废水联合再生回用、焦化废水电磁强氧化深度处理工艺等，推行水污染物减量降碳工艺的全行业推广应用。

二是推行绿色低碳工艺技术示范应用。通过行业中富氧燃烧技术、低燃料比冶炼与高比例球团矿冶炼技术的全面推广，减少化石燃料消耗。同时，开展氢能冶炼、微波烧结等新能源替代技术的研发示范应用，攻关绿氢制取方式及成本控制路径。探索行业中各工序碳捕集与利用、碳封存技术的创新实践工作。根据不同类型企业实际情况，进行碳排放系统诊断，提出合理的低碳发展定制化工艺路线。

（四）推广行业全生命周期绿色产品评价

一是开展全生命周期绿色评价和诊断。"十四五"时期，钢铁企业应开展全生命周期绿色评价和诊断工作，搭建低碳节能绿色产品生产体系，在工模具钢、高温合金等高质量细分产品领域中形成一批专业化"隐形冠军"和"小巨人"企业。以全生命周期为评判标准，大力发展具有轻量化、长寿命、耐腐蚀、耐磨、耐候等特点的钢铁行业绿色低碳产品，通过提高消费质量和档次，实现下游行业减量用钢，促进全社会低碳发展。

二是建立全过程碳排放管控监测与评估集成创新体系。以 C+4E 体系为指导，以提高碳生产率为核心，实现能源节约，提高经济效益，协同治理环境，构建形成钢铁生态产业链。同时，借助"互联网+"、大数据技术，构建钢铁全过程信息化管控及评估平台，实现能源系统碳排放智能管控，将全生命周期减污降碳数据完整的呈现在智能化能源环保系统中。各工序碳排放现状可视化，有利于企业因地制宜选择节能降碳路径，精准化管控绿色设计产品中高碳工序，确保满足全生命周期绿色产品评价标准。

新征程、新阶段，全面构建
钢铁行业发展新格局

——解读《"十四五"原材料工业发展规划》❶

李新创

工业和信息化部、科学技术部、自然资源部联合印发《"十四五"原材料工业发展规划》（以下简称《规划》），标志着原材料工业深化供给侧结构性改革开启新征程，进入高质量发展新阶段。钢铁行业作为国民经济的重要基础性原材料产业，提供了人类文明发展不可或缺的结构材料和功能材料，是绿色低碳发展和生态文明建设的重点领域，是建设社会主义现代化强国的重要基石，对实现中华民族伟大复兴具有举足轻重的作用。《规划》对钢铁行业提素质、增实力、实现由大到强的历史转变具有重要指导意义，为钢铁行业更好地把握新机遇、迎接新挑战指明了发展方向。

一、我国钢铁行业发展现状与特征

（一）"十三五"钢铁行业发展成就

"十三五"时期是我国钢铁行业落实供给侧结构性改革的重要时期，行业去产能、去杠杆取得明显成效，供给质量、绿色制造、兼并重组、国际产能合作取得新进展，有效满足了经济社会发展需要。

从生产数量看，"十三五"以来，我国粗钢产量接连迈上新台阶，2020年达到10.65亿吨，首次突破10亿吨，占世界粗钢产量的57%，连续25年稳居全球钢铁生产第一位，为国民经济发展挺起了钢铁脊梁。

从供给质量看，目前我国22大类钢铁产品中有19类自给率超过100%，其他3类超过98.8%；汽车用钢、高牌号电工钢、高性能长输管线用钢、高速钢轨、建筑桥梁用钢等产品已稳步进入国际第一梯队；从港珠澳大桥到"中国空间站"，从"地壳一号"钻机到"蛟龙号"载人潜水器，上天、入地、进海的大国

---

❶ 本文发表于《钢铁规划研究》2022年第1期。

重器，处处都有钢铁"保驾护航"。

从绿色发展看，2020年，全国重点大中型企业吨钢综合能耗已下降到545kg标煤；全国超过230家钢铁企业约6.5亿吨粗钢产能正在实施超低排放改造，已有31家企业全部或部分通过评估监测认定并公示。首钢迁钢率先实现全流程超低排放，吨钢颗粒物、二氧化硫、氮氧化物排放绩效分别为0.17kg，0.21kg，0.4kg，在行业内树立了示范标杆。

从国际合作看，在"一带一路"倡议指引下，钢铁行业国际合作硕果累累，形式多样。德龙钢铁印尼德信钢铁项目、马中关丹产业园联合钢铁项目建成投产，一批绿地投资项目落地生根，迸发企业发展新动能；河钢收购塞钢，敬业集团收购英钢等，激发企业发展新活力。其中，"河钢塞钢"项目被誉为代表中国钢铁企业"走出去"的金名片，受到中塞两国政府高度赞誉，管理团队获得中宣部"时代楷模"称号。

（二）我国钢铁工业特征与发展阶段

钢铁行业作为支撑我国经济快速发展的主力军，是典型的技术密集型产业。当今，中国钢铁工业已经达到了"5G水平"，即"好产品、好规模、好价格、好服务、好品牌"；拥有最大、最活跃的内需市场，最全、最完整的产业体系，最多、最丰富的人才资源，最新、最先进的技术装备，最快、最及时的客户服务等明显优势，是中国制造业门类之中最具全球竞争力的行业。同时，我国钢铁工业绿色低碳发展已经走在世界前列，为世界钢铁工业发展树立了榜样，在为人民生活质量改善提供基础材料和重要功能材料的同时，正在通过自身努力促进全社会实现绿色低碳发展，让世界变得更加美好。从世界钢铁工业发展重心转移历程看，具有"5G"特色的中国钢铁工业必将长期引领世界钢铁工业的发展。

从发展的历史方位判断行业未来发展趋势尤为重要，从行业发展周期特征看，我国钢铁工业的发展可以分为"两个时期、五个阶段"，即数量和高质量两个时期，包括数量时期的增量阶段、减量阶段，高质量时期的联合重组阶段、强化环保阶段和低碳发展阶段。当前，我国钢铁行业发展正处在高质量时期的重组阶段、强化环保阶段和低碳发展阶段三期叠加。

二、"十四五"钢铁行业发展面临的形势

（一）钢材需求处于高位波动

钢材需求量与一个国家所处的工业化进程和城镇化水平息息相关。当前我国正处于工业化的中后期，尚未实现工业化。2020年我国城镇化率达到63.9%，与美国、北欧、澳大利亚、日本等国家和地区80%以上的城镇化率相比，仍有一定提升空间。根据《中华人民共和国国民经济和社会发展第十四个五年规划和

2035 年远景目标纲要》，"十四五"时期我国将持续推进新型工业化和城镇化建设，对钢材的需求仍将处于高位。"十四五"时期，我国钢铁生产消费总体仍将维持 10 亿吨规模的高位水平。

(二)　全国"双碳"措施加快落实

力争 2030 年年前实现碳达峰、努力争取 2060 年年前实现碳中和，是党中央经过深思熟虑作出的重大战略决策，事关中华民族永续发展和构建人类命运共同体。国家层面高度重视碳达峰碳中和决策部署的推进落实，印发了《中共中央国务院关于完整准确全面贯彻新发展理念　做好碳达峰碳中和工作的意见》《2030 年前碳达峰行动方案》等文件，并多次召开会议强调做好低碳发展工作的重要性和必要性，指导和督促地方及重点领域、行业、企业科学设置目标、制定行动计划。钢铁行业是中国碳排放量最高的制造业行业，碳排放量占全国 15%左右，是落实"双碳"目标的重点行业；碳达峰、碳中和是一项复杂的系统性工程，是生产、消费、技术、经济、能源体系的历史性革命，钢铁行业必须处理好发展与减排、整体与局部、短期与中长期的关系。

(三)　能耗双控制度更加完善

《中华人民共和国国民经济和社会发展第十四个五年规划和 2035 年远景目标纲要》提出：完善能源消费总量和强度双控制度，重点控制化石能源消费。国家发展改革委印发《关于完善能源消费强度和总量双控制度方案》，明确了"到 2025 年，能耗双控制度更加健全，资源配置更加合理、利用效率大幅提高"的目标。近期召开的中央经济工作会议更是指出"要科学考核，新增可再生能源和原料用能不纳入能源消费总量控制"。为更好地适应能耗双控制度优化调整的趋势，钢铁行业作为用能大户，是"两高"项目管控的重点，"十四五"期间面临着能效提升和用能结构优化两大任务，需要高度重视，加快行动。

(四)　超低排放改造深入推进

在改造进度方面，按照有关要求，到 2025 年年底前，重点区域钢铁企业超低排放改造基本完成，全国钢铁企业力争 80%以上产能完成改造。目前钢铁行业距离这一目标尚有不小的差距，"十四五"时期将会加速推进相关工作。在改造质量方面，我国钢铁行业超低排放改造标准是世界上最为严格的，创建环保绩效 A 级企业更是进一步提高了标准，而保持超低排放达标和 A 级绩效水平更是需要付出巨大的努力。虽然难度大，但越来越多的地方政府将环保超低排放改造和环保绩效评级与企业停限产联动，与差别化电价挂钩，超低排放改造也成为了企业提升竞争力的重要抓手。

（五） 需求升级倒逼品种质量提升

下游用钢行业的消费变化将倒逼钢铁产品结构调整和转型升级，促使钢铁行业发展由要素驱动、规模扩张阶段向供给高端化阶段过渡。主要表现在几个方面：一是按照产业链安全、自主可控的产业发展要求，关键核心零部件用钢的国产化将成为新产品开发的重中之重。二是下游行业升级过程中对钢材产品的个性化、定制化需求逐步增加，上下游产业联合研发攻关形成的新需求将成为主要增长点之一。三是建筑、机械、汽车、造船等传统主要用钢行业对产品质量的要求逐步提高，将对产品质量的稳定性、适用性和可靠性提出新的要求。

三、《规划》对钢铁行业发展的新要求

产业结构方面，《规划》明确了"十四五"期间钢铁行业产业结构调整的基本框架。一是延续了 2013 年以来严禁新增钢铁产能的要求，保持产能利用率在合理区间。二是深入推进钢铁行业兼并重组，并创造性地提出了打造"具有生态主导力和核心竞争力的产业链领航企业"工作思路，为钢铁行业资源整合提供了重要的指引。三是强化资源要素协同发展概念，打造世界级先进产业集群，形成产业发展合力。

供给能力方面，《规划》提出了更加全面、准确、细致和具体的要求。一方面，着力解决部分"卡脖子"关键材料"有没有"的问题，并重点强调了"实现量产"和"典型应用"两个目标。另一方面，夯实供给基础，系统性地解决钢材产品"好不好"的问题，着力提高产品质量稳定性、可靠性和适用性。此外，明确了技术创新在提升供给能力中的重要地位，要完善创新体系，加大研发投入力度。

绿色低碳发展方面，《规划》对钢铁行业绿色发展寄予了厚望，要求钢铁行业吨钢综合能耗下降2%，污染物排放强度、总量双下降，新建项目达到超低排放要求，固体废弃物综合利用率进一步提高。

智能制造升级方面，《规划》提出了"智能制造能力成熟度""数控化率"等关键指标，指出了"数字化""网络化""智能化"的发展趋势，并提出建设"智能制造示范工厂""工业物联网平台"等具体任务，促进钢铁行业实施智能制造升级，为钢铁行业智能化发展指明了方向。

产业安全方面，《规划》作出了具体的部署。一方面，宏观层面上对产业安全提出了具体要求，要解决产业链上的断点、堵点，特别是要加强资源保障体系建设和核心装备技术自主可控能力。另一方面，微观层面表示要提升本质安全水平，通过装备升级、工艺设计等手段筑牢安全生产底线，提升安全生产管控能力。

四、钢铁行业高质量发展建议

（一）健全长效机制，促进供需平衡

"十四五"时期，钢铁行业要坚持以深化供给侧结构性改革发展为主线。在"双碳"目标指引下，推动形成更高水平、更高质量的供需平衡。一是结合碳排放、能耗双控、环保绩效等综合方式调控粗钢产量，让真正"好"的企业在市场竞争中更具优势，倒逼落后工艺装备退出；二是发挥政策导向作用，控制钢坯等初级产品、普通钢材出口，扩大钢铁再生料、钢坯等初级产品的进口，促进产业结构优化；三是开展绿色节材型产品研发与应用，促进下游用户的消费质量和档次的提升，实现减量用钢，引导绿色消费。

（二）突出创新地位，弥补材料短板

一是坚持企业创新主体地位，不断完善企业创新体系建设，由注重研发环节向创新链条一体化设计和实施转变，提高研发效率及成果转化率，推动各类创新要素向企业集聚。二是加强基础研究，构建国家级、战略级科技创新中心，重点研究和突破关键共性技术和前沿性、基础性难题，夯实我国钢铁行业自主研发创新基础。三是深化人才发展体制机制改革，完善人才评价体系及成长通道建设，加强创新型、应用型、技能型人才培养，全方位用好人才。四是高度重视知识产权保护，加强知识产权策划，形成多维度的知识产权布局，在国家、行业、企业各个层面积极营造尊重知识的良好氛围。

（三）锚定低碳目标，引领全面发展

一是进一步完善低碳发展体制机制，构建减污降碳协同治理的政策体系。二是推动绿色发展，优化产业布局，严禁新增产能，加大绿色物流，推广全生命周期低碳绿色产品。三是节能及能效提升，推广先进适用节能低碳技术，提高二次能源利用效率，提高余热余能自发电率。四是优化用能及流程结构，进一步实现原燃料结构优化，鼓励短流程电炉钢发展，提高新能源及可再生能源利用。五是构建循环经济产业链，促进区域能源、资源整合，提高固废资源化利用，鼓励实施钢化联产，打造钢铁、焦化间循环经济产业链。六是应用突破性低碳技术，重点围绕以高炉富氢冶炼和气基竖炉富氢冶炼为主的技术路线，建立自主知识产权标准体系，形成成熟的低成本制氢和富氢冶炼产业化、规模化应用模式。

（四）实施智能制造，提高质量效率

一是加快钢铁行业数字化基础设施建设，应用5G等新一代信息技术建立泛在感知互联的工厂运行环境，提升烧结、炼铁、炼钢、轧钢等生产过程的实时感

知能力。鼓励钢铁企业开发基于数据驱动、机理模型的先进工艺控制系统，构建面向主要生产场景的数字孪生模型，提高生产和管理智能化水平。二是推动工业互联网赋能钢铁行业。依托龙头企业推进多基地协同制造，构建钢铁工业互联网平台，提供可靠、全面、及时的行业监测数据，推动上下游信息共享、资源共享、设计共享、生产共享，打造一批具有自感知、自学习、自决策、自执行能力的标杆工厂。三是夯实钢铁行业智能化支撑基础。加快制定一批钢铁行业智能制造标准，突破一批智能制造关键共性技术，形成一批高水平系统解决方案供应商，加大信息化与专业化结合的复合型人才培养力度。

（五）加快兼并重组，培育一流强企

以构建产业发展生态圈为目标，通过实施行业内横向联合重组、产业链纵向重组融合以及生态圈协同共生等多种手段，提高资源要素的优化配置水平，形成协同发展合力，打造具有国际竞争力的钢铁集团。一是强化区域、细分领域钢铁企业资源整合，按照市场化运作、企业主体、政府引导的原则，鼓励优势企业以资产为纽带，推进区域内钢铁企业兼并重组，提高产业集中度和市场影响力。二是加强铁矿石、焦炭、废钢等上游资源保障，抓好下游深加工产业和用钢产业发展，通过兼并重组延伸产业链，促进钢铁行业上下游、产供销协同发展，提升发展质量和发展水平。三是推动物流运输、数据挖掘、金融服务等全产业链的兼并重组，打通堵点、连接断点，切实增强产业内各相关环节的控制力，进而提升企业竞争力。

（六）夯实标准基础，引领转型升级

一方面，强化标准意识，积极响应国家有关产业政策，进行标准化建设，通过建立健全钢铁行业标准体系，更好地体现钢铁产业技术、装备、产品质量、服务、安全、节能环保等方面的先进性，推进建立标准动态管理机制，形成支撑钢铁产业转型升级的多层次标准体系。另一方面，更加强化标准引领作用，推动钢铁行业转型升级工作，逐步提高钢铁工业生产环节和市场准入的环保、节能、节水、安全指标及相关标准；全面围绕行业技术进步和品种开发，加强新产品和方法标准的有效供给；进一步通过标准细化，响应下游用户对差异化产品和差异化服务的需求，形成一批特色化、专业化、差异化程度较高的标准。

（七）强化资源保障，实现稳定供给

提升资源保障能力是维护我国钢铁行业产业安全，实现平稳运行的重要基础。一方面，立足于我国钢铁行业以长流程生产工艺为主的特点，"十四五"期间，有必要把推进铁矿石资源战略保障体系建设提升到国家发展安全的战略高度。海外权益矿方面，建立国家层面的对外协调机构，加大现有企业海外权益矿的高效多元化、多渠道供应能力；国内矿产资源开发方面，给予资金和政策支持，提升开发水平，多管齐下，标本兼治，突破资源瓶颈，支撑国家铁矿资源战略。另一方面，提前谋划我国钢铁行业低碳转型发展需要，进一步规范废钢产业发展，加快废钢加工配送体系建设，提高国内外废钢资源保障能力，增加废钢供应，促进钢铁冶炼过程中的节能降碳。

在《规划》指引下，中国钢铁工业将努力实现产业高端化、结构合理化、发展绿色化、转型数字化、体系安全化，进一步巩固和提升全球竞争力和影响力；并将充分发挥优势，以更高质量的国际化，促进世界钢铁工业绿色低碳发展。

全面部署转型新任务
开启高质量发展新征程

——解读《关于促进钢铁工业
高质量发展的指导意见》❶

李新创

工业和信息化部、国家发展改革委、生态环境部三部委联合印发《关于促进钢铁工业高质量发展的指导意见》（以下简称《指导意见》），既为我国钢铁行业更好地适应绿色低碳高质量发展新要求、持续深入推进供给侧结构性改革提供了更加宏观、全面的指导，也对钢铁行业提质升级和低碳转型工作作出了具体部署和安排。在此重要转型窗口期，文件的发布对于我国钢铁行业实现由大到强的历史转变意义非凡。

一、《指导意见》提出的目标任务

为深入推进钢铁行业高质量发展，《指导意见》按照"创新发展、总量控制、绿色低碳、统筹协调"的原则，提出了5个方面发展目标和12项具体工作任务。

一是提升创新能力是首要工作。《指导意见》将"创新能力显著增强"作为钢铁行业高质量发展的第一目标任务，提出了研发投入1.5%以上的资金保障目标，并在主要任务中依然率先提出"增强创新发展能力"的任务，既明确了搭建平台、创建联盟、健全标准体系等措施，又指出了关键共性技术和装备攻关的具体方向。同时，重点突出了智能化发展新要求，提出"关键工序数控化率达到80%左右，生产设备数字化率达到55%，打造30家以上智能工厂"三大目标，并制定了"大力发展智能制造"任务，提出了智能制造行动、建设大数据中心、推进智慧物流、构建智能制造标准体系等具体措施。

二是产业结构优化是主要任务。《指导意见》从产业集中度、工艺结构、产

---

❶ 本文发表于《钢铁规划研究》2022年第2期。

业布局、供给格局四个方面提出了发展目标任务，要求实现集聚化发展，电炉钢比例达到 15%以上，产业布局更加合理，市场供需保持高质量动态平衡。为实现上述目标，在主要任务中提出了"严禁新增钢铁产能""优化产业布局结构""推进企业兼并重组""有序发展电炉炼钢""维护公平市场秩序""提升开放合作水平"等六个方面具体措施，大力推动钢铁行业产业结构优化调整。

三是绿色低碳发展是关键环节。绿色低碳发展是钢铁行业转型升级发展的重中之重，《指导意见》在主要目标中提出了 5 个方面的目标要求，牢牢抓住了绿色低碳发展的要点，不但有超低排放改造 80%以上、吨钢综合能耗降低 2%以上、水资源消耗强度降低 10%以上的 3 个量化指标要求，也有产业耦合发展、2030年碳达峰等导向性目标任务，目标清晰，方向明确、任务具体。针对上述目标，逐一提出了具体可操作的措施。特别是在低碳发展方面，提出了编制碳达峰方案、建立低碳冶金创新联盟、构建碳排放数据管理体系等一系列措施，坚决将党中央、国务院的决策部署落到实处。

四是资源保障体系是发展基础。资源供给保障是钢铁产业发展的基础，特别是我国钢铁产业以高炉—转炉长流程为主，保障铁矿石供给是钢铁行业产业安全的重中之重。《指导意见》提出"资源多元化"的保障思路，并重点提升国内铁矿山发展水平。配套的主要任务从资源储备、矿山开采、难选矿利用到矿石运输及混矿等全产业链发展提出了具体措施。并突出强调了要"完善铁矿石期货市场建设，加强期货市场监管，完善铁矿石合理定价机制"。同时，在低碳转型大背景下，将废钢资源的开发利用放在了突出位置，提出了钢铁工业利用废钢资源量达到 3 亿吨以上的目标，并在主要措施中为废钢产业发展指明了发展路径。

五是供给质量提升是产业责任。钢铁作为国民经济发展的重要基础性原材料，提高钢材产品的供给质量、更好地满足下游产业用钢需求是行业发展第一责任。《指导意见》针对钢材供给方面的"有没有""优不优""好不好"问题提出了具体要求。"有没有"方面提出"每年突破 5 种左右关键钢铁材料"目标，"优不优"方面提出"建立健全产品质量评价体系"具体措施，"好不好"方面重点"深入推进以用户为中心的服务型制造"，提升产品品牌形象和附加值。

二、钢铁行业高质量发展建议

"十四五"时期，钢铁行业面临着诸多挑战和任务，需要结合自身发展实际，以绿色低碳高质量发展为方向，以《指导意见》为根本转型依据，着力做好补短板、锻长板工作，全面提升企业竞争力。建议重点做好以下几个方面：

一是以双碳目标为指引推动转型升级。实现碳达峰、碳中和是一场广泛而深刻的经济社会系统性变革，将统领我国经济社会高质量发展。因此，企业在制定转型升级发展规划时，需要结合我国低碳发展的大趋势，充分考虑未来将面临的各种约束条件和政策风险，结合企业发展实际制定细致可行的碳达峰目标、路径和路线图，做到纲举目张、有的放矢，切实提高碳生产率。

二是开展钢铁企业发展质量评价。《指导意见》明确指出要"建立企业高质量发展评价体系"。为顺应行业发展要求及自身发展需要，钢铁企业应持续深入开展对标挖潜工作，与国际国内领先企业开展全方位竞争力对标研究，准确定位核心优势和存在短板，固根强基、扬长补短，全面提升企业综合竞争能力。

三是高质量推进超低排放改造。高质量的超低排放改造是实现钢铁行业全面超低的基石。一方面，要针对企业实际情况，开展超低排放改造诊断，充分摸清企业存在的问题和改造的方式和措施，在实施改造时，应选择成熟可靠的工艺，避免因工艺技术问题造成返工或不达标。另一方面，精细化管理是守护超低排放改造成果的重要手段。过硬的装备需要匹配同水平的管理制度，企业应通过环保制度建设，细化管理模式和责任，将环保管理落实到各个环节和岗位，杜绝企业的一次达标、临检达标现象。

四是高度重视智能化提质增效。一方面，加快应用 5G 等新一代信息技术建立泛在感知互联的工厂运行环境，提升烧结、炼铁、炼钢、轧钢等生产过程的实时感知能力。另一方面，开发基于数据驱动、机理模型的先进工艺控制系统，构建面向主要生产场景的数字孪生模型，提高生产和管理智能化水平。通过智能升级改造，全面提高企业生产运营管理水平，充分挖掘各生产环节提质增效潜力，增强企业整体竞争力。

五是持续提高自主创新能力。目前，我国仍有约 70 项 200 万吨左右"短板"钢铁材料需要依赖进口，有实力的企业应加大对卡脖子钢铁材料的攻关，加强对氢冶金、低碳冶金、洁净钢冶炼、薄带铸轧、无头轧制等先进工艺技术的研发，通过创新寻求突破，解决好"卡脖子"钢铁材料、关键核心设备进口和先进低碳技术创新问题。

在《指导意见》部署和安排下，我国钢铁工业将乘全面建设社会主义现代化强国之大势，不断提升创新能力，持续优化产业结构，深入推进绿色低碳发展，大幅提高资源保障能力，显著提升供给质量，继续巩固和提升全球竞争力和影响力，凭借更高质量的国际化，推进世界钢铁工业绿色低碳发展。

第三章

绿色低碳研究

LÜSE DITAN YANJIU

我国钢铁工业"十三五"节能潜力分析[●]

李新创 郜 学 姜晓东

一、"十二五"我国钢铁工业节能回顾

（一）取得的成绩

1. 为国家单位 GDP 能耗和工业增加值能耗降低作出巨大贡献

与 2010 年相比，2014 年重点统计钢铁企业吨钢综合能耗下降了 3.36%，完成了"十二五"节能进度的 81.3%，超进度完成"十二五"工业节能规划提出的目标。与 2010 年相比，2014 年全国粗钢产量增加了 31.28%，但总用能量仅增加了 26.88%。

2. 技术装备水平不断提高

重点统计钢铁企业 5m 及以上焦炉产能占炼焦总产能 48%，1000m³ 及以上高炉占炼铁总产能 65%，100t 及以上转炉占转炉炼钢总产能 59%。烧结余热发电机组普及率大幅提高，配备比例超过 20%，超额完成国家提出的"十二五"发展目标；干熄焦装置约占世界总套数的 60%；1000m³ 以上高炉 TRT 配备率接近 100%，干式 TRT 配备率大幅度提高，钢铁工业烧结余热发电机组、干熄焦装置、TRT 装置数量均位居世界第一。钢铁工业技术装备水平已经处于世界领先行列。

3. 生产工序能耗指标逐步降低

与 2010 年相比，2014 年焦化、烧结、炼铁工序能耗分别降低了 7.3%，7.1%和 3.1%，转炉冶炼工序吨钢能耗下降了 9.8kg 标煤。与 2013 年版《粗钢单位产品能耗限额》及《焦化单位产品能耗限额》相比，2014 年重点统计企业焦化工序能耗企业达标率 91%，烧结工序能耗企业达标率 93%，炼铁工序能耗企业达标率 91%，转炉工序能耗企业达标率 42%。

4. 二次能源回收及利用效率不断提高

与 2010 年相比，2014 年焦炉煤气利用率提高了 1.2%，高炉煤气利用率

[●] 作者单位均为冶金工业规划研究院；本文发表于《第十届中国钢铁年会暨第六届宝钢学术年会论文集 II》，2015 年 10 月。

提高了 2.9%，转炉煤气利用率提高了 8.0%，吨钢转炉煤气回收量提高了 30.8%，企业自发电量占总用电量的比例提高了 5% 左右。焦炉上升管、烧结大烟道烟气、高炉冲渣水、轧钢加热炉等产生的中低温余热资源回收利用取得一定突破。

5. 自动化节能水平得到较大提升

"十二五"期间，钢铁企业已建和在建能源管控中心数量超过 90 家。随着一批能源管理中心项目的建成，钢铁企业两化融合得到了促进，企业能源管理的信息化、自动化、智能化水平得到了提高，形成了钢铁行业能源消费精细化管理示范效应，为政府节能监管、能源消费总量控制、大气污染防治、企业自身节能减排等工作奠定了基础。

（二）存在的问题

1. 结构节能负贡献

与 2010 年相比，2014 年重点统计企业铁钢比不仅没有下降反而上升，炼钢废钢综合单耗降低了 20%，造成结构节能不但对整个节能工作没有"正"贡献，反而是"负"贡献。此外，原料条件进一步恶化，和 2010 年相比，高炉入炉品位下降了 3.67 个百分点，烧结矿品位下降了 1.08 个百分点，对烧结固体燃料单耗和高炉燃料比影响较大。

2. 能源管理水平低

我国节能技术和装备水平已处于国际领先行列，但我国能源管理水平与先进国家相比，差距仍然较大。企业领导层对节能工作的重视程度仍然不够，节能管理机构层级偏低，专职节能管理人员数量偏少，节能管理基础能力薄弱，能源计量器具配备率普遍不足。多数企业未形成完整的能源管理体系，自动化、信息化管理水平仍然不高。

3. 技术创新难度大

常规节能措施如干熄焦、高炉炉顶压差发电、烧结余热发电、余热余能发电等技术逐渐普及，但节能新技术的自主研发和创新难度大、进度慢，焦炉煤调湿、上升管余热回收、钢铁渣余热利用、低碳冶金等节能技术与国外先进国家相比，还存在较大差距。

4. 节能长效机制缺乏

单一的行政命令式节能减排考核机制越来越难以适应节能工作形势的发展，如何调动企业自愿节能的积极性，如何建立更加科学的考核办法和评价机制对今后节能工作影响很大。钢铁工业缺乏推动节能工作的手段，奖励和惩罚的抓手不足。

5. "数字节能"现象明显

钢铁企业在节能减排考核和内部节能潜力空间逐渐缩小的双重压力下，统计数据失真现象越来越明显。焦化工序能耗、炼铁工序能耗等工序的突破理论值数据不断涌现，吨钢综合能耗同比大幅降低的情况也时有出现，数据的失真给行业节能统计、分析和预测工作带来困难，给国家制定政策造成了干扰。

二、"十三五"我国钢铁工业节能面临形势

从国家政策看，节能工作考核将进一步加强。国家正在实施"一挂双控"政策，"一挂"就是将能源消费与经济增长挂钩，"双控"就是对高耗能产业和过剩产业实行能源消费总量控制约束，能源消费总量只减不增；对其他产业按平均先进能效标准实行能耗强度约束，现有产能能效限期达标，新增产能必须符合先进能效标准，促进优胜劣汰。"十三五"碳排放总量控制和强度控制也将落实到各家钢铁企业，企业面临的减碳压力骤然增大。此外，能耗限额新标准对企业能耗达标提出新的要求。

从企业内部看，钢铁企业经济效益差、经营困难，重点统计钢铁企业销售利润率处于工业行业最差水平。钢铁主业持续亏损，负债率居高不下，用于节能减排上的投入受到严重影响，节能难度加大。企业面临环保的生存压力和产品结构调整的压力，环保和深加工制造用能会较大幅度增加。虽然节能工作存在难度，但节能降耗仍是企业降本增效的最重要手段之一，是企业的内在需要。

三、"十三五"钢铁工业总体趋势与铁钢结构

作为国民经济的重要基础产业，中国钢铁产业依靠规模增长和质量提升的双轮驱动，满足了建筑、机械、能源、汽车等国民经济各行业的发展，推动中国成为世界上最大的钢铁消费国、生产国与出口国，产业素质显著提高，国际地位大幅提升。

与此同时，随着我国加快转变发展方式和经济结构调整作用逐步显现，钢铁产业将在较长时期处于新常态，表现为"三低一高"的特点：生产消费在峰值平台波动发展，市场竞争异常激烈，企业经营困难，原燃料价格处于相对低位，钢价则在绝对低位，环保治理保持高压态势，能源制约趋紧，融资难度大、资金成本高。随着消费拉动经济增长的作用逐步显现，经济增长过度依赖投资的局面将发生改变，单位经济总量的钢材消费强度进一步下降，钢铁生产和消费将在相当长的时间处于峰值弧顶区，对铁矿、废钢等原材料的需求将保持高位，但着眼中长期，随着废钢资源量的增加，国内铁矿需求回落的大趋势不可避免。

党的十八大提出确保到2020年实现全面建成小康社会的宏伟目标。"十三五"规划时期，我国处于全面建成小康社会的决定性阶段和全面深化改革的新

时期，作为国民经济的重要基础产业，钢铁工业进入了生产总量峰值期、市场格局深度调整期、建成钢铁强国关键时期和创新发展机遇期。钢铁工业在"十三五"期间的发展主线是改革、调整、绿色、创新，其总任务是为实现第一个"百年"目标提供坚强支撑，并为完成第二个"百年"目标蓄势谋篇、做好准备。

在未来一个时期，中国钢铁产业发展将呈现以下趋势：一是由钢铁制造向材料服务转变；二是由国内发展向国内国际协调发展转变；三是由要素投入发展向创新驱动发展转变；四是由高消耗高排放粗放式发展向绿色低碳可持续发展转变；五是由钢铁一业独大向多元协调发展转变；六是由无序盲目竞争向有序协调竞争转变，加快联合重组，提高行业集中度，实现有序发展。

我国粗钢生产已处于峰值弧顶区，从中长期、整体的角度来看，已经呈现"弧顶"加"下降通道"的走势，但不排除个别年份的波动回升。生铁生产呈现同样特点，且随着废钢资源量逐步增加，生铁产量在长周期内的平均下降速度将比粗钢要快。综合考虑我国炼钢的钢铁料消耗情况，预计到 2020 年钢铁工业铁钢比结构将有较大幅度降低。

四、"十三五"我国钢铁工业节能潜力分析

从"十五"到"十二五"是我国钢铁工业节能取得成绩最快的十五年，三个五年中，技术节能是主要贡献者，而结构和管理节能方面贡献很少，甚至是负贡献。"十三五"期间，初步判断钢铁工业技术节能的贡献平稳并呈下降趋势，结构节能贡献比例上升但同时存在较大变数，管理节能将逐步发挥更大潜力。

（一）结构节能潜力

"十三五"期间，从生产规模看，国内钢铁生产消费将处于峰值弧顶区，总量在一定区间内波动发展，不会再出现大规模的增长。

从生产结构方面看，"十二五"钢铁工业进一步加重的长流程生产结构在"十三五"将逐渐发生变化。随着废钢积蓄量的增加和国内节能、环保、减碳压力的持续增加，电炉等短工艺流程将进一步得到发展，废钢用量将进一步增加。预计到 2020 年，吨钢废钢综合单耗将比"十二五"有较大幅度提升，铁钢比将有较大幅度下降，如果完全调整到位，节能潜力巨大。

从淘汰落后和化解过剩产能方面看，依据国务院化解过剩产能方案，"十三五"压缩钢铁产能总量 8000 万吨以上，压缩的产能多为落后产能，淘汰落后产能的节能潜力仍然较大。

从能源结构变化来看，钢铁企业应对气候变化，将逐步提高新能源的使用比

例，如风能、太阳能、生物质能等的使用，但总体发展规模不大，预计可部分替代现有常规电力，节能潜力较小。

结构节能受国家政策、环保低碳、成本、废钢供给等多方面因素影响，能不能执行到位对节能工作影响非常大。如果按照上述目标，生产工艺流程调整和化解过剩产能调整完全到位，结构节能潜力将超过技术节能和管理节能；如果调整不到位，则节能潜力将会根据实际情况缩减。

（二）管理节能潜力

从自动化、信息化管理节能方面来看，依据工信部发布的《重点用能行业企业能源管理中心建设实施方案》，"十三五"期间建设和改造完善钢铁企业能源管理中心 100 个左右，预计自动化的节能潜力较为可观。从提高能源管理水平方面来看，应提高能源精细化管理水平，建立完善的能源管理体系，提高节能工作重视程度，提升专职管理人员数量，提高企业能源管理基础能力。"十三五"期间，管理节能将逐步发挥更大潜力。

（三）技术节能潜力

从各主要生产工序技术节能方面看，焦化工序重点方向为煤调湿技术、高温高压干熄焦改造等，烧结工序重点方向为降低固体燃料比、提高烧结余热回收等，炼铁工序重点方向为降低高炉燃料比、高炉脱湿鼓风、TRT 湿改干、冲渣水余热回收等，炼钢工序重点方向为一次除尘湿改干、干式 RH 真空技术、转炉和电炉烟气余热回收等，轧钢重点方向为提高热送热装比例、蓄热式燃烧、轧钢加热炉烟气余热回收等。"十三五"期间，工序节能仍然是技术节能的重点。

从提高二次能源回收利用水平方面来看，"十三五"将进一步减少高炉、焦炉、转炉煤气放散率，提高各工序余热资源回收率，此部分节能潜力和"十二五"相比将进一步缩小，但仍然能贡献一定的节能力量。从节电方面看，变频节电、电气系统、电机能效提升改造，仍有很多工作需要开展，存在一定的节能潜力。

从潜在新技术节能潜力方面来看，烧结烟气循环技术、钢渣铁渣显热回收技术、低碳节能等新技术的示范能够贡献更多节能力量。

虽然"十三五"期间预计技术节能潜力比"十一五""十二五"有所下降，但技术节能仍然是稳定的节能潜力源，和结构节能相比，其稳定性、可靠性更强，是保证"十三五"完成节能目标的重要手段。

（四）综合节能潜力

综合来看，"十三五"技术节能潜力将进一步降低，管理节能将进一步发力，结构节能将影响节能工作全局。"十三五"在结构节能完全达到预期结果前提下，全行业节能潜力仍然较大。

同时，在设定行业"十三五"节能目标时，需以实际可实现的节能量为基数，应综合考虑节能潜力的可实现程度，尤其是结构节能潜力的实现程度，此外还应考虑环保设施和深加工设施等增加能耗部分以及钢铁企业资金投入能力等因素。

钢铁工业绿色发展途径探讨[1]

李新创　高　升

钢铁行业作为传统支柱性产业之一，具有投资拉动作用大、吸纳就业能力强、产业关联程度高等特点，为中国经济社会发展作出了巨大的贡献。21 世纪以来，中国粗钢产量已经从 2001 年的 1.42 亿吨增长到 2017 年的 8.32 亿吨，粗钢产量约占世界钢产量的一半，中国成为世界钢铁生产消费中心。2015 年中国钢材实际消费量自 1996 年以来首次出现下降，随着国内经济增速放缓和经济结构战略性调整，钢铁行业已经进入减量化发展阶段。在此阶段，中国钢铁行业必须依靠绿色化、有序化、品质化、标准化、差异化、服务化、智能化、多元化和国际化"九化"协同发展，推动行业的改革、创新和转型。实现绿色化发展既是提高企业综合竞争力、应对当前困境的重要手段，也是钢铁行业继续可持续发展的内在需求。

一、钢铁工业发展现状及趋势

（一）钢铁工业发展现状

1. 产量规模

21 世纪以来，中国钢铁工业进入加速发展阶段，如图 1 所示，粗钢产量从 2001 年的 1.42 亿吨快速增长到 2015 年的 8.04 亿吨，钢铁工业发展有效支撑了中国经济的快速发展，不论是基础设施建设，还是工业制造，都需要强大、高效、优质的钢铁做支撑。2015 年中国粗钢产量 8.04 亿吨，同比下降 2.3%，为近 30 年来首次出现下降；钢材实际消费量 6.64 亿吨，同比下降 5.4%，为 1996 年来首次下降。由于"地条钢"的出清，2017 年全国统计粗钢产量有所增长，达到 8.32 亿吨，同比增长 3.0%。

2. 生产布局

中国钢铁生产布局的重心位于长江入海口以北的沿海地区，包括河北、江苏、山东、辽宁、天津，2017 年该区域粗钢合计产量 4.49 亿吨，占全国总量的 54.0%。两个粗钢产量超亿吨的超大省（河北、江苏）和两个粗钢产量超 6000 万吨的大省（山东、辽宁），均位于该区域。

---

[1]　作者单位均为冶金工业规划研究院；本文发表于《工程研究》2017 年第 9 卷，有删节。

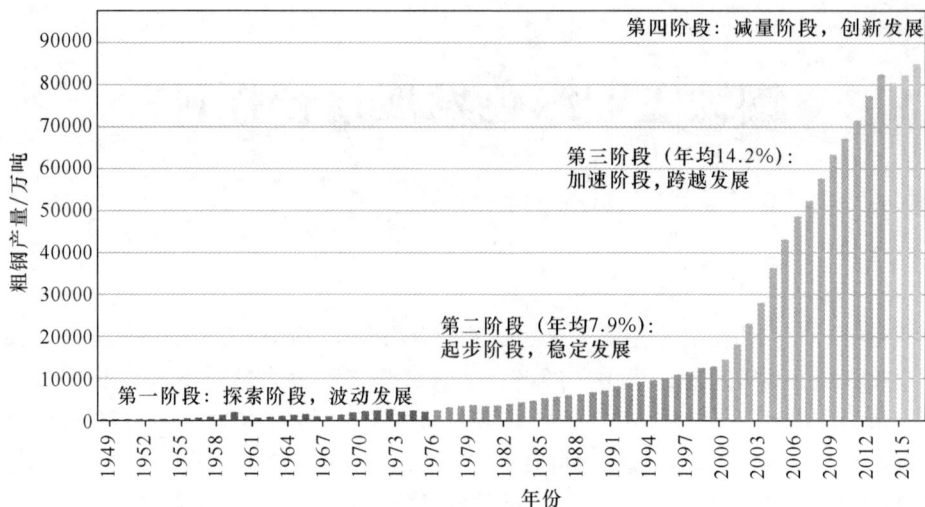

图 1 1949 年以来中国粗钢产量变化

3. 工艺装备

中国钢铁企业主体装备总体达到国际先进水平，重点大中型钢铁企业 1000m³ 及以上高炉占炼铁总产能 72%，100t 及以上转炉（电炉）占炼钢总产能 65%。炼钢技术方面，双渣少渣冶炼、滑板挡渣出钢、铁水预处理和炉外精炼、恒拉速/高拉速连铸等洁净钢生产技术研发与推广应用步伐加快；转炉负能炼钢、电炉烟气余热回收、机械真空泵、钢渣处理与高效利用等节能减排技术应用取得良好效果。轧钢技术方面，新一代 TMCP 技术、双辊薄带连铸技术、ESP 生产技术等，已经能够实现批量稳定生产，轧钢生产系统普遍采用自动化控制二级及三级水平，在线热处理技术、产品尺寸控制技术、控轧控冷技术等先进技术推广加快。

4. 品种质量

近年来，中国关键钢材品种生产不断取得突破，以百万千瓦级核电用钢、超超临界火电机组用钢、高磁感取向硅钢、第三代高强汽车板、高性能海洋平台用钢等为代表的高端装备用钢陆续实现产业化。

例如，国内冷轧汽车板由普通 HSS 发展到 AHSS、UHSS，包括 DP980、TRIP780 冷轧及镀锌汽车板已经批量商业化生产；国内先进钢铁企业开发出1180QP、1500MS、950TWIP 等新材料，以及先进的热冲压成型、液压成型、辊压成型、VRB 板成型和激光拼焊板成型等技术，不断推进车辆轻量化进程；继宝钢、太钢批量生产第三代汽车钢后，中国第三代汽车钢研发生产和应用提速，钢铁企业、汽车企业、研究院所正在加快构建新一代汽车钢研发应用一体化的平台。

量大面广的建筑用钢实现升级换代，2017 年重点大中型钢铁企业 Ⅲ 级及以上高强钢筋生产比例达到 100%，而 21 世纪初这一数据仅不到 4%。

5. 节能环保

中国钢铁工业迅猛发展取得巨大成就的同时，也面临愈来愈大的资源、能源消耗和污染排放压力。为此，钢铁行业在节能环保方面做出了许多努力，例如，消化吸收引进国外先进技术，加强自主研发，积极应用余热余压发电技术、活性炭烧结烟气脱硫技术、干熄焦和干法除尘等"三干"技术、膜法废水再利用技术等，资源能源利用水平不断提高，环境治理不断改善，取得了显著的成绩，全面缩小了与国外先进国家的差距，甚至在一些领域达到了国际领先水平。生态环境部部长李干杰在 2018 年全国环境保护工作会议上表示，2018 年中国将启动钢铁行业超低排放改造。随着烧结脱硝技术的产业化应用，技术进步正在与进一步提高标准协同作用，降低钢铁这一非电行业固定源污染物排放总量，为打赢大气污染防治攻坚战，缓解产能密集区域环境容量超载问题提供良好支撑。

据统计，2017 年重点统计企业二氧化硫排放总量为 36.95 万吨，通过全面实施烧结脱硫及回收富余煤气，推进煤改气、油改气，吨钢二氧化硫排放量已由 2005 年的 2.75kg 下降至 0.44kg；2017 年烟粉尘排放总量为 38.37 万吨，得益于持续不断实施除尘改造，采用布袋除尘等先进工艺，增加除尘能力，吨钢烟粉尘排放量也由 2005 年的 2.11kg 降至 0.46kg 左右，如图 2 和图 3 所示。

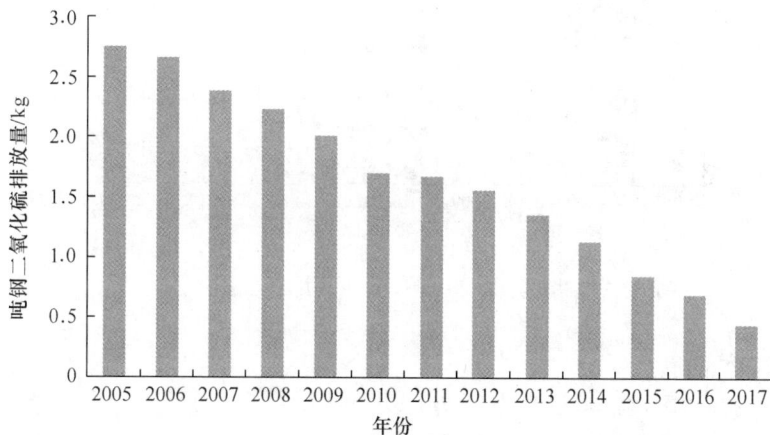

图 2   2005~2017 年吨钢二氧化硫排放情况

钢铁行业通过实施"三干"等节水型清洁生产工艺，实施串接用水、分质用水，废水排放总量由 2005 年的 12.1 亿立方米降至 2017 年的 4.86 亿立方米；吨钢废水排放量由 2005 年的 4.88m³ 降至 2017 年的 0.58m³，如图 4 和图 5 所示。多数特别限值地区企业实现废水"近零排放"，钢铁工业污染物排放绩效近年来有了较为明显的改善。

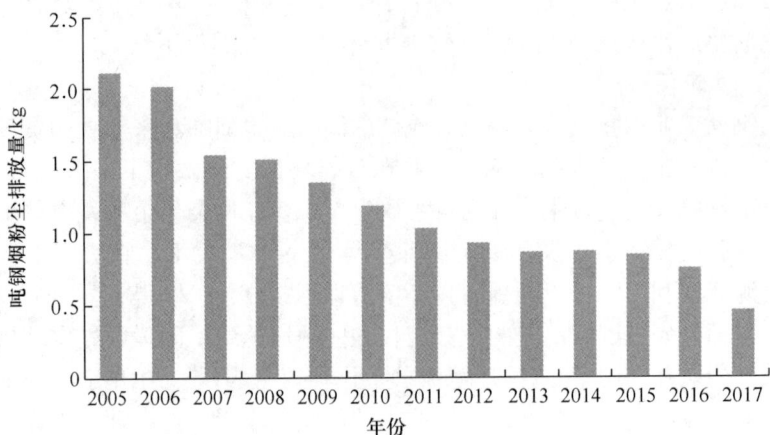

图 3　2005～2017 年吨钢烟粉尘排放情况

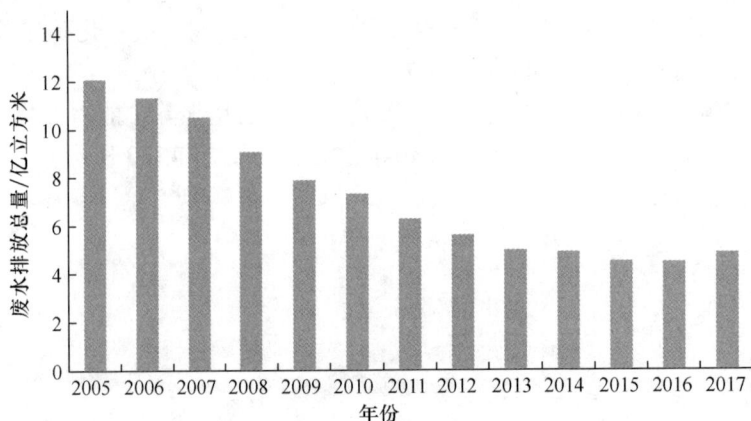

图 4　2005～2017 年废水排放总量

6. 技术创新

现阶段，中国钢铁行业基本建立了以企业为主体、市场为导向、产学研用相结合的技术创新体系，自主创新能力逐步提升。在冶金工艺、重大技术装备国产化，冶金新材料、新产品开发、节能减排和资源利用等方面取得了突出成就，有力推动了中国钢铁行业转型升级和可持续发展。形成了以合作研究、战略技术联盟等为载体的开放式创新模式。例如，耐蚀钢、海洋工程用钢、装配式钢结构民用建筑和冷弯型钢工模具等产业技术创新联盟的设立及运行，促进了上下游产业协同创新，加快了产品及技术的示范应用和推广。

尽管如此，中国仍存在自主技术创新能力不足的问题，表现为原创性技术不

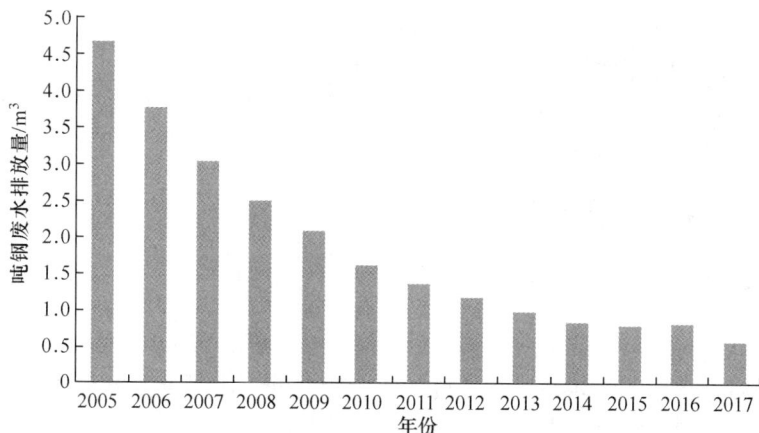

图5 2005～2017年吨钢废水排放情况

足和创新成果未有效转化，关键工艺技术装备和关键品种自主创新成果不多，创新技术成果产业化水平及创新技术服务有待进一步提高。

（二）钢铁工业发展趋势分析

1. 钢材消费中长期需求预测

"十三五"期间，中国经济步入新常态，加快转变经济发展方式、调整经济结构，将对中国钢材消费产生较大影响。根据钢材消费系数预测法、地区需求预测法、下游行业消费预测法和人均粗钢表观消费量预测法，预计2020年中国粗钢表观消费量为7.47亿吨（钢材实际消费量7.10亿吨）。

工业化先行国家的发展历程表明，工业化进程结束后，钢材消费量将进入峰值区，并在随后进入衰退期，中国钢材实际消费量也将遵循经济发展的客观规律。预测2020～2025年中国钢材实际消费量也将继续呈下滑态势，2025年中国粗钢表观消费量7.05亿吨（钢材实际消费量为6.70亿吨）。

2. 发展趋势判断

从长周期角度来看，中国粗钢生产已经呈现"弧顶+下降通道"的走势，但不排除个别年份的波动回升；生铁生产呈现同样的特点，且随着废钢资源量的逐步增加，生铁产量在长周期内的平均下降速度将比粗钢快；焦煤、铁矿需求也进入下行通道的转折阶段。中国钢铁工业的减量发展过程，将是在较长时期内流程调整、优胜劣汰、多元并举和创新发展的过程。在化解过剩产能的同时，中国钢铁工业要在减量发展阶段推进"九化"协同发展，重塑价值链，不断提升产业竞争力。

2016 年 11 月 14 日，工信部正式发布了《钢铁工业调整升级规划（2016—2020 年）》（以下简称《规划》），从化解产能、创新驱动、绿色发展、智能制造、品种质量等五方面提出了引导性的调整升级目标，并提出了十大重点任务。在绿色发展方面，《规划》提出"十三五"期间能源消耗总量和污染物排放总量双下降的目标，分别下降 10% 和 15% 以上。

二、钢铁工业绿色发展必要性

（一）环境保护压力逐渐增大

近年来，中国经济快速增长，雾霾、赤潮、饮用水超标、镉米等污染事件集中爆发，环境和生态问题凸显，环境形势十分严峻。中国急需转变发展模式，寻求环境和经济利益协调发展。另外，随着《巴黎协定》生效，联合国气候变化公约第 22 次缔约国大会加强全球碳排放控制，钢铁行业作为碳排放大户受到高度关注。在国际竞争背景下，随着碳排放标准不断提高，环境保护压力也会逐年增大。

国内钢铁企业的污染问题一直受到社会各界广泛关注，近年来的雾霾污染事件进一步加剧了公众对钢铁行业污染的担忧。近期环保部的专项督查，加大了对环境污染主要责任人法律追究力度，钢铁企业被追究的案例也有增加的趋势。因此，钢铁企业必须积极应对环保挑战，全面扭转在社会公众中的高污染、高排放形象。

（二）新环境保护管理制度开启历史新纪元

2017 年是"大气十条"第一阶段的收官之年，也是党的十九大报告中所提及的打赢蓝天保卫战的开局之年，生态文明与美丽中国建设跨越式发展，处于钢铁行业新排污许可与"费改税"制度建立、采暖季错峰停限产方案落地、大气重污染成因与治理攻关项目启动与中央环保督查全覆盖的里程碑式的历史节点。

2017 年 7 月 27 日，环保部正式发布《排污许可证申请与核发技术规范 钢铁工业》（HJ 846—2017），标志着钢铁行业已正式全面推行排污许可"一证式"管理，截至 12 月 31 日，京津冀及周边"2+26"城市、长三角、珠三角区域钢铁企业除部分产能退出、提标改造未完成的，其余都已经通过"国家排污许可证申报平台"完成排污许可证的申报，并成功取证。钢铁行业"费改税"制度也随着中国第一部推进生态文明建设的《环境保护税法》的推行，进入到环境经济政策实施的 2.0 版。面对"大气十条"第一阶段收官以及采暖季雾霾频发的双重压力，环保部等 10 部门、京津冀晋鲁豫等 6 省市联合印发《京津冀及周边地区2017—2018 年秋冬季大气污染综合治理攻坚行动方案》，要求"2+26"城市实施钢铁企业分类管理，按照污染排放绩效水平，制定错峰限停产方案。截至 2017 年年底，石家庄、唐山、邯郸、安阳等重点城市钢铁企业严格执行采暖季钢铁产能限产 50%。大气重污染成因与治理攻关项目启动，钢铁行业大气污染治理及调控政策研究取得积极进展。

（三）绿色发展成为钢铁工业发展的内在需求

绿色发展作为国家战略纳入到国家"十三五"发展规划中，将指导中国未来经济、社会、环境、资源协调发展。立足推动钢铁行业可持续核心竞争力的建立，必须依靠绿色发展，只有坚持绿色发展，才能促进钢铁工业节能环保技术创新，实现经济的结构性调整与增长模式转变。绿色发展成为"十三五"规划的要义和核心内容，标志着未来钢铁行业发展将进入全面绿色化的新常态。

加强钢铁企业冶金废渣、尘泥等二次资源的综合利用，合理建设资源综合利用项目和实施资源综合利用产业化发展，可进一步提高二次资源利用效率和资源投入产出比，从而达到有效降低钢铁企业生产成本的目的。尤其在当前钢铁行业经济效益明显下降的形势下，资源综合利用降本增效的作用日益明显。以一个千万吨级长流程钢铁企业为例，其钢铁渣的产生量约 500 万吨，若每吨钢铁渣综合利用附加值提高 10 元，则钢铁渣的综合利用附加值可提高 5000 万元。

此外，下游用户为了降低钢材使用成本或开发节能环保型产品，对绿色钢材产品的需求也越来越大。例如，东北大学研发的超级钢被制作成汽车底盘承重梁等部件，各项指标全部能够满足要求，并且在满足使用要求的同时实现汽车重量减轻，降低能源消耗。

（四）绿色发展是城市钢铁企业的未来

钢铁工业还面临产业布局不尽合理的问题，在华北、华东地区集中了全国一半的钢铁产能，钢铁产能高度集中必然对区域环境造成严重影响。这种状况如果长期得不到转变，甚至会产生不可逆的环境风险。加之由于钢铁企业对上下游配套产业的拉动效应，钢铁企业往往位于城市周边，随着社会公众对环保问题的关注度不断提高，近年来钢铁企业搬迁经常成为地方政府讨论的议题，城市型钢铁企业面临巨大的生存压力。

在此形势下，钢铁企业应积极推进绿色发展，在节能减排的基础上，发挥城市服务商的功能，扭转在公众眼中高污染的不良形象。其在实行绿色发展过程中，可就近消纳城市废钢、废轮胎、垃圾等固废，完善城市功能体系。通过总体规划、节能降耗、梯级利用的思路，采用先进热能利用技术，提取高炉冲渣水、焦炉烟气、加热炉烟气等余热资源，为城市供暖供热，加快从企业内部服务向城区服务的拓展，最大程度地消除城市污染源。利用自身节能减排上的技术优势，协助其他企业提升节能环保水平，将城市钢铁企业打造成城市服务商。经由这一绿色发展路径，城市钢铁企业与城市生态系统有效衔接，从而彻底消除公众对钢铁工业高排放、高污染的认识，真正实现钢铁企业与城市的共融发展。

三、钢铁工业绿色发展途径

钢铁行业要全面树立绿色发展理念，在发展理念上实现根本转变，逐步建立钢铁流程绿色化发展理论体系、评价体系和方法体系，通过建立成熟的绿色发展体系，规范钢铁企业的绿色化发展，持续不断地提升行业的绿色发展水平。具体而言，应从钢铁制造全流程、钢铁产品全生命周期、绿色产业全方位发展等方面考虑，实施"绿色矿山、绿色采购、绿色物流、绿色制造、绿色产品、绿色产业"六位一体的总体布局。

（一）绿色矿山

随着经济建设快速发展，对矿产资源的需求不断增长，矿产开发带来的生态环境破坏问题日益突出，制约了矿业经济的发展。建设绿色矿山、走发展绿色矿业之路，是保障矿产资源有效和长期供给的首要问题。

绿色矿山，以保护生态环境、降低资源消耗、追求可持续发展为目标，将绿色生态的理念与实践贯穿于对矿产资源开发利用的全过程，体现了对自然原生态的尊重、对矿产资源的珍惜、对景观生态的保护与重建。发展绿色矿山就是要在矿产资源开发全过程中，既要严格实施科学有序的开采，又要将对矿区及周边环境的扰动限定在环境可控制的范围内；对于必须破坏扰动的部分，应当通过科学设计、先进合理的有效措施，确保矿山的存在、发展直至终结，始终与周边环境相协调，并融合于社会可持续发展轨道中，形成一种崭新的矿山形象。

实施绿色矿山建设是顺应中国矿业发展的总体发展趋势，符合企业可持续发展的要求，也是矿业企业转变发展方式的必然选择。在中国建设和谐社会的大背景下，实施绿色矿山建设，走绿色矿业道路，是维护矿地关系，建设和谐社区的必要条件。

（二）绿色采购

绿色采购理论是从减少企业经营活动对社会和环境负面影响的研究中诞生的，绿色采购是建立在可持续发展思想上的采购观。综合国内外多位学者的定义，绿色采购是企业为应对资源环境问题，在原材料获取相关的过程中制定的一系列方针和采取的一系列行动。绿色采购具体包括绿色原材料的选择、绿色供应商的管理（包括运营管理、选择评估与开发）、绿色包装、绿色运输、逆向物流回收这 5 个方面。

1. 绿色采购主要原则

（1）经济效益与环境效益兼顾。企业在采购活动中，应充分考虑环境效益，优先采购环境友好、节能低耗和易于资源综合利用的原材料、产品和服务，兼顾经济效益和环境效益。

（2）打造绿色供应链。企业应不断完善采购标准和制度，综合考虑产品设计、采购、生产、包装、物流、销售、服务、回收和再利用等多个环节的节能环保因素，与上下游企业共同践行环境保护、节能减排等社会责任，打造绿色供应链。

2. 绿色采购主要任务

（1）树立绿色采购理念，融入经营战略。大力宣传绿色采购理念，充分理解绿色采购的意义，并将其融入经营战略，贯穿原材料、产品和服务采购的全过程。

（2）编制绿色采购指南，持续不断改进和完善，为企业实施绿色采购提高纲领性的引导。

（3）优化和修订采购标准、采购制度和采购流程。对企业现行采购标准、采购制度和采购流程，进行优化和修订，融入绿色采购和管理理念。

（4）优先采购绿色产品和绿色服务。

（5）推动供应商提高环境管理水平。

（6）逐步建立企业绿色采购绩效评价体系，对企业绿色采购实施进行评价，并对企业绿色采购管理制度进行滚动修改完善，提高绿色采购的高效性和适应性。

（三）绿色物流

钢铁绿色物流是指以钢铁供应链全流程的物流环节为基础，以降低对环境的污染、减少资源消耗为宗旨，利用先进的物流设施、管理、服务与装备技术等手段，在统筹考虑全局和长远利益的前提下，建立具有绿色特征的运输、储存（仓储）、包装、装卸搬运、流通加工、逆向物流等物流运行体系。

1. 实施绿色物流，打造钢铁全供应链物流绿色化

钢铁供应链物流具有点多、线长的特点，为了塑造良好社会形象，拥有良好的品牌竞争力，做有社会责任感的企业，钢铁企业除加大生产工艺的环保设备设施配备力度之外，应实施供应链物流过程绿色化。建立钢铁供应链绿色通廊——从供应地到消费地实现物流全过程绿色化，这样不仅会降低企业成本，获得利润最大化的效果，而且会进一步提高企业形象和竞争力。

2. 实施绿色物流，有效降低物流成本

钢铁生产企业在进行物流活动的过程中，产生的费用包括运输费用、装卸搬运费用、流通加工费用、包装费用、仓储费用、人工费用等，不合理的物流活动会消耗大量的人力、物力以及物流资源，造成以上各物流环节的成本增加，同时，大大降低企业物流运行的效率。实施绿色物流，在进行各项物流活动过程中，能够进行统筹计划、有效协调，最终实现物流效率的提高以及企业物流成本的降低。

3. 实施绿色物流，有利于保障人民生产生活的安全

交通拥挤和交通混乱是导致交通事故频繁发生的重要原因之一。发展绿色物流，合理采用多种运输方式，降低地面交通的压力，是钢铁企业保障安全生产、降低对社会交通安全影响的重要手段。

4. 实施绿色物流，有助于提高企业物流现代化程度

实施绿色物流，做到节约资源、降低成本和消耗，需要先进的物流技术作为支撑。所以，大力发展企业绿色物流，有助于加快企业提高自身的物流基础设施，扩大钢铁企业引入第三方物流运行模式的规模，加快"互联网+物流"的实施步伐，提高企业物流现代化程度。

（四）绿色制造

绿色制造应从源头（造成污染的制造过程）入手根治，使污染物消除在制造过程，从而协调经济效益和社会环境效益发展。必须深入贯彻绿色制造理念，以减少污染物排放为核心，以降低物耗能耗为重点，以提高生产效率为导向，以加强循环利用为支撑，立足于现场，采用先进适用的技术措施，强化精益生产和精细管理，坚决守住环保达标的红线和能耗达标的底线，严格控制成本，推进提质增效，实现生产的高效化、消耗的减量化、排放的最小化、资源的循环化、环境的友好化。

加大先进适用的节能环保工艺装备研发力度，加快钢铁工业绿色改造进程。完善焦化、烧结、炼铁、炼钢、轧钢等工序的节能环保设施，普及应用成熟的节能环保技术。全部完成烧结脱硫、干熄焦、高炉余压发电等改造，淘汰高炉煤气湿法除尘、转炉一次烟气传统湿法除尘等高耗水工艺装备。积极研发推广先进节能环保技术，开展焦炉和烧结烟气脱硫脱硝、综合污水回用深度脱盐等节能环保难点技术示范专项活动。

（五）绿色产品

绿色钢材产品是指以产品生命周期评价方法为基础，在设计、制造、运输、使用、回收和再利用的全生命周期内节省能源、降低消耗、减少污染物排放的钢材产品。

在新形势下，要不断推动绿色钢材产品消费，引导钢铁企业按照全生命周期理念开发和生产绿色产品。鼓励钢铁企业结合汽车轻量化、推广超高效电机等发展趋势和工作，主动加强与下游协同，研发生产高强度、耐腐蚀、长寿命的高品质钢材，引导消费升级，优化钢材消费结构等。绿色钢材产品的发展重点如下：

（1）建筑行业用钢。随着中国经济发展方式的转变，发展绿色、低碳、节能省地型建筑已成为中国建筑行业的发展方向，高强钢筋和钢结构将不断推广。

（2）机械行业用钢。"十三五"期间，高端装备制造业和新兴产业装备将是发展重点，需要高强度、耐磨、耐蚀、高纯净度钢材。

（3）汽车行业用钢。为适应汽车轻量化及新能源汽车等行业发展需求，汽车用高强钢板、490MPa 以上汽车用冷轧板、HSLA 镀锌板、高档轴承钢等棒线材成为发展重点。

（4）家电行业用钢。"十三五"期间，家电向高档化、集成化、时尚化、高性能、高能效、精细化方向发展，需要薄规格、高强度、高硬度、环保性能优良的板材。

（5）船舶行业用钢。船舶技术的发展趋势是高端化、绿色化、数字化、模块化，需要高强度、高韧性、大线能量焊接、良好的耐腐蚀性以及大厚度、大尺寸规格的钢材。

（6）石油化工行业用钢。石油化工行业用钢向高强度、耐腐蚀、耐高温、耐低温、高韧性方向发展。

（7）电力行业用钢。"十三五"期间，电力装备向高温高压、大容量、高载荷方向发展，应重点发展厚度 20cm 以上含铬钢板、球罐用、蜗壳用钢板、370MPa 以上高强度压力容器钢板，耐汽蚀钢板，耐磨蚀钢板，核 1 级压力容器用钢板，输电铁塔用高强角钢等。

（8）交通行业用钢。高速、重载是中国铁路的主要技术方向，为适应铁路行业用钢需求，应重点发展高强度重轨（合金轨、全长淬火轨以及 100m 长度的重轨）；发展车辆用高强耐候钢和冷弯型钢。同时，顺应桥梁工程发展趋势，发展高强度、高可焊性和高耐候性的桥梁用钢，重点发展 Q345q 级及以上桥梁结构钢。

（六）绿色产业

绿色产业指的是围绕钢铁"三废"高效回收利用和节能环保技术产业化应用而发展出的产业。越来越多的钢铁企业重视起在绿色产业方面的建设：宝钢建立起节能、环保和资源综合利用三大业务领域的绿色产业；武钢围绕钢铁主业进行价值链延伸，积极发展绿色产业，如 180 万吨矿渣微粉项目和 100 万吨煤焦油项目；河钢集团与国外公司合建钢渣处理项目和焦炉煤气制甲醛项目等。

1. 资源综合利用

推进资源综合利用产业规范化、规模化发展，大力发展循环经济。加快钢铁行业资源能源回收利用产业发展，加强冶金渣、尘泥等固体废弃物的综合利用，以冶金渣、冶金尘泥高附加值利用为主线，推动冶金固废综合利用产业集聚，建设高附加值冶金固废综合利用示范基地，大幅提高冶金渣利用附加值。推广城市中水和钢铁工业废水联合再生回用集成技术，加快废钢加工配送体系建设。鼓励产业耦合，建设工业生态园区，推进钢铁与建材、电力、化工等产业及城市间的耦合发展，实现钢铁制造、能源转换和废弃物消纳三大功能。

2. 余热余能利用

钢铁企业在生产过程中产生大量的余热，可重点发展余热余能发电、绿色照明等项目。余热余能发电业务可采用合同能源管理、BOT 等项目管理运营模式，重点发展高温超高压煤气发电、烧结余热发电、饱和蒸汽发电、螺杆膨胀发电等业务。绿色照明业务可重点发展大功率 LED 芯片、驱动电源等上游核心技术，加强 LED 背光源、大屏幕显示、光伏照明、LED 照明等高端应用产品研发，布局核心芯片技术开发、灯具产品设计等功能中心，建设高端产品生产示范线，加强产品设计、生产与服务的融合发展。

此外，做好钢铁主业传统工业气体的配套生产服务，可以引入社会资本，延伸气体产业链，发展气体相关产业多元化资本经营，完善节能服务体系建设。

四、结论

近年来中国钢铁工业取得了巨大成就，但与此同时环保压力逐步加大，尤其是中国钢铁工业已经进入减量发展阶段，必须更加重视绿色发展，但目前中国钢铁行业的绿色发展仍处于起步阶段，要真正实现绿色化，钢铁企业还有大量工作要做。

首先，要全面树立绿色发展理念，站在钢铁全产业链的高度，多层次、多角度考虑，根据钢铁企业具体情况，参照"六位一体"的内容进行总体布局。

其次，要逐步建立钢铁流程绿色化发展理论体系、评价体系和方法体系，通过建立成熟的绿色发展体系，规范钢铁企业的绿色化发展，持续不断地提升行业的绿色发展水平。

最后，要重视绿色发展规划的编制和实施，企业一定要对绿色发展进行科学合理的规划，确定清晰的发展思路，明确发展目标，建立可行的实施方案。同时还要注重规划内容的落实，再好的规划不落实也不能发挥作用，规划编制完成后就应该按照规划内容进行落实，争取尽快将规划内容转化成绿色发展的成果。

2016年工信部发布第一批工业节能与绿色发展评价中心名单，冶金工业规划研究院成为工信部首批、行业唯一的工业节能与绿色发展评价中心；并评选出了太钢、唐钢、邢台德龙等为代表的"绿色工厂"，作为行业绿色发展水平较高的优秀企业典范。根据当前国内钢铁企业绿色发展水平，可以优先在一批基础条件良好的钢铁企业中进行"六位一体"试点建设，形成示范效应，取得一定成果与经验后再在全行业实施推广，最终实现整个钢铁行业的绿色发展。

全面落实超低排放要求
加快钢铁行业绿色转型[1]

李新创

一、钢铁行业实施超低排放的必要性

(一) 钢铁行业污染物特点

从宏观来看，钢铁一方面对国民经济建设的发展起到巨大的推动作用，另一方面又属于能源、资源消耗大的密集型产业，既为社会创造出大量财富，又排放出大量的污染物。近年来，虽然各企业在节能减排领域不断自我加压，实施了一系列改造项目，污染物排放绩效大幅下降，但是由于产能巨大，其排放总量仍然居高不下，特别是颗粒物排放水平占到全工业企业的近三分之一。

从行业特点来看，钢铁行业污染排放特点与已经实施超低排放的火电行业有较大不同：一是有组织排放环节多，钢铁企业尤其是长流程企业涉及烧结、炼铁、炼钢、轧钢等多个工序，有组织排放口通常有上百个；二是部分环节污染物排放量大，仅排污许可制度中规定的主要排放口就有十余类之多；三是生产、运输过程均会有不同程度的无组织排放，且无组织颗粒物排放量能够占到全厂颗粒物排放量的一半以上。

(二) 现行管理要求无法满足更严格生态环境需求

目前，钢铁行业所执行的大气污染排放标准为 GB 28662—2012《钢铁烧结、球团工业大气污染物排放标准》等系列标准，包括烧结（球团）、焦化、炼铁、炼钢、轧钢等生产工序。上述标准虽然对钢铁企业环保水平的提升起到了重要作用，但实施效果仍无法满足人民日益增长的优美生态环境需要，并且存在特别排放限值不严、无组织监管无法落实、缺少物流环节管控要求的问题，无法针对钢铁行业的污染物排放特点开展全面的环境管理。因此，亟须制定一套既严格又全面，且便于监管、落实的超低排放实施方案。

---

[1] 本文发表于《世界金属导报》2018 年 12 月 11 日 B12 版。

（三）超低排放是钢铁行业打赢污染防治攻坚战的关键

2018 年 5 月初，生态环境部发布《钢铁企业超低排放改造工作方案（征求意见稿）》（以下简称方案意见稿）。方案意见稿的出台，是落实十九大报告中明确提出的"提高污染排放标准"的主要抓手，是推进 2018 年政府工作报告中提出的"推动钢铁等行业超低排放改造，提高污染排放标准，实行限期达标"的重要措施，是完成《打赢蓝天保卫战三年行动计划》，将"推动实施钢铁等行业超低排放改造"作为深化工业污染治理的重要内容。

（四）当前是钢铁行业实施超低排放的最有利时机

随着国家化解过剩产能和打击"地条钢"的政策红利释放，钢铁企业效益明显提升，企业的利润水平得到了保证，有足够资金实施环保设备及工艺的改造、升级。另外，各项治理技术也取得了重大的突破。因此，可以认为现阶段是钢铁企业实施超低排放改造、解决生态环境突出问题的最佳时机。如果不能抓住现在的有利时机解决环保以及结构布局不合理问题，势必会造成钢铁行业环保领域的不公平竞争，导致先进企业的生存空间被挤占，劣币驱逐良币，致使全行业环保工作的积极性下降，败坏钢铁行业的形象。

二、超低排放的具体要求及主要技术路线

（一）深化有组织排放控制

方案意见稿以现有最大可达技术对应的排放限值作为超低排放限值确定依据，确定了具体有组织排放控制指标：在基准氧含量 16% 条件下，颗粒物、二氧化硫、氮氧化物小时均值排放浓度分别不高于 $10mg/m^3$、$35mg/m^3$、$50mg/m^3$；其他主要污染源颗粒物、二氧化硫、氮氧化物小时均值排放浓度分别不高于 $10mg/m^3$、$50mg/m^3$、$150mg/m^3$。

1. 烧结机机头烟气

在现行排放标准中，未规定烧结机机头烟气基准氧含量，存在稀释排放的漏洞，因此方案意见稿经过综合考虑，设定 16% 作为基准氧含量。

在基准氧含量 16% 的条件下，钢铁企业烧结机机头烟气污染物排放达到控制要求，主要有两种技术路线：一种是活性焦（炭）工艺。目前，在我国太钢、宝钢、安钢、河钢邯钢等企业的烧结机上都有应用，颗粒物排放浓度低于 $10mg/m^3$，二氧化硫排放浓度低于 $20mg/m^3$；邯钢 2017 年年底投运的烧结机烟气治理项目的氮氧化物实际排放浓度能稳定达到 $50mg/m^3$。另一种为 SCR 脱硝+高效脱硫+高效除尘技术路线。在宝钢烧结机烟气治理项目中有应用，颗粒物排放浓度低于 $10mg/m^3$，二氧化硫排放浓度低于 $20mg/m^3$，由于项目投运时间较早，

目前氮氧化物去除效率较低，实际出口浓度在 $80 \sim 100 mg/m^3$。但是目前，唐山、邯郸等地区的钢铁企业在建脱硝项目均按照 $50 mg/m^3$ 设计，计划近期将会投入使用。

2. 其他主要污染源

对于其他主要污染源，主要分为高炉热风炉、轧钢加热炉二氧化硫、氮氧化物排放控制要求以及其他环节颗粒物排放控制要求。前者达到控制要求，需要企业落实煤气脱硫措施，并且安装低氮燃烧设施；后者达到控制要求，则需要采用覆膜布袋除尘器等高效除尘设施。

（二）强化无组织排放管理

方案意见稿以"厂内所有散状物料储存、输送及主要生产车间应封闭或密闭，生产车间外不得有可见烟粉尘排放，厂内道路不得有可见扬尘逸散"为主要管控要求，落实无组织排放治理措施。具体可细分为六个方面：

一是优化全厂倒运，通过优化厂区物流，使厂区基本无物料二次倒运，从根本上减少无组织排放产生。

二是散状物料管控，石灰、除尘灰、脱硫灰、粉煤灰等散状物料应采用管状带式输送机、气力输送设备、罐车等密闭方式输送，采用密闭料仓、储罐等方式储存；铁精矿、煤、焦炭、烧结矿、球团矿、石灰石、白云石、铁合金等散状物料以及高炉渣、钢渣、脱硫石膏等废渣应采用皮带通廊、封闭车厢、管状带式输送机等封闭或密闭方式输送，采用封闭料仓、储库、料棚等方式储存。确需汽车运输的物料，应使用封闭车厢或做到苫盖严密，装卸车时，应采取加湿等抑尘措施。

三是落料环节治理，所有物料落料点、破碎筛分设备等，应配备集气罩和除尘设施，或采取喷雾等抑尘措施。

四是生产车间封闭，烧结机、球团竖炉等生产设施以及高炉出铁场、钢渣处理设施应封闭，炼钢车间设置屋顶罩，炼钢、轧钢等主要生产车间应封闭，鼓励对焦炉炉体加罩封闭，并对废气进行收集处理。

五是产污工艺治理，烧结机机尾、环冷机，焦炉机侧炉口，高炉炉顶上料、矿槽、高炉出铁口、铁水罐、铁沟、渣沟，炼钢铁水预处理、精炼炉、电炉、石灰窑、白云石窑等产尘点，应配备集气罩和除尘设施。

六是 VOC 气体收集，炼焦煤气净化系统冷鼓各类贮槽（罐）及其他区域焦油、苯等贮槽（罐）的有机废气应接入压力平衡系统或收集净化处理，酚氰废水预处理设施（调节池、气浮池、隔油池）应加盖并配备废气收集处理设施，开展设备和管线泄漏检测与修复（LDAR）工作。

（三）实施清洁运输

现阶段，重点地区钢铁企业厂内厂外物料运输严重依赖于汽车运输，带来了尾气超标、道路扬尘等环保问题，成为区域环境质量恶化的重要原因之一，因此方案对运输环节进行重点控制，以减少污染物排放。方案意见稿结合《打赢蓝天保卫战三年行动计划》中"积极调整运输结构，发展绿色交通体系"的相关要求，分厂内措施、厂外措施对企业提出了管控措施要求。

（四）全面加强监测

方案意见稿中的排放限值及管控措施对钢铁企业污染物超低排放提出了很高的要求，因此，为确保更好地落实方案，必须从自动监测、过程监测、视频监测三个方面全面加强钢铁企业的监测管理。

1. 自动监测

根据目前钢铁行业排污许可管理要求，烧结机机头、烧结机机尾、球团焙烧、焦炉烟囱、装煤地面站、推焦地面站、干法熄焦地面站、高炉矿槽、高炉出铁场、转炉二次烟气、电炉烟气、自备电站排气筒均属于主要排放口，已规定安装在线监测设备。在此基础上，方案意见稿研究确定铁水预处理、石灰窑、白云石窑、热轧加热炉同样属于污染物排放总量大、浓度较高且难以治理的重点产排污环节，因此新增了上述污染源的在线监测要求。

2. 过程监测

除石灰窑、白云石窑、热轧加热炉外，上述污染源污染治理设施均应安装环保分布式控制系统（DCS），记录企业环保设施运行的主要参数。DCS可以帮助企业更好地判断治理设施的运行状态，确保稳定达标排放，同时为管理部门提供执法依据，核实企业设备达标能力。

3. 视频监测

方案意见稿对部分易产尘点、进出厂区环节提出了安装高清监控的要求，可以直观地了解产污点治理情况、监控运输车辆进出厂区情况，及时帮助企业了解环保实际情况。并且，根据三个月的视频监控保存时间要求，可以为企业自证守法、环保管理部门核查提供重要依据。

三、钢铁企业实施超低排放的难点

（一）全工序满足要求具有难度

1. 有组织排放限值大幅加严

目前，钢铁企业多是按照现行排放标准中"新建企业"及"特别排放限值"的要求进行有组织污染排放的控制。而此前生态环境部发布的《钢铁工业大气污染物超低排放标准（征求意见稿）》在此基础上大幅加严了排放限值的要求，普遍加严50%以上，部分点位加严比例甚至达到了80%左右，具体比例见表1。

表1　超低排放限值加严比例（部分）　　　　（mg/m³）

生产工序	生产设施	指标名称	新建企业	特排限值	超低排放	加严比例/%
烧结（球团）	烧结机球团焙烧设备	颗粒物	50	40	10	75~80
		二氧化硫	200	180	35	81~83
		氮氧化物	300	300	50	83
	烧结机机尾带式焙烧机机尾其他生产设备	颗粒物	30	20	10	50~67
炼焦	焦炉烟囱	颗粒物	30	10	10	0~67
		二氧化硫	50	30	30	0~40
		氮氧化物	500	150	150	0~70
	装煤、推焦、干法熄焦	颗粒物	50	30	10	0~80
炼铁	热风炉	颗粒物	20	15	10	33~50
		二氧化硫	100	100	50	50
		氮氧化物	300	300	150	50
	高炉矿槽、高炉出铁场	颗粒物	25	15(出铁场)	10	33~60
炼钢	铁水预处理、转炉（二次烟气）、电炉	颗粒物	20	15	10	33~50
	石灰窑、白云石窑焙烧	颗粒物	30	30	10	67
轧钢	热处理炉	颗粒物	20	15	10	33~50
		二氧化硫	150	150	50	67
		氮氧化物	300	300	150	50

　　2. 新增无组织排放管控措施要求

　　钢铁企业无组织排放对环境质量影响巨大。通常一家产钢500万吨的钢铁企业，其厂区内无组织排放尘源点超过800处，颗粒物无组织排放量大于5000t，远大于有组织排放。同时，钢铁企业无组织排放治理技术粗放，治理设施运行不正常、问题突出，运行效果难以进行定量评价，钢铁企业对无组织排放缺乏有效的监测、监管。方案意见稿中强化无组织排放管理，直接提出了具体管控措施要求。届时将通过检查措施及效果的方式对企业进行核查。

　　3. 新增运输环节管控措施要求

　　方案意见稿对钢铁行业的运输环节提出了全新要求。钢铁行业的污染物治理重点一直是有组织及无组织的达标排放，但是近年来越来越多的数据显示，钢铁企业厂内厂外的运输环节同样是污染物产生的主要来源，并且直接污染厂区环境及城市道路周边环境。

现阶段，钢铁企业由于物流条件限制，运输环节控制措施距离超低排放要求仍有很大差距。以邯郸市为例，目前全市 19 家钢铁企业仅邯钢、新兴铸管等个别企业具备铁路运输条件，其他企业均为车辆运输，且部分企业厂内存在大量汽车倒运情况，改造难度较大。

（二）观念仍未根本转变，关键技术成熟案例较少

虽然随着环保压力日益加大，越来越多的钢铁企业认识到"环保"是生命线，但是企业仍以被动的执行政府文件为主，实施超低排放改造的主观能动性仍然不高，企业的环保管理水平仍有待加强。同时，我国钢铁企业正在实施的高效除尘、分级脱硫、活性炭脱硫脱硝、SCR 脱硝等关键减排技术已经较为成熟，也有一些应用案例，但能否长期稳定达到超低排放要求，尚需时间验证。另外，市场上仍有大量良莠不齐的技术和环保公司，钢铁企业缺少技术指导、对政策理解不全面，导致部分环保设施难以取得预期的效果。

（三）企业先天条件不足，不具备改造条件

以千万吨级别中等环保水平的钢铁企业为例，实施超低排放改造一次投资需要花费 20 亿~30 亿元，同时运行成本也会大幅上升。因此，一些经营状况较差、环保欠账较多的企业无法进行大规模的环保投入，不能满足超低排放要求。

此外，由于 2015 年前后部分钢铁企业经营状况出现问题，很多企业没能针对排放标准进行应有的改造，并且由于缺少全系统的规划、诊断，现有的污染治理设施已经无法满足超低排放要求，出现了很多达标排放方面的"历史欠账"问题。外部条件方面，同样存在企业无法独立解决的难题，例如铁路运输线建设等问题，必须通过地方政府及铁路主管部门进行统筹安排，才能达到超低排放的运输要求。

四、相关建议

（一）实施超低排放应与差异化的环保政策相结合

实现超低排放的钢铁企业，其环保成本必然远高于未实现超低排放的钢铁企业。若仍然实施"一刀切"的环保政策，必然影响企业实施超低排放改造的积极性，甚至会导致劣币驱逐良币。因此，要想又好又快地推动钢铁行业超低排放改造工作，建议国家及地方政府有关部门应该实施差异化的环保政策，对于全面实现超低排放的企业执行"不停、不限、不搬"的管理政策，对于不能全面实

现超低排放的企业执行惩罚性差别电价、多限产政策，通过有奖有罚的政策促进钢铁企业尽快落实超低排放要求，真正提升环保治理水平。

（二）切实提高刚性投入，加强行业深度治理

企业为达到超低排放的各项要求，必须做到切实提高刚性投入，避免为减少投资成本而选取"豆腐渣"环保治理工程，影响治理效果。全行业应对照超低排放的各项要求，全面实施烧结烟气脱硫脱硝除尘设施深度治理改造；淘汰转炉一次烟气传统湿法除尘等高耗能、高耗水、难达标的工艺装备；除尘设施应采用高效袋式除尘器，淘汰无法达标的电除尘器；加强对原料场及各生产工序无组织排放控制，实施物流集中运输方案，系统优化物流体系，减少物流过程中无组织排放。

（三）结合环保发展趋势，制定环保战略，开展全厂系统诊断及优化

在超低排放这一硬性指标的要求下，环保政策势必向差异化的管理方向过渡，化解过剩产能、停限产等政策都将与环保水平挂钩。因此在环保的高压态势下，企业需通过对全厂进行系统诊断，找出不足之处，认清自身环保治理水平，明确未来的治理目标，制定企业自身的环保战略，在此基础上完成对全厂工艺指标、治理设施、美化绿化、管理水平层面的全面优化，确保企业的长远发展，提升综合竞争力，助力中国钢铁工业高质量发展，实现由大变强的全面转变。

加快钢铁"绿色制造" 提升绿色发展水平[1]

李新创

一、绿色发展形势

我国已开启生态文明建设的新时代。十九大报告中指出，建设生态文明是中华民族永续发展的千年大计。要加快生态文明体制改革，建设美丽新中国，要进一步推进绿色发展，建立健全绿色低碳循环发展的经济体系，壮大清洁能源产业，构建清洁低碳、安全高效的能源体系，倡导简约适度、绿色低碳的生活方式。2019 年"两会"期间，国务院总理李克强 3 月 5 日在作政府工作报告时说要加强污染防治和生态建设，大力推动绿色发展。绿色发展是构建现代化经济体系的必然要求，是解决污染问题的根本之策。要改革完善相关制度，协同推动高质量发展与生态环境保护。

推进工业绿色发展是推动生态文明建设的重要举措，也是推动制造强国建设、加快实现高质量发展的关键。近年来，工信部制定了《工业绿色发展"十三五"规划》和《绿色制造工程实施指南》，加强对工业绿色发展的宏观指导。据统计，自 2016 年以来，工信部利用绿色制造专项支持了 225 个重点项目，发布了 720 项绿色制造示范名单，持续加大钢铁等重点高耗能行业节能监察力度，2012~2016 年，全国规模以上企业单位工业增加值能耗下降 29.5%，2017 年又下降 4.6%，工业绿色发展成效明显。

二、钢铁行业绿色制造体系建设成效

绿色制造体系是以落实绿色发展和供给侧结构性改革要求为核心，以促进全产业链和产品全生命周期绿色发展为目的，以企业为建设主体，以公开透明的第三方评价机制和标准体系为基础，以绿色工厂、绿色产品、绿色园区、绿色供应链为主要内容，推进工业企业绿色发展的重要手段。绿色制造体系主要从绿色工厂、绿色产品、绿色园区、绿色供应链四个方面进行建设。绿色工厂是制造业的

---

[1] 本文发表于《冶金经济与管理》2019 年第 2 期，有删节。

生产单元，是绿色制造的实施主体，属于绿色制造体系的核心支撑单元，侧重于生产过程的绿色化；绿色产品是以绿色制造实现供给侧结构性改革的最终体现，侧重于产品全生命周期的绿色化；绿色园区是突出绿色理念和要求的生产企业和基础设施集聚的平台，侧重于园区内工厂之间的统筹管理和协同链接；绿色供应链是绿色制造理论与供应链管理技术结合的产物，侧重于供应链节点上企业的协调与协作。

钢铁工业是国民经济的重要基础产业，为我国经济社会发展作出了巨大的贡献。作为资源、能源密集型产业，也伴随着大量的能源消耗和污染物产生排放，2017 年黑色金属冶炼及压延能耗占全国总能耗的 16.3%，二氧化硫、氮氧化物、粉尘排放量分别占重点行业的 19.7%，12.0%，27.6%。在国家大力推进生态文明建设的大背景下，钢铁工业已经进入减量发展的阶段，绿色发展已成为钢铁未来发展的主要方向，如何在钢铁行业高质量开展绿色制造体系创建工作，也是行业转型升级的关键所在。

2018 年 11 月 6 日，工信部第三批公示了 391 家绿色工厂，34 家绿色园区，480 种绿色产品。前两批发布了 414 家绿色工厂，46 家绿色园区，246 种绿色产品，截至目前三批共支持了钢铁行业 36 家"绿色工厂"、3 种"绿色产品"、1 个"绿色制造专项"，对于引导钢铁行业如何高质量绿色发展起到了至关重要的作用，全行业的绿色发展水平也得到了显著提升，主要体现在以下三个方面：一是树立了钢铁行业"绿色工厂"的标杆，入选的不但有太钢、鞍钢、邯钢等行业内大型龙头企业，也有德龙钢铁、天钢联合特钢等别具特色的民营企业，为不同性质、不同规模、不同基础条件的广大钢铁企业树立了创建"绿色工厂"、实施绿色发展的参照目标；二是强化了企业绿色发展的理念，自绿色制造示范项目申报以来，钢铁企业入围的难度逐批次增大，但是钢铁企业申报的数量却逐年增多，这既显示了全行业对绿色制造工作的积极踊跃，也反映出企业对绿色发展理念从认识朦胧到高度重视的深刻转变；三是促进了绿色装备技术的推广，由于政策引导务实高效，企业绿色发展意识提升，一批节能、低碳、节水、清洁生产、资源综合利用等领域先进适用的工艺、技术及装备在钢铁行业得到了广泛应用，有条件的企业还积极参与能效、水效"领跑者"计划，促进了企业降本增效，提升了全行业的绿色发展水平。

三、存在主要问题与建议

冶金工业规划研究院是最早开展钢铁行业绿色发展相关研究的机构，也是工信部首批、钢铁行业最权威的绿色发展评价中心，参与了绿色工厂国家标准和行业标准的制定，承担了大部分钢铁企业"绿色工厂"的第三方评价工作，作为钢铁行业的主要咨询机构，在看到全行业绿色发展取得显著成效的同时，也发现了一些新的问题。

一是绿色制造示范企业入选占比仍然较低，目前入选绿色工厂的 36 家钢铁企业，在全行业具有冶炼能力的钢铁企业中占比约为 6%，对于"千家绿色工厂"的目标而言，也仅占 3.6%，这说明钢铁行业的绿色制造工作还需要加快推进，全行业的整体绿色发展水平还需要进一步提升，大部分的钢铁企业还需要系统谋划绿色发展，全面实施绿色化改造，争取能有更多的企业达到绿色工厂的标准。

二是部分入选企业缺乏进取意识。绿色工厂的创建是一个长期的、动态的、持续改进提升的过程，不是一劳永逸，而是需要再接再厉。部分已入选的钢铁企业存在"功成名就"的思想，认为进入了"绿色工厂示范企业"的名单如同进入了"保险箱"，这种认识存在很大问题。下一步可能建立动态调整机制，对名单内的企业实施"有进有出"，对于有重大问题的企业要进行处理，为那些认为"一劳永逸"的企业敲响警钟。

三是部分薄弱企业思想懈怠。钢铁企业绿色发展基础参差不齐，部分基础条件一般的企业，对于如何进行绿色发展，进行绿色工厂的创建，感到困惑和无从下手，从而在思想上产生了懈怠情绪。这些企业应该深刻认识到，绿色发展是国家政策导向、行业发展趋势、企业内在需求，不能妄自菲薄，而要奋起直追，按照绿色工厂的评价依据，从环保、节能、循环经济、低碳等重点内容实施专项诊断规划，补齐短板，加快创建具备"用地集约化、生产洁净化、废物资源化、能源低碳化"等特点的绿色工厂。

以上几种典型的情况，是基础不同的钢铁企业在绿色发展不同阶段遇见的问题。究其原因，还是部分企业缺乏对绿色发展的长期谋划，绿色发展规划应帮助企业明确以下内容：树立一个理念，钢铁企业与周边环境是和谐发展的"共同体"；争取一个目标，创建行业绿色发展标杆企业；依托钢铁企业的四大功能，即产品制造功能、能源转换功能、废弃物消纳功能、绿化美化功能；抓住两个核心问题，即环保达标排放、能源和资源高效利用，瞄准全行业乃至世界一流的目标，坚持生产洁净化、制造绿色化、厂区园林化、建筑艺术化，建成行业内绿色标杆企业，争取把企业建设成工业旅游示范景点。

企业在不同的阶段都需要与自身相适用的绿色发展规划，使企业具有明确的绿色发展目标、支撑手段和保障措施。对于基础条件较好的企业，应进行企业的绿色发展谋划，突出"整体、系统"的特点；对于基础条件一般的企业则应分两步走，在谋划整体绿色发展，明确发展目标的同时，还应根据企业在环保、用能、低碳、循环经济、厂容厂貌、产品、标准等方面存在的短板，实施专项规划。

四、结语

钢铁行业作为国民经济的基础产业，是最迫切、最具潜力、也最有条件进行绿色发展的行业，在政府主管部门的指导和推动下，全行业的绿色发展水平显著提升，在取得丰硕成绩的同时，也遇到了一些新的问题。针对这些问题，钢铁企业应当全面树立绿色发展理念，制定中长期的绿色发展战略和规划，建立钢铁流程绿色化发展理论体系、评价体系和方法体系，规范钢铁企业的绿色化发展，持续不断地提升行业的绿色发展水平，为钢铁行业高质量发展作更大的贡献。

中国钢铁产品全生命周期评价理论与实践[❶]

李新创

一、引言

当前，我国经济发展由高速增长阶段转向高质量发展阶段，与过去强调数量、速度不同，高质量阶段要通过质量、效率、动力"三个变革"来解决不平衡不充分的发展问题。新时代钢铁工业发展应符合我国经济高质量发展要求，解决好行业发展仍然存在的不平衡不充分发展矛盾，为国民经济高质量发展提供支持。因此，应按照高水平的绿色化、有序化、品质化、标准化、差异化、服务化、智能化、多元化、国际化的"九化"协同发展理念，重塑钢铁产业价值链，不断提高钢铁行业国内国外竞争力。

钢铁产品全生命周期评价（LCA）是评价钢铁产品从原材料的采集到生产、使用和最终处理整个过程周期内资源消耗和环境影响的技术方法，是推动钢铁行业绿色化、标准化、品质化、差异化、服务化发展的重要手段，对于钢铁企业乃至全行业实现高质量发展有重要意义。同时，钢铁产品作为最重要的基础原材料，应用广泛，降低其在全生命周期内对环境的影响，对于保护生态环境、打赢蓝天保卫战也有重要作用。

二、钢铁产品全生命周期评价（LCA）综述

对于钢铁产品而言，全生命周期包含了铁矿石、煤、石灰石等重要原燃料的开采和运输，通过焦化、烧结、球团、石灰、炼铁、炼钢、轧钢等工序环节生产钢铁产品，钢材经进一步深加工及零部件制造，使用到下游建筑、机械、汽车、造船等行业，最终报废形成废钢，以及伴随铁元素流动而产生的各种能源物质流动的整个过程，具体见图1。钢铁产品LCA是评价全过程的环境影响。

---

❶　本文发表于《中国冶金》2019年第29卷第4期，有删节。

生产、运输、使用过程中消耗的能源介质

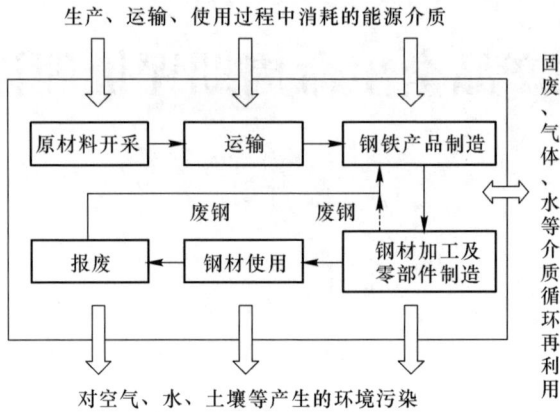

图1　钢铁产品全生命周期评价示意

按照LCA理念，钢铁产品生产使用过程中的原材料选用、运输、生产制造、深加工、钢材使用以及报废处理等各个环节，都会对资源环境产生影响，应系统考虑产品在全生命周期中的资源消耗和环境影响，尽可能降低资源消耗，减少环境污染。

图2描述了某产品选用不同生产工艺，在上游用户原材料选用、钢铁生产过程、加工制造过程、产品使用过程、废弃物回收处理等环节对环境的影响。从过程3和过程4的对比可知，虽然过程4钢铁生产的环境影响高于过程3，但是从全生命周期的环境影响角度考虑，过程4仍最优。这就要求钢铁企业不能局限于钢铁生产过程本身，必须结合原材料选用、下游用户加工制造、最终产品的使用和回收，从全生命周期的角度考虑产品的环境影响。

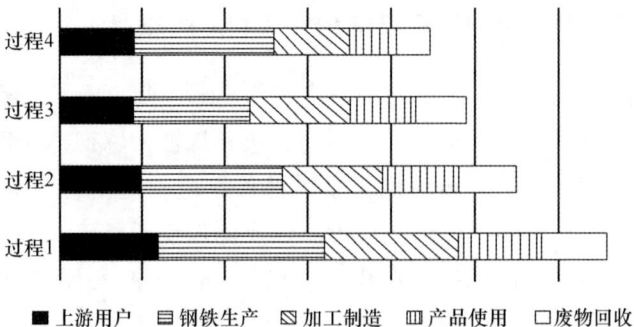

■上游用户　▤钢铁生产　▨加工制造　▥产品使用　▢废物回收

图2　钢铁产品全生命周期的过程诊断

三、国内外钢铁产品全生命周期评价应用现状

(一) 国际钢铁行业全生命周期评价现状

全生命周期评价 (LCA) 是国际上通用的认定绿色产品的方法，得到了不同国家、各类企业的认可，在国际上得到了广泛的推广和应用。

世界钢铁协会从 1996 年就开展世界钢铁产品的生命周期清单研究，随后对清单数据进行更新，并建立了钢铁产品的 LCA 数据库。欧盟钢铁联盟于2007 年在《欧洲钢铁工业对整合性产品政策的贡献》报告中建立了钢铁工业LCA 方法论，并发布了欧洲钢铁工业生命周期物流分析图。国际多数先进钢铁企业先后开展了 LCA 研究和应用。2016 年，蒂森克虏伯针对自身钢铁生产开发的 LCA 模型获得了世界钢铁协会颁发的 "Steelie" 奖，通过 LCA 得到影响其生产工艺变化和选择最佳材料的重要指标。塔塔钢铁欧洲公司 (康力斯钢铁) 已经对其大部分的产品进行了生命周期评价。新日铁利用 LCA 对整个生产流程供应链进行管理，以减轻整个钢铁产品生产过程对环境的影响，并利用LCA 在生态产品研发设计、废钢循环评价等方面进行研究，促进循环经济和可持续发展。安赛乐米塔尔等钢铁企业也对其产品进行了生命周期评价，多种钢铁产品已获得绿色认证。

总体来看，钢铁产品的 LCA 评价在国外钢铁企业已有广泛应用，安赛乐米塔尔、蒂森克虏伯、新日铁、浦项等国外知名钢铁企业，均对其钢铁产品进行生命周期评价。同时，日本、美国、加拿大和欧盟等国均将生命周期评价法作为制定环境政策与建立环境产品标准的基本方法。

(二) 中国钢铁行业 LCA 应用现状

中国钢铁企业开展钢铁产品 LCA 相对较晚，仅中国宝武、包钢、鞍钢、马钢、河钢等少数企业开展了全生命周期评价的研究和应用。

2003 年，宝钢在国内钢铁企业中率先开展 LCA 的研究工作，进行钢铁产品生命周期评价模型的开发和完善，已陆续完成了热轧板、冷轧板、镀锌板、硅钢、不锈钢等多类产品的生命周期评价结果。近年来，宝钢通过环境声明发布、绿色采购、生态设计、绿色制造、绿色营销与服务等渠道，促进 LCA 在企业上下游产业链的推广应用，从全生命周期视角来反映钢铁产业升级、品种结构调整的环境效益，取得了显著成果。

近两年来，包钢集团 "生态设计示范企业" 创建工作在绿色产品开发、生态设计等方面成效显著。在世界钢铁协会年度 LCA 表彰活动中，包钢集团 2017年参评的矿业 LCA 获得提名奖。

有关专业咨询机构也在积极开展钢铁产品生命周期评价有关工作，助力钢铁企业推进绿色发展。例如，冶金工业规划研究院灵活运用钢铁产品全生命周期评价，在行业率先提出钢铁企业绿色矿山、绿色采购、绿色物流、绿色制造、绿色产品和绿色产业"六位一体"绿色发展理念，帮助国内众多大中型钢铁企业开展了绿色发展专项规划、行动计划等工作，为企业实现绿色发展提供了强有力支撑。其中，绿色产品指的是满足全生命周期、能够循环使用，具有节能、长寿命、减量化、无污染的产品。就"六位"与"一体"的关系而言，绿色发展是统领，绿色制造是关键，绿色产业是方向，绿色产品是目标，绿色矿山、绿色采购、绿色物流是保障。

河钢集团在冶金工业规划研究院的协助下，编制了《河钢集团绿色发展行动计划》，制订了河钢集团绿色发展路线图。按照"六位一体"绿色发展理念，河钢集团深入推进绿色制造，加快发展绿色产业，研发应用绿色产品，稳步实施绿色采购，系统优化绿色物流，培育打造绿色矿山。近年来，河钢集团旗下唐钢、邯钢通过努力已经率先成为全国钢铁行业绿色工厂，对引领我国钢铁业绿色发展起到了示范作用，河钢集团绿色发展路线具体见图3。

总体来说，国内钢铁企业参与全生命周期评价的积极性仍不高，除少数技术实力雄厚的企业积极主动参与生命周期评价，构建企业产品绿色评价体系，为下游用户提供绿色用钢解决方案外，大多数钢铁企业未能主动参与钢铁产品 LCA 体系建设。

四、钢铁企业开展钢铁产品全生命周期评价的意义

从钢铁全产业链考虑，钢铁企业运用 LCA 可以系统、科学地对钢铁产品生产应用进行全流程管理，实现绿色化发展。进行钢铁产品 LCA 研究的意义主要体现在六个方面。

（一）环境指标和产品绿色程度的量化

通过 LCA 可定量得到钢铁产品全生命周期的清单数据结果，量化单位钢铁产品的资源、能源消耗和环境指标。通过与国内外钢铁企业同类先进产品的 LCA 结果对比，可明确产品的绿色程度，并提出相应的改进方案。

（二）服务用户与占领市场的需求

钢铁企业进行 LCA 研究，有助于钢铁企业进行绿色产品的认证和发布，为钢铁企业应对绿色贸易壁垒、参与国际国内市场竞争提供依据。目前下游建筑业和汽车制造业对环保的要求越来越高，相关的国际钢材订单，都提出了使用碳排放达标钢材并提供 LCA 评价报告的需求。

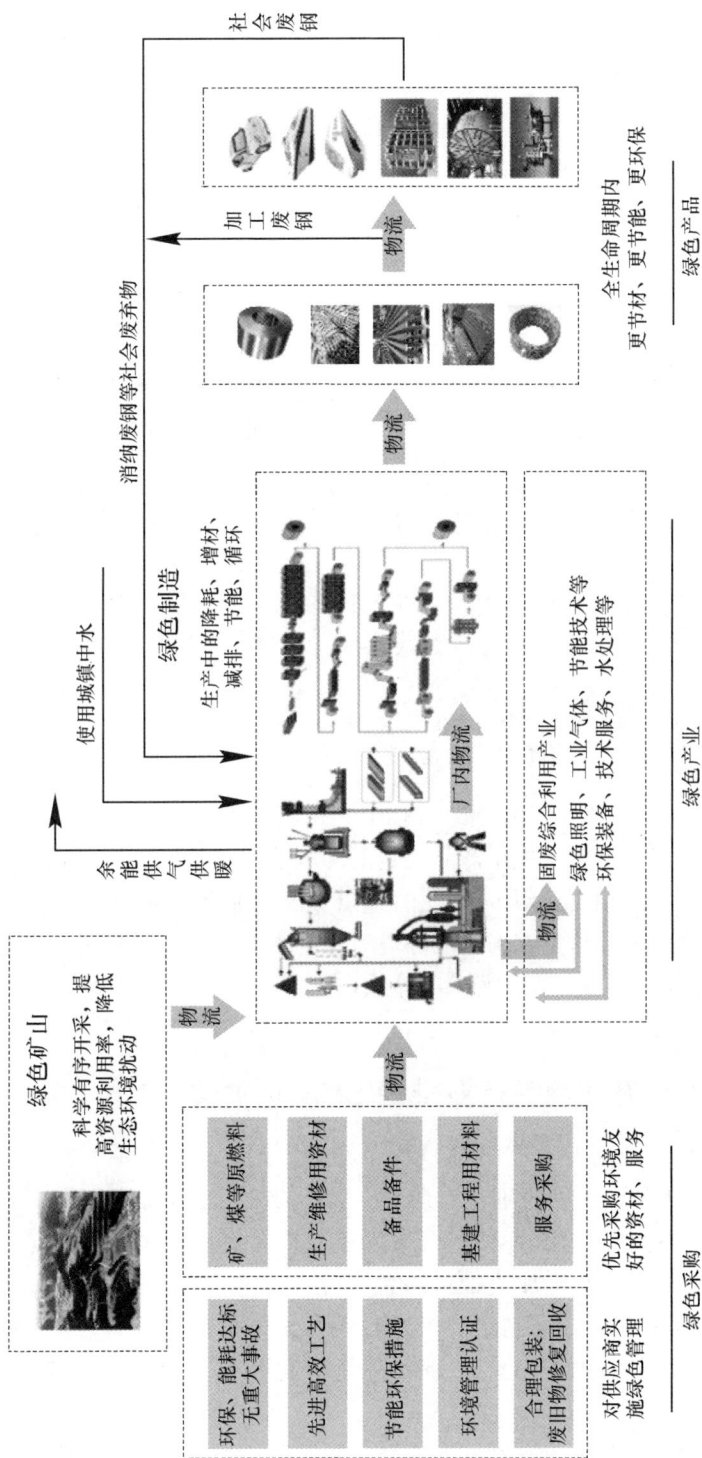

图3　河钢集团绿色发展路线

（三）研发开拓新产品的依据

LCA 是从钢铁产品生命周期的全流程考虑资源、能源和环保排放，有助于钢铁企业研发人员系统化考虑如何着手降低资源、能源消耗，减少环境排放，如何选用全生命周期角度的绿色生产工艺，使研发人员在新产品研发过程中有的放矢，促进钢铁企业研发绿色钢铁产品。

（四）节能降耗和环境提升的手段

通过 LCA 评价，可以准确发现产品生产各工序降低资源、能源消耗，减少环境排放的立足点；预测、计算工艺流程、产品结构调整、节能环保优化和废弃物循环等对钢铁产品环境属性的影响值；为钢铁企业节能降耗、减少污染提供决策依据。

（五）上下游环境交流的需要

对上游用户，可以利用 LCA 指导企业的绿色采购、协调绿色物流；对下游用户，可提供绿色产品的环境属性影响数据，这对于下游用户的 LCA 研究有极大的促进作用。

（六）进行绿色产品认证的基准

ISO 14025 规定了Ⅲ型环境标志（EPD）的具体原则和程序，Ⅲ型环境标志要求按照生命周期评价方法提供产品指定的环境数据。Ⅲ型环境标志需要第三方认证，是发达国家政府环境认证推动的重点。因为Ⅲ型环境标志提供的数据可比、可信和准确，因此将是未来产品环境竞争的主要手段。在实施绿色产品认证方面，如申请产品的 LCA 结果优于世界或地区同类产品 LCA 平均水平，则易于获取绿色产品认证。

五、我国政府在钢铁行业推动 LCA 相关情况

近年来，我国政府有关部门对 LCA 的认识不断深化，先后发布了一系列政策推动 LCA 在钢铁等行业的研究和应用。2016 年，工业和信息化部办公厅发布了《工业和信息化部办公厅关于开展绿色制造体系建设的通知》（工信厅节函〔2016〕586 号），明确加快推进绿色产品、绿色工厂等重点领域标准制修订工作，其中绿色产品标准制定要求进行钢材全生命周期评价。《钢铁工业调整升级规划（2016—2020 年）》提出坚持绿色发展，推广全生命周期绿色钢材。

钢铁绿色设计产品评价系列标准的制定和实施，是推进产品全生命周期绿色

管理，发展绿色产业，培育绿色消费，推动形成绿色生产生活方式的重要手段；是贯彻生态文明建设战略，推进供给侧结构性改革的具体实践，是实施"中国制造 2025"、推动"中国制造"迈向中高端的重要举措。

我国钢铁行业绿色设计产品评价系列标准选取了量大面广，与下游紧密相关，条件成熟，具有无害化、节能、环保、高可靠性、长寿命和易回收等特性的钢铁产品作为绿色产品评价对象。中国钢铁工业协会、中国特钢企业协会等行业组织响应政策要求，先后制定并发布了《绿色设计产品评价技术规范 管线钢》《绿色设计产品评价技术规范 取向电工钢》《绿色设计产品评价技术规范 新能源汽车用无取向电工钢》《绿色设计产品评价技术规范 厨房厨具用不锈钢》等团体标准。目前冶金领域尚无绿色产品的行业标准，虽然已有 30 余项绿色产品行业标准正式立项正在制定，但与建材、化工、家电等其他行业相比进度较慢。我国钢铁企业应积极参加绿色产品标准的制定，践行钢铁行业推广全生命周期绿色产品的战略部署。

按照《工业和信息化部办公厅关于开展绿色制造体系建设的通知》（工信厅节函〔2016〕586 号）的要求，冶金工业规划研究院快速响应，联合有关钢铁企业积极申报绿色设计产品评价技术规范系列标准。截至目前，冶金工业规划研究院获得工业和信息化部批复的 23 项绿色设计产品评价技术规范系列标准的制定计划，牵头组织制定的《绿色设计产品评价规范 厨房厨具用不锈钢》团体标准已经正式发布，并被工信部采信。

六、相关建议

综上所述，我国钢铁企业参与全生命周期评价的积极性仍不高，只有少数技术实力雄厚的企业开展了全生命周期评价的研究与应用。LCA 数据库建设仍然缺乏统一和实用的技术指南和明确的发展路线，与国外差距明显。针对下一步钢铁全生命周期评价的推广与应用，提出如下建议：

一是加快成立钢铁行业产品全生命周期评价研发和应用平台。目前，国内只有少数几家企业开展了全生命周期评价的研究，但往往都是单打独斗，没有形成合力，缺乏互相之间的交流沟通。成立全行业研发和应用平台，共同制定适用的评价体系，开发数据库建设，有利于加快我国钢铁产品全生命周期评价方法的进步和完善。

二是积极引导全生命周期评价在钢铁行业推广应用。钢铁企业与下游用户普遍仍对全生命周期概念模糊不清或认识不足，建议相关部门制定鼓励政策，引导下游行业优先采购绿色产品，提高钢铁企业开展产品全生命周期评价的积极性，加快 LCA 在钢铁行业的推广应用。

三是加快推进绿色产品行业标准和团体标准的制定。标准是开展绿色产品评价的基础，相关协会组织、钢铁企业应积极参加绿色产品评价技术规范系列标准的制定，了解评价规则，围绕标准要求，从全生命周期出发考虑问题，践行绿色制造理念，实现产品的技术先进性、资源节约性、节能环保性和经济适用性，最终实现绿色可持续发展。

全球温控目标下中国钢铁工业低碳转型路径[❶]

李新创　李　冰

2015 年,《联合国气候变化框架公约》近 200 个缔约方一致同意通过《巴黎协定》,并于 2016 年 11 月正式生效。《巴黎协定》正式明确了将全球温升控制在不超过工业化前 2℃这一长期目标,并将 1.5℃温控目标确立为应对气候变化的长期努力方向。《巴黎协定》同时明确了未来全球减排将以"自下而上"的"国家自主贡献"模式进行。2015 年 6 月,中国确定了到 2030 年的自主行动目标,包括:二氧化碳排放 2030 年左右达到峰值并争取尽早达峰;单位国内生产总值二氧化碳排放比 2005 年下降 60%~65%;非化石能源占一次能源消费比重达到 20%左右等。

2018 年 10 月,联合国政府间气候变化专门委员会(IPCC)发布最新报告《IPCC 全球温升 1.5℃》。报告显示,如果气候变暖以目前的速度持续下去,预计全球气温在 2030~2052 年间会比工业化之前的水平升高 1.5℃,而如果需将全球变暖限制在 1.5℃内,则在土地、能源、工业、建筑、交通和城市方面需进行更为"快速而深远的"转型。

钢铁工业是温室气体排放的重要领域,钢铁工业减排是实现全球温控目标的重要路径。中国是世界最大的钢铁生产消费国,粗钢产量约占全球 50%。中国既是世界钢铁工业发展的重要贡献者,同时也是温室气体排放的重要组成部分,开展中国钢铁工业低碳转型路径的思考,对于推动实现全球温控目标具有重要作用。

一、全球温控目标主要内容

科学研究表明,自工业革命以来,地球的温升趋势开始突破之前的界限,并一直处于不断上升的状态,伴随着二氧化碳浓度的增加,地球的温度也不断上升,温度的上升会给全球生态系统带来不可逆转的影响,给人类经济社会系统带来巨大的冲击。因此,必须有效控制全球温升,加强对全球气候变化威胁的有效应对。目前,2℃和 1.5℃是全球普遍认可的应对气候变化的 2 个温升控制目标。

---

❶　作者单位均为冶金工业规划研究院;本文发表于《钢铁》2019 年第 54 卷第 8 期,有删节。

（一）2℃温控目标

将全球平均温升幅度控制在 2℃ 以内目标是在 1996 年 6 月 25 日的欧盟委员会卢森堡会议上第一次提出的。经过多次国际会议磋商，于 2009 年 G8 峰会首次认同了 2℃ 目标。同时在 2010 年的《坎昆决议》里，明确了要在 21 世纪末，将全球平均气温控制在比工业化之前高 2℃ 以内，并以此作为长期目标，为此要控制温室气体排放，特别是控制化石能源消费带来的二氧化碳排放。

IPCC 第五次评估报告的研究结果显示，要实现 2℃ 的温控目标，到 2050 年全球温室气体排放量要在 2010 年的基础上减少 70%，而到 2070 年应达到"净零"排放。

（二）1.5℃温控目标

继 2℃ 目标后，1.5℃ 也被作为应对气候变化的全球温控目标之一。2018 年 10 月，IPCC 发布关于将温度上升限制在工业化前水平 1.5℃ 的报告。相比较原 2℃ 温控目标，研究表明 1.5℃ 温控情景下将在干旱、洪水等极端天气及健康等诸多方面发生变化，见表 1。

表 1　1.5℃相比较 2℃温控目标的主要气候变化

引起的主要气候变化	1.5℃情景	2℃情景	影响区别
全球人口中，至少 5 年一次暴露在极端炎热天气中的人口比例	14%	37%	比例较温升 1.5℃ 时高 2.6 倍
夏季海上无冰的频率	至少每 100 年就会发生 1 次	至少每 10 年就会发生 1 次	频率高 10 倍
到 2100 年，海平面升高的高度	升高 0.4 m	升高 0.46 m	再升高 0.06 m
至少失去一半数量的脊椎动物物种的比例	4%	8%	多失去 2 倍的脊椎动物
至少失去一半数量的植物物种的比例	8%	16%	多失去 2 倍的植物
至少失去一半数量的昆虫物种的比例	6%	18%	多失去 3 倍的昆虫物种
生物群系发生转变对应的陆地面积	7%	13%	多影响到 1.86 倍陆地面积
将要融化的北极永冻层面积	4.8 万平方千米	6.6 万平方千米	解冻的永久冻土面积增长 38%
热带地区玉米产量减幅	3%	7%	2.3 倍减幅
珊瑚礁减少的比例	70%~90%	99%	差异可达 29%
海洋渔业捕捞数量减少	150 万吨	300 万吨	2 倍损失

IPCC 研究报告认为，为了限制温升在 1.5℃，到 2030 年，全球二氧化碳排放量需要比 2010 年的水平下降大约 45%，到 2050 年左右达到"净零"排放。同时显示，为了实现 1.5℃ 目标，与 2010 年相比，能源密集型产业必须在 2050 年之前将其二氧化碳排放量减少 75% ~ 90%。

（三）不同温控目标分析

从实现减排目标来看，在全球温升低于 2℃ 目标下，全球二氧化碳排放量需在 2050 年实现较大降幅，到 2070 年应达到"净零"排放。相比较而言，1.5℃ 目标下，到 2030 年将要实现较大幅度降低，而到 2050 年左右就需达到"净零"排放。因此，如果温控目标由 2℃ 进一步提高到 1.5℃，全球低碳转型的步伐须进一步加快。

从实施路径来看，尽管《巴黎协定》明确未来全球减排将以"自下而上"的"国家自主贡献"模式进行，但目前各国提交的"国家自主贡献"目标并不足以保证 21 世纪全球温升能控制在 2℃ 以内，而距离 1.5℃ 目标差距更大。相关研究表明，在完全执行当前各缔约方国家自主决定贡献的前提下，到 21 世纪末全球温升范围为 2.9 ~ 3.4℃，而到 2030 年，已经超过了 1.5℃ 目标的排放量。因此，无论是 2℃ 或是 1.5℃ 温控目标，现有各国自主贡献目标皆不能保证实现。

总体来看，相比于 2℃ 目标，1.5℃ 目标对减缓全球变暖行动的要求更为严苛，但两个温控目标目前总体都仍缺乏明确的实现路径和手段，应对气候变化形势十分严峻。

二、低碳转型发展在中国钢铁工业的战略地位

钢铁工业是能源资源消耗密集型产业，也是典型的高碳排放行业，约占全球温室气体排放的 7%。中国是世界最大的钢铁生产消费国，占中国碳排放总量的 13% ~ 15%，占全球钢铁行业碳排放量超过 50%。加快中国钢铁工业低碳转型发展，不仅是落实全球应对气候变化目标的重要途径，同时也具有非常重要的战略地位。

（一）低碳转型是落实生态文明建设目标的主要途径

习近平总书记指出"生态文明建设是关系中华民族永续发展的根本大计"。钢铁企业是落实生态文明建设目标实现的重要责任主体。建立以低碳转型发展为核心的可持续发展体系，有效降低碳排放强度及排放总量，有助于解决能源可持续问题和能源消费引起的气候变化等环境问题。

（二）低碳转型是从源头解决生态环境问题的关键环节

中国钢铁工业以高炉—转炉长流程生产工艺路线为主，能源消费结构中煤炭消费占主导，能源结构高碳化是钢铁工业结构性污染的主要源头。加快推动低碳转型发展，改善能源结构，实现能源结构低碳化发展，是实现从源头上解决以煤炭为主能源结构所导致生态环境问题的重要环节。

（三）低碳转型是加快新旧动能转化的重要抓手

钢铁工业是去产能、调结构、促转型的重点行业，改造提升传统动能，加快新旧动能转换，是钢铁企业转型发展的重要方向。以低碳发展理念加快实施绿色化改造，发展节能环保、可再生能源等新兴产业，实现更低的成本、更优的资源配置，将是加快实现钢铁工业"旧动能"向"新动能"转换的重要抓手。

（四）低碳转型是缓解资源瓶颈的战略选择

中国是能源资源相对短缺的国家，能源资源人均拥有量大大低于世界平均水平。中国钢铁工业产销量大，钢铁企业节能低碳发展水平良莠不齐，仍具有较大挖潜空间。加快推进低碳转型发展，进一步有效降低能源消耗，削减碳排放量，将有助于缓解能源资源短缺问题。

三、中国钢铁工业低碳发展路径思考

结合中国钢铁工业发展阶段及特点，低碳转型发展路径应重点从三个方向思考：一是降低需求；二是提高能效；三是创新工艺。

（一）降低需求

从低碳发展路径角度来看，降低需求的含义包括四个部分。

1. 减少原燃料消耗

高炉—转炉流程冶炼工艺在中国钢铁工业占主导地位，并在未来一段时间仍将占主要地位。煤、焦炭燃料消耗占一次能源的九成以上，进一步降低原燃料消耗是碳减排的重要环节。通过在原料准备、焦化、烧结、球团、炼铁等原燃料消耗的关键环节开展优化改进措施，包括采取精料方针，稳定原料质量，优化配煤配矿，提高炼铁炉料球团矿配比，生产设备先进化、大型化，强化精细化管理和操作等，可实现固体燃料消耗进一步降低，降低化石能源消耗产生的碳排放。

以降低高炉燃料消耗为例，2017 年，中钢协重点统计钢铁企业平均燃料比为 532kg/t，相比较而言，欧洲、日本等国外先进企业高炉燃料比相对稳定，保持在 500kg/t 以下。中国钢铁工业在降低高炉燃料比、减少炼铁工序化石燃烧排放方面具有较大提升空间。

2. 流程及炉料结构优化

不同的钢铁生产工艺流程，碳排放存在较大差异。根据相关文献资料分析，与以铁矿石为源头的高炉—转炉长流程相比，全废钢—电炉短流程吨钢可节约 1.3t 铁矿石，降低能耗 350kg 标煤，减排 1.4t CO_2，减排 600kg 废渣。即使在不改变工艺流程情况下，通过适当提高转炉废钢比，也可实现碳排放强度降低，每提高 1% 废钢比，吨钢可减排 22.36kg CO_2，相当于降低吨钢二氧化碳排放强度约 10%。因此，加大废钢资源回收利用，选择碳排放强度较低的钢铁生产工艺流程，是钢铁工业在满足国民经济生产需求的同时，实现碳减排的有效途径。

总体而言，中国钢铁工业已度过规模扩张期，同时社会钢铁积蓄量在逐步增加，据有关研究机构统计，现阶段估计已有近 100 亿吨的钢铁储备，同时目前每年产生近 2 亿吨的废钢，中国钢铁工业已迎来了废钢资源利用的重要机遇期和发展期。2017 年，中国废钢比为 17.8%，电炉钢比为 9.3%，相比较而言，全球电炉钢产量占比 26.6%，在不包括中国情况下占比 42.1%，中国钢铁工业在提高电炉钢比例方面存在很大提升空间。

3. 减少钢材消费量

总体来看，中国钢铁工业已进入"减量化发展"阶段，进一步降低钢材消费量，提高产品附加值，构建高效、循环的发展体系是未来发展的主要方向。

一是国内自身钢材需求量的下降。总体来看，随着我国步入经济发展的新常态，经济发展方式转变与产业结构调整的深入推进，第三产业比重将明显上升，第二产业的比重将下降，投资对经济增长的拉动作用减弱，消费将成为拉动经济增长的主要力量。预测未来一个阶段，受经济发展方式转变和产业经济结构的影响，单位 GDP 钢材消费强度将保持下降态势。

二是绿色高附加值产品的研发投入。重点以下游用钢产业转型升级，降低下游行业单位钢材消费强度、提高钢材利用率为主要途径，例如，增加高强高韧、耐蚀耐磨、耐疲劳、长寿命等钢材的使用量；在满足用钢产品使用要求基础上，通过结构轻量化设计、轻量化材料、轻量化制造技术集成应用实现用钢需求降低；提高钢材成材率，优化改进钢材回收利用系统等。

4. 推进循环经济耦合发展

促进钢铁与石油化工、有色金属、建材、电力、市政等行业间的循环耦合发展，充分发挥材料制造、能源转换和废弃物消纳的多种功能，例如：利用钢铁渣作为水泥、新型墙体、公路基层材料原料，替代水泥熟料；利用低品位余热资源用于工业及城镇集中供热，替代燃煤供热锅炉；利用高炉、转炉、焦炉产生的工业尾气作为资源，通过提取分离 CO 和 H_2 组分，用于化工生产原料，实现"固碳封存"，包括焦炉煤气制甲醇、焦炉煤气制天然气、转炉煤气制甲酸、转炉煤气制乙二醇、转炉煤气制燃料乙醇等，以及 CO_2 的资源利用作为炼钢反应气体、搅拌气体及保护气体，替代 N_2 和 Ar 消耗的同时实现减排。

总体来看，在未来一个阶段，继续积极推动钢铁上下游工序与相关行业的耦合发展，实现协同减排仍将具有较大挖潜提升空间。

（二）提高能效

从低碳发展路径角度来看，提高能效的含义包括三个部分。

1. 实施先进成熟节能低碳技术改造

技术是低碳转型发展的基石，通过技术实施提高能效，是中国钢铁工业低碳发展的重要途径，特别是通过实施现行成熟可行的能效提升技术，仍是近阶段中国钢铁企业实现碳减排的主要措施。中国钢铁企业数量多，节能低碳发展水平差异大，通过在钢铁行业普及推广先进成熟节能低碳技术，将较大提升中国钢铁工业整体低碳水平。冶金工业规划研究院研究测算表明，通过应用先进成熟节能低碳技术，每吨粗钢具有约 0.2t 二氧化碳的减排空间。

2. 淘汰落后生产工艺装备及耗能设备

落后钢铁产能无论在生产工艺、技术装备、能耗、环保水平等方面均较先进产能具有明显劣势，因此供给侧改革是钢铁工业低碳发展的重要推动力。过去一个阶段，中国钢铁工业去产能工作取得显著成效，"十二五"期间，中国淘汰落后钢铁产能9000多万吨；在"十三五"期间过去3年时间里，进一步淘汰过剩产能1.5亿吨，同时淘汰1.4亿吨"地条钢"，对于钢铁工业实现源头碳减排发挥了重要作用。

总体来看，我国钢铁行业去产能任务已基本完成，针对重点区域进一步提高钢铁准入门槛，同时淘汰除炼铁、炼钢等落后生产装备外的高耗能设备，如风机、水泵、电机、锅炉、制氧机、空压机等，将是进一步推进钢铁工业供给侧改革的发展方向。

3. 加大非化石能源应用，实现多能互补

加快发展非化石能源，提高新能源和可再生能源的利用率，积极推进清洁能源替代，也是钢铁工业推动低碳发展的必要补充手段。现阶段，钢铁企业在新能源和可再生能源的利用方面已开展卓有成效的工作，例如，鞍钢集团鲅鱼圈钢铁公司建设总装机容量14MW的风力发电机组，单台风机的可利用率达到80%以上；中国宝武利用厂房屋顶建设光伏发电装机容量已达到90MW，成为世界最大的屋顶光伏发电工程，年发电量相当于8万户上海市民年用电量总和。此外，电动拖车、热泵、太阳能路灯等新能源、可再生能源元素也被钢铁企业广泛引入。

尽管新能源、可再生能源不会成为钢铁工业能源利用的主力能源，但通过逐步建立完善多能互补、系统集成的能源体系，仍将是中国钢铁工业实现低碳转型的必要补充。

（三）创新工艺

创新工艺，加快突破性冶炼技术的研发和应用是最终实现全球温控目标的关键。截至目前，全球钢铁工业范围内开展了多项低碳冶炼技术的研发，以实现大规模的减碳和脱碳的突破。按实现的碳减排影响程度，大体分为两大类，一是以低碳炼铁技术及碳捕集、封存及回收利用技术相结合为代表的减碳技术；二是以电解方法为代表的无碳冶炼技术。现阶段，主要低碳冶炼技术研发及应用进展情况见表2。

表2　主要低碳冶炼技术研发及应用进展情况

项目	技术名称	主要优势	减碳效果
减碳技术	COURSE50 技术	采用一种新的焦炉煤气的氢分离技术和高炉煤气净化技术	相比传统高炉冶炼工艺，可减少 CO_2 排放量30%
	ULCORED 直接还原技术	利用天然气产生的氢还原气将块矿或球团矿直接还原成固态金属铁	相比传统高炉冶炼工艺，与 CCS 技术结合使用，可减少 CO_2 排放量70%左右
	TGR-BF 高炉炉顶煤气循环技术	利用氧气鼓风并将高炉顶煤气应用真空变压吸附（VPSA）技术脱除 CO_2 后返回高炉重新利用	相比传统高炉冶炼工艺，与 VPSA、CCS 技术结合使用，可减少 CO_2 排放量76%
	HIsarna 熔融还原技术	不需要传统高炉冶炼工艺中的烧结、焦化工序	相比传统高炉冶炼工艺，与 CCS 技术结合使用，可减少 CO_2 排放量80%
	FINEX 熔融还原炼铁技术	不需要传统高炉冶炼工艺中的烧结、焦化工序	相比传统高炉冶炼工艺，如与 CCS 技术结合使用，可减少 CO_2 排放量45%
	HYBRIT 氢气直接还原炼铁技术	采用氢气作为主要还原剂，氢和球团矿反应生成直接还原铁和水	在电能由可再生能源产生前提下，相比传统高炉冶炼工艺，可减少 CO_2 排放量98%
	焦炉煤气直接还原炼铁技术	采用焦炉煤气还原剂工艺和气基竖炉直接还原技术相结合的直接还原铁生产工艺流程	采用气基竖炉+电炉生产工艺与传统高炉+转炉流程生产工艺相比，预计减少 CO_2 排放量32%

续表 2

项目	技术名称	主要优势	减碳效果
无碳技术	熔融氧化物高温电解技术	电流通入液态氧化铁，使其分解成铁水和氧气	在电能由可再生能源产生前提下，可达到零 CO_2 排放的目标
	碱性电解还原铁技术	使用电能将铁矿石转化成金属铁和氧气	在电能由可再生能源产生前提下，可达到零 CO_2 排放的目标

四、不同路径减排潜力预测

研究表明，如达到《巴黎协定》制定的长期目标，即全球温升低于 2℃，到 2050 年全球温室气体排放量要在 2010 年的基础上减少 70%；如果进一步达到《巴黎协定》制定的长期努力方向，即全球温升低于 1.5℃，到 2030 年，全球二氧化碳排放量需要比 2010 年的水平下降大约 45%，在 2050 年之前需要将二氧化碳排放量减少 75%~90%。假定在中国钢铁工业实现与全球能源系统相同的减排任务目标前提下，通过分析降低需求、提高能效、创新工艺等不同路径的潜力空间，主要研究方法与结论如下所述。

（一）数据与方法

研究以中国钢铁工业 2010 年数据为基础，主要数据类型包括三类：一是基础数据，包括钢材需求量、钢材出口量、粗钢产量、二氧化碳排放量等；二是生产结构数据，包括电炉钢比例、转炉废钢单耗、高炉炉料配比等；三是关键化石燃料消耗指标，包括高炉燃料比、烧结固体燃耗等。

潜力研究分别从降低需求、提高能效、创新工艺 3 个总体路径考虑，同时对每个路径涉及的关键潜力空间影响因子进行细分，见表 3。基于各关键影响因子的行业现状指标，结合钢铁行业总体发展研判，对未来可能实现的潜力空间进行预测分析。

表 3　关键潜力空间影响因子

项目	降碳路径	关键影响指标
降低需求	强化原燃料结构优化	高炉燃料比、烧结固体燃耗等
	流程及炉料结构优化	电炉钢比例、转炉废钢比、球团矿配比等
	降低钢材需求量	钢材需求量、高附加值产品占比、钢材成材率、钢材回收利用率等
	多产业耦合	与化工、建材、市政等协同减排量等

续表3

项目	降碳路径	关键影响指标
提高能效	淘汰落后	落后生产工艺装备、用能设备能耗及数量等
	技术改造	各类节能低碳技术措施成熟度、现有普及率、推广应用率等
	非化石能源应用	风能、太阳能利用技术成熟度、现有普及率、推广应用率等
创新工艺	低碳冶炼技术	研发进展程度、推广应用空间等
	CCS	研发进展程度、推广应用空间等
	无碳冶炼技术	研发进展程度、推广应用空间等

（二）结果与分析

基于上述数据及潜力空间分析方法，估算各不同路径可实现的贡献率如下：

2℃温控情景下，实现2050年减排目标，降低需求减排贡献约占46%，能效提升减排贡献约占21%，创新工艺减排贡献约占33%，如图1所示。

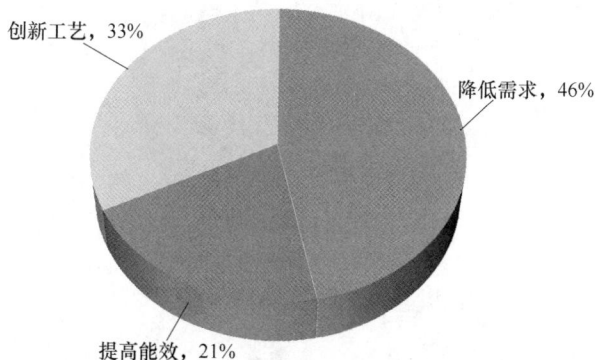

图1　2℃温控情景下不同路径减排贡献（2050年）

1.5℃温控情景下，实现2030年减排目标，降低需求减排贡献约占53%，能效提升减排贡献约占32%，创新工艺减排贡献约占15%，如图2所示。

1.5℃温控情景下，实现2050年减排目标，降低需求减排贡献约占34%，能效提升减排贡献约占16%，创新工艺减排贡献约占50%，如图3所示。

应该说，全球温控目标的实现，不论是2℃或1.5℃温控目标，都将为中国钢铁工业发展带来深远影响。一是将倒逼突破性创新工艺加快研发和工业化进程。创新工艺在最终实现全球温控目标中必须发挥重要作用，特别是在1.5℃温控目标下，到2050年将有一半的贡献来自先进低碳冶炼技术、CCS等创新工艺，并且在2030年前就须贡献近15%的作用。二是将助推加快钢铁工业转型速度。无论2℃或是1.5℃温控目标，通过降低需求路径实现减排是最重要的贡献者，

创新工艺，15%

提高能效，32%

降低需求，53%

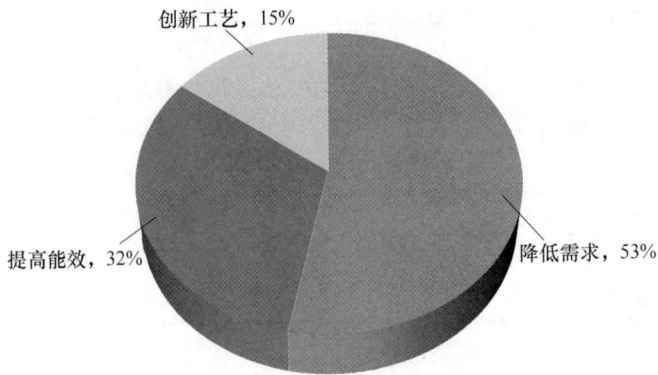

图2　1.5℃温控情景下不同路径减排贡献（2030年）

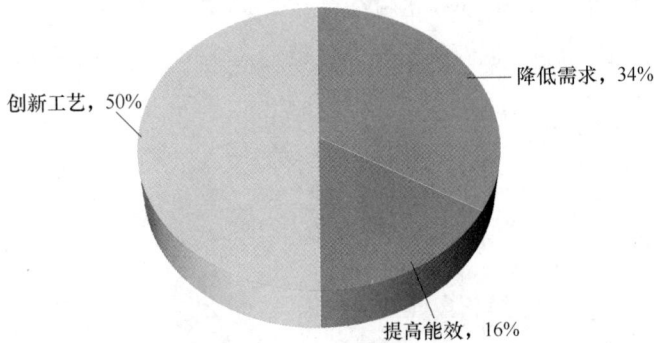

创新工艺，50%

降低需求，34%

提高能效，16%

图3　1.5℃温控情景下不同路径减排贡献（2050年）

包括减少原燃料消耗、流程及炉料结构优化、降低钢材消费量、多产业耦合等几个方面，其中加快提高电炉钢比例、降低钢材消费量的贡献占80%，是主要影响因素。三是以低碳理念引导最佳实践技术实施。能效提升是近阶段实现全球温控目标的重要途径，而最佳实践技术的普及及应用是最有效手段。因此，加快引入碳战略思维，以低碳发展理念引导最佳实践技术的实施迫在眉睫。

五、结论与建议

本章基于全球2℃及1.5℃温控目标，剖析了中国钢铁工业低碳转型实施路径，同时对不同路径对于实现全球温控目标的减排贡献进行估算，主要结论如下：

（1）中国钢铁工业低碳转型发展路径主要包括降低需求、提高能效、创新工艺三个方向，其中，降低需求具体体现在减少原燃料消耗、流程及炉料结构优化、减少钢材消费量、推进循环经济耦合发展等方面；提高能效具体体现在节能低碳技术改造、淘汰落后、提高非化石能源应用等方面；创新工艺具体体现在以实现大规模减碳和脱碳发展的减碳及无碳冶炼技术应用等。

（2）2 ℃温控情景下，估算降低需求、能效提升、创新工艺分别贡献减排潜力为46%，21%，33%；1.5 ℃温控情景下，估算降低需求、能效提升、创新工艺分别贡献减排潜力为34%，16%，50%。

（3）全球温控目标的实现，将为中国钢铁工业发展带来深远影响，须从政策目标、技术创新、市场化机制、支撑体系、发展模式等方面进一步努力。

提出建议如下：

（1）制定更具有约束力的政策目标和战略规划。钢铁工业将面临产业结构、能源结构、发展模式、人力资源调整等一系列挑战，有必要做好钢铁工业低碳转型发展的顶层设计，制定具有约束力的目标体系，以及明确有力度的长期应对气候变化战略。

（2）采取更强有力的措施促进技术进步。创新性减碳、脱碳和固碳技术的应用将发挥重要作用，需采取更强有力的措施来促进技术的研发创新动力、科研成果的转化应用速度、工业化应用进程，包括政策、资金的支持，以及国内外各利益相关方的合作等。

（3）着力夯实更有效的低碳转型支撑体系。应尽快建立完善符合行业发展特点的有效支撑体系，包括数据统计及管理等制度建立、标准体系完善、人才队伍培养、引导和激励机制设计等。

（4）形成更多产业协同合作的低碳发展模式。协同电力、钢铁、有色、建材、化工等重点碳排放行业，加强行业间的共同探讨机制，形成多赢的多产业协同的低碳发展模式。

（5）构建更加完善的市场化减碳机制。进一步构建更加完善的市场化减碳机制，包括合理的碳定价机制、技术研发应用的市场化引导等。同时，应强化国际社会合作应对气候变化，构建全球统一或者至少是主要钢铁生产国家之间统一的市场化减碳机制。

以卓越环保绩效管理促进钢铁行业
高质量绿色发展❶

李新创　　卢熙宁　　畅文驰

党的十九大指出"中国特色社会主义进入新时代，中国社会主要矛盾已经转化为人民日益增长的美好生活需要和不平衡不充分的发展之间的矛盾"，将生态文明建设和环境保护提升到了新的高度。特别是京津冀"2+26"城市、长三角地区、汾渭平原等钢铁集中布局区域对地方环境容量及承载力的影响，同人民大众对清洁环境质量的向往形成巨大反差。在党中央国务院坚决打好污染防治攻坚战，打赢蓝天保卫战的大政方针指引下，生态环境部会同有关部委研究发布了《关于推进实施钢铁行业超低排放的意见》，旨在深入推进钢铁行业超低排放，推动全国尤其是重点区域大气环境质量持续改善，促进钢铁行业高质量绿色发展。然而企业在全流程、全方位进行超低排放改造的过程中，硬件持续大力投入而环保管理水平滞后的现状，极大地阻碍了超低排放改造工作真正落地，也削减了企业加大环保投入的积极性。因此，如何实现卓越环保绩效管理，全面落实国家超低排放意见要求，将是钢铁行业亟须开展的革命性环保绩效管理工作。

一、钢铁超低排放引领行业绿色革命

（一）立足环境质量改善与高质量绿色发展

在中国钢铁工业已进入减量阶段、重组阶段、绿色阶段三期叠加的关键时期，钢铁企业既迎来高质量转型发展的重要机遇，又面临愈发严苛的环境约束和环境质量改善的巨大挑战。因此，钢铁行业作为中国深化工业大气污染治理的主战场，在坚决打赢蓝天保卫战的攻坚期需义无反顾地推进行业超低排放改造，以推动全国尤其是重点区域大气环境质量持续改善，从有组织排放大幅收严、无组织管控一体化、交通运输结构变革、监测监管水平精益化等多维度，全面提升钢铁行业高质量绿色转型发展，掀起一场经得起历史检验的绿色革命。

---

❶　作者单位均为冶金工业规划研究院；本文发表于《中国钢铁业》2019年第10期，有删节。

（二）部分钢企积极投入开展超低排放改造

随着近年来打击"地条钢"与深化供给侧结构性改革落实去产能政策的双向推动下，中国钢铁行业盈利能力创造历史新高，尤其在国家提出的全面完成超低排放改造的钢铁企业可不限产或少限产差异化政策引领下，除首钢、太钢、宝钢等大型国有企业斥巨资推进全流程、全方位超低排放改造外，邯郸、唐山、天津等众多"2+26"城市民营钢铁企业亦投资数十亿元，通过新建烧结机头脱硫脱硝一体化设施、开展源头煤气精脱硫、全流程低氮燃烧改造、搭建无组织管控治一体化平台、积极配合实现公转铁结构性运输调整等，多环节协同污染防治能力的提升，逐步接近全面达到超低排放控制要求的目标。部分企业吨钢环保运行成本高达近300元，工艺装备先进、环保技术可行与环保装备严把质量关成为企业投资建设的重中之重。

二、环保管理缺位制约企业环保绩效水平提升

（一）重生产轻环保思想禁锢企业未来发展

1. 硬件投入与环保绩效并未像预期一样同步提高

随着超低排放改造进程的深化，部分钢铁企业虽纷纷采用全流程可行技术，建成有组织与无组织污染防治设施，提高大宗原辅燃料的铁运比例，但阶段性效果却未显著提升。企业整体环保绩效水平仅从数据反映上得到改善，而现场环境与最高管理者的环保意识尚未得到根本改善，这也使部分积极开展超低排放企业感到困惑，未来如何实现硬件投入与环保绩效水平的同步显著提升，成为绝大多数民营钢铁企业实现高质量绿色发展的现实挑战。

2. 唯有打破重生产轻环保的思想禁锢方可扭转现状

随着民众环保意识的提升、政府政策导向的持续转变，以及行业对高质量绿色发展的迫切需求，如何高质量、全方位实现超低排放已经成为钢铁企业必须面对的重大挑战。在钢铁行业去产能的大背景下，环保已成为未来政府压减低质过剩钢铁产能的重要考量因素，环保不达标就意味着限产、停产，甚至关停退出。因此，钢铁企业必须深刻领悟环保的生命红线作用，必须要改变原有"重生产、轻环保"的固有错误生产经营理念，必须要更加强调环保的重要性。

当前，许多钢企把降本增效、加快生产作为获取企业效益的第一要务，在薪酬激励方面也形成了与产量、利润直接挂钩的考核评价体系。因此，企业要从思想观念上强化环保战略意识，必须要从最高领导者角度树立严格的环保经营理念，将环保考核纳入考核体系范畴，以正向激励与负面惩处为准绳，提升环保在考核体系中的权重，引导各生产单位彻底扭转旧有观念，树立"环保为先"，而不是"生产为王"的经营理念，打破思想壁垒，助力环保绩效提升。

（二）管理缺位成真正落实超低排放最大痛点

1. 全面落实超低排放并非只靠硬件

由于中国钢铁企业近年来盈利水平显著攀升，其在环保治理方面的投入持续增加，但多数企业将真正落实国家超低排放政策等同于硬件投入，单纯想从加大环保基建投资与运维成本角度，以选择最先进的工艺技术、最顶尖的环保设施为手段，试图迅速提升企业环保绩效水平，然而结果却差强人意。企业尚未意识到全流程的超低排放既是各环节独立管控措施与限值的要求，也是上下游用户、环保管理者对于各自精益环保理念与源头减量控制的综合体现。分厂间清洁化运输结构的缺失、环保管理人员数量与业务水平的欠缺、治理设施源头指标的不可控、现场运维人员环保理念薄弱的诸多问题，正在快速蚕食企业高昂环保投入带来的成效，若不尽快标本兼治，将使阶段性的资金付出与环保治理热情消耗殆尽。

2. 企业须认清管理缺位对环保提升的重大影响

提高环保装备与工艺技术水平只是钢铁企业在行动上的转变，建立全员"环保为先"意识，树立环境经营理念，则是企业在思想观念上的根本转变。随着环保监管范围的不断扩展延伸，环保技术的不断迭代升级，企业在环保中的投入与日俱增。然而，高额投入并不代表环保绩效水平同比显著提升，若无先进的管理模式和绩效考核手段作支撑，单纯的装备硬件投入往往达不到预期的理想效果，同一厂家实施的同一类项目在不同企业间的实际运行效果与稳定性可能截然不同。实际生产中，因现场人员不按规程操作、维检不及时、除尘设备私停等，造成的环保设施异常和排放超标现象比比皆是，尤其在无组织排放管控中最为突出。因此，钢铁企业上至公司领导、管理层，下至车间一线员工，必须明确投入环保设备仅仅只是提高环保水平的前提条件，而持续的管理优化与卓越绩效管理跟进才是企业高质量环保的根本抓手。

三、卓越环保绩效管理开启高质量绿色发展新纪元

（一）以先进的污染防治技术配套与源头减量化为前提

1. 先进污染防治技术配套是实现卓越环保绩效管理前置条件

实施卓越环保绩效管理的前提主要是建立全厂完备的污染防治技术装备，烧结机机头烟气脱硫脱硝末端治理、煤气精脱硫源头减量、高效除尘设施优化升级、热风炉与热处理炉低氮燃烧改造、焦炉烟囱脱硫脱硝与干熄焦二氧化硫治理、化产区域VOCs管控、原料场与皮带输料、转运过程中无组织控制、环境质量监测与无组织管控治一体化联动设施等的建立，将成为企业开启卓越环保绩效管理模式的敲门砖。硬核实力呈现是理论达超低排放的基础条件，企业必须确保

在经济适用性尚可的前提下，配置的工艺装备具备环保指标先进与稳定性，环保设施最大可达能力要优于现行超低排放限值要求。

2. 洁净化原料源头约束与内部运输结构调整确保污染物减量

优化原料结构是企业减排的关键。企业对大宗原辅燃料中有害元素的限制使用与厂内物流结构优化将使全厂污染物排放总量保持在可控范围内，其中原辅燃料中的污染物减量将有效缓解后续末端治理设施的运行压力，对环保设施顺行与整体能耗、物耗控制起到关键性作用。厂内铁精粉、块状物料与粉状物料通过全密闭皮带通廊、管状皮带、气力输送等方式直接供料，可大幅减少厂内汽车倒运频次与总量，除对厂区清洁、控制落地物料无组织排放有明显缓解外，也可彻底消除区域内移动源造成的主要大气污染物排放，以源头减量保证治理设施具备稳定达标能力，消除企业目前最为棘手的汽运污染问题。

（二）以卓越环保绩效管理为持续高质量发展提供保障

卓越环保是以环保绩效管理为抓手，为企业环保水平质的飞跃提供支撑，其范围覆盖战略决策、组织管控、人员管理、薪酬考核、制度规范等多个层面。

（1）战略决策层面。通过环保战略的制定明确下一步的环保发展方向，对重大环保提升项目进行科学决策，做好顶层设计，避免不合理和重复投资的现象发生。

（2）组织管控层面。纵向上建立决策—管理—运营多层级的管理架构，横向上建立按照污染源类型分类管理的专业化管控模式，最大限度地提高运营、管控和问题处置效率。

（3）人员管理层面。对环保管理和运营采用专人负责制，将环保人员从生产人员中彻底剥离出来，通过垂直管理的模式进一步加强对现场环保专职人员的管控。

（4）薪酬考核层面。比照监管评级要求设立考核体系，建立分厂、车间、工段、班组、人员多层级的考核指标，并将监管考评结果与环保绩效考核挂钩，设立"有奖有罚"的考核机制，充分提高环保体系的可操作性与环保人员工作积极性。

（5）制度规范层面。结合企业实际情况，对制度进行完善并配套出台相应实施细则，确保制度设计的可行性和制度执行的有效性，并明确每个环保岗位的岗位职责和操作规范，微观层面提高现场环保人员的管理和运行操作水平。

（三）以智慧环保信息系统助力企业实现高效精准管控

1. 实现全厂环保管理信息系统的一体化决策

钢铁企业应在当前有组织分布式监管与无组织智能管控系统配套的基础上，

结合卓越环保技术与管理卓越绩效指标需求，建设基于环保技术和管理持续保持先进性、稳定性需求的智能决策系统。打破环保设备边界以及各单位联动不足的技术壁垒，实现物与物、人与物、人与人、工艺与质量、工艺与管理的数据互通，保证数据的高质量及可拓展使用性，实现环保管理信息化的一体化重构，为智能环保的无人化管理决策打下基础。

2. 建立智慧环保云平台助力卓越环保绩效管理

智能环保信息化系统将通过工艺梳理、人工智能及环境智能，实现对生产排污节点污染防治的一体化管理，强化环保末端治理与生产源头减量的一体化协同，智能动态优化无组织及有组织排放治理，指导一体化系统综合进行源头减量、过程控制及末端治理，并有机结合运维人员与环保设备的管理，形成基于环境要求的柔性监管体系。通过系统决策，在现有环保管理模式的基础上融入先进的卓越绩效环保管理理念，从而脱离无序盲目的随机性操作方式，打造属于企业的线上智能环保管家，帮助企业不断优化完善卓越环保绩效管理模式，推动企业成为"认知环保—精益环保—卓越环保"的先行者和领跑者。

（四）建立卓越环保绩效管理体系　引领行业高质量绿色发展

钢铁企业环保技术应用和环保管理机制运行作为辩证统一的有机整体，是影响企业环保综合绩效水平的决定性因素。但当前，环保技术装备水平可通过环保设施稳定运行予以初步判定，有可量化的清洁生产污染物排放绩效指标作为考量依据。而环保管理绩效水平则缺少相应的评判标准与评价体系。行业内众多企业在持续的硬件投入后，管理层面的软实力欠缺导致其环保绩效水平依旧处于"含苞待放"的尴尬境地，如何实现突围，确保环保硬实力与软实力的有机结合、同步攀升，将成为企业打造环保品牌，提升整体环保水平，实现差异化管控的重要路径。

在这样的历史背景下，冶金工业规划研究院充分发挥自身咨询服务机构的优势，并结合对钢铁产业全流程工艺技术与管理模式的深入了解，旨在打通技术与管理、顶层设计与一线实施、人为监管与智能管控等系统决策机制，制定出一套贴近实际、指导性强的卓越环保绩效管理指标体系。该体系从领导层、组织层、人力层、运营层四个维度对钢铁企业环保管理与执行现状进行诊断，并通过对标分析现状评价，综合考虑经济可行性、技术可达性、管控精准性，最终提出一整套针对环保管理的系统解决方案。该方案以建立环保考核体系为核心，以现场管理为抓手，通过开展一个个环保专项整治行动，对企业组织架构进行优化，对制度规范进行修订，对职责权利进行重构，并在辅助实施的过程中运用PDCA的模式持续改进和提升环保管理水平，助力企业成为卓越环保绩效管理的示范工厂，引领行业高质量绿色发展。

四、结论

（1）中国钢铁工业全面推行超低排放改造，重点区域钢铁企业为实现全方位、全流程达超低排放限值，严把环保工艺技术可行性与环保装备质量关，从有组织排放污染防治设施建设、无组织管控治一体化平台创建、运输结构调整等多维度加大环保投入与运行成本。但环保绩效并未达到与硬件投入同步对等的期望效果。

（2）重生产轻环保思想在企业管理中根深蒂固，在当前环保形势下，企业须认清管理缺位对环保提升的重大影响，全面落实超低排放并非只靠硬件投入，钢铁企业上至最高管理者，下至车间一线员工，必须牢固树立环境卓越绩效管理的理念，采取相应的行动措施，这是未来排放指标全面超低、环保设施稳定运行、交通运输持续改善、监测监控常态化正常运行的重要抓手，是全方位落实企业超低排放的核心动力所在。

（3）卓越环保绩效管理体系以智能决策系统与智慧环保云平台为依托，以建立环保考核体系为核心，以现场管理为抓手，从战略决策、组织管控、人员管理、薪酬考核、制度规范等方面对企业环保管理水平进行持续改进，引领行业涌现出符合高质量绿色发展理念的卓越环保绩效管理示范工厂。

保持环保治理战略定力
筑牢蓝天保卫战的钢铁防线[①]

李新创

2019 年以来，中国经济下行压力加大，钢铁行业效益大幅下滑，全行业利润同比下降 37.6%，部分企业甚至出现亏损。由此出现一些认识，将钢企效益下滑乃至经济承压较重的原因归结为环保治理，认为应放宽钢铁企业环保限产和超低排放改造。笔者以为，这些认识是片面、短视和十分有害的，既不利于环境质量改善，也不利于产业健康发展，更不利于国家治理体系和治理能力的现代化。"绿水青山就是金山银山"，以习近平同志为核心的党中央高度重视生态环境保护，环保治理在改善生态环境质量、提高产业发展质量、塑造公平竞争环境中发挥了重大作用，取得了积极的成效。污染防治是全面建成小康社会必须打好的三大攻坚战之一，绝不能因暂时的变化一叶障目，更不能马放南山、刀枪入库，放松环保治理的要求，一定要保持环保治理的战略定力，乘胜追击，进一步巩固、扩大来之不易的环保成果，筑牢蓝天保卫战的钢铁防线。

一、决定钢铁行业效益的根本是市场供需关系而非环境治理

钢铁行业是市场竞争充分的行业，市场供需是决定钢铁行业盈利水平的根本因素。2015 年，钢铁行业产能过剩严重，产能利用率不足 67%，全行业亏损 645 亿元，亏损面高达 50.5%。党中央国务院推进供给侧结构性改革，实施钢铁"去产能"，钢铁行业很快实现了脱困发展，效益大幅回升、信心明显提振。2018 年，钢铁行业产能利用率回升至 78%，实现利润 4704 亿元，同比增长 39.3%，创造了历史最佳效益。

2019 年，钢铁行业效益大幅下滑有多种因素，如铁矿等原燃料价格快速上涨、大幅波动，下游行业增速放缓甚至下降，2018 年效益基数高等，但根本原因仍然是供需关系，市场实际供给能力的投放快于市场需求的增长。2019 年全国粗钢产量 9.96 亿吨，同比增长 8.3%，再创历史新高。而在需求端，受经济下行影响，建筑、机械、造船等主要用钢行业增速回落，汽车行业还出现负增长，

[①] 本文发表于《中国钢铁业》2020 年第 3 期。

2019 年汽车销量同比下降 7.4%；钢材出口乏力，2019 年中国累计出口钢材 6429 万吨，同比下降 7.3%；供需失衡导致钢材价格由升转降，2019 年 12 月底中国钢材价格指数（CSPI）为 106.1 点，同比降幅 0.95%。受钢铁产量增长带动，铁矿石等原燃料价格上涨，2019 年 12 月底中国铁矿石价格指数（CIOPI）为 333.04 点，同比上涨 31.4%，再次挤压了钢铁企业的利润空间。

将钢企效益下滑的原因归结为环保限产毫无道理。以近三年重点城市的限产比例为参考，2019 年钢铁企业限产比例明显低于 2017 年和 2018 年。2017 年采暖季，各地多采取"一刀切"，限产 50%；2018 年采暖季，唐山市限产比例约 42%，2019 年采暖季的限产比例不到 30%；2018 年采暖季，邯郸市限产比例约 41%，2019 年下降到约 35%。从近三年的限产比例、钢企效益来看，把环保限产作为 2019 年钢铁企业效益下滑的原因实在是牵强附会。恰恰相反，如没有环保限产措施，供给将进一步加大，加剧市场竞争，导致更加严重的效益下滑。

二、放松环保要求百害而无一利，坚持环境治理是钢铁高质量发展的不二选择

任何政策都不能脱离所处的历史阶段和时代背景。当前是中国全面建成小康社会的决胜阶段，也是中国钢铁行业践行"绿水青山就是金山银山"生态文明理念，由高速增长阶段转向高质量发展阶段的关键时期。对于处在这个历史时期的钢铁行业来说，放松环保要求有百害而无一利，坚持环境治理则可以实现一举多得，主要体现在以下几个方面：

（1）改善钢厂周边环境质量，扭转钢铁高污染形象。严格环保要求、坚持环境治理，最直接的好处就是减少钢厂污染物排放量，改善钢厂周边环境质量，扭转钢厂在社会公众心目中的高污染形象，实现钢厂和城市的和谐共融。反之，如果放松环保要求，那势必导致钢厂周边环境恶化，甚至出现环境污染事件，使钢厂面临搬迁或关停的风险，影响钢铁工业的正常生产运行。

（2）有效提升钢铁产业即期效益。严格环保要求、坚持环境治理，带来的另一个好处就是有效提升钢铁产业的即期效益。随着钢铁市场需求逐步下降，再加上部分钢厂扩产冲动明显，中国钢铁产业新一轮的产能过剩矛盾日渐凸显，通过实施超低排放，严格环保要求，按照"多排多限、少排少限、不排不限"的原则实施差别化的管控，可以在一定程度上缓解供需失衡的矛盾，提升钢铁行业的即期效益。反之，如果放松环保要求，必然加大供需矛盾，导致市场出现恶性竞争，钢材价格下跌，影响整个行业的效益水平，甚至将行业拖回 2015 年的全面亏损。

（3）建立公平竞争市场环境，为钢铁产业高质量发展奠定基础。严格环保要求、坚持环境治理，可以补上中国钢铁工业的环保短板，树立绿色低碳钢铁行

业的国际形象，减少钢材出口的绿色壁垒，扩大中国的国际影响力；可以为行业营造公平竞争的市场环境，提高优秀企业的市场竞争力，倒逼落后企业退出市场，促进全行业高质量发展。反之，放松环保要求必然导致"劣币驱逐良币"，在严酷的市场竞争中，由于环保成本的差距造成的不公平竞争，环保落后企业将像当年的"地条钢"一样，将整个钢铁行业拖入泥潭，对中国钢铁行业的国际形象造成严重影响。

（4）是实现国家治理能力和体系现代化的重要组成部分。党的十九届四中全会指出，要求坚持和完善生态文明制度体系，促进人与自然和谐共生，实行最严格的生态环境保护制度。可见，生态环境保护制度是国家治理体系和治理能力现代化的重要组成部分，是必须长期坚持实施的基本国策，绝不能朝三暮四、反复动摇。当前钢铁行业生态环境保护领域遇到的一些问题、矛盾，必须依靠生态文明制度的改革创新来解决，全面实施超低排放和差别化的管控措施，就是解决钢铁行业目前突出生态环境保护问题的"标本兼治"之策，关键在于制度落实。如果放松环保要求，将严重影响政策的严肃性，导致国家环保治理能力和治理体系的倒退，很可能会再次出现"一刀切"等简单粗暴的环保政策。

三、关于更好推进钢铁行业环境治理的建议

2016年以来，打击"地条钢"、化解过剩产能、实施超低排放和差别化的管控政策，一系列的组合拳营造出了近两年中国钢铁行业前所未有的良好局面，企业盈利水平创历史新高。但"逆水行舟，不进则退"，建议相关部门继续优化和落实相关管理政策，全行业、企业要保持清醒的头脑，摒弃私心、保持定力，从维护行业整体利益的角度出发，鼓励先进、促进后进，共同推进行业的健康有序发展。

（1）管理部门既要树立标杆企业正向激励，又要严格评估杜绝以次充好。为统一认识，正确引导钢铁企业高质量实施超低排放，切实将鼓励政策落实到真正的超低排放标杆企业上，管理部门应该尽快出台相关管理办法和技术指南，统筹超低排放评估与重污染天气应急管控分级，组织对钢铁企业超低排放情况进行评估，建立标杆企业正向激励机制。同时，要坚决严格开展评估工作，确保评估一家就树立一个标杆，必须杜绝鱼龙混杂、以次充好。行业协会和相关机构要发挥桥梁纽带作用，指导钢铁企业开展超低排放改造和评估工作，加强对标杆企业和先进案例的宣传引导，推动越来越多的钢铁企业向标杆企业学习，在行业内形成力争上游的良好氛围；同时，对超低排放改造和评估工作开展公众监督，避免"假冒伪劣"的超低排放企业混进来，拖累整个行业。

（2）钢铁企业要沉下心来认真排查，补齐超低排放短板。2019年以来，钢铁企业实施了一大批超低排放改造项目，一些企业也宣称已经实现超低排放，但

由于部分企业对全面超低排放的理解不到位，对超低排放的难度认识不足，没做好打"攻坚战""持久战"的准备，导致改造存在明显短板，特别是在烟气排放连续监测系统（CEMS）、分布式控制系统（DCS）等监测监控系统规范化，以及无组织排放控制和大宗物料产品清洁运输等方面，与相关要求差距较大。"行百里者半九十"，钢铁企业不能停留在历史的功劳簿上沾沾自喜，更没必要怨天尤人，而是应该彻底转变观念，深入学习相关文件要求，积极对标标杆企业做法，沉下心来认真排查找差距，针对存在的问题抓紧整改。据笔者了解，中国宝武、太钢、首钢京唐、新兴铸管、沙钢、永钢、德龙等企业已经开始启动补短板的攻坚战。

（3）进一步优化环境绩效分级指标体系，避免层层加码、级级提速。钢铁企业情况复杂，完成超低排放的工作量大，时间周期长，难以一蹴而就。为提高钢铁企业超低排放的积极性，建议结合超低排放评估工作，根据有组织排放、无组织排放和清洁运输评估情况，研究细化钢铁企业环境绩效分级指标体系，对部分完成超低排放改造，通过评估的企业给予一定的鼓励，同时进一步优化重污染天气应急措施，提高可操作性。

国家制定的钢铁行业超低排放政策已十分严格，也较为科学，落实到位就可以满足地方大气污染治理的需求。一些地方存在层层加码、级级提速的现象，措施和要求看似严厉，实际上缺乏科学的论证，可操作性较差，对企业的正常生产会造成不利的影响，有时甚至会增加污染物的排放。因此，建议在未经过充分论证的情况下，尽量避免给钢铁企业增加过多的要求。

加快构建钢铁行业碳交易市场体系[1]

李新创

中国是世界上最大的粗钢生产和消费国家，2020 年中国粗钢产量占全球粗钢产量的 57%。我国钢铁行业碳排放量占全球钢铁碳排放总量的 60% 以上，占全国碳排放总量的 15% 左右，是 31 个制造业门类中碳排放量最大的行业，是实现碳达峰目标和碳中和愿景的重要组成部分。2021 年政府工作报告提出要"扎实做好碳达峰、碳中和各项工作。制定 2030 年前碳排放达峰行动方案，优化产业结构和能源结构……加快建设全国用能权、碳排放权交易市场，完善能源消费双控制度；实施金融支持绿色低碳发展专项政策，设立碳减排支持工具"。开展碳交易是落实碳达峰、碳中和目标任务的重要手段，钢铁行业作为拟首批纳入全国统一碳市场的八个重点行业之一，必须加快构建完善的碳交易市场体系。

一、钢铁行业低碳发展政策要求

2020 年 10 月 29 日，党的十九届五中全会确定碳排放达峰后稳中有降的 2035 年远景目标。2020 年 12 月 18 日，中央经济工作会议确定 2021 年八大重点任务之一是做好碳达峰、碳中和工作。2021 年 2 月 19 日，中央深改委第十八次会议强调，建立健全绿色低碳循环发展的经济体系，统筹制定 2030 年前碳排放达峰行动方案。2021 年 2 月 22 日，国务院印发《关于加快建立健全绿色低碳循环发展经济体系的指导意见》，提出加快实施钢铁、石化等行业绿色化改造。

当前，国家正在组织编制《碳排放达峰行动计划》，将从行业、地方、技术等层面分别开展顶层设计。冶金工业规划研究院正在配合国家相关部门制定《钢铁行业碳达峰及降碳行动计划》。为贯彻落实国务院 2021 年"做好碳达峰、碳中和工作"重点任务，近期多部委也作出相关部署。生态环境部出台了《碳排放权交易管理办法（试行）》等一系列碳交易管理政策；工业和信息化部提出 2021 年要坚决压缩粗钢产量，同时将制定钢铁等重点行业碳达峰路线图；国家发展改革委将从调整能源结构、推动产业结构转型、提升能源利用率等六方面推动实现碳达峰、碳中和；财政部将研究碳减排相关税收问题，积极支持应对气候

---

[1] 本文发表于《中国冶金报》2021 年 3 月 9 日 01 版。

变化相关工作；国家能源局将继续加大煤炭的清洁化开发利用，加大油气勘探开发力度，加快风能、太阳能、生物质能等非化石能源的开发利用；中国人民银行明确"落实碳达峰、碳中和"是仅次于货币、信贷政策的第三大工作，将引导金融资源向绿色发展领域倾斜，推动建设碳排放交易市场为排碳合理定价。

目前，上海、江苏、广东、福建、海南、青海、天津、浙江等 8 省（市）提出在全国碳达峰之前率先碳达峰，北京、天津、上海、河北、山西、江苏、安徽、福建、江西、山东、河南、陕西、辽宁、湖北、海南、四川、甘肃、西藏等 20 个省（直辖市、自治区）2021 年将研究制定实施二氧化碳排放达峰行动方案。其中，天津提出制定实施碳排放达峰行动方案，推动钢铁等重点行业率先达峰，协同推进减污降碳；上海着力推动电力、钢铁等重点领域和重点用能单位节能降碳，确保在 2025 年前实现碳排放达峰；湖南提出推进钢铁、建材等重点行业绿色转型。

结合现阶段国家形势发展要求分析，预判钢铁行业低碳政策发展将呈现以下特征，如表 1 所示。

表 1 钢铁行业低碳政策趋势分析

主要因素	发展趋势
双控约束指标考核	钢铁等重点排放行业率先达峰，将提出达峰目标、路线图和具体行动计划。在能源消费及煤炭消费总量控制基础上，将对碳排放总量控制提出新的要求，同时碳排放强度控制目标会更为严格
强化监督考核	碳达峰目标任务落实情况将纳入中央生态环保督察范畴，强化温室气体排放目标责任制，加大应对气候变化工作考核力度
市场化机制	全国统一碳市场进入加速期，钢铁行业将逐步被纳入全国统一碳市场，与用能权、排污权等市场化交易手段协同推进。进一步完善碳交易体制机制建设，发挥碳市场更大作用
统筹推进	强化统筹协调，加强部门协调合作，加强低碳、节能、绿色制造，以及环保政策相协调融合，发挥政策合力，体系化推进
标准化建设	低碳发展相关标准将进一步健全完善
绿色金融体系	继续推进绿色金融创新，加大绿色金融对低碳发展的支持力度

二、国际碳交易市场发展历程

碳排放权是指参与碳排放权交易的单位和个人依法取得向大气排放温室气体的权利。碳排放权交易也称为"总量控制与排放交易"机制，简称"限额—交易"机制，是指在一定管辖区域内，确立一定时限内的碳排放配额总量，并将总量以配额的形式分配到个体或组织，使其拥有合法的碳（温室气体）排放权利，并允许这种权利像商品一样在交易市场的参与者之间进行交易，确保碳实际排放量不超过限定的排放总量，以成本效益最优的方式实现碳排放控制目标的市场机制。

1997 年 12 月，在《联合国气候变化框架公约》基础上形成的《京都议定书》，第一次将温室气体减排提升到国际法律层面上，创新性地通过引入市场机制来解决"全球气候"这种稀缺性"公共物品"的优化配置问题。目前，全球范围内约有 21 个碳交易体系在 29 个辖区生效，占全球国内生产总值的 42%，全球温室气体排放量的 9% 由这些体系覆盖。同时，另外有 24 个国家政府正在考虑建立碳交易体系以实现气候目标。应该说，碳交易已经成为全球应对气候变化的主要手段，见表 2。

表 2   碳排放交易体系里程碑

1997 年	签署《京都议定书》 排放减量市场体系（芝加哥地区） 新南威尔士州（NSW）自愿碳交易体系
2002 年	英国碳排放交易体系（自愿） 东京碳排放交易体系（自愿）（日本）
2003 年	芝加哥气候交易所（自愿）（美国） 新南威尔士州温室气体减排计划（GGAS）（澳大利亚）
2005 年	《京都议定书》生效、欧盟碳排放交易体系（EU ETS） 挪威碳排放交易体系、日本自愿碳排放交易体系
2007 年	挪威、冰岛和列支敦士登加入欧盟碳排放交易体系 阿尔伯塔省特定气体排放源条例（SGER）（设施层面的排放强度目标）
2008 年	瑞士碳排放交易体系、新西兰碳排放交易体系 日本实验性碳排放交易体系
2009 年	区域温室气体倡议（RGGI）（美国东北部与大西洋沿岸中部地区）
2010 年	东京碳排放交易体系（日本）
2011 年	琦玉县碳排放交易体系（日本）
2012 年	澳大利亚碳排放交易体系
2013 年	哈萨克斯坦碳排放交易体系 加利福尼亚州碳排放交易体系（美国） 魁北克省碳排放交易体系（加拿大） 中国碳排放交易体系试点（北京市、广东省、上海市、深圳市、天津市）
2014 年	中国碳排放交易体系试点（湖北省、重庆市）
2015 年	韩国碳排放交易体系《巴黎协定》通过

续表 2

2016 年	中国福建省、四川省碳排放交易体系
2017 年	中国碳排放权交易市场建设方案（发电行业）
2018 年	美国马萨诸塞州碳市场
2019 年	加拿大新斯科舍省碳排放权交易市场
2020 年	墨西哥碳排放交易体系试点
2021 年	中国《碳排放权交易管理办法（试行）》正式施行

欧盟于 2019 年 10 月提出拟在不违反世界贸易组织（WTO）规则的情况下建立"碳边境调节机制"的计划，对进口发展中国家高耗能产品征收碳关税。该计划希望通过这项措施，向发展中国家施加减排压力，转嫁环境治理的责任和成本；削弱中国等发展中大国的制造业出口竞争力，保护并提升本国企业竞争力。目前，欧盟正就相关事项进行意见征询，具体方案预计在 2021 年 6 月之前出台，并号称在 2023 年之前实施。

三、我国钢铁行业碳排放交易实践

我国自 2013 年起推动北京、上海、广东、天津、深圳、湖北、重庆 7 个试点省（直辖市）的碳排放权交易工作。2016 年底，四川、福建两个非试点地区的碳市场也相继开市。据统计，已参与碳交易试点的钢铁企业覆盖全国约 1/7 的粗钢产量。钢铁企业通过地方碳排放权交易试点实践，在推动碳减排方面发挥了积极作用，同时也积累了一定经验。通过开展碳排放的量化与数据质量保证的过程（MRV）、碳核查培训等基础能力建设，钢铁企业总体低碳发展水平获得提升；通过提高能效推动低碳发展的工作，取得了不同程度的节能降碳效果；处于碳交易试点地区的钢铁企业经过几年的履约，在碳资产管理、碳交易策略等方面具有更好的经验，部分优秀企业已经成立了专业化碳资产公司，组建了专门的碳排放管理机构。

碳排放权交易试点为我国钢铁行业增强低碳发展意识、理念，促进低碳行动方面奠定了坚实基础，但全行业碳交易市场的建设仍面临严峻挑战。主要体现在以下方面：

一是多数企业仍不熟悉碳市场及规则。目前，主要产钢大省，如河北、江苏、山东、辽宁等均不在试点碳市场区域，未真正参与过碳交易，对于碳市场履约、交易等规则，以及注册登记和交易系统仍不熟悉。

二是各试点地区碳交易机制存在区别。各试点交易地区立足本区域发展实际设计了独具特色的碳交易机制，包括配额分配机制、履约机制、存储和抵消机制等，但在钢铁行业内尚未建立起全国统一的碳交易机制。

三是市场化机制作用发挥不足。部分试点碳排放权交易的完成仍以政府为主导，市场参与程度较低，市场调节作用较弱，政府的决策成为企业行动、碳交易市场变动的导向，无法形成真正的市场价格。

四是低碳标准体系亟须建立。钢铁行业低碳标准体系是钢铁行业低碳标准立项的重要依据和宏观指导。目前我国还没有建立起完善的钢铁行业低碳标准体系，包括碳交易机制、低碳技术、温室气体排放监测方法、低碳产品等多方面标准均有待完善。

四、构建钢铁行业碳交易市场体系的路径建议

在"十四五"期间，围绕钢铁行业全国统一碳市场建设，应重点开展以下几方面工作：

一是制定科学合理、可监测、可计量、可评估的碳配额分配机制。国内外经验表明，决定碳市场平稳有效运行的核心要件是配额的初始分配。从国际经验来看，目前常用的分配方法包括"祖父法"和"基准线法"。中国碳市场主要采用"基准线法"、历史强度法两种配额分配方法。为了更好地体现公平性，中国钢铁行业应加快建立基于焦化、烧结、炼铁、转炉炼钢、电炉炼钢等主要碳排放工序的"基准线法"配额分配方式。

二是建立基于生产全流程碳足迹核算方法。对重点企业定量化地分配碳排放控制目标（碳排放配额分配），并事后监测评估配额管控目标是否实现（履约）是公认合理的碳交易管理方式。为实现将配额管控目标在企业层面进行考核管理，应加快制定覆盖钢铁生产全流程的碳足迹核算方法，为"自下而上"制定碳排放控制目标提供技术支撑及解决方案。

三是构建碳排放数据采集、管理、监测预警、监督考核体系。数据是碳交易的基础，碳市场稳定运行的重中之重也是"数据质量"。应充分将数字化、智能化技术与碳交易有效衔接，建立"政府—企业—设施"三级数据采集、管理、监测预警、监督考核体系，并实现智能化管控与常规污染物的有效协同。

四是建立统一的碳减排成本核算方法。碳交易通过市场使碳排放权的稀缺价值得以充分挖掘，使减排主体能够在信息更加对称的机制下对减排的投资收益予以决策，实现全社会节能减排成本最小化，制定统一规范的钢铁行业碳减排成本核算方法是一种有效的经济工具，将促进各行业及行业内企业之间开展对标，激励开展碳减排。同时，充分发挥碳交易市场资源配置的决定性作用，促进资源向环境效益更优的企业聚集，促进技术创新。

五是加快低碳标准体系的制订与完善。坚持以先进标准引领产业整体技术水平和质量水平提升，坚持系统规划钢铁行业低碳标准体系框架，坚持增加低碳标

准的市场供给，来激发市场活力，构建政府主导制定的标准与市场自主制定的标准协同发展、协调配套的低碳标准体系。

五、充分利用碳交易市场推动高质量发展

碳交易市场与实现高质量发展具有内在一致性，钢铁行业应充分利用碳交易市场化机制，推动行业实现高质量碳达峰，助力碳中和愿景实现。

一是发挥碳交易市场作用，做强做优先进企业。碳配额分配方案遵循"奖励先进、惩戒落后"总体原则，绿色发展水平好、碳排放指标低的钢铁企业将从碳市场获得更多的碳排放收益，碳交易市场的建立将有利于通过市场化手段促进先进企业进一步做大做强。

二是发挥碳交易市场作用，促进技术创新。碳交易市场的建设，将切实调动行业、企业减污降碳的主动性、积极性和创造性，促进钢铁企业进一步加快创新驱动，抢占技术创新至高点，打造低碳竞争力。同时，碳交易市场也为企业开展技术创新提供了新的资金来源。

三是发挥碳交易市场作用，发展绿色金融创新。通过发挥碳交易机制平台作用，完善、健全、深化钢铁行业绿色金融体系，并通过吸引更多金融机构参与碳市场交易，丰富碳衍生品等碳市场交易品种，引导金融资源助推碳市场发展，为钢铁企业实现碳达峰、碳中和提供新的融资渠道。

四是发挥碳交易市场作用，壮大绿色低碳产业发展。碳交易有利于促进钢铁行业加快产业结构调整、能源结构优化，有利于推动绿色低碳产业做大做强，建设一批高水平、专业化绿色低碳产业服务公司，成为钢铁行业培育新经济、积聚新动能、发展新优势的重要内容。

推进中国钢铁行业低碳发展的碳排放标准思考[❶]

李新创 李 冰 霍咚梅 李晋岩

钢铁行业是各国政府高度关注的重点碳排放行业，实现钢铁行业低碳绿色发展已成为国际社会和行业有识之士的共识。碳排放标准不仅是促进钢铁行业绿色低碳发展模式科学管理的重要依据，也是对节能减排工作的有效支撑，且对于低碳型产品研发具有重要的指导意义。中国是世界范围内的钢铁冶金生产和消费第一大国，中国钢铁行业需要通过碳排放标准化建设，推动行业绿色低碳可持续发展。本文在总结国内外颁布的钢铁行业碳排放标准的基础上，分析了中国钢铁行业碳排放标准制定的必要性，给出了相关碳排放标准制定工作的建议。

一、钢铁行业制定碳排放标准的必要性

气候变化已成为近年国际社会广泛关注的主要问题之一。为应对气候变化对人类生存与发展的严峻挑战，各国政府出台虽称谓不同但实质含义差别不大的先导性政策，譬如英国倡导发展"低碳经济"、日本提出建设"低碳社会"。当前中国政府也以节能减排为契机，大力推进绿色低碳发展模式。温室气体排放管理的制度创新和政策发展，对促进绿色低碳发展意义重大，其中碳排放标准被认为是构建和完善温室气体排放管理体系的一项重要内容。中国是全球碳排放大国之一。中国政府为积极应对气候变化、体现大国担当，提出中国二氧化碳排放力争2030年前达到峰值，力争2060年前实现碳中和。这无疑会引发各行业新一轮的装备升级和技术进步。

中国钢铁行业碳排放量占全球钢铁碳排放总量的60%以上，占全国碳排放总量的15%左右，是中国碳排放量最高的制造行业。显然，钢铁行业是"碳达峰""碳中和"目标实现的重要领域和责任主体行业。标准制定对推动中国实施低碳发展战略，实现中国碳排放总量控制，达到碳减排目标，践行绿色低碳发展模式，均将发挥出积极的促进作用。

通过碳排放标准的制定，规范钢铁冶金企业节能减排及碳排放数据统计与核

[❶] 作者单位均为冶金工业规划研究院；本文发表于《中国冶金》2021年第31卷第6期，有删节。

算工作，指导企业建立 CO_2 监测监控制度，完善企业内碳排放管理，必将推动钢铁行业绿色低碳高质量发展。钢铁行业碳排放标准是转变经济发展方式、淘汰落后生产能力、促进行业高质量发展、加快节能减排、积极应对气候变化、提升产业基础能力和产业链现代化水平的重要手段，可为钢铁行业减碳技术研究与推广、低碳型钢铁产品标签的创建提供指导。

虽然中国钢铁行业在碳排放标准建设方面已取得一定进展，但目前尚未建立起完善且适合行业特点的碳排放标准体系，存在一些重要碳排放标准严重缺失、已有标准执行力度不足等缺点。因此，钢铁行业碳排放标准体系亟待健全与完善。

二、国内外碳排放标准概况

随着全球气候变化问题不断增多，切实履行《联合国气候变化框架公约》《京都议定书》等应对气候变化的国际条约变得十分重要。中国、美国、日本、欧盟和英国等作为温室气体主要排放的国家和地区，制定并实施了针对碳排放的标准规范，以期推动碳排放标准化工作取得实质进展。

(一) 国际社会碳排放标准概况

1. 碳排放核算标准

过去数年间，碳排放核算标准在国际社会得到了较快发展，逐渐形成了温室气体核算体系（Greenhouse Gas Protocol，简称 GHG Protocol）、ISO 14064 系列和 PAS 2050 等多个标准。根据应用主体的不同，现有碳排放核算标准可分为企业或组织、项目、产品和服务、整个企业价值链 4 大类或层次。

（1）基于企业或组织层次的碳排放核算标准。对于企业或组织层次的碳排放核算标准，应用最广泛的主要是世界资源研究所（World Resources Institute，简称 WRI）与世界可持续发展工商理事会（World Business Council for Sustainable Development，简称 WBCSD）联合发布的 GHG Protocol 中的《Corporate accounting and reporting standard》与 ISO 14064-1：2018《Greenhouse gases-Part 1：Specification with guidance at the organization level for quantification and reporting of greenhouse gas emissions and removals》标准。GHG Protocol 企业层面标准为企业层面碳排放核算提供了较详细的指导和说明，应用广泛。ISO 14064-1：2018 为组织层面的碳排放核算提供了一般指导和要求，与 GHG Protocol 企业层面标准一致。

（2）基于项目层次的碳排放核算标准。WRI/WBCSD 联合发布的《The GHG Protocol for Project Accounting》及 ISO 14064-2：2019《Greenhouse gases-Part 2：Specification with guidance at the project level for quantification，monitoring and reporting of greenhouse gas emission reductions or removal enhancements》和世界自然基金会发布的黄金标准等，均为项目层次的碳排放核算标准。

（3）基于产品和服务的碳排放核算标准。对于产品和服务的碳排放核算，国际上常用的标准为 ISO 14067：2018《Greenhouse gases-Carbon footprint of products- Requirements and guidelines for quantification》、英国标准学会（British Standards Institution，简称 BSI）发布的 PAS 2050：2011《Specification for the assessment of the life cycle greenhouse gas emissions of goods and services》、WRI/WBCSD 共同发布的《Product Life Cycle Accounting and Reporting Standard》、日本发布的 TS Q0010《日本温室气体排放评价指南》。其中，英国标准学会（BSI）颁布的 PAS 2050：2008 是第一个产品碳排放核算标准，已被广泛应用，并于2011 年更新版本，为产品碳排放核算提供了更加详细的要求和指导。GHG Protocol 产品层面标准提供的碳排放核算相关要求和指导最为详细。ISO 14067：2018 被认为是更具普遍性的标准，提供了最基本的要求和指导。

（4）基于整个企业价值链的碳排放核算标准。对于整个企业价值链的碳排放核算标准有 WRI/WBCSD 发布的《Corporate Value Chain（Scope 3）Accounting and Reporting Standard》。

钢铁行业的碳排放核算标准主要集中于企业或组织和产品碳排放的评价。为进一步指导工业开展碳排放核算工作，ISO/TC 146 于 2014 年新提出 ISO 19694系列标准，包括 1 项通则标准（ISO/FDIS 19694-1）和 5 项分别针对钢铁、铁合金等行业标准（ISO/DIS 19694-2～6）。这一系列标准主要用于测量、监测与量化行业排放源的温室气体排放，为报告与核查提供可操作、准确、高质量的信息。钢铁行业是高碳排放行业之一，不同国家钢铁行业研究制定并发布的碳排放核算标准见表 1。

表 1　国际钢铁行业碳排放相关标准汇总

序号	标准编号	标准名称	发布单位
1	DIN EN 19694-6—2016	《固定源排放能源密集型行业温室气体（GHG）排放量的测定　第 6 部分：铁合金行业》	德国标准化学会
2	DIN EN 19694-2—2016	《固定源排放能源密集型行业的温室气体（GHG）排放量　第 2 部分：钢铁工业》	德国标准化学会
3	BS EN 19694-6—2016	《固定源排放高耗能行业温室气体（GHG）排放的测定铁合金工业》	英国标准学会
4	BS EN 19694-2—2016	《固定源排放高耗能行业温室气体（GHG）排放钢铁工业》	英国标准学会
5	EN 19694-2—2016	《固定源排放能源密集型工业中的温室气体排放　第 2 部分：钢铁工业》	欧洲标准化委员会

2. CO_2 捕集与封存标准

CO_2 捕集与封存（Carbon Capture and Storage，简称CCS）是联合国政府间气候变化专门委员会（Intergovernmental Panel on Climate Change，简称IPCC）结合全球减排任务的艰巨性和目前清洁能源的发展现状而特别推荐的技术，以期实现温室气体大幅减排。目前国际上正在开展的CCS项目众多，截至2017年世界上共有 CO_2 捕集与封存项目270余项，其中年封存量超过百万吨的项目达70余项。虽然CCS技术已有了较好发展态势，但针对CCS技术相关标准规范研究较少。

2010年产生了世界上第一个正式认可的商业部署CCS标准，被称为Z-741。该标准得到了加拿大标准委员会和美国国家标准协会的批准，并成为国际标准化组织 CO_2 捕获、运输和地质储存委员会ISO/TC 265的种子文件。ISO/TC 265于2011年正式批复成立，下设包括捕集、封存、跨领域问题和提高石油采收率问题等共4个标准化工作组，截至目前已发布10项CCS相关标准。

3. 其他碳排放标准

（1）英国的PAS 2060：2010。英国标准学会（BSI）、英国认证机构、原英国能源与气候变化部、环境管理与评估协会与国际碳减排和补偿联盟等共同编制了PAS 2060：2010《Specification for the demonstration of carbon neutrality》。以现有的ISO 14000系列和PAS 2050等环境标准为基础，BSI于2010年5月发布并提出了通过温室气体排放的量化、还原和补偿来实现和实施碳中和的组织所必须符合的规定，维护了"碳中和"概念的完整性，保证了"碳中和"承诺的准确性、可验证性和无误导性。

（2）产品碳标识制度。在各国政府大力推动下，消费者对碳标识的认识也逐步提高。碳标识将成为继生态标识、能效标识等环境友好型标识之后的又一大标识系统。到目前为止，已有至少14个国家和地区推出或即将推出碳标识制度。

另外，一些相关国际行业协会已通过制定行业减排标准或目标推进自愿减排行动。目前世界钢铁协会发布了"气候行动成员"标识，以表彰参与碳排放数据收集活动的企业。这些倡议吸引了很多企业参与，对全球各行业碳减排行动产生较大影响。

（二）中国碳排放标准概况

中国国家标准化管理委员会正式批复筹建"全国碳排放管理标准化技术委员会"（SAC/TC 548）。该标准化技术委员会将全面整合SAC/TC207/SC7的相关工作，结合中国国情出台系列碳排放标准。

中国碳排放标准包括行业企业温室气体核算与报告标准、项目碳排放核算系列标准、低碳产品系列标准、技术标准、核查标准等。这些标准是中国与国际接轨的有益探索，为碳排放总量控制及碳交易市场的平稳运行提供技术保障。

1. 国家及行业碳排放标准

SAC/TC 548 于 2015 年发布了《工业企业温室气体排放核算和报告通则》（GB/T 32150—2015）以及发电、钢铁、民航、化工、水泥等 10 个重点行业温室气体排放核算方法与报告要求等首批共 11 项温室气体管理国家标准，对企业温室气体排放核算方法提出了统一要求。

中国冶金行业在碳排放标准建设方面已取得一定进展，包括钢铁、镁冶炼和铝冶炼等，详见表 2。现行钢铁行业低碳领域国家及行业标准较少，正在编制中的标准 10 余项，但在碳排放管理、减碳技术、产品碳足迹等方面的标准尚未制定。

表 2 中国冶金行业碳排放相关标准汇总

序号	标准编号	标准名称	主要参与单位
1	GB/T 32150—2015	《工业企业温室气体排放核算和报告通则》	中国标准化研究院、国家应对气候变化战略研究和国际合作中心、清华大学、北京中创碳投科技有限公司
2	GB/T 32151.3—2015	《温室气体排放核算与报告要求第 3 部分：镁冶炼企业》	中国标准化研究院、清华大学、中国有色金属工业协会
3	GB/T 32151.4—2015	《温室气体排放核算与报告要求第 4 部分：铝冶炼企业》	中国标准化研究院、清华大学、中国有色金属工业协会、中国铝业股份有限公司
4	GB/T 32151.5—2015	《温室气体排放核算与报告要求第 5 部分：钢铁生产企业》	中国标准化研究院、国家应对气候变化战略研究和国际合作中心、钢铁研究总院、中国冶金清洁生产中心、冶金工业规划研究院
5	GB/T 33755—2017	《基于项目的温室气体减排量评估技术规范钢铁行业余能利用》	北京京诚嘉宇环境科技有限公司、中国标准化研究院、重庆市质量和标准化研究院、东莞市金成低碳技术应用有限公司、新疆维吾尔自治区标准化研究院
6	RB/T 251—2018	《钢铁企业温室气体排放核查技术规范》	中标合信（北京）认证有限公司、上海宝钢节能环保技术有限公司、中国标准化研究院、北京鉴衡认证中心有限公司、冶金工业规划研究院、钢铁研究总院、国家认证认可监督管理委员会认证认可技术研究所

冶金工业规划研究院作为中国钢铁行业最早开展低碳研究工作的专业化机构，开展了钢铁行业碳排放核算的现状研究，进行了钢铁行业全国统一碳配额基准线制定、钢铁行业碳排放系数研究、GDP 碳排放强度下降目标的分解与实施方案的编制、钢铁行业深度碳减排路径研究、钢铁行业碳交易技术指南制定，参与碳市场测试运行方案、钢铁行业中长期电气化战略发展研究等碳减排专项研究工作。作为主要参与编制单位，冶金工业规划研究院全面参与并完成了《温室气体排放核算与报告要求第 5 部分：钢铁生产企业》（GB/T 32151.5—2015）和《钢铁企业温室气体排放核查技术规范》（RB/T 251—2018）两项标准的制定。在推动行业夯实基础能力建设方面，冶金工业规划研究院正在开展《钢铁企业碳平衡编制方法》（2018-0453T-YB）和《钢铁企业碳减排成本核算方法》（2019-0392T-YB）等行业标准编制工作，充分发挥标准对推动钢铁行业"碳达峰""碳中和"的支撑和硬约束作用。

2. 地方政府碳排放标准

中国各省份也积极开展碳排放标准制定工作，见表 3。广东省、北京市、上海市、河南省等省市在"十三五"期间发布多项碳排放标准，包括《低碳企业评价技术导则》（DB11/T 1370—2016）和《低碳产品评价技术通则》（DB11/T 1418—2017）等。其中上海市质量监督管理局为加强与国际的接轨，制定并发布了《产品碳足迹核算通则》（DB31/T 1071—2017）；重庆市已将碳排放评价正式纳入环评，发布了规划及建设项目环评"碳排放评价"技术指南。

表 3　各地方发布的碳排放标准

序号	标准编号	标准名称	发布单位
1	DB44/T 1383—2014	《钢铁企业二氧化碳排放信息报告指南》	广东省质量技术监督局
2	DB44/T 1506—2014	《企业温室气体排放量化与核查导则》	广东省质量技术监督局
3	DB11/T 1370—2016	《低碳企业评价技术导则》	北京市质量技术监督局
4	DB44/T 1944—2016	《碳排放管理体系要求及使用指南》	广东省质量技术监督局
5	DB11/T 1418—2017	《低碳产品评价技术通则》	北京市质量技术监督局
6	DB31/T 1071—2017	《产品碳足迹核算通则》	上海市市场监督管理局
7	DB41/T 1429—2017	《工业企业碳排放核查规范》	河南省质量技术监督局
8	DB11/T 1558—2018	《碳排放管理体系建设实施效果评价指南》	北京市质量技术监督局
9	DB31/T 1140—2019	《工业气体产品碳排放指标》	上海市市场监督管理局

3. 团体碳排放标准

自《深化标准化工作改革方案》和新修订的《中华人民共和国标准化法》出台以来，中国大力发展团体标准的建设工作。广东省节能减排标准化促进会（GDES）作为较为活跃的团体组织，在适应广东省持续推进各行各业开展节能减排工作和当前国家倡导的产业绿色低碳循环发展新形势下，已完成并发布《企业碳排放权交易会计信息处理规范》（T/GDES 1—2016）、《产品碳足迹声明标识》（T/GDES 2—2016）、《企业碳排放核查规范》（T/GDES 3—2016）等团体标准。

三、对未来中国钢铁行业碳排放标准的建议

虽然中国钢铁行业在碳排放标准化建设方面已取得一定进展，但目前还存在一些重要碳排放标准严重缺失，譬如碳排放管理、减碳技术、产品碳足迹评价等方面的标准尚未制定，已有标准执行力度不够等问题，中国钢铁行业碳排放标准体系亟待健全与完善。为此，提出如下建议：

（1）加快钢铁行业碳排放标准体系的制定与完善。结合中国钢铁行业碳排放标准化工作特点，构建科学、完善的行业碳排放标准体系，是推动中国钢铁行业碳排放标准制定工作有序发展的前提。依据全国碳交易市场的需求，钢铁行业作为碳交易市场的主要目标和核心参与者，亟须完善行业碳排放核算、报告与核查标准的编制，规范企业节能减排及碳排放的数据统计与核算，指导企业建立监测监控管理制度，完善企业内碳排放的服务与管理。同时，建议相关部门尽快出台碳排放领域标准体系建设方案；在标准未出台前，可暂时依据工信部节能司"节能与综合利用领域标准体系"框架中温室气体管理分体系，系统规划碳排放标准体系框架，增加碳排放标准的市场供给。

目前，冶金工业规划研究院通过系统总结钢铁行业碳排放领域标准编制情况，结合钢铁行业低碳发展和企业实际需求，已完成行业碳排放标准体系初步建设方案，将逐步有序开展碳排放标准制定工作。

（2）与绿色制造体系、节能与综合利用领域标准体系相协调融合。低碳、节能、环保、循环经济是从多个不同角度对钢铁行业绿色发展进行评价，在推动行业绿色可持续发展方面具有一致性，但在涉及具体目标和途径的过程中又有所差别。在构建碳排放标准体系时，要充分考虑与现有绿色制造标准体系、节能与综合利用领域标准体系的协调融合，一些碳排放标准的指标可在相关标准中以条文的形式出现，而不是另立标准。

（3）积极探索低碳技术标准的研究。实现钢铁行业大规模的深度碳减排，低碳创新技术的工业化应用是最重要的途径。随着氢能冶金等革新技术的开发，

低碳技术标准的制定显得尤为重要。通过标准的制定，可协助规范行业可行技术，促进行业低碳技术的研究、推广及应用。

冶金工业规划研究院已配合政府部门开展了《中国钢铁行业节能减排技术筛选》《中国应对气候变化技术需求评估项目》《国际背景下我国钢铁行业减排核查关键技术研究示范》等专项研究工作，归纳形成钢铁行业减缓应对气候技术清单，下一步将陆续推动相关技术的标准制定。

（4）加强低碳标准的全过程管理。目前，钢铁冶金企业积极参与标准的制定与修订工作，但对标准的宣传及贯彻实行后的评价重视不够。标准化工作由重视标准制定向着重标准宣传及贯彻实施监督全过程管理转变，应注重标准使用效率，提升标准生命力，充分发挥"标准化+"效应，增强标准化服务能力。

（5）坚持先进标准引领。制定技术指标先进的碳排放标准，引领钢铁行业绿色低碳发展。先进标准供给能够促进产品质量提升、产业升级和主要领域技术进步，用先进标准引领产业整体技术水平和质量水平提升，对加快实现中国钢铁冶金产业高质量发展具有重大意义。在统一碳排放核算标准基础上，应科学总结归纳出钢铁行业碳排放基准值和先进值数据，加快研究行业碳排放基准值与先进值标准，指导行业内配额分配问题。

（6）加快钢铁行业碳排放限额标准的研制工作。对钢铁行业碳排放限额标准的研制工作应与其他碳排放控制工作相结合。同时，碳排放限额标准必然会与其他碳排放控制措施存在多种联系，因此需要充分考虑与企业碳排放量化方法、能耗限额标准等工作间的衔接，提升工作的整体性。譬如，可将碳排放限额标准和国内的碳排放权交易工作进行有机结合，既可通过限额标准和企业的产量等数据对参与碳交易的企业所上报的碳排放数据进行初步的交叉符合性验证，同时也可将企业的实际排放水平与限额标准中的先进值和基准值的符合性程度作为配额发放的主要依据。

（7）坚持以"C+4E"目标体系框架为导向。结合中国现行"目标导向+技术推动+市场机制"的政策要求及发展趋势，冶金工业规划研究院经过多年研究实践，提出了"C+4E"目标体系框架，其含义为"以提高碳生产率（Carbon Productivity）为核心，实现节约能源（Energy Saving），提高经济效益（Economic Efficiency），环境协同治理（Environment Friendship），构建形成钢铁生态产业链（Eco-industrial chain）"。由此构建了"数据平台—目标体系—实施路径—评价机制"一体化的钢铁行业"C+4E"目标体系框架，如图1所示，以期帮助企业实现生产全过程碳排放的准确监测、评估差距与潜力分析，从而在现有经济技术可行条件下明确有效地实施改善措施，助推钢铁行业早日实现"碳达峰"及降碳的目标。

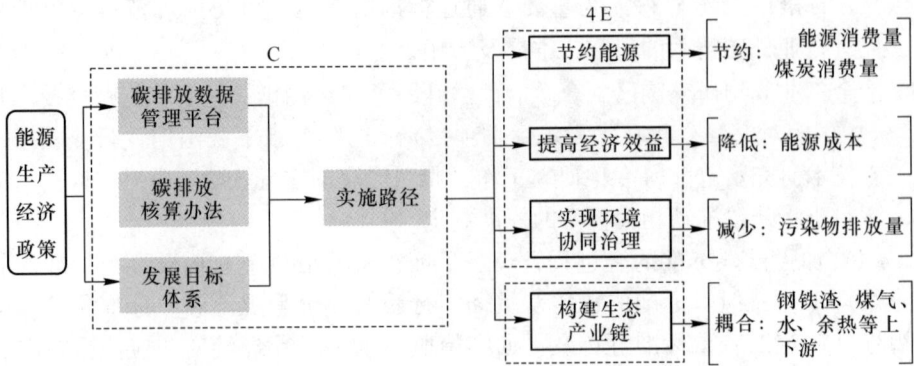

图1　冶金工业规划研究院提出的"C+4E"内涵

四、结论

钢铁行业是中国碳排放量最高的制造业行业，是中国政府"碳达峰""碳中和"目标实现的重要领域和责任主体行业。中国钢铁行业需要通过碳排放标准建设，推动行业绿色低碳可持续发展。

针对中国钢铁行业一些重要碳排放标准严重缺失（如碳排放管理、低碳技术、产品碳足迹等方面的标准尚未制定），已有标准执行力度不够的现状，结合全国碳排放交易体系正式启动和平稳运行的需求，提出了应加快开展碳排放相关标准研究建议，以期完善碳排放核算、报告与核查标准体系，推动钢铁行业碳排放标准工作有序开展，促进钢铁行业绿色低碳可持续发展。

以提升自发电为突破口
加快推进钢铁绿色低碳发展[❶]

李新创 熊 超 姜晓东 郜 学

生态文明建设作为国家战略，进一步强化绿色低碳发展，对从根本上破解资源环境约束、建设生态文明、推动高质量发展具有重要意义。钢铁工业是国家生态文明建设的重要参与者、贡献者、引领者。殷瑞钰院士提出钢铁工业是流程工业，钢铁生产过程具有钢铁产品制造、能源转换、废弃物消纳处理三大功能，钢铁的能源转换功能越来越受到业界关注。余热余能自发电率是能源转换功能的重要表征指标，提升余热余能发电水平是提高钢铁企业系统能效和竞争力的有效途径，也是钢铁行业实现绿色低碳发展的重要举措。

一、提升钢铁余热余能发电水平的重要性

现阶段我国钢铁工业节能进展主要体现在四个方面：一是我国钢铁工艺结构不断优化，主体装备水平大幅提升，部分焦炉、烧结、高炉技术经济指标、转炉负能炼钢水平以及轧钢生产线控制技术已处于世界领先水平；二是重点大中型钢铁企业能源转换效率不断提高，主要工序能耗逐年下降，2019 年重点统计钢铁企业吨钢综合能耗（标煤）已降至 553kg；三是高参数煤气锅炉发电、高温高压干熄焦、焦炉上升管余热回收等一批先进适用节能技术快速推广，为行业节能降耗提供了有力的支撑；四是有百余家钢铁企业建立了能源管理体系并有效实施，一批能源管控中心的建设，促进了两化融合并提升了能源管理信息化水平。

我国钢铁工业节能工作取得显著进展，提前完成"十三五"能耗指标下降任务。但纵观钢铁全行业，仍存在工艺结构不合理、能源转换效率低、钢铁生产和能源利用匹配难、节能技术创新水平不高等诸多问题，依然存在很大节能潜力。钢铁企业一旦流程结构、装备水平确定下来，以及相应的节能措施配套齐全，传统的结构节能、技术节能及管理节能的空间便会日趋变窄。提升自发电水平成为降低能源成本最直接也是效益最明显的抓手，自发电率已成为影响钢铁企业能源成本的重要因素。

---

❶ 作者单位均为冶金工业规划研究院；本文发表于《中国冶金》2021 年第 31 卷第 7 期。

2019 年钢铁行业平均吨钢耗电 455kW·h，平均自发电率 53%。若自发电率能够提高 20 个百分点，吨钢可减少外购电 91kW·h，吨钢减少外购电费 50 元（按外购电价 0.55 元/（kW·h）计），而 2020 年上半年重点统计钢铁企业平均吨钢利润仅为 177 元。足以看出，自发电带来的效益对钢铁企业效益及竞争力高低构成重要影响。

二、钢铁行业余热余能发电进展及最佳实践

（一）钢铁行业余热余能发电进展

钢铁工业是流程工业，当前钢铁生产过程具有的三大功能（钢铁产品制造功能、能源转换功能、流程及社会废弃物消纳功能）中，钢铁流程的能源转换功能越来越受到业界关注。钢铁制造（生产）的流程实际是一种动态运行的过程，其运行的物理本质是铁素物质流在能量流的驱动和作用下，按照设定的程序在流程网络做动态、有序的运行。

我国钢铁生产以"高炉—转炉"长流程为主，作为一个高温物理化学反应，其生产过程中产生大量余热余能资源，具有较高的回收利用价值。目前，钢铁余热余能除生产预热、加热燃料、外供周边外，通过能源转换产生电力依然是当前钢铁余热余能的主要利用方式。余热余能自发电率是能源转换功能的重要表征指标，可以用余热余能自发电率来评价行业或企业的节能水平。

政府对钢铁余热余能发电技术的奖补力度也很大，国家、地方节能奖补资金均将高参数煤气发电、高温高压干熄焦等余热余能利用项目列为重点支持项目。

（二）钢铁行业余热余能自发电最佳实践

钢铁行业近年来自发电水平提高很快，一些企业的余热余能自发电率超过 90%。钢铁余热余能发电技术主要包括煤气发电、TRT（含 BPRT）、烧结余热发电、干熄焦发电等。

以煤气锅炉发电技术为例，煤气锅炉发电技术近年来快速发展，由原来的中温中压、高温高压发展到目前主流的高温超高压、超高温超高压、超高温亚临界参数，高炉煤气单耗由 $5m^3/(kW·h)$ 降至 $2.6m^3/(kW·h)$，先进机组的热效率超过 40%。钢铁企业通过主动淘汰中、低参数机组并结合高炉汽动鼓风改电动鼓风，集中煤气资源建设高温超高压、超高温超高压、超高温亚临界机组，获得了较大效益。高参数机组在小型化方面的技术突破，为在中小型钢铁企业中推广创造了条件，35MW 超高压及 80MW、100MW 亚临界煤气发电均已有数十台套成熟工程案例。近日由中冶南方都市环保工程技术有限公司、冶金工业规划研究院等单位主编的行业标准《钢铁企业副产煤气发电技术规范》（YB/T 4881—2020）

已报批，该标准的发布实施将进一步规范钢铁企业副产煤气发电技术，以提高效率。其中该规范对不同规模的煤气发电纯凝机组作出了热效率的规定，如表1所示。

表1 热效率规定

单机规模/MW	热效率/%	发电标煤耗/g·(kW·h)$^{-1}$
15≤单机规模<30	≥30	≤410
30≤单机规模<50	≥35	≤351
50≤单机规模<80	≥37	≤332
≥80	≥40	≤307

其他几项典型的节能发电技术方面，TRT（含BPRT）、烧结余热发电、干熄焦发电等配置率也逐年提高，今后的趋势仍是提高效率。可再生能源发电方面，宝武集团利用厂房屋顶建设光伏发电装机容量已达90MW，鞍钢集团鲅鱼基地建设总装机容量14MW的风力发电机组。

三、如何科学评判余热余能自发电率

（一）余热余能自发电率影响因素

由于钢铁企业生产方式、工艺结构类型、装备水平、工序流程范围有所差异，以及统计口径、计算方法、评价程序方法不一致，影响了行业对标评价以及政府部门的节能监察工作。钢铁企业余热余能自发电率是一个综合指标，影响因素众多，主要包括工艺流程结构、能源购入及输出、余热余能、发电工艺装置效率、用电侧管理及装置效率以及相关对应指标，见表2。

表2 余热余能自发电率影响因素

序号	关键因素	对应指标
1	工艺流程结构	是否配套焦化工序
		钢材加工深度
		电炉钢比例
		铁钢比
		汽动鼓风等蒸汽拖动
2	能源购入及输出	燃料比
		购入天然气
		外销煤气、蒸汽

序号	关键因素	对应指标
3	余热余能	高炉、焦炉、转炉煤气回收量
		余热回收蒸汽压力、温度、回收量
		工序煤气单耗
		工序蒸汽单耗
4	发电工艺装置效率	吨铁 TRT 发电量
		吨烧结矿发电量
		吨焦发电量
		吨钢余热蒸汽发电量
		发电机组效率
5	用电侧管理及装置效率	吨钢电耗
		电网功率因数
		工序电耗

在表2余热余能自发电率影响因素中，工艺流程结构、能源购入及输出这两个关键因素及相应指标直接影响了自发电率的可比性。针对目前钢铁行业对自发电率不可比性的困惑，以及行业对标及政府节能监察的需要，冶金工业规划研究院提出立项并研制行业标准《钢铁企业余热余能自发电率评价导则》（2019-0389T-YB），统一计算口径、计算方法及评价程序方法。

（二）统一计算口径

（1）从工序上只到热轧工序，用电量不包括冷轧及深加工工序，冷轧及深加工工序耗用的煤气、蒸汽可折算为发电量进行计算。

（2）外销煤气及蒸汽，折算为发电量；购入天然气，折算为发电量进行抵扣。

（3）为了南、北方地区统一口径，北方地区冬季以余热蒸汽和余热水采暖的，采暖消耗的余热蒸汽发电按夏季发电水平计入，利用余热水采暖的不予考虑。

（三）统一计算方法

1. 自发电率基准值
自发电率基准值按公式（1）计算：

$$SGR1 = \frac{SG-SC}{EC} \times 100\% \tag{1}$$

式中　SGR1——自发电率基准值,%;

　　　SG——自发电量,$10^4 kW \cdot h$;

　　　SC——机组自耗电,$10^4 kW \cdot h$;

　　　EC——全厂总用电量,$10^4 kW \cdot h$。

2. 自发电率折算值

自发电率折算值按公式(2)计算:

$$SGR2 = \frac{SG+SG1+SG2-SG3-SC}{EC} \times 100\% \qquad (2)$$

式中　SGR2——自发电率折算值,%;

　　　SG1——外调煤气(包括外卖、制氢、供冷轧、制化产等)折算成电量,$10^4 kW \cdot h$;

　　　SG2——外调蒸汽折算成电量,$10^4 kW \cdot h$;

　　　SG3——购入天然气折算成电量,$10^4 kW \cdot h$。

(四)自发电率评价程序

(1)建立专家评审小组,负责开展钢铁余热余能自发电率的评价工作。

(2)查看统计报表、原始记录,根据实际情况,开展实地调研等工作,确保数据完整和正确。

(3)对资料进行分析,计算自发电率。

(4)依据余热余能自发电率评价标准(表3),评判企业自发电水平。

表3　余热余能自发电率评价标准

序号	自发电率指标/%	绩效水平
1	≥90	A
2	≥70	B
3	≥50	C

(五)科学评判余热余能自发电率的重要意义

科学评判余热余能自发电率的重要意义在于,通过统一计算口径及计算方法准确测算自发电率,就可以客观进行比较,查找钢铁企业之间自发电水平存在的差距,推动企业提高能效,进而合理评价钢铁企业节能工作的水平,也能成为政府强化节能监察管理的重要抓手。

四、提升自发电水平路径措施

钢铁行业自发电水平不断提高,但仍有较大的提升空间。自发电提升工作是一个系统工程，在表2余热余能自发电率影响因素中，余热余能、发电工艺装置效率、用电侧管理及装置效率这三个关键因素及相应指标，决定钢铁企业自发电水平高低。钢铁企业应强化内功，特别要在分布式能源耦合及集成优化、优化煤气发电机组配置、加大可再生能源应用实现多能互补、推广应用节能节电技术方面采取措施，切实提高自发电水平。

（一）分布式能源耦合及集成优化

根据不同品质的能源介质及不同区域，按照"分配得当、各得所需、温度对口、梯级利用、能尽其效"的科学用能原则实现能源的就地高效转换利用。

（1）根据煤气资源的数量、品质和用户需求不同，合理分配煤气资源，完善煤气缓冲系统，优化煤气动态平衡。

（2）根据不同能源介质的品质充分考虑经济输送半径，形成经济规模，提高设备的开工率，建立多个区域性能源利用体系。

（3）优化以蒸汽为载体的能源运行方式，避免连续能源流供给不连续能源用户，例如用机械真空泵替代蒸汽喷射泵；减少设置甚至取消蒸汽管网，余热蒸汽就地发电上网，构建科学、合理、高效的能源网络。

（4）根据区域分布式利用原则，在高炉、焦化、烧结区域分别回收相应余热作为吸收式制冷系统驱动热源，使整个系统按能源品位分级利用和循环利用。

（5）跟自发电密切相关的煤气—蒸汽—电力系统存在相互耦合关系，应遵循相互协同、优势互补的优化利用原则，多系统耦合优化是下一步的重要着力点。

（二）优化煤气发电机组配置

煤气发电是提高自发电率的重中之重，应该说钢铁行业这一轮自发电水平提升就是煤气发电技术进步带头驱动的。

（1）科学系统制定煤气平衡。科学系统优化全厂煤气平衡是配置发电机组的基础，由于煤气的发生与工艺用户的作业制度存在一定程度的差异，煤气发电装机规模应与钢铁企业富余煤气资源量相适应，装机规模宜为富余煤气按日历平均值计算的发电规模的1.1~1.25倍。

（2）兼顾高效与安全可靠性。煤气发电机组优先选取高温超高压及以上参数大容量单元制机组，并且宜按机组效率高低的优先级次序合理规划利用。结合钢铁企业电力系统接入便利性、总图布局及煤气调度灵活性等因素，发电机组可选用1台或多台。

（3）技术经济比选以保证投资效益最大化。节能发电的最终目的是降本增效，需对煤气发电机组选型、组合配置等进行技术经济比选，在节约能源的同时保证投资效益的最大化。

（4）向高参数机组发展。钢铁行业存在一定数量的中低参数机组，钢铁企业应结合自身实际情况及未来发展规划，整合淘汰低效机组，建设大型高参数发电机组。这将能较大幅度提高企业的自发电水平。

（三）加大可再生能源应用　实现多能互补

钢铁行业可发展的可再生能源发电有光伏发电和风力发电，钢铁企业大面积的厂房具有发展屋顶光伏发电的天然优势，临江靠海的钢铁企业具有发展风力发电的资源条件。今后具备条件的钢铁企业要逐步加大可再生能源发电的应用比例，实现多能互补（余热余能发电的必要补充），促进能源结构优化及低碳发展。

（四）推广应用节能节电技术

我国钢铁行业节能工作的进步，得益于节能技术的不断创新。未来技术的不断创新仍将是进一步提高能源利用水平的关键，面对节能空间日趋变窄的严峻形势，实现低碳冶金工艺技术、钢铁熔渣显热回收等关键技术的突破是破解现阶段节能瓶颈的关键，这需要相关科研院所、设备制造企业以及钢铁企业的共同协作和努力。表 4 列举了当前钢铁行业各工序主要先进适用节能技术。

表 4　当前钢铁行业主要先进适用节能技术

工序名称	序号	技术名称
焦化工序	1	高效洁净焦炉大型化技术
	2	焦炉荒煤气上升管余热回收技术
	3	高参数干熄焦技术
	4	焦炉智能燃烧控制系统技术
	5	循环氨水余热回收制冷技术
	6	负压脱苯节能工艺
	7	负压余热蒸氨节能工艺
烧结工序	8	降低烧结漏风率技术
	9	烧结竖冷窑余热回收技术
	10	烧结烟气循环利用技术
	11	烧结机大烟道余热回收技术
	12	烧结余热能量回收驱动技术（SHRT）
	13	烧结高效点火技术
球团工序	14	球团余热回收技术

续表 4

工序名称	序号	技术名称
高炉工序	15	高炉煤气干式余压发电技术（TRT）
	16	高炉 BPRT 技术
	17	热风炉蓄热体高辐射覆层技术
	18	高炉渣余热回收技术
	19	炉顶均压煤气回收技术
	20	高炉热风炉双预热技术
炼钢工序	21	转炉烟气余热回收技术
	22	转炉烟气汽化烟道后余热回收技术
	23	干式（机械）真空精炼技术
	24	钢渣热闷余热回收技术
	25	钢包蓄热式烘烤技术
	26	钢包加盖技术
	27	电炉烟气余热回收技术
	28	废钢预热技术
	29	无缺陷热送坯技术
轧钢工序	30	低温轧制技术
	31	在线热处理技术
	32	蓄热式燃烧技术
	33	加热炉汽化冷却技术
	34	加热炉黑体强化辐射节能技术
	35	加热炉富氧燃烧技术
	36	加热炉烟气余热回收利用技术
	37	连铸坯热装热送技术
	38	免加热直接轧制技术
	39	加热炉精准加热控冷控轧技术
能源动力工序	40	高参数全燃煤气锅炉发电技术
	41	燃气-蒸汽联合循环发电技术
	42	屋顶光伏发电技术
	43	能源管理中心及优化调控技术
	44	余热发电汽轮机冷端优化技术
	45	空压机管理控制系统节能技术
	46	水泵整流节能装置技术

续表 4

工序名称	序号	技术名称
	47	高压变频调速技术
	48	"峰、谷、平"用电侧优化管理技术
系统节电技术	49	无功就地补偿技术
	50	电力需求侧管理平台
	51	电网升级改造智能化控制管理

五、效益

2019 年全国粗钢产量 9.96 亿吨，吨钢耗电 455kW·h，平均自发电率 53%。通过对百余家钢铁企业的调研，根据企业的不同情况，潜力最大的企业能够提升自发电率 40 个百分点。研究认为，按目前成熟技术和管理能力，钢铁行业有提升自发电率 20 个百分点的潜力，全行业每年可以减少外购电量 906 亿 kW·h，接近于三峡工程的年发电量 968.8 亿 kW·h，降低能源成本 498 亿元，将大幅提升全行业的能效水平、工艺洁净度、盈利水平和竞争能力。

在节能降碳方面，钢铁企业自发电率的提高可以减少企业外购电量，每年相应减少社会电厂发电煤耗（标煤）2781 万吨（折标系数按 2019 年全国火电供电煤耗（标煤）307g/(kW·h)），降低二氧化碳排放 5528 万吨（取全国统一外购电力排放因子 $0.6101tCO_2/(MW·h)$），为破解钢铁行业能源、资源、碳约束作出积极的贡献。

六、结论

（1）"十四五"期间，"控煤减碳"将成为钢铁行业发展的硬约束，钢铁流程能源转换效率及功能价值亟待深度开发。在钢铁产品生产成本差异不大的情况下，提高能效多发电已然成为最大效益点。未来谁抢占了余热余能发电制高点，谁将会在激烈的市场竞争中赢得先机。

（2）通过制定行业标准科学评判余热余能自发电率具有重要意义，建议相关政府部门将余热余能自发电率纳入统计数据系列，作为开展节能监察及"能效领跑者"评选的重要指标。

（3）钢铁企业应以能量流耗散结构优化创新为手段，集成能量流系统能效，实现钢秩企业能量流的"稳定有序、连续匹配、高效集成、能尽其效"的智能运行。积极促进高能效转化工艺、装备、管理技术创新开发。在分布式能源耦合及集成优化、优化煤气发电机组配置、提高可再生能源应用实现多能互补、推广应用节能节电技术方面采取措施，切实提高自发电水平。

（4）提高余热余能自发电具有显著经济效益和节能降碳效益，能够为破解钢铁行业能源、资源、碳约束作出积极贡献，加快推进钢铁行业的绿色低碳发展。

中国冶金行业环保现状及发展前景分析[1]

李新创

　　我国钢铁行业落实"碳达峰、碳中和"急不得，也慢不得，应科学统筹谋划，分阶段合理有序推进；应做好顶层设计，着力解决发展不平衡、不充分问题。

　　生态文明建设是国家战略，进一步强化绿色低碳发展，对从根本上破解资源环境约束、建设生态文明、推动高质量发展具有重要意义。钢铁工业是国家生态文明建设的重要参与者、贡献者、引领者。

　　我国钢铁工业发展具有支撑国家经济快速发展、属典型技术密集型产业、让世界更美好、是国内最具全球竞争力产业、将长期引领世界钢铁工业发展五大主要特征。发展至今，我国钢铁工业已经具备好规模、好价格、好产品、好品牌、好服务"5G"竞争力，执行着世界上最严格的环保排放标准要求，正在引领世界钢铁的绿色革命，并且正在努力打造全球钢铁工业低碳发展示范，向高质量时期低碳阶段演进。

　　站在"十四五"新历史起点，在贯彻新发展理念、构建新发展格局背景下，伴随国家经济社会步入高质量发展新阶段，我国钢铁工业已经启航新征程，将以低碳为统领，以数字驱动、技术革命、绿色协同为三大趋势，形成新的供需平衡，推动新的技术进步，打造新的产业格局，建成安全的供应链，构建繁荣的生态圈。

一、钢铁行业"十三五"绿色低碳发展成效

　　回顾"十三五"，我国钢铁行业绿色低碳发展取得了积极成效。

　　在环保超低排放方面，我国钢铁行业通过大气攻关支撑生态环境部做好超低排放顶层设计，通过开展技术研发支撑超低排放落地实施，通过工程示范推广推进超低排放技术应用，超低排放推进工作取得较大进展和显著成效。截至目前，全国229家钢铁企业6.5亿吨粗钢产能已完成或正在实施超低排放改造。通过超低排放改造，钢铁企业环境绩效明显提升、厂区环境大幅改善、环保理念逐步转变，区域大气环境质量得到了持续改善。

---

[1]　本文发表于《中华环境》2021年第8期。

在绿色低碳发展方面，我国钢铁企业单年吨钢综合能耗实现大幅下降，所有工序能耗均有不同程度下降，高炉、焦炉、转炉煤气利用效率及平均自发电量比例均略有提升，先进节能低碳技术得到广泛推广应用，并通过搭建智能化管控体系不断提升能源管理水平。此外，我国钢铁行业用能及流程结构进一步优化，与周边社区、相关产业建立了区域性循环经济产业链，提升了市场机制减排，标准化支撑体系不断健全。

二、新形势下钢铁行业面临的新要求、新挑战

目前，我国生态环境改善目标的实现仍然任重道远。下一步，国家要求抓紧研究形成深入打好污染防治攻坚战的顶层设计，持续改善生态环境质量。而且，在"3060"重大决策部署下，国家提出碳排放从相对约束到绝对约束的新要求。

绿色低碳发展新形势对我国钢铁行业提出了新的要求：一是应满足国民经济绿色低碳发展对生产（全生命周期）绿色产品的新要求；二是应满足对产业布局优化调整的新要求；三是应满足对能源结构调整的新要求；四是应满足对工艺流程、技术装备的新要求；五是应满足对降碳与减污协同的新要求。

结合我国钢铁行业运行现状及主要下游用钢行业发展趋势来看，"十四五"期间我国经济发展对钢铁总量需求仍将保持较高规模，在钢铁生产总体规模难以大幅下降的背景下，总量降碳空间非常有限。结合我国钢铁行业现有布局结构、能源结构、流程结构、产品结构来看，全行业结构减污降碳还需要时间。此外，全行业还需应对减污降碳工艺技术储备不足、钢铁企业低碳发展基础储备不足等严峻挑战。

三、钢铁行业"十四五"减污降碳规划思路

针对我国钢铁行业"十四五"减污降碳规划思路和实施路径，建议重点从三个大方向来把握：

一是建立减污降碳协同管理机制。应构建减污降碳协同治理的政策体系及工作机制，将温室气体纳入固定污染源行政管理体系。

二是推进重点协同减污降碳任务。应推动实现供需水平更高的动态平衡，推动绿色布局，深入推进超低排放改造，有序推进电炉短流程炼钢，强化能源结构优化，加快推动物流运输结构优化，建设绿色生态圈，鼓励先进协同减排技术示范应用。

三是开展减污降碳动态评估，建立长效机制。应构建全过程碳排放管控监测与评估集成创新体系，搭建"C+4E"目标体系及支撑体系，强化以碳作为统领，并应借助"互联网+"、大数据技术构建钢铁全过程信息化管控及评估平台。

四、"双碳"目标下钢铁行业机遇与挑战

当前，"碳达峰、碳中和"已经成为全球的广泛共识。我国提出的"3060"目标是统筹国际、国内两个大局的重要战略决策，是对生产、消费、技术、经济、能源体系的历史性革命，我国低碳发展政策也将逐步从相对约束转向绝对约束。国家层面高度重视"双碳"目标任务的推进落实，多次召开会议强调做好碳达峰、碳中和工作的重要性和必要性，各部委相继出台有关低碳政策，推出贯彻落实举措。钢铁行业作为我国碳减排重点行业，机遇与挑战并存。

从机遇来看，低碳发展将助推我国钢铁行业构建更高水平供需动态平衡，优化工艺流程结构，推动技术革命，促进智能化升级，加快推动多产业协同，协同促进环保治理，深化产品全生命周期理念，并将助力行业低碳标准化工作开展。

从挑战来看，我国钢铁行业低碳转型时间紧、任务重，须在较短时间内实现碳达峰及降碳工作；大多企业处于低碳发展初级阶段，技术、人才等基础能力薄弱；不同企业发展水平参差不齐，低碳发展水平不同，降碳空间也不同；短流程占比差距较大，电炉钢成本竞争力总体偏弱，工艺流程结构优化仍面临障碍；而且绿色设计产品覆盖不足。

在国家碳达峰、碳中和重大决策部署下，作为落实"双碳"目标的重要领域，我国钢铁行业低碳转型势在必行，并将迎来重要发展机遇。当前，在新发展格局下，我国社会高质量发展必将带动钢铁工业高质量发展，钢铁工业高质量发展也将进一步促进社会高质量发展。我国钢铁工业已经启航新征程，正在向高质量时期低碳阶段演进，低碳将重塑我国钢铁工业发展新格局。

关于中国钢铁行业产品碳足迹评价标准化工作的思考^❶

李新创 李晋岩 霍咚梅 冯 帆 王 超

全球范围温室气体排放诱发的冰川消融、海平面上升、极端天气增多等导致的诸如粮食减产和气候变化等问题已引起国际社会高度关注。切实履行以 1992 年《联合国气候变化框架公约》和 2005 年《京都议定书》为代表的国际间应对气候变化国家条款变得十分迫切。在此背景下，以生命周期评价（Life Cycle Assessment，LCA）为工具的产品碳足迹（Product Carbon Footprint，PCF）评价标准应运而生。产品碳足迹（PCF）在历史上被定义为"一个组织、事件、产品或个人造成的温室气体排放总量"。因此，产品碳足迹（PCF）可指导并帮助企业真正了解生产、生活对气候变化的影响，并由此采取可行的措施减少供应链中的碳排放。碳标签（Carbon Labelling，CL）是产品碳足迹结果的具体表现形式，能够直观清晰地展现产品碳足迹信息，从而影响消费者行为和企业生产决策。目前，英国、德国、法国和日本等 10 余个国家或地区持续推行碳标签制度。然而，产品碳足迹和碳标签在中国尚未得到广泛普及。随着全球碳标签制度迅速发展，产品碳足迹将成为全球贸易供应链的必要追溯和考量因素之一。因此，稳居全球粗钢产量第一的中国，务必要加快制定钢铁产品碳足迹评价标准，以便统一核算方法，应对国际贸易对钢铁产品碳标签的迫切需求。

在简要回顾国内外产品碳足迹评价标准以及碳标签发展现状的基础上，本文给出了中国钢铁行业产品碳足迹评价工作的思考和建议。

一、开展中国钢铁行业产品碳足迹（PCF）评价的意义

随着工业化和城市化进程加快以及工业对能源的需求增加，中国已成为世界上最大的能源消费国。与此同时，中国已成为目前全球 CO_2 排放量最大的国家。仅以 2017 年为例，中国 CO_2 排放量占世界排放量的 30 %。准确计算产品 CO_2 排放量，开展产品碳足迹评价工作具有重要的意义。

---

❶ 作者单位均为冶金工业规划研究院；本文发表于《中国冶金》2021 年第 31 卷第 12 期，有删节。

（一）　中国碳达峰与碳中和等政策要求

积极应对全球气候变化，控制以 CO_2 为代表的温室气体排放已成为国际社会的共识。中国政府体现出第二经济体的政治担当和民生担当，承诺力争 2030 年年前碳排放达到峰值（Peaking Carbon Dioxide Emissions），力争 2060 年年前实现碳中和（Carbon Neutrality）。为此，中国将 2030 年年前碳达峰纳入 2021～2025 年的"十四五"规划和 2035 年远景目标中。

落实碳达峰与碳中和涉及经济、社会、环境、能源、安全等多个领域的可持续协调发展。早在 2010 年，国家发展改革委印发了《关于开展低碳省区和低碳城市试点工作的通知》，先后组织开展了 3 批低碳省市和低碳城市的试点工作；2011 年，国家发展改革委印发了《关于开展碳排放权交易试点工作的通知》，北京、天津、上海、重庆、广东、湖北和深圳 7 个交易试点相继设立，推动了低碳交易政策体系和体制制度的完善。这些政策的出台和实施，为中国开展低碳技术升级和转变管理模式提供了政策保障，同时积累了宝贵的经验。

随着中国低碳发展的目标不断清晰，2021 年低碳发展的政策和法规相继颁布。譬如，2021 年国务院印发《关于加快健全绿色低碳循环发展经济体系的指导意见》，生态环境部颁布《关于统筹和加强应对气候变化与生态环境保护相关工作的指导意见》《碳排放权交易管理办法》和《企业温室气体排放报告核查指南（试行）》等，必将推动钢铁行业的高质量绿色低碳发展。

（二）　中国钢铁行业低碳发展必要性

中国自 1978 年以来 40 余年的改革开放不仅带来国民经济的持续高速增长，同时使得钢铁行业跨越式高速发展。中国粗钢产量自 1996 年超过 1 亿吨后，连续 25 年保持第一；且自 2012 年以来，中国粗钢产量已超过世界总产量的 50%；2020 年中国粗钢产量 10.65 亿吨，约占世界粗钢产量的 56.8%。

全球钢铁行业生产过程中排放的 CO_2 约占全球排放总量的 6%。中国钢铁行业的能源消耗占消耗总量的 16.5%；CO_2 排放量占全球钢铁行业排放总量的 60% 以上，约占全国排放量 15% 左右。Ren 等指出中国钢铁生产流程结构中，烧结—高炉—转炉长流程占主导地位，短流程的电炉炼钢比率约 11.60%。与意大利 81.57%、美国 68.01% 等相比，中国电炉炼钢比率最低，这也是中国钢铁行业能源消耗和温室气体排放较高的最根本原因。根据全生命周期评价的统计结果，高炉—转炉长流程和废钢电炉短流程的吨钢 CO_2 排放量分别为 2.10t 和 0.61 t。显然，废钢电炉短流程吨钢碳排放量仅为高炉—转炉长流程的 29%。

钢铁行业是中国制造业中 CO_2 排放量最大的行业，中国倡导碳达峰与碳中和使钢铁行业成为落实 CO_2 减排目标的重要责任行业和主体。通过全生命周期评价的方法分析钢铁产品的碳排放量，推动中国钢铁行业产品碳足迹评价发展，将为碳排放测量、核算、预测和定期监管提供理论依据，从而加快推进中国钢铁行业能源转型和低碳可持续发展。

（三）碳关税对中国钢铁行业的压力

最早由法国提出的碳关税（Carbon Tariff, CT）是指主权国家或地区对高耗能产品进口征收的 CO_2 排放特别关税。碳关税通过对高碳排放进口产品征收附加税，在一定程度上可对抑制 CO_2 排放起到正面效果，且能够推动高碳排放国家加快实现技术创新和产业升级。然而，碳关税也会强化贸易壁垒，易对中国钢铁产品的出口贸易造成负面影响。随着国际社会碳中和目标的推进，碳关税制度正在国际间逐渐推广。美国众议院通过了《2009 美国清洁能源安全法案》，提出从2020 年起开始实施碳关税，即对进口的碳排放密集型产品，如铝、钢铁、水泥和一些化工产品，征收特别的 CO_2 排放关税。2021 年欧洲议会通过了一项关于与世界贸易组织兼容的欧盟碳边境调节机制的决议，明确提出与欧盟有贸易往来的国家如不能遵守碳排放相关规定，欧盟将对这些国家进口商品征收碳关税。

可见，未来产品碳足迹评价将成为工业生产领域极为重要的一项准入证，也是应对国际碳关税政策的重要挑战性工作。因此，加快中国钢铁行业产品碳足迹评价标准的制定迫在眉睫。

二、国内外产品碳足迹评价和碳标签标准简述

（一）国外产品碳足迹标准

目前，国际上使用较多的产品碳足迹评价标准主要包括英国的 PAS 2050、国际标准化组织的 ISO 14067、世界资源研究所（The World Resources Institute, WRI）与世界可持续发展工商理事会（World Business Council for Sustainable Development, WBCSD）共同发布的温室气体核算体系（Greenhouse Gas Protocol, GHG Protocol）。

1. 英国碳足迹计算准则——PAS 2050：2011

PAS 2050 是由英国标准协会（British Standards Institution, BSI）发布的世界上第一个针对产品与服务的碳足迹评价标准。PAS 2050 提出的产品碳足迹评价方法以 ISO 14040 和 ISO 14044 所确立的生命周期评价方法为基础，并额外制定了针对温室气体评价关键方面的原则和技术手段。PAS 2050 在全球范围内被企业广泛采用。譬如，2009 年中国标准化研究院和英国标准协会共同发布的 PAS 2050 中文版成为我国首个产品碳足迹（PCF）领域标准，也是目前我国计算产品碳足迹时应用最多的标准。

2. 国际标准化组织产品碳足迹（PCF）标准——ISO 14067

由于各个国家或机构颁布的产品碳足迹评价标准和规范存在明显的理念和核算方法差异，且存在不同标准或规范核算的产品碳足迹结果难以有效比较的缺点，国际标准化组织（ISO）于 2008 年编制了产品碳足迹（PCF）的国际标准 ISO 14067。其特点为以生命周期评价方法作为产品碳足迹的量化方法，温室气体核算部分以及标识部分借鉴 ISO 14064 系列标准和 ISO 14020 标准，其他相关内容借鉴 ISO 14040 标准。ISO 14067 标准的发布为增强产品层面碳足迹的量化及沟通的可信性、一致性以及透明度提供了一个公认的依据。

3. WRI/WBCSD——GHG Protocol

世界资源研究所（WRI）与世界可持续发展工商理事会（WBCSD）于 1998 年联合发起了温室气体核算体系倡议行动，目的是为企业及其他组织开发一套国际公认的温室气体核算和报告标准，并在企业、政府、非政府组织和其他团体中推广使用。为指导产品碳足迹工作，2011 年 WRI/WBCSD 正式发布了《Product Life Cycle Accounting and Reporting Standard》。该标准的制定主要参考了 ISO 14040、ISO 14044、PAS 2050 以及 ILCD 手册等相关标准和公告，提供了一种详细的碳足迹评价和报告准则，协助企业开展产品生命周期温室气体核算。

（二）中国产品碳足迹评价标准

随着国外相继颁布产品碳足迹评价标准及相关的政策文件，中国对低碳发展和产品碳足迹评价标准的关注和认识日益增强。生态环境部于 2009 年 10 月宣布将给予符合低碳认证的产品加贴低碳标签，正式启动实施产品低碳计划；国家发展改革委、国家认证认可监督管理委员会于 2010 年 9 月组织召开了"应对气候变化专项课题——我国低碳认证制度建立研究"的启动会暨第一次工作会议，标志着我国启动新一轮全面开展低碳认证制度的相关科学研究；国家发展改革委、国家认证认可监督管理委员会于 2013 年共同制定《低碳产品认证管理暂行办法》；国家发展改革委于 2015 年颁布了《节能低碳产品认证管理办法》，规定了低碳产品的认证实施、认证标志、监督管理等制度，进一步规范和完善了节能低碳产品认证制度，为建立我国碳足迹评价标准打下了良好的基础。全生命周期评价是产品碳足迹评价的基本方法和工具，可为碳足迹评价提供规范支撑。因此，中国积极开展生命周期评价相关的标准转化和制定工作，发布了《环境管理生命周期评价原则与框架》（GB/T 24040—2008）和《环境管理生命周期评价要求与指南》（GB/T 24044—2008），并完成《钢铁产品制造生命周期评价技术规范（产品种类规则）》（GB/T 30052—2013）等生命周期评价规范性文件。

中国产品碳足迹评价标准较少，产品碳足迹的评价工作尚未完全展开。中国政府各部门相关低碳发展政策的颁布和实施，必将推动全国各类产品碳足迹评价标准的实施。上海、深圳等地均陆续出台了相关产品碳足迹地方标准，见表1。上海市发布的地方标准《产品碳足迹核算通则》（DB31/T 1071—2017）规定了产品生命周期内的碳排放核算和评估的具体方法和要求，适用于产品全生命周期碳排放的核算和评估，也可用于部分生命周期碳排放的核算与评估。迄今，电子电器行业已发布的碳足迹评价行业标准，见表2，涵盖《产品碳足迹产品种类规则液晶显示器》（SJ/T 11717—2018）和《产品碳足迹产品种类规则液晶电视机》（SJ/T 11718—2018）等行业标准。广东省节能减排标准化促进协会（GDES）作为活跃的团体组织，为适应国家的绿色低碳发展新形势和支持广东低碳节能发展工作，制定并发布了《产品碳足迹评价技术通则》（T/GDES 20001—2016）《产品碳足迹声明标识》（T/GDES 2—2016）《碳足迹标识》（T/GDES 26—2019）等8项团体标准。

表1 中国产品碳足迹评价地方标准汇总

序号	标准编号	标准名称	发布单位	主要内容
1	DB31/T 1071—2017	《产品碳足迹核算通则》	上海市质量技术监督局	主要规定了产品生命周期内的碳排放核算和评估的具体方法和要求，既可用于产品全生命周期碳排放的核算和评估，也可用于产品从"原材料开采—生产制造"部分生命周期碳排放的核算和评估。本标准不包含量化过程中的抵消，生物质碳涉及的排放亦不纳入核算
2	SZDB/Z 166—2016	《产品碳足迹评价通则》	深圳市市场监督管理局	本标准规定了产品碳足迹评价应遵循的原则、排放与清除要求、产品碳足迹评价方法以及产品碳足迹通报等内容
3	DB44/T 1503—2014	《家用电器碳足迹评价导则》	广东省质量技术监督局	本标准给出家用电器碳足迹评价的范围确定、数据收集、排放计算、分配原则、报告内容及报告发布的一般原则和方法。本标准可知道家用电器行业企业获得其产品生命周期的碳排放清单并可计算出碳足迹
4	DB44/T 1449.1—2014	《电子电气产品碳足迹评价技术规范 第1部分：移动用户终端》	广东省质量技术监督局	本标准规定了移动用户终端产品碳足迹评价的基本规则

续表1

序号	标准编号	标准名称	发布单位	主要内容
5	DB44/T 1874—2016	《产品碳足迹　产品种类规则　巴氏杀菌乳》	广东省质量技术监督局	本标准规定了巴氏杀菌乳产品碳足迹评价的基本规则
6	DB5101/T 41—2018	《成都市会展活动碳足迹核算与碳中和实施指南》	成都市质量技术监督局	本标准规定了成都市会展活动碳足迹的核算原则、核算程序、核算边界、核算方法、碳足迹报告内容与格式、碳中和实施程序和碳中和声明等内容

表2　中国电子电器行业产品碳足迹评价行业标准汇总

序号	标准编号	标准名称	发布单位	主要内容
1	SJ/T 11718—2018	《产品碳足迹　产品种类规则　液晶电视机》	工业和信息化部	本标准规定了产品层次上对液晶电视机的 GHG 排放和清除进行量化和交流的特定要求，其中包括产品的系统边界、生命周期阶段、数据收集、信息交流等的要求和指南
2	SJ/T 11717—2018	《产品碳足迹　产品种类规则　液晶显示器》	工业和信息化部	本标准规定了产品层次上对液晶显示器的 GHG 排放和清除进行量化和交流的特定要求，其中包括产品的系统边界、生命周期阶段、数据收集、信息交流等的要求和指南
3	YD/T 3048.1.1—2016	《通信产品碳足迹评估技术要求　第1部分：移动通信手持机》	工业和信息化部	本标准规定了移动通信手持机碳足迹评估的原则、系统边界、计算方法、数据收集、数据质量要求、分配原则及数据发布原则
4	YD/T 3048.2.2—2016	《通信产品碳足迹评估技术要求　第2部分：以太网交换机》	工业和信息化部	本标准规定了以太网交换机碳足迹评估的原则、系统边界、计算方法、数据收集、数据质量要求、分配原则及数据发布原则

（三）各国产品碳标签标志

不难看出，碳标签是产品碳足迹评价结果的直观反映，是衡量绿色经济发展程度的重要表征参数，正在成为国际贸易进出口产品的必备证书。为此，欧盟、英国、美国、韩国、中国台湾等 12 个国家和地区积极推行碳标签制度，并发布碳标签标志，见图 1。大多数碳标签以政府推动为主，由政府机构或政府委托外部机构进行管理；也有一些碳标签是由民间和市场推动的。中国大陆地区在 2018 年开始推动"碳足迹标签"计划。前文已述及，电器电子行业先于其他行业开启"碳足迹标签"试点工作，并制定《中国电器电子产品碳标签评价规范》和《LED 道路照明产品碳标签》两项团体标准。

| 日本碳标签 | 中国台湾碳标签 | 英国碳标签 | 美国碳标签 |

| 瑞典碳标签 | 韩国碳标签 | 德国碳标签 | 法国碳标签 |

图 1　日本、中国台湾、英国、美国等国家和地区碳标签（CL）汇总

三、中国钢铁行业推动产品碳足迹评价工作的建议

产品碳足迹能在贸易往来中显示产品碳排放信息，正得到国际社会的高度关注，未来必将成为中国钢铁行业产品出口的关键证书之一。结合中国钢铁行业生产流程特点，对钢铁产品碳足迹评价工作提出如下建议：

（1）进一步完善中国钢铁产品生命周期评价方法论。生命周期评价方法已逐渐成为世界范围内评估产品碳足迹的主导方法。钢铁产品全生命周期评价是评价钢铁产品从原材料的采集到生产、使用和最终处理整个过程周期内资源消耗和环境影响的技术方法。借鉴国际社会产品碳足迹评价标准的应用以及中国部分产品碳足迹评价标准的相关经验，中国钢铁行业产品生命周期评价方法需进一步完善。除宝钢等少数企业外，多数中国钢铁企业尚未真正开展生命周期评价相关工作，未建立生命周期评价研究平台及配置相关专业技术人员。

在生命周期评价数据库方面，世界钢铁协会（World Steel Association，WSA）从 1996 年就开展了世界钢铁产品的生命周期清单研究，并建立了钢铁产品生命周期数据库。以 GaBi 为代表的生命周期评价软件中也提供了用于量化钢铁产品碳足迹评价的数据指标。这些数据均为在某一统计口径下的平均值，可作为数据缺失情况下的补充，但不能充分反映某一具体企业的真实情况，核算结果往往与企业实际情况存在偏差。因此，鼓励中国钢铁企业开展碳足迹相关指标的监测与检测工作，做好数据积累，搭建符合自身的数据库，为企业产品碳足迹评价工作提供支撑。

（2）尽早制定中国钢铁行业产品碳足迹（PCF）评价标准。迄今，虽然国际上已发布出台多项产品碳足迹评价标准，但不同产品碳足迹评价标准的原则、方法以及量化程度等多个方面存在差异。曹孝文等从原则、排放源、系统边界、有效期、分配和沟通等 6 个方面分析比较了 ISO 14067 与 PAS 2050 的异同。张南等比较了 12 个国家或地区中计算碳标签有关碳排放量的标准及方法，发现国际标准及方法的使用率为 67%，但使用最多的标准 PAS 2050 仅占 35%，结果的可比性较差。李楠等以国际上较为常用的 3 个标准 ISO 14067、PAS 2050 和 GHG Protocol 为依据，计算出铁矿石单位产品碳足迹分别为 0.017kg、0.017kg 和 0.018kg CO_2 当量；生铁单位产品碳足迹分别为 1.497kg、1.500kg 和 1.532 kg CO_2 当量；钢锭单位产品碳足迹分别为 1.572kg、1.576kg 和 1.614kg CO_2 当量，得出采用不同标准对于钢铁产品碳足迹结果的误差为 0.2%~2.6%。为进一步推动我国钢铁产品碳足迹评价工作，需依据国际现有产品碳足迹评价标准并结合我国钢铁行业生产特点，制定发布统一的标准规范。

（3）推动中国钢铁产品碳标签制度的建立。国际社会对出口产品碳标签的要求大多是由发达国家进行主导制定的。因此，发展中国家要想在国际竞争中占据有利地位，就必须增强碳标签体系的建设。裴晓东通过分析多个国家和地区碳标签制度，指出碳标签的推广应用可能成为一种新型国际贸易壁垒，中国必须在碳标签制度上采取积极的应对措施。李春景从国际贸易的视角出发，论证了碳标签制度对中国商品出口产生的替代效应和碳关税效应，并分析了其对中国出口商品总量和结构产生的影响，提出中国应尽早建立碳标签制度。刘田田等从经济水平、消费者理念、政府态度、贸易发展等方面剖析了发达国家与发展中国家推行碳标签制度的差异，提出中国应确立碳排放的测算准则与认证机构，设计并建立符合中国国情的碳标签图案和碳足迹评价方法体系。

虽然中国目前没有相关的文件强制产品加入碳标签，但碳标签已成为全球性的产品标识，并作为进出口贸易中的又一新壁垒。因此亟须加快我国钢铁产品碳标签制度的建立实施，鼓励先进企业自愿为自己的产品贴碳标签，并提升钢铁产品生产中的节能减排技术。

四、结语

钢铁行业是中国制造业中温室气体 CO_2 排放量最大的行业，是落实碳达峰与碳中和目标的重要责任行业和主体。推动中国钢铁行业进行产品碳足迹（PCF）评价，可有效指导冶金企业掌握冶金流程的各个工艺环节 CO_2 排放量；由此采取可行技术手段减少各工艺环节的 CO_2 排放量，是促进低碳发展的基础性和必要性工作，同时也是中国钢铁产品出口应对国际碳关税（CT）政策的准入性和挑战性工作。产品碳足迹评价标准的建立，将为碳排放测量、核算、预测和定期监管提供理论依据，该标准是开展钢铁产品碳足迹评价工作的依据和准则。国际上产品碳足迹评价标准主要包括 PAS 2050、ISO 14067 以及 WRI/WBCSD GHG Protocol 等，均以全生命周期评价（LCA）作为分析和核算碳排放量的基本方法和工具。碳标签（CL）是产品碳足迹评价结果的直观反映，多个国家/地区已正式推行碳标签制度，并发布碳标签标志。目前，中国钢铁行业产品碳足迹评价工作尚处于起步阶段，在产品碳足迹评价标准、碳标签制度建立等方面仍有较大进步空间。在此背景下，进一步完善中国钢铁产品生命周期（LCA）评价方法论，并尽快制定发布中国钢铁行业产品碳足迹（PCF）评价标准迫在眉睫；积极推动中国钢铁行业产品碳标签制度的建立和产品碳标签标志的使用刻不容缓。

碳达峰碳中和目标下的钢铁转型之路[1]

李新创

要化解经济发展与减碳之间的矛盾，力争发展和降碳早日统一，钢铁产业需要科学地制定目标和路线图。

钢铁是工业最重要的粮食，是国家建设最重要的保障，是经济发展最重要的支撑。钢铁产业是碳达峰、碳中和的重点之一，中国的钢产量占全球的57%，中国钢铁产业的碳排放占全球钢铁产业碳排放的比重超过60%，中国钢铁产业的碳排放量占国内碳排放总量的15%以上。因此，钢铁产业的碳达峰、碳中和，在国内国际都是关注的重点。

我国碳达峰碳中和决策部署的重要性不言而喻，一是"双碳"目标关乎中华民族的永续发展和构建人类命运共同体。中国目前的碳排放已经占到全球30%，随着中国经济的增长，碳排放如果也持续增长必将带来更严重的气候问题，这是国内国际高度关注中国碳排放的重要背景。二是"双碳"目标不仅仅是节能减排问题，更是发展问题。实现"双碳"目标的过程中，要处理好发展和减排、整体和局部、短期和中长期的关系，要尽最大可能避免运动式减碳，化解经济发展与减碳之间的矛盾，力争两个目标早日统一。三是实现"双碳"目标的手段要具有科学性。低碳发展是个过程，我们应该在减碳中发展，在发展中减碳，要靠科学技术和科学发展理念，特别是要科学地制定目标和路线图。

一、正确认知钢铁产业

2020年，受新冠肺炎疫情影响，全球经济下滑，中国经济逆势增长2.3%，其中一个重要的数据是我国投资拉动钢铁消费增加了近1亿吨，钢铁产业很大程度上支撑了经济发展。刚刚发布的2021年三季度经济数据稍显乏力，其中一个关键因素是三季度的钢铁生产消费大幅下滑，仅9月我国钢产量就下降了21.2%。不难看出，就中国现在所处的发展阶段，经济发展和钢铁产业密不可分。

---

[1] 本文发表于《新理财》2021年第12期总第372期。

"十四五"期间，中国钢铁的消费和生产还将处于高位，符合中国经济发展阶段的客观规律。正确认识钢铁产业尤为重要：一是钢铁产业是国民经济最重要的基础产业，是衡量一个国家综合国力和工业化程度的重要标志，强大的钢铁产业支撑着中国经济快速发展。二是钢铁产业作为典型的技术密集型行业，其发展离不开技术的进步，同时也推动了技术的改革与创新。三是中国钢铁产业支撑着基础设施建设，也引领着世界钢铁的绿色革命，打造出了全球钢铁工业超低排放发展的示范，积极探索氢冶金等低碳冶炼技术。四是钢铁产业带动了中国国际竞争力的提高。五是现代世界钢铁产业200多年历史，英美分别引领了80多年，现在中国是世界钢铁的中心，钢铁绿色低碳发展阶段将由中国引领。

目前，中国钢铁产业加快联合重组、强化环保，正迈向高质量发展时期的低碳阶段，低碳发展是解决环境、能源和资源制约瓶颈，推动钢铁产业高质量发展的重要内容、关键体现和终极目标。绿色低碳发展理念将重塑全球经济和产业结构，我们需要以低碳发展为统领，重塑中国钢铁产业发展的新格局，这就需要关注数字驱动、技术革命、绿色协同三大趋势，要依靠金融支持、财税政策、碳交易市场、国际合作、标准引领五大支撑。

二、钢铁产业发展的新格局

"十四五"期间，要构建以国内大循环为主体，国内国际双循环相互促进的新发展格局。构建钢铁产业高质量发展的新格局，应着力做好以下五个方面的工作：

一是在低碳约束下均衡发展。"十四五"时期，仍要以推进供给侧结构性改革发展为主线，通过适度调整政策、创造新的需求，在碳达峰、碳中和目标要求下，推动形成一个更高水平、更高质量的供需平衡。

二是继续推动技术进步。要强化创新主体地位，大力推动科技创新，加快钢铁材料、绿色低碳技术等遭遇"卡脖子"的核心技术攻关。拓展创新投入的社会化渠道，搭建多种形式的科技金融合作平台，吸引更多的社会资本参与钢铁工业创新发展，激发全行业的创新活力。

三是打造更加有序的产业格局。加快兼并重组步伐，构建分工协作、有效竞争、共同发展的产业格局，并注重提高协同应对市场危机的能力，打造不同层级的优势企业集团，培育具有全球影响力、区域号召力、专业影响力的龙头企业。

四是建成高效安全的供应链。坚定不移实施国际化战略，加快建立长期、稳定、多元的铁矿石等原材料供应的保障体系，实现资源供给的安全、高效和稳定。加强国内废钢资源供应链建设，推动钢铁企业构建稳定的废钢供应网络，充分利用境外再生钢铁料资源。

五是构建繁荣的生态圈。促进钢铁产业与上下游产业、配套服务产业的融合发展，打造形成健康、稳定、有序、繁荣的钢铁生态圈；同时，构建面向全球的国际产能合作、全球贸易、数字智慧化服务等平台，推进国际钢铁生态圈建设。

三、钢铁高质量发展的关键问题

无论是一个行业，还是一个国家，实现高质量发展都是新的挑战。钢铁产业是我国制造业 31 个门类中碳排放量最大的行业，要想达到高质量发展，需要关注的问题也更多：

一是产能产量双控问题。近几年，我国粗钢产量屡创新高，钢铁产业再次面临供需失衡风险。单纯的产能控制已难以遏制国内钢铁产量的快速增长，必须"双管齐下"。在产能方面，严禁新增产能是"底线"和"红线"，巩固去产能成果仍是今后行业重点任务之一。在产量方面，目前我国钢铁产量已进入峰值平台区，将在 10 亿吨规模上下波动。产能产量双控将作为促进行业转型升级、高质量发展的重要手段。

二是低碳发展问题。钢铁产业是典型的能源消耗密集型产业，钢铁产业重构与能源产业重构密切相关。钢铁产业节能减排任务重且难，其原因如下：钢铁产业的碳排放机理复杂，每个生产环节都排放碳；我国钢铁产业总量大，占全球的57%；钢铁企业太多，具有冶炼能力的企业达 500 多家，且结构、水平差异大；产业的能源结构高碳化，煤、焦炭占能源投入近 90%。

三是资源保障问题。近年来，我国的铁矿石需求逐年上升，未来一段时期仍将处于高位。2015 年以来，铁矿石对外依存度一直高达 80% 以上，而且进口铁矿石主要来自澳大利亚和巴西两个国家的四个公司，其中澳大利亚占比高达65%。锰矿、镍矿、铬矿等也都几乎依靠进口。能源方面，中国短期内仍离不开煤炭。"十四五"期间，煤炭在我国能源安全稳定供应中的兜底保障作用不会改变。煤炭消费占一次能源的比重只能缓慢下降，逐步优化，不能简单地搞"一刀切"。在能源结构方面，中国和欧美差距巨大，要注意我们能源结构调整的艰巨性。

四是钢材进出口问题。随着政策调整，现在要优先保障国内钢材需求和经济发展，国家不鼓励钢铁初级产品出口，这是很重要的政策调整。还应看到，我国钢材出口产品附加值相对较低，未来有望不断优化，但有些依靠关键技术型的品种仍要依赖进口。

五是标准化问题。目前，我国钢铁产业的国家标准、行业标准数量接近 3000项，覆盖了各个方面。但同时要看到，钢铁产业标准化工作仍存在标准有效供给不足、标准体系有待完善、企业标准化意识不强等问题，我国钢铁标准的国际影响力仍然不足。在低碳发展方面，待正在探讨编制的《工业领域碳达峰碳中和标准体系建设指南》发布后，将修订编制钢铁产业的低碳标准体系，依靠标准促进绿色低碳发展。

六是智能制造问题。当前，钢铁产业"两化"（工业化和信息化）融合水平显著提升。但总体来看，冶金行业的"两化"融合水平仍低于制造业平均水平，25.4%的企业处于起步阶段，53.3%的企业属于单项覆盖，近80%的冶金企业尚未实现系统集成。数字化、智能化将促进钢铁产业的高质量发展，但实现智能制造仍任重道远。

七是超低排放问题。超低排放工作仍是"十四五"时期的重点，对于钢铁产业来说，要坚持方向不变、力度不减。目前距离2025年80%产能完成超低排放改造的目标还有较大差距。

八是电气化和氢能应用问题。对于钢铁产业低碳转型还有一个关键因素是电气化。发展电炉短流程炼钢是现阶段钢铁低碳转型最有效的手段，但电炉钢推广应用的经济性还存在问题，需要根据电力和废钢保障的经济性，来有序推进。钢铁产业低碳发展一个重要因素是氢能利用，尽管还存在很多困难，氢能作为目前最具潜力的二次清洁能源，在我国的能源转型中仍将占据重要地位。氢能利用是发展方向，值得我们未来积极探索。

四、钢铁低碳转型的路径思考

在"双碳"目标下，能源转型的根本路径是结构调整，由化石能源向可再生能源转型，通过多能互补互济，全面提升能源利用效率。各行业通过电能替代及电气化改造，推行用能领域多能协同和综合梯次利用，实现节能减排和能效提升。未来能源系统将面临高比例新能源接入、高灵活能源调度、综合化能源需求、多元化能源交易等诸多挑战。能源转型和零碳发展是复杂的系统性工程，应兼顾社会经济发展、能源供应安全与碳中和目标实现。

国际能源署在《全球钢铁行业技术路线图》中指出，为实现《巴黎协定》2℃的温控目标，到2050年，全球钢铁行业直接二氧化碳排放总量将比2019年（26亿吨）减少50%以上，钢铁生产的二氧化碳平均直接排放强度必须下降60%；到2070年，全球钢铁行业直接二氧化碳排放总量需减少90%（下降到2070年2.5亿吨）。但每个国家的发展水平、能源结构、产业结构不一样，所面临的难度大不相同。

为实现这些艰难的目标，国家将出台统一的方案，我们完全可以在正确的方向上积极行动。对中国钢铁产业而言，至少在六个方面可以有所作为。

一是加快绿色布局和绿色体系。如果布局不合理，无效的碳排放就很高，布局优化再加上绿色体系，可以有效降低碳排放。

二是强化节能和能效提升。对钢铁产业而言，应用高效节能技术，特别是构建数字化、智能化的节能新生态，可以大幅提高能效，降低碳排放。

三是优化用能及流程结构。比如原燃料结构优化，废钢资源的回收利用，提高电炉钢比例，新能源及可再生能源的占比提升等。

四是构建循环经济产业链。钢铁产业具备和相关产业及城市发展循环经济的条件，比如钢铁和建材、化工，可以推动区域能源整合，提高固废资源化利用，降低全社会的碳排放。

五是应用突破性低碳技术。比如氢冶炼工艺，氧气高炉及非高炉冶炼，碳捕集、利用和封存技术等。实现技术性突破是第一步，之后还要实现技术的工业化、经济化，这就还需要解决许多问题。

六是制度建设和政策体系支撑。碳减排目标怎么制定，如何建立碳交易市场、相关的标准体系等。建立碳交易市场，建设中要注意公平原则，同时关注碳税，这对钢铁产业低碳发展十分重要，应保证其价格合理，配额公平。目前我国钢铁产业以"高炉—转炉"长流程为主，碳排放主要来源于化石燃料燃烧，一次能源投入中占比超过85%。而通过碳交易市场的形成，将推动能源环境的外部性内部化，通过碳交易发现价格，从而实现成本传导。通过碳交易市场可抑制无效、低效的能源投资冲动，将资金有效引导至低碳发展领域，实现优化配置。

冶金工业规划研究院提出了"C+4E"低碳发展评价体系，已为100个钢铁企业开展降碳30%的具体行动方案。如果能按计划实施，钢铁产业完全可以提前碳达峰，也可以为今后的碳中和创造条件。但需要说明的是，钢铁产业自身很难实现碳中和，要靠碳汇，碳捕获与封存（CCS）以及碳捕获、利用与封存（CCUS）来实现，这是由行业特点决定的。同时，低碳发展需要巨大的资金投入，需要加大加快绿色金融的政策支持，并在全社会推进绿色低碳消费，加快相关法律法规建设，促进绿色低碳高质量发展。

第四章

技术与经济

JISHU YU JINGJI

钢铁行业"走出去"与 "一带一路"的思考[1]

李新创

一、我国钢铁行业现状和面临的形势

(一)全球钢铁行业发展进入新一轮平台期

第二次世界大战以来,全球钢铁发展大致经历了三个阶段:第一阶段是第二次世界大战后到20世纪70年代初,以西方国家为主导,钢铁产业出现了长周期的快速增长;第二阶段是20世纪70年代初到20世纪末,受两次石油危机、西方国家经济结构调整、苏联解体等因素的影响,世界钢铁发展处于平台期,总体保持波动、平稳、低速上涨的态势;第三阶段是2000年以来,中国钢铁生产消费的高速发展带动了世界钢铁的新一轮发展,在10余年时间里,世界粗钢产量从8亿吨增长到16亿吨,其中中国增量6.5亿吨,占全部增量的82.9%。站在当前时间节点上,我们判断世界钢铁又进入了第四阶段,即新一轮的平台期。钢铁产业将迎来漫长的调整过程。

(二)中国经济形势及钢铁生产消费

1. 中国经济进入新常态

我国经济发展进入新常态,主要表现为消费需求从模仿型排浪式转为个性化多样化等九大趋势变化。这些趋势变化说明,我国经济发展向形态更高级、分工更复杂、结构更合理的阶段演化,经济增长速度从高速转向中高速,发展方式从规模速度型粗放增长转向质量效率型集约增长;经济结构从增量扩能为主,转向调整存量做优增量并存;发展动力从传统增长点转向新的增长点。

2. 中国钢铁行业进入新常态,面临新机遇和新发展

相当长时期内,中国钢铁行业将处于"三低一高",即低增长、低价格、低效益状态和高压力,生产消费量在峰值平台波动下行发展。钢价总体处于绝对低

---

[1] 本文发表于《国土资源情报》2015年第7期。

位，而矿价处于相对低位；环境保护治理保持高压态势，金融环境不利于钢铁产业；市场竞争异常激烈，经营困难长期存在。钢铁的根本出路在于持续创新发展，包括理念创新、商业模式创新、管理创新以及技术创新。

中国钢铁行业也面临着新机遇，即新常态是钢铁行业加快结构调整、转型升级的战略机遇期，是钢铁行业建立公平竞争市场环境的重要机遇期，是我国钢铁工业加快实现由大到强转变的关键机遇期。

中国钢铁行业的新发展体现在六个转变：由钢铁制造向材料服务转变；由国内发展向国内国际协调发展转变；由要素投入发展向创新驱动发展转变；由高消耗高排放粗放式发展向绿色低碳可持续发展转变；由钢铁一业独大向多元协调发展转变；由无序盲目竞争向有序协调竞争转变，加快联合重组，提高行业集中度，实现有序发展。

中国钢铁行业把握新常态、抓住新机遇，实现新发展的关键是抓市场、提质量、增效益、调结构、重服务、强环保、控产量、降成本、防风险、转观念、推改革、促转变。

3. 钢铁行业运行基本情况

（1）粗钢产量增长和增速大幅回落。2014 年，中国粗钢产量 8.227 亿吨，同比增长 1.2%，增速同比下降 7.73%（按快报口径，则为同比增长 4366 万吨，增速 5.6%，增速下降 3 个百分点）。2015 年 1~5 月全国粗钢产量 34017 万吨，同比下降 1.6%；5 月全国粗钢日均产量 225.65 万吨，环比下降 1.8%。

（2）钢材出口高速增长。2014 年，我国累计出口钢材 9378 万吨，同比大幅增长 50.5%，进口钢材 1443 万吨，同比仅增长 2.5%，折合粗钢净出口 8441.5 万吨（同比增长 64.5%）。2015 年 1~5 月我国累计出口钢材 4352 万吨，同比增长 28.2%；累计进口钢材 549 万吨，与去年同期相比下降 10.3%；累计净出口 3803 万吨，同比增长 36.7%。

（3）铁矿石价格大幅下降。2014 年以来铁矿石价格总体呈持续下行走势：12 月 31 日直接进口铁矿石 62% 品位干基粉矿到岸价为 70.39 美元/吨，较年初降幅约 50%；2014 年全年平均进口铁矿石价格 100.42 美元/吨，同比下降 28.67 美元/吨，降幅 22.2%。2015 年 4 月 10 日，直接进口铁矿石 62% 品位干基粉矿到岸价为 46.84 美元/吨，较年初下降 23.55 美元。

（4）钢铁产能全面过剩。2014 年钢铁从板材结构性过剩，发展到板材长材全面过剩。螺纹钢价格下降幅度超过板材，建筑用长材也呈现过剩。普通产品和高技术含量产品全面过剩。硅钢价格由 4 万元以上下降到 1 万元以上，汽车板随着大量新建项目的投产运营，价格也要重蹈管线钢的覆辙。主要市场和偏远区域市场均出现过剩。新疆、四川、昆明等地钢材价格明显下降，价格总体降幅甚至超过东部主要市场，尤其是新疆，目前钢价全国最低，产能利用率只有 40% 多，广东等华南地区可能要重蹈新疆覆辙。

我国粗钢生产已处于峰值弧顶区，从中长期、整体的角度看，已呈现"弧顶"+"下降通道"的走势，但不排除个别年份的波动回升。生铁生产呈现同样特点，且随着废钢资源量的逐步增加，生铁产量在长周期内的平均下降速度将比粗钢要快。

估计我国粗钢产能在 12.5 亿吨左右。综合考虑我国炼钢的钢铁料消耗情况、铁钢比，以及转炉、电炉钢比例和铸铁生产，测算 2014 年我国生铁产量应超过 8 亿吨，远大于统计的 7.12 亿吨，折合铁矿石需求超过 13 亿吨。从长周期角度，铁矿石需求处于进入下行通道的转折阶段。采用下游行业分析预测法和 GDP 消费强度法两种方法预测，加权平均后，2014 年中国钢材消费量达到峰值约 7.02 亿吨，预计到 2020 年我国钢材实际消费量为 6.89 亿吨；2025 年为 6.50 亿吨；2030 年我国钢材实际消费量为 6.10 亿吨。

(三) 钢铁"走出去"是适应新常态的有力举措

1. 走出去的驱动力

为实现我国资源保障、消化钢铁产能过剩、缓解环境保护压力、回避贸易摩擦，走出去是必然选择。

我国钢铁业资源控制力弱，国内铁矿资源禀赋低，自给率不足 30%，而且成本高、竞争力弱。钢铁和矿山企业开展多种形式的境外铁矿石资源勘探开发，在境外建立长期稳定、可靠的铁矿石供应基地，是提高资源保障能力的主要出路。向海外转移存量，是整个钢铁行业化解产能过剩矛盾的现实路径，"走出去"是化解过剩产能"转移一批"的具体实践。中国钢铁具有较强竞争力。我国钢材出口是消化产能的利器。但大规模低价钢铁的出口加剧了贸易摩擦，多国密集对中国钢铁产品发起"双反"。向海外转移产能，不仅能更加贴近原料产地，降低运输成本，而且可以降低中国钢材出口遭遇国际贸易保护主义的几率，是促进出口的有效手段。我国钢铁行业排放总量大，超标排放仍然存在，相当部分企业的环保装备水平或过程控制不能达标，部分地区已超过环境承载能力，新《环保法》的实施给处于产能过剩，同时又是能源资源消耗大户和排放大户的钢铁行业带来巨大压力。中央政府要求高污染产业（如钢铁、混凝土、玻璃产业）减产而保护环境，大量优势存量可以转移海外。

2. 走出去的竞争力

我国钢铁行业走出去有政策有力支撑、生产技术成熟、人才国际化水平提高、系统集成能力提高等多项优势。转移一批是化解产能过剩"四个一批"重要一环。稳外贸"国十六条"促进富余产能向境外转移。具备上百万娴熟的钢铁技术工人，拥有各类高中低档钢材产品成熟的生产工艺技术。各类海归人员持续增加，2014 年达 36.5 万人，增长 3.2%。近年钢铁企业走出去培养大量专业化的国际人才。拥有设计、采购、施工、安装调试一体化服务能力，以及铁前、冶炼轧钢、深加工生产装备集成能力。

二、我国钢铁行业"走出去"现状

(一) 铁矿投资情况

2006～2014 年中国各类企业海外铁矿权益投资累计超过 250 亿美元，参与了 35 个大型海外铁矿项目的勘探、设计和建设。截至 2014 年，中方涉矿项目探明和控制储量约为 980 亿吨，获得规划权益矿产能合计 2.77 亿吨左右，占参与项目成品矿总产能 5.26 亿吨的 52.67%。中国海外投资铁矿，在西澳大利亚州，合作项目共 19 项，几乎占全部海外项目的 50%。铁矿石品位高，资源丰富。加拿大魁北克省，主要是武钢集团公司等 5 个项目。西非主要有中国铝业等投资了几内亚西芒杜铁矿等 3 个项目。2014 年，中国海外权益矿产量 7300 万吨左右，仅占全年进口量的 8% 左右。近年日本海外权益进口铁矿石约 7400 万吨，占其全年进口铁矿石量 50%～60%，与之相比中国差距太大。

(二) 钢铁厂建设

我国钢铁企业海外之路，从 20 世纪 90 年代至今没有停止。海外项目投资目的地主要是印度、印度尼西亚、老挝、马来西亚、美国、意大利、南非、巴西等国家，走出去的驱动因素包括全球布局的需要、优势产能过剩转移、产业转型升级、接近市场、回避反倾销惩罚、回避原矿石出口禁令等。我国钢铁海外投资的项目特点是，单独工序钢铁项目多，全流程项目少；海外钢铁冶炼项目多配套矿山资源开发；拟投资项目多，实施困难大，搁浅多。

(三) 钢材出口

2014 年，我国出口钢材 9378 万吨，同比增长 50%，创历年新高。其中主要出口地是亚洲，出口 6318 万吨，占 67.4%；欧洲，出口 883 万吨，占 9.4%；北美洲，出口 719 万吨，占 7.7%；非洲，出口 691 万吨，占 7.4%；南美洲，出口 687 万吨，占 7.3%；大洋洲，出口 79 万吨，占 0.8%。

2014 年，我国出口钢材超过 200 万吨的国家 13 个，占出口总量的 57.8%。韩国、越南、菲律宾、印度、泰国位列前五位，分别占出口量的 13.8%、7.1%、5.1%、4.1% 和 3.9%。

出口品种以板材、棒线材为主，其中板材出口 4367 万吨，占 46.6%；棒线材出口 3086 万吨，占 32.9%；管材出口 1006 万吨，占 10.7%；角型钢出口 460 万吨，占 4.9%；其他钢材出口 459 万吨，占 4.9%。

（四）钢铁"走出去"存在的问题

我国钢铁走出去存在多方面问题，包括：缺乏海外经验；企业对国外法律、政策、环境了解不够；缺乏整体战略，盲目投资，一哄而上；投资观念落后，自产自销自用；控股欲望过强，片面追求独资或控股；投资方式单一，直接要素投入为主，资本运作较少；高级人才匮乏，管理、技术、语言综合的人才严重不足。

三、"一带一路"倡议及其对钢铁行业"走出去"带来的历史机遇

（一）"一带一路"倡议及展望

2013 年 9 月和 10 月，中国国家主席习近平在访问哈萨克斯坦和印度尼西亚期间，分别提出建设"新丝绸之路经济带"和建设"21 世纪海上丝绸之路"的构想。2015 年 3 月，国家发展改革委、外交部、商务部 28 日联合发布了《推动共建丝绸之路经济带和 21 世纪海上丝绸之路的愿景与行动》。指出沿线各国以政策沟通、设施联通、贸易畅通、资金融通、民心相通为合作重点，指明了国与国间"一带一路"的发展方向。"一带"有三个走向，从中国出发，一是经中亚、俄罗斯到达欧洲；二是经中亚、西亚至波斯湾、地中海；三是从中国到东南亚、南亚、印度洋。"一路"重点有两条，一是从中国沿海港口过南海到印度洋，延伸至欧洲；二是从中国沿海港口过南海到南太平洋。

随着合作深入，"一带一路"将有可能成为世界上跨度最长的经济大走廊。在这条经济走廊上，2014 年中国与沿线国家的货物贸易额达到 1.12 万亿美元，占我国货物贸易总额的四分之一。而未来 10 年，这个数字将翻一番，突破 2.5 万亿美元。数字翻番，带来的是更大的市场空间、更多的就业机会和更广的合作领域。"一带一路"的沿线国家，也将形成更加紧密的利益共同体、命运共同体和责任共同体。

从国内来看，"一带一路"是在经济全球化不断深入、世界经济不均衡、发展格局日益强化和科技革命迅猛发展的情形下，统筹国内区域发展，实现东部经济发展能力持续增强，西部经济实力不断扩大的战略选择。首先，以点带面，从线到片，逐步形成区域大合作格局。其次，能够促进我国全方位开放。最后，能够引领国内不同区域逐步走向均衡发展状态。

"一带一路"各地定位是，深化与中亚、南亚、西亚等国家交流合作，形成丝绸之路经济带上重要的交通枢纽、商贸物流和文化科教中心，打造丝绸之路经济带核心区。形成面向中亚、南亚、西亚国家的通道、商贸物流枢纽，重要产业

人文交流基地；建设向北开放的重要窗口；加强上海、天津、广州、深圳等 15 个沿海城市港口建设，强化上海、广州等国际枢纽机场功能。成为"一带一路"特别是 21 世纪海上丝绸之路建设的排头兵和主力军；打造大湄公河次区域经济合作新高地，建设成为面向南亚、东南亚的辐射中心；形成 21 世纪海上丝绸之路与丝绸之路经济带有机衔接的重要门户。

总的来讲，"一带一路"是我国发展的重大举措，如何更好地实施，还面临诸多挑战。无论如何，我们要努力使"一带一路"成为各国人民共同受益的"一带一路"，成为和平、友谊、发展的"一带一路"。

(二)"一带一路"倡议给资源开发带来机遇

"一带一路"对钢铁"走出去"的机遇主要表现在：资源开发、转移优势产业、解决钢材贸易争端、输出技术和装备等方面。"一带一路"沿线一些国家铁矿资源十分丰富，但铁矿石作为大宗商品，对交通运输条件要求高，一些国家现有交通条件不能满足运输需求，导致铁矿开发缓慢。

"一带一路"明确指出要以交通基础设施为突破，这将对开发这些国家的铁矿资源带来机遇；另外，"一带一路"还将以建设融资平台为抓手，这也将为需要大量资金投入的铁矿开发提供金融支持；此外，"一带一路"还提出以人文交流为纽带，这将加深两国文化、习俗的了解，有利于中国企业到国外进行工程项目建设及运营。

(三) 转移优势产业

"一带一路"沿线主要国家钢铁生产成本较高、规模等较中国落后。基础设施投资大，能源、高铁、核电等装备制造会带来大量钢铁需求。"一带一路"沿线基础设施建设投资大部分由中国投资，国内钢铁无疑会是首选。海外建厂和钢铁出口，产业转移有利于抢占国际市场。另外基础设施条件普遍落后，"一带一路"倡议的推进必然带动铁路、公路、油气管道等基础设施的建设，从而会带来大量钢铁需求。

钢材、水泥、玻璃等行业虽然国内产能过剩，但世界上产能短缺，"一带一路"沿线主要国家要改善基础设施必然需要这部分产能，因此可以借助"一带一路"倡议，利用当地巨大市场需求，转移到海外去，把已经固化的产能变成新的投资。

(四) 解决钢材贸易争端

近年来包括美国、欧盟以及东盟等国频频对中国的钢铁产品发起贸易救济调查。2014 年共有 22 个国家和地区对中国发起贸易救济调查 97 起，涉案金额达

104.9 亿美元。其中，涉及钢铁和钢铁类产品案件最多，全年累计 27 起，占贸易摩擦案件总量的 27.8%；涉案金额 23.2 亿美元，占总涉案金额的 22.1%。

2014 年钢材出口总量创历史新高达 9738 万吨，但也仅占钢材产量的 10%，未来出口压力巨大。"一带一路"沿线国家中，钢材净进口国占 70% 以上，是我国钢材出口的重要目标市场。除钢材直接出口外，我国在"一带一路"沿线国家投资合作建设，将带动钢材间接出口。

据估计，每亿元铁路基本建设投资大约能够拉动钢材需求 0.333 万吨，此外，能源产业链建设将会带来大量油气管钢材需求；随着国家"一带一路"的稳步推进，将带动与新疆接壤的周边 6 个国家约 1800 万吨的建材需求。

（五）输出技术和装备

"一带一路"的核心是打造能源通道，必然带动铁路、公路、油气管道等基础设施的建设。与能源基础设施相关的燃煤、燃气设备出口，工程基建需求将在国际市场放大。在油气管道建设上，我国已经形成西北、西南、东北、海上四大油气战略通道，包括中俄、中亚天然气管道，中缅油气管道，海上进口通道。

重大装备"走出去"，高铁与核电又是"当仁不让"的主角。整合行业资源，采取合资、公私合营等投资运营方式，为有需求的国家提供工程设计咨询、施工建设、装备供应、运营维护等全方位服务。

国内产能过剩，而且技术过关，借助"一带一路"开辟新的市场，寻找新的投资空间，输出技术和装备。国内钢铁普遍资金紧张，"一带一路"国家政治、经济局势不稳定，招商政策、投资环境不熟悉，因此，国内钢铁更倾向于输出技术和装备、国外企业出资金的合作模式。

四、钢铁行业"走出去"的必要条件和"一带一路"主要国家分析

（一）资源开发

1. 矿山项目"走出去"的必要条件

资源禀赋是判断矿山项目可行性的必要条件，决定了项目的好坏。资源禀赋包括资源的可靠性、资源品质等。资源可靠性主要从目前矿床的地质勘查程度进行评价。资源品质主要从矿石类型、矿石品位、杂质含量等进行评价。开发条件是项目可行性的重要条件之一。开发条件包括开发难度、可选性、经济性、成本等。规模、采矿方法、选矿工艺等开发条件对项目的成本和经济性有很大影响。外部配套基础设施也是项目可行性的重要条件之一，对项目投资、成本和经济性有很大影响。基础设施包括铁路、港口、供水、供电、油等。投资环境包括政府工作效率和透明度、市场经济水平、劳动力、金融环境等。投资环境决定着项目是否能顺利实施，如战乱、审批限制、劳动力限制等。

2. 钢铁项目"走出去"的必要条件

市场条件是钢铁项目"走出去"的首要条件。市场容量决定着钢铁项目的规模、选址等方面。资源条件决定着钢铁项目的可行性。铁矿、煤炭、焦煤、辅料矿（石灰石、白云石、萤石）等。钢铁项目是材料"大进大出"项目，物流量大，物流条件决定着项目是否能顺利实施，以及项目建成后的生产和运营，包括原料运输、成品运输、建设材料运输等。投资环境是决定着项目是否能顺利实施，如战乱、审批限制、劳动力限制等。投资环境包括政府工作效率和透明度，市场经济水平、熟练劳动力可得性、金融环境。

(二)"一带一路"主要国家投资环境分析和建议

1. 确定沿线国家

目前"一带一路"沿线国家尚无明确说法，根据相关报道和统计，选定71个国家，包括东北亚5国（俄罗斯、蒙古、日本、韩国、朝鲜）；中亚5国（哈萨克斯坦、乌兹别克斯坦、土库曼斯坦、吉尔吉斯斯坦、塔吉克斯坦）；独联体6国（乌克兰、白俄罗斯、格鲁吉亚、阿塞拜疆、亚美尼亚、摩尔多瓦）；南亚11国（印度尼西亚、泰国、马来西亚、越南、新加坡、菲律宾、缅甸、柬埔寨、老挝、文莱、东帝汶）；南亚8国（印度、巴基斯坦、孟加拉国、斯里兰卡、阿富汗、尼泊尔、马尔代夫、不丹）；西亚北非16国（沙特阿拉伯、阿联酋、阿曼、伊朗、土耳其、以色列、埃及、科威特、伊拉克、卡塔尔、约旦、黎巴嫩、巴林、也门共和国、叙利亚、巴勒斯坦）以及太平洋沿岸3国（澳大利亚、新西兰、巴布亚新几内亚）。

2. 矿山项目

投资矿山项目，按照影响一国铁矿开发潜力的主要指标，根据代表性、重要性、可获得性及可量化性原则，主要考虑4个指标，即资源储量、生产规模（即产量）、铁矿石消费量和铁矿石出口量。将这4个核心指标进行无量纲化，即标准化，然后进行加权，再求和得出（见表1、表2）。计算公式为：

表1 分国家铁矿资源开发潜力因素

标准值	资源储量 /亿吨	生产规模 /百万吨·年$^{-1}$	铁矿石消费量 /百万吨·年$^{-1}$	铁矿石出口量 /百万吨·年$^{-1}$
0~0.2	0~1	0~1	0~1	0~1
0.2~0.4	1~10	1~10	1~10	1~10
0.4~0.6	10~50	10~50	10~50	10~50
0.6~0.8	50~100	50~100	50~100	50~100
0.8~1	100以上	100以上	100以上	100以上

表2　铁矿石资源因素权重一览表

因素	资源储量	生产规模	铁矿石消费量	铁矿石出口量
权重	0.55	0.15	0.15	0.15

$$CI = \sum_{i=1}^{5} V_i \times W_i$$

式中，V_i 为核心指标无量纲化标准值；W_i 为核心指标权重。

该指数取值范围为［0，1］，分值越高，说明投资潜力越大。

根据以上分析，在沿线71个国家中确定前31名的国家，得出资源开发潜力指数（表3）。

表3　"一带一路"沿线国家铁矿资源潜力指数（前31位）

排名	国家	资源开发潜力指数	排名	国家	资源开发潜力指数
1	澳大利亚	0.85	17	亚美尼亚	0.24
2	俄罗斯	0.78	18	马来西亚	0.23
3	印度	0.67	19	老挝	0.23
4	乌克兰	0.63	20	巴基斯坦	0.21
5	朝鲜	0.47	21	埃及	0.19
6	伊朗	0.45	22	也门共和国	0.18
7	哈萨克斯坦	0.43	23	巴布亚新几内亚	0.15
8	波黑	0.38	24	沙特阿拉伯	0.15
9	印度尼西亚	0.38	25	菲律宾	0.14
10	蒙古	0.35	26	阿塞拜疆	0.13
11	吉尔吉斯斯坦	0.34	27	塔吉克斯坦	0.13
12	土耳其	0.33	28	白俄罗斯	0.13
13	德国	0.33	29	摩尔多瓦	0.13
14	越南	0.31	30	叙利亚	0.13
15	新西兰	0.29	31	保加利亚	0.13
16	阿富汗	0.26			

在此基础上，同时参考世界经济论坛发布的竞争力报告，对这些国家的宏观环境、基础设施水平、劳动力等非资源禀赋因素赋予不同的权重（表4）。

表4 "一带一路"非资源禀赋因素权重一览表

因素	资源开发潜力	政府工作效率和透明图	基础设施建设水平	宏观环境稳定性	市场经济水平
权重	0.3	0.08	0.1	0.1	0.08
因素	熟练劳动力可得性	金融环境	科技水平	技术创新能力	营商环境
权重	0.08	0.06	0.06	0.06	0.08

根据以上分析，在已确定的31个国家中，最终得出应重点关注的10个国家的铁矿投资项目（表5）。

表5 "一带一路"铁矿项目重点国家

序号	国家	投资指数
1	澳大利亚	5.42
2	马来西亚	5.12
3	沙特阿拉伯	5.01
4	哈萨克斯坦	4.6
5	蒙古	4.55
6	俄罗斯	4.53
7	土耳其	4.45
8	印度尼西亚	4.45
9	印度	4.38
10	吉尔吉斯斯坦	4.11

3. 钢铁项目

根据国际钢协2014年统计年报，对"一带一路"沿线国家的钢材净进口量、市场需求量（大于50万吨）和人均钢铁消费量数据进行分析，梳理出31个具有钢材消费潜力国家，并按照钢材市场规模进行排序。根据世界经济论坛《2014—2015年全球竞争力报告》和世界银行《2015年全球经商环境报告》，对上述31个具有钢材消费潜力国家分别在政府工作效率、基础设施、教育水平、宏观经济环境、营商环境、科技水平、技术创新等10个方面进行加权评分，综合计算出上述国家的投资指数，并对可投资的国家进行排序（表6）。

表6　钢铁建设投资国家排名

序号	国家	消费量/万吨	人均消费量/kg·人$^{-1}$	净进口量/万吨	投资指数
1	印度	8143	63.9	-268.6	5.73
2	泰国	2047	291.4	1436	6.35
3	伊朗	1859	243.3	274.3	5.31
4	印尼	1524	61.6	1164	6.23
5	沙特	1370	467.3	641.7	7.01
6	越南	1369	151	131.3	5.66
7	马来西亚	1169	392.3	510.4	7.03
8	波兰	1124	293.3	309.8	6.03
9	阿联酋	785.9	957.5	532.5	7.46
10	菲律宾	779.6	79.5	181.5	5.88

"一带一路"主要包括中蒙俄经济带、新亚欧陆桥经济带、中国–南亚–西亚经济带、海上战略堡垒四条线路。

"一带一路"沿线国家钢材市场需求分析：从市场规模来看，31个国家的市场需求量共计2.55亿吨。其中，消费量超过1000万吨的国家有8个，分别是印度、泰国、伊朗、印度尼西亚、沙特、越南、马来西亚和波兰，占市场总需求量的72.9%。市场规模最大的国家是印度，需求量为8143万吨，占市场总需求量的31.9%。

从人均粗钢消费量来看，消费量超过300kg/人的国家有7个，分别是阿联酋、捷克、科威特、阿曼、沙特、马来西亚和以色列。剩余24个国家中，消费量在100~300kg/人的国家有13个，分别是波兰、泰国、澳大利亚、哈萨克斯坦、伊朗、黎巴嫩、约旦、克罗地亚、土库曼斯坦、阿塞拜疆、越南、老挝和伊拉克。根据发达国家发展经验，当某国人均钢材消费量超过100kg时，将进入工业化阶段，钢材需求激增，具有较大的钢材消费潜力。

从净进口量来看，31个国家的净进口量共计7660万吨。其中，净进口量超过200万吨的国家有12个，分别是泰国、印度尼西亚、沙特、阿联酋、马来西亚、伊拉克、埃及、波兰、伊朗、孟加拉国、以色列和巴基斯坦，占市场总净进口量的83.1%。泰国和印度尼西亚净进口量分别是1436万吨和1164万吨，分别位居前两位。

从各国投资环境看，以下国家投资钢铁项目可予以重点关注：马来西亚、沙特、泰国、哈萨克斯坦、印度尼西亚、菲律宾、越南等国。

消费量超过1000万吨的国家中包括印度（第17位）、泰国（第9位）、伊朗

（第 22 位）、印度尼西亚（第 10 位）、沙特（第 4 位）、越南（第 18 位）、马来西亚（第 3 位）和波兰（第 13 位）。

4. 钢材出口

（1）分国家钢材进口量排名。

分析"一带一路"沿线国家钢材进口量，并对其进行排序。选择排名前 30 名国家，分析钢材进口结构，结合我国钢材出口政策导向，推荐重点关注的出口目的国，供钢铁企业参考（表 7）。

表 7　2013 年"一带一路"沿线国家钢材进口量排名前 30 位国家　　（kt）

序号	国家	钢材进口量	序号	国家	钢材进口量
1	德国	21881	16	伊拉克	4480
2	韩国	19033	17	埃及	4237
3	泰国	15866	18	新加坡	3167
4	土耳其	14462	19	伊朗	3111
5	印度尼西亚	12297	20	匈牙利	2899
6	越南	8191	21	罗马尼亚	2784
7	波兰	7993	22	孟加拉国	2458
8	印度	7392	23	白俄罗斯	2342
9	马来西亚	6722	24	澳大利亚	2208
10	沙特阿拉伯	6664	25	以色列	2164
11	俄罗斯	6571	26	巴基斯坦	2062
12	荷兰	6144	27	菲律宾	1880
13	捷克共和国	5791	28	乌克兰	1767
14	阿联酋	5590	29	保加利亚	1513
15	日本	5413	30	黎巴嫩	1500

2013 年，世界各国进口钢材 20520 万吨，其中，上述前 30 位国家进口钢材18858 万吨，占 92%。

（2）"一带一路"国家钢材进口结构。

从 2013 年排名前 30 位国家进口钢材分品种情况来看，长材进口量占比16%；板带材进口量占比 53%；管材进口量占比 9%；其他进口量占比 22%（表 8）。

表8 前30位国家进口钢材分品种情况 （kt）

序号	国家	板带材	序号	国家	板带材
1	德国	12353	16	沙特阿拉伯	2056
2	韩国	10783	17	伊朗	1728
3	泰国	9029	18	巴基斯坦	1690
4	越南	7526	19	斯洛伐克	1367
5	土耳其	7117	20	孟加拉国	1265
6	印度	5648	21	罗马尼亚	1217
7	印度尼西亚	5231	22	乌克兰	1209
8	波兰	5085	23	白俄罗斯	1151
9	日本	3908	24	菲律宾	1118
10	捷克	3665	25	匈牙利	1008
11	马来西亚	3463	26	埃及	855
12	荷兰	3055	27	以色列	804
13	俄罗斯	2950	28	保加利亚	659
14	新加坡	2172	29	澳大利亚	629
15	阿联酋	2151	30	伊拉克	433

（3）我国钢铁出口导向分析。

2014年12月31日，财政部和国家税务总局下发通知，自2015年1月1日起正式取消含硼钢的出口退税。

2015年，钢筋、普通盘条出口关税15%；铁道用材出口退税率9%；热轧合金钢板、冷轧中板、冷轧薄板、冷轧薄宽带钢等出口退税率为13%。镀层板、彩涂板出口退税率为13%。

目前有效的钢铁贸易"双反"措施，全球共333项，其中，以我国为对象的84项，占比25.2%，为全球最多。仅2014年以来，美国、东盟、俄罗斯等先后发起对我国"双反"案件近30起。

2015年，马来西亚和泰国分别对中国部分钢材产品做出反倾销终裁和调整反倾销税率。中国2014年对泰国出口钢材366.9万吨，同比增长33.8%；2014年对马来西亚出口247万吨，同比增长41.7%。

（4）小结。

选择国内供不应求、进口量大的国家作为出口目的国。结合我国钢材出口导向，限制普通长材产品出口，出口目的国首先选择板材进口量大的国家。钢材出口尽量减少贸易摩擦，警惕对我国钢材出口反倾销反补贴调查较多的国家。最终确定以下 10 个国家为钢材出口重点关注目的国：韩国、泰国、越南、土耳其、印度、印度尼西亚、日本、马来西亚、沙特阿拉伯、伊朗。

五、风险和应对策略

（一）主要风险

尽管我国企业"走出去"取得了一定成绩，但教训也很深刻，而且仍有一些国家对"一带一路"倡议持怀疑或反对的态度，因此必须充分认识到"走出去"的风险（表 9）。

表 9 "走出去"风险一览表

序号	面临风险	说　明
1	政治风险	该风险有突发性、强制性和难以获得补偿的特点，在中国海外投资保险制度尚不健全的情况下，企业难以应对；此外，该风险甚至可能威胁"走出去"工作人员的人身安全
2	法律风险	东道国的法律政策规范并制约着项目的每一步进展；相对于法律政策给予的优惠承诺，其连续性、稳定性更为重要；此外，一些欠发达国家，经常会出现"没钱就走不动道"现象
3	劳工风险	部分国家强大的工会组织以及倾向明显的劳工保护政策，使中国矿业海外投资项目的推进步履维艰；如限制外国劳工、劳工最低福利标准制定等
4	环保风险	要强化环保意识，许多国家环境保护门槛日益提高，造成投资项目运营成本增加，另外环保审批也费时费力，影响项目建设进度
5	文化融入风险	由于中国与项目所在国文化差异，可能导致项目在当地社区受到排挤等，影响项目安全、稳定建设及运营
6	项目自身条件风险	许多企业在选择投资项目上不重视前期尽职调查，导致后续项目推进时产生一系列问题。如一些铁矿项目，资源条件与最初了解的情况相差很大，造成生产成本上升；还有一些项目选择时，只考察了项目本身条件，而没有关注项目配套的供水、供电、运输等条件，造成后续项目推进困难

（二）应对策略

一般情况下，企业在投资海外矿业的决策、运作的过程中，可通过遵循以下基本原则，以减少相关风险。

（1）项目条件与政治环境相结合原则。投资者需结合项目条件，并充分考虑所在地的政治环境是否稳定、与中国外交关系是否良好等因素。从地缘政治角度考虑，东北亚、中亚、南亚和东南亚地区在中国的全球战略中具有至关重要的战略地位。从资源方面看，上述 4 个地区矿产资源极为丰富，尤其是东北亚、中亚和东南亚地区，其矿产与中国具有很强的互补性。因此，应积极推动区域经济一体化进程。

（2）政府和企业"分工与协作"的原则。该原则指的就是"政企分开"。发达国家的实践表明，全球矿产资源的优化配置实际上是通过跨国公司来实现的。由于资金、机制等问题，中国目前还没有实力超群的大型固体金属矿业公司，因此，在控制和分配全球矿产资源上声音微弱。政府服务做到何种程度，企业才能或才敢介入国际市场，以及企业如何协调好国家利益和自身利益的关系是二者协作的关键。

（3）专业审慎的尽职调查与恰当巧妙的商业交易模式相结合原则。专业审慎的尽职调查应当涵盖东道国政治立法体制、民族感情、矿业和外商投资法律政策、执法惯例、环保税收政策、出口管制、社区劳工、本国其他机构的案例、第三国的经验、投资或并购对象的资质、权利瑕疵、项目前景等方面。对上述基础性信息的收集与掌握，是做出正确决策、判断的基础，保证企业长期稳定运营的必要前提。综合中国近年矿业海外投资成功失败的案例，目前矿业海外投资比较典型的模式为：首先在境内组建合资合作投资主体，然后境外资本运作收购矿业公司或直接购买矿权。前者可分为三种模式：金融机构与矿业公司、民营企业与国有企业或者地勘单位与投资公司合资合作。后者之资本运作收购矿业公司主要是针对加、澳等发达国家的大型矿业公司或上市公司，矿权购买主要针对非洲、中国周边、南美等不发达国家或地区。

（4）本土化原则。外国投资者的项目要在东道国顺利地推进，离不开当地政府的同意、支持、甚至是同情。劳动用工、合作伙伴本土化、收购中留住关键的本地业务能力、本地团队及客户等，这一系列举措既能带动当地的经济发展，又有利实现项目效益最大化。

（5）加强社会责任原则。这一原则提示，要想成功地推进项目，还需站在投资对象的角度上想问题。投资目标地的政府与民众更关心的是"除了支票簿，你们还能为我们带来什么福利？"融入社区、注重环保、依法纳税、参与慈善公益事业、加强基础设施建设，既是项目投入的一部分，又是对当地社会的贡献。那些基础性的工作是推动项目顺利进行的坚实后盾。

（6）注重软件建设原则。国际投资并购需要企业长期积累经验，并借助专业中介机构的协助，培养专业团队。在软件建设中，除了企业内部团队的培养之外，企业信息共享、行业论坛交流亦是为"走出去"打开局面，提升整体软件实力的有效手段。

（7）注重咨询机构的作用。

六、结论和建议

(一)"走出去"重点关注的国家

综合分析"一带一路"沿线 31 个国家铁矿石资源储量、产量、消费量、进口量和投资指数相关数据,在"一带一路"实施时,建议各类投资可重点关注的 10 个国家见表 10。

表 10   "一带一路"钢铁投资重点关注国建议

序 号	国 家
铁矿项目关注国	澳大利亚、马来西亚、沙特阿拉伯、哈萨克斯坦、蒙古、俄罗斯、土耳其、印度尼西亚、印度、吉尔吉斯斯坦
钢铁项目关注国	印度、泰国、伊朗、印度尼西亚、沙特阿拉伯、越南、马来西亚、波兰、阿联酋、菲律宾
钢材出口关注国	韩国、泰国、越南、土耳其、印度、印度尼西亚、日本、马来西亚、沙特阿拉伯、伊朗

(二)"走出去"方式建议

钢铁企业"走出去"需要更新观念,以现代化的视野,本土化的运作,国际化的标准,多元化的输出;创新模式,需要采取多种方式,包括股权合作,矿权合作,需要灵活管理,派人参与或授权对方。加强合作,包括中资和外资企业合作,国有和民营企业合作,钢企和相关企业,包括金融、海运、港口等合作。

钢铁企业"走出去"应以合资为主,跨国并购、战略联盟。合资为主有利于快速熟悉环境,有效降低风险。跨国并购可利用已有经营网络和社会关系,降低管理难度和经营风险,学习到较为先进的技术和管理经验。战略联盟,有利于开拓新市场、提高行业地位、利益共享、风险共担。

对于国内的大多数企业来说,由于与境外市场直接接触的机会较少,信息较闭塞,因此虽然很多企业有"走出去"的愿望,但由于缺乏对境外市场情况的详细了解,无法付诸实施;一些已经"走出去"的企业也出现了因为不了解当地的法律法规和经营规范,导致海外项目进展不理想的情况发生。对此,企业应充分借助各类中介咨询机构的沟通联络桥梁作用,及时了解所需国家和地区的各类信息,降低企业国际化经营风险。

钢铁行业实施电子商务的关键问题分析[1]

李新创　施灿涛　赵　峰

随着信息化发展的不断深入，"互联网+"掀起了传统行业的改革浪潮。钢铁电子商务平台就是钢铁产业链变革结合互联网技术的产物。随着转型升级的加快和经济结构的调整，钢铁产业将在较长时期内处于新常态。在钢铁产能严重过剩、需求持续低迷的背景下，商业模式和管理模式都亟须融合创新。借助电子商务平台，钢铁企业将由单纯的钢铁制造，向制造与服务并重的方向转型。将服务意识引入钢铁行业产业链，发展现代制造服务业，是钢铁企业发展的趋势所在。此外，随着欧冶云商和河北钢铁签订战略协议，逐渐涌现的钢铁电商联盟，将进一步整合行业资源、规范行业秩序，发展可持续的产业链合作模式，推进中国钢铁产业互联网的发展达到一个新高度。

一、钢铁行业电子商务发展概况

2011 年以来，钢铁行业电子商务发展进入新阶段，政府和行业管理部门、产业链相关企业、互联网企业纷纷投身其中。

目前，钢铁行业电子商务发展现状主要表现在：（1）政策支持不断强化。工信部在钢铁行业"十三五"规划前期研究和产业政策调整文件中，着重提到了发展电子商务。（2）钢铁企业挺身入局。在市场需求低迷、行业产能过剩、盈利水平低下的巨大压力下，我国钢铁企业纷纷主动试水电子商务领域，并意图占据优势地位。（3）平台数量集中爆发。钢铁企业搭建平台、钢贸企业搭建平台以及第三方平台总数已超过 200 家。（4）平台功能日益丰富。钢铁电商平台逐渐扩充了交易、物流、保险、支付、金融服务等功能模块，业务范围不断丰富。（5）优势平台逐渐显现。经过多年的积累和沉淀，我国钢铁电子商务领域的平台优势逐渐显现，且呈现出较强的规模优势。

二、钢铁行业实施电子商务的优势

电子商务平台与传统交易模式比较，具有以下优势：（1）低成本与快捷优

---

[1] 作者单位均为冶金工业规划研究院；本文发表于《第十届中国钢铁年会暨第六届宝钢学术年会论文集》，2015 年 10 月。

势。电子商务以信息流代替了实物流，具有低成本与高效率的优势。（2）商业模式开放性优势。电子商务的开放性和全球性，为企业创造了更多的贸易机会。（3）信息资源共享优势。电子商务平台信息真实、公开、透明，信息资源可共享。（4）优化交易流程优势。电子商务减少了传统交易的中间环节。（5）平台整合资源优势。电子商务平台破除了时空壁垒，可以通过整合平台资源，化解过剩产能。（6）贴近终端用户。通过电商平台，企业在满足客户需求的同时，可以组成产品升级研发联合体。（7）有利于实现大规模定制。通过开放式的电商平台，多品种、小批量的订单可归并整合成较大批量的合同需求，缓解定制化需求与大规模生产之间的矛盾。

三、钢铁行业电子商务发展趋势

目前，我国钢铁行业电子商务发展呈现以下趋势：（1）互联网特有的群蜂意志，使得将来钢铁行业电子商务规模为王的优势明显。（2）互联网打破信息的不对称性格局，以交易佣金为盈利点的市场空间缩小。（3）将来的盈利点在整合资源，即线下物流系统重要性和优先级要高于线上系统，整合仓储物流至关重要。（4）随着终端用户交易壁垒逐渐消除和贸易商整合，业务范围将不断拓展，覆盖地区不断扩张，由商品交易向综合服务延伸的同时，跨境电子商务平台涌现。（5）随着移动应用的普及，钢铁行业移动商务应用将逐渐发力，成为新的应用热点。

四、钢铁行业电子商务面临的问题

（一）政策环境薄弱

政府主管部门、行业管理部门、钢铁企业、电商企业是我国钢铁工业电子商务领域的主要组成部分，但是在钢铁电商的发展方向上仍缺乏共识，没有形成合力。主要表现在：（1）相关法律法规的可操作性仍待加强。我国针对互联网商品交易已陆续制定了一些法律法规，但仍需要进一步完善细化。（2）标准化工作滞后。产品信息标准化和交付流程标准化是供应链管理和电子商务高效运作的基础和保障。中国钢铁行业在产品信息标准化方面，产品规范和质量标准的国标、企标，缺乏与国际接轨的全国统一标准；在交付流程标准化方面，仓储管理、物流配送、融资管理等业务环节缺乏统一的标准流程。（3）缺乏行业共享平台引导。尽管经历了 2013 年和 2014 年连续两年的飞速发展，钢铁行业仍然没有形成一个权威性的共享、交流平台。

（二）平台缺乏合理规划

当前国内钢铁电子商务平台，根据其组织主体大致可以分为两类：（1）由钢厂和大贸易商主导建设的平台，以提升销售为目的，是内部销售管理信息化的产物，定位于辅助销售的功能，难以充分发挥电子商务的优势；（2）第三方平台，多数由互联网创业者发起，向行业主体提供各种电子商务服务，但不具备钢铁行业从业背景，行为具有短视性和逐利性。

钢铁电商平台还存在以下问题：（1）盈利点模糊。盈利模式仍处于试探、摸索阶段，现有200余家钢铁电商企业，在盈利模式上五花八门。（2）功能配套不全。由于行业准入、渠道限制、技术不足等原因，部分电商平台在功能上无法支持完整的业务流程，难以聚集规模用户。此外，钢铁物流仍停留在传统物流的阶段，成为制约钢铁电子商务发展的"瓶颈"。

（三）钢铁企业应对不足

作为我国的传统行业，钢铁企业多年来一直背负国有资产保值增值的压力。钢铁企业在面对电子商务这样的新生事物时，缺乏与之相适应的体制机制。面对急速恶化的市场环境、日益严格的监管要求，钢铁企业亟须调整观念，加快体制机制创新，从根本上提高企业竞争能力和抗风险能力。

（四）信用体系不完善

发展大宗商品电商的难度主要在于如何完成初期的客户积累。一般来说，只有建立了信用体系，才可以使行业内的资金、资源、客户和利润呈现正循环，有效避免类似钢贸信贷危机的出现。目前出现的诸多交易平台数据超常规膨胀、个别购买虚假底单的现象，都是为了尽快获得市场认可，形成下游客户消费习惯，重新构建钢材销售商业模式。这些手段，短时间内会迅速扩大市场份额，但长久经营会加剧钢铁电商行业的恶性竞争。

（五）核心技术缺失

电子商务平台作为一种开放式的应用系统，其运行模式、运行环境、甚至业务渠道都很容易被竞争对手在短时间内复制。目前钢铁电子商务领域存在严重的同质化竞争现象，究其原因，是缺乏领先于竞争对手的核心技术。

具体表现在：（1）系统平台与钢铁企业、钢贸企业、物流仓储企业、金融机构等合作伙伴之间没有完全实现业务流和信息流的无缝衔接，缺乏完善的系统集成技术；（2）系统平台在订单接收、仓储管理、物流配送等环节没有充分考虑订单匹配、库存优化、路径优化等问题，缺乏科学的智能优化技术；（3）系统平台在市场行情分析、用户行为分析等方面没有充分挖掘数据隐含的潜在规律，缺乏可靠的数据挖掘技术。

五、钢铁行业实施电子商务的建议

(一) 不断完善基础法规和标准化体系

结合钢铁行业特征,不断完善与之相适应的电子商务基础法规和标准体系,营造健康、有序的市场环境。从国家层面推进产品规范和质量规范的标准化,并能满足国际地区之间的贸易要求;推进仓储管理、物流配送、融资管理、合同管理等环节的标准流程定义。

(二) 加强行业引导,优化支撑服务环境

在政府部门引导下,由专业的第三方研究机构牵头,构建钢铁行业电子商务的信息共享平台、知识共享平台、行业交流平台、人才培训平台,为我国钢铁工业实施电子商务营造健康、有序、和谐的发展环境。

基于钢铁产业链和价值链各个环节特点,建立与之相适应的协同、高效的电子商务管理与服务体制,确保电子商务支撑服务环境满足电子商务快速发展的需求,引导电子商务服务业实现规模化、产业化、规范化发展。

(三) 着眼长期健康发展,开展科学合理的平台规划

(1) 充分考虑钢铁产品的特有属性,建成与之相适应的物流配送体系,打通已有物流园区和电商平台的联系,为钢铁电商实现信息流、资金流和物流的同步奠定基础。

(2) 冶金产品具有交易额大、物流运输复杂、终端或地区用户需求个性化的特点,因此设计适合公司资源和不同冶金产品特点、满足销售区域或终端用户不同需求的交易模式,是上线产品获得市场认可的重要因素。

(3) 考虑到钢铁电商发展趋势是价格公开透明、交易过程免费,电商平台未来的盈利点将是针对冶金产品不同特点,本着沟通高效、仓储物流批量议价、金融服务便捷等原则设计的盈利模式。

(4) 通过满足客户的差异化需求为平台提供增值空间,例如:在线设计体验、特殊性能新材料深加工、定尺定重加工配送、小批量多品种钢材归集生产计划预售、特定区域终端用户需求大数据分析咨询服务等。

(四) 创新商业模式,引领行业范式

互联网精神的本质,是价值链的外部化、一体化,甚至价值链的重构,这一过程导致行业边界模糊化、企业边界模糊化、相关者角色模糊化。互联网特有的群蜂意志和7:2:1行业规律,使得钢铁行业商业模式回归到电商的本质上来,以规模为王、渠道为王。在未来的发展过程中,可能会出现几种模式的融合,或

者发展出新的模式，需要钢铁企业去积极探索实践，从而占据行业领先地位，成为行业效仿和追随的模范。

（五）完善平台功能，构建全产业链在线生态系统

随着钢铁行业贸易商的缩水、银行信贷政策的严格，钢铁企业传统多层次销售代理、分散销售渠道的格局将被打破，钢铁行业电子商务平台将整合销售网络，为吸纳更多的客户资源上线交易，第三方垂直化定位将是电子商务平台发展方向。

随着信息的爆发、开放与分享，以大数据、云计算为代表的商业基本设施的完善，使得价值创造活动普及化、自助化。受此影响，以整合仓储、物流、在线融资、电子支付等配套服务功能为集大成的电子商务平台，将实现冶金产品这一大宗商品的商业模式和管理模式的融合创新。这一闭环式冶金类贸易生态系统集成服务体系是钢铁行业电子商务平台获得持续发展的核心要素。

（六）升级信息系统，树立行业技术变革标杆

以电子商务为契机和驱动力，促使钢铁企业在信息化建设方面完善以下几个层面的工作，将助力我国建立"工业4.0"的钢铁版本。

（1）应建设完成以ERP为代表的基础信息系统架构。我国钢铁企业在经历了部门级信息化（MIS）和企业级信息化（ERP）之后，已经基本完成基础信息化，实现"产供销一体""管控一体"的效果。

（2）应开始实施以APS为代表的高级计划系统。APS可有效解决钢铁企业生产运营中的订单计划、生产组批、作业计划、物流计划等关键业务环节的优化计算。

（3）应开始实施以BI为代表的决策支持系统。通过实施以BI（商务智能）为代表的决策支持系统，对企业决策提供科学、合理的数据支持，将是钢铁企业在转型期需要重点解决的问题。

（4）应探索物联网技术在钢铁物流中的应用。作为"工业4.0"的支撑技术，物联网技术在大宗商品领域还有待发展。钢铁物流系统中的采购物流和销售物流可以充分利用物联网技术，弥补物流发运的短板，实现信息流和资金流的同步。

"工业4.0"与中国钢铁工业[1]

李新创 施灿涛 赵 峰

近年来，由粗放型增长转向创新驱动增长已成为普遍共识，我国也确定了依靠科技创新驱动经济转型升级的道路。作为国民经济的基础，实体经济部门，特别是制造业的转型升级，对于我国完成从制造大国到制造强国的转型将起到至关重要的作用。"工业4.0"以信息物理系统（CPS，Cyber-Physical Systems）为支撑环境，实现生产制造的网络化、智能化、柔性化和定制化，被各国视为推动经济增长、结构调整、产业转型升级的新引擎和新动力。德国"工业4.0"战略，本质就是以机械化、自动化和信息化为基础，建立智能化的新型生产模式与产业结构。钢铁制造流程是复杂的、动态的、整体性的工程系统，是多因子、多尺度、多单元、多层次整合——集成而成的整体，具有涌现性而非简单加和性。钢铁制造的工艺流程限制导致大规模定制化生产难度较大。目前，我国钢铁行业存在突出的产能过剩、供需失衡、结构失当的现象，需要深入研究我国钢铁工业与"工业4.0"的结合方式和实现途径，以创新思维、创新机制、创新模式和创新技术为核心，实现我国钢铁工业的敏捷制造、精细管理、智能决策和优化运营。

一、"工业4.0"概况

信息技术的诞生最初是用于辅助科研项目的开展，人们在发现"连接一切"的好处之后，便一发不可收拾。尤其是近十年来，更多的物理设备在被植入集成芯片和通信模块之后也开始具备连接的能力，比如电力设施、交通工具、家具家电等，人们的想象力正在尽情释放并一一实现。在工业界，人们开始设想将传统方式下相对独立、封闭的生产系统也接入互联网，并使其具备智能分析和优化决策的功能。这一设想在不同国家开始落地生根：在美国，它被称为工业互联网；在中国，我们称之为"两化"（信息化和工业化）深度融合；而在传统的制造业强国德国，它被称为"工业4.0"。三个概念的本质都是工业生产力和信息生产力的科学融合。

---

[1] 作者单位均为冶金工业规划研究院；本文发表于《钢铁》2015年第50卷第11期，有删节。

（一）"工业4.0"概念的提出

"工业4.0"概念的提出并非刻意为之，而是多种因素相互作用的产物，是人类社会发展到新阶段的必然结果。

2010年，德国凯泽斯劳滕大学人工智能研究所和斯图加特大学生产与自动化研究所针对智能工厂关键技术开展了研究和应用，并结合物联网技术提出了物联工厂的概念。2011年，德国人工智能研究中心在的"汉诺威工业博览会"上提出"工业4.0"的原型概念，力图通过物联网等媒介来推动第四次工业革命，提高制造业水平。在德国政府推出的《高技术战略2020》中，"工业4.0"位列十大未来项目之一，获得政府2亿欧元投入，旨在奠定德国在关键技术上的国际领先地位，强化德国作为技术经济强国的核心竞争力。2013年，德国政府将其上升到国家战略高度。

金融危机后，美国开始调整经济发展战略。2009年，公布《重振美国制造业框架》，2011年6月和2012年2月，相继启动《先进制造业伙伴计划》和《先进制造业国家战略计划》，实施"再工业化"。美国的通用电气（GE）于2012年秋季提出了"工业互联网"概念，这是一个将产业设备与IT融合的概念，目标是通过高功能设备、低成本传感器、互联网、大数据收集及分析技术等的组合，大幅提高现有产业的效率并创造新产业。2013年12月，美国白宫召开了第一次CPS成员会议，讨论的内容跟德国的"工业4.0"几乎相同，应用领域包括能源、健康服务、航空等。

我国从十六大提出"以信息化带动工业化，以工业化促进信息化"，到十七大"工业化、信息化、城镇化、市场化、国际化"的"五化"并举和"信息化与工业化"的"两化"融合，体现了我国对信息化与工业化关系的认识不断深化。2014年10月，中德两国签订了《中德合作行动纲要》，中国希望在"工业4.0"方面和德国加强合作。高端装备制造国产化和自动化，囊括车联网和智能安防网络等智慧产业，这些都将成为未来发展的重点方向。2015年，工业和信息化部将以智能制造为主攻方向，以工业互联网和自主可控的软硬件产品为重要支撑，相关政策文件和地方配套方案会密集出台，使智能制造模式创新需求和智能制造应用需求进一步旺盛，为信息技术产业发展带来巨大的发展前景和市场助力。在某种程度上，"两化"融合可称为我国的"工业3.0"，"两化"深度融合可以说是我国的"工业4.0"。

（二）"工业4.0"的内涵

"工业4.0"是以智能制造为主导的新一轮制造业技术变革，通过信息通讯技术和信息物理系统相结合的手段，借助传感网紧密联系物理世界，感知客户真实的效用，将网络空间的高效计算能力应用于现实生产中，从而在产品设计、制造、运营和物流等流程中实现高度标准化、柔性化、智能化作业，并通过传感器实时地感知、采集和分析相关业务数据，形成可以自律操作的智能生产和服务系统。

"工业 4.0"的实施主要包括两个方面的内容：一是"智能工厂"，重点是智能化生产系统及过程，以及网络化分布式生产设施的实现，即将工艺流程数字化；二是"智能生产"，主要涉及整个企业的生产物流管理、人机互动以及 3D 技术在工业生产过程中的应用等，将人的真实需求、效用通过数字化反馈到产品与服务系统的设计中。智能工厂和智能生产让用户的个性化定制需求得以满足，即使是一次性的产品也可通过颇具收益的方式制造出来。

"工业 4.0"将发展出全新的商业模式和合作模式。新的商业模式和合作模式可以满足定制化、动态变动的顾客需求，同时力争确保潜在的商业利润在整个价值链的所有利益相关人之间公平地共享，包括那些新进入的利益相关人。新的商业模式充分考虑顾客和竞争对手的情况，注重商业合作伙伴之间的连接和协作，为动态定价和服务水平协议质量提供解决方案。

（三）"工业 4.0"的必要性

1. 全球经济发展需要新的动力

在经历了全球范围内大规模的金融危机之后，人们开始反省过分强调金融创新的经济发展方式，重新认识到以制造业为代表的实体经济部门才是人类社会经济发展的真正动力。此外，随着人们对全球性气候变化、区域性极端天气事件频发、发展中国家环境急剧恶化等现象的日益关注，世界范围内的经济发展进入环境友好型、资源节约型阶段。然而，由于生产过程对自然资源存在过度依赖，产业链存在由于信息不对称导致的决策偏差，现有的工业体系需要升级到新的版本。

2. 国际竞争需要新支点

在全球化和网络化浪潮下，国际竞争出现了新局面。美国在 CPU、操作系统、应用软件以及云计算平台等"信息"领域保持绝对优势之外，已经开始涉足并加速进入智能机器人、汽车自动驾驶、无人驾驶飞机商品配送等"物理"业务领域。与此同时，中国制造则以成本优势不断占据全球市场。数据显示，德国以 16% 的份额占据 2013 年全球机械出口首位，中国以 11% 的份额略低于美国位于全球第三。在全球设备制造业的 32 个子行业中，中国已经在 7 个子行业中取得了领先地位。"工业 4.0"概念的提出体现出德国面对国际竞争环境时强烈的危机感。同时，各国都力争在以信息技术革命为核心的新一轮国际竞争中尽快建立领先地位。

3. 科技发展提供质变基础

进入 21 世纪以来，科学技术的发展和更新速度达到令人应接不暇的地步，给人类社会的生产、生活方式带来了巨大变化。尤其是互联网的日渐普及和人工智能技术的日臻成熟为工业领域新一轮的技术革命提供了良好的技术基础。

（四）"工业 4.0"的作用和影响

近年来，越来越多的国家将信息化条件下的高端制造业视为实现工业升级和强化国家竞争力的突破口。

1. 决策更加精准

信息物理网络是一个多智能体系统，由一个个具有独立运算能力的智能体组成，每个智能体在智能芯片和通讯模块的支持下具备了对象感知、数据共享、智能决策的功能。客户订单、生产设备、加工对象、物流载体、运输对象等物理实体和虚拟对象，乃至各级信息系统均可视为智能体。整个多智能体系统共享基础数据，同时每个智能体内部均定义了个性化的操作任务和需求，能够在产品设计、原料采购、生产组织、质量控制、物流配送、设备维护等方面完成更加精准的决策，实现局部最优和全局最优的协调与统一。

2. 资源高效利用

以智能工厂和智能生产为核心的"工业 4.0"能够最大程度地实现生产对象个性化、生产组织柔性化、生产过程自动化、资源利用高效化，生产成本精益化的全新生产方式，以实现大幅度提高生产力的最终目标。根据德国国家科学与工程院的研究，估计企业的生产效率可以通过"工业 4.0"提高 30%。同时，"工业 4.0"能够最大程度地高效利用人力、原料、设备、能源等各种资源，大大减少环境污染和资源浪费。

3. 重组产业链条

智能工厂由物联网加以控制，突破了地域和时域的束缚。智能工厂可以根据订单需求实时地将物理上分布在全球各地的工厂、仓库等设施重新组合成多智能体系统，从而实现动态化分布式制造，达到重组产业链条的效果。

4. 重建国际竞争秩序

"工业 4.0"通过"连接一切"的理念，打破信息不对称的格局，将信息资源作为生产组织的引擎，必将引发全球制造业的洗牌，加速淘汰落后生产力。不能有效掌握和利用信息资源的企业将处于劣势或被迫出局，"中国制造"的生存环境也将进一步恶化。

二、中国钢铁行业"两化"融合的现状

2012 年，工信部选定了钢铁、有色金属等 27 个行业（领域），218 家企业作

为国家级"两化"深度融合示范企业，钢铁行业中宝钢、济钢、武钢等十家钢铁企业成功入选。经过几年的持续推进，钢铁企业信息化的覆盖率为我国工业领域之首，钢铁企业"两化"融合的成熟度居于我国工业领域前列。在先进企业的示范带动下，钢铁行业经过自主创新、消化引进再创新，近年在基础自动化、过程自动化和企业经营管理系统建设方面取得了很大进步。

（一）过程控制与生产执行

目前，冶炼过程控制自动化的系统技术除大型高炉和转炉的系统平台仍存在依赖于国外的情况外，其他基本上是采购相关系统，或自行开发应用软件。轧制过程自动化，特别是带钢冷热轧过程自动化，由于系统庞大，对控制速度、通信速度要求高，大部分企业引进国外系统，部分企业采用自主设计、自主集成过程计算机控制系统，并自主开发控制模型及各项控制功能。

生产制造执行系统（MES）是钢铁企业信息化体系结构中重要的组成部分，是连接企业经营管理与生产控制的桥梁。统计显示，全部或部分产线建设了车间级制造执行管理系统的企业比例约为82%，实现全部或部分磅称计量数据自动采集的企业比例为87%，实现全部或部分检化验数据自动采集的企业比例为77%。半数以上的企业建设了能源管理系统，大多数企业建设了环保监测管理系统，但对业务范围的支持比较薄弱，功能范围也仅仅停留在数据采集上，在分析、优化、执行、智能模型等方面缺乏有效支撑。

（二）经营管理

在经营管理上，大部分企业的内部供应链管理信息系统已基本建成，多数企业建设了公司统一财务管理系统，在总账、固定资产、应收、应付等财务管理业务覆盖情况较好，但企业预算管理的信息化基本缺失。采购管理、公司层面生产管理、公司层面质量管理、销售管理、协同办公管理、人力资源管理、综合统计、数据分析已基本实现信息化，但是电子商务、工程项目管理信息化还需加强。

大中型重点钢铁企业基本实现了业务与财务的无缝衔接，但财务系统与周边业务系统的衔接须进一步提高，如与采购系统、销售系统、物流系统、设备系统、工程项目系统等系统之间的紧密相连。

（三）系统集成

目前，部分重点大中型钢企实现了管控衔接。制造执行系统与企业资源计划系统、过程控制系统之间实现自动数据交互的企业不到统计企业的50%，其中，实现"双向集成"的企业比例仅为20%，集成程度较低，说明钢铁企业在管控衔接上还处于浅层次的应用。

目前，13%的企业已经实现了研发、生产制造、服务流通三大系统的整体系统集成，其中研发与制造集成的企业占到30%。这说明在三大系统集成方面，企业当前重点关注的是研发与制造集成。

目前，信息系统的人性化交互得到了企业的重视，已经有接近半数企业的企业门户与主要系统或全部系统进行了集成。但在信息系统的管控能力支撑上还须进一步努力。在当前钢铁企业信息化建设硬件设施取得较大进展、软件开发取得初步进展的情况下，只有50%左右企业能及时获取信息并下达指令，而对这些指令进行有效执行的只有1/3。

（四）供应链协同

供应链集成主要体现在企业通过电子商务平台的建设进一步建立了与客户和供应商的综合集成。企业与客户的协同方面较为欠缺。有44%的企业开展了客户的协同信息化工作，其中主要是在订货、生产计划、结算和物流配送方面。可以说客户协同应用仍然较少，但得到了很大的发展。而企业在供应商协同的应用更少，多达65%的企业还没有实行供应商协同。

（五）产品全生命周期管理

钢铁产品的全生命周期管控主要体现在对新品的研发、产品的生产制造和产品的客户服务上。目前，大部分企业在信息化建设系统中采用了统一编码，系统统一编码方面做得较好。在统一研发系统、生产系统、流通系统这三大系统的建设方面，统一的生产系统建设情况较好，其中由于全厂质量监控系统和产供销系统可以给企业带来直接的管理效益，其建设的比例超过或接近50%。统一的客户服务标准、建设统一的流通服务系统也得到了约1/3的企业认可，说明企业不断重视对客户的服务。

三、中国钢铁行业"两化"融合存在的问题

总体来看，根据信息化和自动化的应用情况，我国的钢铁企业主要分为三类：（1）设备自动化水平低、年限长、资金薄弱的钢铁企业，这些企业基本不具备实施大型信息系统的条件，符合"工业2.0"的特征；（2）设备较先进、设备自动化水平较高的钢铁企业，包括几个大型钢厂和发展较快的一些中型钢厂，企业基本实现了生产过程的自动控制、处理和数据采集，兼具"工业2.0"和"工业3.0"的部分特征；（3）具有成套自动化生产线和较高生产管理水平的钢铁企业，以宝钢为代表，这些企业具有较高的管理水平和生产自动化水平，已建有较为完善的基础控制和管理信息系统，可以做到企业级的产供销信息一体化管理以及全生产过程的自动控制和数据的采集处理，基本达到"工业3.0"的阶段。

制造业的转型升级已成为我国亟待解决的问题，"工业 4.0"让我们看到了解决这个问题的战略思想。"工业 2.0"的最大特征是借助自动化降低成本、提高劳动生产率和保证产品质量；"工业 3.0"的最大特征是计算机的广泛应用。我国在计算机核心技术上仍然处于摸索、模仿和依赖阶段，关键元器件和软件没有自主知识产权。

（一）核心技术及智能系统创新能力欠缺

我国钢铁行业在信息系统和物理系统的开发、管理、集成方面，创新能力仍然较弱。产品生产工艺设计与智能管理决策支持系统的综合集成、业务系统向产业链前端延伸，缺乏成熟的行业解决方案。目前，国内多数软件和集成技术处于产业价值链末端，技术水平、劳动生产率、工业增加值率、产品附加值都比较低。此外，钢铁企业还需要加强业务流程创新和企业系统创新，对企业的组织结构和经营流程进行大规模改造，以充分释放"两化"融合的潜在效益。

（二）钢铁行业集中度低造成的智能管控改造难度大

我国钢铁企业数量众多，但中小型企业比重大。钢铁行业规模经济的特征要求钢铁行业的集中度要达到比较高的水平，因而集中度低成为我国钢铁行业"两化"深度融合的最大问题。目前，我国钢铁工业和发达国家相比，因集中度低造成的产能过剩、市场恶性竞争、信息孤岛等问题比较严重，要集成联通这些信息孤岛，存在很大的改造难度。因此需要进行跨行业的业务协同和资源整合，开发集团化发展的综合平台。企业的集团化发展需要建立一个能够支撑整个集团内部管理及业务运作的数字化集成平台，实现信息集成化、产业流程化，提升企业的核心竞争力，这就要求进行统一规划、共享资源、规范标准。推动跨行业、跨部门的业务协同和资源整合是深化"两化"融合的重要因素。

（三）政府资金支持有限

从政府层面来看，"两化"融合任务很艰巨，推进"两化"融合发展的手段不多。政府是推动企业信息化建设的重要力量，可以通过政策引导、资金扶持、示范带动等多种方式推动"两化"融合进程。尤其是政策引导与资金扶持具有明显效果，可以引导企业主动开展信息化建设，是政府推动"两化"融合的重要手段。但目前信息化建设能够争取到的资金十分有限，因此政府对企业"两化"融合的推动作用并不明显。

（四）企业机制体制创新能力不足影响"两化"融合深入推进

从企业自身层面来看，多数企业处于"两化"融合的初级阶段，且推进

"两化"融合的难度很大。企业是"两化"融合的主体，本应淘汰落后生产力，引领各方力量积极开展企业物理系统和信息系统建设，利用物联网和互联网技术，实现企业生产技术信息化、生产设备信息化、管理体系信息化，借此提升企业的核心竞争力。然而绝大多数企业的管理层未从企业转型升级战略高度，进行相应的"两化"融合机制体制创新，在推进过程中表现为"两化"融合规章制度欠缺、激励机制不灵活、重视信息化硬件建设轻智能集成升级等持续创新问题。

（五）"两化"融合专业人才匮乏

从"两化"融合软环境层面来看，软环境构建及长效机制不完善。受城市发展水平、居民收入水平、企业发展理念等诸多因素的影响，"两化"融合专业人才往往聚集在北京、上海等大城市。同时，若企业自己培训相关人才，又因成本高、周期长等原因难以持续。因此，"两化"融合专业人才匮乏成为制约企业信息化建设的重要因素。

四、"工业 4.0"将助推中国钢铁行业实现转型升级

近年来，我国钢铁行业整体进入深度调整阶段。在严苛的市场环境下，我国钢铁企业产品质量不高、运营效率低下、管理方式粗放、环境污染严重的缺点暴露无遗。"工业 4.0"凭借其高效、实时的智能化信息处理和优化决策能力，可使我国钢铁行业总体生产效率提升 30% 以上，减少 60% 以上的非计划停机，消除 25% 以上的非生产性能耗，总碳排放量减少 20% 以上，库存成本减少 70% 以上，最终对我国钢铁行业的转型升级起到强有力的推动作用。

（一）以个性化市场需求为中心，提供个性化产品和全方位服务

除电子商务、客户关系管理（CRM）等平台之外，在信息物理网络的支持下，钢铁企业可以通过全天候跟踪市场需求信息和产品使用信息实时性地更新产品规范、质量规范、工艺规范，不断扩充个性化产品目录内容。以客户需求为导向，不断完善研发设计、生产制造、市场营销、售后服务等产品全生命周期信息集成和跟踪服务，逐步建立以服务为核心的产品设计和整体解决方案，拓展在线实时监测、远程故障诊断、工控系统安全监控、网上支付结算等全方位增值服务。推进整个钢铁行业商业模式转型，尽快从材料制造商向材料服务商转变。

（二）以制造设备智能化为基础，增强生产组织柔性

传统的钢铁制造设备由于缺乏足够的柔性，已经不能满足"工业 4.0"的要求。而新的制造设备由于具备了实时性的对象感知、数据采集、数据分析和优化

决策的能力，可以在生产组织方面具有更高的柔性。例如：炼钢设备在冶炼过程中，通过感知采集到化学成分信息后，与冶金规范数据进行对比，对于不满足质量要求的情况，通过炼钢专家系统检索应对措施，并自动下达指令到相关设备或系统，对生产计划进行动态调整。

（三）以实时性数据分析为依据，提高企业运营效率

传统工业生产要素的配置取决于生产者掌握的生产资源，生产者根据已掌握的生产资料进行生产要素配置，实现生产资料和劳动力的质上相适应和量上成比例。而在"工业4.0"环境下，生产要素的配置则取决于信息资源。由于信息物理网络的高度发达，钢铁企业能够完全掌握产品市场需求、原材料市场和劳动力市场等信息资源，能够根据市场需求动态配置、采购和调度与之相对应的生产资料和劳动力，能够实现生产资料最优化的配置。例如：企业可以通过不间断获取客户合同信息、计划执行状态、设备运行状态、原材料供应状态、物流发运状态、合同结算状态等信息对各类生产运营计划进行动态调整，从而大大提高市场响应速度、客户满意度、合同兑现率、质量合格率、设备利用率、能源利用率、综合成材率、库存周转率等。

（四）以供应链系统集成为动力，促进相关产业融合

"工业4.0"是产业链社会化大协作的工业形态。传统钢铁企业生产过程协同只能在企业内部各个部门之间、不同车间之间实现小范围协同。在供应链管理系统、客户关系管理系统、制造执行系统、企业资源规划等系统充分集成到信息物理系统中之后，钢铁工业可以实现整个供应链上的企业与合作伙伴共享客户、设计、生产经营信息，将生产过程协同扩大到全供应链条甚至是跨供应链条，实现全生产过程优势资源、优势企业的网络化配置，促进相关产业融合，真正地实现社会化大协同生产。

五、"钢铁4.0"的战略要点

钢铁行业作为原材料生产部门，不同于其他制造业，钢铁生产过程兼具流程工业和离散制造的特征。基于此特征，我国钢铁行业实施"工业4.0"的战略要点可以归纳为"1235战略"，即：一套规范、两个引擎、三方集成、五级架构。

（一）一套规范：以冶金规范为代表的基础数据

钢铁产品具有工序过程复杂、品种规格繁多的特点，产品的工艺控制更是纷繁复杂。冶金规范管理主要对产品的质量规范、生产工艺规范等基础编码进行维护管理，包括：产品规范管理、质量规范管理和工艺规范管理。其中，产品规范

管理用于维护企业产品大纲目录，每条产品记录由钢组、钢级、材质、品类、品名等信息确定；质量规范管理用于维护产品生产过程中的物理性能、化学成分、公差标准等规范数据；工艺规范管理用于根据产品所要求的工艺流程确定产品在生产过程中应经过的实际工序，即将逻辑工艺与实际工序之间建立对应关系。除此之外，需要定义有关生产设备、工厂、仓库、运输设备等对象的基础信息，包括：设备能力、加工速度、生产品种及规格、库存能力、运输能力等。

（二）两个引擎：优化计算与数据挖掘

1. 以 APS 为代表的高级计划排产系统

APS（高级计划系统）是着眼于生产计划与调度领域，以约束理论为基础，以数学规划为问题分析工具，以约束满足技术为求解方法，以常驻内存方式进行运算的一整套人工智能优化方法，是对 ERP 系统功能的有效补充和提高升级。APS 可有效解决钢铁企业生产运营中的订单计划、生产组批、作业计划、物流计划等关键业务环节的优化计算，是企业提高运营效率、实现资源高效利用的重要手段。

2. 以 BI 为代表的决策支持系统

在基础信息化系统架构构建完成的基础上，企业将面对涵盖原料采购、物资供应、市场需求、生产实绩、质量跟踪、物流发运、设备运行、能源消耗等核心业务环节的海量数据。通过实施以 BI（商务智能）为代表的决策支持系统，以数据挖掘为核心技术，有效利用这些数据，使之成为有用的"信息资源"，对企业决策提供科学、合理的数据支持，将是钢铁企业需要重点解决的问题。

（三）三方集成：内部集成、外部集成与端对端集成

"工业 4.0"将无处不在的传感器、嵌入式终端系统、智能控制系以及通信设施通过 CPS 形成一个智能网络，使企业内部系统之间、企业之间、网络终端对象之间能够互联，从而实现三方高度集成。

"内部集成"是基于未来智能工厂中网络化的制造体系，实现个性化定制生产，替代传统的固定式生产流程（如生产流水线）。通过作为硬件的"物理系统"与作为软件的"互联网"相互嵌入并融合（CPS），才能易于实现钢厂的智能化——"互联网+"。这就要通过智能化设计，构建起合理的物质流、能量流为标志的物理系统，同时导入信息流，以促进提高物理系统的运行效率。例如，对转炉、电炉、精炼炉、连铸机、轧机等设备进行系统升级，使其具备对象感知、数据采集、数据分析以及智能决策的功能。

"外部集成"是企业之间通过价值链以及信息网络所实现的一种资源整合，是为了实现各企业间的无缝合作，提供实时产品与服务。例如，可以从企业战略

合作伙伴开始，对供应链管理（SCM）系统和客户关系管理（CRM）系统进行延伸，采用 EDI（电子数据交换）等系统集成技术，将系统范围扩展到产业链各方，在信息物理网络上形成虚拟产业集群，构建钢铁工业的在线生态系统。

"端对端集成"是指贯穿整个价值链的工程化数字集成，是在所有终端数字化的前提下实现的基于价值链与不同公司之间的一种整合，这将最大限度地实现个性化定制。

（四）五级架构：以 PLC-PCS-MES-ERP-EIP 为主线的信息系统架构

我国钢铁企业在经历了部门级信息化（MIS）和企业级信息化（ERP）之后，已经基本完成基础信息化。多数钢铁制造企业构建完成了由一级 PLC（可编程逻辑控制器）、二级 PCS（过程控制系统）、三级 MES（制造执行系统）、四级 ERP（企业资源规划）、五级 EIP（企业信息门户）为主线的五级信息系统架构，实现了基础数据的标准化、基本业务的流程优化、生产-业务系统的集成化，基本消除了"信息孤岛"现象，达到"产销衔接""管控一体""三流合一"的效果。尚未完成基础信息化的企业应当有强烈的紧迫感，加大投入，抓紧时间构建基础信息化体系。

六、"钢铁4.0"的实施建议

（一）主动转变观念

虽然中国目前是全球最大的制造业国家，但在核心材料、设备以及工艺方面仍缺乏足够的创新。总体来说，中国制造仍然处于价值链的底端，绝大多数企业还未脱离以"劳动密集型""规模化流水线"为特征的"工业2.0"时代，整体尚未进入大规模自动化生产的"工业3.0"时代，钢铁行业要正视与发达国家之间的差距，采取合理、有效的发展路径。

"工业4.0"的核心是要掌握信息资源的控制权，这也是企业未来生存能力的衡量标准，将决定行业的国际竞争力。在全球产业分工中，制造环节永远是临时工，人工或原料成本一旦升高，临时工就将失业。因此，我们必须实现从"中国制造"到"中国创造"的转型。

多年来，我国钢铁企业对信息化重视程度不足，存在较大误解，使得很多信息化项目对企业运营效率的提升达不到应有的贡献。面对全球范围新一轮技术革新浪潮，我国钢铁企业必须积极、主动地转变观念，态度上由被动接受转为主动出击，认识上由设备堆砌到技术革命，准备上由设备升级到模式转变。

（二）加强政策支持

认真落实国家支持"两化"深度融合发展的财税、金融和投融资政策措施，抓紧出台鼓励钢铁行业推进"两化"深度融合的具体办法，完善推动"两化"深度融合投融资政策，形成政府投入为引导，企业投入为主体，其他投入为补充的长效投融资机制。充分协调利用现有的各项专项资金，组织实施一批重大"两化"融合示范项目，推进信息技术与管理技术、生产制造技术的融合，切实发挥信息技术带动钢铁行业转型升级的引领作用。

（三）制定行业标准

各参与方需要就"钢铁4.0"涉及的技术标准和规格取得一致，这是支撑钢铁行业在"工业4.0"环境下实现生产要素、技术和产业互联集成的关键前提。因此，应制定信息技术改造提升传统产业的管理体系和技术体系的行业标准，用互联网思维推动物联网、大数据、云计算技术在钢铁行业的应用，推进制造方式、销售和服务模式革新。

（四）完善服务体系

进一步建设和完善钢铁行业信息资源开发利用及服务平台。促进公共信息资源共享和开发利用，加大涉及行业各类信息的采集、加工、分析力度，逐步实现各类信息资源的查询、共享和综合集成服务，鼓励引导公共信息资源的社会化开发利用，挖掘公共信息资源的经济社会效益。发展钢铁行业制造技术、管理、信息化系统集成软件及面向钢铁行业的技术服务平台和咨询公司，研制适合钢铁行业需求的各种信息系统综合解决方案及配套产品，多种途径开展技术与咨询服务。建立与完善面向钢铁工业"两化"融合的管理与技术服务体系，为行业和企业"两化"融合化建设提供服务。引导优势钢铁企业联合建立服务全行业的共性"两化"融合技术应用平台，构建公共服务能力体系；支持大企业内部的信息技术应用与服务部门独立出来，发展成为面向全行业服务的"两化"融合咨询服务中心等。

（五）培育行业典型

培育钢铁行业"两化"融合典型，实施重大示范项目，引导钢铁企业由单项技术应用向综合集成和产业链协同创新转变。充分发掘和培育"两化"融合的行业典型，组织表彰"两化"融合先进企业、先进个人。加大宣传、认真总结和大力推广先进经验和做法，通过典型示范突破行业应用信息技术的难点，构建基于"两化"融合转变增长方式的钢铁行业新模式，最终实现以点带面、点面互动，带动全行业的"两化"深度融合。

（六）储备前沿技术

"钢铁4.0"涉及诸如智能机器人核心部件、高端芯片、新型显示、关键电子元器件、人工智能、虚拟现实等关键技术、共性技术，需要联合科研机构、高等院校、领军企业等各方，加大研发力度，不断储备前沿技术，并将这些科技成果转化成现实的生产力。

（七）培养专门人才

组建由企业信息化领域知名专家、教授及相关企业专业技术人员组成的专家库，为"两化"融合项目的规划和建设提供专业指导和服务。加强"两化"融合的宣传，通过信息化应用培训、论坛和研讨会等多种形式提升信息化应用水平。培养一批精通信息技术、掌握管理理论和实践、深入了解钢铁行业特征的复合型人才，为"两化"融合提供人才保障。将"两化"融合复合型人才纳入高层次人才引进计划，吸引海内外高层次人才创新创业。

"钢铁+互联网"

——钢企变革新机遇[❶]

李新创　施灿涛　吴秀婷

对于钢铁行业而言，"互联网+"概念的引入将推动钢铁行业由单一企业竞争转变为平台经济体的竞争，推动整合钢铁产业链上的生产商、贸易商、用户、金融机构、物流配送机构、技术服务机构等多种资源，实现共同经营、共享成果、共担风险，提升效率，降低成本，并能更高效地服务于客户。

因此，借助国家大力发展互联网的契机，主动拥抱并与互联网融合，通过"钢铁+互联网"，消除信息壁垒，优化资源配置，同时，以创新思维、创新机制、创新模式和创新技术为核心，实现全产业链的运营协调和整体优化，是"寒冬"期钢铁企业的变革之路。

"互联网+"，加的是创新驱动发展方式，加的是新的创新力和新的生产力，加的是现代商业模式，加的是生产流程再造和价值链重组。而"钢铁+互联网"，意指钢铁行业要主动拥抱互联网，进行全产业链的运营协调和整体优化，进而形成供应链协同。

一、钢铁行业主动与互联网融合好处多

（一）"钢铁+互联网"在当前最直观地表现为钢铁电商的蓬勃发展

目前，钢铁企业、钢贸企业以及第三方搭建的钢铁电商平台总数已超过200家。据不完全统计，截至2015年上半年，国内钢铁电商平台总注册用户数达到64.8万户，交易用户数为9.9万户；钢铁电商平台的钢材交易规模达到6259万吨，成交额达到1650.0亿元，成交均价为2636元/吨。另据钢协统计，上半年，重点企业钢材销售量为28119万吨，其中直供量为10306万吨，电商平台的销售量占重点企业总销售量的22.3%，占重点企业其余销售量（钢材直供量除外）的比例为35.1%。

钢铁电商平台具有价格公开透明，物流、资金、支付等环节相较于传统交易

---

❶ 作者单位均为冶金工业规划研究院；本文发表于《中国冶金报》2015年11月10日08版。

模式更便捷等优势，使得钢铁电商的发展成为必然。钢铁行业主动与互联网融合，有助于推动钢铁行业的转型发展。

（二）消除信息壁垒，优化资源配置，实现产销平衡，缓解产能过剩

借助"互联网+"战略，大力发展钢铁电商，可以实现：数据标准化——钢铁产业链的数据将进一步标准化、结构化，使数据能够在不同企业、不同行业间有效传递；业务规范化——"互联网+"将带来业务流程的全面优化，促使钢铁产业链上的业务流程进一步规范化；信息实时化、信息资源共享化——利用"互联网+"的即时性、实时性，可以对钢铁产业链上的数据进行实时监控，借助大数据平台，实现信息资源的共享；平台开放化——钢铁电商作为一种开放性的应用系统，提供了丰富的资讯，为企业创造了更多的贸易机会；业务在线化——随着信息技术和制造技术的深度融合，钢铁行业的业务流程将实现全面在线化，增强业务的实时性。

通过提供实时的信息服务，钢铁电商可以有效消除产业链信息壁垒，优化资源配置，实现产销平衡，进而缓解产能过剩的问题。

（三）促进互联互通，形成供应链协同，结成联盟，提高产业集中度

"互联网+"可以实现业务上的开放和跨界、产业上的调整和重塑，以及发展要素的重组和优化。互联网将向钢铁产销链条深入渗透——钢铁企业可逐渐实现生产、仓储、加工和物流环节的智能化，以及与电商平台的数据交换。

服务型钢铁电商的出现，解决了钢铁流通层级过多的问题，进一步降低了流通成本，促进钢铁产业链各环节不断融合；实现了企业间信息的互联互通和实时性的信息服务，有效消除了供应链节点之间的契约不完善、信息不完全、交易不确定等问题，企业之间的交易更易演变成供应链内部的协作，形成供应链的协同。

此外，产业内部企业的互联互通，有助于企业之间合理配置资源，在利益的驱动下，结成产业联盟，进而提高产业集中度。

（四）拓展融资渠道，改善融资环境，降低融资成本

借助互联网金融，钢铁行业可以解决融资难、融资贵的问题。钢铁电商+互联网融资，通过信息对称、信息共享、互联互通、在线操作、无障碍对接等，可以减少和消除中间环节，有效降低企业的融资成本；互联网金融平台产品和服务不断推陈出新，可以进一步完善钢铁行业金融服务体系，降低钢铁企业融资难度；互联网金融可以推动钢铁行业与创业投资机构、产业投资基金的深度合作，进一步拓宽钢铁企业的融资渠道，改善钢铁行业的融资环境。

（五）定位个性化市场，促进智能化生产，打造动态供应链，提高运营效率

针对钢铁订单多品种、小批量的特点，钢铁企业可以充分利用互联网和物联网的相关技术，跟踪市场需求信息和产品使用信息，实时更新产品规范、质量规范、工艺规范；以客户需求为导向，不断完善研发设计、生产制造、市场营销、售后服务等产品全生命周期信息集成和跟踪服务，逐步建立以服务为核心的产品设计和整体解决方案。例如，利用互联网平台的长尾效应，钢铁企业可以在满足客户个性化需求的同时，创造出规模经济效益。

此外，"互联网+"还可以为钢铁产业智能化提供支撑，以制造设备智能化为基础，以实时性数据分析为依据，对生产计划进行动态调整，提高企业运营效率。

二、四大关键问题亟待解决

虽然"互联网+"为钢铁行业提供了转型升级的机遇，但同时也有一些关键问题亟待解决。

（1）钢铁企业发展观念亟待转变。"钢铁+互联网"带来的不只是钢铁电商平台的蓬勃发展，最重要的还是对传统思维的颠覆。

"钢铁+互联网"的本质是钢铁产业经过互联网改造后的在线化、数据化，但重点仍旧是钢铁产业。钢铁业拥抱互联网，是一种全产业链的互联互通，是企业内部管理系统与外部渠道的协同融合。钢铁企业需要借助互联网和大数据来实现企业精细化的管理，推动行业真正实现由计划生产向定制化、个性化生产转变，实现产业结构调整升级，合理配置行业及社会资源。

（2）钢铁企业智能系统核心技术缺失。虽然中国目前是全球最大的制造业国家，但在核心材料、设备以及工艺方面仍缺乏足够的创新。总体来说，中国制造仍然处于价值链的底端，绝大多数企业还未脱离以"劳动密集型""规模化流水线"为特征的"工业2.0"时代，整体尚未进入大规模自动化生产的"工业3.0"时代。

我国钢铁行业在产品生产工艺设计与智能管理决策支持系统的综合集成、业务系统向产业链前端延伸等方面，缺乏成熟的行业解决方案。目前，国内多数软件和集成技术处于产业价值链末端，技术水平、劳动生产率、工业增加值、产品附加值都比较低。

（3）钢铁企业机制体制创新能力不足。钢铁企业拥抱"互联网+"，本应淘汰落后生产力，引领各方力量积极开展企业物理系统和信息系统建设，利用物联网和互联网技术，实现企业生产技术信息化、生产设备信息化、管理体系信息化，借此提升企业的核心竞争力。

然而，绝大多数企业的管理层未从企业转型升级战略高度，进行相应的"钢铁+互联网"的机制体制创新，在推进过程中表现为相关规章制度欠缺、激励机制不灵活、重信息化硬件建设轻智能集成升级等持续创新问题。

（4）专业人才匮乏。受城市发展水平、居民收入水平、企业发展理念等诸多因素的影响，"两化"融合专业人才往往聚集在北京、上海等大城市。如果企业自己培训相关人才，又因成本高、周期长等原因难以持续。因此，既懂互联网又懂钢铁行业的专业人才匮乏成为制约钢铁企业拥抱"互联网+"的重要因素。

三、"钢铁+互联网"的实施建议

基于上述问题，笔者认为，钢铁行业在与互联网相互融合时，可以从以下几个方面做起。

（1）发展增值服务，进一步延伸钢铁产业链。钢铁行业对互联网的深度理解和应用，将积累大量"互联网+"的运营经验及技术，部分钢铁企业、钢材流通商和钢铁电商平台可借此优势，向其他企业提供整体的"互联网+"解决方案，使非钢产业逐渐成为公司的新支柱产业。钢铁产销供应链的"互联网+"深度参与者，可向其他企业提供"互联网+"解决方案，发展高附加值的服务产业。

（2）大力发展钢铁领域的移动互联。移动互联网是移动和互联网融合的产物，具有即时性、感触性、便携性、精准性、可定位等特点。钢铁领域广泛应用移动互联，可以有效整合资源。例如，在物流运输方面应用移动互联，可以实现车载信息的实时监控，充分实现车辆的合理调度，减少车辆返程空载问题。

（3）打造"钢铁+互联网"示范试点。积极开展"钢铁+互联网"示范试点，探索钢铁行业"互联网+"的发展模式，破除行业准入、数据开放、市场监管等方面的政策障碍，打造"钢铁+互联网"生态体系。目前，冶金工业规划研究院已经和荣程钢铁集团达成合作意向，共同打造"钢铁+互联网"示范基地。

（4）升级信息系统，树立行业技术变革标杆。为了充分利用"钢铁+互联网"的优势，实现钢铁全产业链的运营协调和整体优化，钢铁企业需要加强信息化建设：应建设完成以 ERP 为代表的基础信息系统架构；实施以 APS 为代表的高级计划系统（APS 可有效解决钢铁企业生产运营中的订单计划、生产组织、作业计划、物流计划等关键业务环节的优化计算）；实施以 BI 为代表的决策支持系统（该系统可以为企业决策提供科学、合理的数据支持）；探索物联网技术在钢铁物流中的应用。

（5）不断完善基础法规和标准化体系。结合钢铁行业特征，不断完善与之相适应的"钢铁+互联网"的基础法规和标准体系，营造健康、有序的市场环境。从国家层面推进产品规范和质量规范的标准化，使之能满足不同国家和地区之间的贸易要求；推进仓储管理、物流配送、融资管理、合同管理等环节的标准流程定义。同时，基于钢铁产业链和价值链各个环节的特点，建立与之相适应的协同、高效的电子商务管理与服务体制，确保满足电子商务快速发展的需求，引导电子商务服务业实现规模化、产业化、规范化发展。

此外，还须进一步建设和完善钢铁行业信息资源开发利用及服务平台，加大涉及行业各类信息的采集、加工、分析力度，逐步实现各类信息资源的查询、共享和综合集成服务，鼓励引导钢铁行业公共信息资源的社会化开发利用，挖掘公共信息资源的经济效益。

同时，与互联网企业建立信息咨询、人才交流等合作机制；面向"互联网+"融合发展需求，引进和培养一批"互联网+"领域的高端人才。

技术经济融合　助推行业转型

——中国金属学会冶金技术经济分会工作展望[❶]

李新创

一、行业形势

（一）钢铁行业运行特点

（1）钢材价格触底反弹，但仍然处于低位。

自 2012 年以来，国内市场钢材价格一路下跌，连续下跌超过 4 年。2015 年 12 月，钢材综合价格指数最低跌至 54.48 点，是有指数记录以来的最低水平，比 2014 年年末下降 34.43%。

2016 年以来，钢材价格有所回升。到 2016 年 4 月末，钢材综合价格指数最高涨至 84.66 点，钢材价格指数首次高于去年同期。钢材市场价格持续上升，除了前期价格跌幅过大的恢复性上涨外，市场和预期的炒作也起到了较大的作用，特别是 3 月、4 月钢材价格上涨超出预期。到 5 月后价格快速回落，6 月仍延续了小幅下降的趋势，7~10 月始终保持震荡上行走势。最新公布的 11 月第二周钢材综合价格指数为 89.82 点，相比 2015 年年底上升了 33.45 点。

2016 年以来，钢材价格和期货各钢铁相关品种合约价格出现波动并合理回归，但市场供大于求的基本面没有改变。钢材价格上涨改善了企业经营状况，缓解了行业运行的一些困难，但是较大的波动同时也对生产经营平稳运行带来很大影响。

（2）粗钢累计产量同比下降，整体供给仍然过剩。

国家统计局最新数据，2016 年 1~10 月我国生铁、粗钢、钢材产量分别为 58635.3 万吨、67296 万吨、94829.4 万吨，同比增幅分别为 0.1%、0.7%、2.4%。从粗钢产量看，2016 年 1~2 月粗钢产量同比下降 5.7%，1~3 月同比下降 3.2%，1~4 月同比下降 2.3%，1~5 月同比下降 1.4%，降幅逐月收窄，3~10 月当月粗钢产量连续 8 个月正增长，4 月、6 月粗钢日产水平先后创历史新高，

---

❶　本文发表于《冶金经济与管理》2016 年第 6 期。

粗钢产量释放的速度同样超出市场预期。

（3）钢材消费量下降，但降幅收窄。

自 2014 年我国钢材消费量达到历史峰值 7.02 亿吨后，钢材消费量便开始下降。2015 年钢材消费量 6.64 亿吨，同比下降 5.4%，为 20 年来首次负增长。2016 年 1~10 月，我国钢材实际消费量同比下降 0.4%，降幅收窄。

（4）钢材出口保持增长，今后出口难度加大。

2016 年 1~9 月，全国累计出口钢材 8512 万吨，同比增长 2.4%；累计进口钢材 983 万吨，同比增长 1%。但同时国际市场针对中国的反倾销、反补贴案件明显增多，2016 年前三季度已经达到 38 起，第四季度钢材出口难度加大。

（5）会员企业扭亏为盈，企业间差距较大。

受钢材价格上涨影响，钢铁企业经营状况普遍实现好转，扭转了全行业亏损的局面。2016 年 1~9 月，中国钢铁工业协会会员钢铁企业实现销售收入 1.99 万亿元，同比下降 8.05%；实现利润 252.06 亿元，扭亏为盈；亏损企业亏损额同比下降 57.48%，累计亏损面 27.27%；1~9 月累计销售利润率为 1.27%，在工业行业中仍然处于较低水平。从分月情况看，1~2 月亏损，3~9 月实现盈利。整体经济效益有所好转，但是因区域、所有制形式、生产规模的不同，企业的效益差距很大，值得认真研究。

2016 年年初以来，钢铁行业经济效益好转，是国家推进供给侧结构性改革，积极化解钢铁过剩产能工作效果的初步体现，是会员企业按合同按市场需求坚持理性生产，努力加强管理、降本增效、有效应对市场的结果。1~9 月钢铁行业实现扭亏为盈，使企业对化解过剩产能工作的必要性和紧迫性有了更充分的认识，对通过化解过剩产能促进钢铁行业转型脱困取得实效的信心更加坚定。

（二）面临的形势

国际环境不确定性增多。世界经济复苏缓慢，世界银行组织频繁下调经济增速预期，世行 2016 年 6 月 7 日最新报告又一次调低了全球经济及主要发达国家经济增长的预期：世界经济增速从 2016 年 1 月预测的 2.9% 下调至 2.4%。

国内经济稳中有进，稳中向好。习近平总书记在 2016 年 7 月 8 日经济形势专家座谈会上指出，当前经济运行基本平稳，经济发展长期向好的基本面没有变。经济走势仍然分化，新旧发展动力的转换需要一个过程。2016 年上半年，国内生产总值同比增长 6.7%，经济结构持续优化。

世界经济下滑影响中国经济发展，中国经济增速减慢直接导致钢铁行业面临低迷困境。当前，下游用钢行业大多景气度不佳，如造船、集装箱、家电等行业将延续前三季度的下行趋势，房地产和汽车行业将保持一定增长。但需要注意的是，原来汽车行业主要生产重卡和大型工程车辆，用钢需求量相对较多，而现在汽车行业以生产轿车为主，单车用钢量下降，钢材质量要求大幅提高，所以对于汽车行业需求增长要保持谨慎乐观的态度。民间投资增长不佳使投资对经济增长的拉动作用减弱，唯一增速较快的是基建投资，第四季度有望继续保持较快增长。总体看，下游需求整体处于弱势。但是也不能过于悲观，中国作为全球第二大经济体，经济增速仍然在世界名列前茅；中国市场仍然是世界上最大的钢材消费市场，每年 6 亿~7 亿吨的消费量仍然大有可为。

2016 年 1~9 月全行业实现利税增长，利润扭亏为盈为结构调整创造了条件，更坚定了落实供给侧结构性改革要求、化解过剩产能的信心。下一步重点关注化解过剩产能任务、国企改革推进、企业资金面、环境制约、智能制造、产业布局、联合重组、开放发展、资源保障、营造公平市场环境等方面的问题。

二、对冶金技术经济工作的认识

钢铁技术是一种应用科学，如果新技术、新装备、新产品不具有经济性就必然被市场所淘汰，难以持续下去。因此技术经济对于钢铁行业来说是具有指导和标准意义的一门学科。当前钢铁行业要求做到技术具有经济性，经济辅助技术研发，这是中国钢铁行业良性发展道路必须遵循的原则之一。

（一）技术创新和经济效益融合是行业发展趋势

随着我国钢铁产业由规模扩张进入减量发展的时代，加之政府简政放权的推进，钢铁行业从追逐技术创新转为技术创新与经济效益相融合的方向，钢铁企业发展由投资项目建设转向竞争力建设。可以说减量发展时代的技术创新和经济效益融合发展是行业发展的趋势。

当前，我们面临国际新形势，面临新的机遇和挑战，钢铁产业发展形势的变化，技术经济学科的发展都离不开大的时代背景，需要有一个新的更快、更好的发展。从国际上讲，一个是高新技术飞速发展，新的技术革命一浪高过一浪地向前发展，不仅是高新技术，包括信息、新能源、新材料等一系列高新技术正在飞速发展，而且在迅速地产业化；同时，这些高新技术正在出现很多新的特征，技术进步出现了很多新的现象，例如交叉科学成为当前技术发展的一个很重要的新的趋势，技术经济就是交叉科学。

过去钢铁技术的发展强调的是对某一专业学科要有很深的研究，但是随着经济社会发展越来越复杂，速度越来越快，各个地区、各个部门发展不平衡性加剧，人口、资源、环境等越来越多的问题摆到人们的面前，因此现在要解决一个问题，它的复杂性远比过去大，比过去困难，所以技术经济学科的发展应该是技术和经济的融合协调发展的过程。

（二）技术经济未来的发展方向

随着市场经济的发展，技术经济学方法的应用范围将不断扩大，广泛应用于各种技术政策、产业政策的论证与评价；生产力布局、转移的论证与评价；经济规模的论证与评价；资源开发利用与有效配置的论证与评价；企业技术改造的论证与评价；技术转移与技术扩散的经济分析与技术引进的论证与评价；企业技术创新、新技术开发、新产品研制的论证与项目评价；企业技术经济潜力的分析、论证与评价；技术发展战略的研究、论证与评价等。

技术经济理论方法也将应用于环境研究领域中，如环境污染与生态破坏的经济损失估算，绿色 GDP 核算体系，环境政策与管理的经济分析。

在资源技术经济领域，将研究节能技术的经济评价，替代能源及新能源技术开发的经济分析，重大能源项目的经济分析。

技术经济学方法还将应用于以下一些方面：企业绩效评估，证券投资基金绩效评估，资产评估，资源、生态与环境的价值评估，资本效率与经济增长分析，人力资源配置与人力资源开发，技术进步、增长方式转变与就业形势分析，政府公共工程项目评价理论与方法，大型开发项目经济分析与社会分析，技术产权交易和金融投资的博弈分析等。

三、冶金技术经济分会下一步工作思路

中国金属学会冶金技术经济分会于 1980 年 11 月成立，自成立开始一直挂靠在冶金工业规划研究院（以下简称冶金规划院），利用冶金规划院"五度"思维和政府参谋部、行业引领者、企业智囊团的行业定位，积极深入到各企业进行走访调研，掌握企业第一手生产材料，为企业提供技术经济分析服务，为政府提供钢材市场分析预测。2016 年 9 月技术经济分会第七届委员会组建完成，新鲜血液的注入，为冶金技术经济发展带来新的思路和观念。分会将持续为政府、企业搭建交流平台，依托冶金规划院的专业团队为行业发展和企业生产经营提供支持。

（1）加强与总会的沟通交流，积极承接研究和相关服务工作。

技术经济分会作为中国金属学会的分支机构，将建立与总会更紧密的沟通联系机制，依托冶金规划院专业技术优势，积极承接总会安排的各项研究工作，以及参加相关服务工作，支撑中国金属学会研究工作。与此同时，通过委员召开会议在一定程度上加强了总会、分会与各委员单位之间的联系。更重要的是，通过冶金规划院和总会共同搭建的高端会议平台，使总会更加了解企业需求，可以更有的放矢地为企业提供优质高效服务。

（2）承接工程院信息知识中心信息推送业务。

目前，技术经济分会已与工程院信息知识中心建立了长期交流合作机制，定

期为工程院信息知识中心推送行业宏观发展、行业技术、装备、产品等方面的信息，欢迎各位委员通过技术经济分会平台向信息知识中心介绍技术、装备、产品等方面的发展情况，促进行业信息互通和技术与经济的融合发展，同时为各位院士提供更广泛的技术经济第一手数据与观点。

（3）开拓技术经济分会业务范围。

技术经济分会依托冶金规划院目前已形成"经济+管理+资本运作"三大专业领域格局，结合冶金规划院专业优势，融合技术经济分会特色，与时俱进，根据企业不同阶段和不同项目的需求，不断推出定制化的咨询产品，指导企业落地实施，解决企业的切实问题。具体开展的研究及业务包括：宏观经济研究、机制体制、系统降本、技术经济分析、冶金产品价格分析、成本对标分析、管理提升、企业转型、多元发展、人力资源管理、企业财务管理、资本运作、绿色债券第三方认证、财税政策研究以及资产证券化、债转股、企业改革和金融创新研究、企业文化、期货研究及期货服务、新三版上市规划、上市公司中（年）报分析、合资公司组建方案、企业并购财务评估等业务。

（4）积极开展标准工作。

只有企业工作规范化和标准化，才能实现持续化高效化经营管理，最终有望形成经济效益。节能减排国家标准委员会和物流标准委员会均设置在冶金规划院，这是冶金规划院又一个为企业服务的窗口。通过技术经济分会平台，将在技术经济指标、企业管理和风险方面开展标准推介工作，提高企业对标准化工作重视程度。

（5）建立与各委员长期沟通交流机制。

技术经济分会作为平台，以冶金规划院专业技术团队为依托，整合了行业领域中的优秀企业资源，并通过按时换届与各委员单位建立了稳定的联系，也设立了联络员机制，下一步分会将通过各单位联络员与各委员单位建立有效沟通机制，从分会角度为各委员单位提供服务。

（6）丰富分会活动形式。

目前技术经济分会活动以每年定期举办高端论坛为基础，邀请更高层次的领导和专家为企业答疑解惑和指明发展方向，2012~2016 年，分会已经举办了五届中国钢铁技术经济高端论坛。未来，拟开展论文征集、问卷调查和演讲比赛等多种形式丰富分会活动，以更好地为委员单位提供个性化、创新性服务为使命，搭建钢铁行业技术经济学科的交流沟通平台。

国际钢铁去产能做法及对我国的借鉴作用[❶]

李新创

钢铁是应用最广泛的结构材料和重要的功能材料，钢铁工业对一国工业发展乃至经济发展具有不可替代的重要作用。回顾欧、美、日等发达国家或地区发展历程，其工业发展多数都是从钢铁等基础产业开始兴起的，也都经历过钢铁去产能结构调整的过程。

值得注意的是，在当前这轮全球钢铁产能过剩调整中，中国已做出了重大贡献，"十二五"期间累计淘汰炼钢产能约 0.9 亿吨，并专门为钢铁去产能出台了国务院文件以及成体系的配套政策措施，"十三五"期间将压减粗钢产能 1 亿 ~ 1.5 亿吨，2016 年完成年度目标任务已成定局。

一、西欧去产能结构调整的做法

西欧是近代钢铁工业的发源地，在 19 世纪曾经是世界钢铁生产的中心，两次世界大战对西欧钢铁工业破坏极大，第二次世界大战结束后，西欧各国均采取扶植钢铁工业加快发展的政策，并成立了欧洲煤钢联盟，即欧共体、欧盟的前身，在经历 1945 年 ~20 世纪 60 年代的恢复重建期，以及 20 世纪 60~70 年代中期的改建扩建期后，西欧钢铁工业在 70 年代末、80 年代初进入了去产能调整期，在这轮调整期间欧共体及西欧各国采取的主要措施包括：

（1）采取限制粗钢产量的政策，规定各国、各企业最高总产量限额和欧共体成员国内大多数钢材品种贸易量的最大限额。严格限产，赴企业监督检查，生产超过限额的部分要实行罚款。

（2）实施限价政策，1977 年，欧共体开始对钢筋实施最低价格限制，之后又扩大到小型钢材和宽幅热轧带钢。

（3）通过自愿限制协议，限制欧共体各成员国对本国钢铁企业的资助行为，规定只能为减少产能的企业提供资助。

（4）1980 年欧共体开始决定各国要削减产能，1981~1986 年，欧共体 10 国共削减了热轧钢材能力 3000 万吨及相应的炼钢炼铁能力。伴随着产能的削减，

---

❶　本文发表于《21 世纪经济报道》2016 年 12 月 26 日 013 版。

钢铁工业产生大量失业人员，据统计，从 1980~1986 年，欧共体钢铁工业雇员从 67 万人减少到 39.7 万人，下降了 40%，政府对此给予了大规模补贴（其中一部分来自煤钢共同体的基金），据当时的西德钢铁联盟估计，欧共体十国在1980~1985 年间对钢铁工业补贴了 828 亿德国马克（吨钢产能补贴约 2700 马克）。

（5）20 世纪 90 年代又开始了新一轮削减过剩产能，1993 年提出重建计划，主要内容是在 1993~1995 年削减 1900 万~2600 万吨产能，通过德国、西班牙、意大利、葡萄牙四个国家的六个钢铁企业的合理化计划，四国政府提供了约 77 亿美元补助金，促使六个企业削减产能 550 万吨（吨产能补贴约 1400 美元）。

（6）支持钢铁企业发展优势品种，调整生产布局，关闭部分产能，突出重点，实施集中生产、专业化生产。支持钢铁企业兼并重组，在重组后关闭不具备竞争力的生产线，避免某个公司整体关闭。

如奥钢联的林茨厂原有三个炼钢厂，改造一炼钢为炼钢博物馆，二炼钢设备（3 个 60t 转炉）转卖他国，集中力量开三炼钢（原有 2 个 145t 转炉，再新建一个 145t 转炉），品种上重点发展汽车钢板。再如当时的西德克虏伯公司，炼钢能力从 880 万吨下降到 540 万吨，但生产效率、品种质量大幅提高，高合金钢比重从 21% 提高到 31%，普通钢从 22% 下降到 15%。

（7）鼓励钢铁企业发展多种经营，在 1975~1986 年间，蒂森、贺西、曼内斯曼的钢铁销售额占总销售额比重分别从 42%、48% 和 30% 下降到 36%、39%和 16%。

（8）对关闭生产线的区域实施支持政策，提供资金、减免税收等，促进当地经济发展，增强吸纳钢铁企业失业员工的能力。

二、日本去产能结构调整的做法

日本是传统的钢铁强国，在中国之前曾连续多年占据世界第一产钢大国的位置，新日铁住金、JFE 等钢铁联合企业和爱知、山阳、大同等特钢企业具备极强的市场竞争力，在全球钢铁业享有盛誉。日本政府在钢铁去产能调整时期主要采取了以下措施：

（1）推动、批准企业结成协调联合体，按季度提出钢铁工业指导性产量，并监督落实、协调，必要时对部分品种的价格调整进行管控。协调钢铁出口，包括调整税率，协调有关钢铁企业就某些钢材品种（或某些目标市场）在价格、投放量等方面达成一致行动。

（2）根据市场变化，在必要情况下，对企业生产钢材的品种进行临时干预、调整，或对某些钢材品种的贸易进行管控。

（3）调整废钢、电力等原料、能源价格，对进口废钢量进行贸易管理。

（4）控制钢铁工业新上项目和投资；针对钢铁等不景气产业淘汰过剩装备

出台"稳定特定不景气行业的临时措施法"。

（5）协调银行等金融机构对企业减少或转移设备能力予以资金支持，并支持加入协调联合体的企业实施减产；在雇佣调整救济金方面对企业加大优惠政策力度。

（6）依托中介组织，协调钢铁与下游行业制定修订相关产品的标准和规范，构建钢材质量保证制度，与工厂认证制度并行实施。

（7）结合压缩过剩装备，推进生产能力向大企业集中。

（8）对企业投资环保设备给予税收优惠，并准许加速折旧；推动银行对于钢铁工业前沿技术、基础研究给予融资方面的大力支持，并对重大项目拨付政府补助金。

三、美国去产能结构调整的做法

美国在 19 世纪末到 20 世纪 70 年代的相当长时期内，一直是世界钢铁第一生产大国，受石油危机冲击，20 世纪 70 年代美国钢铁产业竞争力逐渐下滑，80 年代开始大规模技术改造和结构调整。

从 1980~1989 年，美国粗钢产能从 15370 万吨压缩到 10510 万吨，与此同时产能利用率从 66% 提高到 85%，从业人数由 50 万人减少到 21 万人。政府在钢铁去产能调整时期采取的措施主要有：

（1）注重贸易保护，为本国钢铁工业调整创造好的环境。美国钢铁工业拥有强大的工会，美国政府为平稳推进产业调整、减少对就业的影响，往往通过调整税收、采取限额、反倾销诉讼等多种手段实施钢材贸易保护。

（2）修订税务、折旧、金融政策，加快钢铁企业资金积累，提高钢铁企业融资能力，促进钢铁产业改造升级。如将钢铁设备折旧年限从 12 年缩短为 5 年，对钢铁企业实施减税、免税，并根据情况延长减免时间等。

（3）高度重视先进技术对产业结构调整、改造升级的支撑作用，综合考虑市场、资源和产业基础等情况，大力支持企业在工艺流程、技术装备上瞄准领先水平，推动企业实施现代化改造，提高生产效率。

（4）支持资助企业、科技机构开展重大基础研究、先进技术装备应用和科研人员培训等。

（5）不再在环保等方面对钢铁企业实施更为严格的标准、条例。

（6）20 世纪 90 年代末，美国再次调整钢铁工业结构，重点是推进兼并重组，使前三大钢铁公司占全国总量的 60%。

四、国际去产能做法的借鉴作用

中国钢铁发展有自身的特点，不能机械地照搬国外的所谓经验。对比来看，有很多国外去产能的做法，我们实际上已经进行中国化运用了，而且做得更好，更有大国责任，比如中国并没有像有些国家那样在去产能调整时期一味采用贸易保护措施。

具体而言，可借鉴或者中国钢铁去产能应进一步加强的措施有：一是在保障做好人员安置的前提下，研究给予主动退出的产能（违法违规、落后产能除外）以补偿的政策；二是引导各地科学去产能，做好本地去产能、促转型的钢铁产业调整升级方案，以在去产能过程中提高竞争力；三是加大扶优扶强力度，积极发挥钢铁企业竞争力评级等作用，引导金融、产业政策方向，支持优强企业发展，促进兼并重组；四是对钢铁企业调整产品结构、实施节能环保技术改造加大财税、融资支持力度。

智能制造助力钢铁工业转型升级[①]

李新创

一、宏观视角——中国经济进入减速转型新阶段

中国钢铁产业在全球的地位是其他产业不可比拟的，无论是从产量、原料需求还是生产工艺流程来看，中国钢铁产业和全球的融合度比任何产业要高。2015年钢材直接出口 1.12 亿吨，2016 年出口 1.08 亿吨，随着机电产品出口数量的不断增加，由此带动的钢材间接出口量亦不断增加。2015 年我国进口铁矿石 9.5 亿吨，2016 年进口铁矿石 10.2 亿吨。钢铁进出口贸易不仅影响直接出口，也影响间接出口，因此要用全球视野看钢铁发展。

（一）全球经济整体态势

从各方面研究来看，全球经济高增长时期已经终结。2008 年以来，尽管各国都采取量化宽松的货币政策来刺激经济发展，但不论是发达国家还是发展中国家都还没有找出非常有效的办法走出目前的低迷状态，全球经济整体态势表现为"三低"——低速增长、低利率、低通胀，同时存在"三失衡"——收支失衡、贫富失衡、全球经济协调机制的阶段性失衡，这是很大的挑战。

2016 年经济形势与年初的预计相比全球经济不确定性持续增加，大宗商品价格陷入中长期低迷，全球经济复苏进展不一，各个国家货币政策分化，新的增长点尚不明确。

（二）中国经济运行情况

长期以来，我国钢铁工业发展主要是以国内消费为主，钢铁行业和整个国家经济同步率较高，国民经济的变化对钢铁消费影响巨大。研究中国经济运行对钢铁行业的影响不仅要看经济增长速度，更要看结构变化，后者的影响更大。2016年经济增速下降影响钢材消费，除此之外，增长结构对钢铁影响更大。

作为行业智库的冶金工业规划研究院在研究某个国家钢铁消费峰值时，其

---

❶ 本文发表于《中国冶金》2017 年第 27 卷第 2 期，有删节。

中一个很重要的指标是，看第三产业占国民经济的比例是否超过50%。从2016年来看，中国第三产业增速较快，对整个国民经济贡献超过51.6%。从对国内消费来看，拉动作用确实立竿见影。2016年消费贡献高达64.6%，相当于发达国家处于目前发展阶段的消费贡献。从利于国家经济结构优化来讲是对的，但是从中国目前这样的经济结构、发展状况来看，消费贡献比例过高、投资过低，反映我国的投资强度和投资增速确实存在一定问题，对经济发展影响较大。

2016年经济指标与2015年同比，居民消费价格（CPI）上涨2.0%，工业产品出厂价格（PPI）下降1.4%，社会消费品零售总额增长10.4%，固定资产投资增长8.1%，民间固定资产投资增长3.2%，房地产开发投资增长6.9%，采购经理指数处于活跃时期。从中国国内整体经济来看，消费总体平稳；固定资产投资增速有所放缓；CPI重回2时代，PPI持续回升。

从2016年的运行情况来看，经济运行保持在合理区间，全年增速为6.7%，完成6.5%~7%的年度增长目标。从执行状况来看，更加符合十八大战略方针，尽管面临诸多挑战和压力，按照政府给出的方向努力，中国经济还是令人充满信心的。通过钢铁行业的运行情况能够更清晰地了解全球、中国经济状况。

二、产业发展——钢铁产业发展趋势

（一）全球钢铁发展判断

站在当前的时间节点上，世界钢铁产业已进入了新的阶段，也就是新一轮的稳定发展，类似处于20世纪70年代初到2000年，全球经济低速增长对钢铁需求几乎处于停滞状态，全球钢铁行业迎来一个漫长的调整过程。

（二）全球和中国钢铁消费预测

根据冶金工业规划研究院对全球钢铁的预测分析，2020年和2030年全球钢铁需求将保持在15.2亿~15.3亿吨水平，很难有大起大落，这其中主要消费地区来自亚洲，重点是中国，这种判断对行业和企业制定发展战略至关重要。

中国钢铁峰值已经过去，消费在走下坡路。2015年中国钢材消费6.64亿吨，预测2016年我国钢材实际消费量为6.7亿吨，同比增长0.9%；2030年国内钢材消费可能下降到5亿吨左右，这是大的趋势。即使到2030年，也没有其他国家和地区能超过中国的钢材消费量，中国仍然是全球最大的钢材消费国，市场是足够大的。

另外，中国粗钢产量取决于中国钢材产品出口量能不能继续维持在1亿多吨以上。2015年末到2016年，因为反倾销、国家政策变化等，虽然中国钢材出口下降 3.5%，但总量仍达到 1.08 亿吨，中国钢铁保持着较强的竞争力，因此对中国钢铁行业不应过于悲观，仍然要充满信心。

（三）行业发展趋势

（1）有效化解过剩产能。通过提高竞争力去产能，通过发展去产能。尽管2016 年形势有所好转，但仍不能动摇去产能的决心，要从以下三点落实化解过剩产能问题：第一，要依法依规，淘汰包括"地条钢"在内的落后、违规和不合规产能；第二，通过市场竞争淘汰低效、无效产能，创造公平环境；第三，通过加快联合重组，更高水平地去产能。但所有这些都需要政府要托底，政府的任务就是要保持社会稳定，解决因化解过剩产能所引发的一系列问题，包括就业、债务、社会稳定等。

（2）打造最具国际竞争力的行业。钢铁行业是未来中国制造业中最具国际竞争力的行业，为此需要加快我国钢铁行业的创新能力建设，包括理论创新、商业模式创新、技术创新以及管理方法创新，提前制定相关战略规划，持续打造最具国际竞争力的行业。

（3）全力发展绿色钢铁。全力发展绿色钢铁，是钢铁企业必须实施的路径，是社会发展的必然要求。冶金工业规划研究院和河钢集团联合制定了六位一体的绿色行动计划，即绿色矿山、绿色采购、绿色物流、绿色制造、绿色产品和绿色产业，真正使钢铁产业和城市相融，不止是简单污染排放达标。特别是一些优秀企业，如宝钢、唐钢、太钢，已形成全球最干净的、绿色化的和城市相融的企业。中国已经有了范例，需要其他企业不断提高绿色经营意识，构建全行业六位一体绿色发展新体系。全力发展绿色钢铁需要钢铁人自己努力，也需要政府帮助搭建公平平台。

（4）智能制造助力转型升级。钢铁行业研发创新的关键是人才队伍建设，由于钢铁生产环境较为艰苦，就业前景不乐观，各大高校相关专业招生人数正在逐步缩减，因此改善生产环境、提高行业智能化水平已经迫在眉睫。智能制造一方面能加快推进钢铁行业转型升级，引领钢铁产品向中高端发展；另一方面可以大幅提升企业发展质量和效益，这是钢铁行业未来发展方向。

（5）大力增加有效供给。有效供给的增加一方面取决于钢铁企业推出的新产品、新技术和新服务；另一方面可持续低成本基础上的低价策略。低成本是指利用更有效的生产方法、更有效的生产技术带来的更低的成本。提高品种质量、降低能耗、提高有效供给，是供给侧改革的重中之重。

（6）优化产业布局。钢铁行业具有资源化、资本密集型、资源密集型、劳动密集型特点，我国每年进口 9 亿~10 亿吨铁矿石和千万吨焦煤，沿江沿海有独特的物流成本优势、市场和资源（包括矿石）优势，因此钢铁产业布局应坚持

"一带多点网络化"，即沿江沿海地带加快发展，内地结合环境、资源多点布局，为下游用户提供网络化高效服务。这也是平台经济和"两化"融合要实现的行业要求，让钢铁行业和钢铁企业为下游提供无可挑剔的服务。

（7）加快联合重组步伐。目前我国钢铁产业前十位的集中度仅有30%左右，难以构建公平有序的竞争环境。应进行强强联合，尽快打造世界级的钢铁企业，如宝武联合重组，引领行业更好发展。同时，加快区域和特色钢铁企业的联合重组。大规模的钢铁企业联合重组既符合行业转型升级的客观要求，又能在钢铁供给侧改革中增加有效供给，有利于钢铁市场健康稳定的发展。

（8）推动开放发展。推动开放发展，不仅要走出去，还要引进来，这是为了使原材料、产品、研发、产能更好地走出去。现在我国在国际贸易中存在进口贵、出口便宜的问题，应学会利用更好的国际贸易手段保护产业发展；面对贸易保护，勇敢出击，将宣传钢铁行业作为一种使命，扭转中国钢铁被视为落后的观念。既要强调硬实力，也要强调软实力，形成有利于中国钢铁业的贸易秩序，减少贸易摩擦，形成合作共赢的有利局面。

（9）强化资源保障力度。2016年铁矿石进口增长7.5%，铁矿石对外依存度超过80%，当前铁矿石和优质焦煤很大程度上依赖进口，因此钢铁行业关键性、战略性资源的保障力度需要进一步提高。中国铁矿石进口占据全球贸易量的60%以上，却几乎没有话语权，并且进口来源进一步向澳大利亚、巴西集中。我国当前缺少有利钢铁工业发展多元化的、稳定的、高效的资源进口渠道，应该加快海外资源布局。我国铁矿石进口是长期的，不是短期的，即便经营管理做得再好也弥补不了价格大幅波动的影响，目前我们确实没有形成合力搭好平台、整合资源。

（10）完善公平的市场环境。从国家层面来看，不同地区的环保、财税、土地和用工等方面执法力度不一，行政监管不严，对假冒伪劣产品打击不力，甚至有些地区的贸易壁垒仍然存在。不公平的市场环境加重了钢铁行业的恶性竞争，不利于我国钢铁行业转型升级，因此需要进一步完善公平的市场环境。

（四）减量发展背景下，"九化"协同重塑价值链

传统钢铁价值链是以末端增值为目标，以单向流程为导向，粗放式生产经营，对钢铁产品增值的价值输送链条。冶金工业规划研究院提出新形势下基于"九化"协同（绿色化、有序化、品质化、标准化、差异化、服务化、多元化、智能化、国际化）的重塑钢铁产业"五点四链三集群"的柔性价值网络体系，即：以钢铁业务为核心，基于多创新要素耦合模块（五耦合：绿色化、有序化、品质化、标准化、智能化），跨领域延伸产业链（四延伸：差异化、服务化、多

元化、国际化），重塑减量化时代柔性创效价值集群，最终形成产服结合、产城共融、产融结合的柔性创效价值集群。

三、腾飞之路——通过智能制造助力钢铁工业成功转型升级

（一）钢铁产业智能转型面临的机遇与挑战

（1）智能制造给钢铁行业带来新机遇。钢铁行业是践行"中国制造2025"战略必不可少的一个行业，也是最有可能通过推进智能制造实现转型的传统行业之一。目前，我国主要钢铁企业装备达到了国际先进水平，关键工艺流程数控化率超过65%，企业资源计划（ERP）装备率超过70%，信息化程度得到了跨越式发展。未来，钢铁企业生产呈现个性化、定制化、多品种、小批量发展趋势，生产方式从规模化生产向个性化定制转变，钢铁企业应充分利用互联网和物联网的相关技术，跟踪市场需求信息和产品使用信息，实时性地更新产品规范、质量规范、工艺规范。在生产过程中，以客户需求为导向，不断完善研发设计、生产制造、市场营销、售后服务等产品全生命周期信息集成和跟踪服务，逐步建立以服务为核心的产品设计和整体解决方案。

（2）钢铁产业智能转型升级存在的问题。归纳起来，存在的主要问题为核心技术及智能系统创新能力欠缺，主要表现在几个方面：行业集中度低造成的智能管控改造难度大；政府资金力量支持有限；企业机制体制创新能力不足；智能化专业人才匮乏。同时钢铁产业在数据集成化水平、柔性化生产能力、大数据应用等方面还面临不同程度的挑战。

（二）钢铁智能制造发展思路及主攻方向

1. 发展思路

借助"互联网+"、物联网以及智能制造技术，实现"两化"深入融合。研发具有需求分析、产品设计、生产组织、过程优化、质量全程管控、市场动态反馈等多重功能的钢铁全流程智能制造系统，提升钢铁制造过程中新钢种高效研发能力、产品质量稳定生产能力、柔性化生产组织能力、能效成本综合控制能力，实现产品规模化生产与定制式制造相融合的钢铁智能化制造，通过智能制造实现产品制造流程的标准化、柔性化、智能化。

2. 主攻方向

钢铁智能制造应该是利用智能制造系统（CPS），依托于传感器、工业软件、网络通信系统、新型人机交互方式，实现人、设备、产品等制造要素和资源的相互识别、实时联通、有效交流，促进钢铁研发、生产、管理、服务与互联网紧密

结合，推动钢铁生产方式的定制化、柔性化、绿色化、网络化，从而不断充实、提升、再造钢铁全球竞争新优势。钢铁智能制造实施的主攻方向包括：智能工厂、智能生产和产业协同。

（1）智能工厂。重点研究智能化生产系统及过程，数字化、网络化分布式生产设施的实现。钢铁智能工厂建设，可以通过智能型 PLC、智能装备等实现数据采集自动化，并对生产工艺、过程数据和供应商数据等进行数据集成，推进全流程产品质量管控与优化，实现生产过程跟踪、质量管控、能源优化、产销协同、订单承诺、订单排程、采购决策优化、投资策略优化、资源配置优化等功能，提升产品设计、生产排产、车间调度等方面自动化和智能化程度，支撑生产管理人员从简单的信息处理和分析的工作中解放出来，把精力集中在创新和增值业务上，优化企业生产组织，提升企业制造管理能力。

智能工厂的重点建设环节是从虚拟仿真设计、网络化智能设备、模块化定制生产和大数据化精益管理等处着手，建设智能工厂，对制造过程的资源管理、生产组织、过程控制等不同层级的信息进行集成，以实现动态调整、全工序优化和大规模定制。

（2）智能生产。智能生产是指以智能制造系统为核心，以智能工厂为载体，通过在工厂和企业内部、企业之间以及产品全生命周期形成以数据互联互通为特征的制造网络，对生产过程进行实时管理和优化，实现大规模定制化生产。当前，钢铁行业主流程为"流程+离散"的生产模式，纯粹的个性化定制不符合钢铁的生产要求，企业需要通过动态化、智能化的资源调度，在满足流水线式的生产基础上，提高个性化的生产能力，同时降低个性化生产的负面效应，最终实现企业与客户双方利益的最大化。

（3）产业协同。通过大数据、云计算、移动互联网、物联网等新技术的共同作用，充分把握新工业时代下信息资源带来的机遇，以数据洞察为核心驱动力，贯穿参与者、产品与生产，实现产业链互联互通的协同，形成集制造和服务为一体的价值网络。

钢铁产业的协同需要钢铁企业对 SCM、CRM、ERP、MES、EC 等系统进行有效集成，打通上下游产业链的原料供给与产品需求，利用大数据技术深度挖掘客户需求，实现形成以客户为中心、需求为导向的智能制造体系。

（三）钢铁企业智能化实施路径

未来 3~5 年，钢铁工业信息化水平大幅提升，并掌握一批重点领域关键核心技术，优势领域竞争力进一步增强，产品质量有较大提高。同时，钢铁工业数字化、网络化、智能化取得明显进展，重点行业单位工业增加值能耗、物耗及污染物排放明显下降。"十三五"期间，钢铁工业可从以下几个阶段逐步推进转型升级。

第一阶段重点任务是推进制造过程智能化。全面实施高级计划排程（APS）系统，实现敏捷制造及精准交货。对钢铁企业而言，生产计划系统功能集成中遇到的最大难题便是如何面向多品种小批量的大量订货合同而组织生产。构建高级计划排程系统可以解决"在有限产能条件下，交期产能精确预测、工序生产与物料供应最优详细计划"的问题。可以制定合理优化的详细生产计划，并且还可以将实绩与计划结合，接收制造执行系统或者其他工序完工反馈信息，从而大大降低工序生产计划与物料需求计划的编制难度。

第二阶段重点任务是推进企业决策智能化。在企业的经营管理过程中，决策意味着不断地根据实际生产情况在不同选项之间，在利润、质量和市场之间进行快速有效的权衡。为提高资源和能源利用效率，钢铁企业应采用系统优化的思想，建立具有冶炼技术和经济成本的双重模型，综合考虑与钢铁生产相关的化学、热力学模型以及生产率、原材料价格和可支配量等方面的信息，实现单部门（包括钢铁联合企业的炼焦、烧结、高炉、炼钢等）局部优化与多部门一体化全局优化的平衡。具体应考虑以下几个方面的内容：

（1）采购决策优化。利用极限边际价格理论来动态评估包括原煤、焦炭、铁矿石、球团矿、废钢等所有原材料的真实价值，并与采购价格进行比较。

（2）煤矿配比优化。通过调整煤矿配比来抵消原材料质量、价格波动带来的影响，并确保稳定生产及稳定的产品质量。

（3）生产流程优化。根据铁水生产成本和废钢的市场价格及其可支配量来权衡其各自用量；或者在烧结矿生产和球团矿成本之间进行权衡。

（4）过程参数优化。根据焦炭价格和脱硫成本来确定最优的铁水硫含量；根据焦炭成本、废钢成本、铁水成本和铁水温度来确定最优的铁水硅含量等。

（5）经营计划优化。利用边际成本理论，按照效益最大化原则，为产品制定最优的资源分配方案。

（6）投资策略优化。寻找生产瓶颈并进行投资分析（例如，对解决生产瓶颈的新设备进行投资回报分析）。

决策支持系统的支撑将有助于钢铁企业降低生产成本，提高利润，帮助采购部门制定最佳原材料采购策略，制定年度或季度预算，确定各种产品及中间产品的最优生产规模，确定最优的生产过程参数，根据市场或生产动态（如价格、原材料、设备维修等）及时调整各类决策，确定生产瓶颈并对关键投资进行投资回报分析。

第三阶段重点任务是大力推进大数据集成应用。大数据是传统数据库、数据仓库、商业智能概念外延的扩展和手段。利用大数据技术将钢铁企业拥有的海量数据资源转化为企业切实的经济发展动力，将会更好地助推钢铁企业在产业转型期占据先机，提升市场竞争力。

第四阶段重点任务是大力推进产业协同应用。制定互联网与钢铁工业融合发展的路线图，发展基于互联网的个性化定制、云制造等新型制造模式，推动形成基于消费需求动态感知的研发、制造和产业组织方式，建立优势互补、合作共赢的开放型钢铁产业生态体系，培育智能监测、远程诊断管理、全产业链追溯等工业互联网的新应用。

共同积极应对挑战
促进全球钢材贸易健康发展❶

李新创

一、全球及中国钢铁产业发展

（一）全球钢铁产业发展及转移历程

从国际视野看，自第二次世界大战以来，全球钢铁产业发展大致经历了以世界大国为主导的长周期快速增长期；保持波动、平稳、低速上涨态势的平台期；由中国钢铁业高速发展所带动的新一轮发展期三个阶段。在经济发展及技术进步的推动下，在劳动力、土地、资本等要素的支撑下，全球钢铁产业已转向中国，中国将在很长时期都是全球钢铁生产、消费、出口中心。2015 年全球粗钢产量达到 16.156 亿吨，同比下降 2.8%；2016 年全球粗钢产量 16.285 亿吨，同比增长 0.8%。在全球市场低迷的影响下，可以判断全球钢铁产业现已进入第四阶段，即新一轮的平台期，并将迎来一个漫长的调整过程。目前，在世界经济大环境和钢铁工业内在发展规律的共同作用下，钢铁产能过剩已成为全球性问题，全球钢铁产能利用率 2014 年为 73.4%，2015 年仅为 69.7%，2016 年平均值为 69.3%。

（二）中国钢铁产业发展历程、现状

1. 发展历程

从中国国内看，伴随全球钢铁产业的发展历程，中国钢铁产业在经历探索起步阶段、稳定发展阶段、加速发展阶段后，现已步入减量阶段，转向创新发展。中国钢材消费量于 2014 年达到历史峰值 7.02 亿吨后开始下滑，2015 年下降至 6.64 亿吨，同比下降 5.4%；2016 年出现小幅度增长，全年消费量为 6.73 亿吨，同比增加 1.3%。目前，中国钢铁生产布局重心在长江入海口以北的沿海地区，国内粗钢产量超 1 亿吨的河北省、江苏省以及粗钢产量超 6000 万吨的山东省、

---

❶ 本文发表于《钢铁》2017 年第 52 卷第 5 期，有删节。

辽宁省，均位于该区域。2016 年我国有 15 个省市的粗钢产量出现下降，尤其是西北及东北产量下降明显。

2. 中国钢铁新常态

在增长速度放缓的趋势下，我国经济将从规模速度型粗放增长转向质量效率型融合创新增长，从增量扩能为主转向调整存量做优增量并存，从传统增长点转向新的增长点。在宏观经济发展背景下，中国钢铁已步入"减量发展"新常态，减量发展的过程必然是一个较长时期、流程调整、出口扩大、优胜劣汰、多元并举和创新发展的过程。在应对钢铁去产能的艰巨任务中，中国做出大量卓有成效的工作，为化解全球钢铁产能过剩已经并将持续做出巨大贡献，彰显了中国的大国钢铁责任。"十二五"期间，中国淘汰炼钢产能 9486 万吨，"十三五"期间，还将进一步化解 1.4 亿吨钢铁产能。《钢铁工业调整升级规划（2016—2020年）》结合我国钢铁工业存在的问题和面临的形势提出引导性的调整升级目标，其中主要目标包括工业增加值增速、粗钢产能、产能利用率、产能集中度、钢铁智能制造示范试点、主业劳动生产率、能源消耗总量、吨钢综合能耗、吨钢耗新水量、污染物排放总量、吨钢二氧化硫排放量、钢铁冶炼渣综合利用率、研发投入占主营业务收入比重、钢结构用钢占建筑用钢比例、"两化"融合关键指标等，并提出十大重要任务；在化解过剩产能的主线上，中国钢铁产业将树立"共享、开放、绿色、协调、创新"的新理念，严控新增、压减存量，坚持市场化、法治化原则，重点是去除不符合法律法规的产能和落后产能，发展并开拓钢结构应用，做好社会稳定托底工作；并在减量发展阶段下推进绿色化、有序化、品质化、标准化、差异化、服务化、智能化、多元化、国际化"九化"协同，重塑产业价值链，进一步提高中国钢铁的全球竞争力。

二、钢材国际贸易与中国钢材进出口

（一）全球国际贸易发展现状

金融危机以来国际钢材贸易呈波动上升趋势，2015 年全球钢材直接出口 4.6亿吨，同比增长 1.8%，折合全球粗钢产量的 30.7%。预计今后一个时期，全球钢材出口将呈平稳波动发展态势，大幅上升或下降是小概率事件。在世界钢材出口大国中，中国的出口/产量比最低，仅约 14%，而其他主要产钢国家均在 40% 以上，可见中国钢材产量主要是用于满足内需市场。从间接出口看，2015 年世界钢材间接出口量达到 3.2 亿吨规模，约占全球钢材产量（不含重复材）的 20%。

全球钢材主要净出口国分布在东亚、独联体地区，主要净进口国分布在东南亚、北美地区；主要钢材净出口国的净出口规模明显高于主要净进口国的净进口规模。这表明，主要钢材净出口国的出口流向很分散，其出口不针对某一或某些国家。

从全球钢铁产品出口品种看，排在前位的是热轧薄板和卷材、钢锭和半成品材料、热轧棒材和条材三类。其中，钢锭和半成品材料的出口量呈下降趋势，热轧棒材和条材的出口量呈快速增长态势，热轧薄板和卷材的出口量呈稳定增长态势。

（二）中国钢材进出口现状

中国钢材进口量总体呈稳定状态，到 2003 年达到最大值 3717 万吨，之后钢材年进口量逐渐降低并稳定在 1200 万吨左右。中国在 2006 年之前一直是钢材净进口国，2006 年才开始成为钢材净出口国。从历史累积量来看，中国直到 2014 年才达到进出口的平衡，到 2014 年年底，中国累计进口钢材约 6 亿吨。中国钢材出口量在 2009 年出现一次大幅度下降后开始逐年增长，近两年由于中国钢材产品质量及服务不断提升，钢材出口量出现激增，2015 年达 11240 万吨，创年度历史新高；2016 年出现小幅度降低，全年出口钢材 10849 万吨，同比下降 3.5%。我国出口量较大的钢材品种为棒材、中厚宽钢带、线材和镀层板，其中棒材为拉动中国钢材出口的主要品种。

（三）中国钢铁行业面临的国际贸易摩擦

随着中国钢材出口的不断增长，现阶段中国钢铁行业面临着国际贸易摩擦的挑战。近年来，随着我国钢材出口的增加，针对我国钢材的贸易救济调查案件高发，根据中国商务部 2016 年 7 月 6 日的数据，我国已连续 21 年成为全球遭遇反倾销调查最多的国家，连续 10 年成为全球遭遇反补贴调查最多的国家。

三、"六看"中国钢材国际贸易

中国钢铁产业是中国制造业中最具全球竞争力的门类之一，已经实现"5G"水平，即能够为国内外钢铁用户提供好产品、好价格、好规模、好服务、好品牌；并且，中国钢材能够满足多层次需求，不仅在普通钢材上有明显优势，在高技术高附加值钢材上也极具竞争力。因此，应该积极地、全面地、历史地、辩证地、务实地、发展地看待中国钢材和国际贸易摩擦问题。

一是积极地看中国钢材国际贸易。中国钢材出口具有巨大的积极作用，不仅有效满足了国际下游用户的切实需要，也增强了国际钢铁市场竞争活力。当前钢铁产业面临全球性产能过剩，国际钢材市场已成为买方市场，是广大国际用户的选择成就了中国钢材出口的增长。

二是全面地看中国钢材国际贸易。中国与 230 多个国家和地区存在钢材贸易，应全面地、从多个国家钢材出口角度，而不是单向看待中国钢材出口。比如，2016 年中国向日本出口钢材 126.2 万吨，同比下降 4.95%，而同年日本向中国出口钢材 553.3 万吨，同比增加 0.92%。

三是历史地看中国钢材国际贸易。回顾历史，中国曾长期是世界主要钢材净进口国之一，直到 2006 年才首次成为钢材净出口国。从累计量看，中国到 2014 年才实现了钢材累计出口和累计进口的基本平衡，到 2015 年才成为钢材累计净出口国。

四是辩证地看中国钢材国际贸易。中国钢材出口在数量上远超其他国家，但出口比例仅约 14%，远低于 30% 的世界平均水平，也低于日、德、韩等钢铁大国的出口占比。中国钢材立足于满足国内需求，并不以扩大出口为目的，更没有寄希望于依靠出口解决过剩问题。

五是务实地看中国钢材国际贸易。今后一个时期，中国钢铁仍然具有较强的竞争力和独特优势，钢材产品在质量、服务、价格和品牌方面将更加具有竞争力，中国钢材出口仍将在较长期间内保持在高位水平，这是世界钢铁产业发展的内在规律，是不以哪一方面狭隘利益或单方面意志为转移的。因为中国拥有全球最大、最活跃的钢铁内需市场，最完整的钢铁产业体系以及最宝贵的冶金人才资源；而且，中国在系统化、精密化、大型化、绿色化、连续化、自动化等方面均具有先进的工艺技术装备以及系统集成化的思维理念，这些均为中国钢铁工业的日趋强大奠定了坚实基础，从而促进了钢材出口的增长。

六是发展地看中国钢材国际贸易。中国钢材出口增长只是表面现象，深层原因是中国钢铁工业综合竞争力的大幅提升，主要动力则来自于中国钢铁企业在降本提质、加强服务、提高技术方面艰苦卓绝、坚持不懈的付出。在大多数产品领域，中国钢材已大大缩小了与国际同行的差距，甚至赶上、超过了国际先进水平。

四、关于中国钢材进出口的策略建议

未来中国钢材仍主要用于国内需求，并不以扩大出口为目的。受中国化解产能政策、满足内需导向和出口压力加大等因素影响，未来中国钢材出口量将有所下降；但随着中国钢材产品结构的不断优化调整、产品质量性能的不断提高、产品价格的竞争优势持续以及服务水平的不断提升，中国钢材的国际竞争力将不断提高，中国钢材出口仍将保持较大规模。综合考虑中国制造强国战略和国内外钢铁产业发展形势，建议未来一个时期中国钢材进出口的总体策略是：发挥产业比较优势，积极参与国际竞争，稳步推进中国钢材国际贸易由"大进大出"向"优进优出"的战略性转变。

（一）强化规范竞争，推进"三优"出口

"优出"战略具体到钢铁行业，应是有所为、有所不为，逐步扩大"优质产品、优势产品、优特产品"出口量和出口占比，这要求从产品质量、服务水平、

市场口碑和品牌建设等方面规范企业竞争，提升钢铁产业整体国际竞争力。

（二）加大自主创新，推进"三优"进口

"优进"战略具体到钢铁行业，应是通过加强自主创新、扩大市场，倒逼进口产品及相关企业进一步"优化服务、优化质量、优化价格"。

（三）树立强国自信

在应对国际钢材贸易保护中，我国钢铁同仁及相关方面应具有强国自信（具体而言包括产品自信、人才自信、体系自信、技术自信、管理自信等），不必对此斤斤计较，分散了中国钢铁谋求更高水平发展的注意力；相反，更要进一步提高中国钢铁的国际竞争力。

（四）承担大国责任，积极应对贸易保护

中国是钢材国际贸易第一大国，在国际钢材贸易中肩负大国责任，正视国际贸易摩擦，依法依规积极应对，在保护自身合法合规利益的同时，合情合理地与国际用户、竞争对手一起致力于维护乃至构建良好的国际钢材市场竞争新秩序。主要体现在三个方面：

一是从维护全球钢材国际贸易正常秩序的角度出发，去应对不合理的国际钢材贸易保护措施，而不是简单从维护中国钢材出口利益的出发点去应诉。

二是变消极被动为积极主动，先期介入分析当前国际钢材贸易现状和形势，研究各国钢材出口产品的优势劣势、竞争特点，排查一些潜在的贸易纠纷点，主动采取防范措施，以调整适应相关要求。

三是积极牵头有关方面研究构建国际钢材贸易新秩序、新规则，如打造多样化双边、多边的钢材贸易对话、合作机制，与重点国别商讨探索形成长期稳定、互利共赢的具有示范意义的钢材贸易制度，特别是要千方百计充分发挥国外钢材用户的积极作用。

五、对全球钢铁业的"三个共同"倡议

（一）共同建设公平有序的国际钢材贸易秩序

一个公平有序的国际钢材贸易环境有利于全球钢铁产业健康发展，也符合所有钢材生产消费国家和地区的利益。有关国家和地区的政府、行业组织和企业，不应一味依赖贸易保护作为维护本国落后钢铁生产商的手段，应发挥各自优势，与其他国家一道共同建设公平有序的国际钢材贸易环境，在促进全球钢铁产业健康可持续发展的同时，提高自身竞争力。

(二) 共同承担化解全球钢铁产能过剩的历史任务

当前，中国和其他国家（地区）一起面临着钢铁产能过剩的严峻挑战。中国钢铁产业在去产能方面做了大量卓有成效的工作，"十二五"期间，累计分别淘汰炼铁、炼钢产能9486万吨。"十三五"时期，中国仍高度重视并积极化解钢铁行业过剩产能，将在近年淘汰落后产能的基础上，用3~5年时间再压减粗钢产能1.4亿吨，可以看出中国为化解全球钢铁产能过剩已经、正在并将继续做出巨大贡献。美国、欧洲钢铁业等有关方面应抛弃狭隘思维，与包括中国钢铁业在内的全球其他国家钢铁业一起携起手来，共同承担化解全球钢铁产能过剩的历史任务。

(三) 共同推进世界范围钢铁材料的研发应用

钢铁材料作为用量最大的结构材料和重要的功能材料，为全球经济发展和人类文明进步做出了无与伦比的贡献。在可预见的将来，钢铁材料由于其优异性能、资源丰富、绿色低碳、低成本、体系成熟等特性仍将在世界经济发展中扮演重要的角色，但是不可避免也将面临来自其他先进替代材料更加有力的挑战。因此，全世界钢铁业人士应求同存异，把注意力、人财物用在如何更好满足用户越来越快的需求变化上，切实推进世界范围内钢铁材料的研发应用和市场开拓。

新科技支撑智能制造
新时代锻造钢铁强国[1]

李新创

国际金融危机让世界重新认识到，以制造业为核心的实体经济才是保持国家竞争力和经济健康发展的基础，美国、德国、英国、法国、日本等发达国家纷纷实施"再工业化"战略，中国也于 2015 年提出了"中国制造 2025"战略规划，着力推进制造强国建设。钢铁工业是国民经济的重要组成部分，智能制造是制造业实现转型升级的关键所在，大力发展钢铁智能制造，建设钢铁强国，是落实制造强国战略的重要举措。因此，必须把握变革趋势和时间窗口，充分利用新一代信息技术，落实"两化"深度融合，推动钢铁工业智能升级，努力抢占新一轮产业竞争制高点。

一、新时代钢铁工业面临新的发展形势

十九大报告指出，我国经济正处在转变发展方式、优化经济结构、转换增长动力的攻关期，要建设现代化经济体系，必须把发展经济的着力点放在实体经济上。制造业是实体经济的主体，钢铁工业是制造业重要的基础原材料产业，实体经济的快速发展，离不开钢铁工业的支撑。

近年来，伴随国家供给侧结构性改革的深入推进，我国钢铁工业深化去产能，不断提高竞争力，生产经营情况得到明显改善。当前，我国钢铁工业已经成为最具全球竞争力的产业之一，实现了好产品、好价格、好规模、好服务、好品牌"5G"水平，拥有全球最大最活跃的内需市场，最全最完整的产业体系，最多最丰富的人力资源，最新最先进的技术装备，最快最及时的服务体系。总体判断，我国钢铁领先世界的时间跨度将超过曾经的英国、美国，可能达到百年之久。

中国特色社会主义进入新时代后，贯彻新发展理念、建设现代化经济体系对我国钢铁工业发展提出了新的要求。随着供给侧结构性改革的深入推进，钢铁工业从原来的"增量、扩能"的快速发展期，进入了"减量、调整"时代。但减

---

[1]　本文发表于《冶金企业文化》2018 年第 1 期。

量不是不发展，而是在减量发展阶段推进钢铁工业绿色化、有序化、品质化、标准化、差异化、服务化、智能化、多元化、国际化"九化"协同发展，重塑价值链，不断提高钢铁工业竞争力。党的十九大在"贯彻新发展理念，建设现代化经济体系"部分明确指出，要加快建设制造强国，加快发展先进制造业，推动互联网、大数据、人工智能和实体经济深度融合。智能制造已然成为钢铁工业转型升级的现实需要和必然选择。

二、新科技支撑钢铁智能制造

对于钢铁工业而言，智能制造是先进制造技术与新一代信息技术的深度融合，贯穿于钢铁产品、制造、服务全生命周期的各个环节及相应系统的优化集成，实现钢铁制造的数字化、网络化和智能化，不断提升钢铁企业的产品质量、效益和服务水平，推进钢铁创新、协调、绿色、开放、共享发展。

(一) 先进制造技术

先进制造技术（Advanced Manufacturing Technology，AMT）是传统制造技术不断吸收信息技术和现代管理等方面的成果，并将其综合应用于产品设计、制造、检测、管理、销售、使用、服务的制造全过程，以实现优质、高效、低耗、清洁、灵活的生产，提高对动态多变的市场的适应能力和竞争能力的制造技术的总称。先进制造的典型模式包括 CIMS、准时生产、并行工程、精益生产、敏捷制造、虚拟制造等。先进制造技术面向工业应用，不是以追求技术的高新为目的，而是注重产生最好的实践效果，以提高效益为中心，以提高企业的竞争力为目标，这与钢铁工业的需求不谋而合。

(二) 新一代信息技术

新一代信息技术主要以互联网、大数据、人工智能为代表。互联网是数字世界中数据与数据间的生产关系；大数据代表现实世界的数字孪生（digital twin），是数字世界中的生产资料；人工智能在数字世界中充当生产力，利用大数据这一生产资料，通过互联网这一生产关系，发挥改造数字世界能力的角色。

1. 互联网变革生产关系

互联网始于 1969 年美国的阿帕网，是网络与网络之间所串连成的庞大网络，通过通讯协议将世界连接成逻辑上的单一巨大国际网络；物联网是在互联网的基础上，将世界万物具备感知功能并相互连接形成的一张巨大物联网络。

"互联网+钢铁"带来的是钢铁产业生态调整和价值重构。互联网技术在钢铁工业应用上主要分为两个层次：以钢铁电商为代表的互联网应用在 2011 年开始广泛兴起，利用其在零售电商的经验和技术，结合钢铁产业链特性，打造产供销一体化、金融物流为增值服务的钢铁电商平台；以物联网技术为核心的钢铁工业互联网应用，多应用于设备的识别、诊断以及生产过程监控分析。互联网、物联网等技术的应用使得企业掌握了大量的生产经营数据，为大数据分析、人工智能奠定了数据基础。

2. 大数据成为生产资料

大数据是具有海量、高增长率和多样化的信息资产，大数据技术则是从各种各样类型的海量数据中快速获得有价值信息的能力。大数据代表现实世界的数字孪生，其在钢铁工业中的典型应用主要在以下几个方面：产品创新、生产过程优化、工业供应链优化、产品销售预测和需求管理、产品质量管理分析等。

产品创新：客户与工业企业之间的交互和交易行为将产生大量数据，挖掘和分析这些客户动态数据，能够帮助客户参与到产品的需求分析和产品设计等创新活动中，为产品创新作出贡献。

生产过程优化：基于物联网技术的应用，通过大数据技术虚拟建模整个生产流程，并改进生产流程。

工业供应链优化：基于互联网技术的深度应用，整合全产业链的信息，实现钢铁企业大规模定制化生产。

产品销售预测与需求管理：利用企业历史交易数据及行业数据分析当前产品需求变化和组合形式，制订企业产品结构和销售计划。

产品质量管理分析：利用工业大数据技术，基于订单、设备、工艺、计划等生产历史数据、实时数据及相关生产优化仿真数据，采用聚类、规则挖掘等数据挖掘方法及预测机制建立多类基于数据的生产优化特征模型，为在线工序质量控制、工艺参数优化提供指导性意见。此外，基于质量特征值的在制品质量跟踪方法，建立与工位节点设备、人员、工艺、物料等动态实时信息的多维视图，挖掘质量缺陷分布规律，为在制品的质量跟踪与追溯管理提供依据。

3. 人工智能升级生产力

人工智能是利用数字计算机或者数字计算机控制的机器模拟、延伸和扩展人的智能，感知环境、获取知识并使用知识获得最佳结果的理论、方法、技术及应用系统。人工智能目前主要在高炉专家系统、智能炼钢、钢材质检分析等方面有较多应用，如百度利用人工智能技术实现首钢钢板缺陷分类模型的预测；与宝钢合作实现"智能钢包"应用，钢铁企业每年钢包累计装载、精炼、浇铸钢水超过 10 亿吨，通过智能钢包的推广应用，平均降低出钢温度 10℃，可以节约能源成本 70 亿元，钢包烘烤能耗下降 50%，大约可以节约 150 亿元。

三、我国钢铁工业"两化"融合现状分析

钢铁工业智能化的初始形态是信息化，在这一阶段实质上并不算真正意义上

的智能化，但是作为智能化的先导形态，却是智能化发展的不可或缺的基础阶段。

钢铁工业的信息化主要经过三个阶段：部门信息化、企业信息化和深度信息化。部门信息化即各部门根据业务情况应用信息系统，如财务管理系统，这一阶段存在大量的信息孤岛；企业信息化即企业信息化五级架构体系基本完成，各业务系统间互联互通，企业形成集成化的信息系统架构体系；深度信息化即企业通过关键业务环节以及应用系统之间的协同和集成，实现智能化决策，并利用数据挖掘技术，对企业内部进行深度挖潜，最终实现智能制造。

目前，我国大部分钢铁企业都处于部门信息化向企业信息化过渡阶段，存在信息系统缺乏统一规划、信息集成度低、系统功能不完善、数据管理不规范、产品标准不统一等问题，亟须对现有系统进行优化升级和再建设。在信息系统和物理系统的开发、管理、集成方面，创新能力仍然较弱。产品生产工艺设计与智能管理决策支持系统的综合集成、业务系统向产业链前端延伸，缺乏成熟的行业解决方案。

在推进智能制造的过程中，有些企业投入资金较高，并且仅有少数钢铁企业获得了国家政策资金支持，这使得行业内将智能制造与巨额投入画上等号，出现了"示范性强，推广性弱"的现象。相比之下，还有很多钢铁企业，更关注投资回报率，该部分企业在装备水平、管理模式、两化融合基础等方面与前者也存在较大差异，造成前者的智能制造之路对于后者而言很难复制和借鉴。

根据《中国两化融合发展数据地图（2017）》数据显示，我国冶金行业智能制造就绪率仅为4.8%，大型钢铁企业智能制造就绪率为18.3%，钢铁工业智能制造之路依然任重而道远，需要更多有实力的实施企业参与其中。

四、我国钢铁工业智能制造发展路径

钢铁智能制造可以同步推进实施四个路径：一是着重实现钢铁制造过程的智能化；二是实现企业决策的智能化；三是整合行业数据资源，重点推动大数据的集成应用；四是实现钢铁产业链各节点的互联互通，重点推进产业的协同应用。钢铁智能制造实施的四个路径示意图见图1。

（一）推进制造过程智能化

推进钢铁制造过程智能化，需要在重点领域试点建设智能工厂/数字化车间，加快人机智能交互、工业机器人、智能物流管理等技术和装备在生产过程中的应用，促进钢铁制造工艺的仿真优化、数字化控制、状态信息实时监测和自适应控制。同时，在此基础上全面实施高级计划排程（APS）系统，实现敏捷制造及精准交货。

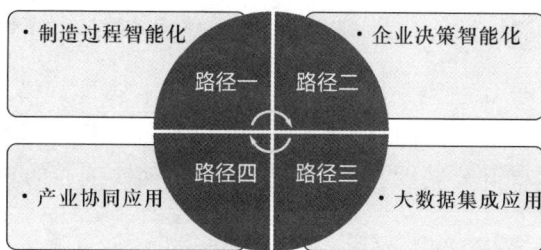

图 1 钢铁智能制造实施的四个路径

（二）推进企业决策智能化

钢铁智能制造的核心是对信息资源的有效开发和高效利用，目标是提高资源的全局利用效率，其重点在于决策的智能化。为提高资源和能源利用效率，钢铁企业应采用系统优化的思想，利用人工智能技术，实现单部门局部优化与多部门一体化全局优化的平衡。

（三）推进大数据集成应用

健全钢铁工业信息化基础设施，整合冶金数据资源，突破钢铁工业大数据核心技术，提升钢铁大数据分析应用能力，提高数据安全保障能力，培养复合型大数据人才，组织实施制造业大数据创新应用试点，以推动制造模式变革和冶金行业的转型升级，培育发展冶金行业新业态。

（四）推进产业协同应用

推进产业协同应用，需要制定互联网与钢铁工业融合发展的路线图，发展基于互联网的个性化定制、云制造等新型制造模式，推动形成基于消费需求动态感知的研发、制造和产业组织方式，建立优势互补、合作共赢的开放型钢铁产业生态体系，培育智能监测、远程诊断管理、全产业链追溯等工业互联网的新应用。

五、发展建议与保障措施

（一）抓好三个层面的科技攻关，加强关键共性技术研发

抓好国家层面的重大科技专项、行业共性技术研发、企业层面技术革新三个层面的科技攻关，提升数字化、智能化高端装备、柔性制造工艺技术、智能控制技术的融合联接应用和对制造业生产加工全过程的有机组织，有效管理、研发、设计和集成制造。

（二） 打造钢铁企业智能升级示范，建立钢铁智能制造标准体系

我国具有冶炼能力的钢铁企业有 500 多家，其在产能规模、产品类别、管理模式、"两化" 融合基础等方面，具有较大的相似性，打造钢铁企业智能升级示范，在行业内更具有可复制性和推广性，对推动钢铁工业的转型升级具有重要意义。

依托钢铁企业智能制造示范项目，构建钢铁智能制造综合标准化试验验证平台，加快钢铁智能制造相关标准体系建设。钢铁工业应鼓励通信设备、装备制造、软件开发、工业自动化、系统集成等领域企业和科研院所联合参与标准制定，制定可以与市场标准协同发展、协调配套的新型标准体系。

（三） 支持国内第三方实施机构，自主研发集成应用解决方案

鼓励国内企业自主研发符合中国实际的钢铁智能制造集成应用解决方案。以规划院、设计院等为主的第三方实施机构具有公正独立、行业权威等身份属性，在系统实施过程中更多考虑企业的战略目标、先进理念的输出、先进技术的共享，因此更易推进智能制造的复制和推广。

钢铁行业债转股实施路径及建议❶

李新创　周　勋

一、钢铁行业债转股情况

（一）钢铁行业债转股概况

2016 年以来，钢铁行业已签订债转股框架协议约 1500 亿元，涉及马钢、武钢、酒钢、中钢、太钢、安钢、山钢、南钢、河钢、鞍钢等 10 家钢铁企业，见表 1。

表 1　钢铁行业债转股框架协议情况

序号	钢铁企业	金融机构	规模/亿元
1	中钢集团	中国银行等 6 家银行	300
2	武钢集团	建设银行	240
3	马钢集团	建设银行	未披露
4	安钢集团	建设银行	100
5	南钢股份	建设银行	30
6	酒钢集团	建设银行	100
7	鞍钢集团	兴业银行	100
8	河钢集团	建设银行	200
9	山钢集团	工商银行	260
10	太钢集团	工商银行	100
总计			1430

（二）钢铁行业开展债转股存在的问题

自 2016 年 10 月国务院发布了《关于积极稳妥降低企业杠杆率的意见》及

---

❶　本文发表于《冶金经济与管理》2018 年第 2 期。

《关于市场化银行债权转股权的指导意见》以来，钢铁行业实施债转股已有 1 年多，从目前实施情况看，钢铁行业开展债转股存在的主要问题有：

（1）债转股比例低、落地实施难。在债转股相关政策出台后，虽然一批钢铁企业陆续与金融机构等签署了债转股框架协议，但与我国大中型钢铁企业负债总额相比，债转股比例较低。其中实际落地或部分落地的更少。

（2）经营效益好转使得企业债转股意愿不强。在债转股提出之初，钢铁行业总体处于困难期，部分企业甚至面临生存危机，钢铁企业债转股意愿程度相对较强，而 2016 年以来，随着供给侧结构性改革的深入推进，钢铁行业化解过剩产能、取缔"地条钢"等一系列举措的实施，企业产能利用率逐步上升至合理区间，行业经济效益明显好转，一度进入行业较高盈利期。在此背景下，钢铁企业债转股意愿下降，加大了债转股实施难度。

（3）债转股降低企业杠杆率效果有限。目前，行业内签订债转股协议的部分钢铁企业大部分都为明股实债，对企业摆脱沉重的财务包袱效果不明显，反而增加了税务负担，真正有降杠杆效果的"增股还债"和"增股投资"运用较少。

（4）债转股后企业盈利能力存在不确定性。虽然债转股可以在短时间内降低企业财务负担，但企业的经营机制并不会出现根本改变，提升企业竞争力仍需要企业降本增效、转型升级等措施。

（5）债转股相关政策有待完善。我国实行的是金融业分业经营，根据《中华人民共和国商业银行法》规定"商业银行在境内不得从事信托投资和证券经营业务，不得向非自用不动产投资或者向非银行金融机构和企业投资，但国家另有规定的除外"，一定程度上增加了债转股实施的法律障碍。

二、钢铁行业资产债务分析

2000 年以来，我国钢铁企业资产负债率总体处于逐步上升趋势，2001～2007 年间，大中型钢铁企业资产负债率平均值 54.85%，处于相对合理区间，2008 年后，资产负债率逐年上升，突破 60% 甚至 70%，企业财务负担逐步加重。

2016 年，按照党中央、国务院决策部署，钢铁行业深入推进供给侧结构性改革，企业经济效益普遍得到改善，资产结构不断优化，改革成效开始显现，钢铁行业资产负债率在 2016 年 3 月达到 71% 的高点后逐步下调。到 2017 年年底，大中型钢铁企业资产负债率已下降至 68.09%，同比降低 1.51 个百分点，见图 1。

从银行贷款方面看，2017 年年底，重点大中型钢铁企业银行贷款总额 13867 亿元，同比下降 3.83%。其中，银行短期贷款为 10073 亿元，同比下降 4.76%；银行长期贷款为 3794 亿元，同比下降 1.27%。短期贷款占银行贷款总额的 72.64%，同比下降 0.71 个百分点；长期贷款占银行贷款总额的 27.36%，同比上涨 0.71 个百分点（见表 2）。

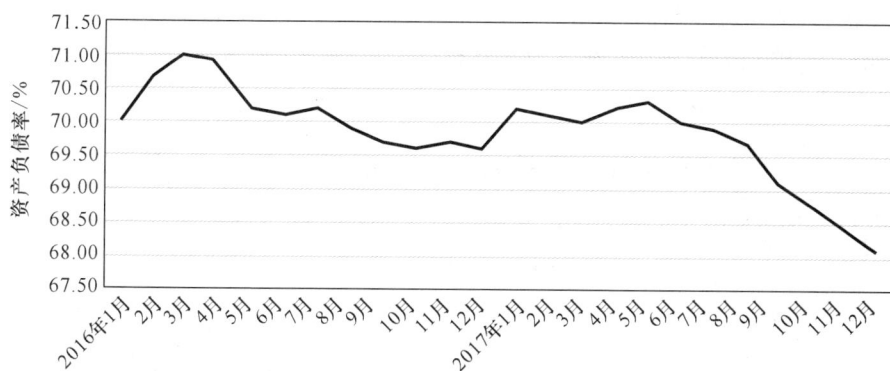

图1　2016～2017年重点大中型钢铁企业资产负债率变化走势

表2　2016～2017年年底钢铁行业重点大中型企业贷款结构情况

序号	项目	2017年年底贷款额/亿元	占总贷款比例/%	2016年年底贷款额/亿元	占总贷款比例/%	同比变化
1	短期贷款	10073	72.64	10577	73.35	下降0.71个百分点
2	长期贷款	3794	27.36	3843	26.65	上升0.71个百分点
3	合计	13867	100	14420	100	下降3.83%

可以看出，2016年以来，随着供给侧结构性改革的深入推进，在钢铁去产能、价格上涨等多因素影响下，钢铁企业经济效益好转，使得钢铁企业银行借款总额出现下降，同时，长期贷款比例上升、短期贷款比例下降，显示银行贷款比例结构得以优化，但贷款总额和资产负责率仍处于较高水平。

三、钢铁行业开展债转股可行性分析

（一）债转股意义

从国家层面看，钢铁行业实施债转股是国家顺利推进供给侧结构性改革的重要举措，钢铁行业是国民经济的基础性产业，涉及产业链较长，其稳定运行不仅涉及上游铁矿、煤炭等原料需求，还影响下游建筑、机械、汽车、家电和造船等行业的原料供应，因此，钢铁行业稳定运行对国民经济影响重大，实施债转股对促进企业更好发展，保持行业稳定运行有重要意义。

从行业层面看，2016年以来，虽然钢铁行业经济效益有所好转，但行业仍面临去产能、环保限产、节能减排等一系列经营压力，企业资产负债率高达近70%，转型升级困难重重，实施债转股对优化存量产能，帮助行业转型升级具有积极的作用。

从企业层面看，当前，钢铁企业面临的融资难、融资贵的问题仍较突出，较高的财务负担严重影响企业生产经营，实施债转股对降低企业负债和财务成本、优化融资结构有积极作用，为企业脱困转型和持续健康发展奠定基础。

（二）钢铁行业开展债转股可行性分析

虽然 2016 年以来钢铁企业经济效益持续好转，但企业未来盈利水平的不确定性、面临的环保限产、人力成本上升等挑战，仍给企业带来较大经营压力。尤其是钢铁企业的资产负债率仍持续维持在高位，部分重点大中型钢铁企业仍面临较高的财务负担，开展债转股有助于降低企业财务负担，帮助企业脱困转型，在钢铁行业开展债转股具有可行性，但具体实施仍需坚持"一企一策"，结合企业生产经营情况，综合判断债转股是否可行。

四、钢铁企业债转股实施路径

钢铁企业实施债转股主要是通过降低企业财务负担，努力提高运营资产盈利能力，达到脱困发展的目的。

（一）确定可实施债转股钢铁企业范围

根据《关于市场化银行债权转股权指导意见》，可实施债券股企业范围是发展前景较好，具有可行的企业改革计划和脱困安排；主要生产装备、产品、能力符合国家产业发展方向，技术先进，产品有市场，环保和安全生产达标；信用状况较好，无故意违约、转移资产等不良信用记录。对于扭亏无望、已失去生存发展前景的"僵尸企业"、有恶意逃废债行为的企业、债权债务关系复杂且不明晰的企业、有可能助长过剩产能扩张和增加库存的企业不应列入债转股范畴。对钢铁企业实施债转股，首先应确定拟实施的债转股企业是否是属于政策支持的范围内的企业。由于钢铁行业各企业发展状况差别很大，企业的装备水平、盈利能力、产品质量、市场竞争力等不尽相同，因此，确定可实施债转股的钢铁企业范围，从中选择哪些是当前有些困难、未来有转好可能的次优潜力钢铁企业，这一过程应坚持市场化的原则，由银行、债转股实施机构、企业三方自主协商最终判定是否可实施债转股。

（二）债转股路径设计

在确定钢铁企业具备债转股实施条件后，需结合企业生产经营情况及资金需求等因素，设计债转股方案，从市场运作方面看，有几条路径可选择实施。

一是通过设立基金的方式。目前，大部分债转股项目以设立基金为载体，通过增债或增股的形式还债或投资，从而降低企业杠杆率。目前主要披露的是增股的退出方式，其通过二级市场转让或企业回购实现。

二是增债还债。其实质是明股实债，通过该操作可以实现基金与企业的并表，从而在企业总资产不变的情况下，实现负债减少，股东权益增加，进而起到降杠杆的作用。在这种情况下，企业投资实际是债务投资，对合并资产负债表的实际效果是负债、股东权益和总资产都不变，进而资产负债率不变。

三是增股还债。在该模式下，设立的基金对企业进行股权投资，资金进入后帮助企业偿还债务，从而降低债务负担。在这种情况下，股东权益增加，负债减少，总资产不变。但需值得注意的是，这种模式含有回购条款，因此不完全是股权投资，是"股权投资+看跌期权"的投资组合。这种投资组合分回购和不回购两种情况：若回购则是债务投资，实际效果是负债、股东权益和总资产都不变，进而资产负债率不变；若不回购则是股权投资，实际效果是企业负债减少，股东权益增加，总资产不变，进而资产负债率下降。

四是产业整合。部分债转股项目除了对已有债务进行处理外，也涉及产业整合和项目投资，主要通过增股、增债来实现，也是可供企业进行选择的路径。

（三）注重提升债转股企业后续发展竞争力

钢铁企业实施债转股不是目的，不能为了债转股而债转股，在债转股实施后，企业财务负担减轻，一定程度上有助于企业降低成本，对于部分企业，仅仅降低财务负担不足以使企业摆脱困境，钢铁企业实施债转股谋求摆脱困境必须从源头抓起，结合企业发展实际，通过优化产品结构、提质增效、转型发展等措施切实有效提高企业核心竞争力。通过债转股引入战略投资者，优化管理体系、完善治理结构，实现科学决策和管理，并加强财务管理、质量管理和成本管理。实行债转股要避免简单地将企业资产负债表上原来属于负债项目的数字转为权益项目，这样虽然会降低企业负债率，但没有真正实现企业盈利能力的提升。

五、债转股政策建议

当前，在钢铁行业推进债转股实施可从以下几方面开展相关工作。

（一）明晰债转股法律法规

实施债转股首先应从法律的角度赋予债转股的合法性，避免仅利用行政手段推进，一旦缺少法律支持，没有明确的法律制度规定，在实际操作中，容易产生道德风险。同时，在债转股推进过程中，要细化相关规定，要避免再次出现银行和资管公司成为股东，却无法参与公司决策经营的现象。

（二）明确债转股钢铁企业标的选择标准

根据《关于市场化银行债权转股权的指导意见》，选择债转股的标的企业需是发展前景良好但遇到暂时困难的优质企业，禁止对扭亏无望、已失去生存发展前景的"僵尸企业"；有恶意逃废债行为的企业；债权债务关系复杂且不明晰的企业；有可能助长过剩产能扩张和增加库存的企业实行债转股。当前，钢铁企业发展参差不齐，可实施债转股的企业数量有限，可实施债转股的钢铁企业标的范围应满足两大方面。一是符合钢铁行业规范条件的企业。为规范钢铁行业有序发展，国家对钢铁行业实行规范化管理，具有较强竞争力的企业已基本为规范企业，对此，可考虑在规范企业中，对符合条件的企业实行债转股，避免非规范企业债转股将风险扩大化。二是实施债转股的钢铁企业资产负债率不能过低或过高，资产负债率过低，债转股后，企业财务负担下降程度有限，债转股意义不大；资产负债率过高，资不抵债的企业往往属于僵尸企业，此类企业应作为钢铁去产能的重点或被兼并重组，不宜实施债转股，拟实施债转股的企业资产负债率以处于65%~95%之间为宜。

（三）探索成立产业基金推进钢铁行业债转股

以产业基金方式参与钢铁行业债转股更有利于吸引社会资金，对此，建议政府鼓励金融机构及社会投资方创新建立支持钢铁企业发展的金融投资平台，积极探索研究通过成立钢铁行业债转股产业基金，有效撬动和吸引社会资本参与债转股，产业基金可由政府鼓励推动，但应坚持市场化运作方式。同时，银行、保险、证券公司等金融机构积极研究通过出资成立专门投资管理子公司或联合其他投资者，积极参与钢铁行业债转股产业基金，并充分调动行业研究机构力量，联合基金管理人重点对有实施债转股意向的企业进行筛选，为钢铁债转股顺利实施创造条件。

（四）进一步明确可转为股权的债权类型

当前，钢铁企业的债务主要分为银行贷款、供应商欠款、税收欠款以及对企业员工拖欠的工资及福利等。《关于市场化银行债权转股权的指导意见》指出，可转股债权范围以银行对企业发放贷款形成的债权为主，适当考虑其他类型债权。对此，应明确哪些对钢铁企业的债权可转为股权，考虑钢铁企业的债务类型及行业运行情况，除银行贷款可转为股权外，可重点推进供应商对钢铁企业的债转股，将供应商的债权转为股权，可延长钢铁企业产业链，增加抗风险能力，提升竞争力，对钢铁企业脱困转型有积极作用。

（五）完善债转股后股权管理及退出机制

金融机构不宜长期持股，要有股权退出的通道，可通过资本市场进行股权退出，债转股实施主体应选择适当时机退出，避免在企业生产运营不稳定期退出，引起企业生产运营的动荡。债转股的实施对降低钢铁企业债务压力、降低金融机构不良率和促进金融创新都有推动作用，在一定程度上能够缓解由经济下滑带来的信用风险和金融风险。债转股后的股权管理及退出是每个实施债转股企业面临的重要问题。要根据钢铁行业的特性并结合企业实际生产运行情况，完善债转股后的股权管理，建立可量化实施的业绩激励约束机制，强化股权约束，促使企业进一步完善公司治理结构，有效防控道德风险。

中国钢铁怎样绘制国际化的"工笔画"?

——不只是走出去,更应"走进去""走下去""走上去"❶

李新创

习近平总书记在推进"一带一路"建设工作 5 周年座谈会上指出,共建"一带一路"完成了总体布局,绘就了一幅"大写意",今后要聚焦重点、精雕细琢,共同绘制好精谨细腻的"工笔画"。

李克强总理在 2019 年的政府工作报告中指出,要发挥企业主体作用,推动基础设施互联互通,加强国际产能合作,拓展第三方市场合作。

钢铁产业作为"一带一路"建设的先行者和重要参与者,如何更好地适应国际舞台,绘制好精谨细腻的"工笔画"?如何融入当地"走进去"?怎样规范发展"走下去"?何以提高质量"走上去"?这是摆在中国钢铁企业面前的新时代的历史命题。

一、中国钢铁国际化迈出新步伐

钢铁产业是国民经济的重要基础产业,也是对外开放、走出去发展较早的工业门类。宝钢就是改革开放的产物,中钢、首钢等企业早在 20 世纪八九十年代就对外投资开矿,如恰那铁矿、秘鲁铁矿等,都取得了很好的经营业绩。

"一带一路"倡议推进实施以来,中国钢铁产业在国际化方面又迈出了新的步伐,跃上了新的平台。如河钢集团并购塞尔维亚的百年钢厂——斯梅代雷沃钢厂,半年时间即一举扭转之前美钢联时代连续 7 年亏损的局面,成为"中国-中东欧国家"产能合作和共建"一带一路"的样板;马钢集团成功收购了世界高铁轮轴企业——法国瓦顿公司;广西北部湾国际港务集团和广西盛隆冶金公司共同出资的马中关丹产业园 350 万吨综合钢厂项目顺利投产,等等。

此外,我国钢铁装备技术出口及海外工程总承包也取得了较大的进展,已由单体设备及部件的出口,走向成套设备出口及工程总承包,与欧美传统冶金技术

---

❶ 本文发表于《中国冶金报》2019 年 3 月 7 日 01 版。

装备企业同台竞争，国际竞争力不断提升，如由中冶集团总承包的台塑越南河静钢厂项目已顺利投产，技术装备达到国际先进水平。

二、中国钢铁国际化新机遇、新挑战和新特征

全球钢铁消费总体呈现缓慢增长的态势，但局部区域的消费潜力大，其中，"一带一路"沿线的东南亚、中东等地区将是钢材需求增长的主力，笔者梳理的"一带一路"沿线重点国家（30 个）2020 年钢材需求量将达到 4.55 亿吨，其中达到 1000 万吨以上的国家有 13 个，占 30 个国家市场总需求量的 86.4%。上述国家和地区钢铁工业发展及相关的配套产业发展，正处于有利的窗口机遇期。

另外，钢铁工业国际化发展也面临诸多挑战，如全球治理体系变化、金融市场波动、全球贸易规则和关税税率变动、地缘政治风险等。对钢铁工业而言，国际贸易摩擦正处于高发期，美国、欧盟、印度、越南、哥伦比亚、新西兰、墨西哥、韩国、加拿大、马来西亚、埃及等诸多国家和地区对进口钢材相继发起"双反"调查。

新时代中国钢铁工业国际化发展呈现出新的特征：一是全产业链协同推进。早期中国钢铁走出去发展，主要以矿业资源投资为主，当前已发展到全产业链走出去，包括上游资源、中游生产加工和下游营销网络、加工配送，以及科技研发、人才培训等。二是园区化平台支撑。早期钢铁工业走出去主要以单体项目的形式，随着园区模式在海外落地生根，中国钢铁企业国际投资也纷纷以园区作为平台，打造抗风险能力更强的钢铁生态圈。三是优质国际产能合作是主流。优质国际产能合作，充分发挥了中国钢铁多年发展积累的技术、产品、人才、管理、资金和渠道等多方面的优势，既有利于所在国的经济发展和就业，也有利于提高全球钢铁工业发展水平。

三、未来中国钢铁国际化的路径

第一，建立优势互补的全球化产业链。未来，钢铁产业将不再是产品的直接竞争，而是产业链和客户端的竞争，是企业配置资源能力的竞争，加强产业链和客户端建设，突破简单的买卖关系，打造全球化资源整合平台，实现产业链高度协同、优势互补。我国拥有完善的钢铁工业体系，完全有能力实现以"产业链协同+工程建设+技术管理+资本输出"的协作方式输出，给出系统解决方案，带动提升全球钢铁整体竞争力。

第二，继续深化实施走出去和引进来战略。以"一带一路"建设为重点，坚持走出去和引进来并重。鼓励有条件的钢铁企业借助"一带一路"倡议等优势，积极开发海外市场，寻求多元海外合作模式；通过境外并购、股权投资等方式，建立全球营销研发服务体系；加快与国际通行经贸规则对接，提高政策透明

度和执行一致性，营造内外资企业一视同仁、公平竞争的公正市场环境。进一步放宽市场准入门槛，缩减外资准入负面清单，鼓励境外优势企业通过参股、控股、独资经营等方式，参与我国钢铁企业兼并重组、布局优化、转型升级等合资合作，推动科技、管理、制度等方面创新，提升企业运营水平和效率。

第三，重点加强风险管控和人才培养。我国钢铁企业的国际化发展主要通过国际营销、绿地投资和兼并收购等3种不同的路径，且未来将越来越多以风险等级较高的绿地投资和兼并收购形式出现。因此，要强化企业主体责任，加强资金约束和监督，防范境外经营风险，与中国出口信用保险公司等机构合作，多措并举建立强大的风险防控体系，最大限度降低投资风险。此外，我们要更加注重人才培养的投入和输出，重点培养形成一批复合型跨国经营人才；加强"走出去"钢铁行业国际化项目团队的能力建设，为其提供人才支撑和智力保障。

第四，以标准化推动国际化发展。标准已成为全球制造业、国际贸易乃至世界经济的必争之地。"得标准者得天下"，谁掌控标准话语权，谁就能占据产业主导权、拥有市场主动权。当前，我国正在加快构建全方位对外开放新格局，对标准国际化提出了更高要求。要切实贯彻开放发展理念，推动中国钢铁产业和世界经济体系在更高层次上深度融合，努力形成国际合作竞争新优势。以中国标准促进中国钢铁在世界互联互通，推动中国钢铁工业全球化发展。积极推动与"一带一路"沿线国家和主要贸易国的钢铁行业开展标准化合作，共同制订工艺、装备、产品等优势领域的国际标准，加强与主要贸易国（地区）标准互认，以中国标准"走出去"，推动中国钢铁的产品、装备、技术、服务"走出去"。

人工智能技术在钢铁行业中的应用研究[❶]

李新创　栾治伟　施灿涛

一、引言

人工智能概念诞生于 20 世纪中期，在发展过程中经历了两次高峰，均由于技术瓶颈、应用成本等因素而陷入低谷。目前，随着新一代信息技术的发展，数据的存储能力和计算能力有了巨大飞跃，人工智能的环境发生了巨大变化。人工智能技术的研究、行业应用开始进入新一轮的发展阶段。

中国钢铁工业经历多年高速发展，当前正处于"高产量、高成本、低价格、低效益"的粗放发展向高质量发展转变的过程中，在市场需求方面向小批量、多品种、定制化的趋势发展。中国钢铁企业依旧面临严峻挑战，除受上游原材料行业和下游钢铁产品深加工行业的双重影响外，钢铁企业自身产品结构不合理、生产管控水平低、能源消耗高以及产品质量稳定性差等问题也是影响企业竞争力、限制企业持续性发展的内在重要因素。为促使钢铁行业可持续发展，《中国制造2025》提出钢铁行业实行生产、物流等的智能控制与优化协同，着力开发基于大数据、云计算的新型信息化和智能化技术，实现企业信息深度感知、智慧优化决策和精准协调控制。

钢铁生产过程中大多工序具有多尺度、多变量、非线性和不确定的特点，确定的数学模型很难解决这些问题。随着互联网和信息化技术的不断发展，大数据、云计算和智能化技术应运而生，无疑为解决这些难题提供了一条崭新途径。在整个钢铁生产过程中各企业已累积海量的各类数据信息，但是大量数据目前只是获取、存储，其深层价值并未充分挖掘。钢铁生产流程的特点，以及长期积累并不断采集、监测到的海量多源异构数据，为人工智能技术的应用打下坚实基础，也成为当前钢铁企业关注的热点问题，对实现钢铁企业生产的高效化、协同化、智能化运行，提高钢铁工业信息化和智能化制造水平具有重要的现实意义。

二、人工智能技术

人工智能是计算机科学的一个分支，作为一门新的技术科学，它是利用信息

[❶] 作者单位均为冶金工业规划研究院；本文发表于《冶金自动化》2020 年第 44 卷第 1 期。

技术等来模拟、扩展人的智能，研究的领域主要包括语音识别、自然语言处理、专家系统、图像识别、神经网络等。人工智能技术涉及多学科交叉，门类众多，在钢铁生产中应用的主要包括专家系统、神经网络、机器学习、智能机器人、智能优化等。

（一）专家系统

在人工智能技术从理论走向实际工业应用的过程中，专家系统作为一个重要的研究方向，起到关键的作用。专家系统借助专家对某一领域的专业经验，实现一般的知识推理策略（if-else），进一步上升为某一领域的专门知识，以达到对生产过程指导的目的。在工业应用中一般通过知识表示和知识推理，来模拟领域内专家才能解决的复杂问题。

在工业中常用的专家系统一般可以分为 5 类：（1）基于规则的专家系统：利用一系列规则来表示专家知识；（2）基于框架的专家系统：这是对基于规则专家系统的自然推广，利用面向对象的编程思想来描述数据结构；（3）基于案例的专家系统：采用以前的案例求解当前问题的技术；（4）基于模型的专家系统：通过模型清晰定义、设计原理概念和标准化知识库；（5）基于网络的专家系统：将人机交互定位在网络层次。

（二）神经网络

神经网络系统是 20 世纪中期出现的，是通过模仿生物神经网络的特征，借助神经元和连接神经元之间可调节的权值，进行大规模数据分布式并行处理的算法数学模型。能够进行大规模数据的并行运算、分布式存储以及处理，并且具有自组织、自适应、自学习的能力。神经网络能够很好地解决工业生产中存在较多不确定、模糊的信息处理以及很难用数学规划模型进行建模解决的问题。经典的神经网络的结构一般有三层：输入层、隐含层、输出层。

（三）机器学习

人工智能的核心是使得计算机及其他设备具有智能，而机器学习是实现这一目的的根本途径。机器学习涉及概率论、统计学等学科的方法，通过计算机对人的行为分析学习，以获取新的知识或技能，不断改善自身的性能。随着行业数据的积累，通过基于机器学习的方法对海量的数据进行深层次的分析，更高效地利用大数据中隐藏的信息，成为当前机器学习的主要方向。

（四）智能机器人

智能机器人是指具备不同程度的类人智能，可实现"感知—决策—行为—反馈"闭环工作流程，协助人类生产、服务人类生活、自动执行工作的各类机器装置，主要包括智能工业机器人、智能服务机器人和智能特种机器人。由机器人进行的一系列自动化工作，可代替人类去完成繁重、危险的工作，提高工作效率，改善工作环境，减少由于人的主观性导致的工作失误。

（五）智能优化

智能优化算法是一类进化算法的统称，主要源自对自然界生物进化过程的模拟。采用不同的表达式来表示遗传基因，通过进化算子（如交叉算子、变异算子）进行迭代，以得到所求问题最优解或者较优解。与传统的数学规划算法以及穷举算法相比，智能优化算法是一种具有广泛适应性的全局进化算法，通过对问题进行建模以及编码，有效解决传统优化算法难以解决的问题。

三、应用场景

对于大型的钢铁企业，长流程钢铁生产工艺流程主要有铁前的焦化、烧结、球团及高炉炼铁等工序，在炼钢阶段主要有转炉、精炼炉、连铸等工序，还有轧制工序及轧制成品的后续处理阶段。

钢铁生产过程存在连续、离散、半连续并存的情况，较为复杂，并且在生产过程中多是半结构和非结构化问题，优化处理的难度较大，人工智能技术与传统方法的结合，为解决这类问题提供了一个途径。人工智能技术已经深入钢铁生产过程的各个方面，如产品设计、铁水质量预测、过程控制、产品质量判定、设备故障诊断、铁前采购与配料优化、生产计划与调度等，如图1所示。

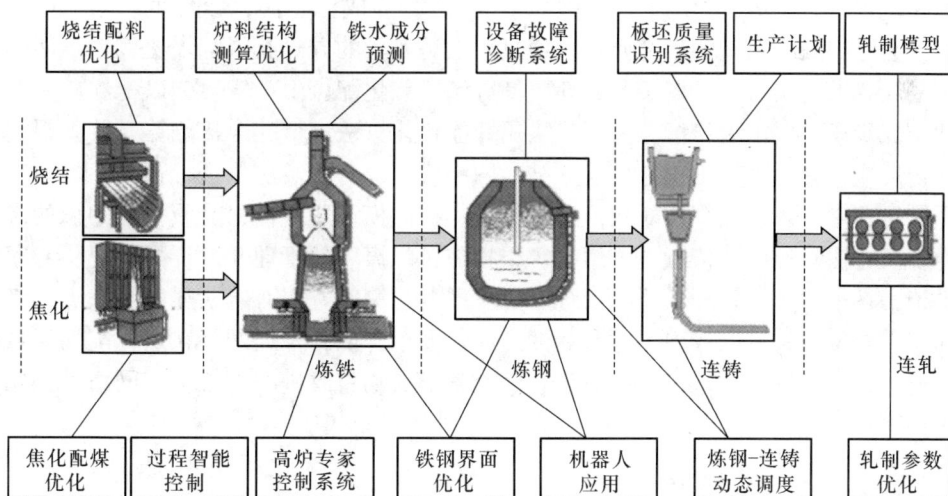

图1 人工智能技术在钢铁生产各个环节中的应用

（一）焦化配煤

配煤是炼焦生产的一个关键环节，是指通过智能优化及神经网络模型等数学方法确定配合煤中单种煤的比例，以达到在较低成本下生产出高质量焦炭的目的。合理的配煤比例不仅能够降低焦化企业的生产成本，而且还能够节约资源消耗、减轻环境污染。焦化配煤流程见图2。

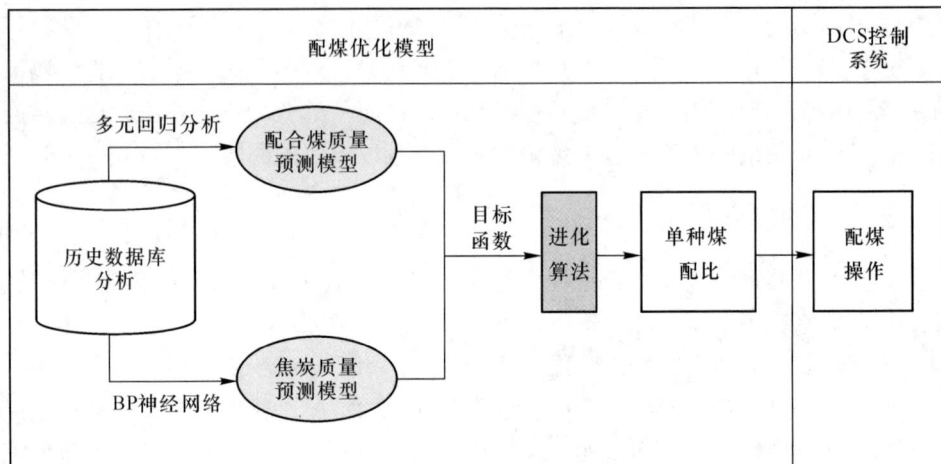

图 2　焦化配煤流程

专家系统、神经网络、智能优化均在炼焦配煤优化领域有着广泛应用（图2中深色部分）。在焦化生产过程中，原料中各种煤成分不同，参与生产的比例不同，会影响最终焦炭的生产质量。通过小焦炉实验的方式获得配煤比例，不能满足配煤要求的实时性。鉴于此，郭一楠等基于焦化配煤生产实际，以配煤比实时性及焦炭质量要求为目标，分两步采用智能优化算法进行配煤比测算，首先根据焦化反应机理，基于历史数据建立神经网络模型，对焦炭质量进行预测，然后在训练过程中引入遗传算法对权值进行择优，提高模型适应性，克服基于知识的定性分析方法对经验的依赖。谭绍栋等根据焦化配煤厂的管理开发了配煤优化专家系统，在配比生产管理、质量管理、焦炭质量预测等方面有着明显效果。近年来随着神经网络计算的成熟，对参数的适应性要求降低，神经网络在焦化配煤领域的研究逐渐开展，黄永辉、田英奇、陶文华等成功将改进的人工神经网络模型用来预测焦炭质量。

（二）铁前采购配料优化

在钢铁生产过程中，烧结配料及高炉配料方案的优劣很大程度上决定着铁水成本的高低，一个满足冶炼性能要求且性价比高的烧结配料和高炉配料方案，不仅能够指导采购，而且能够指导生产，为钢铁企业带来较大的降本效益。栾治伟等针对钢铁生产中的炼铁原料采购及烧结高炉配料问题，综合考虑烧结及高炉生产的工艺要求，以生产成本、产出铁水质量为目标，建立两阶段数学规划模型，使用智能优化算法和运筹学算法进行求解，并将研究成果运用于天津荣程联合钢铁集团有限公司和邢台德龙钢铁有限公司，降低了铁区原料成本。

（三）高炉炼铁

高炉炼铁过程涉及的信息化系统偏重于基础自动化和生产计划管理，与冶炼过程的智能控制基本脱节，这是由炼铁核心单元高炉具有高温、高压、密闭、连续的大型黑箱特性决定的，高炉内部工作状态诊断困难，操作仍以人工经验和主观判断为主。人工智能的出现，为探索通过高炉炼铁内部的规律特征来建立模型提供了一条途径。在钢铁生产过程中，高炉的稳定顺行是持续生产高质量铁水的基础，而高炉炉温是高炉稳定顺行的保证，也是实时判断炉况的一个重要指标。在高炉冶炼中炉缸温度的高低一般是通过高炉铁水中的硅、硫含量以及炉渣状况来判断的，这种方式过度依赖人工经验，且精确度不高。近年来崔桂梅等利用钢厂积累的大量历史数据，针对炉温与硅质量分数以及铁水温度之间存在的关系，构建神经网络模型，能够全面准确地预测炉温，辅助操作人员进行决策。高炉生产数据的统计特征不同，产生的数据结果也不同，王文慧等考虑统计特征不同的高炉生产数据，建立了支持向量机预测模型（SVM）和随机森林预测模型（RF），进一步探索高炉冶炼过程中的炉温控制与预测。在炼铁可视化方面，图像技术对于高炉炉顶成像、高炉风口成像、高炉炉渣监控方面有着重要应用，李新宇等对图像技术在炼铁领域的应用做了全面综述，分析了图像技术在炼铁各个系统中的应用现状，并对未来的应用方向进行了探讨。在高炉布料方面，马富涛等结合高炉布料理论和人工智能算法，解决了传统布料模型存在的难点和缺陷，全炉料层分布数值模拟模型能够对高炉布料过程的料层分布进行数值模拟，具有适应性强、更贴近实际的特点。

（四）炼钢-连铸阶段

炼钢-连铸阶段是钢铁生产工艺最为复杂的一个阶段，从高炉经鱼雷罐等设备运送来的铁水，经过转炉、精炼炉、铸机等设备加工，产出符合轧材要求断面的钢坯或者板坯。从高炉区域输送到炼钢区域的铁水温度影响炼钢区域的生产运行，铁水温度高有利于稳定操作和转炉的自动控制，任彦军等通过对高炉—转炉界面铁水运输过程温度的影响因素进行分析，将这些因素进行量化，设计了影响这一过程温降的参数，建立了基于 BP 神经网络的预测模型，对铁水温度及温降过程进行预报，满足现场生产的实际要求。在炼钢阶段，连铸板坯的质量问题是各个钢铁企业关注的重要课题，对连铸板坯质量在线、实时判定反馈，可以指导操作人员合理控制钢液成分，郭贤利等通过在线准确判定连铸板坯质量以及分析引起质量事件的原因，建立神经网络模型，对生产质量数据进行采集跟踪，开发连铸板坯质量在线诊断系统，用来指导生产；常运合等在对铸坯产品质量缺陷种类及其主要影响原因分析总结的基础上，以特钢板坯常见的中间裂纹、中心裂纹和中心偏析等缺陷为研究对象，建立了基于 BP 神经网络的三种典型质量问题的预测模型，并基于训练成熟的神经网络模型，进一步建立在线预报系统，实现铸坯质量在线实时预报。薛美盛等考虑蓄热步进式加热炉生产中经常出现的大滞后、大惯性等特点，通过采用小波神经网络建立加热炉炉温预测模型，成功地预测炉温未来输出值，并根据二次型性能指标构建炉温优化控制器，通过滚动优化控制器修正神经网络的参数，得到系统未来的控制量，对炉温的变化具有良好的跟踪性，调整周期较短。

在炼钢阶段的铁水、钢水物流领域，百度与国内钢铁企业合作，开发智能钢包识别系统，基于物联网技术，通过智能化升级改造传统的钢包，能够实时采集钢包的运转温度、压力数据，并且借助于热成像及计算机视觉技术，对钢包的实时信息进行直观展示，实现对钢包实时运行状态的智能感知，在获取实时信息的基础上，通过大数据分析和人工智能技术，实现对钢包的精细化管理。

（五）轧钢阶段

人工智能在轧制领域有着广泛的应用，主要有 3 种使用种类：（1）对轧制工艺的在线控制与调节；（2）对轧制过程参数信息进行优化计算；（3）对采集到的轧制数据进行分析。刘相华等对人工智能在轧制领域的这 3 种类型的应用做了全面综述。何安瑞等从板坯加热精准控制、自由规程轧制的板形精准控制、产品质量在线精准判定及分析、轧辊精准磨削及管理、新一代轧制数学模型 5 个方面，阐述在轧制精准控制方面所做的实践及取得的效果。在冷轧轧制力优化方面，高雷等通过挖掘现场实际数据隐含的规律，对其变形抗力和摩擦因数的模型参数进行优化，以提高轧制力计算精度。

（六）煤气平衡调度

钢铁企业对能源、资源消耗较大，企业的能源资源成本占生产总成本的比例较高，在环境成本和能源消耗较高、环保压力日趋加大的背景下，提高能源使用效率成为新时代钢铁工业的内在需要和必然要求。煤气是钢铁企业在生产钢铁产品的同时产生的重要二次能源，占企业总能源消耗的 30% 左右。

在钢铁企业中有些生产环节产生煤气，如高炉、转炉，有些环节消耗煤气，如加热炉、锅炉等设备。煤气预测与优化调度就是通过煤气存储设备煤气柜及传输设备，协调煤气产生设备供应量和消耗设备的消耗量，调节外购能源的使用量，有效避免煤气不足或过剩的状况，使得煤气管网压力相对稳定，并减少煤气放散和消耗量，提高煤气利用效率。钢铁企业在不同工况下煤气的富余量以及蒸汽和电力需求量不同，为了获得最大的经济效益，需要针对不同工况条件进行煤气—蒸汽—电力系统的实时优化调度。贺东风等基于线性规划，以系统运行能源成本最小为目标函数，建立钢铁企业煤气—蒸汽—电力系统不同工况下的耦合优化调度模型。李红娟等针对钢铁企业副产煤气系统产消量频繁波动，不平衡现象比较严重，供需之间的平衡程度对钢铁企业的生产成本、能源消耗情况影响较大，并且钢铁企业中工序、设备繁多，每道工序都涉及多种能源介质的问题，采用改进的神经网络算法和模型，并根据用能设备的能源利用特点和预测结果对副产煤气进行优化调度。钢铁企业煤气预测与优化系统功能结构见图3。

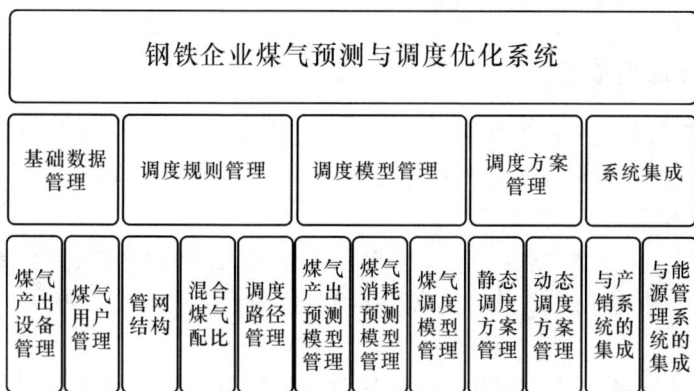

图3　钢铁企业煤气预测与优化系统功能结构

（七）设备故障诊断

钢铁生产过程中涉及的设备工艺复杂，且工序间衔接紧密，整个生产流程中某一环节出现故障，将影响整个产线的生产。对钢铁企业设备进行预防性维护和故障诊断，对故障进行提前预警就变得尤为重要。

设备故障诊断是实现设备全生命周期管理的先决条件和重要组成部分。王映红和胡浩等介绍了河钢唐钢建设的设备故障在线诊断系统，通过系统来获得设备的振动数据、电气仪表数据、控制数据等信息，并对这些数据进行分析，掌握设备的运行状态，合理制定检修计划，做到防患于未然。针对高炉生产，马竹梧等据国内外高炉自动化的进展及运行经验，开发了基于专家系统的高炉智能诊断与决策支持系统，实现生产管理、炉况诊断、数据分析、数学模型等功能。

（八）生产计划与调度

生产计划和调度是实现现代钢铁工业智能制造与管理的关键，对钢铁企业的高效协调生产和节能降耗有着重要的实际意义。经过多年研究，生产调度研究虽然已经形成一套系统的理论与方法，但是，对于集多种设备、多重工序、多种产品结构于一体的复杂钢铁生产流程而言，具有工序繁多、设备复杂、生产过程不确定和扰动因素多等特点。通过将人工智能技术与钢铁生产工艺规则相结合，能有效避免钢铁生产不确定性的影响。栾绍峻和吴秀婷针对钢铁企业生产计划和调度问题，建立了能力计划—订单计划—批量计划—生产调度四级计划体系，并设计了基于智能优化算法的高级计划与排程系统原型。针对天津荣程联合钢铁集团有限公司的具体实际，将研究成果落地，在订单计划方面，与 ERP 系统及电商系统对接，实现订单的一贯制管理，减少了人为干预，在批量计划方面，通过钢轧一体化计划，提高了热装热送率。

四、结论与展望

随着钢厂数字化、网络化、智能化水平的提高以及人工智能技术的进步，人工智能技术在钢厂生产中的应用场景逐渐丰富，呈现出从局部到整体、从生产层面到经营战略层面的应用发展趋势。

（1）人工智能以数据为基础，从单一工序的实时数据获取到全流程实时数据获取，并且对这些工序中的多源异构数据融合分析是进一步研究及应用的方向。

（2）模型自学习现在多通过历史数据训练模型，然后将模型用于实际预测或者推理。由于生产在不断进行，会不断出现新情况，因此要根据新情况不断迭代模型，提高模型的在线学习能力，以达到对未来新状态的适应性。

（3）将人工智能方法应用于钢铁企业供应链优化、销售预测及指导，可为钢铁企业战略层经营决策提供参考。

钢铁关键技术和装备国产化势在必行[1]

李新创

作为国民经济的重要基础产业，钢铁是支撑国家发展和经济建设的工业脊梁，也是反映一个国家综合实力的重要标志。新中国成立 70 多年来绘就了一幅波澜壮阔的钢铁画卷，在世界钢铁舞台的中心散发出璀璨耀眼的光芒。粗钢产量占据世界半壁江山，品种结构极大丰富，产品质量持续提升，节能环保水平更是引领着世界钢铁产业的发展，工艺技术装备的创新与进步为钢铁行业高质量发展提供了强力支撑和动力。但在关键技术工艺、核心装备等方面，我们与高质量发展的要求尚有一定距离，特别是在当前国际环境日益复杂、疫情防控常态化的背景下，加强技术创新、促进国产化已是势在必行。

一、我国钢铁行业工艺技术和装备发展现状

在焦化工序方面，自 2006 年引进 7.63m 特大型焦炉开始，我国焦炉大型化发展的步伐加快，配套水平不断提高。2008 年我国自主设计的 7m 焦炉在鞍钢鲅鱼圈投产，2009 年第一座 6.25m 捣固焦炉投产，标志着我国焦炉大型化及配套装备水平又迈上了一个新台阶。目前，我国已设计研发出 8m 顶装超大容积焦炉，其技术达国际领先水平，7m 焦炉相关技术装备已成功输出海外。截至 2019 年年底，我国炭化室高 5.5m 及以上（含捣固）先进水平焦炉产能已占 55.6%。另外，干熄焦、上升管余热利用、循环氨水余热利用、焦炉烟道气脱硫脱硝、酚氰废水深度处理等先进技术在企业得到推广和应用，我国焦化行业技术装备整体水平已达到国际先进。

在炼铁及铁前工序方面，新中国成立初期国内仅有 7 座高炉，到 2000 年已增至 3000 多座，生铁年产量也由 25 万吨增长至 1.3 亿吨。随着炼铁高炉大型化，截至 2019 年年底，全国高炉数量逐步减少至 900 多座，重点钢铁企业 1000m³ 及以上高炉由 2001 年的近 50 座增加至 450 座，130m² 以上烧结机占比由 15% 增加至 75%，单机生产能力不小于 120 万吨/年的球团装备产能增加至 1.5 亿吨，占比达到 60% 左右。

---

[1] 本文发表于《中国冶金报》2020 年 9 月 9 日 01 版。

在炼钢及连铸工序方面，我国炼钢装备大型化取得突破性进展。2005 年，我国 100t 及以上转炉数量为 89 座，占比仅为 26%，其中 300t 及以上转炉仅有 3 座，50t 以下转炉为主力炉型。截至 2019 年年底，100t 以上转炉数量达到了 440 余座，占比接近 50%，其中 300t 以上转炉数量达到了 14 座，100t 级转炉成为主力炉型。连铸工序方面，我国在改革开放后开始了对国外连铸技术的消化和移植，之后连铸比快速提高，2002 年达到 90% 以上，2005 年达到 98.42%，2019 年已提升至接近 100%。

在轧钢工序方面，改革开放初期，我国大量引进日本、德国等国家的先进工艺技术。进入 21 世纪后，由于国内机械制造行业和电气控制行业国产化能力的提升，轧制工艺技术以国产化为主，并通过不断创新，使我国轧制工艺技术装备已经整体接近、个别超越世界先进水平，钢厂建设成本大幅度下降。当前，我国基本上已经淘汰了横列式型钢轧机等落后轧制工艺及装备，70% 以上的轧机都达到国内先进水平，并且有一大批国际领先水平的板材轧机装备投产，如攀钢百米钢轨全长余热淬火工艺技术、鞍钢鲅鱼圈 5500mm 宽厚板轧机、本钢 2300mm 热连轧机都是在立足于国产化的基础上建成投产的。

在公辅设施方面，随着钢企设备大型化、电机容量提升，且对于生产质量要求日益严格，钢企逐步提高对于电能质量的要求，由原有 FC 的固定补偿方式或采用由接触器控制的分步投切的自动补偿方式逐步过渡为静止无功补偿装置（SVC）和静止无功发生器（SVG）。此外，在电气设备使用方面，二级能效以上的高效节能变压器被广泛用于替代 S9 及以下高耗能变压器，在负载损耗相同的情况下，空载损耗明显降低。传统电机多进行更新换代或采取各类新型电机（如永磁调速电机、开关磁阻电机等），节能潜力巨大。

我国冶金类制氧机流程已经发展到第六代，其流程特点是：分子筛纯化、板翅式换热器、增压透平膨胀机、规整填料塔精馏、无氢制氩、智能 DCS（分布式控制系统）控制、大型化和超大型化。冶金空分设备投资成本下降了约 60%，已步入了每小时 12 万立方米等级以上空分设备攻坚期，制造技术已日趋完善，空分装置的技术随着钢铁工业的发展而同步发展。

近年来，钢企不断提升余热余能利用水平，热电工艺技术和装备逐步高效化、现代化。以煤气发电为例，全燃煤气锅炉发电技术在过去 20 多年中为我国钢铁工业的二次能源利用做出重要贡献，逐步由中温中压发电向高温高压、高温超高压、超高温超高压、超高温亚临界等高参数发电技术方向发展。据不完全统计，截至 2019 年年底，我国重点统计钢铁企业建有亚临界机组（含煤气煤粉混烧）75 台，占比为 11%；高温超高压机组（含超高温超高压）约 300 台，占比为 45%；高温高压机组 170 台，占比为 25%；中温中压及以下机组 130 台，占比为 19%。

二、钢铁行业关键技术和装备存在的主要问题

其一，先进自动控制软件和系统国产化欠缺。

目前国内钢铁行业装备基本实现本地化、自主化，但配套的国产化软件和控制系统仍有欠缺。钢企基础自动化控制系统多采用分布式控制系统（DCS）或可编程逻辑控制器（PLC）。由于 PLC 比 DCS 更稳定可靠，功能也强，可扩充性好，PLC 使用率远高于 DCS。国内 PLC 研制按照行业通用型设计生产，因此产品、技术水平等均与国外公司差距较大。目前，钢铁企业 PLC 市场基本由 ABB、西门子、施耐德、欧姆龙等欧美制造商控制。DCS 系统基本由国外业内强者所把持，但本土厂商如和利时、中控、新华等企业目前也在逐渐发展壮大。由于 DCS 技术含量高，很多对产品的需求都建立在项目的基础上，因此对 DCS 的需求也将有一个周期性较长的过程，在短时间内难有较大改变。

其二，少数关键工艺技术水平不高。

近几年国内洁净钢生产水平有了一定提高，但真正具备生产洁净钢条件的厂家较少，主要为一些大型企业和部分特钢厂，普及率不高，同时在脱硫、终点控制、生产调度、保护浇铸、炉渣管理、耐材使用等方面与国外先进水平相比仍有一定差距。

部分先进轧钢工艺技术仍然需要引进，如带钢无头轧制技术（ESP）和薄带铸轧技术（CASTRIP）等。部分轧钢工艺技术水平与世界领先水平存在差距，特别是高强钢、耐热钢、耐候钢、耐蚀钢等热处理工艺，处理机理研究、处理后性能提升、质量稳定性都有提升空间。

其三，部分先进装备需要进口。

在非高炉炼铁方面，受资源条件的限制，我国最早研究开发的非高炉炼铁装备主要集中在煤基直接还原铁工艺上，由于生产效率低、成本高、环保水平低等原因基本均已停产。目前，我国在运行的非高炉炼铁装备主要有宝钢集团八一钢铁 COREX 3000 和山东墨龙石油机械有限公司 HIsmelt 熔融还原装备。这两种工艺分别是从奥钢联和澳大利亚力拓引入中国，经过多年的生产实践，在生产规模和成本上具备了与高炉工艺竞争的条件，但是关键设备仍然依赖进口，技术成熟度和装备自给率与高炉仍有一定差距。另外，比较适合中国原燃料条件的 FINEX 熔融还原装备和专利技术由韩国浦项掌控，限制了其在中国的发展。

在电炉冶炼方面，我国钢企应用电弧炉的形式日益丰富，引进了包括连续加料电炉、废钢预热式电炉，在此基础上，能够自主研发全套电炉装备，但市场普及率远不如普锐特、达涅利等国外成套设备公司，先进电炉装备仍需进口。

在轧制工艺方面，常规轧钢生产工艺装备基本实现了自主设计建造，但是在革命性、关键性工艺装备方面仍然依赖进口。比如，作为热轧领域革命性技术之

一的无头轧制技术，目前在国内广泛建设的无头轧制生产线主要依靠进口，即日照钢铁 ESP 生产线、沙钢 CASTRIP 生产线以及首钢京唐 MCCR（多模式全连续铸轧）生产线分别来自意大利阿维迪、美国纽科以及意大利达涅利。再如，作为棒线材生产线关键工艺装备的减定径机组，目前国内先进棒线材生产线仍然采用德国 KOCKS 公司或美国摩根公司的技术装备。国内大型冷连轧机组的焊机、退火炉等关键设备也主要依靠进口。

三、大力推进钢铁行业关键技术和装备国产化

未来，在规范发展的前提下，如何提升劳动生产效率、如何提高成材率、如何提高产品质量、如何降低能源消耗成为事关企业生存发展的头等大事，这些均与工艺技术装备息息相关。比如，日钢 ESP 生产线成材率平均提高 1~2 个百分点，辊耗降低约 2%，单位能耗比常规热连轧降低 50% 以上；沙钢 CASTRIP 产线全长仅有 50m，30s 内钢水直接变成钢卷，单位能耗仅为常规热连轧的 1/5；太钢聚焦"新材料、新工艺、新领域"，着眼"首创""首发""首位"，开发新品种，创造新需求，研发对其贡献率达到 75% 以上，引领着世界不锈钢的高质量发展。

实践证明，世界钢铁工业中心的转移、中国钢铁工业的快速发展，均离不开工艺技术装备的创新与进步；未来中国钢铁工业高质量发展，更是离不开工艺技术装备的创新与进步。但当前及未来，国际环境更加复杂多变，特别是大国战略竞争更加激烈，因此，在高质量发展的今天，着手关键工艺技术、核心装备的研发与国产化不仅必要，而且必须，是中国钢铁工业自主创新、做大做强的必由之路。

其一，攻克关键技术和装备，保障行业安全。一是需要加强材料基础研究和夹杂物控制、洁净钢冶炼等关键工艺技术研发，从应用角度出发开展腐蚀、疲劳等服役性能研究，提升研发生产和服务水平。二是加快智能制造提升步伐，从全生命周期角度提升产品研发速度、质量控制水平，构建健康有序的生态链。三是加快推进产学研用协同创新，可利用成立产业联盟，参与产业链合资、参股、并购等手段，打破因行政、行业、企业性质等因素形成的壁垒，加强与下游行业融合；多措并举强化协同创新能力，打造多产业融通创新生态圈，提升产业链整体水平，攻克关键技术和装备难题。

其二，加大研发投入力度，提升创新能力。

当前，我国钢铁行业研发投入比例较低，部分核心工艺技术及装备不掌握，包括设备制造和整体设计能力与国外一流水平还有差距。为此，钢铁产业链上各方需要加强研发投入，不断完善研发体系，全面提升技术创新能力和管理水平，形成具有企业自身特色的科技创新体制。此外，各方还应积极探索多元化的科研

投入机制，拓展创新投入的社会化渠道，搭建多种形式的科技金融合作平台，探索建立创新风险基金，吸引更多的社会资本参与钢铁行业创新发展，降低钢铁企业科技创新负担与风险，激发企业创新活力。

其三，加强上下游产业协同，构筑产业链条。

要充分发挥市场配置资源的决定性作用，充分认识技术创新对生产力提升的巨大推动作用，充分调动钢铁企业、设计院、科研院所及装备制造企业在钢铁行业技术装备创新方面的积极性，凝聚共识，强化协同，进一步完善关键技术装备攻坚体制机制建设，形成突破"瓶颈"的合力。要强化钢铁企业在关键技术装备攻关中的创新主体地位，鼓励钢铁企业采用新技术、新装备，支持增加研发投入；尊重设计院和科研院所的设计研发成果，加快成果转化和推广应用；提高下游装备制造企业在关键技术装备研发中的参与度，更好地实现成果转化与应用。要着力打通各方之间的限制性环节，营造互动、互助、互促、互惠的良性循环新格局，形成集成创新、协同创新的新发展趋势，打造关键技术装备创新新生态。

其四，健全人才体系，培育源源不断的发展动力。

在人才配置方面，钢企要创新研发体制机制，全面推行项目负责制，以项目负责人为龙头、以项目为纽带整合科研资源，实现科研人才资源高效配置；在人才供应链建设方面，依托产学研用协同创新机制，建立以客户服务为平台的大客户营销体制，通过共建联合实验室等方式，积极实施先期介入，通过"借脑引智"，将产业链向下游汽车、家电、海洋工程等高端制造企业延伸；在人才培育方面，不断完善企业技术人才的引进、晋升通道，畅通技术人员的上升通道，并通过股权激励、创新奖励等方面给予技术人员充分的激励，建立钢铁产业技术人才蓄水池，为推动钢铁产业技术创新提供不竭动力。

中国经济高质量发展离不开钢铁。进入新时代，站在新的历史方位，要把科技创新作为巩固钢铁产业优势、强化钢铁产业领先地位的关键一环，加大研发投入，增强科技创新的发展后劲，不断夯实钢铁行业科技创新基础，进而推动钢铁行业高质量发展。

"十四五"钢铁工业高质量发展标准化路径与建议❶

李新创

一、引言

作为国民经济的重要基础产业，钢铁是支撑国家发展和经济建设的工业脊梁，也是反映一个国家综合实力的重要标志。"十三五"期间，我国钢铁工业认真贯彻落实供给侧结构性改革，去产能、去杠杆取得明显成效，产业结构也更加合理，供给质量、绿色制造、兼并重组、国际产能合作取得新进展，有效满足了经济社会发展的需要。党的十九大作出我国经济已由高速增长阶段转向高质量发展阶段的重大判断，提出了推动高质量发展的根本要求。"十四五"国家将进入新的、更高水平的高质量发展阶段，中国钢铁工业发展也面临着新的形势和更高的要求。在这样的大背景下，本文从建立防范产能过剩长效机制、加快联合重组、流程持续优化、强化自主创新能力、推进绿色制造、推进低碳发展、加快智能化建设、发挥标准引领作用八个方面概括了中国钢铁工业高质量发展的趋势及要求。同时，标准作为国家质量基础设施的重要组成部分，是经济和社会活动的技术依据，实现高质量发展这个根本要求，标准尤为重要，只有高标准才有高质量。鉴于此，本文重点分析了"十四五"钢铁工业高质量发展的标准化路径与建议，以高标准支撑、引领产业创新发展、绿色发展、低碳发展，助力企业持续改进追求卓越，服务地方产业不断提升综合竞争力。

二、中国钢铁工业高质量发展趋势及要求

（一）建立防范产能过剩长效机制

2014年、2015年整个钢铁行业处于全面亏损，如果不是供给侧结构性改革大幅度的去产能，钢铁行业会面临更大的困难。随着钢铁行业效益好转，地方企业扩大产能的倾向显现，必须建立健全防范产能过剩长效机制，持续深入推进钢铁行业供给侧结构性改革，满足新时代中国钢铁工业高质量发展的要求。一方面

---

❶ 本文发表于《钢铁规划研究》2020年第11期。

要巩固去产能成果，充分发挥社会监督举报作用，完善防范产能过剩长效机制，全面开展联合执法检查、违法违规建设项目清理等专项行动；另一方面要加强事前评估、事中监督、事后监管，严禁建设过程中新增产能。同时，还要加快区域钢铁产业升级，提高淘汰落后标准，实施限制类装备差别化政策。

（二）加快联合重组

我国有 500 多家钢铁企业，产业集中度不到 40%，导致钢铁企业同质化恶性竞争严重。因此，必须通过联合重组实现行业有序发展、高效发展。工信部《钢铁工业调整升级规划（2016—2020 年)》提出"十三五"期间前 10 家钢铁企业产业集中度由之前的 34% 左右提高到 60%。2016 年国务院发布《关于推进钢铁产业兼并重组处置僵尸企业的指导意见》指出，到 2025 年中国钢铁产业前十大企业产能集中度将达 60%～70%。兼并重组窗口期已经来临，应将打造规模经济、发挥特色产品优势作为主要方向。

（三）流程持续优化

2020 年 6 月，国家发展改革委、工业和信息化部、国家能源局、财政部、人力资源社会保障部、国务院国资委等六部委印发《关于做好 2020 年重点领域化解过剩产能工作的通知》，明确提出推动大气污染防治重点区域钢铁企业超低排放改造，发展电炉钢工艺。2020 年 7 月，工信部发布《钢铁产能置换实施办法（征求意见稿)》，对电炉实施等量置换，钢铁企业内部退出转炉建设电炉以及现有电炉置换新建电炉可实施等量置换。随着中国钢铁产业进一步发展，国家产能置换、环保、土地、财政等政策倾斜，废钢资源、电力等支撑条件逐步完善，电炉钢比例将逐步回升。

（四）强化自主创新能力

党的十九届五中全会提出，坚持创新在我国现代化建设全局中的核心地位，把科技自立自强作为国家发展的战略支撑。科技创新被摆在各项规划任务的首位，钢铁企业应把握百年未有之大变局的变革方向，以产业科技创新为主线，积极推进钢铁工业全面高质量发展，切实提高科技和产业创新能力。为巩固钢铁产业优势，加快自主创新步伐，更好地推进钢铁工业高质量发展，应充分调动钢铁产业链上下游创新资源，营造产学研用为一体的协同创新生态，实现产业链协同创新；围绕低碳炼铁技术、高效低成本洁净钢冶炼技术、钢材高效轧制技术与装备、二次资源高效利用技术、基于大数据的钢铁全流程产品工艺质量管控技术以及一体化组织性能预测与控制等行业关键共性技术加大创新资源投入；积极拓展创新投入的社会化渠道，搭建多种形式的科技金融合作平台。

（五）深入推进绿色制造

"十四五"期间的生态文明建设将以 2035 年基本建成美丽中国的目标为指引，持续推进资源、能源的节约和结构优化，全力开展大气、水、土壤和新型污染的综合治理，并进一步加强生态保护和修复。钢铁工业是环境污染治理重点领域，一直受到社会各界广泛关注，随着近年来重点区域大气污染治理的推进，钢铁工业更是成为了主战场。2019 年 4 月，生态环境部等五部委联合印发了《关于推进实施钢铁行业超低排放的意见》（环大气〔2019〕35 号），中国钢铁工业开启了人类历史以来最大规模、最高水平的超低排放改造。据统计，目前有将近 6 亿吨的钢铁产能在实施超低排放改造，执行的超低排放标准限值是全球最严的，通过我国钢铁企业的不断努力，中国钢铁在绿色发展方面将持续处于世界领先地位。除了环保排放标准不断收严，超低排放改造全面展开之外，也要认识到环保绩效考核将长期存在，环保督查必将走向规范化、常态化和制度化，环保绩效也将融入钢铁产品属性，环境信息将被使用在绿色金融、绿色供应链和部门监督等方面。

（六）推进低碳发展

《巴黎协定》的签署开启了全球绿色低碳发展的新局面，将升温控制在 2℃ 成为全球环境治理新的目标和挑战。中国作为最大的发展中国家和温室气体的排放国，"十四五"碳减排工作将任重道远。习总书记在第七十五届联合国大会上做出郑重承诺，中国将提高国家自主贡献力度，二氧化碳排放力争于 2030 年前达到峰值，努力争取到 2060 年实现碳中和。低碳发展将在"十四五"开启新一轮热潮，面对即将到来的碳交易市场，钢铁企业应做好充足的准备工作，强化企业内部的碳排查，分析配额盈亏情况，建设碳数据管理系统，并基于历史数据进行碳排放预测；建立管理体系、明确企业内部的碳排放管理机制，加强对相关人员进行知识和技能培训，进行碳资产管理，利用碳金融手段盘活碳资产；开展全流程碳足迹核算，明确排放量，挖掘碳潜力，明确低碳发展路径和方向，分析减排潜力，并针对重点工序开发研究碳捕集与封存技术。

（七）加快智能化建设

当前，新一轮科技革命和产业变革正在萌发，智能化成为技术和产业发展的重要方向。2019 年，我国数字经济增加值规模达到 35.8 万亿元，占 GDP 比重达到 36.2%。其中，数字产业化增加值达到 7.1 万亿元，产业数字化增加值为 28.8 万亿元。智能化生产、网络化协同、个性化定制、服务化延伸、数字化管理等新模式创新活跃，有力推动了行业质量稳定、效率提升、决策智能，催生了新增长点。智能制造为钢铁行业竞争力重构创造了新机遇，并可促进行业数字经济高速发展。顺应新时代发展要求，钢铁企业在塑造新型能力时应重点提升生产管控能力、经营管控能力和财务管控能力，通过实施智能制造有效支撑企业核心竞争力，以互联与智能为导向，构建钢铁智能制造基础体系。未来，5G+工业互联网将引领钢铁智能制造新发展。

（八）发挥标准引领作用

实施标准化战略是钢铁工业践行新发展理念、推动高质量发展的战略支撑。一是紧扣加快新旧动能转换的要求，支持传统产业优化升级，加快新领域标准制定，依靠标准硬约束淘汰落后产能。二是着眼提升钢铁工业竞争力，加强关键技术标准研制，满足柔性化生产、个性化定制等需要。三是立足提高产品和服务质量，在追求高标准中创造更多优质供给，更好满足消费升级需求。四是推进绿色发展，加强节能、节材、节水及环境等标准的制定实施，加快标准升级步伐，通过标准严起来、高起来、快起来，更好地推进生态文明建设。五是注重运用标准化手段，促进政府管理更加科学和市场监管更加规范有序，提高政府效能。

三、"十四五"钢铁工业高质量发展标准化路径与建议

（一）激发标准活力，引领创新发展

技术创新是钢铁工业高质量发展的重中之重。而标准作为技术的载体，与技术创新密不可分。技术创新是标准化的基础，标准的制修订必须以技术创新成果为依据。同时，标准的制定实施将有效促进科技成果的转化，加快科技成果的产业化、市场化应用。可以说，标准化是科技成果真正实现市场价值的媒介和重要推手。例如，太钢2019年开发了"手撕钢"产品，同年制定发布了中国特钢企业协会团体标准T/SSEA 0039—2019《柔性显示屏用超薄不锈钢精密带钢》，该标准对新产品产业化起到了重要的推动作用，据报道，产品由该标准发布初期的一两个客户使用，到目前已形成了太钢在折叠显示屏行业的固定客户群体，实现产品产量翻倍。

在国家深化标准化工作改革和推动高质量发展的背景下，"十四五"期间钢铁行业的标准化工作应持续释放活力，实现对创新发展的支撑和引领。一是充分发挥市场在标准化工作中的能动性。按照国家深化标准化工作改革的精神，发挥市场在资源配置中的决定性作用，以市场为导向开展标准化工作；围绕市场需求开展标准制修订工作，切实提升标准有效供给；激发市场活力，创新标准化服务模式，更好地支撑技术创新。二是紧紧围绕新产品、新技术发展方向。强化标准对创新的支撑，围绕更高性能、更低成本、更高质量、更好使用、更易加工、更

加绿色的钢铁材料新产品、新技术发展方向，开展具有创新意义、代表领先水平的标准制定工作，促进新产品、新技术的推广应用。三是紧密结合下游需求，满足生产和应用的共同需要。一般来说，通用性钢铁产品标准往往不能满足下游细分领域对专用性能的实际需要，应积极联合钢铁生产企业和主要下游用户，共同制定体现产品专用性的高水平标准，让用标准的人参与到标准制定中来，强化标准的适用性和实用性，满足生产和应用的共同需要。

（二）强化标准支撑，服务绿色发展

标准是规范工业企业资源能源利用、推动工业绿色低碳转型的重要依据，已成为推动行业绿色发展的重要力量和抓手。例如，GB/T 36132—2018《绿色工厂评价通则》，按照"厂房集约化、原料无害化、生产洁净化、废物资源化、能源低碳化"的原则，建立了绿色工厂系统性评价指标体系，提出了绿色工厂评价通用要求。再例如，HJ 846—2017《排污许可证申请与核发技术规范 钢铁工业》、HJ 885—2018《污染源源强核算技术指南 钢铁工业》等标准的制定，有效地完善了排污许可技术支撑体系，指导和规范钢铁工业排污单位排污许可证申请与核发工作。再例如，《取水定额 第 2 部分：钢铁联合企业》，从该标准2002 年首次发布，到 2012 年修订，再到 2020 年又一次升级修订，通过标准中钢铁企业取水指标的不断提升，倒逼钢铁企业不断提升节水水平，降低新水消耗。

"十四五"时期，是工业行业实现绿色高质量发展的重要时期，也是钢铁工业绿色转型发展的关键时期，应进一步加快相关绿色标准研制和有效供应，为实现钢铁工业绿色发展提供全面支撑。一是构建和完善钢铁行业绿色制造标准体系。《中国制造 2025》首次提出构建高效、清洁、低碳、循环的绿色制造体系，《工业绿色发展规划（2016—2020）》《绿色制造工程实施指南（2016—2020）》均指出建立健全绿色标准体系。"十四五"时期，钢铁行业应进一步建立和完善绿色制造标准体系，从而有的放矢地开展绿色标准的研制。二是构建钢铁行业绿色制造评价标准体系。构建钢铁行业绿色发展评价体系，实施绿色工厂评价标准全覆盖，强化绿色产品、绿色园区和绿色供应链评价标准和分级标准等的研制，加快相关绿色标准的宣贯、实施，提高标准的适用性和有效性，有效支撑钢铁工业绿色发展，打造上下游、多产业协同发展的绿色生态产业链发展模式。三是加快绿色制造标准的制定。强化绿色领域国际标准的研制和交流，突出和宣传我国钢铁行业的节能环保和绿色发展水平；加快先进、成熟、可靠的节能减排和绿色发展技术标准的制定，推动先进技术产品在行业内的应用；制定并优化环保排污、水耗、能耗限额排放指标，进一步倒逼钢铁行业企业实施工艺技术升级改造和绿色制造发展。

（三）夯实标准基础，引领低碳发展

钢铁工业碳排放量占全球能源系统排放量的 8% 左右，我国钢铁工业碳排放量占全国碳排放总量的 15% 左右，是碳排放量最高的制造业行业。《巴黎协定》确定的全球绿色低碳发展潮流不可逆，钢铁工业低碳发展面临较大挑战，实现深度碳减排任重道远。目前宝钢、马钢、太钢正在制定《钢铁企业碳平衡编制方法》《钢铁企业碳减排成本核算方法》等行业标准，将为钢铁企业碳成本核算和碳减排管理提供重要的理论基础和基本规则。

"十四五"时期，低碳发展将是实现中国钢铁工业高质量发展的重要引擎，作为落实碳减排目标的重要责任主体，中国钢铁工业积极开展低碳技术实践的同时，应通过标准建设，提前储备、先期进入，夯实低碳发展的基础。一是加快构建和完善低碳标准体系。尽快出台钢铁行业低碳领域标准体系建设方案，系统规划低碳标准体系框架。二是积极探索低碳技术标准研制。随着氢能冶金、CCS/CCUS 等革新技术的开发，低碳技术标准的制定尤为重要，以标准规范行业可行技术，促进低碳技术的推广应用。三是制定技术指标先进的低碳标准。先进标准供给能够促进产业升级和主要领域技术进步，制定技术指标先进的低碳标准，对加快实现我国钢铁工业低碳发展具有重大意义。四是与节能、环保等绿色标准体系相协调融合。节能、环保、循环经济均是从多个不同角度对钢铁绿色发展水平进行评价，在推动行业绿色可持续发展方面具有一致性，但在涉及具体目标和途径的过程中，又有所差别。低碳标准体系应注重对现行节能、环保、循环经济等标准体系的延伸和拓展，实现相互协调及融合。

（四）标准化思维管理企业，持续改进追求卓越

高水平的管理是企业保证产品质量、提升生产效率和实现效益最大化的基本，也是企业在市场竞争中实现永立的关键。但是，目前我国钢铁企业管理水平参差不齐，有的中小型钢铁企业甚至尚未建立完善的企业管理制度，管理线条粗放、人员个人意志对产品质量、生产效率影响较大，企业盈利能力及规模化发展受到管理水平限制明显。尤其是"人的问题"突出，企业管理的随意性、专断性和过于依赖管理层经验，人员流动大，需要不断培养新人，作业工人特别是具有良好素质的作业工人短缺等，一定程度上制约了企业高质量发展进程。

"十四五"时期，向管理要质量、要效益，将是提升钢铁企业综合竞争力的重要举措。运用标准化思维管理企业，实现管理创新，将是推进企业规范运营、提质增效、价值提升的重要抓手。一是明确岗位职责并落实标准化。提炼总结分散于各工序、各员工的经验做法，将宝贵的经验文字化、标准化，通过标准化实

现经验、技术、操作的固化和传承，从根本上解决"人的问题"，最大限度降低岗位对人的主观性依赖，有效提升企业管理水平与生产运行效率。二是建立标准化管理和考核制度。细化岗位职责、明晰权责分工，形成层层负责的工作机制，配套相应的考核管理办法，可有效避免出现工作相互推诿、扯皮和不公平、不公正待遇。三是大数据分析。利用大数据分析、模型建立等工具，明确流程中的问题，寻找改进方法，精准确定核心指标，持续追求最佳质量、最优效率、最高效益。四是坚持标准的持续改进。以标准的先进性保障持续占领技术制高点，通过不断提升标准的先进性、有效性和贯彻高效执行，实现企业科学高效管理和价值提升。

（五）发挥标准治理效能，增强钢铁产业综合竞争力

发挥标准"兜底线""拉高线"作用，是推动钢铁产业高质量发展的重要举措，也是承接和容纳政府职能转变的重要制度安排。例如，泰州市制定 DB3212/T 2045—2018《不锈钢产业转型升级发展指南》，一方面，发挥标准"兜底线"作用，强调依法依规淘汰落后产能，严格按照环保、能耗、质量、安全、技术等法律法规和产业政策"红线"，给出废不锈钢资源、不锈钢及其制品、装备、环保、能源、安全等全产业链环节所要满足的最基本要求，打牢产业转型升级的基础；另一方面，发挥标准"拉高线"作用，瞄准产业转型升级发展方向和必要条件，对装备水平、产品质量、能耗指标、环保水平等提出一系列高要求，引领、指导产业高质量发展。通过该地方标准的制定实施，有力推动了泰州市不锈钢产业结构调整转型升级，对加快实现泰州市不锈钢产业高质量发展具有重要指导意义。

"十四五"期间，可进一步发挥标准的科学指导作用，助力钢铁产业全面提升综合竞争力。一是建立形成以"亩均评价"为主的企业综合分级评价标准。开展以质量和效益为导向的企业综合评价，根据企业综合评级评价结果，优化资源要素配置，正向激励支持龙头企业和规范企业做优做强，反向倒逼淘汰落后企业，为优良企业腾出发展空间，促进产业整体高质量发展。二是制定产品质量分等分级标准。通过产品质量分等分级，鼓励优质优价，强化先进水平的引领带动，树标杆、创品牌，加快产业整体向中高端迈进。三是制定原材料质量分等分级标准。通过产业集群原材料分级标准的制定，可有效优化产业集群的原料采购要求，提升产业集群原料采购的议价权，从源头提升产业集群产品生产质量的稳定性。四是对产业内的公共服务进行标准化。通过制定检验检测、物流仓储、联合研发、信息服务、其他技术服务等公共服务类的标准，使产业集群内企业共享优势资源，畅通产业集群内资源要素流通共享渠道，有助于提升产业整体发展效率和发展质量。

四、结语

"十四五"时期是我国开启全面建设社会主义现代化国家新征程、向第二个百年奋斗目标进军的第一个五年，钢铁工业应高度重视、谋好未来，在指导思想上，要深入贯彻习近平新时代中国特色社会主义思想和党的十九大精神；在奋斗目标上，要全面开启建设社会主义现代化国家新征程；在规划布局上，要坚持五大发展理念为核心，凝心聚力建设新时代钢铁工业发展的行动纲领，为我国钢铁工业的"十四五"发展奠定坚实基础。在"双循环"新发展格局中找准定位，以严控新增产能、加快联合重组、优化流程结构、强化自主创新、深化绿色发展和低碳发展、推进智能制造、加强标准化建设为重点发展方向，赢得"十四五"时期更大的发展。特别地，在标准化建设方面，一定要加大钢铁领域先进标准的有效供给，充分发挥标准化对产业发展和质量变革的支撑、引领作用，让钢铁行业成为标准支撑传统产业转型升级高质量发展的典范。力争到2025年，我国钢铁工业基本形成产业布局合理、技术装备先进、质量品牌突出、绿色智能化水平高、全球竞争力强的发展格局，实现向高质量发展的历史性跨越，引领世界钢铁工业发展。

新发展格局下 RCEP 对我国
钢铁行业的影响分析❶

李新创

2020 年 11 月 15 日，在第四次区域全面经济伙伴关系协定领导人会议期间，东盟十国、中国、日本、韩国、澳大利亚和新西兰 15 个成员国，正式签署《区域全面经济伙伴关系协定》（简称 RCEP）。RCEP 覆盖全球约 30% 的 GDP 总量和出口贸易量，标志着世界上人口最多、经贸规模最大、最具发展潜力的自由贸易区正式扬帆启航。RCEP 签署是区域经济一体化的标志性事件，对维护多边贸易体制、建设开放型世界经济、促进全球经济复苏发挥重要积极作用。

对我国钢铁行业而言，RCEP 签署将增强国际国内两个市场、两种资源的联通性，促使我国钢铁行业更加有效地融入全球价值链，构筑更加安全和互利共赢的产业链、供应链合作体系，也将促进深化国际交流合作，扩大双向贸易和投资，推动构建新发展格局。

一、RCEP 签署对宏观经济环境的影响

（一）为稳定全球经济注入强大动力

在新冠肺炎疫情重创全球产业链和供应链，经济全球化阻力加大的背景下，15 个成员国签署 RCEP，将进一步深化亚太区域经济一体化，为推进全球化进程，稳定全球经济注入强大动力。一是促进贸易开放化。RCEP 成员国承诺通过立刻降税和十年内逐步降税方式，最终实现区域内 90% 以上的货物贸易零关税；同时，采取提供货物国民待遇、临时免税入境、取消农业出口补贴，以及全面取消数量限制、管理进口许可程序等促进贸易自由化，贸易投资和人员流动将更便利。二是提振区域投资信心。RCEP 成员国均采用负面清单对制造业、农林渔业、采矿业等领域投资作出较高水平开放承诺，政策透明度显著提升，将有助于巩固和加强区域合作，加速全球投资重心东移，进一步推动区域内各成员间的对

---

❶ 本文发表于《钢铁规划研究》2021 年第 1 期。

外直接投资流动，提振区域投资信心。三是助推全球化进程。RCEP 区域涵盖人口数、GDP 总量和出口总额均占全球总量约 30%。过去 5 年，RCEP 区域平均经济增速达 5.2%，是全球经济发展最快的区域。随着 RCEP 自贸区建成，全球约三分之一的经济体量将形成一体化大市场，亚太地区在全球发展格局中的分量和地位将进一步提升，助推全球化进程。

（二）助力我国新发展格局加快形成

RCEP 的签署是我国实施自由贸易区战略取得的重大进展，将促进各产业更充分地参与市场竞争，提升在国际国内两个市场配置资源的能力，促进加快形成以国内大循环为主体、国内国际双循环相互促进的新发展格局。一是创造良好的对外投资环境。根据《2019 年度中国对外直接投资统计公报》，2019 年我国对 RCEP 其他 14 国的投资达到 163.58 亿美元，占我国对外直接投资总量的 11.95%。RCEP 协议的落地将降低贸易壁垒，改善商品和服务的市场准入，提高贸易和投资的政策透明度，进一步便利国内企业对外投资。二是提高我国贸易质量和开放水平。随着原产地规则、海关程序、检验检疫、技术标准等统一规则落地，取消关税和非关税壁垒效应的叠加，贸易成本和产品价格降低，产品竞争力提升，将有助于我国根据比较优势形成供应链和价值链，对本区域内的商品、技术、服务和资本流动形成"贸易创造"利好效应。

二、RCEP 签署对钢铁行业的影响

RCEP 成员国钢铁生产和消费均占全球总产量的近 70%，是全球最大的钢铁生产消费地区，RCEP 的签署将进一步提升区域钢铁产业一体化发展水平，为区域内钢铁产业优化分工和合作创造更广阔的空间。我国钢铁产业链全球化程度高，与 RCEP 多个成员国存在密切的贸易和投资合作关系。RCEP 的签署，一方面，将促进区域内贸易畅通和投资便利化，有助于我国钢铁行业提高原料供应保障水平，畅通钢材进出口贸易，助推我国钢铁企业"走出去"，深化和拓宽国际合作内容；另一方面，将带来更加激烈的国际竞争，进而倒逼我国钢铁行业转型升级，加快向全球产业链、价值链中高端攀升。

（一）促进原料供应链稳定

目前，我国钢铁的主要原料供应更多依赖于国际循环，其中 RCEP 多个成员国是我国重要的原料供应来源，对我国钢铁产业链安全至关重要。

铁矿石方面，我国铁矿石进口量大，对外依存度自 2015 年以来一直超过 80%。近年我国铁矿石主要进口来源国基本无变化，与 RCEP 相关的国家主要为澳大利亚，2020 年我国自澳大利亚进口铁矿石 71313 万吨，占进口铁矿石总量的

60.9%。目前，澳大利亚铁矿石出口无关税，中国也无铁矿石进口关税，但中澳贸易关系一直存在不确定性，RCEP 的生效或将改善中澳贸易关系，对我国铁矿石进口贸易畅通形成利好。

炼焦煤方面，我国炼焦煤供给以国内市场为主，对外依存度约 10%，RCEP 成员国中澳大利亚和印度尼西亚是我国主要的炼焦煤进口国。2020 年，我国从以上两国进口炼焦煤合计 4290 万吨，占进口总量的 59.1%。结合我国钢铁行业原料需求趋势以及国内资源禀赋判断，"十四五"期间，国内炼焦煤总体需求将下降，将继续保持净进口，进口数量或将下降。近期，我国对澳煤进口限制政策存在不确定性，随着 RCEP 生效，我国与澳大利亚、印度尼西亚、新西兰的贸易关系将得到改善，进口焦煤成本或将有进一步下降空间。

(二) 畅通钢材进出口贸易

1. 促进钢材进口增长和产品升级

2020 年，我国进口钢材 2023 万吨，同比大幅增长 64.4%。分国别和地区看，RCEP 成员国中，韩国和日本仍是我国钢材进口的主要来源，占比分别为 26%、24%。RCEP 签署，能够有效整合、拓展东盟十国和我国、日本、韩国、澳大利亚、新西兰之间的自由贸易协定，削减关税和非关税壁垒，有效促进我国钢材进口增长。近年，随着我国汽车、高端装备制造等领域快速发展，镀层板、冷轧薄板带、热轧薄板带、电工钢和无缝钢管等中高端产品保持一定的进口规模。RCEP 签署将降低我国从日本、韩国进口中高端钢材的成本，促进部分中高端钢材的进口，同时也将给国内部分中高端钢材带来一定竞争压力，倒逼国内钢铁企业提升产品档次、质量及服务水平。此外，随着 RCEP 区域内多数产品实现零关税，各国制造业成本将进一步降低，对我国机电产品进口利好，从而带动钢材间接进口增加。

2. 促进我国钢材直接和间接出口增长

2020 年，我国出口钢材 5367 万吨，同比下降 16.5%；其中，对 RCEP 成员国钢材出口量 2434 万吨，占我国钢材出口总量的 45.4%，是我国钢材出口的主要目的地。短期来看，RCEP 生效以后，将进一步降低钢材的贸易成本，有利于提升我国钢材产品出口竞争力，并在出口退税政策的共同作用下，促进我国对 RCEP 成员国的钢材出口。但长期来看，随着 RCEP 国家尤其是东盟国家钢铁产能和产量的不断提升，加之劳动力成本优势，我国钢材出口将呈下降趋势。对于钢材间接出口而言，虽然 RCEP 将有利于东盟国家提升钢铁产业发展水平，但是下游产业链构建以及全产业链竞争力仍难以超越中国，我国机电产品等仍将保持竞争优势，并带动钢材间接出口保持增长。

（三）深化和拓展国际合作

1. 助推钢铁国际产能合作进程

近年来，"一带一路"倡议下国际产能合作硕果累累，既有钢铁绿地投资项目，也有整体收购，还有大量的冶金成套设备"走出去"。产能投资合作方面，涌现出一批标志性的海外项目。例如，河钢集团成功收购塞尔维亚斯梅代雷沃钢厂、河北敬业集团成功收购英钢并实现快速盈利；广西盛隆冶金有限公司马来关丹产业园 350 万吨综合钢厂项目顺利投产；德龙镍业等企业合资建成 Konawe 工业园区 450 万吨不锈钢项目；青山集团印尼中苏拉威西省青山工业园区形成 300 万吨不锈钢冶炼和轧制能力；印度尼西亚德信公司 350 万吨综合钢厂项目顺利投产等。可以看出，RCEP 成员国中东盟国家是我国开展钢铁产能投资合作的重点地区，RCEP 生效后大范围投资壁垒的取消，将极大促进区域内投资便利化，进一步助推我国钢铁企业海外投资建厂，优化钢铁全球布局。

2. 促进我国装备技术输出和升级

随着钢铁和机械行业的迅速发展，我国在海外钢铁厂设计施工、设备供货、技术服务等方面取得了较大进步，设备、技术、工程服务出口明显增加。例如，中冶集团承担了越南河静钢铁厂两座 $4350m^3$ 高炉、两台 $500m^2$ 烧结机的设备成套供货及设计施工，核心技术全部由中国自主研发或首创，实现我国 $4000m^3$ 级特大型高炉核心技术、装备首次整体出口，以及设计、技术与核心装备制造的深度融合；陕鼓集团的高炉煤气余压发电机组设备供货到韩国现代钢铁公司 $5250m^3$ 高炉和越南河静钢铁厂 $4350m^3$ 高炉。与此同时，我国钢铁行业部分大型炼钢、轧钢先进装备仍然依赖进口，尤其是革命性、关键性工艺装备，如德国量子电炉、日本生态环保电炉、意大利无头轧制生产线，以及国内大型冷连轧机组的焊机、退火炉等关键设备。

RCEP 签署将有力促进地区经济复苏，拉动各国加大钢铁投资和建设力度，为我国钢铁装备技术输出提供更多机遇和空间。同时，投资风险和贸易成本的有效降低，有助于增强我国钢铁行业装备技术对外输出竞争力。此外，RCEP 的落实将促进我国与日本、韩国开展技术交流，引进日本、韩国先进的装备技术，从而助力或倒逼我国钢铁行业装备技术加快升级。

3. 拓展国际合作新空间

（1）助力我国钢铁环保经验输出。在持续多年的环保政策引导约束下，我国钢铁行业绿色发展已达到世界先进水平，实现了行业经济与环境效益双赢，积累了丰富的行业环保治理经验。随着"一带一路"建设深入推进，企业"走出去"由主要输出建设能力转向更多地输出技术、运营和管理能力，RCEP 签署将为我国钢铁行业环保技术和环保治理"中国经验"的输出创造广阔空间，甚至可以助力成员国中的发展中国家跨过高排放、高污染、重复建设阶段，直接进入到超低排放时代，进而推动实现共建"一带一路"绿色高质量发展。

（2）助推区域钢铁产业低碳合作。低碳发展意义重大，将对钢铁行业产生深远影响，甚至带来广泛而深刻的生产、消费、能源和技术革命，进而重塑区域乃至全球钢铁发展格局。RCEP 签署将对区域内钢铁产业低碳发展带来双向利好。一是促进区域钢铁产业参与碳交易。中国、日本、韩国、新加坡均宣布了各国碳中和目标，这将更进一步推动更多成员国在应对气候变化问题上达成共识。我国拥有庞大的碳市场，新西兰、澳大利亚、韩国、日本等部分成员国也已建立碳市场，RCEP 签署将有利于构建跨区域碳市场，对区域内钢铁产业积极参与并进一步活跃区域碳市场，促进市场化机制碳减排具有积极作用。二是促进低碳技术的研发及应用合作。日本、韩国拥有新日铁、浦项等世界先进钢铁企业，在钢铁低碳技术研发、低碳工艺探索、低碳管理减排等方面具有丰富经验。RCEP 签署有利于促进区域内钢铁产业氢冶金、钢化联产、CCUS 等低碳技术研发、工艺流程设计、项目合作，将对我国钢铁行业实现碳中和等目标提供有力技术支撑。

（3）促进我国钢铁标准国际化发展。RCEP 对各成员国标准化发展提出明确目标，要"保证标准不对贸易造成不必要的障碍，同时加强缔约方在标准方面的信息交流与合作"。RCEP 的签署将为我国钢铁领域标准化发展带来新的机遇。RCEP 将促进我国与区域内各国的钢铁产品、技术、装备标准对接以及与标准体系的相互兼容，从而有助于提高我国钢铁企业国际化程度；同时，协定国标准互认互通将有利于双边贸易，通过与自贸区伙伴共同研究并制定钢铁领域国际标准或区域通用、互认的国家标准，从而推动区域内钢铁产品、设备、矿产等市场互通，简化双边贸易手续、降低贸易成本；此外，RCEP 签署将有利于推动我国团体标准国际化发展，在团体标准的制定过程中邀请贸易国之间的社会团体、企业或经济组织共同参与，进而提高我国团体标准在区域贸易发展的适用性和国际认可度。

三、结语

RCEP 签署，可谓合作中有竞争，机遇里有挑战。对于钢铁行业来说，要深刻把握十九届五中全会精神，贯彻新发展理念，紧紧围绕构建新发展格局，以供给侧结构性改革为主线，积极把握 RCEP 签署带来的良好机遇，办好自己的事，用好国内国际两个市场、两种资源，在强大自身的同时扩大开放，在扩大开放中实现互利共赢。

政府层面，要发挥顶层设计和战略引导作用，引导企业结合其他成员国经济发展阶段、资源禀赋和比较优势等开展合作；并搭建互惠共赢的合作平台，加强经贸、财税、外汇、外交等政策协调和支持。

　　企业层面，要担当起建设钢铁强国的历史使命，充分发扬企业家精神，坚持练好内功，强化创新引领，加快产品升级和短板材料研发，提升综合竞争力，在更加激烈的国际竞争中赢得主动；同时，要加强全球范围内的资源优化配置，与其他成员国深入开展产能、技术、装备、可持续发展、标准、人才等全方位合作，培育具有世界级水平的跨国公司，进而引领全球钢铁产业发展。

第五章

行业述评

强化环保执法　推进钢铁业绿色发展[①]

李新创

环境保护部近日通报了新环保法及配套办法的执行情况。环保部环境监察局局长邹首民介绍，根据 1～4 月调度情况，全国范围内实施按日连续处罚案件共 160 件，罚款数额达 11229.51 万元，个案罚款数额最高为 1580 万元；实施查封、扣押案件共 1186 件；实施限产、停产案件共 698 件；移送行政拘留共 437 起，移送涉嫌环境污染犯罪案件共 429 件。随着新环保法的实施，环保执法的力度正不断加大。与 1～2 月相比，3～4 月适用按日连续处罚案件数上升 515%。

中国钢铁工业发展到今天，从外因看，全社会的环保意识正在不断提高，以新环保法为代表的一系列环保政策正不断完善，企业的环境违法行为必将受到法律的制裁。从内因看，存在产能过剩、布局和产业结构不尽合理、低效高排放等突出问题。

3 月 24 日，中央政治局通过《关于加快推进生态文明建设的意见》，首先明确提出"协调推进新型工业化、城镇化、信息化、农业现代化和绿色化"。只有切实转变观念，将我国钢铁工业绿色发展融入到生态文明建设的大局中，加大环保改造力度，实现与社会共融才是全面提升中国钢铁工业综合竞争力的希望和出路。

一、新标准并非遥不可及

据相关资料，我国钢铁产业终端能源消费量占工业行业能源消费总量的 26.8%；二氧化硫、氮氧化物、烟粉尘排放量分别占工业行业排放总量的 13.9%、6.8%、18.9%；废水、COD（化学需氧量）、氨氮排放量和固体废弃物产生量分别占工业行业排放总量的 5%、2.4%、2.5% 和 14.1%。

"十一五"以来，我国钢铁行业在"三废"治理方面开展了大量工作，一方面，钢铁工业废水和固体废弃物的占比大幅下降，对于环境带来的是正效应；另一方面，二氧化硫、烟粉尘等大气污染物的占比却大幅上升，对于环境带来的是

---

① 本文发表于《中国冶金报》2015 年 6 月 23 日 01 版。

负效应。因此，在肯定钢铁工业废水、固体废弃物治理的同时，必须注意到钢铁工业在废气治理方面还需要进一步加强。

那么，我国钢铁行业能否实现环保绿色发展呢？

根据《中国钢铁工业环境保护统计》和新排放标准，以烟粉尘达标要求为例。我国重点统计钢铁企业平均吨钢废气排放量21166m³，假设排放的废气中颗粒物平均浓度按照30mg/m³估算，钢铁企业要实现颗粒物的达标排放，吨钢烟粉尘排放指标应小于0.6kg。位于"三区十群"大气污染防治重点区域的钢铁企业需要执行更加严格的特别排放限值，假设排放的废气中颗粒物平均浓度按照25mg/m³估算，要实现颗粒物达标排放，吨钢烟粉尘排放指标必须小于0.5kg。类似地，初步估算要实现二氧化硫达标排放，吨钢二氧化硫排放量应小于0.8kg。

据统计，国外环境指标排名前十钢铁企业的吨钢烟粉尘和二氧化硫的平均排放量为0.41kg和0.35kg，而宝钢的指标也分别达到了0.48kg和0.48kg，均优于新标准全面达标情景下的吨钢排放。这说明了钢铁企业通过努力是完全可以达到钢铁行业新排放标准限值要求的。

二、企业之间环保差距明显

近年来，我国钢铁行业节能减排力度不断加大，特别是以宝钢为代表的标杆企业的环保指标已经达到甚至超过国外重点钢铁企业的水平，并用自身的实践证明了钢铁企业完全可以实现绿色发展、与城市和谐共融的。

例如，首钢京唐公司是首钢搬迁至唐山曹妃甸循环经济工业区新建设的钢铁企业，在建设初期的定位就是世界一流的高效、低耗、环境友好的示范工厂。建成后，吨钢烟粉尘排放量0.3kg，吨钢二氧化硫排放量0.25kg，达到同类工厂国际先进水平，实现了首钢搬迁绿色重生。再如，太钢紧邻太原市区，且位于太原市的上风向，"十一五"以前，太钢所产生的污染对太原市的环境质量和太原市人民身体健康带来严重影响。十年来，太钢累计投资96亿元，实施了132个节能环保项目，吨钢烟粉尘排放量由2.73kg下降至0.38kg，吨钢二氧化硫排放量由8.76kg下降到0.5kg。河钢唐钢地处唐山市区内，唐山市政府曾多次研究唐钢搬迁问题。在生产经营面临巨大困难的情况下，唐钢投资31.8亿元实施了32项节能减排项目，同时建设了3个厂区花园，厂区绿化覆盖率达到50%。唐钢通过自身努力，率先走出了一条与城市融合发展、良性互动、和谐共存的发展道路，被誉为"世界上最清洁的钢厂"。

尽管有宝钢、太钢和唐钢等达到国际先进水平的标杆企业，但仍要看到我国钢铁企业间环保差距十分明显，与国外先进企业还存在着一定差距，其中烟粉尘、二氧化硫等废气污染物的减排潜力较大。就全行业而言，由于地区差异、技术装备水平差异、环保理念差异等原因，企业环保水平参差不齐。根据《钢铁工业环境保护统计》，钢协统计的会员企业中，落后企业吨钢排放量达到先进企业的 10 倍。而未纳入统计的非会员企业的吨钢排放量甚至更高。

三、新法新规重在落实执行

2015 年 1 月 1 日，我国新修订的环保法正式实施，其充分吸收了发达国家在环保管理方面的先进经验，规定了按日计罚，上不封顶，大幅提高了环保违法成本；强化环境信息公开，通过"曝光""公益诉讼"对企业环境违法行为进行监督；强化环保执法权限；加强对政府部门的行政问责等。可以说，在环境保护的基本法上，我国已与世界各国接轨。但进一步的大气污染防治法、水污染防治法、土壤污染防治法等细化领域的法律还有待完善，需要对社会各界、企事业单位、公民的行为做出更明确的规定。

从标准来看，我国钢铁行业发布的新标准已经是目前世界上最严格的标准，二氧化硫、氮氧化物等部分指标甚至超过德国标准要求。因此，可以说完全能做到达标排放的钢铁企业，环保就已经达到世界先进水平了。

从目前的情况看，新环保法"杀手锏"的作用正逐步显现，但一些观念落后、执法难度大、落实难的问题依然存在。

一是对新环保法的敬畏心还未根本确立。当前，仍有一些部门认为新法过于严格，严格执行会导致违法者众多，致使新法难以真正落实到位；也有钢铁企业认为当前经营压力巨大，再加上环保的双重压力，企业无法生存。新环保法在给企业设置红线的同时，也给环保部门设置了严格的追责机制，一些地方环保执法人员认为环保成了"高危行业"，有畏难心理，不愿意认真贯彻实施新环保法，存在宁可少干，不可犯错的心态。

二是环保监管能力亟须加强。新环保法刚刚生效，执法环境很难在短时间内发生根本性转变，"有法不依""执法不严"和"违法不究"等问题在之前的法律环境下长期形成，基层环保执法队伍素质的提升还需要一个漫长过程。同时，环保部门是个职业水平要求相对较高的部门，现场执法需要大量的专业知识，需要配备大量监测设备。但目前地方环保部门普遍存在业务水平不高，执法装备欠缺等问题，导致现场执法"不会查""不能查"。

三是新标准达标与技术路线、资金压力矛盾的问题。钢铁行业新标准十分严格，也就要求钢铁企业采取先进的除尘、脱硫、脱硝、二噁英、废水治理技术。但对于某些污染物治理在世界上都无先例，如焦炉烟气脱硝，国内还缺乏相应成熟的技术和设备，其他如二噁英的控制、焦化废水深度处理、高效除尘、浓盐水处理等新技术的普遍应用也还存在技术障碍，国家也缺乏相关技术指南。企业在实施达标改造时，需要进行大量可行性论证，在短时间内难以全面完成达标任务。同时，钢铁行业当前经营形势十分困难，全面进行达标改造对企业的资金压力也较大。

四、四点建议保障新法落实

新环保法的落实离不开法律环境的形成，只有通过严格执行，加强宣传培训，抓典型环境违法案例，才能像司法部门抓犯罪一样，在所有人心中树立起对新环保法的敬畏心。除此之外，对于钢铁行业真正落实新环保法、新标准，有4点建议。

一是推行钢铁企业环境信息公开，加强舆论监督。新环保法也要求排污单位必须公开自身环境信息，因此应从制度上强化钢铁企业编制并公开社会责任报告的要求，促使企业在加强节能减排工作的同时，加强环境信息的管理和公开。同时，加强新闻媒体和社会舆论对钢铁企业环保行为的监督，加大环保违法行为的曝光力度，在全社会形成环保违法、人人喊打的氛围，共同促进钢铁工业可持续发展。

二是加大对钢铁行业提标改造的资金支持力度。近年来，钢铁企业经营困难，环保成本无法传递到用户，因此，再投入大量资金实施环保技术改造十分困难，甚至可能发生履行社会责任的环保守法企业由于加大环保投入导致企业生产成本增加，产生劣币驱逐良币的现象。因此，应该鼓励银行等金融机构对钢铁企业的环保改造项目提供融资支持；对于实施环保提标改造的钢铁企业，在项目验收、核实治理效果后，国家和地方应以"以奖代补"的方式给予一定的补贴；同时，借鉴火电环保电价补贴的方式，对钢铁企业进行一定程度的环保成本补贴，特别是对优于排放标准一定比例、超额完成减排任务的环保治理项目予以额外的奖励。

三是推广合同环境服务，鼓励第三方经营。合同环境服务可由项目投资方向社会筹集资金，解决钢铁企业实施环保改造项目所需的巨额资金，降低企业减排成本。更重要的是，实施合同环境服务，不但可以规范环境服务市场，防止一些缺乏综合实力和诚信的小公司扰乱市场秩序；而且通过实现专业化运营服务，可有效降低故障率，保证环保设施长期稳定运行；还可以将钢铁企业的投资风险和环境处罚风险转移给服务提供方，使钢铁企业可以把更多的精力投入到钢铁主业上。因此，建议参照合同能源管理的奖励模式，根据污染物减排量，对采用合同环境服务的环保项目进行奖励，鼓励环境污染治理设施第三方运营。

四是实施钢材产品的市场环保准入。制定钢材的市场环保准入门槛，对钢铁企业进行环保信用评级，在重大工程、政府采购以及钢材出口等环节设置绿色门槛，凡是企业环保信用等级低、钢材生产污染物排放量大的均不得进入，提升环保守法企业的市场竞争力，迫使环保违法违规的企业逐步退出市场，促进钢铁行业健康发展。

关于钢铁企业扭亏脱困的债转股建议❶

李新创

在高负债运行、资金链紧张的经营环境下，钢铁企业依靠自身偿还债务和银行呆账核销等方式，难以消化巨额的不良资产。为推动供给侧改革和实现企业脱困发展，国家出台的政策也提到要运用市场化手段妥善处置企业债务和银行不良资产。

诸多方法中，债转股在两会期间引起各方热议。"建议把去产能和去杠杆结合起来，综合施策，推出债转股政策。"日前，全国人大代表，华菱钢铁集团董事长、党委书记曹慧泉向十二届全国人大四次会议提交建议。

一、钢铁业能否推进债转股？

债转股，是指企业或公司的债权人将其对企业或公司所享有的债权依法转化成企业或公司的投资，增加企业或公司资本金的法律行为。针对目前的情况，我们讨论的债转股专指为了改善国有企业资产负债结构，结合国有银行集中处理不良资产的改革，主要是通过金融管理公司等，对一部分有市场、有发展前景的产品，由于负债过重而陷入困境的重点国有企业，实行国有银行债权转移给金融资产管理公司，由金融资产管理公司将债权转化成对重点国有企业股权的债转股。

为解决企业过度负债采取最有效的方法就是债务重组。债务重组方式多样，其中之一就是债转股。例如，第二次世界大战后，日本通过企业和银行实施债务转股本作为重新注资的方式，形成了具有日本特色的企业、银行间互相环状持股的经济格局。再如，美国的《破产法》根据陷入债务危机企业的原因做出不同的处理，对于申请破产的企业，允许其债权人通过协商决定进入清算程序还是将债权转化成对企业的所有权，从而以债转股的形式取得企业经营权，可以在市场条件下作为一项投资来进行；对于符合市场要求的企业，实行重组，使其债务规模达到合理的程度。

我国实行债转股是有经验的。1999~2002年底，我国有547户企业获批实施债转股，涉及转股额3850亿元；有372户债转股企业依法注册成立了新公司。债转股的实施有效地解决了幸存企业的高负债和负净利的两大问题：负债率大幅

---

❶ 本文发表于《中国冶金报》2016年3月16日01版。

下降，据统计，债转股企业自 2000 年 4 月开始停息后，当年即减少利息支出 195 亿元，企业平均资产负债率由债转股前的 73% 降至 50% 以下；企业盈利快速回升，80% 的企业当年即实现扭亏为盈。

现阶段，我国钢铁行业推进债转股是具备条件的。

一是不良债务状况好于上轮去产能水平。目前，钢铁行业负债率超过 70%，虽然负债水平略高于 1998 年水平，但政策性的限制贷款投向自 2013 年便已启动，商业银行风险预期已较为充分。

二是国家经济和财政实力更强。1998 年去产能时，全年国内生产总值（GDP）仅 8.5 万亿元，而违约债务便高达 2 万亿元，占比高达 24%。而 2015 年 GDP 为 67.7 万亿元，过剩行业银行债务为 2.8 万亿元，占比仅为 3.9%。

三是去产能的企业具有更大的发展空间。相比于上一轮的纺织业和批发零售贸易业，本轮去产能的煤炭和钢铁行业能够在现代物流、产品深加工、住宅产业化、城市综合服务、新能源、节能环保、电子商务和个性化金融服务等领域扩展更多的业务，实现产业转型升级，具有更大的发展空间。

四是不良资产处理渠道更多样。目前，可对债务伸出援手的外部支持力量除了四大资产管理公司外，还有地方版资产管理公司可能成为潜在救助者。目前，地方版资产管理公司前后设立了 3 批，共 15 家，注册资本最低限额为 10 亿元，基本已经包括长三角、珠三角、环渤海以及中西部个别省区。同时，还可以通过打包出售、债务置换，甚至资产证券化等方式实现债务变换。

二、金融资产管理公司如何处置股权？

债转股可能的途径有三条：一是直接将银行对企业的债权转为银行对企业的股权；二是银行将债权卖给金融资产管理公司，由金融资产管理公司将这一笔债权变为股权；三是银行将股权交给金融资产管理公司，由金融资产管理公司代为管理，银行再从金融资产管理公司处获得股息和分红。

第一种途径与我国现行法律有矛盾，无法实行。可能的方式是第二和第三种，但具体选择哪一种方式，金融资产管理公司和银行之间存在着分歧，方案选择取决于转移资产优良程度。如果金融资产管理公司与银行的利益关系基本一致，选择哪种方式所面临的问题都差不多；如果两者的利益关系不一致，则金融资产管理公司倾向于第二种方式，银行倾向于第三种方式，这样可以把"较好的"不良资产变成股权，而"较差的"不良资产卖给金融资产管理公司，因为"较好"的不良资产可能变好，银行投资有利可图。

无论怎样，金融资产管理公司处置股权都应具体情况具体分析，分别进行规划。

第一类是"冰棍股权"——技术过时，产品没有市场，企业债转股后经营状况继续恶化、已无经营前景的债转股企业。这些企业往往不符合债转股条件，只是由于一些非市场化和人为因素才列入债转股盘子。国家应马上出台相关政策，允许资产管理公司对这部分企业股权以较低的收益率尽快批量处置，或用破产清算等手段一次性核销。尽管目前，关于债转股企业能否进入破产程序仍有诸多争议，但是，有必要在操作中制定道德风险防范的具体措施。

第二类是"明星股权"——企业产品存在市场，有一定竞争能力，经过债转股后法人治理结构已基本建立、生产经营已进入良性循环，利润有了显著提高的企业。这部分股权对于投资者有一定的吸引力，处置条件基本成熟。资产管理公司在存续期内，完全有能力从这些债转股企业实现股权退出，应本着"不拖不恋"的原则，进行广泛的营销、宣传、包装，寻找合适的战略投资者，以拍卖、招标等公开手段尽快实现股权处置。

第三类是"成长股权"——企业正处在转型期间，新产品存在一定市场，但由于所需的技术、资金密集程度高，陷入暂时困难的企业。这些企业股权虽然在存续期内难于实现转让，但经过资产管理公司一段时间的经营完全有可能实现成长，待我国法律体系健全和资本市场发展后再行股权退出。

三、五点建议助推债转股工作

进一步做好债转股工作，还要做好以下五点：

一是债转股目标和政府工作定位要正确。实施债转股主要有三大目标：盘活商业银行不良资产；加快实现债权转股权的国有大中型亏损企业扭亏为盈；促进企业转换经营机制，加快建立现代企业制度。每个企业债转股工作的实施，取决于其方案的目标。当前过剩行业最大的问题是去产能、扭亏脱困。要实施债转股工程，必须紧紧围绕这个目标进行政策顶层设计和企业实施方案制订，以促进国有亏损企业扭亏为盈走出困境，是促进国有大中型企业转换经营机制走上良性发展的轨道。

债转股应按市场经济规律进行市场化运作，严防黑幕交易和不恰当的行政干预。应让资产管理公司真正拥有独立评审权，能够按市场原则自主选择企业并确定转股时间和转股比例。而政府的工作重心应放在制定和完善相关政策和法规，为资产管理公司的股权管理和股权退出创造良好条件，推动银行、企业的经营机制改革等方面。

二是政府部门加大对债转股工作的政策和资金投入。地方政府要确实落实在企业债转股协议和方案中所做出的承诺，尤其是企业分离办社会职能和实施减员增效措施后，地方政府应尽快安置分流的富余人员及妥善处置企业剥离的非经营资产。为此，政府在安排财政预算时要给予足够的财政倾斜，上级政府应将下级地方政府在债转股过程中的承诺兑现情况作为考核其政绩的一项重要指标，以督促地方政府谨慎承诺，严格兑现。此外，应研究制定吸引国外资本和民间资本的具体政策，积极鼓励多元化投资主体进入股权处置市场。

三是完善资产管理公司职能、赋予资产管理公司应有的特殊法律地位。企业债权转股权以后，原企业相应改制为股份公司，资产管理公司对债转股企业持股或控股，是债转股企业的股东。资产管理公司作为债转股企业的投资人或者资产所有者，应全面履行所有者职能，参加企业董事会和监事会，参与企业的重大决策，对企业经营活动进行监督。根据现有债转股政策规定，资产管理公司对企业的控股或持股仅仅是阶段性的，最终必然要从新的股份公司中退出。从这个意义上说，资产管理公司是债转股企业的特殊股东。因此，仅对资产管理公司做出参加企业董事会、监事会这样的原则性的规定还不完善，应明确其应当承担的职能和享受的权利。同时，应当充分发挥资产管理公司在融资理财方面的专长，促进企业的发展。这就需要一部《资产管理公司特别法》，一方面调整资产管理公司在运营过程中与《公司法》《证券法》《民法》《担保法》等相关法律相抵触的条文规定；另一方面明确资产管理公司的性质，赋予其特殊的法律地位和特别的权利，使资产管理公司能以一个强有力的法律地位进行股权管理，可有效地抑制政府干预，避免企业内部人为控制的行为。

四是债转股工作要与国有企业股权多元化改革相结合。2016年的政府工作报告中指出，大力推进国有企业改革。推进股权多元化改革，开展落实企业董事会职权、市场化选聘经营者、职业经理人制度、混合所有制、员工持股等试点。债转股工作的目标之一是转换企业经营机制，要与国有企业股权多元化改革相结合。除有条件的债转股企业由其回购部分股权外。资产管理公司实现股权退出可以通过证券市场，向社会公众投资者转让股权；向外商转让股权；向私人资本、民营企业转让股权。多种渠道退出，既可以保证资产管理公司股权变现目标的实现，也有利于实现企业的股权多元化，解决资产管理公司退出后企业治理结构的"复归"问题。债转股企业应当解放思想，依据国家深化改革实现国有企业股权多元化要求，完善多渠道股权转让机制；同时，应加快规范和完善开放的地方性产权交易市场。

五是充分发挥各方对债转股的支持作用。中介机构可以对进入债转股的企业进行专业评价、严格把关，分析研究各项可参考数据，深入企业内部调查，掌握实际情况，按照国家制定的五项标准筛选。只有那些经营管理状况良好、实质资产未受损害、有好的项目支撑、具有市场潜力，仅仅是由于资本金不足，负债率过高而陷入困境的企业，才有资格进行债转股。

同时，应加快证券业、会计、咨询及律师业的发展和规范，为资产管理公司的股权退出创造条件。此外，还可以利用现有的信息平台，开辟债转股企业股权转让市场，更广泛、更大范围和领域寻求转让对象。

多重因素共振推动钢价上涨

——坚持供给侧改革不动摇[1]

李新创

2016 年以来，国内钢铁价格连续上涨、波动显著，上涨幅度和持续时间创近几年来的新高，这是政策预期、供需变化、信用扩张和市场情绪等多重因素共振的结果。

预计钢材期货在未来一段时间内仍将受较多的政策面、基本面、消息面因素刺激，其成交活跃态势仍将维持一段时间，需要加强风险防范。中国钢铁产能过剩严重、供大于求的基本面并没有改变，应该坚定继续深化供给侧结构性改革，坚决执行"去产能、去库存、去杠杆、降成本、补短板"的政策不动摇，促进钢铁产能过剩淘汰过程有序开展。

一、钢价恢复性上涨，期货市场成交活跃

截至 4 月 22 日，普氏 62%铁矿石中国北方港报 62.85 美元/吨，较年初上涨 47.2%；山西二级冶金焦报 650 元/吨，较年初上涨 32.65%。

截至 4 月 22 日，中钢协钢材综合价格指数为 81.13 点，CRU 全球钢材价格指数为 151.6 点，较年初分别涨 43.9%和 29.6%，国内涨幅大于国际。分品种看，中钢协长材指数上涨 44.8%，中钢协板材指数 46.1%，板材强于长材。

4 月以来，钢厂和贸易商每天多次报价，隔夜涨跌屡超 100 元/吨或±4%，铁矿和钢坯价格随之大幅震荡。同期，中钢协公布的螺纹钢全国现货平均价为 3118 元/吨，热卷为 3305 元/吨，较年初分别上涨 56.2%、60.3%。

上海螺纹钢和热卷期货年初至 4 月 22 日，分别成交 7.26 亿手、1842.1 万手（均为双边统计），分别同比增长 1.51 倍和 19.33 倍。

螺纹钢和热卷期货的 1605 合约 4 月 22 日结算价分别为 2796 元/吨和 3126 元/吨，较年初分别上涨 55.6%和 60.2%。期货价格的涨幅小于现货，近月合约小幅贴水。

---

[1] 本文发表于《中国证券报》2016 年 5 月 9 日 A05 版。

二、多重因素共振，现货期货共涨

此次国内钢价连续上涨、大幅波动，是政策预期、供需变化、信用扩张和市场情绪等多重因素共振的结果。

首先，稳增长和供给侧改革的政策提振信心。国家出台了系列"稳增长"政策，增加基建投资、促进房地产去库存，这都将促进钢材消费；同时"供给侧改革"继续深化，作为代表性产能过剩行业，钢铁面临信贷、环保等诸多方面的约束继续强化。宏观政策有利于钢铁行业长期健康发展，对钢价恢复性上涨提振了信心。

其次，季节性供给减少推动钢价反弹。2015年底以来，我国钢铁企业亏损扩大，粗钢减产明显，一季度我国钢铁产量同比下降3.2%。一季度钢材出口增加7.9%、进口大降，净出口维持较高水平；截至4月22日，钢材社会库存937.95万吨，较去年同期下降33.3%。"低产量、低库存、高出口"，使我国钢材供给处于几年来的较低水平。

随着大规模基建投资逐步实施，经济回暖趋势明显。1~3月，全国固定资产投资8.58万亿元，同比名义增长10.7%，增速比1~2月加快0.5个百分点。3月规模以上工业增加值同比实际增长6.8%，比1~2月加快1.4个百分点。基建、房地产和船舶、汽车、家电、机械等主要用钢行业的需求回暖，造成短期内国内钢铁市场出现阶段性供应偏紧，从而推动钢价反弹。

再次，美元阶段性弱势和信贷扩张强化钢价走高预期。一季度，美联储加息预期降低，欧洲央行和日本央行实施负利率，推升大宗商品价格上涨。同时，国内货币政策趋于宽松，资金供应量大幅增长，2016年一季度人民币贷款增加4.61万亿元，同比多增9301亿元；社会融资规模增量为6.59万亿元，同比多增1.93万亿元，均创下历史同期最高水平。部分资金流入房地产市场和大宗商品市场。国内外货币环境均强化了钢价走高的预期。

最后，市场情绪助力钢价超跌反弹。从2011年一季度至2015年年底，国内外钢材价格单边下跌，中钢协钢材指数下跌60.0%，CRU全球钢铁指数下跌49.3%。当2016年初出现政策趋暖、供需改善和货币宽松时，期货、现货市场上的做多情绪高涨，助力钢价超跌反弹。

三、下游需求恢复，拉动钢铁生产

首先，二季度螺纹钢的国内外需求有望继续平稳增长。据统计，一季度固定资产投资新开工项目计划投资额8.14万亿元，同比增长39.5%，增速比上年全年提高34个百分点；商品房新开工面积2.83亿平方米，同比增长19.2%，增速比上年全年提高33.2个百分点，比上年同期提高37.6个百分点。可以预期，我国固定资产投资和房地产开发投资保持较快增长，将有力支撑螺纹钢需求平稳增长。

近期国际市场中国钢材出口价格大幅上涨。目前，中国钢厂螺纹钢出口价格（FOB）360～380美元/吨，较年初上涨约140美元/吨；热轧板卷出口价格（FOB）460～480美元/吨，较年初上涨约200美元/吨。考虑到出口退税因素，出口价格超过国内市场，将继续支撑我国钢材出口量保持较高水平。

其次，我国钢铁产量将有所恢复。3月国内钢材市场价格大幅上涨，改善了钢铁企业的盈利状况。据统计，2016年3月钢协会员企业亏损户数为28家，较去年12月减少27家；会员企业实现利润25.56亿元，较去年12月亏损132.91亿元有较大幅度的改善。3月我国粗钢日均产量已经恢复到228万吨/天。

受到下游需求拉动，4月国内钢材市场价格继续大幅上涨，超过原燃料价格上涨所带来的成本增加。预计二季度，我国粗钢日均产量将继续恢复。

最后，钢材期货市场的活跃态势仍将维持一段时间，须加强风险防范。钢材期货成交巨量、价格大涨，是市场"短期乐观"与"中长期悲观"两种判断产生巨大分歧的结果。目前，我国一季度经济企稳迹象明显，但大量投放流动性所产生的通胀隐忧显现，同时钢铁作为我国供给侧结构性改革的标志性行业，所面临的政策较多。因此，钢材期货在未来一段时间内仍将受较多的政策面、基本面、消息面因素刺激，可以预计其成交活跃态势仍将维持一段时间，应该加强风险防范，维护钢材期货市场平稳运行。

四、继续深化供给侧结构性改革

近期钢价上涨有利于钢厂利润表阶段性修复，降低企业经营恶化产生的各种冲击，缓解出口压力、减轻贸易摩擦。其不利方面在于，由于铁矿处于寡头垄断，更大的矿价涨幅必然侵蚀钢厂利润；同时，钢价上涨造成的钢厂利润普遍上升，会对落后的过剩产能出清产生负面影响。

因此，在中国钢铁去产能任务没有根本改变的前提下，应该继续深化供给侧结构性改革，坚决执行"去产能、去库存、去杠杆、降成本、补短板"的政策不动摇，促进"僵尸企业"退出，进一步强化信贷调控手段，并加强环保法的执法力度，促进钢铁产能过剩淘汰过程有序开展。

"十三五"钢铁企业发展战略[1]

李新创

"十三五"时期,对于钢铁企业来讲,问题与优势同在,挑战与机遇并存。如何适应新常态,抢抓新机遇,寻求新发展,将是每一个钢铁企业都必须面临的重大抉择。

一、坚持"九化"协同战略

减量化发展是核心,绿色化、有序化、品质化、差异化、服务化、智能化、多元化和国际化是关键,坚持"九化"协同战略引领,重塑钢铁产业价值链,加快结构调整升级,强化顶层管理提升,推动资源优化整合,抓好能源节约和安全生产,积极推进企业经营市场化、工厂智能化、制造服务化、精品规模化、生产专业化、管理高效化建设,是钢铁企业全面提高企业综合竞争力,实现扭亏为盈和效益持续增长的必然选择。

减量化:减量化是我国钢铁行业发展的必然趋势,减量化不仅仅是化解过剩产能,还要减少钢铁产量,是控制增量、盘活存量的必然选择,也是关系所有钢铁企业生死存亡的艰难抉择。对钢铁行业而言,减量化发展将是一个较长时期的过程、流程调整的过程、出口扩大的过程、优胜劣汰的过程、多元并举的过程和创新发展的过程。具体到钢铁企业,调减并逐步退出低效产线产品,优化产品产线结构,提升量大面广产品质量,重点发展高端、特色产品,积极结合国家和区域重大战略,提前介入相关重大工程项目,全力打造企业自己的战略产品体系,从而实现总量减量化发展,精品规模化发展,经营效益持续增长。

绿色化:2015 年新环保法实施,《生态文明体制改革总体方案》出台,不仅大幅提高了环保违法成本,而且通过严格环境信息公开、强化环保执法权限、加强对政府部门的行政问责等一系列措施,为推进生态文明建设提供了有力保障。就钢铁行业而言,一是要建立绿色低碳循环发展产业体系,向绿色环保要发展基础。二是要建立清洁低碳、安全高效的现代能源体系,向能源节约要发展效益。

---

[1] 本文发表于《中国冶金报》2016 年 7 月 23 日 T31 版。

努力实现"绿色矿山、绿色采购、绿色物流、绿色制造、绿色产品、绿色产业"六位一体的绿色行动，促进钢铁产业高水平的绿色发展，才是钢铁工业唯一的出路。

有序化：有序化是钢铁行业实现健康发展的重要突破口，要按照市场原则，以企业为主体、政府引导支持，加快钢铁企业联合重组，提高钢铁行业集中度，避免目前的无序盲目竞争。同时，有序化也是实现钢铁企业降本增效的重要途径。一是原辅料采购方面，与区域内钢铁企业建立"横向一体化"战略联盟，提高市场议价能力，实现供应渠道共享，降低采购成本。二是钢材销售方面，与区域内钢铁企业和国内主要竞争对手建立"自律协调共同体"，避免区域内销售及国际出口的无序和恶性竞争。三是资源综合利用方面，加强与城镇市政、民生及区域内其他钢铁企业等需求侧的合作共享，实现一体化经营，做大做强资源综合利用产业，大幅提高资源利用效率和效益。

品质化：品质化，即重视品牌建设和产品质量提升，是实现企业可持续发展的重要保障。质量是品牌建设的基石，服务是品牌提升的保障，创新是品牌延续的源泉，文化是品牌推广的精髓。通过技术创新、文化建设，建设标准化、检验化、可追溯、信息化"四位一体"质量体系，全面提升产品质量和服务质量，全力构建集质量、服务、创新和文化于一体的品牌体系，打造具有强大综合竞争力的品牌企业。

差异化：采取差异化战略，提供具有特色的产品与服务，赢得顾客的信任，是未来钢铁企业，尤其是中小型钢铁企业的重要发展方向。一是发展战略差异化，加强对市场需求和竞争对手的研究，在做大做强、做精做专、适度多元、相关多元中找准企业定位，制定相应的发展战略，实现产业链差异化和区域差异化。二是产品差异化，优化产品结构，提高拳头产品份额，并注重实现产品系列化，提高"一站式"供货能力。三是产线差异化，通过装备技改，实现专业化生产，大幅提高生产效率，降低生产成本。四是服务差异化，针对不同客户、不同区域，采用不同的服务模式，提高针对性和认可度。五是销售差异化，普通产品以电商平台销售和大客户直销为主，减少中间环节，降低销售费用。优特钢以技术销售、战略用户、先期介入、持续跟踪等模式为主，紧跟客户需求，逐步拓宽市场。六是控制差异化，对于普通产品，大力实施低成本生产战略，提高其竞争力。对于优特钢，强化产品质量，以开拓市场、提高客户辨识度为主。

服务化：即通过产品这个载体，以优质的服务为用户创造更多的价值，这也是钢铁行业由制造向服务转型的必然要求。强化服务理念，提高服务质量，以优质产品为载体，与客户建立利益共同体，为客户提供精准物流和精心服务，创造更多增值服务，实现服务价值倍增，促进企业向制造服务化转变。

智能化：对于钢铁企业而言，企业的智能化即实现产品研发、服务、生产、采购、销售的智能化，通过知识和信息的共享，突破部门之间的边界，实现快速有效的协同，进而实现集约化生产，为客户提供个性化服务。

多元化：目前，钢铁企业具备多元化发展的能力，通过强化战略协同，深度融入国家及地方经济社会发展，深度融入行业发展，深度融入社会公众需求，建立健全精干高效的市场化商业运作机制，聚焦发展有品牌竞争力和独立盈利能力的业务，致力于业绩可持续改善和高水平提升，形成沿钢铁产业链纵向延伸横向耦合的深度多元化经营体系。这样不仅可以打造企业效益新的增长极，而且可以通过发展多元产业，分流钢铁主业人员，扩大就业领域，促进主业发展。

国际化：以"一带一路"为契机，积极实施走出去战略，通过国际产能合作，加快企业的国际化发展步伐。一是借助国际产能合作等重大发展机遇，开展工程项目合作，提供配套性服务。二是探索建立企业全产业链上的战略协作和重组，联合国际、国内战略合作伙伴，深化产业合作，提高国际合作水平和能力。三是主动整合和利用全球创新资源，实现海外人才培训、国际项目合作、海外高端人才引进等突破。四是依托自有贸易公司或者与国内贸易公司的战略联盟优势，为全球冶金企业和工业企业提供增值的供应链服务，积极开发和培育海外战略终端客户。五是精心准备、认真应对国际贸易摩擦，维护企业自身权益，促进企业国际贸易的健康发展。

二、落实五大发展理念

全面推进创新发展，实现企业转型升级。一是深化改革，推进体制机制创新；二是大力开展自主创新，打造科技创新体系；三是培育发展新动力，建立健全战略型人力资源管理体系；四是创新营销模式，畅通营销渠道，为用户创造更大价值；五是创新资本运营模式，构建财务管理新体制。

全面推进协调发展，实现企业结构调整。一是深度融入区域国民经济发展，业务发展和培育与当地社会协调发展，形成产城互融、产城互依新格局；二是钢铁主业与多元产业、主业不同厂区、多元不同业务之间的协同发展，搭建一体化的产业竞争平台。

大力推进绿色发展，实现企业可持续发展。按照"六位一体"的钢铁绿色行动理念，加快推进清洁生产工艺技术的应用，深化环保达标改造，大力发展循环经济，加强二次能源、固体废弃物的资源化高效利用，积极探索低碳经济发展模式，打造有效益的绿色钢铁企业；优化能源管控，建立完备的能源管理体系，实现资源节约、环境友好的"两型"发展。

大力推进开放发展，实现企业国际化发展。把握"一带一路"国家倡议，借助国际产能合作，加快"走出去"步伐，加强资源、产品、技术研发、销售网络、资本等全产业链的战略合作，大幅提高企业综合竞争力。

　　大力推进共享发展，实现企业相关方共赢发展。一是加强与矿产资源、电力等上游产业链的合作，建立一体化战略联盟，为供给侧提供稳定的效益保障，同时也为钢铁企业实施低成本、稳定生产提供有力保障；二是加强与钢铁企业的战略合作，在技术、产品、销售等方面形成利益共同体，避免同质化竞争，保障双方效益；三是加强与下游用钢客户的合作，为客户创造增值服务，培养忠实客户群；四是坚持以人为本，把促进员工的全面发展作为企业发展的出发点，把员工自我价值的实现与企业的发展密切融合，实现员工和企业的共享发展；五是产品与服务全面满足经济发展、生态文明和社会稳定需要，促进与社会的共享发展。

钢铁治霾：生存的选择[1]

李新创

世界上钢铁产能最集中的京津冀地区，要治理雾霾，必须大幅减少钢铁行业排放的大气污染物。而要达到钢铁行业污染物减排的目的，要两条腿走路：严格环保约束和大幅减少钢铁产量。

一、2016 年冬季的重霾

自 2013 年中国遭遇史上最严重雾霾天气以来，雾霾就成为了笼罩在国人心里挥之不去的阴影。近几年国家在大气污染防治方面做了大量工作，火电超低排放改造、淘汰黄标车、居民煤改电等，也取得了可喜的成果。

根据环境保护部通报的资料，2016 年，京津冀区域 PM2.5 平均浓度为 $71\mu g/m^3$，与 2013 年相比下降 33.0%。但 2016 年入秋以来，人们感觉到雾霾发生的频率和强度不但没有下降，甚至有不降反升的趋势。2016 年 11 月以来，京津冀地区共发生 7 次持续性中到重度霾天气过程，比 2015 年同期偏多两次。人们对雾霾危害带来的痛苦远比统计数字更真实和强烈！

追根溯源，除去不可控的天气原因外，散煤、工业、机动车是公认的雾霾三大主要源头。查阅 2016 年关于京津冀地区大气污染防治的各种报道，可以找到大量"煤改电""淘汰黄标车"等关于散煤和机动车治理的数据和资料，但是关于工业污染源治理的却少之又少。

基于此，我们可以大胆地推测，与 2015 年同期相比，2016 年冬季在散煤和机动车排放量均实现减排的情况下，重污染天气反而增多，那么原因只能是工业排放的污染物未能降低，甚至还出现反弹。

二、钢铁污染与雾霾源头如影随形

京津冀地区最具有代表性的工业行业是钢铁行业，虽然不能说钢铁行业是京津冀雾霾的罪魁祸首，但可以通过以下两个事件看出钢与霾具有较强的相关性。

---

[1] 本文发表于《财经国家周刊》2017 年 3 月两会特刊。

第一个是《法制日报》记者报道的 2016 年 12 月 18～20 日重污染天气红色预警期间，唐山市 PM2.5 骤降骤升事件。根据报道，18 日晚 23 点，唐山市 AQI 指数达到 491，为防止出现爆表，环保部督查组建议唐山市政府对辖区内钢铁企业实施高炉焖炉 50%，烧结机停机的紧急限产措施。随着紧急措施的实施，19 日早 8 点，唐山市 AQI 指数降到 250 左右，然而仅仅 10 多个小时后，20 日凌晨唐山市 AQI 指数突然爆表。经突击检查，发现唐山市部分钢铁企业在督查组离开后又重新恢复了生产，这直接导致了 AQI 指数的大幅蹿升。从这个事件不难看出，在钢铁产能高度集中的京津冀地区，钢铁企业对大气环境质量的影响不可忽视。

第二个是 2016 年政府停限产措施与钢产量增加的矛盾事件。为了完成治霾的目标，2016 年京津冀各地都对钢铁企业下达了采暖季停限产措施和重污染天气应急停限产措施，部分地区的停限产比例甚至高达 50%。但在如此频繁的重污染天气应急情况下，京津冀及周边的河北、山西、内蒙古、山东等地区的粗钢产量不降反升。以 2016 年 11 月为例，河北、山西、内蒙古、山东等地区粗钢产量分别同比增加了 5.32%、12.13%、18.54%、13.75%。而 2016 年 11 月末，CSPI 中国钢材价格指数为 90.38 点，与上年同期相比上升 34.19 点，升幅高达 60.85%。由此，可以看出，在钢材价格飞涨的 2016 年下半年，政府的限产令并未起到应有的作用，钢产量的增加在一定程度上助推了京津冀地区 2016 年冬季重污染天气的频发。

三、霾藏在钢企何处

十多年来，大力推行清洁生产、实施节能减排，作为主要工业排放源之一的钢铁行业，整体环保水平不断提升。根据中国钢铁工业环境保护统计，2015 年重点统计企业吨钢二氧化硫排放量已由 2005 年的 2.75kg 下降至 0.85kg，吨钢烟粉尘排放量也由 2005 年的 2.11kg 降至 0.81kg 左右，降幅分别为 69.1% 和 61.6%。虽然单位产品主要污染物排放量下降明显，但由于下面三个原因，导致钢铁行业造成的环境影响仍不可忽视。

第一，钢铁产量大幅增加，污染物排放总量居高不下。

2015 年中国粗钢产量 8.04 亿吨，与 2005 年相比，增幅高达 127.8%，钢产量的大幅增加，完全抵消掉了钢铁企业通过实施节能减排所实现的单位产品污染物减排效果，钢铁行业污染物排放总量仍然居高不下。从历年的环境统计年报也可看出，2005 年，钢铁行业二氧化硫、烟粉尘排放量分别占全国工业行业的 7.2% 和 11.6%。而 2014 年，这一比例大幅上升，分别为 12.4% 和 29.3%，即在全国各工业行业内，钢铁行业对大气污染的影响不但没有降低，反而大幅增加。特别是河北省钢产量从 2005 年的 7425 万吨盲目增长到 2015 年的 18832 万吨，而且主要集中在唐山市和邯郸市，不仅造成大气污染更加严重，还对水土生态环境造成更大的破坏。

第二，环保水平两级分化严重，劣币驱逐良币问题亟待解决。

2015 年重点统计企业平均、前十名平均、后十名平均以及宝钢湛江的主要大气污染物吨钢排放指标如表 1 所示。从表中可看出重点统计企业之间的环保水平差距十分明显，落后企业吨钢排放量达到先进企业的 10 倍，而在统计之外的小企业吨钢排放量甚至会更高，小企业大量无组织排放对环境影响更恶劣。假设全行业的吨钢大气污染物排放量全部提升到宝钢湛江的水平，全国钢铁行业大气污染物排放量将可以下降一半以上。

表 1　重点统计企业不同大气污染物吨钢排放水平对比　　　　　　（kg）

项　目	重点平均	前十名平均	后十名平均	宝钢湛江
烟粉尘	0.81	0.32	2.9	0.36
二氧化硫	0.85	0.28	2.6	0.37

更突出的问题是，在 2016 年各地为应对大气污染所实施的停限产行动中，真正按照政府要求实施了停限产的正是那些单位产品污染物排放量低的企业，而一些环保水平较差的企业不但没有限产，产量反而大幅增加。以 2016 年 11 月产量统计为例，首钢、唐钢、邯钢钢产量分别同比下降 5.64%、13.99%、7.23%；而部分企业 11 月钢产量同比增加 20% 以上。这是典型的不公平竞争，劣币驱逐良币的行为。

第三，钢铁企业外部物流运输过程中的污染不可忽视。

即使钢铁企业自身污染物的排放做到最小，由于钢铁工业是大进大出的资源密集型产业，钢铁企业每生产 1t 钢，各种原辅燃料、产品、副产品等外部运输量将高达 5t。钢铁企业外部物流方式主要包括铁路运输、公路运输、水路运输和皮带运输等。其中，公路运输由于具有灵活方便的特点，京津冀地区大多数企业，特别是中小企业大都以公路运输为主。但公路运输产生的扬尘，重载货运卡车排放的尾气都会对环境造成污染。以唐山市为例，按唐山市粗钢产量 1.2 亿吨，外部运输量则为 6 亿吨。参照运输扬尘计算公式，重型载货柴油汽车每年会产生道路尘尘 37.4 万吨，产生排放颗粒物 4000t、氮氧化物 3.2 万吨，以及数量可观的一氧化碳、碳氢化合物等其他污染物。因此，要解决京津冀地区钢铁企业的环境问题，只关注企业内部的污染治理是不够的，外部物流运输中产生的污染也不容忽视。

四、核心在减少钢铁产量，关键在严格环保约束

在世界上钢铁产能最集中的京津冀地区，要治理雾霾，必须大幅减少钢铁行

业排放的大气污染物。而要达到钢铁行业污染物减排的目的，要两条腿走路，一是严格环保约束，最大限度减少单位产品污染物的排放量；二是彻底化解钢铁产能，大幅减少钢铁产量。

其中，切实减少京津冀地区的钢铁产量是核心，钢铁产量减少不但可以减少钢铁企业自身的污染物排放，同时还可以减少外部物流运输的污染物排放。但是，在当前的市场形势下，如果没有严格的环保约束，要想减少钢铁产量只是空谈。

首先，以最优秀企业为标杆，严格环保约束，最大限度减少单位产品排放量。

宝钢是我国钢铁行业的龙头企业，一说起宝钢，钢铁企业总是众口一词"宝钢我们没法比"。也许在产品开发、市场营销等方面我们允许有差距、有特色，但在环境保护方面，既然宝钢能够采用最先进的环保技术装备、能够实现最严格的环境管理制度、能够做到吨钢 200 元以上的环保成本、能够实现最小的污染物排放，那在雾霾污染如此严重的京津冀地区，没有理由不以最先进的环保要求来约束钢铁企业，最大限度减少钢铁企业单位产品污染物排放量。

其次，以排放总量约束倒逼京津冀地区钢铁产量大幅削减。

当前，党中央、国务院正大力推进钢铁行业去产能工作，在中央的大力督促下，行政命令可以很好地完成去产能任务。同样，通过强化环保约束，在京津冀地区以最先进的环保技术装备水平为依托，制定最严格的环保标准，执行最高的环保税征收税率，将所有钢铁企业统一到同样的环保水平、同样的环保成本上，倒逼装备水平低、环保治理技术落后、管理粗放、环保欠账多的企业退出京津冀地区，从而实现污染物排放总量的减排。

最后，企业停限产应急措施应实施精准管控。

雾霾治理是一个长期的过程，在雾霾得到有效控制之前，采暖季或重污染天气预警期间必须采取临时的停限产管控措施，缓解雾霾的污染程度。2016 年以来，京津冀地区都制定了采暖季或重污染天气预警期间的工业企业停产限方案。但在执行过程中，这些政策存在不合理的一刀切问题，无论环保水平高低，所有企业都执行同样的政策，实际取得的减排效果并不理想，也打击了环保先进企业实施环保改造的积极性。

因此，有必要对京津冀及周边地区的钢铁企业环保水平进行全面评估、分级，根据环保水平高低分为绿色、黄色和红色三个级别。在采暖季和重污染天气预警期间，对不同级别的企业执行不同的停限产要求。通过这项工作，第一，鼓励企业提升环保水平，减少单位产品污染物排放量；第二，减少重污染天气期间的钢铁产量；第三，还可以压缩落后企业的生存空间，促进京津冀地区的钢铁产能有序退出。

要真正实现强化环境硬约束来推动淘汰落后和过剩产能，建立重污染产能退出和过剩产能化解有效机制，特别是对长期超排放的企业、无治理能力、无治理意愿的企业以及达标无望的企业，依法予以关闭淘汰，彻底严格环保能耗要求，促进企业加快升级改造，实现绿色发展。

五、治霾重在行动

雾霾的成因十分复杂，但在钢铁产能高度集中的京津冀地区，钢铁企业的生产活动对雾霾的"贡献"不容忽视。从钢铁行业治理雾霾，必须以减少京津冀地区钢铁产量为核心，以强化环境约束、最大限度减少单位产品污染物排放量为关键抓手，最终大幅减少京津冀地区钢铁行业污染物排放总量，促进区域大气质量改善。

尽管大幅减少钢铁产量会使区域经济局部受损，但因此而带动的环保产业健康发展，更关系到几亿人民的生存问题。孰重孰轻，不言而喻。所以，必须下大力气继续化解雾霾严重地区的过剩钢铁产能，并坚决大幅减少雾霾地区钢铁产量，真正实现国家"十三五"生态环境保护规划要求的主要污染物排放总量大幅减少的目标，促进绿色发展。

钢铁工业发展趋势及政策环境分析[❶]

李新创

一、钢铁工业运行及发展趋势研判

(一) 全球钢铁发展判断

自第二次世界大战以来，全球钢铁发展大致经历了三个阶段：

第一阶段就是第二次世界大战后到 20 世纪 70 年代初，以西方国家为主导，钢铁产业出现了一个长周期的快速增长。在 24 年的时间内，产量增长了 3.7 倍，年均增速 5.6%。

第二阶段是 20 世纪 70 年代初到 20 世纪末，受两次石油危机、西方国家经济结构调整、苏联解体等因素影响，世界钢铁工业的发展处于平台期，总体保持一个波动、平稳、低速上涨态势。在又一个 24 年里，世界粗钢产量仅增长了 10.4%，年均增幅只有 0.4%。

第三阶段是 2000 年以来，中国钢铁生产消费的高速增长，带动了世界钢铁工业的新一轮发展，在 10 多年的时间里，世界粗钢产量从 8.5 亿吨增长到 2014 年的 16.65 亿吨，产量翻了一番还多，年均增速 5.3%。

2015 年全球粗钢产量 16.2 亿吨，同比下降 2.8%。2016 年，全球粗钢产量为 16.285 亿吨，同比增长 0.6%。

目前，世界钢铁产业又进入了新的阶段（第四阶段），也就是新一轮的平台期，这一阶段也是我国钢铁工业处于结构调整的关键时期（见图 1），并将迎来一个漫长的调整过程。尽管贸易保护措施盛行，但 2016 年全球钢材国际贸易量仍然创造了历史新高，达到 4.73 亿吨，全球化仍然是大势所趋。伴随全球钢铁行业发展态势，我国钢铁行业也步入了创新发展的减量调整阶段。

(二) 中国钢铁消费与生产

1980~2000 年，中国的钢材消费量呈缓慢波动上升趋势，自 2001~2014 年，中国的钢材消费量基本成直线快速上涨，2014 年达到历史峰值 7.02 亿吨。但

---

❶　本文发表于《世界金属导报》2017 年 9 月 5 日 B08 版，有删节。

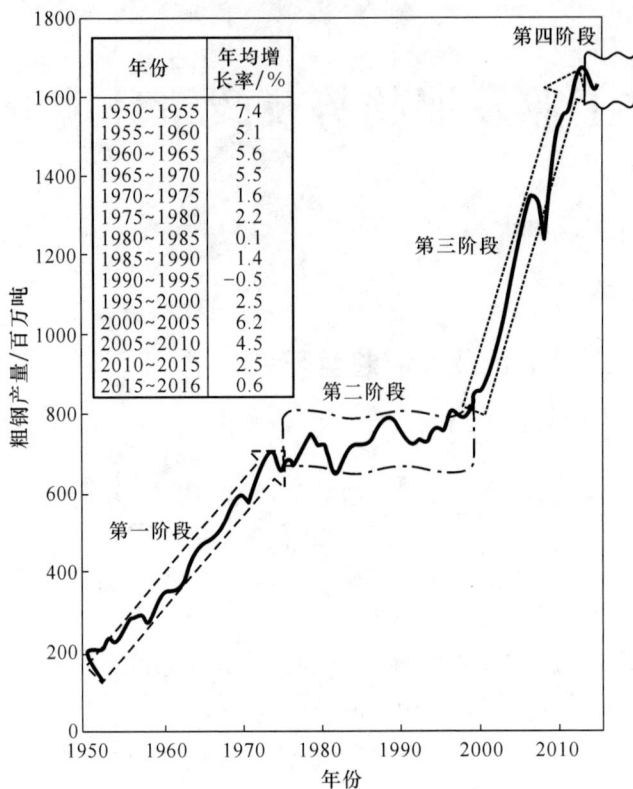

图 1　全球粗钢产量的变化

2015 年，中国钢材消费量下降至 6.64 亿吨，同比下降 5.4%，是自 1996 年以来首次下降。2016 年，在汽车、基建和房地产的拉动下，中国钢材实际消费量为 6.73 亿吨，同比增长 1.3%。

自 2000 年以来，中国钢铁生产消费的高速发展，带动了世界钢铁的新一轮发展。中国钢铁生产发展趋势如图 2 所示。第一阶段（1949~1976 年），探索阶段，波动发展。第二阶段（1977~2000 年），起步阶段，稳定发展。第三阶段（2001~2014 年），加速阶段，跨越发展。第四阶段（2015~2016 年），减量阶段，创新发展。中国钢铁产业布局重心在长江入海口以北的沿海省、市，尤其是环渤海区域产能最为集中。2016 年，环渤海区域粗钢产量占全国总产量的 42.4%。2016 年，我国粗钢产量 8.08 亿吨，同比增长 1.2%。

（三）中国钢铁产业运行情况

2017 年 1~6 月，我国粗钢产量同比增长 4.6% 已达 4.1975 亿吨。2017 年 7 月，钢铁行业 PMI 指数为 54.9%，较 6 月上升 0.8 个百分点，连续 3 个月处在

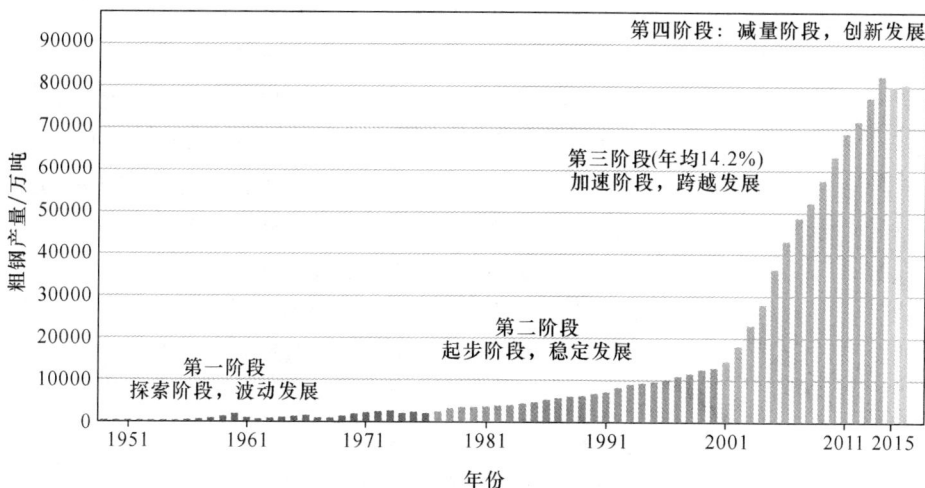

图2　1949~2016年中国粗钢产量的变化情况

50%以上的扩张区间，并创2016年5月以来的新高，显示钢铁行业景气度处于高位。

主要分项指数中，生产指数高位小幅回落，新订单指数显著回升，新出口订单指数、产成品库存小幅回升，但仍处在50%以下收缩区间，购进价格指数大幅攀升。PMI指数显示，当前国内钢厂生产节奏有所放缓，钢材市场需求淡季不淡，钢厂产销衔接顺畅，库存处于低位，钢市整体供需形势继续向好。

随着我国钢材产品国际竞争力的提高，我国钢材出口量大幅攀升。1979年，我国钢材出口量为36.8万吨；2015年，我国钢材出口量达到11240万吨，创历史最高，是1979年钢材出口量的305倍。2016年，我国出口钢材10843万吨，同比下降3.5%；进口钢材1321万吨，同比增长3.4%；进口铁矿砂及其精矿10.24亿吨，同比增长7.5%。

据海关数据，2017年1~7月，我国累计出口钢材4795万吨，同比下降28.7%，连续11个月出现同比下降，连续8个月呈现20%以上的大幅下降。累计进口钢材779万吨，同比增长2.6%。中国钢材产品主要靠优质的产品、良好的服务和实惠的价格在国际市场取胜。

2017年，受钢材价格回升影响，大中型钢铁企业经济效益环比盈利扩大。产值、收入上升；实现利税、利润总额环比增长；亏损企业户数减少，亏损企业亏损额下降。

2017年1~6月，大中型钢铁企业实现销售收入17505.98亿元，同比增长36.72%；实现利润532.42亿元，同比增长367%，超过2016年全年盈利额（331.5亿元）。销售利润率为3.04%，较2016年上升2.15个百分点，但仍然低于全国规模以上工业企业主营业务收入利润水平。

目前，我国钢铁工业发展的时代主题正在发生由"增量、扩能"到"减量、调整"的变化，从中长期、整体的角度来看，我国钢材实际消费呈现"弧顶""下降通道"的走势，但不排除一些年份的波动反复。但是，减量并不是不发展，而是在减量发展阶段下，推进绿色化、有序化、品质化、标准化、差异化、服务化、智能化、多元化、国际化的"九化"协同，重塑价值链。

中国钢铁产业拥有全球最大、最活跃的内需市场，2016 年中国钢材实际消费量约 6.7 亿吨，占全球钢材消费量的 45% 左右，中国作为全球最大、最活跃钢材市场的格局，在相当长的时间内不会改变，这是中国钢铁产业继续保有、提高竞争力的最强基础。

钢铁产业是我国制造业中最具全球竞争力的行业之一，我国拥有全球最大、最活跃的钢铁内需市场，完整的钢铁产业体系，先进的工艺技术装备，系统集成化的思维理念以及丰富的冶金人才资源；而且我国钢铁企业的服务意识在普遍增强，服务能力和服务水平均有所提升。

二、关于电炉钢发展趋势的判断分析

（一）关于钢铁蓄积量及废钢产出的研判

到 2017 年，我国钢铁蓄积量约 78 亿吨（见图 3），到"十四五"中前期，我国钢铁蓄积量将达到 100 亿吨，到"十五五"中前期，将达到 120 亿吨。据相关资料，考虑统计外因素，估测当前中国年废钢产出量超过 1 亿吨，预计在"十四五"末期或"十五五"期间，废钢产出量将突破 2 亿吨。

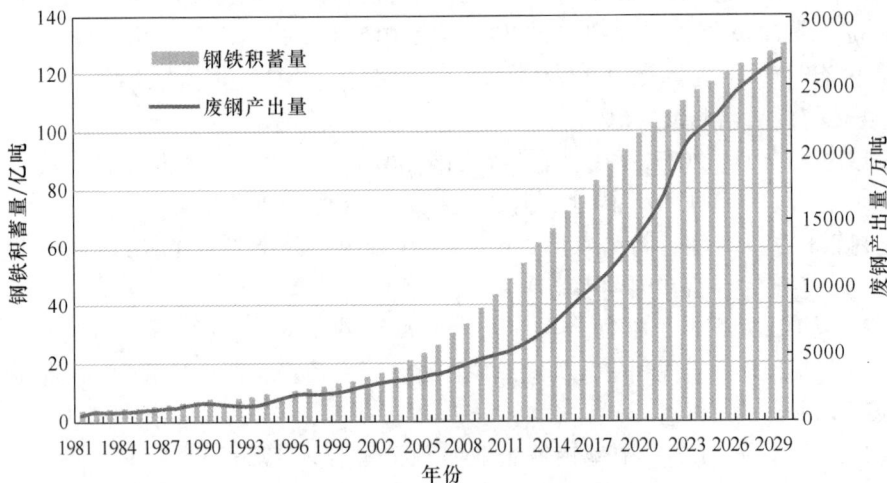

图 3　我国钢铁蓄积量及废钢产出量的变化趋势

（二）电炉钢发展规律分析

（1）亿吨级产钢国（地区）提升电炉钢比例需要较长时间。

近年来，全球电炉钢比例保持在25%左右，扣除中国大陆以外的世界其他国家，电炉钢比例约为44%。其中，其他主要产钢国的电炉钢比例都高于中国。

在已完成工业化且粗钢产量超过1亿吨（或曾过1亿吨）的国家或地区，如美国、欧盟和日本，从上述三国或地区的电炉钢发展历程看，其电炉钢比例从10%提高到20%，耗用了10~15年时间，由10%提高到30%，则耗用了25~30年甚至更长时间，其间伴随着持续波动和调整。

（2）钢铁大国电炉钢比例发展存在一个阻力区。

在年产粗钢4000万吨以上的产钢大国中，只有美国和印度的电炉钢比例发展到了或曾经达到60%以上（见图4）。到近年，其他国家电炉钢比均落在20%~30%区间（除中国外），如独联体电炉钢比例约27%，韩国电炉钢比例约30%，德国电炉钢比例约30%，日本电炉钢比例约23%。可见，30%~50%是钢铁大国电炉钢比例上升的阻力区，或者说钢铁大国电炉钢比例提升过程一般受阻在30%~50%的区间，难以继续提高甚至再次下降。典型的国家是日本，日本电炉钢比例曾短暂地超过30%，随后下降，长期保持在20%~30%区间。

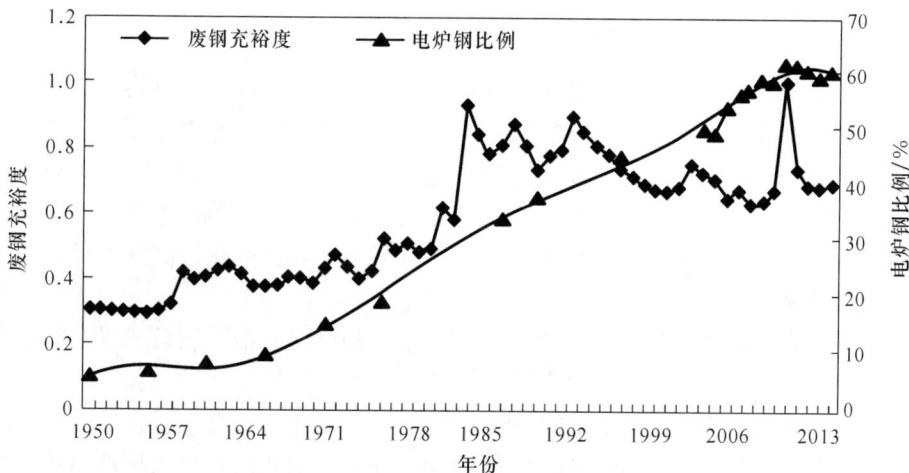

图4　美国废钢充裕度与电炉钢的发展

（3）废钢充裕度、粗钢产量与电炉钢发展。

从第二次世界大战后到20世纪50年代中前期的粗钢产量增长阶段美国电炉钢比例很低，随着粗钢产量进入峰值弧顶区的中后期，电炉钢比例开始逐步上升到20%~30%，粗钢产量峰值区过后，电炉钢快速发展，经过20多年时间，电炉钢比提高到60%左右。

（三）关于我国电炉钢发展的研判

（1）我国钢铁产业发展已经度过了规模扩张期，目前处于峰值弧顶区阶段，根据国际电炉钢发展规律，随着我国钢铁产业进一步向峰值区中后期发展，我国电炉钢比例将开始逐步回升。

（2）与世界上已经完成工业化的国家或地区不同的是，我国粗钢总量发展呈现爆发快、规模大的特点，未来废钢资源回收也将出现一个快速放量增长的阶段，而且废钢资源快速增长和粗钢总量波动或缓慢下降出现叠加是大概率事件，因此，我国废钢资源将较快地趋于充裕。

（3）我国资源、能源土地、环保等约束日益紧张，电炉短流程排放少、占地小、能耗低等优势将更加显现，电力改革的推进，也将有利于电炉短流程钢铁企业控制用电成本。

展望我国电炉钢发展，预计将经历三个大的阶段：一是探底回升的起步阶段，该阶段我国电炉钢比例将发展到15%~20%；二是快速增长阶段，该阶段我国电炉钢将由20%提升到约30%；三是缓慢趋于平衡的阶段，电炉钢不断适应届时的市场、资源、环境、技术、电力等条件，逐渐达到新的平衡。

（四）我国发展电炉钢需要注意的问题

是不是现在就要大张旗鼓鼓励电炉钢发展？笔者认为要区别对待。一是应坚决制止违法违规"中转电"的建设投产，可能有些是有所谓的指标，但这会在实际执行中形成新增产能；二是当前应优先鼓励转炉多吃废钢，以及现有合法合规电弧炉恢复生产，在产的电弧炉减少铁水配比多吃废钢；第三才是在满足减量置换的前提下，鼓励具备条件的企业、地区发展新一代智能化的高效率节能电弧炉及配套技术。

近十年来，由于我国电弧炉生产规模较小，相对于其他钢铁技术而言，电弧炉技术发展是缓慢的，甚至有些与时代脱节。当前再发展电弧炉，像大干快上的"中改电"项目一样，照十年前的方子抓药，行吗？绝对不行，时代变了。在新时期，电弧炉发展如何体现智能化、绿色化、高效率的要求？建议应联合有实力的钢铁企业、工程技术公司和电炉设备厂做几个示范工程，夯实技术基础，引领新一轮的电弧炉发展，避免低水平重复建设。

三、供给侧结构性改革背景下钢铁产业政策分析

（一）2017年钢铁去产能任务

我国钢铁工业要通过依法依规退出、引导主动退出等方式去产能。2016年

我国钢铁行业去产能取得了重要阶段性成效，共压减落后过剩钢铁产能 6500 万吨以上，超过目标任务的 44.4%。2017 年是我国实施"十三五"规划的重要一年，也是供给侧结构性改革的深化之年，推动钢铁行业重组和处置"僵尸企业"是今年我国钢铁行业去产能的两大任务。2017 年我国钢铁去产能工作任务：

"一个确保"：确保压减钢铁产能 5000 万吨左右的硬指标必须完成。

"三个坚决"：坚决有力处置"僵尸企业"；坚决淘汰钢铁落后产能，2017 年上半年彻底取缔"地条钢"；坚决执行法律法规，严禁钢铁行业新增产能。

"五个更加"：更加注重科学把握去产能的力度和节奏；更加注重运用市场化、法治化手段去产能；更加注重职工安置和资产债务处置；更加注重与兼并重组、优化布局、转型升级相结合；更加注重建立健全长效机制。

在国发〔2016〕6 号文件发布以来约 16 个月的时间内，我国已压减粗钢产能 11500 万吨（截至目前，2017 年 5000 万吨去产能任务已经全部完成），占整个"十三五"期间压减 1.4 亿吨粗钢产能目标任务的约 82.1%，600 多家地条钢企业，产能约 1.3 亿吨已全部停产。

产能结构上，粗钢产能利用率大幅回升，并逐步向合理区间回归。

布局结构上，2016 年 7 月宝武钢铁集团湛江钢铁项目 2 号高炉建成投产，首钢京唐二期、唐山渤海钢铁集团项目等沿海项目，以及济南钢铁（2017 年 7 月已实现全生产安全停产）、河北武安地区太行钢铁、冀南钢铁、石钢等退城进园、环保搬迁项目均在积极推进中。

产品结构上，相比于 2015 年，2017 年 1～5 月，长材占比降低 2.5 个百分点，板带材占比提高 3.3 个百分点，管材占比降低 0.6 个百分点。特别是打击"地条钢"，有效提升了我国钢筋产品的质量水平，使得钢筋的品种结构明显优化，Ⅲ级及以上钢筋的生产比例有明显提高；2016 年，钢协会员单位Ⅲ级及以上钢筋生产比例达到 97.1%，比 2015 年提高 4.9 个百分点。

全行业在产能结构、组织结构、布局结构、产品结构等方面都得到了明显改善。

（二）政策预期

第一，钢铁产业政策将精准发力，以环保、能耗、水耗、质量、安全、税收等标准严格执法，配合金融的差异化政策，重点解决市场公平问题。

当前，引导行业健康发展的长效机制仍不够完善，而主要是以淘汰落后、违法违规建设项目清理和联合执法等一系列专项行动为主导，一方面是成本巨大；另一方面"运动战"应该是就事论事的短期行为，而难以从长远和整体上，解决钢铁产业的发展问题。

第二，去产能政策及退出以后政策重点是，以减量发展为前提条件，以兼并重组为重要手段，以技术改造、产能匹配为基本要求，以结构调整、转型升级为核心内容，集中力量提升行业企业竞争力。

去产能应坚持依法依规和引导主动退出，一是严格按照环保、能耗、质量、安全和技术等标准，对区域内企业进行全面的政策符合性分析，对不符合标准的勒令整改，并综合运用差别电价、水价等措施，倒逼企业退出；二是按照资源配置起决定性作用的原则，对区域内企业进行全面的竞争力评价分析，在畅通退出渠道的基础上，引导企业技改升级，或整体（生产线）退出和转型转产。

第三，我国将加快推动绿色制造体系建设，加快创建具备用地集约化、生产洁净化、废物资源化、能源低碳化等特点的绿色工厂。

为加快推动绿色制造体系建设，率先打造一批绿色制造先进典型，发挥示范带动作用，引领相关领域工业绿色转型，2017 年 3 月 10 日，工信部发布了《关于请推荐第一批绿色制造体系建设示范名单的通知》，要求各地于 4 月 20 日之前将本地区推荐的"绿色工厂、绿色园区、绿色产品、绿色供应链"报工信部。

第四，环保部已正式发布《排污许可证申请与核发技术规范钢铁工业》（HJ 846—2017），标志着钢铁行业新一轮排污许可工作已正式开始，排污许可证将作为钢铁企业排污行为的唯一行政许可，也是环境执法检查的重要依据。

第五，首部环保税法即将实施，钢铁行业环保提标在即。

作为我国第一部推进生态文明建设的单行税法，《环境保护税法》将于 2018 年 1 月 1 日起施行。全国范围内的排污企业将无差别执行环保税纳税义务，而已施行近 40 年的排污费，也终将退出历史舞台。从"费"到"税"，环保监管将走上更加规范化、平等化的道路。环保税法中，更加强调了减排降税的力度，多排多征，少排少征，对于高排污行业来说，新税法的设立也将促使企业加强环保布局，从而加速优胜劣汰，避免劣币驱逐良币的乱象。

第六，将利用经济手段，促进钢铁行业化解过剩产能。

2017 年，国家发改委、工信部联合发布了《运行价格手段促进钢铁行业供给侧结构性改革有关事项的通知》，强调运用差别电价等价格手段，促进钢铁行业化解过剩产能。从发展趋势来看，建立和完善节能减排市场化机制，运用各种经济手段促进钢铁行业化解过剩产能，将是一个重要组成部分，包括通过健全用能权、排污权、碳排放权交易机制，建立有偿使用、预算管理、投融资等机制。

第七，我国将大力推进国际产能和装备制造合作。

2015 年 3 月，国务院发布《关于推进国际产能和装备制造合作的指导意见》（国发〔2015〕30 号）。

推进国际产能和装备制造合作，是保持我国经济中高速增长和迈向中高端水平的重大举措，是推动新一轮高水平对外开放、增强国际竞争优势的重要内容，是开展互利合作的重要抓手。目前，钢铁行业遇到了千载难逢的好机会，党和国家领导人高度重视去产能工作，把它上升到政治任务，特别是习主席强调："绝不允许出现弄虚作假，绝不允许化解产能死灰复燃，绝不允许对落后产能等量交换，绝不允许违法违规建新项目"。现在在去产能总的目标下，如果盲目建设，对国家行业都是不利的。

中国钢铁工业正在向有序化、绿色化、品质化、差异化、多元化、国际化、标准化、服务化方向发展，中国钢铁会引领世界更好发展！

钢铁行业运行质量持续向好[1]

李新创

2018 年 1~5 月，国民经济继续保持总体平稳、稳中向好发展态势，全国固定资产投资（不含农户）同比增长 6.1%，工业增加值同比增长 6.9%，比上年同期加快 0.2 个百分点。按同比口径计算，2018 年 1~4 月，全国规模以上工业企业主营业务收入增长 10.5%，利润增长 15%。

钢铁行业是基础性的原材料行业，随着供给侧结构性改革去产能的深入推进，钢铁行业供需总体平衡、效益稳定提高、结构不断优化，运行质量持续向好。

1~5 月，固定资产投资同比增长 6.1%，其中基础设施投资增长 9.4%，制造业投资增长 5.2%，全国房地产开发投资同比增长 10.2%，住宅新开工面积增长 13.2%。在消费增长拉动下，1~5 月粗钢产量 3.69 亿吨，增幅 5.4%，有效满足了市场需求。

同时，钢铁行业切实去产能，产能利用率向合理区间回归，经营效益显著改善。2016 年以来，钢铁行业累计压减粗钢产能超过 1.2 亿吨，取缔了约 1.4 亿吨"地条钢"产能，有效净化了市场环境，2018 年我国还将压减 3000 万吨钢铁产能。在 2017 年钢铁行业经营效益大幅提高的基础上，2018 年 1~4 月，重点统计钢铁企业销售收入 1.25 万亿元，同比增长 12.5%，累计盈利 787 亿元，同比增长 123.3%。

钢铁企业还强化环保措施，为保卫蓝天做出贡献。按照环保治理要求，有关钢铁企业执行停限产方案，唐山、安阳等地依托专业机构设置标准，科学引导钢铁企业停限产，成效十分显著。2018 年《政府工作报告》提出推进钢铁行业超低排放改造工作，唐山、邯郸等地的烧结机超低排放改造已全面开工，预计将于 10 月后陆续建成投运。其中，邯钢烧结机超低排放改造项目已经投运，率先实现超低排放，污染排放量减少 60% 以上。山西、河南、湖北、江苏、陕西、山东等地区钢铁企业正处于制定改造方案阶段。

钢铁企业不断提品质、扩品种、创品牌，新产品研发应用取得明显进步。宝

---

[1] 本文发表于《经济日报》2018 年 6 月 26 日 006 版。

武集团研发应用了世界口径最大、管壁最厚、钢级最高的高强管线钢，B20R065牌号取向硅钢产品平均损耗、磁感等主要性能处于全球领先水平。鞍钢研发并批量生产国内首批具有零下60℃冲击韧性的Q420qF桥梁钢。河钢集团开发的热水器用抗菌彩板、创新V纹贴膜彩板等，引领家电用高端彩涂板市场。

数据还显示，钢材出口总量大幅减少、进口总量略有下降，中高端钢材产品出口量大于进口量。1~5月，全国出口钢材2849.3万吨，同比下降16.3%，进口钢材563万吨，同比下降0.7%。2018年一季度，中国出口钢材产品中均价达到2000美元/吨以上的产品有39.7万吨，而进口量是28.6万吨，出口均价在1000~2000美元/吨之间的钢材产品有164.4万吨，而进口量是100.4万吨。

要注意的是，钢铁行业运行要防范化解新增产能和"地条钢"死灰复燃的风险挑战。随着行业形势趋好，市场新上钢铁项目的动力强劲，部分地区防范"地条钢"死灰复燃的压力很大。能否控制新增产能和"地条钢"死灰复燃，事关供给侧结构性改革去产能的成败，必须高度重视，保持高压态势。同时，依法依规、实事求是科学界定"地条钢"，加强监管，积极引导合法规范产能有序释放，确保市场供需基本面稳定。

同时，要防范化解"一刀切"式环保停限产、盲目推进钢厂搬迁和设立无钢市（区、县）等风险挑战，注意"高杠杆"对钢铁产业去产能和高质量发展的影响。建议结合深化"去产能"处置僵尸企业，围绕减量、降债、提质，推进兼并重组，为战略投资人做强、做优企业创造条件。有条件的钢铁企业应积极主动推进债务清理和债务整合，加大债务清欠力度，减少无效占用，推动、深化混合所有制，依托资本多元化扩大资金来源，实施资产证券化和资本运作，通过优质资产迭代创造收益。

钢铁企业兼并重组是大势所趋[1]

李新创

从全球并购重组周期、钢铁产业内在规律和企业发展需求角度看，推进我国钢铁企业兼并重组是大势所趋。

值得注意的是，钢铁企业重组依然存在"规模情结""重重组、轻整合"等问题。因此，钢企重组须做好"整合、协同、创新"，充分发挥重组后各类资源的有效配置作用。

钢铁企业重组应从单一化的扩大规模变成"扩大规模+提高质量"，从一般性的兼并重组变成"兼并重组+整合提升"。

我国钢铁企业数量众多，但集中度一直处于较低水平，严重制约了我国钢铁行业的高质量发展。近年来，国内大型钢铁企业纷纷并购重组，行业集中度有所回升，但仍然与行业有序发展和产业政策的要求有较大差距。从全球并购重组周期、钢铁产业内在规律和企业发展需求角度看，推进我国钢铁企业兼并重组是大势所趋。

近日，中国宝武重组马钢成为钢铁行业的一件大事。通过本次收购，中国宝武将通过马钢集团间接控制马钢股份45.54%的股份，并成为马钢股份间接控股股东，马钢股份的实际控制人也将由安徽省国资委变为国务院国资委。可以说，此次重组对于引领我国钢铁行业发展、建成世界最具竞争力的钢铁企业具有重大意义。

首先，有利于促进行业有序发展。重组后，中国宝武将进一步提高长江流域市场掌控力，塑造有序的区域市场秩序，有利于引领全行业有序发展。其次，有利于促进专业化发展。两家重组对于协调相关钢铁产品的市场策略、产线分工和专业化生产作用巨大。再次，有利于集中力量创新发展。通过研发、人才资源整合，中国宝武将进一步提升创新能力，将显著增强我国钢铁产业创新发展动力。最后，也有利于提升国际竞争力。中国宝武重组马钢后，粗钢总产量达9345万吨，已经十分接近世界第一安赛乐米塔尔的9642万吨。显然，此举将加快实现中国宝武建成全球钢铁业引领者的愿景，促进形成钢铁行业世界级技术创新、产业投资和资本运营平台。

---

[1] 本文发表于《经济日报》2019年7月3日007版。

中国宝武重组马钢，凸显了钢铁企业并购重组的必要性。从国家层面看，产业政策明确要求要提高产业集中度，组建一批具有全球竞争力的世界级钢铁企业集团。从行业层面看，钢铁企业数量多、经营分散的市场格局是价格战、同质化等无序竞争的根源。所以，要想重构市场竞争格局，亟须加快推动兼并重组。从企业层面看，兼并重组是优化资源配置、做强企业的重要途径，也是企业发展到一定阶段继续提高竞争力的重要手段。从竞争角度看，兼并重组可加快优秀企业成长，重构市场竞争格局。

对比之前几轮重组潮，本轮重组的外部形势、内在动力、战略要求和实施条件均有本质不同。因此，应以"高质量"思维推进新时代钢铁企业兼并重组，提升中国钢铁产业国际竞争力。

值得注意的是，钢铁企业重组依然存在"规模情结""重重组、轻整合"等问题。因此，钢铁企业重组应在规模扩张的基础上，尊重钢铁产业发展规律，从单一化的扩大规模变成"扩大规模+提高质量"，从一般性的兼并重组变成"兼并重组+整合提升"。钢企重组须做好"整合、协同、创新"，充分发挥重组后各类资源的有效配置作用。更重要的是，改革体制机制，优化商业模式，创新管理方式，激励干部员工的主观能动性，这对于是否能够实现高质量重组意义重大。

具体到操作层面，一要强化内部资源协同。以中国宝武和马钢重组为例，二者在内部资源整合方面的协同优化空间巨大，在资产整合、融资渠道、原料采购、矿产资源等众多领域都有协作空间。通过内部各类资源整合，一方面加强采购、生产、研发、销售各环节协同，拓宽各类业务渠道，提高市场竞争力。另一方面也可以选择最优组合方案，避免不必要的重叠性业务，降低运行成本。

二要拓展外部资源整合。重组后的整合非常关键，外部资源往往是容易被忽视的。比如，外部的政策资源、市场和客户资源、金融资源、信息资源等。

三要统筹国际发展布局。比如中国宝武和马钢都建有遍及海外的采购和营销网络、服务体系，重组后，应在国际化服务体系、服务能力等方面挖掘协同潜力，全面提升国际影响力和竞争力，合理规划全球钢铁布局。

四要实现体制机制创新。体制机制创新是决定新时代钢铁企业兼并重组成败的关键，远胜过产品、技术、产线等优化组合的重要性。因此，必须通过完善体制机制，推进国企重组后及时开展实质性整合，提高重组效率、释放积极示范效应。

五要打造全球最具竞争力的钢铁旗舰企业。当前，中国钢产量占全球一半，全球钢产量前50名钢铁企业中，中国钢铁企业多达28家，产业影响力巨大。中国宝武重组马钢后，生产规模已超过整个美国的钢铁生产规模，这对打造具有竞争力的世界钢铁旗舰企业，引领我国由钢铁大国发展成为钢铁强国具有重要意义。

疫情对钢铁原材料市场影响几何？[1]

李新创

一、疫情影响钢铁产业供需两端

随着疫情全面升级和蔓延，多国陷入严格抗疫与维持经济的两难处境。各大国际机构大幅下调全球经济预期：2020 年 3 月 31 日，标准普尔将 2020 年世界经济增长预测由疫情前的 3.3% 大幅调降至 0.4%；同日，世界银行预计，2020 年基线情景下东亚发展中国家增速将从 2019 年预估的 5.8% 放慢至 2.1%，在悲观情景下降至 -0.5%；4 月 2 日，惠誉预计，2020 年全球经济增长率在 0%~0.5% 之间。4 月 8 日，世贸组织预计，2020 年全球货物贸易量将萎缩 12.9%~31.9%。4 月 9 日，国际货币基金组织指出，2020 年全球经济将急剧跌入负增长，出现 20 世纪 30 年代大萧条以来最糟糕的经济后果。

疫情对钢铁产业的影响主要体现在供需两端。

供给端方面，受疫情影响，大宗原燃辅料运输受阻，原料供应紧张。根据世界钢铁协会数据，2020 年 1~2 月全球粗钢产量同比增加 1.0%，其中，中国大陆粗钢产量同比增长 3.1%，海外粗钢产量同比减少 1.8%。

需求端方面，钢材下游消费市场急剧萎缩，迫使企业大幅减产，进而传递到产业链上游，影响企业原料正常采购。对中国钢铁行业上游而言，铁矿石、锰矿、铬矿、镍矿等大宗原材料对外依存度较高，随着澳大利亚、巴西、南非、印度尼西亚等主要资源出口国的疫情升级，原料供给渠道的影响各不相同。

二、对四大钢铁原材料影响不一

（一）铁矿

1. 供应

从全球来看，澳大利亚、巴西、印度、中国和南非是铁矿石的主要生产国，五国产量占全球铁矿石生产总量的 78%。除中国外，其余 4 个国家还是铁矿石重

---

[1] 本文发表于《中国矿业报》2020 年 4 月 29 日 2 版。

要的出口国，占全球铁矿石出口总量的83%。截至目前，疫情对澳大利亚和巴西铁矿生产尚未产生影响，同时巴西淡水河谷受去年溃坝影响的产能在陆续恢复。2020年3月23日，南非宣布为期21天的全国封锁，预计影响铁矿石出口约247万吨。印度近年来国内需求不断增加，预测2020年印度出口全球及中国的铁矿石将有小幅回落。

从国内来看，2019年铁矿石原矿产量8.44亿吨，折合铁精粉2.66亿吨。2020年1~2月铁矿石原矿产量1.11亿吨，同比下降4.6%。随着中国疫情的好转和复工复产，预计国内供应将呈上升趋势。2020年中国铁精粉产量预计小幅下降至2.6亿吨。

2. 需求

铁矿石需求的变化趋势基本与生铁产量成正比关系。中国是全球最大的生铁生产国，也是最大的铁矿石需求国，约占世界铁矿石消耗量的60%；其次是欧盟、日本、韩国和美国，合计占17%；其他国家和地区对铁矿石市场影响很小。

据世界钢铁协会统计，2020年1~2月全球共计产铁2.22亿吨。中国生铁产量1.32亿吨，同比增长3.1%，延续了近年的上涨趋势；随着全球疫情的变化，3月以后下游市场需求减少的影响逐步显现，预测中国全年生铁产量7.45亿吨，同比下降8%。

日本2019年生铁产量同比下降3.1%，2020年1~2月同比上涨6.5%。受疫情影响，日本经济产业省4月9日预测称，二季度日本粗钢产量将大幅下降26%。韩国浦项在疫情期间对4600m³高炉进行大修，预计2020年6月初恢复生产，短期影响韩国生铁产量约7%，不排除中远期再实行减产计划；韩国现代制铁因疫情关闭了其位于韩国庆尚北道浦项市的部分工厂。欧盟2019年生铁产量同比下降4.2%，由于经济增长预期不佳，2020年1~2月继续延续了下降趋势，同比下降9.8%。疫情暴发又导致多家汽车制造企业停产，未来生铁产量和铁矿石需求将进一步下降。美国2019年生铁产量同比下降7.6%，2020年1~2月产量继续大幅下降12.8%，疫情影响在美国还在不断扩大，预计生铁产量和铁矿石需求量将延续下降态势。

3. 价格影响

2020年春节以来，受疫情、主要供应国季节性天气因素及金融资本因素叠加影响，铁矿石价格出现较大幅度波动，并出现与钢材价格变化趋势背离的状况。在铁矿石供应整体呈宽松的趋势下，铁矿石价格维持高位，出现违背供需基本面的变化趋势，严重挤压钢铁行业利润空间，再次凸显目前铁矿石定价机制的不完善，也反映了铁矿石贸易定价的过度金融属性。此外，从目前铁矿石供应基本面分析来看，疫情对铁矿石需求端的影响更大，而铁矿石供应将呈较宽松状态，预计铁矿石价格将呈下降趋势。

(二) 锰矿

1. 供应

从国内来看，根据自然资源部统计，2018 年锰矿石产量 578.36 万吨，广西、贵州和湖南是主要产地。中国国内锰矿石供应受疫情影响不大，在环保政策、资源枯竭等主要因素的共同影响下，产量有可能继续下降。

从进口来看，2019 年，中国从 40 个国家或地区累计进口锰矿石 3418.7 万吨，较上年增长 23.9%。进口来源主要是南非、澳大利亚、加纳和加蓬等国，分别占进口总量的 39.3%、15.2%、14.9% 和 10.6%。2020 年 1~2 月，中国进口锰矿石 446.49 万吨，与去年同期相比下降 15.9%，其中从南非进口量占比上升至 40.2%。新冠肺炎疫情对全球主要锰矿石生产国的影响不一。南非已宣布进入国家紧急状态，预计将减少 60 万~70 万吨的供应。但由于南非锰矿石运输周期较长，加上港口库存量较高，对目前的供应尚未产生实际影响。但随着非洲疫情的进一步蔓延，不排除锰矿石生产国采取更严厉的防控措施，导致锰矿石供应出现大幅度减少。

2. 需求

锰在钢铁行业用量占到了锰需求的 85%~90%。2020 年 1~2 月，中国粗钢产量受影响不大，对锰系铁合金的需求不会有明显下降。

在生产方面，宁夏和新疆地区整体受疫情影响比南方整体较小，当地锰铁生产维持平稳；锰三角地区（湖南、重庆、贵州）由于政府监管力度较大，主流锰铁无法立即复产，日产量维持较低水平；受疫情影响较大的区域，如湖北、陕西，由于受到严格管控，生产基本停止；广西地区由于进出口货物便利，整体开工率和日产量较高。总的来看，疫情对于锰系铁合金企业的生产影响较大。

随着疫情对中国影响不断减小，各行业复工速度明显提升，并且刺激政策不断落地，铁合金及电解锰厂家的生产积极性将有所改变，逐渐恢复到正常水平，对于锰矿石的需求将会呈增长态势。但海外疫情仍处于加速发酵阶段，国外钢铁行业及铁合金生产企业面临市场的大幅下滑和疫情的严重威胁，部分已处于停产状态，未来对于锰矿石的需求将有所下降。近年来，中国国内锰矿石需求持续上升，2019 年约为 1300 万吨（锰金属量），预计 2020 年仍有望继续小幅增长。

3. 价格影响

近年来，全球锰矿石供应总体呈宽松态势。2020 年 1~2 月，中国进口锰矿石均价 132.4 美元/吨，同比下降 37%，疫情期间，受南非等主要锰矿石供应国停产停运管控措施影响，锰矿石价格呈现上涨趋势，如果后续疫情进一步加重，锰矿石供应出现较大幅度减少，锰矿石价格将出现较大幅度上涨。整体来看，预计 2020 年锰矿石价格将呈波动上涨趋势。

（三）铬矿

1. 供应

铬矿石是中国紧缺的战略矿产资源之一，基本依靠进口满足需求。2019 年中国共从 26 个国家或地区进口铬矿石 1589.8 万吨，同比增长 10.9%，其中从南非进口量占比达到 78.9%。2020 年 1~2 月，中国进口铬矿石 247.86 万吨，同比增长 3.7%，其中从南非进口量占比进一步上升至 86.7%。受新冠肺炎疫情影响，南非、津巴布韦等主要铬矿石生产国停产 21 天，将导致疫情期间铬矿石供应量减少。若南非疫情进一步加强，其防控措施进一步延长，对全球及中国铬矿石的供应将产生明显影响。

2. 需求

受新冠疫情影响，中国不锈钢消费大幅下滑，不锈钢价格持续下跌超过 10%，不锈钢企业纷纷减产。同时，物流运输受到严重影响，铬铁生产企业多延迟复工，进口铬矿石大量积压；且由于春节前铬铁价格低迷，铬铁企业生产积极性受到压制，工厂减停产较多。根据相关机构调研数据，2020 年 1~3 月高碳铬铁产量分别为 46.8 万吨、33.45 万吨、40.02 万吨，其中 3 月环比 2 月增加 6.57 万吨，增幅 20%，同比 2019 年 3 月减少 8.75 万吨，降幅 18%。2020 年一季度高碳铬铁产量为 120.27 万吨，环比 2019 年四季度减少 35.69 万吨，降幅 23%，同比 2019 年一季度减少 14.03 万吨，减幅 10%。可见，受疫情影响，铬矿石需求受到较大程度压制。

3. 价格影响

受全球供应宽松的影响，2019 年铬矿石进口价格波动下降，5 月最高达 180.5 美元/吨，年末下降至 152.8 美元/吨，下降 15.3%，全年铬矿石进口均价为 165.4 美元/吨，同比下降 35.1 美元/吨。2020 年 1~2 月，中国进口铬矿石均价为 139.8 美元/吨，同比下降 20%。2020 年，受疫情影响，国内铬矿石需求将受压制，供应端仍将严重依赖进口铬矿石。由于南非占到中国铬矿石进口量的近 80%，且短期内难有替代来源，因此南非疫情发展走向将直接影响国内铬矿石的供应情况，目前实际影响尚未显现，但各方心态较为担忧，如果后期南非疫情持续加重，停产停运政策延长，必将加剧市场供应减少，导致价格上涨。

冷静看待钢材消费"非常规性"增长[1]

李新创

2020 年，全国粗钢产量达 10.53 亿吨，同比增长 5.2%；钢材消费量 9.85 亿吨，同比增长 9.8%，双创历史新高。钢材消费快速增长、钢铁产能快速释放势头是否具有可持续性？笔者认为，对此要认真分析，理性看待，并付诸科学应对。

2020 年是极为不平凡的一年，我国钢铁行业作为国民经济的基础产业，经受住了疫情的考验，着力保供应、稳就业、促发展，支撑了国内经济复苏。从增长领域看，建筑行业是我国钢材消费量创历史新高的主要推动力，2020 年建筑行业钢材消费量达 5.75 亿吨，同比增加 6900 万吨；机械和能源行业钢材消费分别同比增长 2.1% 和 4.2%。从消费强度看，GDP 和固定资产投资钢材消费强度均在反弹，万元 GDP 钢材消费量在 2017 年达到 88kg 的低点后开始反弹，2020 年为 97kg；万元固定资产投资钢材消费量在 2016 年降至 111kg 的低点后开始反弹，2020 年为 190kg。

需要指出的是，2020 年钢材消费增长是"非常规性"的，与 2009 年投资拉动下的钢材消费高增长十分相似，要冷静看待当前钢材消费高增长，可能会给钢铁行业高质量发展带来的影响。2020 年，黑色金属冶炼及压延加工业投资同比增长 27.5%，远高于制造业投资增速平均水平，短期钢材消费预期的增强或将进一步带动行业投资冲动，造成新一阶段的投资浪费。从中长期来看，钢材消费高速增长是不可持续的。尤其是在碳达峰和降碳的要求下，钢铁生产消费总体将处于缓慢下降趋势，在生产效率不断提升带来供给能力增加的情况下，极有可能引发行业新一轮的供需失衡。从推进碳减排工作看，钢铁行业占全国碳排放总量 15% 左右，是制造业 31 个门类中碳排放量最大行业，是落实碳减排目标的重中之重，任务具有紧迫性和艰巨性，钢材消费和粗钢产量的快速增长，不利于碳达峰目标的实现。此外，我国铁矿石对外依存度超过 80%，进口铁矿石价格暴涨，严重影响到钢铁企业正常生产经营，铁矿资源保障难题凸显。

有鉴于此，钢铁行业应科学应对钢材消费的"非常规性"快速增长。一是

---

[1] 本文发表于《经济日报》2021 年 2 月 28 日 12 版。

控制产量过快增长。利用环保、碳排放、能耗等约束手段，借助信息技术加强预警，防止粗钢产量过快释放；发挥政策导向作用，研究限制钢坯或低端产品出口、鼓励钢材进口等政策，缓解国内粗钢供应压力，形成更高水平的供需平衡。二是引导绿色消费。开展绿色节材型产品研发与应用，通过提高下游用户的消费质量和档次，实现减量用钢。三是加快低碳布局。尽早制定钢铁行业碳达峰行动方案和路线图，并切实开展碳达峰行动。以"降碳"为抓手，优化用能及流程结构，推动钢铁行业污染物和碳排放协同减排，使得保障需求和降碳减排协调发展。四是强化资源保障。加大现有企业海外权益矿的供应能力；加快废钢加工配送体系建设，提高国内外废钢资源保障能力，减少铁矿石需求。

对于钢铁企业而言，应理性看待市场，科学安排投资和生产，避免因未来行业利润下滑导致经济负担过重。进入新发展阶段，企业更要深入贯彻新发展理念，锚定高质量发展，全面提升竞争力，引领并创造新需求。

2022 年我国钢材需求或
小幅降至 9.47 亿吨[1]

李新创

2021 年，在新冠肺炎疫情冲击下，百年变局加速演进，外部环境更趋复杂。我国统筹国内国际两个大局，经济发展和疫情防控保持全球领先地位，实现了"十四五"良好开局。

2022 年是"十四五"规划实施的第 2 年。不久前召开的中央经济工作会议要求，2022 年经济工作要稳字当头、稳中求进，各地区各部门要担负起稳定宏观经济的责任，各方面要积极推出有利于经济稳定的政策，政策发力适当靠前。总体来看，尽管国际形势依旧复杂严峻，但我国经济持续恢复发展的态势不会改变，长期向好的基本面不会改变，国内经济整体发展将更趋稳固、更趋均衡，这也将为我国钢材需求带来众多值得期待的亮点。

（1）采用下游行业消费法预测。

造船行业 2022 年钢材需求表现可能最抢眼。

通过运用下游行业消费法预测，2022 年主要下游用钢行业的钢材需求将表现出以下特点。

建筑行业：2021 年，在"房住不炒"、因城施策的政策环境下，国家聚焦房地产市场平稳健康发展，确保"稳地价、稳房价、稳预期"目标落到实处，融资管理调控措施灵活趋紧。2022 年，我国将继续推动房地产长效机制建设，加强预期管理，促进房地产行业良性循环和健康发展。因城施策、租购并举、差别化精准调控、人才新政、房地产税试点等各类举措灵活互补，商品房市场将更好地满足购房者的合理住房需求。综合来看，预计 2022 年全国建筑行业钢材需求量约为 5.51 亿吨，同比小幅下降 0.9%。

机械行业：2021 年，我国机械工业经济运行呈现出"前高后低"的特点。2022 年，随着我国经济转向高质量发展阶段，新形势对我国机械工业发展提出了新要求，也带来了新机遇。扩大内需战略的持续推进，为机械工业健康平稳发展提供了有力支撑，前期国家出台的扶持政策利好效应也将逐步显现。不过，受

---

[1] 本文发表于《中国冶金报》2022 年 1 月 7 日 18 版。

全球疫情防控形势不确定、外贸出口形势趋严、原材料价格高位震荡等诸多因素影响，机械行业实现稳增长的压力依然不小。总体来看，2022 年，我国机械工业主要经济指标将保持基本稳定，工业增加值增速预计在 5% 左右。综合来看，预计 2022 年机械工业钢材需求量约为 1.7 亿吨，同比小幅增长 0.6%。

汽车行业：2021 年，我国汽车行业虽然受车用芯片供应短缺、电力供应紧张等不利因素影响，但全年整体运行仍有望实现正增长，有望扭转连续 3 年持续下滑的局面。2022 年，汽车行业整体向好的局面没有改变，汽车用芯片短缺的局面也将逐步缓解，汽车行业管理政策也将调整优化，有利于破除制约汽车购买使用障碍、释放汽车消费活力。2022 年，我国汽车市场前景较为乐观，汽车产量或将增至 2690 万辆左右，同比增长约 4.3%。综合来看，预计 2022 年汽车行业钢材需求量约为 5600 万吨，同比增长 2.8%。

能源行业：2022 年，我国电力能源投资建设重点仍将向非化石能源方向倾斜，新增发电装机容量将呈现下降态势，积极推动以清洁能源输送为主的跨省跨区输电通道建设，进一步加强贫困地区主网架结构建设，推动补齐电网基础设施短板；石油天然气勘探开发力度将进一步加大，原油管网布局将逐步完善，"全国一张网"格局即将形成。综合来看，预计 2022 年我国能源行业钢材需求量约为 4060 万吨，同比下降 2.2%。

造船行业：2021 年，全球经济增长带动国际航运市场回暖，集装箱海运需求旺盛，全球新造船市场活跃；我国造船三大指标实现较大增长，国际市场份额保持领先。2022 年，随着全球供应链瓶颈缓解，被抑制的需求将持续释放，企业和消费者的信心也将进一步提升。经济复苏叠加航运绿色转型发展要求，将推动全球造船行业迎来新一轮增长。综合来看，预计 2022 年全国造船完工量将保持增长，预计 2022 年造船行业钢材需求量约为 1450 万吨，同比增长 8.2%。

家电行业：2021 年，我国家电行业得益于疫后需求复苏，整体保持增长。2022 年，家电市场将继续保持增长，延续国内家电消费升级趋势，产品加快升级换代，家电出口也将保持稳定。综合来看，预计 2022 年我国家电行业钢材需求量约为 1580 万吨，同比增长 4.6%。

铁道行业：根据铁路、城市轨道交通在建项目建设进展和新项目开工情况预测，2022 年全国铁路投资规模将有所扩大，新增营业里程 4000 公里左右。由此测算，2022 年铁道行业钢材需求量约为 430 万吨，同比增长 7.5%。

集装箱行业：受集装箱流转率下降和出口贸易旺盛的影响，自 2020 年 7 月起，我国集装箱订单陆续增长。2022 年，国际市场仍将为我国集装箱出口营造良好的外贸环境。随着海外疫情逐步得到有效控制和美国港口拥堵状况缓解，全球集装箱周转速度将逐渐回归正常，由此导致 2022 年新增国际贸易用集装箱量可能下降。从内需看，在双循环新发展格局及"双碳"目标的推动下，我国多式联运市场有较大的增长空间，内贸集装箱需求将增多。此外，部分受疫情影响超期服役的集装箱将面临淘汰，可以为新集装箱提供一定的需求空间。综合来看，2022 年我国集装箱生产将回归常态，产量将有一定幅度的下降，预计集装箱行业钢材需求量约为 580 万吨，同比下降 34.8%。

五金制品行业：2021 年，我国商品房销售面积的增长为五金制品行业发展提供了市场基础，带动了国内建筑五金、卫浴五金、厨房设备、燃气用具、吸油烟机的钢材消费量增长。2022 年，受房地产新开工规模回落、房地产税试点落地等因素影响，国内商品房销售面临压力，与此相关的五金制品行业的需求增长将受到抑制。同时，随着国外疫情缓解和生产逐步恢复，我国出口增速将放缓。综合来看，预计 2022 年我国五金制品行业钢材需求量约为 2530 万吨，同比下降 0.8%。

钢木家具行业：2021 年，我国家具制造业产量同比明显增长。在疫情的影响下，国外部分家具工厂出现停工，居家办公成为常态，拉动了我国家具出口量的增长。2022 年，随着全球疫情缓解，国外家具行业复工复产，我国家具出口量或将减少。不过，国内住宅和学校、医院等公共建筑对钢木家具的需求仍将保持稳定。综合来看，预计 2022 年我国钢木家具行业的钢材需求量约为 1580 万吨，同比下降 3.1%。

自行车、摩托车行业：2022 年，我国自行车、摩托车行业将整体延续 2021 年来的发展态势，但出口带动作用将有所减弱，预计自行车、摩托车行业的钢材需求量约为 480 万吨，同比增长 2.1%。

综上所述，根据各下游行业运行分析，并考虑部分未统计在内的下游用钢领域，采用下游行业消费法预测，2022 年我国钢材需求量约达 9.59 亿吨。

（2）采用钢材消费系数法预测。

两种消费系数法预测结果均在 9 亿吨以上。

根据近年来 GDP（国内生产总值）、固定资产投资与钢材消费量之间消费系数关系的变化规律和特点，分别采用 GDP 消费系数法和固定资产投资消费系数法，以国家信息中心 2022 年预测数据作为预测参数，预计 2022 年我国钢材需求量分别为 9.56 亿吨和 9.09 亿吨。综合两种预测结果，2022 年我国钢材需求量约达 9.28 亿吨。

综合来看，通过下游行业消费法和钢材消费系数法对 2022 年我国钢材需求量进行综合预测，并考虑到不同方法的特点及各自的局限性，对这两种方法所得的结果进行加权计算，预计 2022 年我国钢材需求量为 9.47 亿吨，同比下降 0.7%。

欧盟"碳关税"实施将对钢铁行业带来重大挑战[1]

李新创

2022 年 3 月 15 日，欧盟"碳关税"（碳边境调节机制，CBAM）在欧盟理事会获得通过。这是世界上首个以"碳关税"形式应对气候变化的提案，将对国际钢铁贸易和钢铁行业低碳发展产生重要影响。

一、"碳关税"的实施目的及发展历程

"碳关税"也可称为碳边境调节机制或"碳边境调节税"，是指严格实施碳减排政策的国家或地区，要求进口（出口）高碳产品时缴纳（返还）相应的税费或碳配额。碳边境调节机制的设立，是为了避免由于执行严格降碳政策国家的高碳产业转移向降碳政策宽松的国家而引起的碳泄漏问题，以实现欧盟气候目标。同时，欧盟对进口商品征收"碳关税"，减少了欧盟境内外企业在碳排放成本上的不对称，达到了保护本土产业的目的。

从发展历程来看，2020 年 1 月，欧盟通过《欧洲绿色协议》，共同承诺 2030 年现实温室气体排放量较 1990 年减少 55%，到 2050 年实现碳中和。

2021 年 3 月 10 日，为实现欧盟气候目标，欧洲议会高票决议通过碳边境调节机制议案，决定对部分进口产品加征碳排放费用。

2021 年 7 月，欧盟委员会首次公布了"碳关税"提案细则，并计划于 2023 年 1 月 1 日起开始实施。"碳关税"的征收范围涵盖欧洲市场中的电力、钢铁、水泥、铝和化肥 5 个领域。2023～2025 年将作为试点阶段，所涵盖领域的产品仅需履行碳排放报告义务，欧盟在此期间不征收任何费用；2026 年起将正式开征"碳关税"，并逐年减少 10% 的生产企业免费配额直至 2035 年完全取消免费配额，同期要求产品进口者需要根据产品生成过程中产生的碳排放支付碳费用。

2022 年 3 月 15 日，在欧盟理事会的经济与金融事务委员会（ECOFIN）会议上，欧盟 27 国的财政部长采纳了欧盟理事会轮值主席国法国的"碳关税"提案。

---

[1]　本文发表于《中国冶金报》2022 年 3 月 24 日 01 版。

这意味着欧洲各国支持采取"碳关税"措施，并预计在 2022 年 7 月进行相关问题的审议与细节的确定。

未来，"碳关税"政策的落地实施将对温室气体排放量较高的钢铁行业带来重大挑战，尤其是对高炉—转炉长流程的钢铁企业。

二、国际钢铁贸易及欧盟钢铁产品进口情况

2016 年来，全球钢铁贸易量（本文仅包括钢材和钢坯等半成品）为 3.8 亿~4.7 亿吨，其中成品钢材贸易量为 3.2 亿~4.1 亿吨，钢坯等半成品贸易量为 5500 万~6200 万吨。

出口方面，中国、日本、俄罗斯、韩国、德国、土耳其、印度、乌克兰和意大利等国为主要钢铁出口国，排名前 10 的出口国合计钢铁出口量约占全球钢铁出口量的 60%，其中长流程占比较高的国家出口量占比较大。

进口方面，美国、中国、德国、意大利、越南、泰国、法国、韩国等国为主要钢铁进口国，排名前 10 的进口国合计钢铁进口量约占全球钢铁进口量的 40%。

在欧盟钢铁贸易方面，据相关资料，2021 年，欧盟钢坯（锭）和钢材进口量分别约为 940 万吨和 3800 万吨，其中约 80% 的进口钢坯（锭）来源于俄罗斯和乌克兰，近 60% 的进口钢材来源于土耳其、俄罗斯、印度、乌克兰和中国。

近年来，受欧盟对我国钢材多次以反倾销为由征收高额关税、新冠肺炎疫情蔓延等因素影响，欧盟自我国进口的钢材总量整体呈下降趋势。2021 年，欧盟经济恢复带动钢铁需求持续复苏，钢材价格普遍上涨，我国出口欧盟的钢材均价达到 1493 美元/吨，出口价格优势阶段性显现。2021 年，欧盟从我国进口钢材量达到 300 万吨，同比增长 49.7%，但仍较 2019 年下降 6.6%。2018~2021 年欧盟进口我国钢材量及进口均价变化情况见图 1。

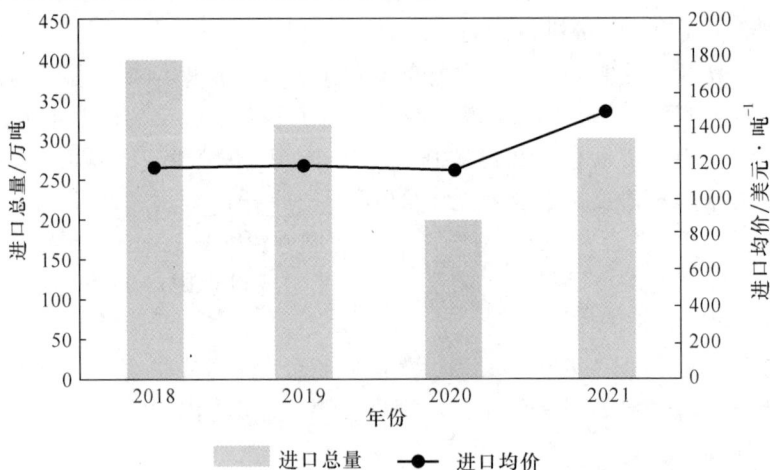

图 1　2018~2021 年欧盟进口我国钢材量及进口均价变化情况

从进口国别看，意大利、比利时、西班牙是进口我国钢材的主要欧盟成员国。2021 年，上述 3 个国家进口我国钢材量分别约为 107 万吨、67 万吨、31 万吨，合计占欧盟进口我国钢材量的 68.5%。从进口品种看，2021 年，欧盟进口我国钢材品种以镀层板、棒材、冷轧薄宽钢带和电工钢板带为主，进口量分别为 114.2 万吨、49.6 万吨、18.6 万吨和 14.4 万吨，合计占欧盟进口我国钢材量的 65.7%。

三、欧盟"碳关税"对国内外钢铁贸易的影响

首先，以长流程炼钢为主的国家对欧盟的钢铁产品出口竞争力将下降。欧盟"碳关税"政策要求企业披露出口产品碳排放信息，进而实现该地区内所有产品全生命周期碳足迹减少，避免"碳泄漏"，并帮助本地区处于高环境要求的企业提升产品竞争力。

"碳关税"提案提出，碳排放核算方法规定应考虑产品直接排放与间接排放。钢铁产品碳排放受流程结构影响较大，短流程电炉钢比长流程钢铁碳足迹约可减少 1.4t 二氧化碳当量以上，降碳 60% 以上，低碳优势明显。中国、乌克兰、俄罗斯、日本等以长流程炼钢为主的国家的钢铁企业，将面临对欧盟钢铁出口成本上升、价格优势缩小、产品竞争力下降的挑战。

其次，分别从长期、短期来看，对我国钢铁贸易各有利弊。短期来看，欧盟"碳关税"可能导致我国对欧盟钢铁出口量下降。受长流程炼钢占绝对主导地位的流程结构影响，我国钢铁产品碳排放量相对较高，欧盟"碳关税"实施后将导致我国出口钢铁产品的成本优势降低，出口量可能有所下降。长远来看，欧盟"碳关税"政策能够促进我国钢铁产业和产品结构优化，重塑产品出口低碳竞争力。未来，我国钢铁企业将通过优化工艺流程、调整能源结构、应用节能降碳技术等手段降低碳排放，提升国际市场竞争力。

最后，欧盟内部钢铁企业竞争力将有所提升。根据世界钢协《钢铁统计年鉴2021》，欧盟地区电炉钢比例约为 42.4%，高于全球平均水平，"碳关税"政策能够提升欧盟地区内部钢铁企业的竞争力，同时将通过调整欧盟内部钢铁企业的碳排放配额，推动内部钢铁企业加快低碳转型，提高其综合竞争力。

四、欧盟"碳关税"对我国钢铁行业低碳发展的影响

首先，将促进我国钢铁产品生命周期评价工作发展。根据"碳关税"提案，2023~2025 年为"碳关税"实施的过渡期，进口产品无需缴纳"碳关税"，但进口商需每季度提交包括当季进口产品总量、产品直接和间接碳排放量等信息在内的产品碳足迹报告。产品碳足迹报告依托生命周期评价方法，内容包含产品生产及上游过程的直接排放和间接排放。生命周期评价是全流程低碳发展的重要环境

评估工具，作为国际标准在全球范围内广泛应用。

伴随我国"双碳"政策实施及绿色制造体系的逐步完善，生命周期评价在我国钢铁行业已经得到了一定的研究与应用。欧盟"碳关税"政策将推动我国钢铁行业生命周期评价相关工作的发展。

其次，将推动我国完善钢铁领域低碳相关标准。受欧盟"碳关税"影响，预计我国钢铁行业碳排放量核算方法及产品碳足迹相关标准化工作将快速推进。在碳排放核算标准制定方面，现行标准《温室气体排放核算与报告要求　第5部分：钢铁生产企业》（GB/T 32151.5—2015）已经发布实施，明确了企业层面碳排放量核算方法和报告内容等。同时，《二氧化碳排放核算与报告要求　粗钢生产主要工序》《低碳产品评价方法与要求　钢材产品》等标准也在制定中。

最后，将助推我国钢铁行业加快低碳发展步伐。欧盟"碳关税"提出并实施后，我国钢铁行业将进一步加深对低碳发展和碳减排重要性的认识，为有效应对国际绿色低碳贸易壁垒，我国钢铁行业将努力全面提升行业低碳发展水平和国际竞争力。

一方面，我国钢铁低碳创新技术的研发与应用将加快。氢冶金、非高炉炼铁等低碳冶炼技术将迎来新的发展机遇；研发合作和人才交流将进一步加强，节能降碳新技术、新产业、新业态发展加快，碳管理能力将不断提升；市场化机制将鞭策钢铁行业进行全方位、宽领域、深层次的低碳革命，助力钢铁行业实现低碳转型和大幅降碳发展。

另一方面，电炉钢发展步伐将加快。电炉短流程炼钢吨钢碳排放比传统高炉—转炉长流程炼钢具有明显低碳优势。欧盟"碳关税"的提出及实施将使长流程钢铁企业碳排放成本增加，缩小电炉钢与转炉钢的综合成本，同时考虑我国"双碳"目标的政策措施，电炉钢比例将进一步提升。

参 考 文 献

[1] 杨芳. 李克强在钢铁煤炭行业化解过剩产能实现脱困发展工作座谈会上强调: 综合施策、标本兼治, 以结构性改革促进困难行业脱困发展 [N]. 人民日报, 2016-01-08 (02).

[2] 中华人民共和国统计局官网. 年度数据 [EB/OL]. http://data. stats. gov. cn/search. htm? s=%E7%B2%97%E9%92%A2%E4%BA%A7%E9%87%8F.

[3] 中国政府网. 国务院关于进一步加强淘汰落后产能工作的通知 [EB/OL]. http://www. gov. cn/zwgk/2010-04/06/content_1573880. htm, 2010-04-06.

[4] 中华人民共和国工业和信息产业部. 关于印发淘汰落后产能工作考核实施方案的通知 [EB/OL]. http://www. miit. gov. cn/n1146295/n1652858/n1652930/n3757016/c3759937/content. html, 2011-01-31.

[5] 中华人民共和国工业和信息化部. 2011 年钢铁工业运行情况分析和 2012 年运行展望 [EB/OL]. http://www. miit. gov. cn/n1146290/n1146402/n1146435/c3314419/content. html.

[6] 李景云. 钢铁企业节能环保产业发展研究 [J]. 冶金经济与管理, 2015 (1): 6~10.

[7] 李新创. 新常态下中国钢铁企业转型创新发展 [J]. 国土资源情报, 2015 (10): 15~21.

[8] 周济. 智能制造——"中国制造2025"的主攻方向 [J]. 中国机械工程, 2015 (17): 2273~2284.

[9] 蒋明炜. 工业互联网与智能工厂 [J]. 中国工业评论, 2016 (1): 30~36.

[10] 干勇. 中国新工业革命的跳跃之路 [J]. 中国经济和信息化, 2013 (7): 18~19.

[11] 李新创. "六位一体"促进钢铁绿色发展 [J]. 冶金经济与管理, 2016 (2): 4~5.

[12] 李新创. 优化产业布局 提高钢铁竞争力 [J]. 中国冶金, 2015, 25 (6): 1~5.

[13] 李新创. 共同积极应对挑战, 促进全球钢材贸易健康发展 [J]. 钢铁, 2017, 52 (5): 1~4.

[14] 殷瑞钰. 绿色制造与钢铁工业 [J]. 钢铁, 2000, 35 (6): 61~65.

[15] 张春霞, 王海风, 张寿荣, 等. 中国钢铁工业绿色发展工程科技战略及对策 [J]. 钢铁, 2015, 50 (10): 1~7.

[16] 张寿荣, 姜曦. 中国大型高炉生产现状分析及展望 [J]. 钢铁, 2017, 52 (2): 1~4.

[17] 张寿荣, 张卫东. 中国钢铁企业固体废弃物资源化处理模式和发展方向 [J]. 钢铁, 2017, 52 (4): 1~6.

[18] 李新创. 钢铁工业"十二五"回顾和未来发展思考 [J]. 钢铁, 2016, 51 (11): 1~6.

[19] 殷瑞钰. 关于智能化钢厂的讨论——从物理系统一侧出发讨论钢厂智能化 [J]. 钢铁, 2017, 52 (6): 1~12.

[20] 李新创. 智能制造助力钢铁工业转型升级 [J]. 中国冶金, 2017, 27 (2): 1~5.

[21] 李新创, 施灿涛, 赵峰. "工业4.0"与中国钢铁工业 [J]. 钢铁, 2015, 50 (11): 1~7, 13.

[22] 王国栋. 钢铁行业技术创新和发展方向 [J]. 钢铁, 2015, 50 (9): 1~10.

[23] 李新创. 冷静看待钢材消费"非常规性"增长 [N]. 经济日报, 2021-02-28 (12).

[24] 世界钢铁协会. December 2020 crude steel production-CN [EB/OL]. 世界钢铁协会网站. https://www. worldsteel. org/zh/media - centre/press - releases/2021/Global - crude - steel -

output-decreases-by-0. 9-in-2020. html.

[25] 全国工业和信息化工作会议［EB/OL］. 工业和信息化部网站. https：//www. miit. gov. cn/ xwdt/gxdt/ldhd/art/2020/art_f46176371df64edc82a1433a9ecec650. html.

[26] 2020 年 12 月份重点大中型钢铁企业粗钢产量统计［EB/OL］. 中国冶金网. https：// news. metal. net. cn/index. php? m=content&c=index&a=show&catid=434&id=7402526.

[27] 2015 年 12 月份全国重点大中型钢铁企业粗钢产品产量总表［EB/OL］. 中国冶金网. https：//news. metal. net. cn/yjtj/detail_pages/zhdgt/15gangzb12. php.

[28] 2015 年 12 月份全国分省市钢铁产品钢产量［EB/OL］. 中国冶金网. https：// news. metal. net. cn/list-433-38. html. 2020-08-05.

[29] 2020 年 12 月份全国分省市粗钢产量统计［EB/OL］. 中国冶金网. https：// news. metal. net. cn/index. php? m=content&c=index&a=show&catid=433&id=7401210. 2021- 01-21.

[30] 冶金工业规划研究院. 冶金规划院发布"钢铁企业发展质量暨综合竞争力评估（2020）"［EB/OL］. 冶金工业规划研究院网站. http：//www. mpi1972. com/xwzx/tpxw_ 449/202012/t20201222_94669. html. 2020-12-22.

[31] 国家发展和改革委员会. 关于发布 2020 年（第 27 批）新认定及全部国家企业技术中心名单的通知［EB/OL］. 国家发展和改革委网站. https：//www. ndrc. gov. cn/xwdt/tzgg/ 202012/t20201228_1260482. html. 2020-12-28.

[32] 中国钢铁工业协会. 钢铁企业超低排放改造和评估监测进展情况公示［EB/OL］. 中国钢铁工业协会网站. http：//www. chinaisa. org. cn/gxportal/xfgl/portal/list. html? columnId =50d99531d5dee68346653ca9548f308764ad38410a091e662834a5ed66770174.

[33] 国家统计局. 各行业固定资产投资（不含农户）情况［EB/OL］. 国家统计局网站. https：//data. stats. gov. cn/tablequery. htm? code=AA130I.

[34] 中华人民共和国海关总署.（5）2020 年 12 月全国进口重点商品量值表（美元值）［EB/OL］. 中华人民共和国海关总署网站. http：//www. customs. gov. cn/customs/302249/ zfxxgk/2799825/302274/302275/3511702/index. html. 2021-01-01.

[35] 何惠平. 2021 年两会特别报道：有序发展电炉短流程工艺［N］. 中国冶金报，2021-03- 16（2）.

[36] 浦项不断拓展建筑用钢市场［J］. 世界金属导报，2020-07-21（A02）.

[37] 李新创. 中国钢铁未来发展之路——减量 创新 转型［M］. 北京：冶金工业出版社，2018：35.

[38] 中华人民共和国工业和信息产业部. 钢铁工业调整升级规划（2016—2020 年）［EB/ OL］.

[39] 李新创. 钢铁工业"十二五"回顾和未来发展思考［J］. 钢铁规划研究，2016（8）：7~9（内部资料）.

[40] 李新创. "十三五"钢铁产业如何提高竞争力［N］. 中国冶金报，2015-07-08（2）.

[41] 强化应对气候变化行动 ——中国国家自主贡献［EB/OL］. 中国政府网. ［2015-06- 30］. http：//www. gov. cn/xinwen/2015-06/30/content_2887330. htm.

［42］ IPCC. Special report on global warming of 1.5℃ ［EB/OL］. ［2018-10-08］. https：//www.ipcc.ch/sr15/.

［43］ UNEP. The emissions gap report 2017 ［EB/OL］. ［2017-11］. https：//www.unenvironment.org/news-and-stories/press-release/emissions-gap-report-2017-governments-non-state-actors-must-do-more.

［44］ Onarheim K，Mathisen A，Arasto A. Barriers and opportunities for application of CCS in Nordic industry——A sectorial approach ［J］. International Journal of Greenhouse Gas Control，2015，36（2）：93.

［45］ 重点大中型钢铁企业生产技术经济指标 ［DB/OL］. 中国冶金网. （2017）. http：//www.metal.net.cn/yjtj/detail_pages/zhdsc/17gl12.php.

［46］ 沙永志. 国外炼铁节能减排工艺和技术 ［C］//2012 年全国炼铁生产技术会议暨炼铁学术年会文集，2012.

［47］ 殷瑞钰，张寿荣，干勇，等. 中国工程院重大咨询项目"中国可持续发展矿产资源战略研究"——黑色金属卷 ［M］. 北京：科学出版社，2004.

［48］ 孙建新，张继强. 提高转炉废钢比的整体解决方案 ［J］. 炼钢，2018，34（5）：19~25.

［49］ 李树斌. 我国废钢铁资源利用情况和"十三五"废钢铁行业发展趋势的简要分析 ［R］. （2018）［2018-05-07］.

［50］ 朱荣，吕明，武文合，等. 二氧化碳在炼钢的资源化应用技术 ［J］. 世界金属导报，2018-09-11（B03）.

［51］ 赵沛，董鹏莉. 碳排放是中国钢铁业未来不容忽视的问题 ［J］. 钢铁，2018，53（8）：1~7.

［52］ 张利娜. 国外钢铁行业低碳技术发展概况 ［J］. 冶金经济与管理，2018（5）：30~33.

［53］ 陈晓明. 标准化技术在节能工作中作用和地位综述 ［J］. 石油石化节能，2018，8（6）：61~62.

［54］ 冯相昭. 国际碳标准发展及其对中国企业的启示 ［J］. 上海质量，2011（7）：46~49.

［55］ 庄智. 国外碳排放核算标准现状与分析 ［J］. 生态建材，2011（4）：42~45.

［56］ 李新创，李冰. 全球温控目标下中国钢铁工业低碳转型路径 ［J］. 钢铁，2019，54（8）：224~231.

［57］ 张琦，张薇，王玉洁，等. 中国钢铁工业节能减排潜力及能效提升途径 ［J］. 钢铁，2019，54（2）：7~14.

［58］ 冯相昭，王忠武，夏卫国. 国际碳排放标准于中国企业之启示 ［J］. 环境保护，2011（19）：71~73.

［59］ 白伟荣，王震，吕佳. 碳足迹核算的国际标准概述与解析 ［J］. 生态学报，2014，34（24）：7486~7493.

［60］ 杨洋，唐良富. 产品碳足迹国际标准解析与启示 ［J］. 质量与标准化，2013（6）：38~41.

［61］ BSI. PAS2050：Specification of Project and Service Life Cycle Greenhouse Gas Assessment ［S］. London：British Standards Institution，2011.

［62］蒋婷. 碳足迹评价标准概述［J］. 信息技术与标准化, 2010 (11)：15.

［63］Garrett J. The Carbon Capture and Storage Legal and Regulatory Review［M］. 3rd ed. France：The International Energy Agency, 2012.

［64］Carpenter S M, President V, Koperna G, et al. Development of the first internationally accepted standard for geologic storage of carbon dioxide utilizing enhanced oil recovery (EOR) under the international standards organization (ISO) technical committee TC-265［J］. Energy Procedia, 2014, 63：6717~6729.

［65］李在卿. 低碳标准理解与低碳认证［M］. 北京：中国标准出版社, 2012.

［66］姚婷婷, 陈泽勇. 碳中和国际标准解析［J］. 多国认证, 2011 (1)：59~61.

［67］陈亮, 林翎, 鲍威, 等. 国内外碳排放管理标准化工作进展综述［J］. 国外能源, 2014, 36 (1)：25~28.

［68］陈亮, 林翎, 陈健华, 等. 我国碳排放管理标准化工作进展及面临的挑战［J］. 中国标准化, 2014 (6)：53~56.

［69］陈亮, 郭慧婷, 孙亮, 等. 钢铁生产企业《温室气体排放核算与报告要求》国家标准解读［J］. 气候变化, 2016, 38 (4)：43~47.

［70］杨雷, 杨秀. 碳排放管理标准体系的构建研究［J］. 气候变化研究进展, 2018, 14 (3)：281~286.

［71］陈亮, 林翎, 郭慧婷, 等. 开展重点行业温室气体排放限额标准研究工作的建议［J］. 标准科学, 2016 (增刊1)：13~15.

［72］Li H, Li X C, Tian W J, et al. CO_2 emission calculation—model of integrated steel works based on process analysis［C］//Energy Technology 2021 Carbon Dioxide Management and Other Technolgies. Cham, Switzeland：Springer, 2021：29.

［73］殷瑞钰. 论钢厂制造过程中能量流行为和能量流网络的构建［J］. 钢铁, 2010, 45 (4)：1~9.

［74］温燕明, 李洪福. 钢铁流程能源转换功能价值深度开发研究［J］. 工程研究——跨学科视野中的工程, 2017, 9 (1)：28~39.

［75］桂其林, 周佃民. 钢铁企业自发电率评价模型及提升路径研究［C］//第十一届中国钢铁年会论文集. 北京：中国金属学会, 2017：8.

［76］李洪福, 温燕明. 钢铁流程煤基能量高效转换与钢-电联产模式［J］. 钢铁, 2018, 53 (10)：95~102.

［77］王天义. 多发电, 节能减排, 提升企业盈利能力——天津天丰钢铁提高自发电率调研［J］. 中国冶金, 2016, 26 (11)：1~10.

［78］李洪福. 钢铁制造流程系统节能理论与方法的探讨及应用实践［J］. 冶金能源, 2020, 39 (2)：8~11.

［79］中国冶金网. 2019年12月全国重点大中型钢铁企业能源消耗汇总表［EB/OL］. (2020-08-05)［2020-12-01］. https：//news. metal. net. cn/yjtj/detail_ pages/nyxh/19nyxh12 (1). php.

［80］彭岩. 钢铁典型工序流程节能技术新进展［J］. 中国冶金, 2017, 27 (5)：8~12.

[81] 蔡九菊, 孙文强. 中国钢铁工业的系统节能和科学用能 [J]. 钢铁, 2012, 47 (5): 1~8.

[82] 殷瑞钰. 钢铁制造流程的能量流行为和能量流网络问题 [J]. 工程研究———跨学科视野中的工程, 2012, 2 (1): 1~4.

[83] 熊超, 史君杰, 翁雪鹤. 我国钢铁工业余热余能发电现状分析 [J]. 中国钢铁业, 2017 (9): 14~17.

[84] 熊超, 史君杰. 钢铁行业余热余能自发电标准体系构建 [J]. 冶金动力, 2020 (3): 32~35.

[85] Islam A, Alengaram U J, Jumaat M Z, et al. Engineering properties and carbon footprint of ground granulated blast furnace slag-palm oil fuel ash-based structural geopolymer concrete [J]. Construction & Building Materials, 2015, 101 (Part 1): 503~521.

[86] 彭慧灵, 瞿慧, 李平. 碳标签制度的实施对我国食用菌出口的影响 [J]. 北方园艺, 2020, 468 (21): 145~150.

[87] Wang X L, Wei Y W, Shao Q L. Decomposing the decoupling of CO_2 emissions and economic growth in China's iron and steel industry [J]. Resources, Conservation & Recycling, 2020, 152: 104509.

[88] 习近平. 在第七十五届联合国大会一般性辩论上的讲话 [N]. 中华人民共和国国务院公报, 2020 (28): 5~7.

[89] 张友国. 碳达峰、碳中和工作面临的形势与开局思路 [J]. 行政管理改革, 2021 (3): 77~85.

[90] Fan Z Y, Friedmann S J. Low-carbon production of iron and steel: Technology options, economic assessment, and policy [J]. Joule, 2021, 5 (4): 829~862.

[91] Yang W, Abu M, Sha J M. Research on optimization of carbon emission reduction of coal supply chain system in iron and steel industry [J]. IOP Conference Series: Earth and Environmental Science, 2021, 687 (1): 012178.

[92] Ren L, Zhou S, Peng T D, et al. A review of CO_2 emissions reduction technologies and low-carbon development in the iron and steel industry focusing on China [J]. Renewable and Sustainable Energy Reviews, 2021, 143: 110846.

[93] 王红平. 美国征收碳关税对福建省出口影响的实证研究 [J]. 北方经贸, 2021 (3): 26~29.

[94] 梁淳淳, 宋燕唐, 云鹭. 产品碳足迹标准化研究 [C] //市场践行标准化——第十一届中国标准化论坛论文集, 2014: 1545.

[95] 田涛, 姜晔, 李远. 石油化工行业产品碳足迹评价研究现状及应用展望 [J]. 石油石化绿色低碳, 2021 (1): 66~72.

[96] 李佳轩. 我国低碳产品认证制度的发展 [J]. 中小企业管理与科技, 2016, 86 (2): 107.

[97] 李新创. 中国钢铁产品全生命周期评价理论与实践 [J]. 中国冶金, 2019, 29 (4): 1~5.

[98] 管志杰，马东旭，李文远，等．生命周期评价在我国钢铁行业的发展与应用 [J]．冶金经济与管理，2020（3）：47~50．

[99] 曹孝文，邱岳进，高翔，等．产品碳足迹国际标准分析与比较 [J]．资源节约与环保，2016（9）：198~199．

[100] 张南，王震．各国碳标签体系的特征比较及其评价 [J]．环境科学与技术，2015，38（S2）：392~396．

[101] 李楠．产品碳足迹标准对比及其供应链上的影响研究 [D]．北京：北京林业大学，2019．

[102] 裴晓东．国际碳标签制度浅析 [J]．大众标准化，2011（1）：47~51．

[103] 李春景．碳标签制度对中国出口产生的贸易效应分析 [J]．商业经济研究，2015（20）：20~22．

[104] 刘田田，王群伟，许孙玉．碳标签制度的国际比较及对中国的启示 [J]．中国人口资源与环境，2015（S1）：599~601．

[105] 李新创．新常态　新机遇　新发展 [N]．中国冶金报，2015-03-21（1）．

[106] 宋斌斌．谋定而后动　钢铁产能出海正当时 [N]．中国工业报，2015-06-02（A01）．

[107] 宋斌斌．掘金"一带一路"　钢铁产能借势"出海" [N]．中国工业报，2015-04-20（A03）．

[108] 徐匡迪．经济转型发展与科技创新驱动 [J]．全球化．2014（11）：5~18．

[109] 王新东．创新驱动发展科技引领未来 [J]．河北冶金．2015（6）：1~4．

[110] 徐乐江．实施全方位结构调整提升钢铁能力建设 [J]．中国钢铁业，2013（10）：5~8．

[111] 于勇．中国新工业革命的跳跃之路 [J]．中国经济和信息化，2013（7）：18~19．

[112] 徐乐江．钢铁产业链将有新模式 [J]．现代国企研究，2011（6）：7．

[113] 于勇．把提升企业、产业创新能力和综合竞争实力落到实处 [J]．中国科技产业，2013（1）：12~13．

[114] 杨俊和，冯安祖，杜鹤贵．冶金焦在高炉内微观结构的变化 [J]．钢铁，2000，35（11）：4~7．

[115] Van Der Velden B，Atkinson C J，Bakker T，et al. 焦炭特性及其在高炉下部的变化过程 [J]．世界钢铁，2014，14（2）：1~8．

[116] 姚怀伟，郑明东，张小勇，等．捣固焦炭内在质量及等反应后强度指标 [J]．钢铁，2013，48（12）：16~19．

[117] 郭瑞，汪琦，张松．溶损反应动力学对焦炭溶损后强度的影响 [J]．煤炭转化，2012，35（2）：12~16．

[118] Huo Wei，Zhou Zhijie，Wang Fuchen，et al. Mechanism analysis and experimental verification of pore diffusion on coke and coal char gasfication with CO_2 [J]. Chemical Engineering Journal，2014，244：227~233．

[119] Pusz S，Krzesińska M，Smędowski L，et al. Changes in a coke structure due to reaction with carbon dioxide [J]. International Journal of Coal Geology，2010，81（4）：287~292．

[120] Kashiwaya Y，Takahata M，Ishii K，et al. Change of coke structure and behavior of fine gen-

eration during gasification of coke sphere in high temperature region [J]. Tetsu to Hagane-Journal of the Iron and Steel Institute of Japan, 2001, 87 (5): 259~265.

[121] Nyathi M S, Mastalerz M, Kruse R. Influence of coke particle size on pore structural determination by optical microscopy [J]. International Ournal of Coal Geology, 2013, 118: 8~14.

[122] 赵振国. 吸附作用应用原理 [M]. 北京: 化学工业出版社, 2005.

[123] 胡德生, 孙维周. 重新认识高炉用焦炭与 CO_2 的反应性 [J]. 宝钢技术, 2013 (6): 6~11.

[124] Cheng A. Coke quality requirements for blast furnaces [J]. Iron and Steelmaker, 2001, 28 (8): 78.

[125] 李兴龙, 许慎启, 周志杰, 等. 热解条件对淮南煤焦孔隙结构的影响 [J]. 煤炭转化, 2009, 32 (4): 8~12.

[126] 赵爱红, 廖毅, 唐修义. 煤的孔隙结构分形定量研究 [J]. 煤炭学报, 1998, 23 (4): 439~442.

[127] 世界钢铁协会. 2016—2015 年全球月度粗钢产量 [DB/OL]. http://www.worldsteel.org/zh/statistics/crude-steel-production0.html.

[128] 世界钢铁协会. 2016 年全球粗钢产量增长 0.8% [EB/OL]. http://www.worldsteel.org/zh/media-centre/press-release/2017/world-crude-steel-output-increases-by-0.8-in-2016.html.

[129] 李稻葵. 促进经济发展动力转向新增长点 [N]. 人民日报, 2015-04-16 (7).

[130] Li Xinchuang. Work together to respond challenges actively—about chinese steel international trade [R]. Keynote Speech in the Commodities Day of BNP in Geneva, 2016.

[131] 工业和信息化部网站. 工业和信息化部关于印发钢铁工业调整升级规划 (2016—2020 年) 的通知 [EB/OL]. http://www.miit.gov.cn/n1146285/n1146352/n3054355/n3057569/n3057573/c5353862/content.html.

[132] 李新创. 化解过剩钢铁产能, 路在何方? [N]. 中国冶金报, 2016-03-02 (1).

[133] 世界钢铁协会. 世界钢铁统计数据 2016 [DB/OL]. http://www.worldsteel.org/zh/steel-by-topic/statistics.html.

[134] 海关统计资讯网. 2016 年 12 月全国出口重点商品量值表 [EB/OL]. http://www.chinacustomsstat.com/aspx/1/NewData/Stat_Class.aspx? state=3&t=2&guid=7415.

[135] 胡玲. 2015 年上半年主要钢铁产品进出口情况分析 [J]. 中国钢铁业, 2015 (8): 37~44.

[136] 孙韶华. 商务部: 我国连续 21 年成为反倾销最大目标国 [N]. 经济参考报, 2016-07-06 (A03).

[137] 中国电子学会. 新一代人工智能发展白皮书. (2017) [EB/OL]. (2018-02-26) [2019-10-24]. https://www.sohu.com/a/224103042_353595.

[138] 郭一楠, 王凌, 谭德健, 等. 基于遗传算法和神经网络混合优化的配煤控制 [J]. 中国矿业大学学报, 2002, 31 (5): 404~406.

[139] 谭绍栋, 张艾红, 顾静, 等. 配煤专家系统的开发及应用 [J]. 大众科技, 2011 (12): 12~15.

[140] 黄永辉. 基于神经网络的智能算法在焦炭质量预测中的应用 [D]. 沈阳：沈阳理工大学, 2014.

[141] 田英奇. 配煤炼焦试验优化与神经网络焦炭质量预测模型的研究 [D]. 上海：华东理工大学, 2016.

[142] 陶文华, 袁正波. 焦炭质量的 DE-BP 神经网络预测模型研究 [J]. 系统仿真学报, 2018, 30 (5): 1650~1656.

[143] 栾治伟, 施灿涛. 炼铁原料采购与烧结高炉配料综合优化方法研究 [J]. 钢铁规划研究, 2018 (内部资料).

[144] Carayannis G. Artificial intelligence and expert systems in the steel industry [J]. JOM, 1993, 45 (10): 43~51.

[145] 崔桂梅, 蒋召国, 詹万鹏, 等. 基于时间序列的神经网络高炉炉温预测 [J]. 冶金自动化, 2015, 39 (5): 15~21.

[146] 王文慧, 刘祥官, 刘学艺. 基于随机森林算法的高炉铁水硅质量分数预测模型 [J]. 冶金自动化, 2014, 38 (5): 33~38.

[147] 李新宇, 张建良, 苏步新, 等. 图像技术在炼铁系统中的应用现状及发展（待续）[J]. 冶金自动化, 2015, 39 (1): 9~12.

[148] 李新宇, 张建良, 苏步新, 等. 图像技术在炼铁系统中的应用现状及发展（续完）[J]. 冶金自动化, 2015, 39 (2): 1~5.

[149] 马富涛, 张建良, 刘云彩. 基于人工智能算法的高炉布料数值模拟 [J]. 钢铁, 2017, 52 (6): 18~25.

[150] 任彦军, 王家伟, 张晓兵, 等. 基于 LM 算法 BP 神经网络的高炉—转炉界面铁水温度预报模型 [J]. 钢铁, 2012, 47 (9): 40~42.

[151] 郭贤利, 彭世恒, 仇圣桃. 基于神经网络的连铸板坯质量在线诊断系统 [J]. 冶金自动化, 2013, 37 (3): 16~22.

[152] 常运合, 曾智, 张家泉, 等. 基于 BP 神经网络的大方坯质量在线预报模型 [J]. 钢铁, 2011, 46 (5): 33~37.

[153] 薛美盛, 闵天, 高述超, 等. 小波神经网络预测控制在加热炉炉温控制中的应用 [J]. 冶金自动化, 2018, 42 (5): 19~22.

[154] 刘相华, 赵启林, 黄贞益. 人工智能在轧制领域中的应用进展 [J]. 轧钢, 2017, 34 (4): 1~5.

[155] 何安瑞, 邵健, 孙文权, 等. 适应智能制造的轧制精准控制关键技术 [J]. 冶金自动化, 2016, 40 (5): 1~8.

[156] 高雷, 王彦辉, 郭立伟, 等. 基于数据挖掘的冷轧轧制力优化方法研究 [J]. 冶金自动化, 2016, 40 (6): 35~39.

[157] 陈光, 李玲云, 丁毅, 等. 钢铁企业系统能耗影响因素分析 [J]. 钢铁, 2014, 49 (4): 86~89.

[158] 贺东风, 鲁晓旭, 冯凯, 等. 钢铁企业煤气-蒸汽-电力系统耦合优化调度 [J]. 钢铁, 2018, 53 (7): 95~104.

[159] 李红娟，熊文真. 钢铁企业副产煤气预测及优化调度 [J]. 钢铁，2016，51（8）：90~98.

[160] 王映红，董磊. 唐钢设备状态在线诊断系统建设与应用 [J]. 冶金自动化，2017，41（3）：32~36.

[161] 胡浩. 唐钢智能化设备全生命周期管理平台的搭建 [J]. 冶金自动化，2017，41（3）：27~31.

[162] 马竹梧，徐化岩，钱王平. 基于专家系统的高炉智能诊断与决策支持系统 [J]. 冶金自动化，2013，37（6）：7~14.

[163] 栾绍峻，吴秀婷. 基于 APS 的钢铁企业生产计划体系研究 [J]. 冶金设备，2018（5）：16~19.